英検®赤本シリーズ

2024年度版

英検® 2級 過去問集

教学社

CONTENTS

解答編

問題編は別冊

執筆協力：木下 寛昇，新家 博
録音スタジオ：一般財団法人　英語教育協議会（ELEC）

※本書の内容は，2024年1月時点の情報に基づいています。

竹岡広信先生に聞く！

英検®のススメ

竹岡先生の紹介

竹岡広信（たけおか・ひろのぶ）

駿台予備学校講師，学研プライムゼミ特任講師，竹岡塾主宰。
英語教育に並々ならぬ情熱を注ぐカリスマ講師。
英検指導歴 30 年以上。英検の問題に惚れ込み，試験が実施されるたびに，「解答・解説速報」を自主的に作成したり，高校生で 1 級合格を目指す生徒をサポートしたりするなど，教鞭をとる学校や塾で積極的に指導。その根底には「英語を好きになってほしい」「英語教育をよくしたい」という熱い思いがこもっている。
教学社より自身初の英検参考書「竹岡の英検マスター」を刊行中。

（イラスト：はしの ちづこ）

英検って何ですか？

正式名称は「実用英語技能検定」と言い，公益財団法人 日本英語検定協会により実施されている英語検定試験の略称です。「技能検定」なんてカッコいいと思いませんか？　職人になった気分になりますね。記念すべき第 1 回の検定試験は，1963 年（昭和 38 年：竹岡が 2 歳の可愛い盛りのとき）に行われました。日本では，当時の東京オリンピックに向け，高速道路が整備され，東海道新幹線が着々と建設されていた時期ですね。それから約 60 年が経過し，今では年間で 420 万人※もの志願者数を有する国内最大規模の試験となりました。竹岡が中学生の頃は，準 2 級や準 1 級など存在せず，中学 1 年生で 4 級，2 年生で 3 級，高校で 2 級に挑戦するのが普通でした。今では受験者層も低年齢化して，2 級を取得している小学生も珍しくなくなり，全体での 1 級取得者もかなりいるようです。

※2022 年度 英検テストファミリー（実用英語技能検定，英検 IBA，英検 Jr. 合算値）志願者数。

TOEIC などの試験とどのように違いますか？

一番大きな違いは，試験が級別になっていることです。現在は5級，4級，3級，準2級，2級，準1級，1級があります。これは日本の他の文化，「柔道」「剣道」「碁」「将棋」「華道」などにならったものと思われます。「受かった」「落ちた」という白黒をはっきりさせるところが日本人の気質にぴったり合ったわけですね。

「級別」には大きな利点があります。それは，級別の試験を作ることで，それぞれの実力に見合った試験を受けることができる点です。世界で行われているTOEIC や TOEFL などの試験は，点数表示が普通です。つまり「できない人」も「非常によくできる人」も同じ試験を受けるわけです。まだ attitude「態度」という単語すら知らない人が，最上級の人と同じ試験を受けなければならないのです。ですから，英検ならそれぞれの級に見合った過去問を解くことが最高の対策になりますが，TOEIC などの試験では，初級者は過去問をやるのは得策ではないということになります。

また，点数表示の TOEIC などは，点数を向上させるために何度も何度も受験する人がほとんどですが，「級別」の英検の場合は，受かってしまえば「おしまい」ということになります。しかし最近では，英検も技能ごとにスコアが表示されるようになりました。今後は，スコアを上げるために何度も受験する人が増えるかもしれませんね。

英検の良さってなんですか？

問題が素晴らしいところです。漏れ聞こえてくる話によると，相当多くの英語圏の人々が作問に関わっているようです。年々質が向上しているような気さえします。語彙・文法問題1つにしても本当によく練られています。たった3～4行の英文で，その単語が使われる典型的な状況を設定し，作問されています。つまり，その単語を覚えるための例文として最適なものなのです。よくもまあ，こんないい例文が出てくるものだなと，本当に感心しています。

私は，そうした問題に惚れ込んで，単語の問題集を作った際に東京の神楽坂にある英検の本社ビルまでお願いに行きました。「是非，単語集のすべての問題に英検の問題を使わせてください。私の本の印税は要りません。頼むから使わせてください」とお願いしたのです。残念ながら規定の例外は認められないということで，数年分しか使えませんでした。これぐらい，惚れているわけです。

高校の非常勤講師になった時には，「英検委員会委員長」を名乗り（委員会のメンバーは竹岡と田平先生という先輩の計２名のみ），英検が学校で実施されるたびに「解答・解説速報」を作成し，それを大慌てで生徒が帰る前に印刷して配るということをボランティアでやっていました。若気の至りで，解答を間違ってしまったことがあり，その時は大恥をかきました。

読解問題は小説が出題されないのが残念ですが，評論もなかなか面白い話が多いですね。一体，どこからあんなネタを探してくるのか，非常に興味深いですね。きっと作る方はご苦労が多いのだと思います。

過去問ってどう使ったらいいですか？

これはどの検定試験にも言えることなのですが，「問題を解く勘所」や「正解のにおい」というのがあります。うまく口に出して言えませんが，過去問を解いて解いて解きまくると，その「勘所」や「正解のにおい」というのがわかってきます。たとえば英検準１級の語彙問題なら，英検準１級レベルの語彙より上の語彙が正解の場合には，他の３つの選択肢が英検準１級レベルの語彙になっていて消去法で解けるとか，１級のリスニングでは，難しい熟語の入った箇所は特に重要ではないが，その前後に注意する必要があるとかが「なんとなく」わかってきます。読解問題の選択肢も「正解が見えてくる」レベルになれば大したものです。テレビゲームでも同じですね。「自然に身体が反応する」というレベルになるまで解いてください。

ちなみに，竹岡は，英検の過去問題はすべて欲しいと思いました。こつこつと集め，今では英検１級，準１級はリスニング音源も含めほぼ集め尽くしました。最近の英検のリスニング問題の中に，10年ぐらい前に出題されたものを見つけた時には，幸せ一杯になります。マニア冥利に尽きますね。

竹岡のようにマニアでなかったとしても，受験を決めたなら，過去問はとにかくできるだけやりたいですね。１回でも多く。ですから「１回でもたくさんの問題が入っている過去問題集」をお薦めします。そして，何度も何度も解いてみてください。「一度終わったからもういいや」ではなくて，同じ問題でもひたすらしみじみ解いてください。

過去問にチャレンジしましたがまったく歯が立ちません。どうすればいいですか？

「歯が立ちません」のレベルによって対応は変わると思います。まず，①「10問中２問ぐらいしか合いません」「解説を読んでもわかりません」「解くのも苦痛です」というレベルの場合は，受験級そのものを見直した方がいいと思います。準２

級の問題がさっぱりわからない場合でも，３級だと「サクサク解けるので楽しい」ということにもなります。そして３級で90%以上得点できるようになってから準２級に進むとよいでしょう。

②「歯が立ちませんが，解説を読めばなんとかわかります」というレベルの場合は，最初は，試験時間を気にせず，辞書や単語集を使ってもいいことにして80%を目指します。リスニングは「聞き取れるまで何度も何度も聞き返す」という勉強が効果的です。

また，少しでも上の級を目指すことは大切です。たとえば英検３級のリスニングの得点率が８割の人が継続して３級の勉強だけをしてもなかなか伸びないものですが，準２級のリスニングの勉強に着手すると３級でコンスタントに満点近くとれるようになります。とはいえ，自分の実力とかけ離れた級に手を出して「英語が嫌いになってしまった」というのは避けたいですね。自分のレベルを冷静に見極めることも重要です。

過去問を何度も解きました。次はどうすればいいですか？

過去問の勉強を続けてください。たとえば，「３級のリスニングなんてもう簡単だよ」と言うなら，リスニングの問題文をすべて書き取る訓練をしてみてください。意外と難しく感じるでしょう。でも，それによってリスニング力が飛躍的に向上することは間違いありません。短文の空所補充問題は，解答の日本文を見て，文全体を元の英文に復元できるか挑戦してみてください。これはライティングやスピーキングの訓練にもなります。読解問題は，本当にすべての語彙を理解し，さらに英文の意味もすべて理解しているか確認してみてください。こうした使い方こそが，「真の実力を向上させる」方法なのです。

英検の問題はどの級でも，そのレベルに応じた素晴らしい問題です。ですから，「合格」したけれど得点がそれほど高くなかったという人も，上記のようなやり方で，その級の過去問の学習を継続してもらいたいです。

つまり「過去問集」は「合格するまでの，受験対策のための過去問題集」ではなくて，「力を伸ばすための問題集」だと認識してもらいたいと思います。

ある人が次のように言っておられました。
「私は失敗しない。成功するまで繰り返すからだ」
皆さんも，「なにくそ！　負けるものか！」という気持ちでがんばってください。

これが合格の秘訣！

受験体験記

英検受験経験者に，攻略法や合格の秘訣を聞きました。実体験に基づく貴重なアドバイスを参考に，あなたも自分なりの攻略ポイントを見つけ出してください！

Q 効果的な学習方法や対策を教えてください。

リーディング編

まずは単語・熟語の対策です。1日に100単語ずつ覚え，次の日に復習する，といった流れで続けて，「とにかく忘れない」ように学習すると効果的です。文法は間違えやすい時制や関係代名詞などをしっかりと学習しました。長文読解は，ディスコースマーカーや肯定か否定かなど内容に注目して読むと，何度も読み返さなくても解答できると思います。

H. S. さん　2022年度2級受験　当時中学1年生

過去問を解き終わったら，その問題に使われている単語，文法，構文を余すところなく調べると効果的だと思います。

R. T. さん　2019年度2級受験　当時高校2年生

ライティング編

本書で紹介されている竹岡先生の英作文講義動画に沿って真似して書いていき，最終的に自分の型を作れればそうそう困ることはありません。英語での表現については，本書の「傾向分析」の中にある「使える表現」を参考にするといいと思います。

滝上裕太さん　2022年度2級受験　当時高校1年生

まずは，質問に対して日本語で考えられるだけの知識を持ちましょう。過去問の模範解答を参考に，書きやすい型を自分に落とし込んでいきました。

小林寿亘さん　2023年度2級受験　社会人

リスニング編

日本人にはリンキングが理解しにくいので，ひたすら聞いて耳を慣れさせることが大事です。過去問も素晴らしいですが，TED や海外の YouTuber の動画を見てみるのもよい勉強になります！

星野 怜さん　2019 年度 2 級受験　当時中学 3 年生

シャドーイングやディクテーションなどを繰り返して，大事な情報を聞き逃さないようにする訓練を行いました。あとはひたすら過去問を解いて，音に慣れるようにしました。

H. S. さん　2022 年度 2 級受験　当時中学 1 年生

スピーキング編

質問にはパターンが必ずあります。過去問でそのパターンを見つけ，自分でスラスラ言えるようになるまで練習を積み重ねましょう。私のおすすめの練習方法は，最初に自分の考えたものと模範解答をしっかり見比べ，自分の答えに足りないものを修正していくことです。音読については，オーバーラッピングやシャドーイングをして，できるだけネイティブの発音に近づけることも忘れず意識しましょう。

滝上裕太さん　2022 年度 2 級受験　当時高校 1 年生

相手を作ることです。1 人で英文を読むのと，他人を前にして読むのとは全然違います。英語の先生や塾の先生，英検経験者の友人など，必ず誰かに相手をしてもらった方がいいです。

Y. T. さん　2023 年度 2 級受験　当時高校 3 年生

Q 過去問集の使い方を教えてください。

9 回分載っているので，力試しに 1 回，実力強化のために 7 回，最後に本番直前対策として 1 回の計 9 回すべて解きました。

H. S. さん　2022 年度 2 級受験　当時中学 1 年生

Q 今後受験される方へのアドバイスや応援メッセージをお願いします。

試験前日の睡眠時間は本当に大事です。特にS-CBTだと，4技能を全て1日でやることになるので，眠い状態で臨むと本当にリスキーです。試験日に合わせて計画を立てていきましょう。

Y. T. さん　2023年度2級受験　当時高校3年生

私は働きながら趣味の一環で英検を受験しました。学生時代は英語が苦手で，センター試験も2桁台しかとれないほどでした。英語が使えたらかっこいいと思えたり，好きになれたりすればやる気も出てきます。英語を使えれば，外国人とコミュニケーションがとれたり，英語でしか発信されていない情報を理解できたりと世界が広がります。受験される皆様は是非合格を勝ち取ってください。

M. Y. さん　2019年度2級受験　社会人

受験体験記 募集

英検準1級・2級・準2級・3級の受験体験記を募集します。お寄せいただいた体験記は，編集部で選考の上，本シリーズまたはウェブサイトに掲載いたします。

採用された方には3,000円分の図書カードを進呈！　ふるってご応募ください。

応募方法　下記QRコードまたは
教学社の英検®対策書特設サイトからご応募ください。

教学社の英検®対策書特設サイト
http://akahon.net/eiken/

募集対象　2022年度以降に受験された方

受験案内

最新の試験情報や詳細については，必ず英検ウェブサイト（www.eiken.or.jp/eiken/）や英検サービスセンター（03-3266-8311）でご確認ください。

2024 年 1 月現在

英検®（従来型）

3 級以上は，一次試験（Reading・Writing・Listening）と二次試験（Speaking）に分かれています。二次試験は一次試験に合格した人のみが受験できます。

4・5 級は，一次試験（Reading・Listening）のみですが，希望者のみ別途スピーキングテストを無料で受けることができます。

試験日程	年 3 回（第 1 回：6 月頃，第 2 回：10 月頃，第 3 回：翌年 1 月頃） ※二次試験は一次試験の翌月に実施されることが多い。
検定料 （個人申込）	1 級：12,500 円　準 1 級：10,500 円　2 級：9,100 円 準 2 級：8,500 円　3 級：6,900 円　4 級：4,700 円　5 級：4,100 円

英検 S-CBT

コンピュータを使用して受験する方式で，4 技能を 1 日で受験できます。準 1 級・2 級・準 2 級・3 級で実施され，**出題内容・難易度・採点基準は英検（従来型）と変わりません。**合否は従来型と同様に判定されますが，合否にかかわらず 4 技能の英検 CSE スコアを取得できます。

ご自身の都合に合わせて受験日や会場を選択できます。英検（従来型）の日程ではご都合が合わない方，従来型と合わせて併願したい方におすすめです。

試験日程	原則毎週土日，一部エリアは平日も実施 （第 1 回：4 ～ 7 月，第 2 回：8 ～ 11 月，第 3 回：12 ～ 3 月） ※同じ級を受験できるのは検定回ごとに 2 回まで。	
検定料	準 1 級：10,600 円　2 級：9,700 円　準 2 級：9,100 円　3 級：7,800 円	
実施方式	Speaking	コンピュータへの吹込み
	Listening Reading	コンピュータ画面上でのマウス操作
	Writing	キーボードによる**タイピング型**か，手書きによる**筆記型**かを申込時に選択できる。

2級　概要

推奨目安　　高校卒業程度

2級では，「社会生活に必要な英語を理解し，また使用することができる」ことが求められています。

問題形式

2023年度の問題形式は以下の通りです。2024年度からの一次試験では，ライティングに「要約」問題が加わるなど，問題形式が一部リニューアルされることが，公益財団法人 日本英語検定協会より発表されています。詳しくは，P. 32を参照してください。

● 一次試験

測定技能	問題	形式		問題数	解答形式	試験時間	満点スコア
リーディング	1	短文の語句空所補充		20	4肢選択	85分	650点
	2	長文の語句空所補充		6			
	3	長文の内容一致選択	［A］Eメール	3			
			［B］［C］説明文	9			
ライティング	4	英作文		1	記述式		650点
リスニング	第1部	会話の内容一致選択	放送は1回のみ	15	4肢選択	約25分	650点
	第2部	文の内容一致選択		15			

● 二次試験

測定技能	問題	形式	試験時間	満点スコア
スピーキング	音読	60語程度のパッセージを読む	約7分	650点
	No. 1	音読したパッセージの内容についての質問に答える		
	No. 2	3コマのイラストの展開を説明する		
	No. 3	ある事象・意見について自分の意見などを述べる（カードのトピックに関連した内容）		
	No. 4	日常生活の一般的な事柄に関する自分の意見などを述べる（カードのトピックに直接関連しない内容も含む）		

※公益財団法人 日本英語検定協会のウェブサイトより。
最新の問題形式は上記ウェブサイトにてご確認ください。

合格基準スコア　　一次試験：1520　　二次試験：460

一次試験の合否はリーディング・リスニング・ライティングの技能別に算出されたCSEスコアの合計で判定され，二次試験は，スピーキングのスコアのみで判定されます。各技能の問題数は異なりますが，いずれも650点満点と均等に配分されています。かつては，特定の技能の点数が低い場合でも，ほかの技能の点数が高ければ合格する可能性がありましたが，現在の合否判定方法では，各分野バランスよく得点することが求められています。日本英語検定協会によると，2016年度第1回一次試験では，2級以下は各技能6割程度の正答率の受験者の多くが合格しているとのことです。

● 一次試験　成績表の例

英検 CSE スコア　※（　）内は満点スコア				
Reading	Listening	Writing	一次合計	合格基準
523（650）	562（650）	544（650）	1629（1950）	1520

英検 CSE スコアについて

級ごとにそれぞれ技能別の満点が設定され，英語4技能（リーディング・リスニング・ライティング・スピーキング）の各スコアとトータルスコアが表示されます。このスコアは語学力のレベルを示す国際標準規格 CEFR（セファール）にも対応しています。

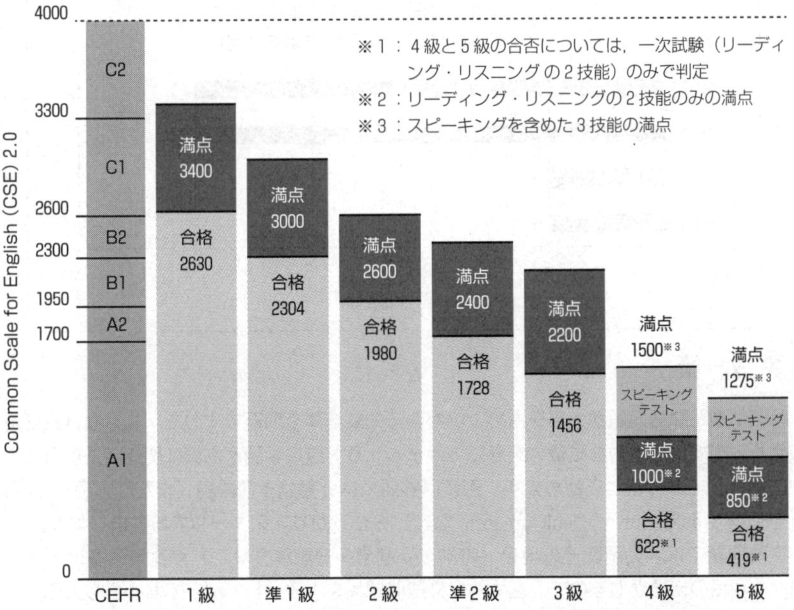

（公益財団法人 日本英語検定協会のウェブサイトより）

2級　傾向分析

問題番号や設問数等は2023年度のものです。2024年度以降は問題形式が一部リニューアルされるため，記載内容とは異なる場合があります。

一次試験　筆記(リーディング・ライティング)

1　短文の語句空所補充　設問数 20問　解答時間の目安 10分

問題文の空所に文脈に合う適切な語句を補う問題です。問題文は短文のほか，会話文の場合もあります。

特 徴

- 単語問題10問（50%），熟語問題7問（35%），文法問題3問（15%）の割合で出題されることが多い。
- 単語問題は，動詞4問，名詞4問，形容詞・副詞2問という構成が多い。
- 熟語問題は，句動詞や形容詞＋前置詞のほか，慣用句も出題される。
- 文法問題は，時制・受動態など動詞の活用形を問う問題のほか，準動詞（不定詞，動名詞，分詞）や関係詞，接続詞，仮定法，比較，代名詞など出題範囲は多岐にわたる。

単語問題の品詞別出題回数

（2022年度第1回～2023年度第2回）

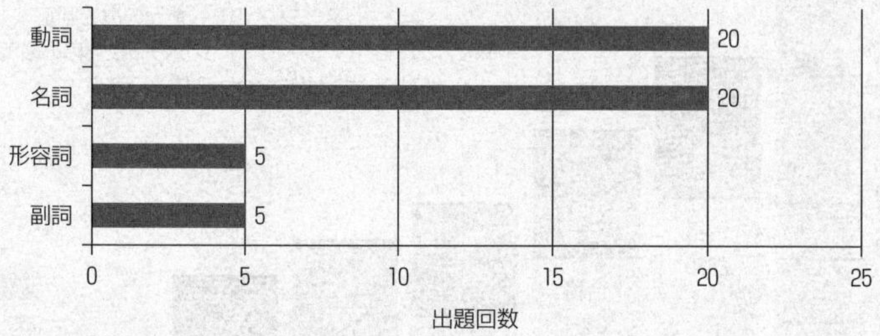

対 策

単語問題と熟語問題が大半を占め，いわゆる知識を問う問題ですので，知らなければ解けません。まずは基本的な語彙力を身につけましょう。特に動詞と名詞に関連した項目を重点的に勉強しておくことを勧めます。例えば熟語では「動詞＋前置詞（または副詞)」からなる句動詞（make out ～ / look up to ～ など）をしっかりマスターしておきましょう。

文法問題では，動詞関連の項目（時制・受動態・分詞構文など）が比較的多いですが，様々な項目の出題があるので，基本的な文法問題集を1冊通して解いておきましょう。

アドバイス　1問に時間をかけすぎないこと。1問30秒以内で解くペースが理想。

2　長文の語句空所補充　設問数 6問　解答時間の目安 16分

英文の空所に文脈に合う適切な語句を補う問題です。[A]と[B]の2つの英文があり，いずれも説明文が出題されています。[A]［B]とも3段落構成で長さは260～270語程度です。

特徴

- [A][B]とも，文化や社会，科学などテーマは幅広い。
- [A][B]とも各段落に1カ所空所が設けられており，設問は3問である。
- 3つの設問のうち1問は「つなぎ言葉」としての副詞（句）や接続詞を入れる問題である。
- 文法の知識を問う問題ではなく，内容理解力が試されている。

対策

意味の流れから空所に何が入るかを推測させる問題なので，やはり単語力と読解力を身につけておくことが何よりも肝要です。特に「つなぎ言葉」の語句はしっかりマスターしておきましょう（therefore / however / in addition / on the contrary など）。空所の前後の内容に注目して解くこともポイントです。空所をはさむ内容が「同様」または「正反対」，さらには「抽象→具体」や「テーマ→例示」などの流れになっているかを意識して読むと，空所に入る語句をより見つけやすくなります。

すべての文を細かく読もうとせず，まずは各段落のテーマや概要を押さえましょう。一方で，空所の前後の文はより正確に読んで意味の流れを理解していきます。そうすることで，空所に入る適切な語句をより見つけやすくなるはずです。

アドバイス　**速読と精読を上手に使い分けること。**

3　長文の内容一致選択　設問数 12問　解答時間の目安 34分

英文の内容に関する質問に答える問題です。英文は[A]Eメールと[B]説明文，[C]説明文の3種類です。[A]は3段落構成で230語程度の英文に対して設問は3問，[B]［C]は4段落構成で350～360語程度の英文に対して設問は4，5問という構成になっています。

特徴

- [A]の内容はビジネスレターや学内通知などフォーマルなものが多い。Eメール文書から必要な情報を的確に読みとる力が試される。
- [B][C]の説明文では，文化・社会・歴史という文系的なトピックから環境・医療などの理系的なトピックに至るまで幅広いテーマが扱われている。
- 文法の知識を問う問題ではなく，内容理解力が試されている。
- [A][B][C]ともに1つの段落につき1つの設問となっていることが多い。
- [C]の最後の設問は文章全体を対象とした内容一致問題である。

対策

［A］に関しては，Ｅメール文書のスタイルや表現に慣れておくことがコツです。特に冒頭の部分ではメールの送信者と宛先・件名などが示されており，ここでまずメールの概要をつかんでから本文を読んでいきましょう。［B］［C］においては長文の語数も多く内容も比較的高度なものが多いため，限られた時間内でどれだけ速く正確に読むかがポイントとなります。また，［A］［B］［C］のいずれにおいても，本文で使われている単語や表現が，各設問の選択肢では，同じ意味を持つほかの単語や表現に言い換えられている場合が多いので，注意が必要です。（例）［本文］"farming"→［選択肢］"growing their own food"（2022 年度第 1 回より）

アドバイス　**1つの段落を読んだらそれに関する設問に取り組む，というアプローチをとるとよい。目標時間は［A］が 8 分，［B］が 12 分，［C］が 14 分。**

4　英作文

設問数　1 問　解答時間の目安　20〜25 分

質問に対する意見とその理由 2 つを 80〜100 語の英文で書く問題です。

- 以下の **TOPIC** について，あなたの意見とその理由を 2 つ書きなさい。
- **POINTS** は理由を書く際の参考となる観点を示したものです。ただし，これら以外の観点から理由を書いてもかまいません。
- 語数の目安は 80 語〜100 語です。
- 解答は，解答用紙のＢ面にあるライティング解答欄に書きなさい。なお，解答欄の外に書かれたものは採点されません。
- 解答が **TOPIC** に示された問いの答えになっていない場合や，**TOPIC** からずれていると判断された場合は，0 点と採点されることがあります。**TOPIC** の内容をよく読んでから答えてください。

TOPIC

Some people say that it is necessary for people to go to important historical sites in order to understand history better. Do you agree with this opinion?

POINTS

- ***Experience***
- ***Motivation***
- ***Technology***

（2022 年度第 1 回問題 4 より　解答例は，2022 年度第 1 回 P. 22 参照）

特 徴

●最近の TOPIC は以下の通り。環境，雇用，教育など，社会的なものが多い。

・配達業者が荷物を玄関のそばに置くサービスは普及すると思うか（2023 年度第 2 回）
・雨水を植物への水やりなどに利用する建物は普及すると思うか（2023 年度第 1 回）
・日本はインターネット投票を使うべきか（2022 年度第 3 回）
・日本で働く他国出身の人々をもっと受け入れるべきか（2022 年度第 2 回）
・歴史をもっとよく理解するために重要な史跡に行くことが必要か（2022 年度第 1 回）

●以下のような問われ方が多い。

Some people say〔It is often said〕that ～. Do you agree with this opinion?

「～と言う人がいるが〔～とよく言われるが〕，あなたはこの考えに賛成か」

●他には，「今日～という人が多いが，将来，そういった人は増えるか〔今後より一般的になるか〕」といった質問もある。

対 策

✔ 4つの観点

まずは，英検の英作文がどのような観点で採点されるのかを知っておきましょう。

(1) **内容**　課題で求められている内容（意見とそれに沿った理由）が含まれているかどうか
(2) **構成**　英文の構成や流れがわかりやすく論理的であるか
(3) **語彙**　課題に相応しい語彙を正しく使えているか
(4) **文法**　文構造のバリエーションやそれらを正しく使えているか

（公益財団法人 日本英語検定協会のウェブサイトより）

上記の点に注意しながら解答を作成します。また，自分で作成した解答について，先生に添削をしてもらう前に，この 4 つの観点から自己採点するとよいでしょう。

特に(1)と(2)については，具体的に以下の点に注意しましょう。

(1) **内容について**：問われている内容（意見とその理由 2 つ）にきちんと答えているか。また，2 つの理由に対して，その理由を支持する説明が述べられているか。「理由を支持する説明」とは，それぞれの理由の裏付けとなる自分の経験や具体例のことで，説得力のあるライティングにするためには必要不可欠な要素である。

(2) **構成について**：以下のような基本的な「型」に基づいた構成になっているか。

意見 →
理由① → 理由①を支持する説明
理由② → 理由②を支持する説明
→ 結論

✔ 解答作成の手順

日本語での作文同様，いきなり書き始めるのではなく，最初の3分間ほどで内容や構成を考えましょう（手順1～3）。その際，書きたいことのポイントを箇条書きでメモすることを勧めます。また，使える単語や表現もあわせて書き出しておくとよいです。

1．TOPIC に対する自分の意見（賛成・反対）を決定する

[使える表現]

●In my opinion, this is a good idea.「私の意見ではこれは良い考えです」

●I don't think this is a good idea.「この考えは良いとは思いません」

●This idea strikes me as good.「これは良い考えだと思います」

●(Definitely) I think that ～「(絶対) ～だと思います」

●It seems to me that ～「私には～のように思えます」

●I agree〔disagree〕with the idea that ～「～という考えに私は賛成〔反対〕です」

●I strongly believe that ～「私は～であると強く信じています」

2．各 POINT について方針を決める

・決定した意見について，問題に示された POINTS の観点から論点を整理します。

[使える表現]

●Here are two reasons to support my view.「私の意見を裏付ける2つの理由は以下の通りです」

●Here are two reasons why I think so.「そう考える2つの理由は以下の通りです」

●For the two reasons〔For the reasons above〕, I think ～「2つの〔以上の〕理由から私は～と思います」

●Let me give you one example.「1つ例を挙げてみましょう」

●I would like to discuss this issue based on two points.「この問題を2つの点から述べてみたいと思います」

●Two things need to be taken into account to discuss this issue.「この問題を論じるためには2つのことを考慮に入れなくてはいけません」

●all things considered「あらゆることを考慮に入れて」

●first / firstly / first of all「まず，第一に」

●second / secondly「第二に」

●One reason is that ～. The other reason is that ～.「1つめの理由は～ということです。もう1つの理由は～ということです」

3．構成を考える（序論・本論・結論）

・基本的には「序論→本論→結論」の3段構成をとると書きやすくなります。

・序論と結論が同じ表現にならないように気をつけましょう。例えば，序論で I agree that it is necessary for people to go to important historical sites to understand history better. と始めて，結論で Therefore, I agree that it is necessary for people to go to important historical sites to understand history better. と結ぶような作文をよく見かけます。文章の最初と最後でほぼ同じ表現を使うと，冗長な印象を与えます。そこで結論の

文の表現を少し変えて，For these reasons, I think people should visit historical sites. などとすることでより自然な英文になります。

4．自分の意見を書く

・文章を書くときには，同じ語句の多用を避けましょう。短い文章の中で，“I think ～”，“I want to ～”，“so ～”などを繰り返し使用する学習者はとても多いです。これらの表現の使用は必要最低限にとどめましょう。

・文同士をつなぐ「つなぎ言葉」などにも注意します。文頭に And / But / So を使うのは避けましょう。

[使える表現]

●in addition / furthermore / moreover / besides「さらに」

●however / yet「しかし」

●on the other hand / in the meantime「その一方で」

●in conclusion「結論として」

●to sum up「要約すると」

●therefore「それゆえ」

●More should be done to solve this problem.「この問題を解決するためにもっと多くのことがなされなくてはいけません」

●It might be difficult to come up with the best solution, but we should continue to work hard on this issue.「最良の解決策を見いだすことは難しいかもしれませんが，私たちはこの問題に懸命に取り組んでいくべきです」

5．書き上げた文章を黙読し，手直しする

・時制，複数形，冠詞，三単現の s，そしてつづりなどのミスがないか確認しましょう。

・書き上がった文章を心の中で「音読」することで英文の調子が確認でき，間違いや不自然な部分に気づくことがあります。

・目標時間のうち，目安として 3 分を構想に，5 分を見直しに，残りの時間を文章作成に使うことを勧めます。

竹岡先生の特別授業

●以下の **TOPIC** について，あなたの意見とその理由を２つ書きなさい。

● **POINTS** は理由を書く際の参考となる観点を示したものです。ただし，これら以外の観点から理由を書いてもかまいません。

●語数の目安は 80 語～100 語です。

●解答は，解答用紙のＢ面にあるライティング解答欄に書きなさい。なお，解答欄の外に書かれたものは採点されません。

●解答が **TOPIC** に示された問いの答えになっていない場合や，**TOPIC** からずれていると判断された場合は，０点と採点されることがあります。**TOPIC** の内容をよく読んでから答えてください。

TOPIC

Nowadays, more young people are reading electronic books.
Do you think the number of these people will increase in the future?

POINTS

● ***Costs***
● ***Convenience***
● ***Health***

解答例および解説は，竹岡広信先生による講義動画を参照！
竹岡先生の講義でワンランク上のライティングを目指そう！

➡https://akahon.net/eiken/kougi/

※配信は予告なく終了する場合がございます。

一次試験　リスニング

第１部 会話の内容一致選択　設問数 15問　解答時間 1問あたり10秒

　会話の内容に関する質問に答える問題です。放送回数は１回のみです。選択肢はすべて問題冊子に印刷されています。

特 徴

- 会話の状況としては「友人同士」「職場の上司と部下」「従業員と客」などが多い。また「電話での会話」や「機内での会話」も頻出で，放送される音声には電話の呼び出し音なども含まれることがある。
- 会話ごとに１つの設問が出される。特によく問われるのは以下の５つ。
  ①登場人物の行動や状態の理由「なぜＡは～するのか／～しないのか」
  ②登場人物の今後の予定・行動「Ａはこれから何をするか」
  ③登場人物や状況の抱える問題点「Ａの問題は何か」
  ④登場人物や状況についてわかること「Ａについて何がわかるか」（What do we learn about A? または What is one thing we learn about A? と問われる）
  ⑤登場人物の発言内容「Ｂについて Ａが言っていることの一つは何か」（What is one thing A says about B? と問われる）

対 策

　過去問を多く解いて，音声や会話の状況に耳を慣らすこと。さらに解いた問題はスクリプトを見ながら音声に合わせて何度も読んでみましょう。その際，音の連結（リンキング）なども真似して発音しましょう。そのあとでもう一度音声を聴くと，よりはっきりと聴き取れ，スピードも最初の時より遅く感じるはずです。このようなトレーニングを続けることで少しずつリスニング力が向上していきます。一方で，会話に特有の表現も覚えていきましょう。例えば，乗り物に関した会話では aisle seat / window seat「通路側の席 / 窓側の席」のような特有の表現が出てくることが多く，それを知らないと会話全体の聴き取りに支障をきたすことがあります。

> アドバイス　　**選択肢に前もって目を通し，これから流れてくる放送文の内容をある程度予想して，「待ち受けて聴く」こと。特に選択肢の中に固有名詞（名前や地名）や数字がある場合は注意が必要。**

第2部 文の内容一致選択

設問数 15問 解答時間 1問あたり10秒

短い文章の内容に関する質問に答える問題です。文章の長さは4～6文程度です。放送回数は1回のみです。選択肢はすべて問題冊子に印刷されています。

特 徴

- 「登場人物に起こった出来事」と「アナウンス」に関する英文が多く，「動植物の習性」も頻出である。また「講演・スピーチのテーマの紹介」が出ることもある。
- 文章ごとに1つの設問が出される。特によく問われるのは以下の5つ。

①登場人物の行動や状態の理由「なぜAは～する〔した〕のか」
②登場人物の今後の予定・行動「Aは今週何をするか」など
③登場人物の過去の行動「Aは先週何をしたか」など
④登場人物や状況の抱える問題点「Aの問題は何か」
⑤登場人物や状況についてわかること「Aについて何がわかるか」

対 策

第1部の対策内容に加えて，第2部のスクリプトを「戻り読みをせず，速読する」練習をしましょう（その際に音読をするとなお良いです）。当たり前のことですが，「読めない文」は「聴き取れない」のです。逆に言えば，「速く読める文」は「聴き取れる」ことが多いのです。リスニング力とリーディング力はリンクしていることを忘れずに，日頃から読解とリスニングをバランス良く勉強していきましょう。

アドバイス　**第1部よりも放送される英文の量が多いため，読まれる英文を「映像化」して聴くこと。内容を頭の中で整理しやすくなり，理解度アップにつながる。**

二次試験　面接（スピーキング）

英文と，イラスト（つながりのある3コマ）が印刷された問題カードが1枚渡されます。英文の音読と，4つの質問に答えることが求められます。

受験者用問題カードD

Disasters and Pets

Pets are usually regarded as important members of families. However, when natural disasters occur, it can be difficult to find places where people and pets can stay together. Some local governments provide these places, and in this way they allow people to look after their pets during emergencies. Such places are likely to become more and more common in the future.

Your story should begin with this sentence: **One day, Mr. and Mrs. Mori were on vacation near the beach.**

※実際の問題カードはカラーで印刷されています。

Questions

No. 1　According to the passage, how do some local governments allow people to look after their pets during emergencies?

No. 2　Now, please look at the picture and describe the situation. You have 20 seconds to prepare. Your story should begin with the sentence on the card.

No. 3　Some people say that the number of pet cafés that allow people to play with animals will increase in the future. What do you think about that?

No. 4　Nowadays, many people share information about their daily lives online. Do you think people are careful enough about putting their personal information on the Internet?
Yes. → Why? / No. → Why not?

※質問英文は問題カードには印刷されていません。

（2023年度第1回より　解答例は2023年度第1回 P. 48～50 参照）

面接の流れ

まずは英検の面接の流れを説明します。

❶ 入室・着席

係員の指示に従って面接室に入ります。次に面接委員に面接カードを手渡し，面接委員の指示で着席します。

やりとりの例

=Examiner「面接委員」　=Examinee「受験者」

【ドアをノックして入室する】（*Knock-knock.*）Hello.
（コンコン〈ノックする音〉）こんにちは。

Hello. Can I have your card, please?
こんにちは。カードをいただいてもいいですか？

Yes. Here you are.　はい。これです。

Thank you. Please have a seat.
ありがとうございます。どうぞおかけになってください。

Thank you.　ありがとうございます。

❷ 氏名・受験級の確認と挨拶

面接委員と受験者がお互いの氏名を伝え合ってから受験級の確認が行われます。その後，簡単な挨拶をします。

My name is Taro Yamada. May I have your name, please?　私の名前は山田太郎です。お名前をお伺いしてもよろしいですか？

Yes. My name is Keiko Tanaka.
はい。私の名前は田中けいこです。

Ms. Tanaka, this is the Grade 2 test. OK?　田中さん，これは英検２級の試験です。間違いないですか？

OK.　大丈夫です。

How are you today?　今日はいかがですか？

I'm fine, thank you.　元気です。ありがとうございます。

OK. Now, let's start the test.
わかりました。ではテストを始めましょう。

3 問題カードの黙読と音読

面接委員から問題カードが手渡され，20 秒間，問題カードのパッセージを黙読するように指示されます。その後，指示に従い音読します。

Here's your card.　問題カードです。

Thank you.　ありがとうございます。

First, please read the passage silently for 20 seconds.
まず，本文を 20 秒間黙読してください。

【面接委員がタイマーをセット。20 秒後にタイマーが鳴る】

All right. Now, please read it aloud.
はい。では，本文を音読してください。

【音読開始】

4 4 つの質問

音読が終わると質問のやりとりが始まります。

面接委員からの 4 つの質問があります。No. 1 は問題カードのパッセージについて質問されます。No. 2 はイラストの展開説明をすることが求められます。

No. 2 の質問まで終わると，問題カードを裏向きにするように指示があります。そして，No. 3・4 の受験者自身の意見を問う質問に移ります。

Now, I'll ask you four questions. No. 1. ….
では 4 つの質問をします。質問 1 です。…。

【質問に答える】

No. 2. Now, please look at the picture and describe the situation. You have 20 seconds to prepare. Your story should begin with the sentence on the card.　質問 2 です。では，イラストを見てその状況を説明してください。準備の時間は 20 秒あります。話は，カードにある文で始めてください。

【面接委員がタイマーをセット。20 秒後にタイマーが鳴る】

Please begin.　始めてください。

【展開説明を行う】

Now, Ms. Tanaka, please turn over the card and put it down. No. 3. …. What do you think about that?
では田中さん，カードを裏向きにして下に置いてください。質問 3 です。…。あなたはそれについてどう思いますか？

【質問に答える】

No. 4. …. Do you think …?
質問 4 です。…。あなたは…と思いますか？

Yes. / No.　はい。／いいえ。

Why? / Why not?　なぜですか？／なぜそうではないのですか？

【質問に答える】

5 問題カードの返却と退室

面接委員から試験が終了したことが告げられますので，問題カードを返却し，挨拶をして退出します。

All right, Ms. Tanaka, this is the end of the test. Could I have the card back, please?
はい，田中さん，これで本日の試験を終了します。カードを返していただけますか？

Here you are.　お返しします。

Thank you. You may go now.
ありがとうございます。退出してください。

Thank you.　ありがとうございます。

Goodbye. Have a nice day.
さようなら。良い一日をお過ごしください。

You too. Goodbye.
そちら様も良い一日を。失礼します。

（イラスト：山本 篤）

アティチュードについて

面接試験の評価項目に，アティチュード（attitude）というものがあります。これは「積極的にコミュニケーションを図ろうとする意欲や態度」のことです。英検では，質問に正しく答えることや発音はもちろん大切ですが，面接委員の目を見て，時には身振りや手振りを交えて，自分の意思や意見をしっかり面接委員に伝えようとする積極性が評価されるのです。

アドバイス　**質問が聞き取れなかったら，質問を繰り返してもらおう！**
（例）Excuse me, I beg your pardon?「すみませんが，もう一度繰り返していただけませんか？」ただし，2回続けて繰り返してもらったり，不自然な間があきすぎたりすると，減点の対象となりますから，注意してください。「ゆっくり話してください」などのお願いや，質問の内容や文の意味の確認をすることはできません。

音読

面接委員
First, please read the passage silently for 20 seconds.
(20 秒後) All right. Now, please read it aloud.
訳 まず，本文を 20 秒間黙読してください。
(20 秒後) はい。では，本文を音読してください。

黙読のポイント

●まずはタイトルと本文 1 文目を読み，文全体の意味をつかむよう心がけましょう。
●自分の知らない単語や，発音に気をつけるべき箇所をチェックしましょう。

音読のポイント

●タイトルから読み始めましょう。
●大きな声で読みましょう。
●意味のまとまりに注意しながら，抑揚をつけて読むこと。音声専用サイト（CONTENTS の前にある袋とじ参照）で聞けるモデルリーディングを参考に練習しましょう。
●以下のポイントにも気をつけて練習してください。
- 単語のアクセントに注意しましょう。アクセントのある音節は強く，その他は弱く発音するとよいでしょう。
- 前置詞，代名詞，be 動詞，助動詞，接続詞，関係代名詞などは，一般に弱く発音されます。
- 名詞，動詞，形容詞，副詞，疑問詞などは，一般に強く発音されます。
- like to，want to，be going to，Will you などは，ひとまとまりのものとして，間をおかずに続けて読みましょう。
- どう発音してよいかわからない単語が出てきた場合も，あわてず，ローマ字を頼りに音読するようにしましょう。沈黙したり，読まずに次の単語に移ったりしては良い評価は得られません。

No. 1　音読した英文の内容について質問に答える

面接委員

No. 1. According to the passage, how do some local governments allow people to look after their pets during emergencies?

訳　本文によれば，一部の地方自治体は，どのようにして人々が緊急事態時に自分のペットの世話をできるようにしているのですか。

特 徴

●英文の内容について，how もしくは why で問われる（how で問われる設問が多い）。

●面接における設問の中で，最も答えにくく一番の難所である。

解答のポイント

●特に how で問われる質問は答えにくいので，以下のような 2 段階の練習を勧めます。

①質問文と同内容の箇所を見つけ（下の例の灰色の部分，多くの場合パッセージ後半にある），その直前の **by doing so**「そうすることで」や **in this way**「このようにして」といった表現に着目。それらのさらに直前の文（赤色の部分）が解答文のベースとなる。

Disasters and Pets

Pets are usually regarded as important members of families. However, when natural disasters occur, it can be difficult to find places where people and pets can stay together. Some local governments provide these places, and in this way they allow people to look after their pets during emergencies. Such places are likely to become more and more common in the future.

②ここで解答文のベース（赤色の部分）をそのまま答えないように注意！　さらに以下の 2 点に留意して言い換えること。

(1)　主語を代名詞に置き換える。

(2)　**such** ～ / **these** ～「そのような～ / このような～」といった表現のままでは説明不足。直前の文から同表現を具体的に述べている部分（波線の部分）を見つけ，置き換える。

Disasters and Pets

Pets are usually regarded as important members of families. However, when natural disasters occur, it can be difficult to find places where people and pets can stay together. Some local governments provide these places, and in this way they allow people to look after their pets during emergencies. Such places are likely to become more and more common in the future.

Some local governments provide these places.

↓　　　　　　　↓

They provide places where people and pets can stay together.

または解答文の主語を取り，述語動詞の部分をBy *doing*に換えてもよいでしょう。

Some local governments provide these places.

↓　　　　↓　　　↓

×　　　By providing places where people and pets can stay together.

それぞれ，下の文が最終的な解答文となります。慣れないうちは大変ですが，過去問で練習を繰り返せばコツがつかめてきます。やりやすい方法を試してみましょう。

No. 2　イラストの展開説明

Your story should begin with this sentence: **One day, Mr. and Mrs. Mori were on vacation near the beach.**

（2023年度第1回問題カードDより）

面接委員

No. 2. Now, please look at the picture and describe the situation. You have 20 seconds to prepare. Your story should begin with the sentence on the card.

訳　では，イラストを見てその状況を説明してください。準備の時間は20秒あります。話は，カードにある文で始めてください。

特 徴

●イラストは3コマで，時間の流れに沿った一連のものである。
●開始文として指定された英文には，説明すべき人物の名前が記されている。
●1つめのコマでは吹き出しを使ってセリフが示されている。

解答のポイント

●3つのコマについて順序よく説明するようにしましょう。
●1つめのコマは直接話法を使って吹き出しのセリフをそのまま引用します。
●2つめと3つめのコマでは，2人の登場人物の動作や状態をそれぞれ説明します。
●「過去の話」という設定なので，直接話法のセリフ以外は，時制は過去形を使いましょう。
●説明に使える便利な表現：A was thinking of *doing*「Aは～しようと思っていた」/ A couldn't … because ～.「Aは～なので…できなかった」/ B wanted to … but ～.「Bは…したかったが～であった」

No. 3・4　意見を述べる

No. 3とNo. 4は，問題カードを裏返しにしてから始まります。

面接委員

No. 3. Some people say that the number of pet cafés that allow people to play with animals will increase in the future. What do you think about that?

訳　人々が動物と遊ぶことができるペットカフェの数が将来増えるだろうと言う人もいます。あなたはそれについてどう思いますか。

特 徴

●問題カードのトピックに関連した内容が問われ，それに対しての意見を述べる。
●Some people say that ～. What do you think about that?「～と言う人もいます。あなたはそれについてどう思いますか」という問われ方が多い。

解答のポイント

●まずは，I agree. / I disagree. で賛成か反対かを答え，続けてその意見を裏付ける根拠を述べましょう。
●根拠は2，3文で答えましょう。自分が使える構文や語彙の範囲で明確に答えること。
●根拠を述べる際には客観的な内容となるように心がけましょう。

面接委員

No. 4. Nowadays, many people share information about their daily lives online. Do you think people are careful enough about putting their personal information on the Internet?

（Yes. と答えた場合）Why? （No. と答えた場合）Why not?

訳 近頃，多くの人々が自分の日常生活に関する情報をオンラインで共有しています。あなたは，自分の個人情報をインターネットに掲載することについて人々が十分に注意していると思いますか。

（Yes. と答えた場合）なぜですか。（No. と答えた場合）なぜそうではないのですか。

特 徴

- 日常生活の一般的な事柄に対して自分の意見を述べる。問題カードのトピックに直接関連しない内容も含まれる。
- Yes. / No. で賛成か反対かを答えると，Why? / Why not? とさらに理由を問われる。

解答のポイント

- 基本的には No. 3 と同じです。質問されるテーマは最近話題になるトピックが多いので，それらについて自分の意見を２，３文程度で述べる練習をしましょう。

問題形式リニューアルに向けて

公益財団法人 日本英語検定協会より，2024年度第1回検定以降の試験の問題形式が一部リニューアルされることが公表されています。ここでは，問題形式がどう変わるのか，どのような対策が必要なのかを見ていきましょう。

リニューアル後の問題形式

● 一次試験

<table>
<tr><th>測定技能</th><th>問題</th><th colspan="2">形　式</th><th>問題数</th><th>解答形式</th><th>試験時間</th><th>満点スコア</th></tr>
<tr><td rowspan="4">リーディング</td><td>1</td><td colspan="2">短文の語句空所補充</td><td>20⇨17</td><td rowspan="4">4肢選択</td><td rowspan="6">85分</td><td rowspan="4">650点</td></tr>
<tr><td>2</td><td colspan="2">長文の語句空所補充</td><td>6</td></tr>
<tr><td rowspan="2">3</td><td rowspan="2">長文の内容一致選択</td><td>［A］Eメール</td><td>3</td></tr>
<tr><td>［B］［C］説明文
⇨［B］を削除</td><td>9⇨5</td></tr>
<tr><td rowspan="2">ライティング</td><td>New!</td><td rowspan="2">英作文</td><td>要約</td><td>1</td><td rowspan="2">記述式</td><td rowspan="2">650点</td></tr>
<tr><td>4</td><td>意見論述</td><td>1</td></tr>
<tr><td rowspan="2">リスニング</td><td>第1部</td><td>会話の内容一致選択</td><td rowspan="2">放送は
1回のみ</td><td>15</td><td rowspan="2">4肢選択</td><td rowspan="2">約25分</td><td rowspan="2">650点</td></tr>
<tr><td>第2部</td><td>文の内容一致選択</td><td>15</td></tr>
</table>

※公益財団法人 日本英語検定協会のウェブサイトより。
リニューアルの時期・内容については，今後変更が生じる場合があります。最新の情報は上記ウェブサイトにてご確認ください。

どう変わる？

●一次試験において，ライティングの出題が1題から2題へと増加します。既存の「意見論述」問題に加え，「要約」問題が新たに出題されます。問題冊子上では，「要約」問題は「意見論述」問題の前に入ります。

●試験時間（85分）に変更はありませんが，試験時間の調整のため，語彙問題・長文問題の設問数が少なくなると発表されています。

大問1：短文の語句空所補充⇨3問削除（文法問題など）

大問3B：長文の内容一致選択⇨4問削除（設問 No. 30〜33）

どんな問題？　どう解く？

解答時間の目安 13～15分

以下は，英検協会から発表されている要約問題の出題例（サンプル問題）です。3段落で構成される154語の英文を読んで，その内容を45～55語の英語で要約する問題です。

●以下の英文を読んで，その内容を英語で要約し，解答欄に記入しなさい。
●語数の目安は45語～55語です。
●解答欄の外に書かれたものは採点されません。
●解答が英文の要約になっていないと判断された場合は，0点と採点されることがあります。英文をよく読んでから答えてください。

When students go to college, some decide to live at home with their parents, and others decide to rent an apartment by themselves. There are other choices, too. These days, some of them choose to share a house with roommates.

What are the reasons for this? Some students have a roommate who is good at math or science and can give advice about homework. Other students have a roommate from abroad and can learn about a foreign language through everyday conversations. Because of this, they have been able to improve their foreign language skills.

On the other hand, some students have a roommate who stays up late at night and watches TV. This can be noisy and make it difficult for others to get enough sleep. Some students have a roommate who rarely helps with cleaning the house. As a result, they have to spend a lot of time cleaning the house by themselves.

（公益財団法人 日本英語検定協会のウェブサイトより）

どう解く？

✔ 4つの観点

ライティングの採点に関する観点は以下の4つです。この観点は，意見論述問題でも要約問題でも同じです（P. 17参照）。

(1) **内容**　課題で求められている内容が含まれているかどうか
(2) **構成**　英文の構成や流れがわかりやすく論理的であるか
(3) **語彙**　課題に相応しい語彙を正しく使えているか
(4) **文法**　文構造のバリエーションやそれらを正しく使えているか

（公益財団法人 日本英語検定協会のウェブサイトより）

採点では，観点ごとに0～4点の5段階で評価され，得点の満点は16点となります。

✔ 要約のポイント

要約のポイントは以下の3つです。

⑴文章全体で伝えているメッセージを捉える

→まずはしっかりと英文を読んで，テーマや趣旨を読み取りましょう。

⑵パラグラフ毎の重要なポイントを盛り込む

→各段落の要点を押さえ，それを中心に要約文を構成していきます。

⑶具体的表現を抽象的表現にまとめる

→出題文をそのまま書くのではなく，より一般的な短い表現にしてまとめます。

⑴と⑵は長文読解問題や意見論述問題と共通する事項でもあります。過去問などでしっかりと読解力・英作文力を養っておきましょう。⑶については，パラフレーズ（言い換え）表現をたくさん身につけておくとよいでしょう。

✔ 解答作成の手順

1．段落相互の関係性，論理展開の構成を分析する

・英文の各段落は1つのテーマを持って書かれています。まずは段落ごとの「言いたいこと」を簡潔にまとめ，段落相互の関係性，論理展開を考えましょう。

・出題例の場合は，「第1段は主題の導入，第2段は利点，第3段は欠点」という構成になっています。その他の論理構成としては，「第1段は導入，第2段は具体例①，第3段は具体例②」「第1段は何らかの主張，第2段はその主張に対する賛成意見，第3段はその主張に対する反対意見」などが考えられます。

2．段落ごとに要約する

・すぐに全文の要約を書き始めるのではなく，まず段落ごとに要約文を作っていきましょう。語数指定は45～55語なので，単純計算で各段落15～18語程度です。ただし実際は，導入は比較的短くまとまるはずなので，第1段は10語程度，第2・3段は各20語程度になるでしょう。1文を大体10語程度で書くなら，第1段は1文，第2・3段は各2文程度になります。

3．自分の言葉で書く

・出題文に含まれる英文を丸ごと抜き出して書くのは避けましょう。設問文の指定にも「解答が英文の要約になっていないと判断された場合は，0点と採点されることがあります」とあり，この指定は「全く内容の異なる要約文には点を与えない」というだけではなく「出題文の丸写しも減点対象である」という趣旨が含まれていると考えられます。出題文中の表現を多少利用する程度なら構いませんが，「要約になっていない」と判断されないよう工夫が必要です。同じ意味を表す場合でも，文型を変えたり使う単語を変えたりするなど，できるだけ出題文とは違う表現で書くように心がけましょう。

4．余分な情報は書かない

・要約は簡潔であることが重要です。余分な繰り返しや具体例の列挙などは避け，「重要な情報だけを書く」「具体例の列挙は抽象化してまとめる」といったように，できるだけ簡

潔に表せるよう工夫しましょう。

・出題例でも，例えば第2段では，第3文（Other students have …）が「日常会話を通して外国語を学ぶ」という原因，続く第4文（Because of this, …）が「外国語の能力が向上する」という直接の結果なので，「ルームメイトと会話することで語学力が向上する」のように1文にまとめることができます。

5．各段落の要旨を組み合わせる

・出来上がった各段落の要約文は，ただ列挙して箇条書きにするのではなく，適切なつなぎ言葉（ディスコース・マーカー）を使って，各段落の関係性がわかるようにしましょう。

・出題例の場合は，第2段が利点，第3段が欠点なので，例えば on the positive side「良い面では」，on the downside「悪い面では」などの表現をそれぞれの要旨の冒頭に用いると，文章全体の要旨がわかりやすくなります。

対 策

1．要約能力を鍛える

・普段の学習で読解をする際は，単に問題を解いて終わりとするのではなく，自分で段落ごとに要約してみましょう。最初は英語要約ではなく，日本語要約でよいでしょう。まずは，文章の中で“重要な情報”と“そうではない情報”の選別をして，各文の論理的なつながりや対比，あるいは言い換えなどに気付けるようになることが肝心です。本書の解答編のリーディングの解説には「各段落の要旨」が載っているので，参考にしましょう。

2．パラフレーズ（言い換え）表現を数多く身につける

・要約では与えられた英文をそのまま書くのではなく，簡潔な表現で言い換えることが必要です。例えば「～するのは難しい」という意味を表す際，It is difficult to *do*, S have difficulty (in) *doing*, S find it difficult to *do* など様々な表現を使うことができます。こうした言い換え表現を1つでも多く身につけられるよう，普段の勉強から意識しておきましょう。言い換えは，リーディングやリスニングの内容一致問題の選択肢中でよく行われているので，参考にしましょう。

3．実際に英文で要約を書いてまとめる

・頭の中で何となく要約できるのと実際に書いてみるのとでは大きな違いがあります。過去問のリーディングの英文（特に2Aと2B）などを使って，要約を英文で書いてみましょう。ただし，この際に「日本語で要約したものを英訳する」という方法は避けましょう。母語で文章を書くとどうしても難しい表現を使ってしまい，「外国語でどう言うのかわからない日本文を英訳する」という事態に陥ってしまうことがあります。さらに，日本語要約をしてから英訳をするという作業は，時間もかかるので実戦的な方法とは言えません。

・要約の作り方としては，与えられた英文の情報や論理関係を整理しながら，「英文を違う表現に言い換える」という意識で作っていくとよいでしょう。その際，同じ単語や似たような表現を繰り返していないか，論理のつながりは円滑であるかといった観点で見直しましょう。

出題例の解答例と解説

✔ 出題例の全訳

訳

大学に行くとき，両親と一緒に家で暮らすことを決める学生もいれば，自分で部屋を借りることを決める学生もいる。他の選択肢もある。最近では，学生の中にはルームメイトと家を共有することを選ぶ者もいる。

この理由は何か？　一部の学生は，数学や科学が得意で宿題についてアドバイスすることのできるルームメイトを持つ。また別の学生は，海外出身のルームメイトを持ち，日常会話を通して外国語を学ぶことができる。このおかげで，彼らは自身の外国語能力を向上させることができている。

一方，夜更かししてテレビを見るルームメイトを持つ学生もいる。これは騒々しく，他の人が十分な睡眠を取ることを困難にする可能性がある。家の掃除をめったに手伝ってくれないルームメイトを持つ学生もいる。その結果，こうした学生は，自分たちで家を掃除するのに多くの時間を費やさなければならない。

語句・構文

(第1段) □ rent an apartment「部屋を借りる」　□ by *oneself*「自力で，独力で」
□ choice(s)「選択肢」　□ these days「近頃，最近」
□ share *A* with *B*「*A* を *B* と共同で使う」

(第2段) □ be good at ～「～が得意である」　□ everyday「日々の，日常の」
□ conversation「会話」　□ improve「～を改善する，向上させる」
□ skill(s)「技能，技術」

(第3段) □ on the other hand「他方で，一方で」
□ stay up late at night「夜更かしする」　□ noisy「騒がしい，騒々しい」
□ make it difficult for *A* to *do*「*A* が～するのを難しくする」
□ rarely「めったに～ない」
□ help with ～「(作業・課題など) を手伝う」
□ as a result「結果として」　□ spend *A* *doing*「*A* を～するのに費やす」

各段落の要旨

第1段　[主題の導入] 大学進学に当たり，ルームシェアを選択する学生がいる。

第2段　[利点] ルームシェアをすることで，以下2つの利点がある。
①数学や科学の得意なルームメイトに宿題の助言を求めることができる。
②外国語を話すルームメイトとの日常会話は語学の勉強になる。

第3段　[欠点] ルームシェアをすることで，以下2つの欠点がある。
①ルームメイトが夜更かしして睡眠が妨害される場合がある。
②ルームメイトが部屋の掃除を手伝ってくれない場合がある。

✔ 解答例

解答例 1　**Nowadays, some college students share homes with others. They choose to do so because they can expect their roommates to give them advice on homework or to help improve their language skills. However, they might be disturbed if their roommates make noise at night or do not keep their rooms clean.（51 語）**

訳 今日，一部の大学生は住居を他の学生と共有する。彼らがそうすることを選ぶ理由は，ルームメイトが宿題の助言をしてくれたり，言語能力を向上させる手助けをしてくれたりすることを期待できるからだ。しかし，そのルームメイトが夜に騒音を立てたり，部屋を綺麗に保たなかったりすることが理由で煩わされるかもしれない。

解答例 2　**College students choosing to share homes with others can experience both advantages and disadvantages. On the positive side, they can rely on their roommates to give them academic advice or help them become competent in another language. Conversely, the roommates may cause trouble by preventing a peaceful night's sleep or neglecting household duties.（53 語）**

訳 他人と住まいを共有することを選択した大学生は，長所と短所の両方を経験し得る。良い点としては，彼らはルームメイトが学業の助言をしてくれたり，語学力の向上を手助けしてくれたりするのを当てにできる。反対に，ルームメイトが平穏な夜の睡眠を妨げたり，家事を疎かにしたりして，迷惑となることもある。

✔ 解　説

［第 1 段］▶第 1 段は導入として，“実家で暮らす大学生”“アパートを借りて一人暮らしする大学生”が引き合いに出されているが，あくまで本題は“ルームシェアをする大学生が増えている”という部分であり，語数も考慮して，本題以外は割愛する。したがって，第 1 段の要約としては，〔解答例 1〕のように，Nowadays, some college students share homes with others.「ルームシェアを選択する大学生がいる」とするか，〔解答例 2〕のように，今後の文章の展開を考えて College students choosing to share homes with others can experience both advantages and disadvantages.「利点と欠点がある」とする。

［第 2 段］▶第 2 段は，「ルームシェアの利点」をまとめる。本文ではまずルームメイトから得られる恩恵が 2 点挙げられていることに注意して，〔解答例〕では expect *A* to *do*「*A* が～するのを期待する」や rely on *A* to *do*「*A* が～するのを当てにする」などの表現を用いている。他には the roommates を主語にして help *A*（to）*do*「*A* が～するのを助ける」などの表現も使えるだろう。

▶利点の 1 つめ「ルームメイトから宿題に関する助言をもらえる」は，「数学や科学」といった具体的な情報は省き，〔解答例 1〕では give them advice on homework と簡潔に書いている。〔解答例 2〕ではさらに抽象的に give them academic advice としている。

▶利点の 2 つめ「語学の勉強になる」は，本文では第 3 文（Other students have …）と第 4 文（Because of this, …）の 2 文に分けて書いてあるが，この 2 文は直接の因果関係になっていることから1つにまとめる。〔解答例〕では help improve their language skills（解答例1），help them become competent in another language（解答例2）としている。

［第3段］▶第3段は，「ルームシェアの欠点」をまとめる。〔解答例1〕では“ルームシェアを選択する大学生”を主語として might be disturbed「煩わされるかもしれない」とし，〔解答例2〕では“ルームメイト”を主語にして may cause trouble「迷惑をかけるかもしれない」としている。欠点の1つめ「ルームメイトが夜更かしして睡眠が妨害される」は，同段第1・2文（On the other … get enough sleep.）で言及されているが，〔解答例1〕では単に make noise at night とし，〔解答例2〕では prevent a peaceful night's sleep「平穏な夜の眠りを妨げる」と言い換えている。欠点の2つめ「部屋の掃除を手伝ってくれない」は，〔解答例1〕では単に do not keep their rooms clean とし，〔解答例2〕では neglect household duties「家事を怠る」と抽象化して表現している。

▶以上，各段落からできた要約文を，適切なディスコース・マーカー（つなぎ言葉）でつないで完成させる。本問の場合は第2段が利点なので on the positive side を用いるか，後の対比を予告して on the one hand で始めるとよい。第3段は欠点なので，on the downside で始めるか，第2段で on the one hand を使ったのであれば on the other hand で呼応させる。あるいは第2段で利点を述べた後なので，however や conversely などの逆接で始めてもよい。

竹岡先生の特別授業

要約問題の出題例（P. 33 参照）を竹岡広信先生が動画で解説！
竹岡先生オリジナルの模範解答をチェックしよう！！

➡https://akahon.net/akahon/eikentaisaku/

※配信は予告なく終了する場合がございます。

2023年度 第2回

Grade 2

一次試験 解答一覧

● 筆記

1	(1)	(2)	(3)	(4)	(5)	(6)	(7)	(8)	(9)	(10)
	3	3	1	2	4	2	3	1	2	4
	(11)	(12)	(13)	(14)	(15)	(16)	(17)	(18)	(19)	(20)
	2	4	1	4	1	3	4	1	3	1

2	A	(21)	(22)	(23)	B	(24)	(25)	(26)
		3	4	2		1	3	1

3	A	(27)	(28)	(29)	B	(30)	(31)	(32)	(33)
		2	4	2		2	1	2	1
	C	(34)	(35)	(36)	(37)	(38)			
		4	1	4	3	1			

4（ライティング）の解答例はP. 21を参照。

● リスニング

第1部	No. 1	No. 2	No. 3	No. 4	No. 5	No. 6	No. 7	No. 8	No. 9	No. 10
	3	4	1	3	3	3	1	2	4	2
	No. 11	No. 12	No. 13	No. 14	No. 15					
	4	4	2	1	2					

第2部	No. 16	No. 17	No. 18	No. 19	No. 20	No. 21	No. 22	No. 23	No. 24	No. 25
	4	1	2	4	2	1	3	4	1	1
	No. 26	No. 27	No. 28	No. 29	No. 30					
	4	2	3	1	4					

一次試験　筆記　1

(1)　**解答　3**

訳　A：新しい学校はどうですか，ポーラ？

B：素晴らしいです，モーガン先生。以前の学校よりも今の学校の方が好きです。

単語力（形容詞）を問う問題。Bの発言の第２文の it はAの発言の new high school「新しい学校」を指し，空所の前に比較表現があることから，正解は **3　previous**「以前の」だとわかる。**1**　neutral「中立の」　**2**　exact「正確な」　**4**　appropriate「適切な」

(2)　**解答　3**

訳　カオルは使えるお金が余分に必要なので，アルバイトをすることは彼女にとって良いことだが，一つの欠点は，友人と週末に出かけることができないことだ。

単語力（名詞）を問う問題。空所前に but があることからその前後は相反する内容であるが，but 前は「アルバイトをすることは良い」というプラスの内容が述べられていることから，but 後はマイナスの内容になるとわかる。空所は is の主語で，is の後ろには「友人と出かけることができない」というマイナスの点が具体的に述べられているので，正解は **3　disadvantage**「欠点，不利益」である。**1**　structure「構造」　**2**　baggage「荷物」　**4**　lecture「講義」

(3)　**解答　1**

訳　一連の財政スキャンダルの後，多くの人々は，政府はもっと厳格に銀行を規制する規則を作るべきだと要求し始めた。

単語力（動詞）を問う問題。空所は，more strictly「もっと厳格に」が修飾する先であること，banks「銀行」を目的語に取り，かつ rules「規則」にかかっていく不定詞の形容詞的用法であることから判断すると，正解は **1　regulate**「～を規制する」である。ちなみに，demand that the government make rules … の箇所は，要求・主張・提案などを表す動詞（本問の場合 demand）に続く that 節中なので，時制や人称にかかわらず動詞は原形（本問の場合 make）になる仮定法現在。よって，訳文は should の意味を補っている。**2**　reproduce「～を複製する」　**3**　irritate「（人を）いらいらさせる」　**4**　impress「（人に）感銘を与える」

(4)　**解答　2**

訳　デイビッドは，就職面接がうまくいかなかったと感じたので，彼はその会社からの手紙は不採用通知だろうと思った。自分は実は採用されたのだと知って，彼は驚いた。

単語力（名詞）を問う問題。空所は be 動詞の後ろにあることから，主語の the letter from the company とイコール関係にあることがわかる。文頭に「デイビッドは就職面接で失敗したと感じた」という内容があり，反面第２文では，「自身が採用されたことに驚いた」とあることから，空所には **2　rejection**「拒絶，不採用」が適切である。**1**　symptom「症状」　**3**　biography「伝記」　**4**　contribution「貢献」

(5)　解答　4

訳　警察が，その脱走犯が古い倉庫に隠れているのを見つけた時，彼らは用心深くその犯人に近づいた。

単語力（副詞）を問う問題。後半部分の主語 they は the police「警察」，目的語 him は the escaped criminal「脱走犯」であり，空所は approached「～に近づいた」を修飾する副詞だとわかるので，**4 cautiously**「用心深く，警戒して」が適切である。**1** partially「部分的に」 **2** temporarily「一時的に」 **3** regionally「地域的に」

(6)　解答　2

訳　クリスは，友人，近所の人，親戚に，バーベキューパーティーへの招待を申し出た。彼はできるだけ多くの人に来てほしかった。

単語力（動詞）を問う問題。空所は his invitation「彼の招待」を目的語に取る他動詞であること，また，第2文に「できるだけ多くの人に来てほしかった」とあることから，正解は extend「～を提供する，申し出る，拡大する」の過去形 **2 extended** である。**1** removed は remove「～を取り除く」，**3** compared は compare「～を比較する」，**4** proved は prove「～を証明する」の過去形。

(7)　解答　3

訳　そのロックバンドの名声は数カ月しか続かなかった。ラジオ各局がそのバンドの曲を流さなくなった後，人々はすぐにそのバンドを忘れてしまった。

単語力（名詞）を問う問題。第2文で「人々はそのロックバンドについてすぐに忘れてしまった」という事情が述べられており，空所は only lasted a few months「ほんの数カ月しか続かなかった」の主語であることから，正解は **3 fame**「名声」である。**1** shade「日陰」 **2** area「地域」 **4** origin「起源」

(8)　解答　1

訳　キースは旅行に行くといつも，とても注意深く自分の荷物を見張る。彼はかつて電車の中でバッグを盗まれたので，いつも自分の持ち物を見えるところに置いている。

単語力（動詞）を問う問題。空所の直後には his luggage「自分の荷物」という目的語があり，第2文では「彼は盗難にあったことがある」というエピソードが述べられていることから，**1 guards**「～を見張る」が正解として適切である。**2** carves「～を彫る」 **3** divorces「～と離婚する」 **4** accelerates「～を加速させる」

(9)　解答　2

訳　ルイスは大学を卒業してから同じ会社で働いている。そこで働いて40年となる今年，彼は退職する予定だ。

単語力（名詞）を問う問題。第1文が「ルイスは同じ会社で長年働いている」という内容であること，また空所直前には four という数詞があり，直後には of working が続いていることから，**2 decades**「10年」を入れると文意が通る。after *A* of *doing* は「*A*（期間）の間～した後」という意味の表現で，本問では This year が「そこで40年間働いた後」である年だと解釈できる。**1** jails「監獄」　**3** principles「原則」　**4** societies「社会」

(10) **解答**　**4**

訳　ケイトは昨日，海辺を散歩した。いくつかの岩は濡れていて滑りやすかったので，彼女はしばしば水に落ちるのを避けるために，自分の体を安定させなければならなかった。

単語力（動詞）を問う問題。空所の直後に herself があることから目的語は「自分自身」であり，かつ続く情報に「水に落ちるのを避けるために」とあることから，正解は **4 steady**「～を安定させる」が適切。**1** punish「～を罰する」　**2** defeat「～を打ち負かす」　**3** filter「～を濾《ろ》過する」

(11) **解答**　**2**

訳　オリビアは父親の元で 8 年間働き，最終的には彼の事業を承継した。彼女はその会社の経営に大成功し，海外に支店を開きさえした。

イディオムの知識を問う問題。空所は「オリビアが父の元で 8 年間働いた」という内容の後に述べられた情報で，空所前にある and は worked と空所をつないでおり，目的語は his business「オリビアの父の事業」であることに注目する。第 2 文では「オリビアが事業を成功させた」とあり，経営権がオリビアに移っていることがわかるので，空所には **2 took over** が最適である。take over ～ で「～を引き継ぐ」という意味。この表現は「前任者から新たに引き継ぐ」の意味で，後任に受け渡す時は pass on や hand down を使うことに注意。**1** wrote up は write up「投書する，書き上げる」，**3** kept off は keep off ～「～を寄せ付けない」，**4** fell through は fall through「失敗に終わる」の過去形。

(12) **解答**　**4**

訳　A：ああ，明日は僕たちの休暇が終わるし，飛行機で帰らなきゃいけないな。
B：そうだね。帰りたくない。もっとここにいられたらいいのに。

イディオムの知識を問う問題。空所の後でAは「家に帰らなければならない」と述べ，Bはそれに応じて「ここにもっといたい」と述べていることに注目。空所の主語は our vacation であることから，文意に最も合う選択肢は **4 comes to** である。come to an end で「（旅などが）終わる」という意味。**1** goes for「～に当てはまる」　**2** brings up「～を育てる，持ち出す」　**3** takes out「～を連れ出す」

(13) **解答**　**1**

訳　ゲイリーは数カ月の間，断続的に膝に問題を抱えている。昨日はその膝が本当に痛んだ。今日は良くなっているが，彼はとにかく主治医に診てもらうことにした。

イディオムの知識を問う問題。文の構造から空所には副詞が入るとわかるので，空所以外の文意を取って，どんな副詞表現を添えれば適切かを考える。空所を含む文は「ゲイリーは何カ月も膝に問題を抱えている」という意味だが，時制が現在完了進行形であることから，「今に至るまでずっと継続的に問題を抱えている」というニュアンスが読み取れる。以上から，正解は **1 on and off**「断続的に，時々」が適切である。**2** up and down「上下に」　**3** side by side「横に並んで，協力して」　**4** one by one「一つ一つ」

(14) 解答 4

訳 昨日グリーンビルでは嵐が原因で停電した。住民は電力供給が再開されるまで2時間の間，電気なしで過ごさなければならなかった。

イディオムの知識を問う問題。第1文の「嵐のせいでグリーンビルという街で停電が起こった」という前提を確認しておく。空所の主語はResidents「住民」で空所の目的語はelectricity「電気」であることから，正解は**4 do without**「～なしで済ます」である。**1** drop by「～に立ち寄る」 **2** come across「～に出くわす」 **3** go against「～に反する」

(15) 解答 1

訳 A：ジェラルドはどこだい？ 彼は30分前にはここに着いているはずなのに。
B：彼にはよくあることさ。彼が時間通りに来ることは絶対にないと思うよ。

イディオムの知識を問う問題。「ジェラルドは30分前には到着しているはずなのに」と心配するAに対して，Bは第2文で「彼が時間通りに来ることは決してない」と述べていることから，Bはジェラルドの性格がよくわかっているという背景が読み取れる。空所の主語はThatであり，Aの発言「ジェラルドがいるはずなのにいない」という内容を指していることから，空所には**1 typical of**が最適である。be typical of ～で「～によくあることだ，～に特有だ」という意味。**2** inferior to「～より劣っていて」 **3** grateful for「～のことで感謝していて」 **4** patient with「～に対して忍耐強い」

(16) 解答 3

訳 ウィリアムズ先生は，生徒たちは歴史の課題を終わらせるのにもう1週間かけてもいいが，宿題を遅れて提出する者は誰であれ困ったことになるだろうと言った。

イディオムの知識を問う問題。空所の後にあるtheir workとは「生徒たちの課題」を指していることから，空所を含む文は「自分たちの課題を遅れて…する者は誰であれ困ったことになる」という意味になるので，正解は**3 turned in**が適切である。turn inで「～を提出する」という意味。hand in / give inは「手渡しで提出する」，send inは「郵送で提出する」という意味であるのに対し，turn inはその提出方法は問わない。**1** brought downはbring down「～を失脚させる」，**2** brought outはbring out「～を引き出す，出版する」，**4** turned onはturn on「電源を入れる」の過去形。

(17) 解答 4

訳 アンジェラの家族は裕福なので，彼女は大学に行く費用について心配する必要はなかった。

イディオムの知識を問う問題。主節では「アンジェラは大学に行く費用を心配する必要がなかった」と述べられており，空所はbecause節中，つまり主節の理由に当たるので，正解は**4 well off**「裕福な」である。この表現の比較級，最上級であるbetter off，best offという形にも注意。**1** close up「密着して」 **2** next up「次の番」 **3** far off「遠く離れて」

(18) **解答** 1

訳 エイスケは学校で一番走るのが速い。彼は体育祭の100メートル走ではきっと勝つだろう。

語法を問う問題。空所直前にはbe sureがあるが，この表現の後ろに取る主な形は，that S V，of ～，to *do* のいずれかである。be sure that S V「SがVするということを確信している」と，be sure of ～「～を確信している」は“文の主語の確信”を表しているのに対し，be sure to *do* は「必ず～する，きっと～する」という意味で，“話者の確信”を表すことになるという意味の違いに注意したい。本問では **1 to win** を入れることで，「彼はきっと100メートル走で勝つはずだ」という“話者の確信”を表している。

(19) **解答** 3

訳 A：ブライアン，食べ物にそんなに多く塩をかけるべきではないわ。塩を摂取しすぎるとあなたにとって良くないこともあるのよ。

B：わかったよ，母さん。かけないよ。

文法力（助動詞）を問う問題。選択肢にはいずれもoughtが含まれているが，ought to *do* で「～すべきだ，～するはずだ」というshouldと同義の意味になる。ただし否定をする場合は不定詞to *do* を否定することになるので，ought not to *do* のようにnotはto *do* の直前に入れる。したがって，正解は **3 ought not to**「～すべきでない」である。

(20) **解答** 1

訳 ミランダは，自分がバッジフォース大学に合格したと聞いてすぐに，嬉しさのあまり叫んだ。

文法力（接続詞）を問う問題。文前半にはMiranda screamed … という節，文後半にはshe heard … という節があり，2つの節があることから，その間には接続詞か関係詞もしくは疑問詞といった，節と節をつなぐものが必要であると考える。空所直後にはmomentがあることから，空所には **1 the** を入れるのが適切。the moment S Vで「SがVするとすぐに」という意味の副詞節になる。この他，同義のthe minute S V，the second S Vもあわせて覚えておきたい。

一次試験　筆記　2A

訳

ドッガーランド

1930年代以降，漁師たちは，イギリスと北ヨーロッパの間の海で漁をしている時，石や骨で作られた古代の物体を網の中に発見することがあった。これらの物体のうちの多くは，約9,000年前に作られた。歴史家たちはかつて，この地域が当時，今のように水中にあると信じていた。古代ヨーロッパ人が定期的にその海を航海していたという証拠もほとんどなかった。それゆえに，専門家たちは，これらの人工物がどのようにして最終的に海底に到達したかを説明するのに苦労した。

唯一あり得る説明は，過去には海面がはるかに低かったに違いないということだった。

実際，研究はイギリスが約 8,000 年前まで島になっていなかったということを示している。それ以前は，人々はヨーロッパ大陸からそこまで歩いて行くことができた。かつてイギリスとヨーロッパ大陸をつないでいた広大な土地は，ドッガーランドという名前が付けられている。最後の氷河期が終わった時，海面が上昇した。イギリスは，ドッガーランドの大部分が海に覆われた時，ヨーロッパ全土から切り離された。約 7,000 年前までに海面はさらに上昇し，ドッガーランドを完全に覆ってしまっていた。

研究者たちはドッガーランドに住んでいた人々についてもっと知りたいと思っている。彼らは，海底で石油を探索する企業によって収集されたデータから 3D マップを作った。研究者たちは，おそらく人間が住んでいたであろう場所を選ぶために，これらの地図を使っている。これらの場所のうちの一つで，研究者たちは古代の石器を見つけた。その結果，彼らは今後もドッガーランドの人々の文化や生活様式に関する発見をし続けられることを期待している。

語句・構文

(第 1 段) □ fishermen＞fisherman「漁師」の複数形。　□ occasionally「時々」
□ object「物体，もの」　□ northern「北の，北部の」
□ around「～頃」　□ used to *do*「以前は～していた」
□ underwater「水面下で，水中で」
□ like S V「(接続詞で) S が V するように」　□ regularly「定期的に」
□ have difficulty *doing*「～するのに苦労する」
□ man-made「人工の，人造の」　□ end up ～「結局～になる」
□ the bottom「底」

(第 2 段) □ the only ～「唯一の～」　□ sea level「海水面 (の高さ)」
□ island「島」　□ until「～までずっと」　□ continent「大陸」
□ once「かつて，以前」
□ be separated from ～「～から切り離されている」　□ further「さらに」
□ completely「完全に」

(第 3 段) □ learn more about ～「～についてもっと知る」
□ search for ～「～を探し求める」　□ site「場所，現場」
□ probably「おそらく，多分」
□ be hopeful that ～「～であることを期待している」

各段落の要旨

第 1 段　1930 年代以来，イギリスと北ヨーロッパの間の海で約 9,000 年前のものとみられる人工物が発見されることがあったが，歴史家の見解では当時その地域は海中にあったはずであり，さらにその辺りを定期的に航海していた古代ヨーロッパ人の記録もほとんどないために，なぜそれらの人工物が海底にあるのかはわからなかった。

第 2 段　唯一あり得る説明は，古代は海面が今よりずっと低かったということであるが，実際に研究で約 8,000 年前まではイギリスとヨーロッパ大陸は陸続きであり，ドッガーランドと名付けられたその領域を人々は歩いて行き来していたとわかった。氷河期の終わりとともに海面は上昇し，ドッガーランドが完全に海中に沈んだのは約 7,000 年前ということである。

第3段 研究者はドッガーランドで生活していた人々についての研究を進めるために，海底油田を探査する企業が集めたデータから 3D マップを作って，人が生活していたであろう場所をいくつか特定し，実際にその痕跡も発見した。研究者は今後もドッガーランドの住人の文化や生活様式に関する発見が続くことを期待している。

(21) 解答 3

選択肢の訳 **1** What is more「さらに，その上」
2 Likewise「同様に」
3 Therefore「それゆえに」
4 Equally「同様に」

ディスコース・マーカー（つなぎ言葉）を問う問題なので，空所の前後の内容をよく読む。空所の前の文（There was also …）では，「古代ヨーロッパ人が海を定期航行した痕跡はほとんどない」とある。対して，空所直後の文では「専門家たちはどのように人工物が海底に到達したかを説明するのに苦労した」とあることから，前後が順接の関係性であるとわかる。したがって，正解は **3 Therefore**「それゆえに」が最も適切である。

(22) 解答 4

選択肢の訳 **1** 上で物体を作った
2 をめったに訪れなかった
3 に関する話を耳にしていた
4 からそこまで歩いて行くことができた

空所の前の Before that「その前は」に注目。that「それ」は前文（In fact, …）の「イギリスは昔，島ではなかった」という内容を指しているので，Before that とは「イギリスが島になる前」という意味だとわかる。空所は people を主語とする動詞表現で，空所直後には the European continent「ヨーロッパ大陸」が置かれていることから，**4 could walk to it from** を選ぶと「(人々はヨーロッパ大陸）からそこ（＝イギリス）まで歩いて行くことができた」となり，文意が通じる。

(23) 解答 2

選択肢の訳 **1** 石油を探すためにロボットを使った
2 古代の石器を発見した
3 小さな美術館を建てた
4 近年の変化にいくつか気付いた

空所の後の As a result「結果として」以後に注目すると，「研究者はさらなる発見が続くことを期待している」という内容が述べられているので，空所にはその“原因・理由”に当たる内容が入れば良いとわかる。空所は「これらの場所のうちの一つで，研究者たちは…」に続く述語部分であり，「これらの場所」とは直前の文にある sites where humans probably lived「人間がおそらく住んでいたであろう場所」を指していることから，正解は **2 found an ancient stone tool**「古代の石器を発見した」が最も適切である。

一次試験　筆記　2 B

訳

フライングの科学

ランニングレースの開始時には，運動選手に動き出すよう指示するための号砲が鳴らされる。号砲が鳴る前に選手のうち一人が動けば，それは「フライング」として知られており，その選手はレースから退場させられる。興味深いことに，号砲が鳴ってから0.1秒が経過する前に選手が動くと，これもまたフライングである。陸上競技団体は，いかなる人間もそれほど速く反応することはできないと主張している。彼らが言うには，そのような選手は号砲を聞くのを待っていたのではなく，いつ号砲が鳴るのかを推測していたに違いないということだ。

フライングについてもっと知るために，科学者たちは人間の反応時間に関する実験を行ってきた。1990年代のある実験によると，運動選手は平均して0.12秒後に号砲の音に反応するということがわかった。それよりもわずかに速い選手もいたが，それよりもわずかに遅い選手もいた。しかし，この実験に参加した選手たちはアマチュアだった。もっと最近の実験は，プロ選手の中にはわずか0.08秒で反応できる選手もいるかもしれないということを示した。しかしながら，どちらの研究も対象としたのは少数の運動選手だった。

フライングのルールは厳しすぎると考える人もいる。他のいくつかのスポーツや陸上競技では，運動選手がルールを破ったとしても，さらなる機会がある。例えば，走り幅跳びでは，最初の挑戦で選手の片足が踏切線を越えても，その選手はまださらに2回挑戦する機会がある。フライングをした選手を退場させるのではなく，スタート位置を数メートル後ろに下げるべきだと提案する人もいて，こうすれば競技は皆にとって公平になるだろう。

語句・構文

(表題) □ false start「(陸上競技等の) フライング」

(第1段) □ shot「号砲，銃声」　□ fire「発射する」
□ athlete「運動選手」　□ second「秒」　□ organization「組織」
□ must have been *doing*「～していたに違いない」
□ *A* rather than *B*「*B*ではなく*A*」

(第2段) □ carry out ～「～を実行する」　□ response time「反応時間」
□ slightly「わずかに」　□ take part in ～「～に参加する」
□ amateur「アマチュア，素人」　□ professional「プロの」
□ involve「～を参加させる」

(第3段) □ strict「厳しい，厳格な」　□ track-and-field「陸上競技の」
□ go over ～「～を越える」　□ instead of *doing*「～するのではなく」
□ fair「公平な」

各段落の要旨

第1段　ランニングレースで号砲が鳴る前に動き出す「フライング」をすると選手は退場させられるが，号砲が鳴って0.1秒以内に動き出した場合もフライングとみなされる。そのような短時間で号砲に反応するのは生物学上不可能であることから，それは号砲の鳴る瞬間を予測して号砲の鳴る前に動き出したということになるからである。

第2段　フライングについて研究するため，科学者は人間の号砲に対する反応時間を確かめる実験を行ったところ，アマチュア選手で平均して0.12秒，最近の研究ではプロ選手なら0.08秒で反応できる者もいるかもしれないという結果も得たが，いずれも被験者数は少なかった。

第3段　他の競技ではルールを破っても，例えば走り幅跳びでは再挑戦する機会を与えられるなどの救済策があるので，フライングしたら即刻退場というルールは厳しすぎると考える人もいる。フライングした場合はスタート位置を下げて仕切り直すべきだという人もいて，こうすれば競技は参加者全員にとって公平になるだろう。

(24)　解答　**1**

選択肢の訳　**1**　それほど速く反応する　　**2**　それほど高く跳ぶ
3　そのような音が聞こえる　　**4**　そのような重さを持ち上げる

空所の前後の文から文脈を把握する。空所を含む文の前の文（Interestingly, if an …）では，「号砲が鳴って0.1秒以内に動いた場合もフライングとなる」とあり，空所の後の文（They say that …）では，「そのような選手は号砲が鳴るのを推測していたに違いないという主張だ」とある。空所は，「陸上競技団体は，いかなる人間も…することはできないと主張する」という文なので，文章の流れを円滑につなぐには，**1 react so quickly**「それほど速く反応する」を入れるのが良い。「それほど速く」とはもちろん「号砲が鳴って0.1秒以内」を指す。この問題は，選択肢にすべてso「それほど」かsuch「そのような」という指示語があることから判断することもできる。

(25)　解答　**3**

選択肢の訳　**1**　so far「これまでのところ」
2　by then「その時までに」
3　on average「平均して」
4　in total「合計で」

空所は「運動選手は号砲の音に0.12秒後に反応した」に続く副詞表現である。空所の後の文（Some were slightly …）は，文中のquicker / slowerという比較級が，空所直前のafter 0.12 secondsを比較対象としているので，「0.12秒よりもわずかに速い者もいれば，0.12秒よりもわずかに遅い者もいた」という意味になる。以上から，被験者となった運動選手は多少の誤差はあれ号砲に対して大体0.12秒で反応したということになるので，正解は**3 on average**「平均して」が適切である。

(26) **解答** 1

選択肢の訳 1 追加の機会がある
2 金を払わなければならない
3 動画のリプレイを見ることができる
4 自分のメダルを返還する

空所を含む文に続く文の冒頭がFor exampleであることから，この具体例を抽象化した内容が空所に入るということがわかる。具体例では，「走り幅跳びにおいて選手が規定された線を踏み越えてしまった場合でもさらに2回チャンスが与えられる」とあることから，正解は1 have extra chances「追加の機会がある」が適切である。

一次試験 筆記 3A

訳 発信元：メリッサ・シモンズ〈simmonsm@wigbylibrary〉
宛先：図書館職員〈staff@wigbylibrary〉
日付：10月8日
件名：読み聞かせの時間
スタッフ各位，
ウィグビー公立図書館の館長としての私の目標の一つは，当館を家族に人気のある場所にすることです。読書はすべての人にとって，特に子供にとって重要です。親と子が一緒に本を読めば，その親子は幸せな思い出を共有し，より良い関係を築くことでしょう。また，読書は親が子供の教育を助けるための優れた方法です。我々の図書館は，ウィグビーをより一層洗練された，もっと思いやりのある町にする上で，驚くほど重要な役割を果たすことができるのです！
このような点を念頭に置いて，私は，子供と親向けの週1回の読み聞かせ会を始めることにしました。そして，その集まりを楽しくするために皆さんの助けを必要としています。もちろん，物語についての提案もお願いします。また，その集まりを周知させるポスターを作ってくれる人や，物語を話す人がその話をもっと楽しくするために使える小道具を探してくれる人も必要です。最後に，その物語の読み聞かせは，私たちが交代で行うべきだと思っています。
これらの集まりで皆さんが実際にやりたいことがあれば教えてください。この集まりをより良いものにするのに役立つアイデアがあれば，私も聞きたいです。さらに，より多くの家族が当図書館に来るよう促すアイデアがあれば，遠慮なく教えてください。私にメールを送ってくれてもいいですし，直接話をしに私の執務室に来てもらってもいいです。
よろしくお願いします。
メリッサ
ウィグビー公立図書館　館長

語句・構文

(第1段) □ director「館長，所長」 □ share「～を共有する」

☐ surprisingly「驚くほど」　☐ smart「洗練された」
☐ caring「思いやりのある」
（第２段）☐ with this in mind「この点を考慮に入れて」　☐ weekly「週に１回の」
☐ storytelling「読み聞かせ」　☐ suggestion(s)「提案」
☐ advertise「～を周知させる」　☐ take turns *doing*「交代で～する」
（第３段）☐ Please let me know「教えてください」　☐ would like to *do*「～したい」
☐ encourage *A* to *do*「*A* に～するよう促す」
☐ feel free to *do*「遠慮なく～する」
☐ either *A* or *B*「*A* か *B* かどちらか」　☐ in person「直接，直に」

各段落の要旨

第１段　ウィグビー公立図書館の館長であるメリッサが図書館職員に向けて，当図書館を町の家族にとって好まれる場所にしていきたいという自身の目標を告げた上で，子供への読書は親子関係を充実させ子供の教育にも良いと訴え，図書館が町に対して担う重要な役割を確認している。

第２段　前段の内容を受けて週１回の親子向けの読み聞かせ会を開催することに決めたと告げ，職員全体に対して，取り扱う題材の提案，広報活動，小道具準備や読み聞かせの輪番制などで協力してほしいとお願いしている。

第３段　さらに職員全体に対して，読み聞かせ会の企画内容に関してやりたいことや改善点，あるいは広報活動に関しての意見があれば，メールでも対面でも形式は問わないのでぜひ意見を聞かせてほしいと訴えてメールを終えている。

(27)　**解答**　**2**

質問の訳　**メリッサによると，読書が家族に役立ち得る一つの方法は（　　）によってである。**

選択肢の訳
1　子供たちに自分の目標を親に説明する機会を与えること
2　親と子がより良い関係を築くことができるようにすること
3　親が高給の仕事に就く可能性を高めること
4　子供がテレビを見るのに費やす時間を減らすこと

第１段第３文（If parents and …）に注目。ここでは，「親子が一緒に本を読めば幸せな思い出を共有してより良い関係を築くことになる」とあることから，正解は **2 allowing parents and children to develop better connections.** である。**1** に関しては，本文中で使用されている単語を断片的につなげただけで本文の内容とは関係ない。**3**，**4** に関しては，そもそも全く言及されていない。

(28)　**解答**　**4**

質問の訳　**メリッサが図書館職員にしてほしいと頼んでいることの一つは何か。**

選択肢の訳
1　作家と知り合いである場合は知らせる。
2　イベント用スペースを作るために彼女が物を動かすのを助ける。
3　幼い子供の集団に関する物語を書く。

4　ある活動について人々に知らせる掲示物を作る。

第2段第3文（I also need …）に注目。ここでは，「読み聞かせ会を告知するポスターを作ってくれる人が必要だ」と述べていることから，正解は**4 Create notices that tell people about an activity.**である。noticeは「～に気付く」という動詞の意味が有名だが，名詞だと「掲示，ビラ」の意味になり，本文中のpostersの言い換えとなっている。また本文中のadvertise「～を宣伝する」は選択肢のtell people aboutに，the sessionsはan activityに言い換えられていることにも注意したい。**1**，**2**，**3**に関しては，本文中にそもそも言及がない。

(29)　解答　2

質問の訳　**メリッサはなぜ自身の執務室に職員を招くのか。**

選択肢の訳　**1**　職員の職務を検討する会議を開くため。

2　図書館を家族にとってもっと魅力的にする方法を彼女に告げるため。

3　彼女は忙しすぎて職員のところに行って話をすることができない。

4　彼女は各職員とさらにもっと知り合いになりたい。

「自身の執務室に職員を招く」という内容は第3段最終文（You can either …）の後半に見られるが，設問ではWhy「なぜ」と問われているので，その前文（Also, if you …）に注目する。ここでは，「より多くの家族に来館を促すアイデアがあれば気軽に教えてほしい」とある。したがって，正解は**2 To tell her how to make the library more attractive to families.**である。本文中ではencourage more families to come to the libraryと，encourage *A* to *do*「*A*に～するよう促す」を用いて「より多くの家族に図書館に来るよう促す」となっているのが，選択肢ではmake the library more attractive to familiesと，make O C「OをCの状態にする」を用いて「図書館を家族にとってより魅力的にする」となっており，大幅な言い換え表現が使われていることに注意。**1**，**3**，**4**に関しては本文中に言及がないので，消去法でも選べるかもしれない。

一次試験　筆記　3B

訳

紫わら麦

小麦はアメリカ合衆国では重要な作物であり，その種子はパンやパスタ，その他の食品を製造するのに使用されている。小麦は18世紀以来，この国の主要な食糧穀物であった。しかし，アメリカ合衆国における小麦の生産は，その歴史を通してずっと課題に直面してきた。18世紀後半，多くの種類の小麦がヨーロッパから来た病気や昆虫に襲われた。けれども，紫わら麦と呼ばれる小麦の一種はこのような危険に耐えることができ，長い間，それは多くの農家が植える最良の選択だった。

紫わら麦の種は，ウイスキーを作ったり，ケーキやパンを作るのに良い，柔らかくておいしい小麦粉を製造したりするのに使うことができる。それは18世紀以降，特にアメリカ合衆国南部で栽培されている。紫わら麦を特に重要にしたのは，それが冬の天候で生き残れるということだった。他の種類とは異なり，紫わら麦は晩秋に植えて春先に収穫することができた。これは，その麦が夏の病気や昆虫を避けることを意味していた。その結果，紫わら麦は20世紀半ばまで広く栽培され続けた。

1960年代，科学者たちは既存の小麦の遺伝子を混合することによって新種の小麦を開発した。これらの新種は，植物ごとにより多くの種子を生産し，病気によりよく耐えることができた。現代の農業技術，昆虫を殺す化学物質，そしてこれらの新種の小麦を使用することで，農家は以前よりも安価に大量の小麦種子を生産することができた。紫わら麦から作られる小麦粉の方が，味が良くて健康的だが，この種の小麦はほぼ全く使われなくなった。

紫わら麦を復活させたいと思う研究者もいた。しかし，その種子は入手元がわずかしかなかったため，簡単に手に入れることができなかった。研究者たちは最終的になんとか数グラムの紫わら麦の種を手に入れ，サウスカロライナ州にあるクレムソン大学にその種を植えた。それらは，小麦粉を作って売るにはまだ十分ではないものの，生産できる小麦の量を徐々に増やしてきている。多くのシェフやパン職人，ウイスキー製造者は，紫わら麦を自身の製品に使用できることを楽しみにしている。

語句・構文

(表題) □ straw「わら，麦わら」 □ wheat「小麦」

(第1段) □ crop「作物」 □ seed「種」 □ grain「穀物」
□ face「～に直面する」 □ challenge「試練，難題」 □ insect「昆虫」
□ though「(副詞で) けれども」 □ resist「～に耐える」

(第2段) □ flour「小麦粉」 □ southern「南部の」
□ perticularly「特に，とりわけ」 □ survive「～を生き残る」
□ unlike「～とは違って」 □ harvest「収穫する」
□ avoid「～を避ける」 □ widely「広範囲にわたって」

(第3段) □ develop「～を開発する」 □ gene「遺伝子」 □ existing「既存の」
□ chemical「化学物質」 □ large quantities of ～「大量の～，多数の～」
□ cheaply「安価で」 □ almost completely「ほぼ完全に」
□ go out of use「使われなくなる」

(第4段) □ bring back ～「～を復活させる」 □ obtain「入手する」
□ source「源，産地」 □ manage to *do*「なんとかして～する」
□ gram「グラム」 □ gradually「徐々に」 □ chef「シェフ」
□ baker「パン職人」 □ look forward to *doing*「～するのを心待ちにする」
□ product「製品」

各段落の要旨

第1段 アメリカ合衆国における主要な食糧穀物である小麦は，18世紀後半に多くの種類が病気や昆虫の被害を受けたものの，その中で耐性が強かった紫わら麦は，以降長きにわたり農家たちにとって最善の選択肢だった。

第2段 紫わら麦が特に重要なのは，冬の気候を生き抜くことができるので夏の病気や昆虫を避けて生産することができるという点であり，それゆえに20世紀半ばまで広範囲で栽培されていた。

第3段　新種の小麦や現代農業技術，殺虫剤の使用により，農家は安価で大量の小麦の種を採れるようになったため，紫わら麦の生産は停止した。

第4段　紫わら麦を復活させたい研究者たちが，その栽培に成功した。まだ小麦粉を製造販売できるほどの種子は採れないが，多くの人々が紫わら麦の復活を心待ちにしている。

(30)　解答　2

質問の訳　**18世紀後半，アメリカ合衆国で何が起こったか。**

選択肢の訳
1　農家はより良い小麦粉を生産する小麦の一種を開発した。
2　小麦の植物に影響を与える病気や昆虫が海外からやってきた。
3　小麦が不足しているということは，ヨーロッパから輸入しなければならないということを意味していた。
4　人々はパンを作るために，小麦以外の穀物を使い始めた。

第1段第4文（During the late …）に注目。ここでは，「多くの種類の小麦がヨーロッパから来た病気や昆虫に襲われた」とあることから，**2 Diseases and insects that affected wheat plants arrived from overseas.** が正解である。この選択肢と本文の該当箇所は主節と従属節が入れ替わっている。本文では主節が many types of wheat were attacked by diseases and insects で，従属節は that came from Europe となっているのに対して，選択肢は主節が Diseases and insects … arrived from overseas. で，従属節は that affected wheat plants となっているが，表す意味内容に大きな違いはない。**1**，**3**，**4** に関しては本文中に言及がない。

(31)　解答　1

質問の訳　**紫わら麦が他の種類の小麦より優れている理由の一つは何か。**

選択肢の訳
1　それは1年の中で最も寒い時期に栽培することができた。
2　それは新種の食べ物や飲み物を作るために使うことができた。
3　それはアメリカ合衆国南部の暑い夏を乗り切ることができた。
4　それは質の低い土壌を持つ畑で育つことができた。

第2段第4文（Unlike other types, …）に注目。ここでは，「紫わら麦は他の種と違って晩秋に植えて初春に収穫できる」とある。これは直後の文（This meant that …）に「夏の病気や昆虫を避けることができる」という利点として説明されている。したがって，紫わら麦が他の種より優れている一つの理由は **1 It could be grown during the coldest part of the year.** である。**3** は同段で使用されている単語を断片的につなげた選択肢であり，**2** と **4** に関しては本文中に言及されていない。

⑶2 **解答** **2**

質問の訳 なぜ人々は20世紀に紫わら麦の栽培をやめたのか。

選択肢の訳 **1** それは現代の農業技術を用いた使用には適していなかった。

2 科学者たちは，より多くの種子を与える小麦の種類を作り出した。

3 人々はよりおいしく，より健康的な小麦粉を買いたかった。

4 昆虫を殺す化学物質は，多くの紫わら麦の植物を破壊した。

20世紀後半に紫わら麦の栽培がされなくなったという内容は第3段最終文（Although flour from …）の主節にthis type of wheat almost completely went out of useとある。その理由は，その直前の文（By using modern …）に注目すると，「農家は現代農業技術や殺虫剤や，these new types of wheatを使うことで大量の種子を生産することができた」とあり，these new types of wheatは同段第1文（In the 1960s, …）で言及されている，科学者が既存の種の遺伝子を混合することによって開発した新種のことである。したがって，正解は**2 Scientists created types of wheat that gave greater numbers of seeds.**とわかる。同段第3文（By using modern …）中ではlarge quantities of wheat seedsとなっているのが，選択肢ではgreater numbers of seedsと言い換えられている。**1**に関しては，同段第3文で言及されているように，現代技術と殺虫剤と新種の小麦を合わせることで大量の種子を得られるようになったので不適。**3**に関しては，tasted better and was healthierと同様の表現が同段最終文（Although flour from …）に見られるが，これは「紫わら麦から作られた小麦粉の方がおいしく健康に良い」という内容なので不適。**4**に関しては，本文中に言及されていない。

⑶3 **解答** **1**

質問の訳 紫わら麦を育ててきている研究者たちは（　　）

選択肢の訳 **1** わずかな量の紫わら麦の種子しか得ることができなかった。

2 アメリカ合衆国内の複数の異なる場所でそれを試した。

3 その小麦から作られた小麦粉をシェフ，パン職人，ウイスキー製造者に提供した。

4 売れるほど十分な量をどれほど速く生産できるのかということに驚いた。

第4段第3文（The researchers finally …）参照。ここでは，紫わら麦の復活を目指して研究していた研究者たちが，紫わら麦の種子を数グラムだけなんとか入手できたとある。したがって，正解は**1 could only get a small amount of purple straw wheat seeds.**である。**3**に関しては，chefs, bakers, and whiskey makersに関して同段最終文（Many chefs, bakers, …）に言及が見られるが，これは「多くのシェフ，パン職人，ウイスキー製造者は紫わら麦の復活を心待ちにしている」という内容なので不適。**2**，**4**に関しては，本文中に言及されていない。

一次試験　筆記　3 C

訳

ベネチアの書物

中世，イタリアの都市ベネチアは国際貿易で有名だった。その都市の位置が重要だっただけでなく，人々の行動を規制する法律もヨーロッパの他の地域に比べて少なかった。この自由は作家，芸術家，職人をその街に引き寄せた。15 世紀の印刷機の発明の後，これらの人々はベネチアをヨーロッパの印刷・製本産業の中心地にするため，自分たちの能力を結集した。質の高い本を手作りするというこの伝統は，今でもその街で残っている。

パオロ・オルビは，この伝統を維持する手助けをしている。彼は何世紀にもわたって存在してきた技術を駆使し，美しい本や日記帳，写真集を製作している。その中の紙は手で切られ，表紙は手刷りの紙や革，木，さらにはムラーノと呼ばれるイタリア製のガラスで作られている。オルビが 1962 年に自分の技術を学び始めた時，ベネチアには手作りの本を作る書店が約 20 軒あった。しかし，今やオルビの店は，3 軒しか残存していないそのような場所のうちの一つにすぎない。

オルビが尊敬する人のうちの一人は，アルドゥス・マヌティウスと呼ばれる男だ。マヌティウスはベネチアで最も有名な印刷会社のうちの一つとなる印刷会社を 1494 年に設立した。15 世紀後半まで，本は大きく，重く，非常に高価だった。それらは主に宗教と法律に関するものだった。マヌティウスは，より小さく，軽く，安価な本を製作するための技術を開発した。さらに，彼は小説や芸術と哲学に関する本を出版した。これらの発展によって，本は一般の人々にとって，より人気があり購入しやすいものとなった。

オルビは彼の店の壁にマヌティウスの写真を掛けている。マヌティウスのように，彼は本が大好きで，本は美しくあるべきだと信じている。長年にわたって，オルビは自身の技術を多くの人に教えてきた。2018 年，かつての教え子がオルビに，自身の本を手作り品の展示会に出すよう促した。これはオルビに，より多くの人々に伝統的な製本に興味を持ってもらう機会を与えた。オルビは，彼の店を拡大して文化施設にし，そこで観光客が彼の本の作り方を見ることができて，若者が彼の技術を学べるようにしたいと考えている。そうすることで，彼はベネチアにおける製本の伝統が失われるのを防ぎたいと考えている。

語句・構文

(表題) ☐ Venice「ベネチア」

(第 1 段) ☐ the Middle Ages「中世」　☐ international trade「国際貿易」
☐ location「位置」　☐ control「～を規制する，制限する」
☐ attract「～を引きつける」　☐ writer「作家」　☐ craftspeople「職人」
☐ following「～に続いて，～の後に」　☐ printing machine「印刷機」
☐ combine「～を結びつける」　☐ bookmaking「製本」
☐ by hand「手で」　☐ to this day「今日まで」

(第 2 段) ☐ help to *do*「～する手助けをする」

☐ make use of ～「～を使用する，利用する」

☐ exist「存在する」　☐ inside「～の中の」

☐ be made of ～「～（材料）で作られている」　☐ leather「革」

☐ a kind of ～「一種の～」　☐ craft「技術」　☐ handmade「手作りの」

☐ though「（副詞で）けれども」　☐ remain「残っている，残存している」

（第 3 段）☐ *one's* hero「～が尊敬する人，～の憧れの的」　☐ found「～を設立する」

☐ until「～までずっと」　☐ mostly「主に」　☐ religion「宗教」

☐ law「法律」　☐ light「軽い」　☐ moreover「さらに，その上」

☐ philosophy「哲学」　☐ ordinary「普通の，平凡な」

（第 4 段）☐ over the years「何年にもわたり」　☐ former「前の，元」

☐ display「～を展示する」　☐ exhibition「展覧会」

☐ object「もの，物体」

☐ prevent *A* from ***doing***「*A* が～するのを妨げる」

各段落の要旨

第 1 段　中世ベネチアは，人々の行動を規制する法律が近隣地域と比べ少なかったため，作家や芸術家や職人が多く集まった。印刷機の発明以降は，彼ら芸術家たちによって印刷・製本産業の中心地となり，伝統的な製本技術は今なお残っている。

第 2 段　パオロ・オルビは，伝統的な製本技術を断絶させないよう貢献しているが，かつては 20 軒ほどあった書店も，今では彼の店も含め 3 軒しか残っていない。

第 3 段　オルビの尊敬するアルドゥス・マヌティウスは，印刷会社を設立し，本をそれまでの大きく，重く，高価なものから，小さく，軽く，安価なものにした。

第 4 段　オルビは伝統的製本技術に興味を持つ人を増やすために，自身の店を，観光客が見物でき，若者が製本技術を学べる文化施設にしようと考えており，伝統を守ろうと奮闘している。

(34)　解答　4

質問の訳　**作家，芸術家，職人がベネチアに引き寄せられた理由の一つは何か。**

選択肢の訳
1　彼らは製本業でパートタイムの仕事に就くことができた。
2　彼らはその街では自分たちの作品をもっと高い値段で売ることができた。
3　その街の立地は彼らの活動にひらめきを与えた。
4　その街は，人々が他の場所よりも自由に生活することを許した。

第 1 段第 3 文（This freedom attracted …）に，「この自由が作家，芸術家，職人をその街に引きつけた」とあるが，「この自由」の内容はその直前の文（Not only was …）に書かれている。ここでは，「ベネチアという街は人々の行動を規制する法律がヨーロッパの他の地域よりも少なかった」とある。したがって，正解は **4 The city allowed people to live more freely than other places.** である。**3** に関しては，同段第 2 文に Not only was the city's location important「その街の位置が重要だっただけでなく」とあり location に対する言及が見られるが，inspiration「ひらめき，インスピレーション」との関係性は述べられていないので不適。**1**，**2**に関しても，本文中に言及はない。

(35) **解答** **1**

質問の訳 パオロ・オルビは（　　　）製本者である。

選択肢の訳 **1** 自身の作品を作るために伝統的な手法を使う
2 ベネチア市内に約20軒の書店を所有している
3 ガラスに印刷する新しい技術を開発した
4 リサイクル素材を使って本を作ろうとしている

第2段第2文（He makes use…）に注目。ここでは，パオロ・オルビの説明として「美しい本や日記や写真集を作るために，何世紀もの間存在してきた技術を使っている」とある。したがって，正解は**1 uses traditional methods to make his products.**である。本文中のtechniques that have existed for centuriesが選択肢ではtraditional methodsに，to produce beautiful books, diaries, and photo albumsがto make his productsと簡潔に言い換えられている。**2**に関して，同段第4文（When Olbi began…）に言及が見られるが，これはオルビが製本を学び始めた時にベネチアにあった書店の軒数を述べているのであって，オルビが所有している店舗数ではない。**3**に関して，glassに対する言及は同段第3文（The paper inside…）に見られるが，ここではオルビが作る本の表紙の材質の一つとして言及されているだけで，その上に印刷する技術をオルビが開発したとは述べられていない。**4**に関しては，本文中に言及はない。

(36) **解答** **4**

質問の訳 アルドゥス・マヌティウスは（　　　）によって本の人気を高めるのに役立った。

選択肢の訳 **1** 人々が読むことを学べる学校をベネチアに開校すること
2 宗教や法律などの題材についての本をますます多く印刷すること
3 ベネチアの芸術家や哲学者についての小説シリーズを書くこと
4 書籍の大きさ，重量，価格を下げる方法を見つけること

第3段第5文（Manutius developed techniques…）参照。ここでは，「マヌティウスが，より小さく，より軽く，より安価な本を作るための技術を開発した」とある。したがって，正解は**4 finding ways to reduce the size, weight, and prices of books.**である。この選択肢は，本文中ではsmaller, lighter, and cheaperと形容詞の比較級で表されていた部分を，reduce「～を減らす」という動詞を使うことによってすべて名詞に言い換えている点に注意したい。**2**に関して，「宗教や法律を題材にした本」について同段第4文（They were mostly…）に言及が見られるが，主語のTheyとはその直前の文（Until the late…）にあるように，マヌティウスが新たな製本技術を開発する15世紀後半までの一般的な書物の特徴なので不適。**3**に関して，novels，art，philosophyという単語は同段第6文（Moreover, he printed…）に見られるが，この文の動詞はprinted「印刷した」であるので，マヌティウス自身が芸術家や哲学者を題材にした小説シリーズを書いたわけではない。**1**に関しては，本文中に言及がない。

(37) 解答　3

質問の訳　オルビがやりたいと思っていることの一つは何か。

選択肢の訳　**1**　何年も前に失われたマヌティウスの写真を見つける。
2　以前の教え子たちに会って，彼らが何をしていたかを知る。
3　より多くの人が製本について学べる場所を作る。
4　マヌティウスの人生と業績に関する本を書く。

第4段第6文（Olbi wants to …）に，「オルビは自身の店を拡大し，一つの文化施設にして，観光客が製本過程を見学したり，若者が製本技術を学んだりできる場所にしたい」と述べられている。したがって，正解は**3 Create a place where more people can learn about bookmaking.**である。**2**に関して，「元教え子」に関する言及は同段第4文（In 2018, …）に見られるが，ここでは教え子のうちの一人が師であるオルビに展覧会への出展を促したという内容なので不適。**1**，**4**に関しては，全く言及がない。

(38) 解答　1

質問の訳　次の記述のうちどれが正しいか。

選択肢の訳　**1**　ベネチアで最も有名な印刷会社の一つは，1494年に設立された。
2　ベネチアでは1962年から手作りの本を作る店の数が増えている。
3　オルビは自分の生徒たちの作品を展示する年1回の展覧会をベネチアで開催している。
4　国際貿易を止める法律が中世ベネチアで導入された。

第3段第2文（Manutius founded a …）参照。ここでは，オルビが崇敬するマヌティウスが1494年に印刷会社を設立し，その会社はベネチアで最も有名な印刷会社のうちの一つになったと述べられている。したがって，正解は**1 One of the most famous printing companies in Venice was established in 1494.**である。**2**に関しては，第2段最終2文（When Olbi began … places that remain.）に，「オルビが製本技術を学び始めた1962年には20店舗あった書店が，現在では3店舗しか残っていない」とあることから不適。**3**に関しては，exhibition，studentsの言及が第4段第4文（In 2018, …）にあるが，出展したのは自身の作品であり，また本文に言及があるのはこの1回の出展のみなので，annual「年に1回」も本文の内容と合わないとわかる。**4**に関しては，第1段第1・2文（During the Middle … parts of Europe.）にlaws，international trade等の言及は見られるが，ベネチアは国際貿易で有名な街であり，人々の行動を規制する法律が少なかったという内容なので，選択肢の内容とはかけ離れている。

一次試験　筆記　4

解答例　**I think this kind of service will become more common in the future. First, customers can receive packages without being restricted by time and location. They do not have to be at home or worry about what time their packages arrive. Second, this kind of service can reduce the amount of delivery companies' work. Drivers do not need to visit customers again if they are not at home at the time of delivery. Therefore, I think delivery services that do not require customers and drivers to meet will become more common in the future.（80～100 語）**

訳　私は，このようなサービスは今後ますます一般的になると思う。第一に，利用客は時間と場所に制約されることなく荷物を受け取ることができる。彼らは家にいる必要もないし，荷物が何時に到着するかを心配する必要もない。第二に，このようなサービスは配達業者の業務量を減らすことができる。運転手は，利用客が配達時に不在であっても，再度訪問する必要がない。したがって，利用客と運転手が会う必要のない配達サービスは将来もっと普及すると思う。

トピックの訳　**今日，一部の利用客は，荷物を直接受け取るのではなく，配達業者に自宅の玄関のそばに置くよう頼んでいる。このようなサービスは将来もっと普及するようになると思うか。**

ポイントの訳　**●利便性　●損害　●安全性**

▶まず，賛成か反対かを明確にする。〔解答例〕は賛成の意見。反対の場合は，I disagree with the idea that … のようにすればよい。

▶理由を２つ提示するが，理由を列挙する場合は，最初に first / firstly，second / secondly と書いておくとわかりやすい文になる。

▶〔解答例〕の英文の構成は「①主張→②１つ目の理由＋具体例→③２つ目の理由＋具体例→④結論」である。最終文で再度主張を繰り返す場合は，なるべく１文目とは異なる表現を使用したい。〔解答例〕でも，冒頭では this kind of service と簡潔に表現していたのを，結論では delivery services that do not require customers and drivers to meet と具体化して表現を変えている。

▶反対の場合の意見としては，People could be at the risk of having packages left in front of their doors stolen.「人々は，玄関前に置かれた荷物を盗まれるおそれがある」や，A pile of packages left unattended in front of a house can signal to potential thieves that the residents are not at home.「家の前にたくさんの荷物が無防備に残されたままだと，空き巣をするかもしれない者にその家の住人が不在であると知らせることになり得る」などの意見が考えられる。

一次試験　リスニング　第１部

No. 1　解答　3

★＝男性　☆＝女性　（以下同）

★ Excuse me. Is this the way to the University Science Center?

☆ Not really. I mean, you could go in this direction, but it will take longer. You should go back about 50 meters and turn right at the corner.

★ OK—and after I turn? Then where do I go?

☆ Go past the History Department building, and then you'll see the Science Center on the left.

Question : What does the woman suggest the man do?

Script

訳

★失礼します。これは大学科学センターに行く道ですか？

☆そうでもありませんね。つまり，この方向で行くことはできますが，より時間がかかります。50メートルほど戻って，角を右に曲がった方がいいですよ。

★わかりました。そして曲がった後は？　その後どこに行くのでしょうか？

☆史学部の建物を通り過ぎたら，左手に科学センターが見えますよ。

質問：女性は男性にどうするよう提案しているか。

選択肢の訳

1　大学構内の地図を見る。

2　彼女と角まで歩く。

3　科学センターまで違う経路を取る。

4　史学部の建物にいる職員に尋ねる。

道を尋ねる男性と応対する女性との会話。男性の第１発言で状況はわかる。男性の「これは大学科学センターに行く道ですか」という問いに対して，女性は第１発言の冒頭で Not really.「そうでもありません」と，軽く否定していることから，重要な情報が述べられると判断して次の発言を待つ。ここで女性は「違う道を行った方が早い」という趣旨を述べているので，正解は **3**「科学センターまで違う経路を取る」である。

No. 2 解答 4

★ Ms. Gomez, a firefighter is going to give a talk to the students at our school tomorrow.
☆ I heard that, too. He works at the airport. He'll talk about his work helping people there. He'll also tell us what we should do to be safe when we travel.
★ That sounds really interesting.
☆ Yes, I think it will be.

Question : What is one thing the firefighter will talk about at the school?

訳 ★ゴメス先生，明日消防士が当校で生徒たちに話をしてくれる予定です。
☆それは私も聞きましたわ。その人は空港で働いているんですよね。そこで人々を助ける仕事について話してくれるでしょう。それに，私たちが旅行する際に安全であるために何をすべきかということも教えてくれることでしょう。
★とても面白そうですね。
☆ええ，そうだと思います。

質問：消防士がその学校で話すだろうことの一つは何か。

選択肢の訳 **1** 空港で仕事を見つけること。 **2** 消防士になること。
3 外国に旅行すること。 **4** 安全に旅行すること。

翌日学校で行われるイベントについて確認し合う教師同士の会話。男性の第１発言で状況を把握する。それに応対する女性の第１発言では，登壇する消防士の詳細な情報が述べられているので，解答に関わる箇所であると思って注意力を高める。この発言の最終文（He'll also tell …）で，「彼は私たちが旅行する際に安全でいるために何をすべきかも話してくれるだろう」とあることから，正解は**4**「安全に旅行すること」である。

No. 3 解答 1

☆ John, I really liked the presentation you gave in class today.
★ Thanks. I spent a long time doing research on waterfalls. There was a lot of information to review.
☆ Yes, I saw you studying in the library last week on three different days.
★ Yes, I found a lot of information there. I hope I'll get a good grade.

Question : Why was the boy going to the library last week?

訳 ☆ジョン，今日授業であなたが発表したプレゼンテーションとても良かったわ。
★ありがとう。滝の研究に長い時間を費やしたんだ。見直すべき情報がたくさんあったよ。

☆ええ，先週のうち3日はあなたが図書館で勉強しているのを見かけたもの。
★ああ，そこでたくさんの情報を見つけたよ。いい成績が取れたらいいな。

質問：なぜ少年は先週図書館に行っていたのか。

選択肢の訳　**1**　自分のプレゼンの調査をするため。
2　少女がより良い成績を取る手助けをするため。
3　そこにあるコンピュータを使うため。
4　研究グループに参加するため。

授業でのプレゼンの感想を述べる少女と，そのプレゼンを行った少年との会話。少女の第1発言中にある presentation，in class といった単語から，状況を思い浮かべながら情報を整理し聞き進める。「プレゼンが良かった」と述べる少女に対し，「かなりの時間を調査に費やした」と述べる少年。それを受けて「少年をよく図書館で見かけた」と言う少女に対して，「たくさんの情報をそこで得られた」と答えていることから，正解は**1**「自分のプレゼンの調査をするため」である。この設問は断片的な情報では解答を選びにくいので，聞こえてくる情報をしっかり視覚化して整理しておきたい。

No. 4　解答　3

☆ Budget Bill's Computer Store.
★ Hello. I need some new equipment for the computer in my office. Can you tell me which is the best web camera to buy?
☆ Well, I think that the NetFlash 5.0 is very good.
★ Is the camera easy to install? I'm not very good with computers.
☆ Yes, it's very simple to set it up. I can show you how to do it if you come to the store.

Question：What is the customer worried about?

Script

訳
☆バジェット・ビル・コンピュータストアです。
★もしもし。オフィスのコンピュータに新しい機器が必要なんです。どれが買うのに一番いいウェブカメラか教えていただけますか？
☆そうですね，ネットフラッシュ5.0は非常に優れていると思います。
★カメラの取り付けは簡単ですか？　私はコンピュータがあまり得意ではなくて。
☆はい，設定するのはとても簡単です。お店にお越しいただけたら，やり方をお教えできますよ。

質問：客は何を心配しているのか。

選択肢の訳　**1**　彼は適切なコンピュータを持っていない。
2　彼はウェブカメラが何かわかっていない。
3　彼はウェブカメラを設定するのに苦労するかもしれない。
4　彼は機器を運ぶ上で何らかの助けを必要とするかもしれない。

コンピュータストアの女性店員と，ウェブカメラの購入を検討する男性客との電話での会話。電話の会話はかけた方が用件を述べる，つまり重要な情報が含まれやすいので，本問の場合は男性の発言に注意を向けておきたい。解答根拠は男性の第2発言。ここで男性は「カメラの取り付けは簡単でしょうか？　コンピュータがあまり得意ではなくて」と述べていることから，正解は**3**「彼はウェブカメラを設定するのに苦労するかもしれない」である。

No. 5　解答　3

★ Hello.

☆ Honey, could you stop by the supermarket on your way home from work? I need you to pick up something.

★ Sure, no problem. What do you want me to get?

☆ Can you get a pack of tomatoes? I need them to make a pasta sauce for dinner, but I can't leave the apartment right now because I'm waiting for a delivery.

★ OK. If you think of anything else you need, just give me a call.

Question：What does the woman ask the man to do?

訳

★もしもし。

☆あなた，仕事帰りにスーパーに寄ってもらえないかしら？　買ってきてほしいものがあるの。

★もちろん，問題ないよ。何を買ってきてほしいの？

☆トマトを1パック買ってきてもらえる？　夕食にパスタソースを作るのにトマトが必要なんだけど，配達を待っているからちょうど今アパートから出られないのよ。

★了解。他に何か必要なものを思いついたら，電話してね。

質問：女性は男性に何をするよう頼んでいるか。

選択肢の訳

1　彼女をスーパーマーケットまで迎えに行く。

2　できるだけ早く帰宅する。

3　スーパーから何かを買ってくる。

4　家で配達を待つ。

帰宅途中の夫と，自宅にいる妻との電話での会話。電話での会話はかけた側が用件を述べ会話の全体の方向性を決定するので，女性の第1発言に特に注意しておく。ここでは妻が夫に対して，帰宅する途中で買い物をしてきてほしいと頼んでいる。その後「何を買うのか」，「なぜ必要なのか」という会話が続くので，正解は**3**「スーパーから何かを買ってくる」である。**1**に関して，pick up という表現は女性の第1発言の最終文（I need you …）で見られるが，目的語が違うので不適。pick up は放送文のように目的語が“もの”であれば「入手する，ついでに買う」という意味だが，選択肢では目的語が her という“人”であることから「迎えに行く」という意味になる。**4**に関して，wait for a delivery という表現は女性の第2発言の第2文（I need them …）の because 以下に言及されているが，この主語は I,

つまり妻自身であるので，妻が夫に頼んだ行為ではない。

No. 6 解答 3

☆ Dave, are you free for lunch today? Some of us are going to Larry's Café.
★ Oh, that new place by City Hall? I'd like to go, Brenda, but I have lots of work to do.
☆ Well, would you like me to bring you back something?
★ A tuna sandwich on wheat bread would be great. Thanks for asking.

Question : What does the woman offer to do for the man?

訳
☆デイブ，今日の昼食の時間は取れる？　何人かでラリーズカフェに行く予定なの。
★ああ，市役所のそばの新しい店かい？　ブレンダ，行きたいんだけど，やらなきゃいけない仕事がたくさんあるんだ。
☆まあ，何か持ち帰りしてきましょうか？
★全粒粉パンのツナサンドならいいなあ。聞いてくれてありがとう。

質問：女性は男性のために何をすると申し出ているか。

選択肢の訳
1　彼にラリーズカフェに行く方法を教える。
2　彼にツナサンドを作ってあげる。
3　彼に食事を持ち帰ってくる。
4　彼が仕事を終える手助けをする。

職場で昼食休憩に誘う女性と，その同僚男性との会話。女性の第1発言で状況は把握できる。その誘いに対し男性が断るという状況だが，その後の展開をある程度予測しながら聞き進めたい。この後，行けない理由に言及する展開もあり得るが，続く女性の発言はwould you like me to *do*?「～しましょうか」という提案になっているので，注意が向けられたかもしれない。ここが根拠となって，正解は**3**「彼に食事を持ち帰ってくる」である。get *A B* は「*A*（人）のために *B*（もの）を手に入れる〔買う〕」という意味。ちなみに would like *A* to *do* は want *A* to *do* の丁寧な表現で「*A* に～してほしい」という意味だが，本問のように Would you like me to *do*? のような疑問形になると「～しましょうか」という提案の表現になる。これは Do you want me to *do*? も同様。**2** に関して，a tuna sandwich への言及は男性の第2発言に見られるが，そもそも女性の提案は「持ち帰りましょうか」ということで，その提案に対する返答なので，「作る」わけではない。**1**，**4** に関しては，放送文中に言及が見られない。

No. 7　解答　1

☆ John, you said that you had to take some pictures on the weekend for your photography-class assignment. Did they turn out well?

★ Actually, almost all of them were too dark. I must have done something wrong.

☆ Oh, that's too bad.

★ Yeah, but my class isn't until Thursday. I'm going to try to take some more before then.

Script

Question : What does John say about the pictures he took?

訳 ☆ジョン，写真撮影講座の課題で週末に何枚か写真を撮らないといけないって言ってたわよね。その写真はうまくいったの？

★実は，そのほとんどが暗すぎたんだよ。何か間違ったことをしたに違いないんだ。

☆まあ，それはお気の毒に。

★うん，でも僕の授業は木曜日までないんだ。それまでにもう何枚か撮ってみるつもり。

質問：ジョンは自分が撮った写真について何と言っているか。

選択肢の訳　**1**　それらの写真の大半が良くないとわかった。

2　彼はそれらの写真を木曜日に印刷した。

3　彼はそれらの写真を時間通りに提出できなかった。

4　それらの写真は彼が今年撮った初めての写真だった。

写真撮影講座の課題の出来を尋ねる女性と，返答する男性との会話。女性の長めの第 1 発言は状況説明になっているので，ここである程度の会話のイメージを形成しておきたい。続く男性の発言では，Actually「実は」という“予想に反して意外なこと”を述べる際に用いるディスコース・マーカー（つなぎ言葉）があることから，重要な情報が述べられると思って注意したい。ここで男性は「撮った写真のほぼすべてが暗すぎた」と述べている。したがって，正解は **1**「それらの写真の大半が良くないとわかった」である。ちなみに turn out ～ は，「～だとわかる，判明する」という頻出表現。さらに選択肢中の them とは質問文中の the pictures he took であり，その直前の most of とは，放送文中の almost all of の言い換えである。**2** に関して，Thursday に対する言及は男性の第 2 発言にあるが，これは「次の授業が木曜日だからまだ撮り直す余裕がある」という趣旨で述べているのであり，「印刷する」という内容ではない。**3**，**4** に関しては放送文中に言及されていない。

No. 8 解答 2

☆ I can't believe we can't find our gate. This airport is so confusing.

★ I know. I wish there were more signs. We'd better ask someone for help.

☆ Wait, is that it by the escalator? Yes, it's Gate 62. Finally! Now we have time to find some souvenirs.

★ Yeah. I think I'll look for some postcards.

Question : What will the man and woman probably do next?

Script

訳

☆ゲートが見つからないなんて信じられない。この空港は本当にわかりにくいわ。

★全くだ。もっと案内板があればいいのに。誰かに助けを求めた方がいいな。

☆ちょっと待って，あれ，エスカレーターのそばにあるのがそうじゃない？　そうよ，62番ゲート。やっとだわ！　今ならお土産《みやげ》を探す時間があるわね。

★ああ。ポストカードを探してみようかな。

質問：男性と女性は次に何をしそうか。

選択肢の訳

1 自分たちのゲートを探す。

2 いくつかの店舗に立ち寄る。

3 誰かに道を尋ねる。

4 飛行機に搭乗し始める。

空港でゲートを探して奮闘する女性と男性との会話。状況を視覚的にイメージしながら聞き進めたい。目当てのゲートが見つからず不満を言う2人だったが，女性の第2発言でやっと見つかったという状況が述べられ，最後に「お土産を探す時間がある」と述べている。これに続く男性の発言も女性の発言を否定することなく終わるので，正解は**2**「いくつかの店舗に立ち寄る」である。放送文ではshopやstoreという単語が述べられていないので，souvenirs「お土産《みやげ》」から連想したい。**1**は“次にする行動”ではなく“すでに終わった行動”なので不適。**3**は男性の第1発言に似た表現があるが，ゲートが見つかったので道を尋ねる必要はない。**4**に関しては放送文中で言及されていない。

No. 9 解答 4

☆ Here's your menu, sir. Would you like a drink while you decide?

★ Sure. I'd like a glass of red wine. Are there any wines that you recommend?

☆ I recommend a wine called Vino Hill, because it's not too sweet, and it tastes good with many of the dishes on our menu. It's made in the southern part of Spain.

★ Great. I'll try that, then. I've always liked the taste of Spanish wines.

Question : What does the woman say about the wine called Vino Hill?

Script

訳　☆こちらがメニューでございます，お客様。ご覧いただいている間にドリンクはいかがですか？

★そうですね。赤ワインをグラスで１杯欲しいですね。おすすめのワインはありますか？

☆私のおすすめはヴィノ・ヒルというワインです。甘すぎず，当店のメニューにある料理のうちの多くのものと合って美味です。スペイン南部産でございます。

★いいですね。じゃあ，それをお願いします。スペインワインの味はずっと好きなんですよ。

質問：ヴィノ・ヒルというワインについて，女性は何と言っているか。

選択肢の訳　**1**　非常に高価である。

2　非常に甘い味がする。

3　スペインのレストランでしか売られていない。

4　そのレストランの料理によく合う。

レストランの女性店員と食事に来ている男性客とのテーブルでの会話。ワインのおすすめを尋ねる男性の第１発言が新たな展開の発端となりそうなので，その後の女性店員の発言に注意を向ける。ここで女性は「ヴィノ・ヒル」というワインを挙げ，その理由として it tastes good with many of the dishes on our menu と述べる。したがって，正解は **4**「そのレストランの料理によく合う」である。選択肢中の go（well）with ～ は「～と（よく）合う，調和する」という意味。the restaurant's food とは放送文中の the dishes on our menu の言い換えとなっている点に注意。**2** に関しては，女性の第２発言の第１文（I recommend a …）に it's not too sweet「それは甘すぎない」とある部分に矛盾。**3** に関して，Spain に対する言及は女性の第２発言の最終文（It's made in …）にあるが，ヴィノ・ヒルの産地に言及しているだけで，「スペインのレストランでしか売られていない」という内容は述べられていない。**1** に関しては，放送文中に言及がない。

No. 10　解答　2

☆ Honey, you're finally home. I was worried about you.

★ Sorry I'm so late. The train stopped at Jefferson Station because of an accident. It was already too late to get the bus, and there weren't any taxis, so I walked.

☆ From Jefferson Station! That's so far. Why didn't you call me to pick you up?

★ I would have, but I forgot my phone at the office.

Question：How did the man go home from Jefferson Station?

訳　☆あなた，やっと帰ってきたのね。心配していたのよ。

★遅くなってすまない。事故のせいで電車がジェファーソン駅で停車したんだよ。もうバスに乗るには遅すぎたし，タクシーもなかったから歩いたんだよ。

☆ジェファーソン駅から！　それは遠いわね。なぜ私に迎えに来てほしいって電話しなかったの？
★そうだったんだけど，事務所に携帯電話を忘れてしまったんだよ。

質問：男性はジェファーソン駅からどうやって家に帰ったか。

選択肢の訳　**1**　彼はバスに乗った。　**2**　彼は徒歩で行った。
3　彼はタクシーを呼んだ。　**4**　彼の妻が彼を車で送った。

夫の帰宅を待っていた妻と，やっと帰宅した夫との会話。女性の第1発言中のHoney, you're finally home.で2人が家族であること，続くI was worried about you.で何か事情があって夫の帰宅が遅れていたことがわかる。これに対する男性の第1発言が，遅れていた事情を詳細に述べている部分なので，解答に関わると思って注意して聞きたい。この発言の最終文でso I walkedとあることから，正解は**2**「彼は徒歩で行った」である。選択肢ではon foot「徒歩で」という表現で言い換えられていることに注意。**1**，**3**に関して，busとtaxiに対する言及は男性の第1発言中にあるものの，「バスに乗るには時間が遅すぎた」，「タクシーもなかった」という内容に矛盾する。**4**に関しては，女性の第2発言の最終文Why didn't you call me to pick you up?にまつわる選択肢だが，女性は「迎えを頼む電話をしなかった理由」を尋ねているので誤りだと判断しやすい。

No. 11　解答　4

Script

★ Honey, this plant is dying. What do you think is wrong?
☆ I'm not sure. It seems to be getting enough sunlight.
★ Yeah. And I think we're giving it enough water and plant food, too.
☆ Wait. Look! There are small white insects eating the leaves. I bet they're the problem.

Question：Why does the woman think the plant is dying?

訳
★ねえ，この植物は枯れかけているね。何が問題だと思う？
☆よくわからないわ。日光は十分浴びているみたいだし。
★そうだね。それに，水と肥料も十分あげていると思うんだよね。
☆待って。ほら！　葉っぱを食べている小さな白い虫がいるわ。きっとこの虫が問題なのよ。

質問：なぜ植物が枯れかけていると女性は思っているか。

選択肢の訳　**1**　自分がそれに水をやりすぎている。
2　自分がそれに間違った肥料をあげた。
3　それは十分な日光を浴びていない。
4　それは昆虫に害を与えられている。

植物の生育を気にする夫婦の会話。植物が枯れかけている原因を考察しながら会話は進むが，最後の女性の発言Wait. Look!で重要な情報が述べられると予測して，この後に特に注意して聞きたい。ここでは，小さな白い虫が葉を食べているのを発見した女性が，I bet ～「～だと断言する，きっと～だと思う」という表現を使って they're the problem「それが問題だ」と述べている。したがって，正解は **4**「それは昆虫に害を与えられている」である。**1** に関して，water への言及は男性の第 2 発言にあるが enough「十分」と述べているので too much「やりすぎ」ではない。**3** に関しては，女性の第 1 発言の「十分な日光を浴びている」に矛盾する。**2** に関しては，放送文中に言及が見られない。

No. 12　解答　4

☆ Excuse me. Could you tell me which floor the exhibition of Spanish artists is on? I just read a review about it in today's paper.

★ It's on the fourth floor. Just follow the signs. You can take the stairs or use the elevator.

☆ It seems very crowded today. Perhaps many people read that review, too.

★ Well, maybe, but our special exhibitions are always very popular.

Question：What does the woman want to do?

訳

☆すみません。スペイン芸術家たちの展示は何階か教えていただけませんか？　ちょうど今日の新聞でその展示についてのレビューを読んだんです。

★ 4 階にございます。案内板に従ってお進みください。階段を上っていただくか，エレベーターをご利用ください。

☆今日はとても混雑しているみたいですね。おそらく多くの人が同じようにあのレビューを読んだのでしょうね。

★ええ，そうかもしれませんね，でも，当館の特別展はいつもとても人気があるんですよ。

質問：女性は何をしたいか。

選択肢の訳　**1**　レビューを読む。　**2**　エレベーターを修理する。
3　一部の芸術家と話をする。　**4**　ある美術の展示を見る。

美術館で展示の開催場所を尋ねる女性と，対応する男性職員との会話。女性の第 1 発言中の which floor「何階」，the exhibition「展示，展覧会」という単語が聞き取れれば状況はわかりやすい。その後の会話はそれほど展開することなく終わるので，正解は **4**「ある美術の展示を見る」である。この問題は後半の会話が直接的な解答根拠にならないので，冒頭をしっかり聞けるかが鍵である。**1**，**2** に関して，会話中に review や elevator という単語が出てくるが，女性がしたいことではないと判断できるだろう。**3** に関しては，女性の第 1 発言を聞き逃していたら惑わされるかもしれないが，男性の最後の発言にも芸術家への言及が一切ないので候補から外せるだろう。

No. 13　解答　2

☆ You look tired, Jeff. Are you feeling OK?

★ I just got back from my vacation in Africa. I haven't adjusted to the time difference yet.

☆ Oh, I know the feeling. I was tired for three days after I came back from my trip to Indonesia.

★ Yeah. I love traveling, but sometimes it really makes you tired.

Script

Question : What do we learn about the man?

訳

☆疲れているみたいね，ジェフ。体調は大丈夫？

★ちょうどアフリカでの休暇から帰ってきたところなんだ。まだ時差に慣れていないんだよね。

☆ああ，気持ちはわかるわ。私はインドネシア旅行から帰ってきた後，3日間は疲れていたもの。

★そうだよね。僕は旅行が大好きだけど，すごく疲れることもあるよね。

質問：男性について何がわかるか。

選択肢の訳

1　彼は旅行するのが好きではない。

2　彼はちょうど旅行に行ってきたところだ。

3　彼はまもなくインドネシアに行くだろう。

4　彼は仕事を3日休んだ。

時差ぼけに苦しむ男性と，それを気遣う女性との会話。問われている内容は「何がわかるか」という会話全体に関わるものなので，初めから状況をイメージしながら聞き進めておかないと，思い出しながら解答するのは難しい。解答根拠は男性の第1発言にあるI just got back from my vacation in Africa. である。したがって，**2**「彼はちょうど旅行に行ってきたところだ」が正解である。**1**に関しては，男性の第2発言でI love travelingと述べられているので間違いだと判断しやすい。**3**，**4**に関して，Indonesia，three daysという情報は女性の第2発言に含まれる内容であり，男性の情報ではない。

No. 14　解答　1

☆ Let me show you around so you can feel more at home, Kentaro.

★ Thanks, Mrs. James. I was surprised by how big your garden is.

☆ Really? Don't people have big gardens in Tokyo, too?

★ No, actually. Gardens are usually small, and many people have no garden at all.

Script

Question : What is the boy doing now?

訳 ☆もっとくつろいでもらえるように案内するわ，ケンタロウ。
★ありがとう，ジェームズさん。お宅のお庭の広さに驚きました。
☆本当？　東京にも大きな庭はないの？
★実はないんです。庭はたいてい小さいですし，多くの人が庭なんて全然持っていないんです。

質問：少年は今何をしているか。

選択肢の訳 **1**　女性の家を歩いて回っている。
2　女性の庭に水やりをしている。
3　自身の庭を女性に見せている。
4　女性の家の写真を見ている。

家の中を案内する女性ジェームズ夫人と，その案内を受ける少年ケンタロウとの会話。女性の第1発言にある show you around が，show *A* around *B*「*A*（人）に *B*（場所）を案内して回る」という表現の *B*（場所）が省略された形だとわかれば，解答は選びやすい。したがって，正解は **1**「女性の家を歩いて回っている」である。仮にこの表現を知らなくても，状況を思い浮かべながらケンタロウの第1発言「お庭の広さに驚きました」に反応して正解を選びたい。**2**，**3** に関して，garden に対する言及から惑わされるかもしれないが，**2** の water「水やりをする」は放送文で一切言及されていないし，**3** は「少年が自分の庭を見せている」という意味なので関係性が逆だとわかる。**4** に関しては，女性が第1発言で so you can feel more at home「あなたがもっとくつろげるように」と言っていることに矛盾。本問の at home は「在宅で」という意味ではなく「気楽で，くつろいで」の意味だが，この表現がわざわざ使用されるということはケンタロウが少し緊張する状況にある，つまり女性宅に招かれていると推測できる。ただし，この表現を知らなくても，picture を連想させる表現が放送文中にないので，正解ではないと判断できるだろう。

No. 15　解答　2

★ How may I help you?
☆ Hi. I'd like to send this package to Germany.
★ OK. Could you please fill out this form while I weigh the package?
☆ Oh, and I'd like to send it by express mail. I want it to arrive there within a week.

Question : What does the woman want to do?

Script

訳 ★どのようなご用件でしょうか？
☆こんにちは。この小包をドイツに送りたいのです。
★かしこまりました。荷物の重さを量る間，この用紙にご記入いただけますか？
☆ああ，それと速達で送りたいです。1週間以内に先方に到着してほしいのです。

質問：女性は何をしたいか。

選択肢の訳　**1**　ドイツ語で用紙に記入する。　**2**　ドイツに小包を送る。
3　後で小包の重さを量る。　**4**　1週間以内にドイツに発つ。

小包を送りたい女性客と，男性職員との会話。2人のそれぞれの第1発言から関係性と状況がわかる。解答根拠は女性の第1発言。したがって，正解は**2**「ドイツに小包を送る」である。この問題では，女性は一貫してI'd like to ~，I want ~という希望を表す表現を用いて「小包を送りたい」という趣旨を述べているので，正解は選びやすかっただろう。**1**，**3**に関しては，男性の第2発言にfill out this formやweigh the packageという表現があるが，これは男性からの要望や男性の行動であって，女性の希望ではない。**4**に関しては，within a weekという表現が女性の最後の発言に含まれているが，これは荷物が届くまでに要する日数に関する女性の希望なので不適。

一次試験　リスニング　第2部

No. 16　解答　4

It was Mother's Day yesterday, but Stuart had forgotten to get his mom a card. So he decided to make breakfast for her instead. He woke up early to prepare a traditional English breakfast of bacon, sausages, fried eggs, mushrooms, and toast. Stuart's mom was very pleased when she saw what he had made for her. The sausages were a little burned, but she said that everything tasted delicious.

Question：Why was Stuart's mother pleased?

Script

訳　昨日は母の日だったが，スチュアートは母親にカードを渡すのを忘れていた。そこで彼は代わりに彼女のために朝食を作ることにした。彼は早起きしてベーコン，ソーセージ，目玉焼き，マッシュルーム，トーストという伝統的なイギリス式朝食を用意した。スチュアートの母親は，彼が自分のために作ってくれたものを見てとても喜んだ。ソーセージは少し焦げていたが，彼女は全部おいしいと言った。

質問：スチュアートの母親はなぜ喜んだのか。

選択肢の訳　**1**　スチュアートは母親に美しいカードをあげた。
2　スチュアートは母親を朝食に連れ出した。
3　スチュアートは自分で目覚めた。
4　スチュアートは母親のために朝食を作った。

「スチュアートの母親が喜んだ」という内容は第4文（Stuart's mom was …）にある。ここではwhen she saw what he had made for her「彼女は彼が自分のために作ってくれたものを見た時」とあるので，正解は**4**「スチュアートは母親のために朝食を作った」である。この1文を聞き逃しても，放送は一貫して「料理を作った」という内容なので正解は選びやすい。**1**，**2**，**3**は放送文中の断片情報から作られた選択肢で，全く無関係の内容。

No. 17 解答 1

Good afternoon, students. Welcome to Introduction to Psychology. I'm Professor Roberta Williams. I hope you've all bought your textbooks. Every week, we will discuss a new topic from the textbook. Notes for each class will be put on the class website, where you can look at them if you like. The website address is written on the blackboard.

Question : What does the professor say students can do online?

訳 こんにちは，学生の皆さん。心理学入門へようこそ。私が教授のロバータ・ウィリアムズです。皆さんはもう教科書を買っていると思います。毎週，私たちは教科書からの新しい話題について議論します。各授業の記録はクラスのウェブサイトに掲載されますので，希望であればそこで記録を見ることができます。ウェブサイトのアドレスは黒板に書いてあります。

質問：その教授は，学生はオンラインで何ができると言っているか。

選択肢の訳 **1** 授業の記録を見る。 **2** 自分の教科書を買う。
3 授業からの話題を議論する。 **4** クラスメートへ伝言を送る。

第1文Good afternoon, students.から，この放送文は学生に向けられたもので，第2・3文（Welcome to Introduction … Professor Roberta Williams.）から話し手は大学教授であるという状況をしっかり押さえておくと，放送文中で言及されるyouはすべて「学生」の意味であるとわかる。あとは自分が教授の話を聞いている学生のつもりになって，具体的に状況を思い浮かべながら聞き進めて質問文を待つ。解答根拠は第6文（Notes for each …）。ここで「各授業の記録はクラスのウェブサイト上に掲載される」とあることから，正解は**1**「授業の記録を見る」である。放送文では多くの情報が述べられているように感じるかもしれないが，質問文のonlineが放送文のon the class websiteの言い換えだと気付けば正解は選びやすいだろう。

No. 18 解答 2

Last year, Sylvia and her family moved to a new town. At first, Sylvia was lonely and often wrote messages to friends from her old high school. Her brother encouraged her to try to make new friends, so Sylvia decided to join her school's drama club. She made many new friends there. Now, even though she still misses her old friends, she enjoys life at her new school.

Question : How did Sylvia make new friends?

訳　昨年，シルビアとその家族は新しい町に引っ越した。最初，シルビアは孤独で，前の高校の友人たちによくメッセージを書いた。彼女の兄は彼女に新しい友人を作ろうとすることを促したので，シルビアは学校の演劇部に入ることにした。彼女はそこでたくさんの新しい友人ができた。今は，まだ旧友たちが恋しいが，彼女は新しい学校での生活を楽しんでいる。

質問：シルビアはどうやって新しい友達を作ったか。

選択肢の訳　**1**　彼女は新しい文通相手を見つけた。
2　彼女は学校でクラブに加入した。
3　彼女はアルバイトを始めた。
4　彼女は兄の友人たちに会った。

新しい町に引っ越したシルビアの状況の変化を，順に整理しながら聞き進める。その中でも特に第2文（At first, Sylvia …）冒頭のAt first「最初のうちは」という表現で反応したい。これはfirstやfirstlyのように「第一に」という意味で列挙を始める表現ではなく，「最初のうちは～だったが，…」というように，後に事態が変化することを予告する表現である。この知識があれば，初めは寂しさを感じていたシルビアが反転して克服する過程が述べられるとわかる。解答根拠は第3文（Her brother encouraged …）。ここで兄がシルビアに新しい友人を作るように促し，その結果シルビアは学校の演劇部に入ったとある。したがって，正解は**2**「彼女は学校でクラブに加入した」である。**4**に関しては，断片情報で惑わされるかもしれないが，「兄の友人に会う」という内容は放送内容とはかけ離れているので外せるだろう。**1**，**3**に関しては，放送文中に全く言及がない。

No. 19　解答　4

Last weekend, there was a big storm in the city where Patricia lives, so she could not play outside with her friends. Next weekend will be a long weekend because Friday is a national holiday, and the weather will be sunny. However, Patricia has so much homework to do that she will not be able to meet her friends. As a result, she is not looking forward to the long weekend.

Script

Question : Why is Patricia not looking forward to the long weekend?

訳　先週末，パトリシアの住む街で大きな嵐があったので，彼女は友達と外で遊ぶことができなかった。来週末は金曜日が祝日なので長い週末休暇となり，天気も晴れる予定だ。しかし，パトリシアはやるべき宿題が多すぎて友達に会うことはできないだろう。その結果，彼女はその長い週末を楽しみにしていない。

質問：なぜパトリシアは長い週末を楽しみにしていないのか。

選択肢の訳　**1**　大きな嵐が来る予定だ。
2　彼女の父親が彼女に部屋を掃除するように頼んだ。

3　友人が別の街に引っ越す予定である。

4　彼女はやるべき宿題がたくさんある。

状況を思い浮かべながら聞き進める。「先週末，嵐があった」，「次の週末は長い休暇だ」という状況を踏まえた上で，反応したいのは第3文（However, Patricia has …）冒頭のHowever「しかしながら」である。howeverが含まれる文は重要な情報が述べられやすいが，ここでも「パトリシアは宿題が多すぎて友人に会えない」とある。この後，「その結果パトリシアは長い週末を楽しみにしていない」と述べて放送が終わる。したがって，正解は**4**「彼女はやるべき宿題がたくさんある」である。**1**に関して，a big stormはすでに終わった話なので，未来時制はおかしいと気付ける。**2**，**3**に関しては，放送文と無関係である。

No. 20　解答　2

Robert's uncle taught Robert how to make videos on his laptop computer. Robert uses the computer's camera. On Wednesday, he put the computer on a wall outside his school to make a video of himself. A strong wind blew the computer off the wall, and it fell to the ground and broke. Now, Robert has to use his smartphone to make videos until he can buy a new computer.

Question：What happened to Robert on Wednesday?

Script

訳　ロバートのおじは，ノートパソコンで動画を作る方法をロバートに教えた。ロバートはコンピュータのカメラを使っている。水曜日，彼は自分の動画を作るために，学校の外の壁にコンピュータを置いた。強風がコンピュータを壁から吹き飛ばし，コンピュータは地面に落ちて壊れた。今，ロバートは新しいコンピュータが買えるまで，動画を作るのに自分のスマートフォンを使わなければならない。

質問：水曜日，ロバートに何が起こったのか。

選択肢の訳　1　彼のカメラが学校の外で盗まれた。

2　彼のコンピュータが落ちて壊れた。

3　彼のおじは彼に新しいおもちゃを買った。

4　彼の先生が彼のスマートフォンを取り上げた。

状況を思い浮かべながら順に聞き進める。動画の作り方をおじから教わったロバートだが，反応したいのは第3文（On Wednesday, …）である。このように，冒頭に具体的な時や場所を表す表現が来る場合，鍵となる事件や出来事が述べられやすい。ここでも，学校の外でノートパソコンを用いて動画の撮影を始めたロバートが，第4文（A strong wind …）で「強風にあおられたノートパソコンが壁から落ちて故障した」という不幸にあったことが述べられる。したがって，正解は**2**「彼のコンピュータが落ちて壊れた」である。**1**，**3**，**4**に関しては，それぞれstolen「盗まれた」，a new toy「新しいおもちゃ」，took away「取り上げた」といった表現は放送文と無関係なので，候補から外しやすい。

No. 21　解答　1

Steven got a call from his sister this afternoon. She said that she had not seen her cat, Spotty, all day. Spotty usually comes into the kitchen for breakfast. Steven's sister asked Steven if he could help her to look for Spotty this evening after work. Steven said that he would be happy to do so.

Script

Question：How will Steven spend this evening?

訳　スティーブンは今日の午後，妹から電話を受けた。彼女は，一日中猫のスポッティを見かけていないと言った。スポッティは通常，朝食のためにキッチンにやって来る。スティーブンの妹はスティーブンに，今夜仕事の後，彼女がスポッティを探すのを手伝ってくれないかと頼んだ。スティーブンは喜んでそうすると言った。

質問：スティーブンは今晩どのように過ごすか。

選択肢の訳　**1**　自分の妹を手伝う。　**2**　猫を買う。
3　新しい家を探す。　**4**　朝食を準備する。

状況を思い浮かべながら聞き進める。第１文がSteven got a call「スティーブンは電話を受けた」から始まるので，電話の内容が重要であることは予想できる。その内容を整理すると，「妹の飼い猫が逃げたので，探すのを手伝ってほしい」ということである。最終文でSteven said that he would be happy to do so.とあるが，do so「そうする」とは前文（Steven's sister asked …）のhelp her to look for Spotty this evening after workを指すので，正解は**1**「自分の妹を手伝う」である。**2**，**3**，**4**に関しては，放送文の内容とは無関係である。この問題では，スティーブン，スティーブンの妹，猫のスポッティという３者が登場するため，代名詞が多用されると内容が把握しにくくなる可能性がある。本問ではそういった配慮から代名詞の使用は最小限になっているが，普段から代名詞が誰（何）を指すのかを常に意識する癖をつけて，特にリスニングでは視覚情報を正しくイメージしていきたい。

No. 22　解答　3

In the 19th century, there was a writer from the United States known as Nathaniel Hawthorne. His short stories and novels were works of fiction, but he often included real historical events in them. He was also friends with U.S. President Franklin Pierce. Today, Hawthorne's books are read and enjoyed all over the world.

Script

Question：What is one thing we learn about Nathaniel Hawthorne?

訳　19世紀，ナサニエル・ホーソーンとして知られるアメリカ合衆国出身の作家がいた。彼の短編や小説はフィクション作品だが，彼はしばしば実際の歴史的な出来事をその中に含めていた。彼はまた，アメリカ合衆国大統領フランクリン・ピアースとも友人だった。今日，ホーソーンの本は世界中で読まれ，楽しまれている。

質問：ナサニエル・ホーソーンについてわかることの一つは何か。

選択肢の訳
1　彼はアメリカ合衆国の出身ではない。
2　彼は本を印刷する新しい方法を発明した。
3　彼は歴史的な出来事を伴うフィクションをよく書いた。
4　彼は自国の大統領が好きではなかった。

第1文（In the 19th …）で，実在の歴史上の人物についての放送だとわかるので，「どういう人だったのか」に注意して情報を整理していけば，質問文が読み上げられた時にすぐ反応できるだろう。本問で特に注意したいのは，第2文（His short stories …）である。ここでは，「ホーソーンはフィクションを書いていたが，その中に実際の歴史的な出来事を組み入れた」とある。したがって，正解は**3**「彼は歴史的な出来事を伴うフィクションをよく書いた」である。選択肢ではfiction with historical eventsと簡潔に書かれている点に注意。**1**に関しては，第1文のfrom the United Statesと矛盾。**4**に関して，presidentに関する言及は第3文（He was also …）に見られるが，「大統領と友人関係であった」とあるので不適。**2**に関しては，放送文中に言及がない。

No. 23　解答　4

Yumi's son and daughter have grown up and left home. Yumi still has her old family car, but she no longer needs such a big one. She will exchange it for a smaller car that will be delivered to her in July. It is a red sports car, and Yumi plans to drive it to the beach on the day that it arrives. She is really looking forward to the trip.

Question : What is Yumi going to do in July?

Script

訳　ユミの息子と娘は大きくなって家を出た。ユミはまだ古いファミリーカーを持っているが，もはやそんな大きな車は必要ない。彼女はそれを，7月に届けられるもっと小型の車と交換する予定だ。その車は赤いスポーツカーで，ユミは到着した日にその車を浜辺まで走らせるつもりだ。彼女はその旅をとても楽しみにしている。

質問：ユミは7月に何をするつもりか。

選択肢の訳
1　自分の古い車を娘に与える。
2　ものを配達するために自分の車を使う。
3　自分の息子がスポーツカーを探す手助けをする。
4　自分の新車でドライブに出かける。

多くの情報が盛り込まれているので，視覚情報への変換やメモなどを駆使して，情報を整理しながら聞き進めたい。主人公はユミという女性で，子育てが終わったので大きなファミリーカーから小型車に乗り換えようとしており，新車は7月に納車される予定で，納車日当日に彼女は浜辺までドライブするつもりだ，という内容が述べられる。質問文の July「7月」という情報は第3文（She will exchange …）にあり，“ユミがするつもりの行動”は第4文（It is a …）に「納車日当日に浜辺までドライブする」とあることから，以上の情報を合わせて，正解は **4**「自分の新車でドライブに出かける」である。**1**，**2**，**3** に関しては放送文に含まれる断片情報をつなぎ合わせたもので内容は全く異なるが，情報がうまく整理できないと惑わされるかもしれない。

No. 24　解答　1

Elvis Presley, who is widely known as the king of rock ‘n’ roll, bought a tour bus in 1976 for his band. The band was called The TCB Band, so Elvis named the bus TCB. Nine people could sleep comfortably inside it. The band’s members used the bus to go to concerts around the United States. However, Elvis had difficulty turning the big bus around.

Question : What is one thing we learn about the bus that Elvis Presley bought?

Script

訳　ロックンロールの第一人者として広く知られているエルヴィス・プレスリーは，1976年に自身のバンド専用にツアーバスを購入した。そのバンドは TCB バンドと呼ばれていたので，エルヴィスはこのバスを TCB と名付けた。9人の人が快適にその車内で眠ることができた。バンドのメンバーは，そのバスを使って全米各地のコンサートに行った。しかし，エルヴィスはその大きなバスをUターンさせるのに苦労した。

質問：エルヴィス・プレスリーが購入したバスについて，私たちがわかることの一つは何か。

選択肢の訳
1　彼がそれをUターンさせるのは難しかった。
2　それは9枚の窓が両側にあった。
3　彼と彼のバンドがそれを作るのに6年かかった。
4　それは車内にコンサート用の十分なスペースがあった。

冒頭でエルヴィス・プレスリーが登場するが，放送文の主題は彼が購入した a tour bus である。このバスの特徴が順に述べられていくが，反応したいのは最終文（However, Elvis had …）の冒頭 However「しかしながら」である。この語が含まれる文は，これまでの内容とは反転して重要な情報が述べられやすい。本問でも，これまでどちらかというとこのバスの利点が述べられていたのに対し，この文では「Uターンするのが難しかった」とある。したがって，正解は **1**「彼がそれをUターンさせるのは難しかった」である。**2** に関して，nine という数字は第3文（Nine people could …）に言及があるが，これは窓の数ではなく車中で眠ることができる人の数である。**4** に関しては，It had enough space inside までは放送文の内容に一致しているが，for concerts「コンサート用に」の部分が不適。

No. 25　解答　1

Welcome to Price Shavers Supermarket. We would like to remind customers about our special offer. Simply show staff our store's discount code on the screen of your smartphone or tablet computer when you pay for your shopping. You can get 10 percent off all items. To receive the code, sign up on our store's website today.

Question：How can customers get a discount?

訳　プライス・シェイバーズ・スーパーマーケットへようこそ。ご来店の皆様に，私たちの特別オファーについてお知らせしたいと思います。お支払いの際に，スマートフォンやタブレットの画面に表示された当店の割引コードをスタッフにお見せいただくだけで結構です。すべての商品が10％引きになります。コードを受け取るには，本日当店のサイトにご登録ください。

質問：買い物客はどのように割引を受けられるか。

選択肢の訳
1　画面上のコードを見せることによって。
2　10個の質問に答えることによって。
3　6品以上購入することによって。
4　店員に話しかけることによって。

冒頭でスーパーの館内放送だとわかる。館内放送は複数の情報が述べられやすく，聞いている間メモを取る時間はあまり取れないので，できるだけ視覚情報に変換して脳内に保存していきたい。第2文（We would like …）で「特別オファーについてお知らせしたい」という予告をした直後に，第3文（Simply show staff …）で「割引コードをスマートフォンかタブレット上で店員に見せてください」とある。その後は，その割引率とコードの入手方法を述べて終わる。したがって，正解は**1**「画面上のコードを見せることによって」である。直接の解答根拠は放送文の中ほどなので，質問文が読み上げられる頃には忘れてしまっている可能性もあるが，他の選択肢は放送文の内容と無関係なので選びやすいだろう。**2**に含まれる10という数字は，第4文（You can get …）に含まれる10 percentという割引率から取っている。

No. 26　解答　4

Victoria loves sandwiches. Yesterday, she watched an online video by a professional chef. He used roast beef and grilled vegetables to make a sandwich. Victoria used the chef's recipe to make one, too. She showed a picture of her sandwich to a friend at work, and he was very impressed. Her friend recommended using brown bread instead of white bread. That way, Victoria could make healthier sandwiches.

Script

Question：What advice did one of Victoria's friends at work give her?

訳　ビクトリアはサンドイッチが大好きだ。昨日，彼女はプロのシェフによるネット動画を見た。彼はローストビーフと焼き野菜を使ってサンドイッチを作っていた。ビクトリアもそのシェフのレシピを使ってサンドイッチを作った。彼女は自分が作ったサンドイッチの画像を職場の友人に見せ，彼はとても感動していた。彼女の友人は白パンの代わりに全粒粉パンを使うことをすすめた。そうすれば，ビクトリアはより健康的なサンドイッチを作ることができるだろう。

質問：ビクトリアの職場の友人のうちの一人は彼女にどんな助言をしたか。

選択肢の訳
1　人々に調理法を教える動画を作る。
2　それほど多くのローストビーフを食べるのをやめる。
3　プロの料理人になることについて考える。
4　彼女がサンドイッチを作る時に全粒粉パンを使う。

情報を整理しながら聞き進める。「サンドイッチが好きなビクトリアは，プロのシェフの動画を見て自分でもサンドイッチを作り，その写真を職場の友人に見せた」という内容が第1～5文（Victoria loves sandwiches. … was very impressed.）で述べられており，続く第6文（Her friend recommended …）の recommended 以下が解答根拠。正解は **4**「彼女がサンドイッチを作る時に全粒粉パンを使う」である。その他の選択肢は，放送文中の単語を断片的に用いているが，問われているのは同僚がビクトリアにした助言の内容だから，冒頭の **1**「動画を作るように」，**2**「食べるのをやめるように」，**3**「…について考えるように」だけを聞いても本文に合わないと判断しやすいだろう。

No. 27　解答　2

Scientists in Southeast Asia found a small animal called a pygmy tarsier. The scientists were surprised because they believed that there were no pygmy tarsiers left. At first, the scientists thought it was a big mouse, but later, they confirmed that it was actually one of Indonesia's rarest wild animals.

Script

Question：Why were scientists in Southeast Asia surprised?

訳　東南アジアの科学者たちは，ピグミーメガネザルと呼ばれる小型動物を発見した。その科学者たちが驚いたのは，ピグミーメガネザルはもう残っていないと彼らは信じていたからだった。最初，その科学者たちは，それは大きなネズミだと思ったが，後になって，彼らはそれが実はインドネシアで最も珍しい野生動物の一つであると裏付けた。

質問：東南アジアの科学者はなぜ驚いたのか。

選択肢の訳
1　彼らは異常に大きな植物を見かけた。
2　彼らは非常に希少な動物を見つけた。
3　彼らは奇妙な動物の鳴き声を耳にした。
4　彼らは地球上で最大のネズミを見つけた。

第1文（Scientists in Southeast …）で，「科学者が発見した小さな動物」に関する放送文だと把握する。続く第2文（The scientists were …）で，「ピグミーメガネザルというその動物はもはや残っていないと思っていたので驚いた」とある。さらにその後の第3文（At first, …）で，「その動物が実はインドネシアで最も珍しい野生動物の一つだと裏付けた」とあるので，正解は**2**「彼らは非常に希少な動物を見つけた」である。放送文ではa pygmy tarsierという具体的呼称で言及されているのに対し，選択肢ではa very rare animalという，一般化された抽象的な表現に言い換えられていることに注意。**4**に関して，mouseに対する言及は第3文（At first, …）にあるが，「最初，科学者はそれを大きなネズミだと勘違いしていた」という内容なので不適。**1**，**3**は放送文中に言及がない。

No. 28　解答　3

We hope you are enjoying this year's town festival. The final show is about to begin, so please come to the stage at the north end of the park. Three flute players will perform some popular pieces of music. Please feel free to dance if you want to. We have also prepared some chairs for visitors who would prefer to sit down while they enjoy the performance.

Question : Why is this announcement being made?

Script

訳　今年の町のお祭りはお楽しみでしょうか。最後のショーがまもなく始まりますので，公園の北端にあるステージにお越しください。3人のフルート奏者が人気のある曲をいくつか演奏します。ご希望であれば踊っていただいても構いません。また，座って公演を楽しみたいというお客様のための椅子もご用意しております。

質問：なぜこの放送がされているのか。

選択肢の訳
1　公園の規則に関する情報を人々に与えるため。
2　人々に祭りが終わったということを知らせるため。
3　祭りの最後のショーについて人々に伝えるため。
4　一部の演者にステージまで来るよう頼むため。

冒頭で，町のお祭りの場内放送であることがわかり，第2文（The final show …）で，最後のショーがまもなく開催される旨が告げられているので，この放送の意図がある程度読める。その後は，ショーの演目や場内設備の説明をして放送が終わるので，正解は**3**「祭りの最後のショーについて人々に伝えるため」である。**1**に関しては about park rules「公園の規則について」という部分から，**4**は対象者が some performers「一部の演者」となっていることから，明らかに間違いだとわかる。**2**に関しては the festival is over の“S is over.”という部分は，「Sはこれから終わる」という意味ではなく，「Sはすでに終わった」という意味なので不適。

No. 29　解答　1

In the mountains of Bulgaria in Europe, there are some famous lakes known as the Seven Rila Lakes. Each lake has a name, and some of the names were chosen because of the shapes of the lakes. For example, one lake is sometimes called Eye Lake because its shape is similar to an eye. Every year, hikers from all over the world visit these mountains to see the Seven Rila Lakes.

Question : What is one thing we learn about some of the Seven Rila Lakes in Bulgaria?

訳　ヨーロッパのブルガリアの山中に，リラの七湖として知られる有名な湖がいくつかある。それぞれの湖には名前があり，その名前のうち一部は湖の形が理由で選ばれた。例えば，一つの湖はその形が目に似ているということから，目の湖と呼ばれることがある。毎年，世界中のハイカーがリラの七湖を見るためにこれらの山を訪れる。

質問：ブルガリアにあるリラの七湖のうちの一部についてわかることの一つは何か。

選択肢の訳
1　それらの名称はその形状に合うように選ばれた。
2　それらの形状は有名なデザイナーによって作られた。
3　それらは外国人ハイカーによって最近発見された。
4　それらはその水質で有名である。

世界の名所旧跡にまつわる文章。この種の文章は「どういった特徴か」,「なぜ人気（有名）なのか」に特に注意して情報を整理していく。本問はリラの七湖についての文章で，第2文（Each lake has …）ではそれぞれの湖に名前が付けられていると述べられ，その湖の形状から名前が付けられたものもあると言う。その具体例として，続く第3文（For example, …）で，湖の形状が目の形に似ていたものは目の湖と呼ばれることがあると述べられている。したがって，正解は**1**「それらの名称はその形状に合うように選ばれた」である。この選択肢は放送文の第2文（Each lake has …）では because of the shapes of the lakes となっていたのが，to match their shapes と言い換えられていることに注意。その他の選択肢については，放送文中に言及がない。

No. 30　解答　4

Rachel's cousin will be five years old soon, and Rachel has been thinking about what to do for his birthday. He likes animals, but he already has many toy animals, and he has been to the zoo many times. Rachel has decided to teach him how to play an easy song on the piano. If he likes doing it, she will buy him a music book and give him lessons.

Question：What is Rachel going to do for her cousin?

訳　レイチェルのいとこはもうすぐ5歳になるので，レイチェルは彼の誕生日に何をするべきかについてずっと考えている。彼は動物が好きだが，すでにたくさんのおもちゃの動物を持っていて，動物園に何度も行ったことがある。レイチェルは彼にピアノで簡単な歌を演奏する方法を教えることに決めた。もし彼がそうするのを気に入れば，彼女は彼に音楽の本を買って彼にレッスンをしてあげるつもりだ。

質問：レイチェルは自分のいとこのために何をするつもりか。

選択肢の訳
1　彼に動物の描き方を教える。
2　彼に新しい漫画を1冊買ってあげる。
3　彼を誕生日に動物園に連れて行く。
4　彼に歌を演奏するよう教える。

第1文（Rachel's cousin will …）で，レイチェルのいとこがもうすぐ5歳になるので，レイチェルがそのお祝いを考えているという状況をつかむ。ただし，レイチェルが考えているのはwhat to give「何をあげるべきか」ではなく，what to do「何をすべきか」であるので，あげるべき贈り物で悩んでいると思い込んでしまうと放送文の内容を正しく捉えられなくなる。解答根拠は第3文（Rachel has decided …）で，「ピアノで簡単な歌を演奏する方法を教えることに決めた」と述べられている。したがって，正解は**4**「彼に歌を演奏するよう教える」である。放送文のteach him how to play an easy songの部分が，選択肢ではteach *A* to *do*「*A*に～するよう教える」という表現を使って簡潔になっていることに注意。**1**のanimals，**3**のzooに対する言及はいずれも第2文（He likes animals, …）にあるが，放送文は「彼は動物が好きでおもちゃをたくさん持っているし，動物園にも何度も行っている」という内容であって，「動物を描く」や「動物園に連れて行く」という内容ではないので不適。**2**に関しては，そもそも放送文とは関係がない。

二次試験　面接　問題カードA

訳

よりよいコミュニケーション

今日，日本人はしばしば外国人と取引する機会がある。このため，日本人は考え方の違いを理解することが大切だ。一部の企業は，従業員にこのような違いについて学ばせていて，このようにして，企業は自社の従業員が誤解を避ける手助けをしている。将来，世界がもっと繋がるにつれて，外国人と仕事をする日本人はますます増えるだろう。

語句・構文

□ do business with ～「～と取引する」　□ ways of thinking「考え方」

□ become connected「繋げられる，繋がる」

質問の訳

No. 1　本文によれば，一部の企業はどのようにして自社の従業員が誤解を避ける手助けをするのですか。

No. 2　では，イラストを見てその状況を説明してください。準備の時間は20秒あります。話は，カードにある文で始めてください。

No. 3　もっと多くの企業が，従業員がオンラインで会議をするのを許すべきだと言う人もいます。あなたはそれについてどう思いますか。

No. 4　今日，多くの人が公共の場で自分のスマートフォンを使っています。あなたは，人々がスマートフォンを使っている時，マナーに十分注意を払っていると思いますか。
Yes. → なぜそう思うのですか。　No. → なぜそう思わないのですか。

No. 1　解答例　By letting their employees learn about differences in ways of thinking.

訳　自社の従業員に，考え方の違いについて学ばせることによって。

第3文（Some companies let …）の後半に in this way「このようにして」they help their employees avoid misunderstandings とある。in this way の内容は直前に述べられている。how で問われたときは by *doing* で答えるのが自然なので，By letting their employees learn about such differences. とすることができるが，such differences では内容が不十分なので，さらに前文の differences in ways of thinking で置き換えて文を完成させる。They（=Some companies）help their employees avoid misunderstandings by letting … と主文を含めて答えてもよい。その際，主語は Some companies ではなく代名詞 They で答えるようにしたい。

No. 2　解答例　One afternoon, Jun and his mother were watching a television program about France. Jun said to his mother, "I want to learn more about France before my trip there." The next day at a bookstore, Jun found a book on the shelf. His mother was asking a clerk to get the book for him. On the morning before leaving, Jun was surprised to see there was

a storm. His mother was worried that the flight would be canceled.

訳 ある午後，ジュンと母親がフランスに関するテレビ番組について話していた。ジュンは母親に，「フランスに旅行に行く前にその国に関してもっと知りたい」と言った。次の日，本屋でジュンは棚に本を見つけた。ジュンの母親は，店員にその本を彼のために取ってくれるよう頼んでいた。出発する前の朝，ジュンは嵐が来ていることがわかって驚いた。母親は航空便が欠航になるのではないかと心配していた。

指定された始まりの文から過去の話だとわかるので，説明の際は過去形，特にその場の状況を述べる際は過去進行形を用いること。1コマめではジュンのセリフを直接話法で述べる。2コマめでは，ジュンとジュンの母親の行動をそれぞれ述べたい。ジュンの行動はJun pointed to a book that caught his interest.「ジュンは興味を引かれた本を指差した」などと表現することもできる。母親の行動については，His mother asked a clerk if they could get the book for him.のように節を用いることもできるが，この場合は時制の一致によりcouldになることに注意。3コマめでは，ジュンの様子と母親の考えを説明する。ジュンの様子は，Jun looked out the front window and saw that there was a massive storm.「ジュンは窓を見て，大きな嵐が来ていることを知った」とも表現できる。母親の考えは，His mother thought the storm might prevent planes from flying.「彼の母親は，嵐のせいで飛行機が飛べないかもしれないと思った」とも表現できる。ただし，節を用いて表現する際は，時制の一致に注意したい。

No. 3 解答例 （賛成の場合） **I agree. People can take part in the meetings from anywhere. Also, it's easy for employees to share information with each other.**

（反対の場合） **I disagree. It's difficult to understand each other in online meetings. For example, it can be hard to hear everybody's voice.**

訳 **（賛成の場合）**私はそう思う。人々はどこからでも会議に参加することができる。また，従業員がお互いに情報を共有するのが容易だ。

（反対の場合）私はそう思わない。オンライン会議でお互いを理解するのは困難だ。例えば，全員の声を聞き取るのが難しい場合がある。

まずは，賛成か反対か立場をはっきりさせて，そのあとに理由を2文程度で述べればよい。賛成の解答例では，オンライン会議は場所を問わず参加でき，かつ情報交換もしやすいということを根拠に主張している。他には，People find it easier to arrange online meetings.「人々は，オンライン会議の方が準備しやすい」などが考えられる。反対の解答例では，オンライン会議では全員の声が聞き取りにくく，相互理解が難しいと主張している。他には，Online meetings can be frequently interrupted by radio interference.「オンライン会議は，電波障害で頻繁に中断される可能性がある」なども考えられる。

No. 4 解答例 （Yes. → Why?） **Most people don't talk loudly on their smartphones in public places. They try not to bother other people.**

（No. → Why not?） **Some people use their smartphones in crowded places. They can cause accidents when looking at their smartphones.**

訳 **(Yes. の場合)** ほとんどの人は，公共の場でスマートフォンで大声で話すことはない。彼らは他の人に迷惑をかけないようにしている。

(No. の場合) 混雑している場所でスマートフォンを使う人もいる。彼らは自分のスマートフォンを見ている時，事故を起こす可能性がある。

まずは，Yes. / No. で賛成か反対かを明確にする。そのあと，自分の意見を裏付ける根拠について述べる。Yes の解答例では，ほとんどの人は公共の場で大声で電話をすることはなく，周囲の人を気遣っていると主張している。他には，Rather, people can help keep public places peaceful by using their smartphones on silent mode.「むしろ，人々はスマートフォンをマナーモードで使うことで，公共空間を平穏に保つ助けとなることができる」などが考えられる。No の解答例では，公共の場でスマートフォンを使うことで事故を起こす人がいると主張している。他には Smartphone users absorbed in their screens often neglect to offer their seats on the train to those in urgent need.「画面に夢中になっているスマートフォン使用者は，電車で座席を緊急で必要とする人に自分の座席を譲るのを怠ることが多い」などが考えられる。

二次試験　面接　問題カードD

訳

働く親を助けること

小さい子供を持つ親がフルタイムで働くのは容易ではない。結果として，両親が働いている間子供を預けられる場所の重要性が高まっている。今，一部の企業はそのような場所を提供しており，このようにしてそれらの企業は，小さな子供を持つ従業員がより働きやすくなるのを助けている。このような企業は将来ますます普及するようになるだろう。

語句・構文

□ work full-time「フルタイムで働く，正社員として働く」

□ leave *one's* children「子供を預ける」　□ employee「従業員」

□ become common「普及する，定着する」

質問の訳

No. 1　本文によれば，一部の企業は，どのようにして小さな子供を持つ従業員がより働きやすくなるのを助けていますか。

No. 2　では，イラストを見てその状況を説明してください。準備の時間は 20 秒あります。話は，カードにある文で始めてください。

No. 3　今日の子供達は，他の友達と遊ぶのに十分な時間を費やしていないと言う人もいます。あなたはそれについてどう思いますか。

No. 4　今日，ほとんどの町や都市には，図書館があります。将来図書館を利用する人は増えると思いますか。

Yes. → なぜそう思うのですか。　No. → なぜそう思わないのですか。

No. 1 解答例 **By offering places where parents can leave their children while working.**

訳 親が働いている間子供を預けることができる場所を提供することによって。

第3文（Now, some companies …）の後半に in this way「このようにして」they help employees with small children work more easily とある。in this way の内容は直前に述べられている。how で問われたときは，by *doing* で答えるのが自然なので By offering such places. とすることができるが，such places では内容が不十分なので，さらに前文の places where parents can leave their children while working で置き換えて文を完成させる。主文を含めて They（＝Some companies）help employees with small children work more easily by offering … としてもよい。この際，主語は Some companies ではなく代名詞 They で答えるようにしたい。

No. 2 解答例 **One day, Koji and his mother were talking in their living room. Koji said to his mother, "Let's go hiking this weekend." Later at a shop, Koji was choosing a hat. His mother suggested that he try on one of them. That weekend, Koji was stretching. His mother was looking forward to having lunch with Koji.**

訳 ある日，コウジと母親がリビングで話していた。コウジは母親に，「今週末ハイキングに行こうよ」と言った。その後店で，コウジは帽子を選んでいた。母親は彼にそれらのうちの１つを試着するように提案した。その週末，コウジはストレッチをしていた。母親はコウジと昼食を取るのを楽しみにしていた。

指定された始まりの文から過去の話だとわかるので，説明の際は過去形，特にその場の状況を述べる際は過去進行形を用いること。１コマめではコウジのセリフを直接話法で述べる。２コマめではコウジの行動とコウジの母親の発言をそれぞれ述べたい。コウジの行動は，Koji could not decide between two hats.「コウジは２つの帽子で決めかねていた」とも表現できる。母親の発言は，解答例のように suggest that S V「S が V するよう提案する」を使うのであれば，that 節中の動詞は原形にすることに注意。他には，His mother advised him to try on a yellow hat.「彼の母親は彼に黄色の帽子を試着するように助言した」なども考えられる。try on ～「～を試着する」は頻出表現なので身につけておきたい。３コマめではコウジの様子と母親の考えをそれぞれ表現する。Koji enjoyed some exercise while hiking, and his mother looked forward to the prospect of having lunch with him outdoors.「コウジはハイキングをしつつ，運動を楽しんでいた。そして，彼の母親は，屋外で彼と一緒に昼食を取ることを楽しみにしていた」などとも表現できる。時制は原則的に過去形なので，従属節を続ける時は常に時制の一致を意識できるようにしたい。

No. 3 解答例 （賛成の場合） **I agree. Many children are too busy to play with other children. For example, they have a lot of homework to do.**

（反対の場合） **I disagree. Children like to play together outside after school. Also, many children visit friends' homes.**

訳 **（賛成の場合）**私はそう思う。多くの子供達は忙しすぎて，他の子供と遊ぶことができない。例えば，彼らはやるべき宿題がたくさんある。

（反対の場合）私はそう思わない。子供達は，放課後外で一緒に遊ぶのが好きだ。また，多くの子供が友人の家を訪れている。

まず賛成か反対か立場をはっきりさせてから，そのあとに理由を2文程度で述べればよい。賛成の解答例では，多くの子供は友達と遊べないほど忙しいと述べ，具体例として宿題の多さを挙げている。他には，Taking too many lessons deprives children of time to enjoy themselves with friends.「習い事をしすぎることが，子供達から友達と楽しむ時間を奪っている」などが考えられる。反対の解答例では，子供は放課後友達と遊ぶことが好きであり，友達の家に遊びに行く子も多いと主張している。他には，Children have a natural desire to spend time with their friends.「子供には友達と一緒に過ごしたいという自然な願望がある」などが考えられる。

No. 4 解答例 （Yes. → Why?） **Most libraries offer a variety of services. For example, many libraries have free Internet access.**

（No. → Why not?） **People think it's more convenient to download books on their smartphones. Going to the library takes a lot of time.**

訳 **（Yes. の場合）**ほとんどの図書館は，様々なサービスを提供している。例えば，多くの図書館では無料でインターネットにアクセスできる。

（No. の場合）人々は，自分のスマートフォンに本をダウンロードする方が便利だと思っている。図書館に行くのは多くの時間がかかる。

まずは，Yes. / No. で賛成か反対かを明確にする。そのあと，自分の意見を裏付ける根拠について述べる。Yes の解答例では，図書館が無料のインターネット接続など様々なサービスを提供していることを根拠に，図書館の利用者数が増えるだろうという主張に繋げようとしている。他には，People find libraries indispensable for quiet and peaceful environments in their busy lives.「人々は，忙しい生活の中で，静かで落ち着いた環境のために図書館が必要だと思っている」などが考えられる。No の解答例では，本はダウンロードして自分のスマートフォンで読む方が便利であり，実際に図書館に足を運ぶのは時間がかかると主張している。他には，With the widespread use of smartphones and the internet, more people are quitting the habit of reading books.「スマートフォンとインターネットの普及によって，より多くの人が本を読む習慣をやめてしまっている」などが考えられる。

2023 年度 第 1 回

Grade 2

一次試験　解答一覧

● 筆記

1	(1)	(2)	(3)	(4)	(5)	(6)	(7)	(8)	(9)	(10)
	3	4	4	3	1	4	4	1	3	3
	(11)	(12)	(13)	(14)	(15)	(16)	(17)	(18)	(19)	(20)
	4	4	3	1	1	3	2	2	2	4

2	A	(21)	(22)	(23)	B	(24)	(25)	(26)
		1	4	1		1	4	3

3	A	(27)	(28)	(29)	B	(30)	(31)	(32)	(33)
		4	1	1		4	1	4	1
	C	(34)	(35)	(36)	(37)	(38)			
		2	4	2	1	1			

4（ライティング）の解答例は P. 21 を参照。

● リスニング

第 1 部	No. 1	No. 2	No. 3	No. 4	No. 5	No. 6	No. 7	No. 8	No. 9	No. 10
	3	2	4	1	2	2	1	1	3	3
	No. 11	No. 12	No. 13	No. 14	No. 15					
	4	3	2	1	4					

第 2 部	No. 16	No. 17	No. 18	No. 19	No. 20	No. 21	No. 22	No. 23	No. 24	No. 25
	1	3	1	3	1	1	2	1	2	2
	No. 26	No. 27	No. 28	No. 29	No. 30					
	1	3	4	3	1					

一次試験　筆記　1

(1)　解答　3

訳　A：デイブが私に結婚してほしいって言ってきたの。受け入れるべきだと思う？
　　B：決めるには自分自身の判断力を使わなければならないわ。他の誰もあなたの代わりにできないんだから。

単語力（名詞）を問う問題。空所直後に to decide があること，また空所後の文で「誰もあなたの代わりにできない」と言っていることから，正解は **3 judgment**「判断」が最も適切。
1 income「収入」　**2** convention「慣習」　**4** geography「地理」

(2)　解答　4

訳　A：私の小論文どう思った，ジル？
　　B：そうね，あなたが与えた説明の中には少し曖昧なものがあるわね。おそらくそれらの部分をもっと明確にした方がいいでしょうね。

単語力（形容詞）を問う問題。空所の主語は some of the explanations「説明の一部」であり，続く文では「あなたはそれらの部分をもっと明確にすべきだ」と言っていることから，空所は **4 vague**「曖昧な」が入るとわかる。**1** harmful「有害な」　**2** previous「以前の」　**3** certain「確かな」

(3)　解答　4

訳　コリンは長い間数学の成績が悪かったが，彼はそれについて何もしなかった。ついに彼はその問題に立ち向かい，先生に助けを求めることに決めた。

単語力（動詞）を問う問題。1文目ではコリンが数学の成績が悪いことを棚上げしていたことが述べられているが，2文目の冒頭に Finally「ついに」とあり，空所の後には「先生に助けを求める」という前向きな姿勢が見て取れる。空所は the problem が直後に置かれているので，**4 confront**「～に直面する，立ち向かう」を入れると文意が通じる。**1** alter「～を変える」　**2** impress「～に感銘を与える」　**3** honor「～を讃える」

(4)　解答　3

訳　聖パトリックの祝日のパレードは10番通りから出発して，街の中心までゆっくりと進んだ。

単語力（動詞）を問う問題。主語が「パレード」であること，また空所の後に「ゆっくりと街の中心まで」とあることから，正解は **3 proceeded**「進んだ，向かった」である。**1** illustrated は illustrate「説明する，例示する」，**2** reminded は remind「～を思い出させる」，**4** defended は defend「守る」の過去形。

(5)　解答　1

訳　自動車が存在する前，人々は長旅をするために馬に引かれる馬車をよく使っていた。

単語力（名詞）を問う問題。文頭に「自動車が存在する前」とあり，空所の直後には「長旅をするために馬に引かれた」という意味の，空所を修飾する関係詞節があることから，正解は **1 carriages**「馬車」が適切である。**2** fantasies「空想」 **3** puzzles「なぞなぞ，パズル」 **4** luxuries「贅沢品」

(6) 解答 4

訳　ジェーンは絹のハンカチを5枚買った。彼女は違う友人たちにそれぞれあげるつもりだったので，店員にそれらを個々に包装するように頼んだ。

単語力（副詞）を問う問題。空所は直前の wrap them「それらを包む」を修飾していると考えられるが，them とは前の文で述べられているように，ジェーンが買った5枚のハンカチである。空所を含む文の Because 節中に「（その5枚のハンカチを）それぞれ違う友人たちにあげるつもりだ」とあるので，正解は **4 individually**「個々に，1つ1つ」が適切である。**1** legally「法律的に」 **2** financially「財政的に」 **3** accidentally「偶然」

(7) 解答 4

訳　初回の講義で，スミス教授はうまくメモを取ることがどれほど重要かを強調した。彼はそれを3，4回述べた。

単語力（動詞）を問う問題。空所は how important 以下を目的語にとる他動詞だとわかる。第2文に「3，4回述べた」とあることから，空所には **4 stressed**「～を強調した」を入れると文意が自然になる。**1** engaged は engage「～を引き付ける」，**2** divided は divide「～を分割する」，**3** buried は bury「～を埋める」の過去形。

(8) 解答 1

訳　昨日，ベンが住む通りに面した家で小さな火災があった。消防士たちは火に水をかけ，すぐにそれを消した。

単語力（動詞）を問う問題。主語が Firefighters「消防士」，空所の直後つまり目的語は water，さらに続く情報は onto the fire「その火事に」であることから，**1 sprayed** が正解だとわかる。spray は「～を吹きかける，浴びせかける」という意味。**2** demanded は demand「～を要求する」，**3** awarded は award「（賞など）を与える」，**4** punished は punish「～を罰する」の過去形。

(9) 解答 3

訳　ゲーム「侵略！」では，各プレーヤーは他国を乗っ取って，帝国を築こうとする。

単語力（名詞）を問う問題。本文はゲームのルールを説明する文で，ゲーム名が「侵略！」であること，空所前に take over other countries「他国を乗っ取る」とあることから，build「～を建てる」の目的語になっている空所は，**3 empire**「帝国」を入れるのが最も適切。**1** urgency「緊急」 **2** offspring「子孫」 **4** impulse「衝動」

(10) 解答 3

訳　科学の授業で，ディクソン先生はろうそくに火を灯し，生徒たちにその炎を見るように求めた。彼女は生徒たちに，最も温度が高いのはそれが青い部分だと言った。

単語力（名詞）を問う問題。1文目前半のlitはlight「火をつける」の過去形である。空所はディクソン先生が火をつけた後に見るように指示したものなので，正解は**3 flame**「炎」である。**1** triumph「勝利」 **2** religion「宗教」 **4** luggage「荷物」

(11) 解答 4

訳 マーガレットの両親は彼女が毎日練習すると約束した後，ついにピアノを買ってあげたが，彼女はほんの2カ月後に弾くのをやめてしまった。両親は彼女に非常にがっかりした。

イディオムの知識を問う問題。1文目で「マーガレットの両親が娘にピアノを買ったのに娘はすぐやめてしまった」という事情が説明されている。空所を含む文の主語Theyは両親のことなので，正解は**4 disappointed in**である。be disappointed in ～で「(人)にがっかりする，期待を裏切られる」という意味。**1** capable of「～の能力がある」 **2** inspired by「～に奮起させられる」 **3** attracted to「～に引き付けられる」

(12) 解答 4

訳 A：帰りが遅くなってごめん。夕食は僕抜きで食べたかい？
B：ええ。みんなとてもお腹が空いていたから。でも，あなたのためにいくらか取っておいたわよ。すぐ温めるわね。

イディオムの知識を問う問題。空所は，「A抜きで夕食を食べた」と述べるBの発言で「みんなとてもお腹が減っていたから。でも」に続く部分であり，空所直後にはsome food for youとあるので，**4 set aside**が最も適切である。set aside ～で「～を取っておく」という意味。**1** cut down「切り倒す」 **2** hung upはhang up ～「(コートなど)を掛ける，(交渉など)を中断する」，**3** took afterはtake after ～「～に似ている」の過去形。

(13) 解答 3

訳 ベイサイド通りの建設工事のために，その通りに面した家々への電気を2時間止める必要があった。

イディオムの知識を問う問題。冒頭に「建設工事のために」とあり，空所の主語は「電気」なので，正解は**3 shut off**である。shut off ～は「(ガス・水などの供給)を止める」という意味で，本文は受動態になっている。**1** heard ofはhear of ～「～についての噂を耳にする」，**2** turned overはturn over ～「～をひっくり返す」，**4** ruled outはrule out ～「～を除外する」の過去分詞形。

(14) 解答 1

訳 タウ・エレクトロニクスは，来月新しいスマホを発売する予定であることを明らかにした。その発売は，技術的な問題が理由で数カ月遅れている。

イディオムの知識を問う問題。空所の主語であるitはTau Electronicsを指しており，目的語が「自社の新しいスマホ」となっていること，また第2文でThe release「その発売」となっていることから，正解は**1 bringing out**である。bring out ～で「(新製品など)を出す」という意味。**2** falling forはfall for ～「(トリックなど)にだまされる」，

3 picking on は pick on ～「(人) をいじめる」, **4** giving off は give off ～「(におい・光など) を発する」の現在分詞形。

(15) **解答** **1**

訳　アンデス山脈に雪や雨として降る水は，アマゾン川を下って数千キロメートル移動し，最終的に大西洋に流入する。

イディオムの知識を問う問題。まずは文の構造を把握しよう。空所に入れるのは述語動詞で，空所直前に and eventually とあることから，travels という動詞と空所の動詞が and で並列されていることがわかる。空所の主語は文頭の Water である。動詞の並列は連続した動作を表すので，「川を下って移動する」の次に起こる動作としては **1** **flows into**「～に流入する」が適切である。**2** runs across「～に出くわす」 **3** hands over「～を譲り渡す」 **4** digs up「～を掘り出す」

(16) **解答** **3**

訳　スワンドンフーズの仕事への応募者は本人が直接申し込まなければならない。彼らは申込書を郵送することは認められていない。代わりに，店長か店長代理の元にそれを持っていかなければならないのだ。

イディオムの知識を問う問題。空所に続く2文に「申込書の郵送は認められていない」「その代わりに店長か店長代理のところまで持っていかなければならない」とあることから，**3** **in person**「本人が直接，自分で」が正解だとわかる。**1** at ease「安心して」 **2** at length「長々と」 **4** in detail「詳細に」

(17) **解答** **2**

訳　ジェイソンのクラスの生徒たちは，教室内のことを交代で管理している。今週は，ジェイソンが一日の終わりに床にゴミが落ちていないことを確認する担当である。

イディオムの知識を問う問題。in charge of ～ で「～を担当して，～の責任を持って」という意味なので，正解は **2** **in charge** である。**1** for fear だと for fear of ～ で「～を恐れて」，**3** on behalf だと on behalf of ～ で「～の代わりに」，**4** by way だと by way of ～ で「～経由で」という意味になる。

(18) **解答** **2**

訳　ジェニーは料理が非常に上手だ。彼女のスープやシチューは，レストランで提供されるスープやシチューに劣らずおいしい。

文法力（比較）を問う問題。as ～ as … の構文は，1つ目の as が副詞の as で，形容詞または副詞につけて「同程度かそれ以上に～」という意味を持ち，2つ目の as は接続詞で，主節と同じ構造の文を比較対象として従えるのが原則。この構文で比較対象に any「どんな…も」を置くと，「どんな…と比べても同程度かそれ以上に～」という意味になることから「どんな…にも劣らず～」という意味で，最上級に近い表現となる。したがって，正解は **2** **any** である。

(19) 解答 2

訳 A：お母さん，あとでジミーと公園に遊びに行ってもいい？
B：ええ，ただしまず宿題を終わらせたらね。

文法力（接続詞）を問う問題。provided（that）S V または providing（that）S V は if and only if S V と同義で，「S が V する場合に限り，S が V したら」という意味になる。全体としては副詞節なので，本来の文は You can go to the park to play with Jimmy later provided（that）you finish your homework first. のように主節を備えるべきだが，A の発言ですでに述べられた内容と全く同じになるので省略し，A の発言に対して追加的に条件を加える意味合いで述べている。したがって，正解は **2 provided** である。

(20) 解答 4

訳 ミサワさんは非常に裕福で，大きな家に住んでいる。彼女の家の台所は他の人の台所の 4 倍の大きさである。

文法力（比較）を問う問題。空所前に four times とあるので，倍数表現の表し方が問われている。倍数表現は，倍数を表す語（twice / ～ times / half など）の後に，“as ～ as” を置くのが一般的だが，number（数），amount（量），size（大きさ）など，単位を表す名詞をそのまま置く表現もある（例：He has twice as many books as I do.＝He has twice the number of my books.）。したがって，正解は **4 the size of** である。本文は Her kitchen is four times as large as other people's kitchens. と言い換えることもできる。

一次試験 筆記 2A

訳

変化は起こるか？

ずっと昔，人間はお金を使っていなかった。彼らは自分が必要とするものすべてを生産できるわけではないことが多かったので，自分たちの品物の一部を他人が作った品物と交換した。次第に，彼らが交換する品物は現金に取って代わられた。何百年もの間，品物やサービスと交換できる金属製の硬貨と紙幣が生産されてきた。現金は持ち運びやすいので，多くの人にとって便利だ。けれども，それと同時に，現金はなくしたり盗まれたりする可能性がある。もう一つの欠点は，犯罪者がこれまで偽の硬貨や紙幣を作ることができていたということだ。

20 世紀半ばにプラスチックのクレジットカードが導入された。そのカードには，所有者以外の誰にも使用されないようにするセキュリティ機能があった。当初は，そのカードの利用は富裕層に限られていた。しかし，時が経つにつれ，それらはもっと広く利用可能になった。ここ数年は，クレジットカードと同じように使えるスマートフォン用アプリも普及した。このため，我々はまもなく現金の終焉を経験するかもしれないと言っている人もいる。

すべての支払いが電子的に行われる「キャッシュレス」社会を支持する人々は，その社会には複数の利点があるだろうと主張する。例えば，人々は財布を安全に保つことを気にする必要がなくなるだろう。しかし，ソフトウェアのエラーやスマートフォンの故障が原因で，自分が必要とするものの決済ができないかもしれないと心配している人もいる。さらに，銀行口座もクレジットカードも持っていない人もいるので，こうした人たちの選択肢は硬貨と紙幣を使うことしかない。今のところは，社会は現金を使い続けるように思われる。

語句・構文

(第 1 段) ☐ long ago「ずっと昔」　☐ produce「～を生産する，作り出す」
☐ trade *A* for *B*「*A* を *B* と交換する」　☐ goods「商品，品物」
☐ gradually「次第に，徐々に」　☐ exchange「～を交換する」
☐ be replaced by ～「～に取って代わられる」　☐ cash「現金」
☐ paper bill「紙幣」　☐ though「(副詞で挿入的に) けれども」
☐ disadvantage「欠点，デメリット」　☐ criminal「犯罪者」
☐ fake「偽の」

(第 2 段) ☐ in the middle of ～「～の半ばに」　☐ introduce「～を導入する」
☐ feature「機能，特性」　☐ except「～を除いて，～以外は」
☐ at first「初めは，最初のうちは」　☐ wealthy「裕福な」
☐ over time「時が経つにつれ，やがて」
☐ the last ～ years「直近の～年」　☐ app「(スマホなどの) アプリ」
☐ in the same way as ～「～と同じ方法で」
☐ suggest「それとなく言う，～を示唆する」　☐ see「～を経験する」

(第 3 段) ☐ payment「支払い」　☐ electronically「電子的手段を用いて」
☐ argue「主張する」　☐ wallet「財布」
☐ be concerned that ～「～を心配している」
☐ moreover「さらに，その上」　☐ bank account「銀行預金口座」
☐ option「選択肢」　☐ as though ～「まるで～のように」

各段落の要旨

第 1 段　遠い昔，人類の交易はお金ではなく物々交換で行われていたが，次第に現金取引に置き換わり，数百年にわたり硬貨と紙幣が使われてきた。現金は持ち運びやすく便利だが，なくしたり盗まれたり，偽造される恐れもある。

第 2 段　20 世紀の半ばにプラスチックのクレジットカードが導入されて徐々に普及し，近年ではさらに進んでクレジットカードと同様に決済できるスマホのアプリも普及してきているので，現金が使用されなくなると言う人もいる。

第 3 段　すべて電子決済で済ますキャッシュレス社会では，財布の安全確保に気を遣う必要がない。一方で機器のトラブルにより決済ができなくなる恐れもあり，また銀行口座やクレジットカードを持っていない人は電子決済を利用できないので，現金はしばらく使い続けられるだろう。

(21)　解答　1

選択肢の訳　**1**　なくしてしまうか盗まれる可能性がある
2　オンラインショッピングのために使われる

3　再利用することができる

4　ほぼすべての人に理解されている

空所前の though に注目。このように挿入的に使われる though は，however と同様「しかしながら，けれども」という意味の副詞で，前文とは対照的な内容を述べる時に使う。そこで空所の前文（Cash is convenient …）の内容を確認すると，「現金は持ち運びやすいため便利だ」とある。したがって，空所の内容はその逆で「現金の不利な点」が入るはずなので，**1 can be lost or stolen**「なくしてしまうか盗まれる可能性がある」が最も適切。

(22)　**解答**　**4**

選択肢の訳　**1**　より薄くより軽く

2　より色彩豊かでワクワクする

3　より使いにくい

4　もっと広く利用可能な

空所前の however「しかしながら」に注目。however は，文頭・文中・文末のいずれで用いられても，前文とは対照的な内容を述べていることを表す。よってまず前文（At first, their …）の内容を確認すると，「クレジットカードの使用は，当初は富裕層に限られていた」とある。空所は became「～になった」の直後であり，主語 they とはクレジットカードを指しているので，空所は **4 more widely available**「もっと広く利用可能な」が正解として最も適切である。

(23)　**解答**　**1**

選択肢の訳　**1**　For now「今のところ，当分は」

2　Until then「その時までずっと」

3　With luck「あわよくば，運が良ければ」

4　By contrast「対照的に」

ディスコース・マーカー（つなぎ言葉）を問う問題なので，空所前後の内容をよく読む。空所前はキャッシュレス社会に対する懸念事項が列記されている。そして空所後には「社会は現金を使い続けそうだ」とあることから，**1 For now**「今のところ，当分は」が正解。

一次試験　筆記　2 B

訳

メジク・スウェネカフューの物語

最近，多くの人々が「フェイクニュース」，つまり事実でない報道を話題にしている。しかし，そのような報道は長い間存在してきた。それらは，より多くの人々に新聞を読ませたり，テレビ番組を見させたり，オンラインニュースサイトを訪問させるために使用されることもある。人々はまた，自分の政治的または宗教的信条を広めるためにフェイクニュースを使用する。しかし，フェイクニュースを発表する理由はこれらだけではない。1903 年，ウェストバージニア州クラークスバーグ市で，ある新聞社が本当に自社の記事を書いているのかどうかを調べるために，フェイクニュースが使用された。

その市には，2つのライバル新聞，『クラークスバーグ・デイリー・テレグラム』と『クラークスバーグ・デイリー・ニュース』があった。『デイリー・テレグラム』のスタッフは，『デイリー・ニュース』の記者が自社の話を盗んでいると信じていた。『デイリー・テレグラム』は，このようなことが起こっているかどうかを確認することに決めた。その新聞社は，犬について口論した後に銃撃された男性に関する偽のニュースの話を掲載した。男性の名前はメジク・スウェネカフュー。その後まもなく，全く同じニュースが『デイリー・ニュース』に出た。しかし，『デイリー・ニュース』の記者たちは，「スウェネカフュー（Swenekafew）」という名前が実際には「we fake news（私たちはニュースをでっち上げる）」を逆から書いたものであることに気付いていなかった。彼らは自分たちが『デイリー・テレグラム』の記事を模倣したことを認めざるを得なかった。

近頃は，読者や視聴者，訪問者を増やすために，新聞やニュース番組，ニュースサイトに対して，かつてないほどの圧力がかかっている。読者等を増やすためには，できるだけ早くビッグニュースを報道する必要がある。結果として，彼らは自分たちが最新の話を持っていることを確実にするために，絶えずお互いを監視している。しかし，彼らは『クラークスバーグ・デイリー・ニュース』がしたのと同じことをしないように注意する必要がある。

語句・構文

（第1段）□ fake「偽の」　□ untrue「事実に反する，嘘の」
□ be around「（周りに）存在している」　□ get *A* to *do*「*A* に～させる」
□ spread「広める，拡散する」　□ political「政治的な」
□ religious「宗教的な」　□ belief「信念」
□ publish「～を発表する，掲載する」　□ article「記事」

（第2段）□ rival「競争相手の」　□ be shot「撃たれる」
□ argument「口論，口喧嘩」　□ afterward「後に」
□ exactly the same「全く同じ」　□ appear「掲載される，載る」
□ backward「後ろ向きに，反対方向に」
□ be forced to *do*「～せざるを得ない」　□ admit「～を認める」

（第3段）□ these days「近頃」　□ viewers「視聴者」
□ constantly「絶え間なく」　□ watch「～を監視する，見張る」
□ each other「お互い」
□ make sure (that) ～「～を確実にする，確実に～するようにする」
□ latest「最新の」

各段落の要旨

第1段　最近よく話題に上る「フェイクニュース」の歴史は意外にも長く，新聞やテレビやウェブサイトに誘導するためや，政治的・宗教的信条を広めるために利用されるが，1903年クラークスバーグという都市では，ある新聞社が記事をちゃんと自社で書いているのかを確かめるためにフェイクニュースが使われた。

第2段　クラークスバーグ市の新聞社『デイリー・テレグラム』は，ライバルの『デイリー・ニュース』が記事の盗用をしているのではないかと疑ってフェイクニュースを掲載したところ，『デイリー・ニュース』も直ちに全く同じ記事を掲載したため，『デイリー・ニュース』社の盗用が明るみに出た。

第３段　今日はどの情報媒体も多くの利用者を獲得するためにできるだけ早くビッグニュースを報じる必要に迫られているが，他社の記事を盗用するという，『デイリー・ニュース』社と同じ轍《てつ》を踏まないように注意するべきである。

(24)　解答　1

選択肢の訳
1　これらは…のための唯一の理由ではない（＝…の理由はこれらだけではない）
2　人々に…させないための規則がある
3　人気のある多くのウェブサイトは…し続けている
4　一部のテレビ会社は…することによって始まった

空所直前にHowever「しかしながら」があるので，この文は前文までと対照的な内容になっているはずである。この文までは人々がフェイクニュースを使う目的が挙げられていたことを考慮しながら空所を含む文の次の文（In 1903 in …）を見ると，「新聞社が自社の記事を本当に書いているのかを調べるためにフェイクニュースが使われた」という，フェイクニュースを使用する別の目的が述べられている。したがって，空所には，**1 these are not the only reasons for**「これらは…のための唯一の理由ではない（＝…の理由はこれらだけではない）」を入れるのが適切である。**2**，**3**，**4** はいずれも文脈に合わない。

(25)　解答　4

選択肢の訳
1　あるイベントに参加している
2　辞めようとしている
3　給料が増えつつある
4　それの話を盗用している

この空所を含む段落（In the city, …）は，前段最終文（In 1903 in …）で触れられていた，「ある新聞社が本当に自社の記事を書いているのかどうかを調べるために，フェイクニュースが使われた」という事例の具体例が述べられる。クラークスバーグ市では２つの新聞社，『クラークスバーグ・デイリー・テレグラム』社（以下Ｔ社）と『クラークスバーグ・デイリー・ニュース』社（以下Ｎ社）が競合していたことを前提として整理しておく。空所を含む文では「Ｔ社のスタッフはＮ社の記者が…していると思っていた」とあり，さらに直後の文（The *Daily Telegram* …）では「Ｔ社は『これ』が起こっているかどうかを調べることに決めた」とあることから，『これ』（this）とは空所を含む前文の内容，つまり「Ｎ社の記者が…しているということ」を指している。その後の文章では，Ｔ社がフェイクニュースを使って，Ｎ社が記事の盗用をしていることを暴いたという内容が述べられているので，空所に最も適切なのは，**4 stealing its stories**「それ（＝Ｔ社）の話を盗用している」である。

(26)　解答　3

選択肢の訳
1　Despite this「これにもかかわらず」

2 By chance「偶然，たまたま」

3 As a result「結果として」

4 On the other hand「他方で」

ディスコース・マーカー（つなぎ言葉）を問う問題なので，空所の前後の内容をよく読む。空所の前は「各メディアはできるだけ早くビッグニュースを報道する必要がある」とあり，空所を含む文では，「自分たちが最新の話を持っていることを確実にするために，各メディアは互いに監視し合っている」とある。空所の前後の内容は順接的内容で，因果関係が認められるので，正解は**3 As a result**「結果として」である。

一次試験　筆記　3 A

訳

発信元：カレン・テイラー〈taylor-k@speakezls.com〉

宛先：トレイシー・ミッチェル〈tracym_0617@ugotmail.com〉

日付：6月4日

件名：スピーク EZ 語学学校

ミッチェル様

スピーク EZ 語学学校のスペイン語のレッスンについてお問い合わせいただき，誠にありがとうございます。スピーク EZ 語学学校は 30 年以上にわたり質の高いレッスンを提供しており，当校の講師陣は何千人もの生徒さんがご自身の目標を達成するお手伝いをしてきました。あなたがスペイン語を学びたいと思われる目的がビジネスの場面のためであれ，友達とおしゃべりするためであれ，試験に合格するためであれ，あるいは単に学ぶ楽しみのためであれ，当校はあなたに適したプログラムをご提供することができます。

お話によると，高校でスペイン語を勉強したものの何年も使っていないので，どのレッスンを受講するべきか迷っていらっしゃるとのことでした。ご心配なく。当校では無料の語学力テストをご提供しております。スピーク EZ 語学学校へのご入校が決まりましたら，すぐに受験していただけます。当校講師の一人がその結果を使って，あなたがご自身の能力と目標に適したプログラムを選択されるお手伝いをいたします。また，スピーク EZ 語学学校で使う方法論をご理解いただくために，20 分間の無料個別レッスンも受講していただけます。

当校では個別レッスンとグループレッスンの両方をご用意しております。グループレッスンは，新しい友人を作るのに非常によい方法です。ただし，各グループレッスンにはわずか 8 人までしか参加できないため，空きには限りがあります。スピーク EZ・チャット・セッションをお試しいただくこともできます。これは当校講師の一人が司会者となり，あらゆるレベルの生徒さんに自由におしゃべりする機会を与えるものです。スピーク EZ・チャット・セッションは，平日の毎日夕方にご利用できます。

それでは，ご連絡をお待ちしております！

カレン・テイラー

スピーク EZ 語学学校

語句・構文

（第 1 段）☐ inquire about ～「～について問い合わせる」
☐ achieve「～を達成する」 ☐ goal「目標」
☐ whether ～ *A, B, C,* or *D*「*A* か *B* か *C* か *D* かにかかわらず」
☐ chat with ～「～とおしゃべりする」 ☐ pass exams「試験に合格する」
☐ suitable「適切な，ふさわしい」

（第 2 段）☐ mention「～を述べる」
☐ which lesson to take「どのレッスンを受講すべきか」
☐ free「無料の」 ☐ language skill test「語学力テスト」
☐ once S V「S が V するとすぐに，一旦 S が V すれば」
☐ instructor「講師，教官」 ☐ pick「選ぶ」
☐ private lesson「個別レッスン」 ☐ get an idea of ～「～がわかる」
☐ method「方法論，手法」

（第 3 段）☐ group lesson「グループレッスン」 ☐ no more than ～「～以下」
☐ limited「限られている」 ☐ host「～を主催する，～の司会者となる」
☐ available「利用できる」 ☐ weekday「平日」

各段落の要旨

第 1 段　スピーク EZ 語学学校のカレン・テイラーが，問い合わせをしてきたトレイシー・ミッチェルに対してお礼を述べ，自校の歴史，講師の実績，および多様な目的に対応可能なレッスンが用意されていることを紹介している。

第 2 段　どのレッスンを受講すべきかわからないというミッチェルの相談に対し，当校には無料の語学力テストがあり，その結果をもとに講師が適切なプログラムを選ぶ手助けをすること，また当校の指導法を案内するための無料個別レッスンがあることを紹介している。

第 3 段　レッスンは個別とグループの 2 種類があり，グループレッスンは新たな友人を作る絶好の機会だが参加枠が限られていること，また，それ以外にスピーク EZ・チャット・セッションという，講師がホスト役となって語学力に関係なく自由に会話を楽しめる機会もあることを紹介している。

(27)　解答　4

質問の訳　スピーク EZ 語学学校についてカレン・テイラーが言っている一つのことは何か。

選択肢の訳
1　30 を超える様々な言語のレッスンを提供している。
2　新しいスペイン語講師を雇うつもりである。
3　世界中から講師が来ている。
4　様々な種類の講座を提供している。

第 1 段最終文（Whether you want …）に注目。ここでは，スペイン語学習の目的が何であろうと，適切なプログラムを提供できるとある。したがって，正解は **4 It offers various types of courses.** である。**1** に関して，「30」という数字は同段第 2 文（Speak-EZ Language …）に見られるが，これはスピーク EZ 語学学校の存続年数であり，提供しているレッスンの言語数ではない。**2**，**3**に関しては，本文中に言及が見られない。

⑵⑻　解答　1

質問の訳　ミッチェルは，自分は（　　　）と言った。

選択肢の訳　**1**　どの講座に申し込むべきかわからない

2　これまでスペイン語を一度も学んだことがない

3　指導方法についてもっと情報を欲しい

4　講師のうちの一人と同じ高校だった

第2段第1文（You mentioned that …）に注目。この文はYou mentioned「あなた（＝メールの受け手であるミッチェル）は述べた」から始まっていることから，ミッチェルが自ら述べた内容がこの後に続くとわかる。ここでは「スペイン語学習から遠のいて数年経つので，どのレッスンを受講すればいいかわからない」とあるので，**1　did not know which class to sign up for.** が正解である。本文中の，were not sure「確信していない，よくわからない」がdid not knowに，which lesson to take「どのレッスンを受けるべきか」がwhich class to sign up forに言い換えられている。**2**に関しては，同段同文前半に，「高校時代にスペイン語を勉強していた」とあることに矛盾。**3**に関して，teaching methodsに関する言及は同段最終文（You can also …）に見られるが，これはメールの差出人であるカレン・テイラーが初めて言及しているものなので，ミッチェルの発言内容ではない。**4**は本文中に言及がない。

⑵⑼　解答　1

質問の訳　スピークEZ・チャット・セッションは（　　　）

選択肢の訳　**1**　毎週月曜日から金曜日まで開かれている。

2　セッションごとに限られた数の空きしかない。

3　上級レベルの生徒しか利用できない。

4　友人を作るのに外国語を使うことに焦点を置いている。

Speak-EZ Chat Sessionsに関する言及は，第3段第4文（You can also …）以降に見られるが，解答根拠は同段第6文（Speak-EZ Chat Sessions …）である。ここでは，「平日の毎日夕方に利用できる」とある。したがって，正解は**1　take place on Monday through Friday every week.** である。本文中のare availableがtake place「開かれる」に，every weekday eveningがon Monday through Friday every week「毎週月曜日から金曜日に」に言い換えられていることに注意。**2**に関しては，同段第3文（However, no more …）にso spaces are limitedという表現が見られるが，これはグループレッスンの空きに限りがあると述べた文章であり，スピークEZ・チャット・セッションについての言及ではない。**3**に関しては，同段第5文（These are hosted …）にstudents of all levels「あらゆるレベルの生徒」とあることに矛盾。**4**に関しては言及がない。

一次試験　筆記　3B

訳

類まれな機械

先進諸国の人々が使用する機械のうちの大半が，過去200年の間に発明されたものだ。それらは人々にとって作業をより容易にし，彼らに他の作業や余暇のための時間をより多く与えてくれる。しかし，これらの機械の中のどれが社会を最も変えただろうか。人々はテレビやコンピュータ，スマートフォンにより多くの時間を費やしているが，これらの発明品の影響は，洗濯機の影響と比べれば小さいと主張する歴史家もいる。

洗濯機以前，服やシーツは手で洗っていた。歴史の大半の間，この作業は，洗濯物を川や湖に運び，それらを濡らし，汚れを落とすために岩や砂や石鹸でこすることを伴った。その後，洗濯物は再び水に入れなければならず，乾燥しやすくするためにたいていは余分な水を取り除いた。たとえ自宅に水があったとしても，洗濯物をきれいにするために専用の板にこすりつけたり，木片で叩いたりする必要があった。それは長い時間がかかる重労働だったのだ。

最初の洗濯機は手で操作するもので，まだ多くの労力を必要とした。これらの機械に動力を提供するのに電気を使う方法を発見するのは難題だった。なぜなら水と電気の組み合わせは非常に危険だからだ。しかし，20世紀前半に，発明家たちは洗濯に関わる手順の大半を自動的に行える電気機器を開発した。まもなく，これらの機械は世界のより裕福な地域の家庭で一般的になった。

自動洗濯機は，他のどの新技術よりも，他の活動のための時間とエネルギーをより多く人々に与えた。人々はこの余分に得た時間とエネルギーの一部を，勉強や子供たちの教育に使った。このことが今度は，洗濯機が普及した場所で皆の生活の質が向上することにつながった。今日でも，世界の多くの人々がいまだに手で洗濯をしている。これが意味するのは，今後数十年にわたって，洗濯機が何十億もの人々の生活におそらく大きな変化をもたらし続けるだろうということだ。

語句・構文

(第1段) □ developed nation「先進国」　□ invent「発明する」
□ task「作業，仕事」　□ leisure「余暇」
□ even though ～「～だけれども」　□ historian「歴史家」
□ impact「影響」　□ compared with ～「～と比べると」
□ washing machine「洗濯機」

(第2段) □ involve「～を伴う」　□ laundry「洗濯物」　□ rub「こする」
□ remove「取り除く」　□ dirt「汚れ」　□ extra「余分な」
□ drying「乾燥」　□ pieces of wood「木片」　□ hard work「重労働」

(第3段) □ operate「～を操作する」　□ require「～を必要とする」
□ how to *do*「～する方法，どのように～すべきか」　□ electricity「電気」
□ power「～に動力を供給する」　□ challenge「難題，困難」
□ combination「組み合わせ」　□ the first half「前半」
□ inventor「発明家」　□ electric machine「電気機器」

（第 4 段）
- ☐ automatically「自動で」 ☐ before long「まもなく，やがて」
- ☐ automatic「自動の」 ☐ in turn「次は，今度は」
- ☐ lead to ～「～につながる」 ☐ improvement「改善，向上」
- ☐ over「～にわたって」 ☐ decades「数十年」
- ☐ probably「おそらく」 ☐ make a big difference「大きな違いを生む」

各段落の要旨

第 1 段　過去 200 年間における科学技術の進歩は目覚ましいものがあり，人々の生活は大いに便利になったが，社会を最も大きく変化させた機器と言えば，洗濯機に勝る発明品はないと主張する歴史家もいる。

第 2 段　洗濯機が開発される以前は，洗濯物をまず川や湖に持っていき，複数の工程をこなす必要があった。仮に家に水があったとしても，面倒な作業をいくつも行う必要があり，洗濯は長い時間がかかる重労働であった。

第 3 段　最初の洗濯機はまだ手で操作する必要があったが，20 世紀の前半に発明家たちが洗濯の工程の大半を自動で行える電気機器を開発し，この電気洗濯機はやがて世界の裕福な地域で普及するようになった。

第 4 段　人々は自動洗濯機によって時間や労力に余裕ができたため，それらを学習と子供の教育に使うようになり，生活の質は向上した。世界にはいまだに洗濯物を手洗いする人も多く，洗濯機は今後も人々の生活に変化をもたらし続けるだろう。

(30)　解答　4

質問の訳　一部の歴史家は，洗濯機の発明について何と言っているか。

選択肢の訳
1　それは社会のある重要な変化が原因で生じた。
2　それはテレビ，コンピュータ，スマホの開発につながった。
3　それは自然環境に大きな影響を与えてきた。
4　それは他の現代の発明品よりも大きな影響を社会に与えてきた。

第 1 段最終文（Even though people …）に「これらの発明品の影響は，洗濯機の影響に比べれば小さいと主張する歴史家もいる」とあり，「これらの発明品」とは，同文前半にある TVs, computers, and smartphones を指す。これらは modern inventions「現代の発明品」と言い換えることができるので，**4 It has had a greater effect on society than other modern inventions.** が正解。**2** に関して，TVs, computers, and smartphones の開発と洗濯機との因果関係は述べられていないので不適。**1** に関して，「社会の重要な変化が原因で洗濯機が開発された」という内容は本文中に書かれていない。**3** に関しても，自然環境に対する言及はない。

(31)　解答　1

質問の訳　洗濯機なしで服やシーツを洗うことは重労働だった。なぜなら（　　　）からだ。

選択肢の訳
1　洗濯をするという工程は複数の様々な段階を含んでいた
2　洗濯物を洗うために使われる石鹸は手で準備される必要があった

3　人々は洗濯物を乾かすために長距離を移動しなければならなかった
4　それをする人々は十分なお金を稼ぐために多くの物を洗う必要があった

第2段（Before washing machines, …）では，洗濯機が開発される前はどのように洗濯が行われていたのかを説明し，最終文（It was hard …）で，「洗濯とは長い時間がかかる重労働だった」と締めている。よって，**1 the process of doing laundry involved several different stages.** が正解。**3** の had to travel long distances「長距離を移動しなければならなかった」は同段第2文（For most of …）に carrying the laundry to a river or a lake とあるが，in order to dry their laundry「洗濯物を乾かすために」という内容は述べられていない。**2**，**4** に関しても本文には述べられていない。

(32)　解答　4

質問の訳　電気洗濯機を発明しようとする人々が直面した一つの難題は何だったか。

選択肢の訳　1　多くの人々が，電気洗濯機は洗濯物を手洗いすることほど効果的ではないだろうと思っていた。
2　電気の使用は世界でもより裕福な地域の少数の家庭だけに限られていた。
3　洗濯に関わるすべての工程を行う機械を作る方法を発見できなかった。
4　電気と水の両方を伴う機械は，作業するのに非常に危険であり得る。

第3段第2文（Discovering how to …）参照。ここでは，洗濯機を動かすために電気を使う方法を発見することは a challenge「難題」であり，その理由は水と電気の組み合わせが危険だからと述べている。よって，**4 Machines that involve both electricity and water can be very unsafe to work with.** が正解。**2** の wealthier parts of the world は同段最終文（Before long, these …）に見られるが，これは洗濯機が最初に普及した場所として例示しているだけなので，不適。**1**，**3** に関しては本文中に言及がない。

(33)　解答　1

質問の訳　洗濯機によって人々は（　　　）ことができた。

選択肢の訳　1　自分自身が学んだり子供を教育したりするのに多くの時間を使う
2　自分の地域のボランティア活動に注力する
3　家庭内の作業を行う他の機械を発明する
4　世界の中でも多くの川や湖がある地域に住む

第4段第2文（They used some …）に「自動洗濯機によって得た余分な時間を，勉強や子供たちの教育に使った」とあることから，正解は **1 spend more time teaching themselves and their children.** である。本文中の to study and teach their children では their children が study と teach の共通目的語に見えてしまうかもしれないが，そうなると study their children「自分の子供を研究する」となって意味がおかしくなる。ここは to study「勉強するために」と to teach their children「自分の子供を教育するために」の並列で，主語は They（＝people）なので，to study は teach(ing) themselves と言い換えることができる。**2** の use their energy に類する表現は同段同文に見られるが，「エネルギーを使った」のは自身の学習と子供の教育のためであり，ボランティア活動に従事するためではない。**3**，**4** に関しては本文中に記述が見られない。

一次試験　筆記　3 C

訳

夢を生きる

平均的に，人は人生の約 3 分の 1 を睡眠に費やし，眠っている時間のうち約 4 分の 1 の間は，夢を見る。科学者たちは，人の脳内で夢に関与している部位について多くのことを学んできたが，夢の目的についてはまだはっきりとわかっていない。この理由の一つは，人々が見る夢の多様さである――つまり夢は愉快であったり，恐ろしかったり，異常であったり，極めて平凡であったりし得るのだ。さらに，夢は意味をなさないことも多く，ほとんどは目が覚めた後すぐに忘れ去られる。

人は数千年もの間，なぜ夢を見るのかを説明しようとしてきた。古代人は，夢は神からのお告げだと信じていた。さらに時代が進むと，夢は人の性格の隠れた部分を教えているのかもしれないと言われた。今日では，ほとんどの心理学者は，夢を見る主な機能の一つは記憶を復習して強化することだと信じている。これは重要なことだ。なぜなら，よく学ぶためには，新しいアイデアや技能を発見するだけでなく，それらを定期的に思い出す必要もあるからだ。

最近，米国のファーマン大学のエリン・ワムズリーは，研究のために 48 人の被験者に同大学の特別研究室で一晩過ごすように頼んだ。被験者は夜の間に複数回起こされ，どんな夢を見ていたのかを報告するよう求められた。翌朝，被験者は自分の夢の内容を自身の生活で起こったことと結び付けようとした。ワムズリーは，夢の半分以上が経験の記憶に結び付けることができることを発見した。これは，夢が学習に一役買っているという考えを裏付ける。

しかし，ワムズリーはまた，夢の約 25％が被験者の生活における具体的な将来の出来事，例えばまもなく迎えるテストや旅行などに関連していることも発見した。これは，夢を見ることのもう一つの重要な機能が，こうした出来事に備える機会を人々に与えることであるという証拠だ彼女は信じている。さらに，ワムズリーはこれらの夢は夜遅くなってからの方がよく見ることに気付いた。彼女が提示する一つの説明は，人の脳は眠っている間でも時間を意識しているということだ。新しい一日の始まりに近づくにつれて，私たちの注意は過去の出来事を振り返ることから未来の出来事について考えることへと切り替わるのだ。

語句・構文

(第 1 段)
□ on average「平均して」
□ spend *A* ***doing***「*A*（時間）を～して過ごす，～するのに *A*（時間）を費やす」
□ one-third「3 分の 1」　□ one-quarter「4 分の 1」
□ be asleep「眠っている」　□ be involved in ～「～に関わっている」
□ be uncertain「確信していない，自信がない」　□ purpose「目的」
□ variety「多様性」　□ pleasant「楽しい」　□ scary「恐ろしい」
□ unusual「異常な」　□ ordinary「平凡な，普通の」
□ on top of ～「～に加えて，さらに」　□ make sense「意味をなす」
□ mostly「主に，たいていは」

(第2段) □ thousands of years「何千年，数千年」 □ message「伝言，お告げ」
□ tell *A* about *B*「*B*（物）について *A*（人）に伝える」
□ hidden「隠れた」 □ personality「個性，人格」
□ these days「近頃」 □ principal「主要な」 □ function「機能」
□ review「復習する」 □ strengthen「強化する」
□ skills「技能」 □ regularly「定期的に」 □ recall「思い出す」
(第3段) □ invite *A* to *do*「*A* に～するよう求める」
□ participant「参加者，被験者」 □ laboratory「実験室」
□ the following morning「次の日の朝」
□ connect *A* with *B*「*A* を *B* と関連付ける」
□ play a role in ～「～の役割を果たす」
(第4段) □ specific「特定の，具体的な」
□ upcoming「来るべき，まもなく起こる」 □ evidence「証拠」
□ prepare for ～「～のために準備する」 □ observe「～に気付く」
□ be aware of ～「～を意識している」 □ get close to ～「～に近づく」
□ switch from *A* to *B*「*A* から *B* に切り替わる」

各段落の要旨

第1段 人生のうちかなりの時間が夢を見ることに使われているが，夢の目的はまだ判然としない。夢が非常に多様であること，意味をなさない場合が多いこと，起きてもすぐ忘れてしまうことなどがその理由である。

第2段 夢の目的は数千年も前から説明が試みられており，古代は神のお告げ，近年は隠れた個性の発現などと説明されてきたが，今日では多くの心理学者が，夢を見る主な機能の一つは記憶を復習し強化するためであると考えている。

第3段 ファーマン大学のエリン・ワムズリーは，被験者を睡眠中に何度か起こし夢の内容を聞き取った上で，翌朝にその夢と被験者の現実生活での体験とを結び付けてもらうという実験を行った。結果，半分以上の夢が実際の体験の記憶と関連があったため，夢が学習に関与しているという考えに信憑性が増した。

第4段 ワムズリーはさらに，約25％の夢が具体的な未来の出来事に関するものであること，そうした夢は夜遅くなってからの方が見やすいことを発見した。この発見により，夢のもう一つの機能は将来の出来事に備えることであり，新しい一日の始まりが近づけば近づくほど，夢の機能は過去の出来事の復習から未来の出来事への準備に切り替わる，とワムズリーは推察している。

(34) 解答 2

質問の訳 人がなぜ夢を見るのかについて科学者が確信していない一つの理由は何か。

選択肢の訳
1 人の脳の複数の部位が夢を見ることに関わっている。
2 夢は通常はっきりとした意味を持っているように思われない。
3 人は正直に自分の夢を説明したがらないことが多い。
4 違う人が全く同じ夢を見ることがある。

人が夢を見る理由について科学者がわかっていない理由は，第1段第3文（One reason for …）以降で述べられている。この文では「夢の多様性」を理由の一つに挙げており，続く第4文（On top of …）では，On top of this「これに加えて」という表現から始め，「夢の支離滅裂さ」，「夢の忘れやすさ」をさらなる理由として挙げている。したがって，正解は **2 Dreams do not usually appear to have a clear meaning.** である。これは同段同文の they（＝dreams）often do not make sense「夢はしばしば意味をなさない」の言い換えとなっていることに注意。**1** に関しては，同段第2文（Although scientists have …）に脳の部位に関する言及は見られるが，ここは「科学者は夢に関わる脳の部位について多くのことを学んできた」と述べている箇所であり，「夢を見ることに関わる脳の部位が複数存在するから夢を見る理由がわからない」と言っているのではない。**3**，**4** に関しては本文中に言及はない。

(35) 解答 4

質問の訳 現代の心理学者は（　　　）と考えている。

選択肢の訳
1 人は，私たちが夢を見る理由を数千年前に発見した
2 人の脳は，夢を見ることによって鍛えられ，より大きくなれる
3 夢によって人は，自分が好まない性格の部分を隠すことができる
4 夢は人に自分の記憶を強化する機会を与える

第2段第4文（These days, most …）に注目。ここでは現代の心理学者が考える，夢の主たる機能として，「記憶を復習し，強化すること」が挙がっている。したがって，正解は **4 dreams give people an opportunity to make their memories stronger.** である。本文中の strengthen は make memories stronger という make O C「O を C にする」の表現に言い換えられている。また，この選択肢の前半 dreams give people an opportunity to …「夢は人に…する機会を与えている」という表現は本文中にそのまま記述があるわけではなく，本文の内容を大幅に言い換えて要約した表現なので，字面だけを頼りに解答を探す方法だと正解は選びにくい。**1**，**2**，**3** に関しては本文中に記述が見られない。

(36) 解答 2

質問の訳 エリン・ワムズリーの研究の被験者がするように求められた一つのことは何か。

選択肢の訳
1 自分の夢の内容について，研究に参加していた他の被験者と話し合う。
2 夢の中で起こったことを自分の生活で起こっていたことと関連付ける。
3 自分が夢を見ているとわかればすぐに目を覚まそうと努力する。
4 自分自身の夢を人が一般的に見る夢の一覧と比べる。

実験の内容に関しては，第3段（For a recent …）全体で述べられているので，実験の流れを押さえながら解答を探す。根拠は第3文（The following morning, …）である。ここでは「被験者は夢の内容と自分たちの生活での出来事を結び付けようとした」とある。したがって，正解は **2 Relate what happened in their dreams to what was happening in their lives.** である。本文中の the content of their dreams が what happened in their dreams に，events in their lives が what was happening in their lives に言い換えられていることに注意。名詞を what 節で言い換える場合は少なくないので慣れておきたい（*ex.* his personality「彼の性格」＝what he is「彼の人となり」, his thought「彼の考え」＝what is going on in his mind「彼の頭の中で起こっていること」)。**1**, **3**, **4** に関しては本文中に言及されていない。

(37) **解答**　**1**

質問の訳　**ワムズリーは，将来の出来事に関する夢は（　　）と示唆している。**

選択肢の訳　**1**　まもなく目覚めるということを私たちの脳がわかっているから起こる

2　試験や他のストレスの多い出来事の後の方が，より頻繁に起こる

3　過去に関する夢とちょうど同じくらいの頻度で経験される

4　おそらく他の夢よりも長く私たちの記憶の中に留まるだろう

第4段第4文（One explanation that …）に，ワムズリーが与える説明として「人の脳は眠っている間でも時間を意識している」とあり，その具体的説明として直後の文（As we get …）に「新しい一日の始まりが近づくにつれ，私たちの注意は過去の出来事を復習することから将来の出来事について考えることへと切り替わっていく」とある。したがって，正解として最も適切なのは，**1 happen because our brains know that we will wake up soon.** である。**2**，**3**，**4** に関しては本文中に述べられていない。この問いは本文で使用されている表現からは大幅な言い換えがなされているので，本文中の断片情報だけを拾って解答を選ぶことはできない。本文も選択肢もしっかりと読み取ってその意味を吟味するようにしたい。

(38) **解答**　**1**

質問の訳　**次の記述のうちどれが正しいか。**

選択肢の訳　**1**　人は遠い昔，夢を通して神が自分に語りかけると信じていた。

2　人は眠っている時間のうち半分以上の間は夢を見ている。

3　ワムズリーの研究の被験者は，主に将来の出来事について夢を見た。

4　ワムズリーの研究の被験者は，自宅で観察された。

第2段第2文（Ancient people believed …）参照。「古代人は，夢は神からのお告げであると信じていた」とあることから，正解は **1 People long ago believed that gods spoke to them through dreams.** である。本文中で dreams were messages from gods となっていたのが，選択肢では gods を主語として messages は spoke to them「人々に語りかける」と言い換え，そこに through dreams「夢を通して」という表現を組み合わせて本文と同義の文にしている。**2** に関しては，第1段第1文（On average, people …）の「眠っている時間のうち約4分の1の間，夢を見る」と矛盾。**3** に関しては，第4段第1文（However, Wamsley also …）に，「夢の約25％が被験者の生活における将来の出来事と関係があった」とあることから，mostly「主に，大部分は」というのは不適。**4** に関しては，第3段第1文（For a recent …）に「大学の特別研究室で」とあることに矛盾。

一次試験　筆記　4

解答例　**I think such buildings will become more common in the future. First, by making use of rainwater, a building owner can reduce the cost of water used from the water supply. For example, rainwater can be used for washing cars and for growing plants in gardens. Second, collecting rainwater can be useful in times of disaster. Due to damage to water pipes, supplies of water are sometimes limited. In such cases, rainwater will help until normal conditions return. Therefore, I think buildings that collect rainwater will become more common in the future. (80～100 語)**

訳　私は，そのような建物は将来もっと普及すると思う。第一に，雨水を利用することによって，建物の所有者は上水道から取って使用する水の費用を削減できる。例えば，雨水は洗車や庭の植物栽培に利用することができる。第二に，雨水を集めることは災害時に役立ち得る。水道管の破損により，給水が制限されることがある。このような場合，雨水は通常の状態が戻るまで役に立つだろう。したがって，私は雨水を集める建物が将来的にもっと普及すると思う。

トピックの訳　**今日，多くの建物が雨水を集め，その水を植物への水やりなど様々な方法で利用している。あなたはこのような建物は将来もっと普及すると思うか。**

ポイントの訳　**●費用　●緊急事態　●科学技術**

▶まず，賛成か反対かを明確にする。〔解答例〕は賛成の意見。反対の場合は，I disagree with this idea that …のようにすればよい。

▶理由を２つ提示するが，理由を列挙する場合は，最初に first / firstly，second / secondly と書いておくとわかりやすい文になる。

▶〔解答例〕の英文の構成は「①主張→②１つ目の理由＋具体例→③２つ目の理由＋具体例→④結論」である。最終文で再度主張を繰り返す場合は，なるべく１文目とは異なる表現を使用したい。〔解答例〕でも，冒頭では such buildings としていたのを，結論では buildings that collect rainwater と具体化して表現を変えている。

▶反対の場合は，It will cost you much more to install and maintain such devices than you can afford.「そのような機器を設置し維持管理するのは，賄えないほどの費用がかかるだろう」や，Using too much technology to implement such tasks might lead to the degradation of our environment.「そのような作業を行うのに科学技術を使いすぎることは，環境の悪化につながるかもしれない」などが考えられる。

一次試験　リスニング　第1部

No. 1　解答　3

★＝男性　☆＝女性　（以下同）

★ What's the best way to get to Silver City from here, Amanda? I'm going there this weekend.

☆ Well, it's too far to drive your car, and the bus takes too long. You could fly there, but that's so expensive. I recommend an express train. They go there every morning.

★ In the morning? That would probably work well with my schedule.

☆ Yeah, check the station's website for the departure time.

Script

Question：How will the man probably get to Silver City?

訳

★ここからシルバー・シティに行く一番いい方法は何かな，アマンダ？　今週末そこに行く予定なんだ。

☆そうね，車で行くには遠すぎるし，バスは時間がかかりすぎるわ。そこには飛行機でも行けるけど，とてもお金がかかるわね。私は急行列車をお勧めするわ。毎朝そこへ出発するのよ。

★朝かい？　それならおそらく僕の予定にもうまく合いそうだ。

☆ええ，駅のサイトで出発時間を調べてみるといいわ。

質問：その男性はシルバー・シティにどうやって行きそうか。

選択肢の訳　**1**　バスに乗ることによって。

2　自分の車を運転することによって。

3　電車に乗ることによって。

4　飛行機で飛ぶことによって。

目的地への最適な交通手段を問う男性と，それに答える女性の会話。会話の流れを順に押さえながら聞いていく。男性の問いに対し，女性は車・バス・飛行機を順に挙げ，どれもいい方法とは言えないと告げ，その後 I recommend an express train.「私は急行列車をお勧めするわ」と述べている。この女性の発言に続く男性の受け答えはそれを否定するものではないので，正解は **3**「電車に乗ることによって」になる。

No. 2　解答　2

☆ Welcome to Bayview Furniture. How may I help you?

★ My wife and I are looking for a new sofa for our living room.

☆ OK. Would you like a large one or a small one? And do you want one that can pull out into a bed?

★ We want a large sofa that is big enough for three people to sit on comfortably. We don't need one that can change into a bed.

Question：What kind of sofa do the man and his wife want?

訳　☆ベイビュー家具店にようこそ。どのようなご用件でしょうか？

★妻と私は自宅の居間用の新しいソファを探しているんです。

☆かしこまりました。大きいものをお求めですか，小さいものをお求めですか？　それから，引き出してベッドにできるものはいかがですか？

★３人がゆったり座れるぐらい大きいソファが欲しいのです。ベッドに変えられるものは要りません。

質問：男性とその妻はどんな種類のソファが欲しいか。

選択肢の訳　**1**　寝室用のソファ。

2　３人用のソファ。

3　ベッドとして使うことができるソファ。

4　自宅の居間にあるソファと似たソファ。

ソファを買いに来た男性と，家具店の女性店員の会話。男性は「３人が座れるほど大きなソファ」が欲しいと言っているので，正解は**2**「３人用のソファ」である。「大きい」を意味する large や big が立て続けに使われているので男性の希望はわかりやすい。ちなみに選択肢のすべてで使われている代名詞 one とは，質問文の冒頭 What kind of sofa から sofa を指すとわかる。

No. 3　解答　4

★ Excuse me, ma'am, is this seat taken? There aren't any other seats available on the train tonight.

☆ No, it's not. You're welcome to sit here. I noticed the train was very crowded, too. I guess a lot of people are traveling for the holiday weekend.

★ That's what I'm doing, actually. I'm going to visit my parents in London this weekend.

☆ Really? I'm going there to see my family, too.

Question：What is one thing we learn about the man?

訳 ★すみません，奥さん，こちらの座席は埋まっていますか？　今夜，この電車は他に座れる座席がないんですよ。

☆いいえ，空いていますよ。どうぞここにお座りください。私もこの電車がとても混んでいることに気付きました。週末の休日に旅行に行く人たちが多いんでしょうね。

★実は私もそうなんですよ。今週末ロンドンにいる両親の元を訪れるつもりなんです。

☆本当ですか？　私も家族に会いにそこに行くところなんですよ。

質問：男性についてわかる一つのことは何か。

選択肢の訳　**1**　彼は休日の間働いている。

2　彼は女性の両親に会うつもりだ。

3　彼は自分の席に女性を座らせてあげるつもりだ。

4　彼はロンドンに向かって旅をしている。

電車で座席を探す男性とすでに座っている女性との会話。選択肢はすべてHeで始まっているので，特に男性の発言に注意して聞くとよい。混み合う電車内にいる乗客の行き先を推し量って「週末に旅行に行くのだろう」と発言した女性に続く男性の発言が解答根拠。男性は「ロンドンの両親の元を訪れるつもりだ」と述べていることから，正解は**4**「彼はロンドンに向かって旅をしている」である。**1**に関しては，会話中に仕事の話が出てきていないので間違いだと気付きやすい。**2**に関しては，初対面の女性の両親に会いに行くことは常識的に考えられない。**3**に関しては，女性の方が先に座っているので状況としてはあり得ない。

No. 4　解答　1

★ Abby, good job on getting a perfect score on our French test. I wish I could get good grades in French class like you do.

☆ Thanks, James. I just prepare by studying for a few hours each week.

★ Would you be my study partner? I'm having trouble with the lessons we're doing now.

☆ Of course. Let's meet at the library after class and review them together.

Question：Why does the boy ask the girl for help?

訳 ★アビイ，フランス語の試験で満点が取れておめでとう。僕も君のようにフランス語の授業でいい成績が取れたらいいのに。

☆ありがとう，ジェームズ。私はただ毎週数時間勉強して準備しているだけよ。

★僕の勉強に付き合ってくれないかな？　今僕たちが受けている講義で困っているんだ。

☆もちろんよ。授業のあと図書館で待ち合わせて，一緒に講義の復習をしましょう。

質問：少年はなぜ少女に助けを求めているか。

選択肢の訳　**1**　彼はフランス語の授業で問題を抱えている。

2　彼はプロジェクト用の話題を選ぶ必要がある。

3　彼は新しいフランス語の授業を受け始めるつもりだ。

4　彼は図書館で本を見つけることができない。

フランス語の試験で満点を取った少女とそれをうらやむ少年の会話。最初の発言で状況を把握した上で，「僕の勉強に付き合ってくれないか」と切り出して新たな展開を見せる少年の第2発言から注意して聞いておきたい。ここで少年は「今僕たちが受けている講義で困っている」と述べている。したがって，正解は**1**「彼はフランス語の授業で問題を抱えている」である。この正解の選択肢の文は放送文で流れた文とほぼ同じなので，選びやすいかもしれない。**2**，**3**，**4**については放送文中に言及がない。

No. 5　解答　2

☆ That was a really nice barbecue at the Johnsons' house yesterday, wasn't it?

★ Yeah, there was so much food, and the volleyball game was fun, too. We should thank them for inviting us.

☆ I agree. How about sending them a card?

★ Good idea. And we could send them some of the pictures we took.

Question：What is one thing the man and woman will do?

訳

☆昨日ジョンソンさんのお宅であったバーベキューは本当に素敵だったわよね？

★ああ，食べ物はすごくたくさんあったし，バレーボールも楽しかった。僕たちを招待してくれたことで彼らにお礼をした方がいいね。

☆同感だわ。お礼状を送ったらどうかしら？

★いい考えだね。それに僕たちが撮った写真も何枚か送ることができるね。

質問：男性と女性がするつもりである一つのことは何か。

選択肢の訳

1　ジョンソンさん一家の家の写真を撮る。

2　ジョンソンさん一家にお礼状を送る。

3　バレーボールの試合に出る。

4　バーベキューパーティーを開催する。

バーベキューに招待してくれた友人一家へのお礼を考える夫婦の会話。女性の第1発言にある the Johnsons のように the＋人名の複数形は「～さん一家」という意味なので，ここから大まかな状況をつかみたい。仮に状況がつかみにくくても，女性が第2発言で「お礼状を送ったらどうか」という提案をするのに対し，「いい考えだ」と男性が応じていることから，正解は**2**「ジョンソンさん一家にお礼状を送る」を選べるだろう。**1**に関して，pictures に関する言及は男性の最後の発言に見られるが，これはバーベキュー時にすでに撮った写真をお礼状に併せて送れるという趣旨で発言しているので，不適。**3**と**4**に関しては，いずれもすでに終えた行動でありこれからすることではないので，不適。

No. 6　解答　2

★ Mom, can you wash my blue jeans? I want to wear them to Bobby's party on Saturday.

☆ Why don't you wash them yourself?

★ But I don't know how, Mom. Please!

☆ You're going to college next year, Donnie, so you need to learn to do things for yourself. Come on, I'll show you how to use the washing machine.

Script

Question：What does the woman tell her son?

訳

★母さん，僕の青いジーンズを洗ってくれない？　土曜日のボビーのパーティーに着ていきたいんだ。

☆自分で洗ったらどう？

★だってやり方がわからないんだよ，母さん。お願い！

☆ドニー，来年は大学に行くんだから，自分でなんでもできるようにならないと。さあ，洗濯機の使い方を教えてあげるから。

質問：女性は息子に何を言っているか。

選択肢の訳
1　彼はもっと近い大学を選ぶべきだ。
2　彼は自分の面倒を見る必要がある。
3　彼は新しいジーンズを買うことができない。
4　彼はボビーのパーティーに行くことができない。

ジーンズを洗ってほしい息子と母親の会話。母親の最後の発言で，「自分で物事をできるようになる必要がある」と述べていることから，正解は **2**「彼は自分の面倒を見る必要がある」である。放送文では learn to do things for yourself「自分で物事をできるようになる」となっているのに対し，選択肢では look after himself「自分自身の世話をする，面倒を見る」と言い換えられている。**1**，**3**，**4** に関しては本文中に言及が見られない。ちなみに放送文で登場する jeans は複数形なので，人称代名詞は they / their / them になる。

No. 7　解答　1

★ Honey, this store sells so many different kinds of computers.

☆ I know. I wonder what the differences are between them. Maybe we should go to a smaller store. There are just too many to choose from.

★ Well, let's see if one of the store clerks can help us. Maybe they can give us some information.

☆ That's a good idea. Look, here comes one now.

Script

Question：What did the man and woman decide to do?

訳 ★ハニー，この店は本当にたくさんの種類のコンピュータを売っているんだね。
☆そうね。それらの違いって何なのかしら。もっと小さい店に行った方がいいかもね。選び出すにはちょっと多すぎるわ。
★そうだな，店員さんが手伝ってくれるか聞いてみようか。何か情報をくれるかも。
☆それはいい考えね。見て，今一人ここに来るわよ。

質問：男性と女性はどうすることに決めたか。

選択肢の訳
1 店員に助けを求める。
2 違う店に行く。
3 ネットで情報を探す。
4 自分たちの古いコンピュータを使い続ける。

コンピュータを購入しようと電器店を訪れた夫婦の会話。コンピュータが多すぎてどれにしたらいいかわからないという状況で，男性が「店員さんが手伝ってくれるか聞いてみよう」と言っている。see if ～ は「～かどうか確かめる」という意味。女性も「それはいい考えね」と賛同しているので，正解は **1**「店員に助けを求める」である。女性の最後の発言の here comes one now は，代名詞 one が a store clerk「店員」を指して文の主語の働きをし，comes が文の述語の働きをしていて，文全体としては倒置が起きている。

No. 8 解答 1

Script

☆ Alex, have you seen the boss today?
★ Yeah, Mr. Bigley is in his office. He's in a really bad mood.
☆ Oh no. I was going to ask him about getting a pay raise.
★ Hmm. I don't think that would be a very good idea. He's upset about losing the ABC Computer contract. You should wait until he calms down a little.

Question：What advice does the man give the woman?

訳 ☆アレックス，今日ボスに会った？
★ああ，ビグリーさんは自分のオフィスにいるよ。かなり機嫌が悪いけど。
☆まあ，どうしよう。昇給のことを聞こうと思っていたのよ。
★うーん。それはあまりいい考えではないと思うよ。ABC コンピュータの契約を失ってイライラしているからね。少し落ち着くまで待った方がいいよ。

質問：男性は女性にどんな助言を与えているか。

選択肢の訳
1 彼女は今上司と話をするべきではない。
2 彼女は上司に腹を立てるべきではない。
3 彼女は落ち着こうとするべきだ。
4 彼女は昇給してもらおうとするべきだ。

職場での同僚の会話。上司を探す女性に対し，男性は「今は機嫌が悪い」と述べる。女性は

「昇給の話をしたかった」と述べるが，男性は最後の発言で「それはあまりいい考えではない，上司が少し落ち着くまで待つべきだ」と答えていることから，正解は **1**「彼女は今上司と話をするべきではない」である。**2**，**3**，**4** に関してはそれぞれ be upset, calm down, a pay raise といった放送文中の表現が含まれているが，文の内容と一致しない。

No. 9　解答　3

★Hello. I saw the sign outside your restaurant, and I'm interested in working here.

☆Well, I'm the manager. We are looking for another waiter. Do you have any experience?

★Yes, actually. My dad owns a restaurant, and I used to work there every summer. I've also been a cook at a hamburger chain.

☆Well, we want to hire someone with your experience. When could you start?

Question : What does the woman say to the man?

Script

訳

★こんにちは。あなたのレストランの外で掲示を見て，ここで働くことに興味を持ったのですが。

☆ああ，私が店長です。ウェイターを一人探しているんです。ご経験はありますか？

★はい，あります。私の父がレストランを経営していて，以前は毎年夏にそこで働いていたのです。ハンバーガーチェーンでコックの経験もあります。

☆まあ，あなたのような経験を持つ人を雇いたいのです。いつから始められますか？

質問：女性は男性に何を言っているか。

選択肢の訳

1　彼女はコックを雇う必要がある。

2　彼女にはすでに十分なウェイターたちがいる。

3　彼女は彼を雇うことに興味がある。

4　彼女は彼にはもっと経験が必要だと思っている。

求人に応募してきた男性と，レストラン店長の女性の会話。様々な情報を整理して聞き進めたい。女性は最後に「あなたのような経験を持った人を雇いたい」と発言していることから，**3**「彼女は彼を雇うことに興味がある」が正解である。**1** に関して，女性が必要としているのはコックではなく，第 1 発言より another waiter であることから不適。

No. 10 解答 3

☆ John, are you going to eat lunch in the college cafeteria today?
★ I don't know. It's always so crowded. I went there yesterday, and I couldn't find a place to sit.
☆ Well, the weather is really nice today. Do you want to buy some sandwiches and eat outside?
★ Sure. I know a park with some picnic tables that's not too far from here.

Question : Why doesn't the man want to eat in the cafeteria?

訳 ☆ジョン，今日は大学のカフェでランチを食べない？
★どうかな。いつもとても混んでいるからね。昨日そこに行ったんだけど，座る場所を見つけられなかったんだ。
☆ええっと，今日は本当に天気がいいわね。サンドイッチを買って，外で食べるのはどう？
★いいね。ここからそんなに遠くなくてピクニックテーブルがある公園を知っているよ。

質問：男性はなぜカフェで食事をしたくないのか。

選択肢の訳
1 そこは遠すぎる。
2 そこはテーブルが汚い。
3 そこは客が多すぎるかもしれない。
4 彼は家からサンドイッチを持ってきた。

女性が男性を昼食に誘う場面。会話の流れは追いやすいが，質問は会話の前半の内容に関することなので，情報を覚えておく必要がある。大学のカフェで昼食を取らないかと誘う女性に対して，それを断る男性。根拠は男性の第1発言にある。昨日訪れたときは非常に混んでいて座る場所も見つからなかったと述べていることから，正解は**3**「そこは客が多すぎるかもしれない」である。放送文中のcrowded「混雑している」という表現をthere may be too many peopleと言い換えている。**1**，**2**，**4**に関しては放送文中に言及がない。

No. 11 解答 4

☆ Welcome to Fran's Flowers. Can I help you?
★ I hope so. I'd like to get my girlfriend some flowers, but I don't know what kind to get. I've never bought flowers for anyone before. Her favorite color is red, though.
☆ Well, why don't you get her some roses? They're red, and they're also really popular.
★ Great. I'll take 12 roses, then.

Question : What is one thing the man says?

訳
☆フランの花屋にようこそ。ご用件を伺いましょうか？
★お願いします。ガールフレンドに花をあげたいのですが，どんな種類を買えばいいかわからないのです。誰かに花を買うなんてこれまで一度もしたことがないので。でも，彼女の大好きな色は赤です。
☆それでは，バラをあげてはいかがでしょうか？　赤色ですし，すごく人気もあります。
★いいですね。じゃあ，バラを 12 本ください。

質問：男性が言っている一つのことは何か。

選択肢の訳
1　彼は通常バラだけを買っている。
2　彼は花についてたくさん知っている。
3　彼は母親に何本か花を買うつもりだ。
4　彼はこれまで誰にも花をあげたことがない。

花屋に来店した男性と女性店員の会話。男性の発言量が多いので，注意して情報を聞き取ろう。男性は第 1 発言で「花を誰かに買ってあげたことはこれまで一度もない」と述べている。したがって，**4**「彼はこれまで誰にも花をあげたことがない」が正解である。選択肢の英文は，多少表現は違うものの放送文とほぼ同じ文なのでわかりやすかったかもしれない。**1**，**3** に関しては本文に言及がない。**2** は「どんな種類を買えばいいかわからない」と言っていることから不適。

No. 12　解答　3

☆ Honey, did you see Alex's score on his math test? He did really well.
★ He's been reviewing his notes every night for the last several weeks, and he has spent a lot of time practicing different problems.
☆ Yes, he's been studying in the library after school instead of playing with friends.
★ I'm very proud of him. He has been trying really hard.

Question：What did Alex do to get a good score on his math test?

Script

訳
☆あなた，アレックスの数学のテストの成績を見た？　あの子本当に成績が良かったのよ。
★あいつ，ここ数週間は毎晩ノートの復習をしているし，かなりの時間をかけていろんな問題を練習してきたからな。
☆ええ，放課後は友達と遊ぶんじゃなくて図書館で勉強しているんだから。
★あいつのことが誇らしいよ。本当に一生懸命頑張っている。

質問：アレックスは数学のテストでいい成績を取るために何をしたのか。

選択肢の訳
1　彼は友人の宿題を借りた。
2　彼は学校が始まる前に図書館に行った。
3　彼は数週間，一生懸命勉強した。

4　彼は両親に助けを求めた。

息子の学業への専心ぶりに感心する両親の会話。会話は息子アレックスの数学のテストの成績を皮切りに，終始息子への好意的な発言がなされているため，正解は選びやすいだろう。解答根拠は男性の第１発言。「あいつはここ数週間は毎晩ノートの復習をしている」とあるので，**3**「彼は数週間，一生懸命勉強した」が正解。**2** に関して，似たような発言が女性の第２発言に見られるが，彼が図書館に行ったのは after school「放課後」なので不適。**1**，**4** に関しては，放送文中に言及はない。

No. 13　解答　2

★ Amy, my cell phone is somewhere in the house, but the battery is dead, so I can't call it. Please help me find it!

☆ Think about the last time you used it. Did you have it with you when you were doing your homework?

★ Yeah. I was using the calculator for my math assignment. Oh! Here it is—it was under my notebook the whole time. Thanks for your help!

☆ No problem.

Question：What was the boy's problem?

Script

訳

★エイミー，僕の携帯電話が家のどこかにあるんだけど，充電が切れているから呼び出せないんだ。見つけるのを手伝ってよ！

☆最後に使った時を考えてみて。宿題をしている時は手元にあった？

★そうだよ。数学の宿題のために計算機を使っていたからね。ああ！　ここにあったぞ。ずっとノートの下にあったんだ。助けてくれてありがとう！

☆どういたしまして。

質問：少年の問題は何だったか。

選択肢の訳
1　彼は自分の宿題を終えなかった。
2　彼は自分の携帯電話を見つけられなかった。
3　彼は宿題を学校に忘れた。
4　彼は姉の電話番号を忘れた。

自分の携帯電話を探す少年と，助言をする姉の会話。少年の抱える問題は少年の第１発言からわかる。したがって，正解は **2**「彼は自分の携帯電話を見つけられなかった」である。直接的な根拠は会話の冒頭なので聞き逃す可能性もあるが，その後に続く会話からも推測できるだろう。**3** に関して，assignment「宿題」という単語は少年の第２発言にあるが，「学校に忘れた」とは言っていない。**1**，**4** に関しては，放送文と無関係である。

No. 14　解答　1

☆ Hello.

★ Sarah, this is Keith Carter from work. Why aren't you at the office?

☆ What do you mean, Mr. Carter? It's Saturday.

★ Don't you remember what I said at the meeting? I asked everyone to be here at 10 a.m. today. We need to finish preparing for the presentation on Monday.

☆ Oh, you're right! I'm so sorry. I'll be there right away!

Script

Question：What is the woman's problem?

訳

☆もしもし。

★サラ，職場のキース・カーターだ。なぜ会社にいないんだ？

☆どういうことですか，カーターさん？　土曜日ですよ。

★私が会議で言ったことを覚えていないのか？　私は皆に今日の午前10時にここに来てくれと頼んだんだ。皆で月曜日のプレゼンの準備を終わらせなければならないんだよ。

☆ああ，そうだ！　申し訳ありません。すぐに行きます！

質問：女性の問題は何か。

選択肢の訳　**1**　彼女は仕事に行かなければならないのを忘れていた。

2　彼女は土曜日だということを忘れていた。

3　彼女は自分のプレゼンをしなかった。

4　彼女はカーター氏に電話をしなかった。

職場の上司の男性と，部下の女性との電話での会話。最初のやりとりで「なぜ職場に来ていないのか」という男性上司の質問に対し，「土曜日ですが，どうしたんですか？」と女性は問い返している。また，男性の第2発言に「今日の午前10時にここ（＝会社）に来てくれと頼んだ」とあることから，女性が出勤するべきことを忘れていたことがわかる。女性はさらに最後の発言で，「申し訳ありません。すぐ行きます！」とあわてた様子であることもヒント。正解は**1**「彼女は仕事に行かなければならないのを忘れていた」である。**2**，**3**，**4**は放送文中の単語を使った誤答選択肢。

No. 15 解答 **4**

Script

★ Hello. Angel Lake Ranger Station.

☆ Hello. We're thinking of hiking around the lake today. How are the trail conditions?

★ Actually, ma'am, most of the trails and campsites around Angel Lake are closed today. We've had three days of heavy rain and many trails have become dangerous.

☆ Oh, I see. Well, I'm glad I called first, then.

Question : Why did the woman call the ranger station?

訳 ★もしもし。エンジェル・レイク管理事務局です。

☆もしもし。私たち，今日そちらの湖周辺でハイキングをしようと思っているんです。遊歩道の状態はどうですか？

★実は，奥さん，エンジェル・レイク周辺の遊歩道やキャンプ場は今日閉鎖されているんです。こちらでは3日間大雨が降って，多くの遊歩道が危険な状態になっているんですよ。

☆まあ，そうなんですね。じゃあ先に電話して良かったです。

質問：女性はなぜ管理事務局に電話したのか。

選択肢の訳 **1** 彼女は雨の中ハイキングをしていて怪我をした。

2 彼女はそこでボランティアになりたいと思っている。

3 キャンプ場の予約を取るため。

4 ハイキングの状況について知るため。

女性が湖の管理事務局の男性に電話をする場面。電話の用件はかけた側が説明するものなので，女性の第1発言に注意。ここでは今日ハイキングを考えている女性が，遊歩道の状況を尋ねている。したがって正解は**4**「ハイキングの状況について知るため」である。細かな会話はわからなくても，男性の第2発言でclosed，heavy rain，dangerousなどの単語が聞き取れれば状況は推測できるだろう。**1**，**2**，**3**は放送文とは無関係の選択肢である。

一次試験　リスニング　第2部

No. 16　解答　1

Pete has worked at the same company for three years. When he first started, he worked as a sales assistant. Now, he is in charge of hiring new employees. He works with new people every week. Sometimes, he misses working in sales, but he really enjoys helping new employees get used to the company.

Script

Question：What is true about Pete?

訳　ピートは3年間同じ会社で働いている。最初に仕事を始めた時は，販売員として働いた。今は新入社員の採用を担当している。彼は毎週新人と仕事をしている。販売で働いていた頃が懐かしい時もあるが，新入社員が会社に慣れる手助けをするのを本当に楽しんでいる。

質問：ピートに関して当てはまるものはどれか。

選択肢の訳
1　彼はもはや販売の仕事をしていない。
2　彼は自分の仕事が楽しくない。
3　彼は新しい会社で働くつもりだ。
4　彼は助手を持ちたい。

ピートは初め販売員として働いていたが現在は採用担当であるということを念頭に，最終文（Sometimes, he misses …）の but 以降に注意したい。逆接の後は重要な情報が置かれやすいが，ここでも「ピートは販売で働いていた頃を懐かしく思いながらも，今は採用担当の仕事を楽しんでいる」という内容が述べられている。したがって，正解は **1**「彼はもはや販売の仕事をしていない」である。**2** に関しては，同文で「彼は新入社員が会社に慣れる手助けをするのを本当に楽しんでいる」とあるのに矛盾。**3**，**4** に関しては放送文中に全く言及がない。

No. 17　解答　3

Jenna's class has been learning about recycling. Her teacher split the class into groups and asked each group to prepare a presentation. The members of Jenna's group will make a short movie about how paper is recycled. They visited a recycling company to find out more about the way that newspapers, pamphlets, and other paper products are recycled.

Script

Question：What will Jenna's group do in their presentation?

訳　ジェナのクラスはリサイクルについて学んでいる。彼女の先生はクラスを複数のグループに分け，それぞれのグループにプレゼンを準備するように求めた。ジェナのグループのメンバーは，紙がどのようにリサイクルされるのかについて短い動画を作るつもりだ。彼女らは新聞やパンフレットや他の紙製品がどのようにリサイクルされているのかをもっと詳しく知るために，あるリサイクル会社を訪れた。

質問：ジェナのグループはプレゼンで何をするつもりか。

選択肢の訳
1　彼らはゲストを招いて話してもらうつもりだ。
2　彼らはパンフレットを音読するつもりだ。
3　彼らは短い動画を上映するつもりだ。
4　彼らは再利用された紙を配るつもりだ。

第1・2文（Jenna's class has … prepare a presentation.）で，「リサイクルについて学んでいるジェナのクラスを先生がグループ分けして，それぞれのグループにプレゼンするよう指示した」という状況をまず押さえる。その後に続く第3文（The members of …）が解答根拠である。ここでは，will make a short movie「短い動画を作るつもりだ」とあることから，正解は **3**「彼らは短い動画を上映するつもりだ」である。解答根拠に続く第4文（They visited a …）ではもはや movie について触れられることはなく放送を終えるので，解答根拠を聞き逃さないようにしておきたい。**2** に関して，pamphlet「パンフレット」に関する言及は第4文（They visited a …）で見られるが，これはジェナたちが訪れたリサイクル工場でリサイクルされる品目についての具体例として挙げられているだけなので不適。**1**，**4** に関しては放送文と無関係である。

No. 18　解答　1

Radio waves are vital for communication. For example, televisions and smartphones use radio waves to send and receive information. In 1917, radio waves were extremely important to the government of the United States. It wanted to use them to send important signals during World War I, so it stopped people from talking freely over radios.

Question : Why did the U.S. government stop people from talking freely over radios?

訳　電波は通信に不可欠だ。例えば，テレビやスマホは情報を送受信するために電波を使う。1917年，電波はアメリカ合衆国政府にとって極めて重要であった。政府は第一次世界大戦中，重要な信号を送るために電波を使いたかったので，人々が無線で自由に話をするのをやめさせた。

質問：米国政府はなぜ人々が無線で自由に話をするのをやめさせたのか。

選択肢の訳
1　それは戦争中に信号を送りたかった。
2　言われていることを信用しない人もいた。

3　子供たちはその情報を理解できなかった。

4　アナウンサーはあまりにも長く聴き手を眠らせなかった。

第1・2文（Radio waves are … and receive information.）で，まず radio waves「電波」が話題になることを押さえる。第3文（In 1917, radio …）で具体的な年号が読み上げられたところから本題だと考え反応したい。続く第4文（It wanted to …）に，「アメリカ合衆国政府は第一次世界大戦中に重要な信号を送るために電波を使いたかった」とあり，直後に so「だから」と続けて「人々が無線で話すのをやめさせた」とあることから，正解は **1**「それ（＝政府）は戦争中に信号を送りたかった」である。解答根拠となる第4文および正解の選択肢 **1** の主語 It は「アメリカ合衆国政府」を指していることに注意。

No. 19　解答　3

Tara won four tickets to an amusement park. The amusement park has many exciting rides and shows, as well as places selling delicious things to eat and drink. She was not sure if she should go there next weekend or wait until her birthday in July. She found out that it might rain next weekend, so she has decided to ask her best friend to go with her in July.

Question：Why has Tara decided to go to the amusement park in July?

訳　タラは遊園地のチケットを4枚獲得した。その遊園地には楽しい乗り物やショーがたくさんあり，おいしい食べ物や飲み物を売る場所もある。彼女は来週末にそこに行くべきか，7月の自分の誕生日まで待つべきか迷っていた。彼女は来週末は雨が降るかもしれないということがわかったので，7月に自分と一緒に行かないかと親友を誘うことに決めた。

質問：タラはなぜ7月に遊園地に行くことに決めたのか。

選択肢の訳

1　彼女はチケットを購入するために貯金する必要がある。

2　彼女の親友の誕生日は7月にある。

3　来週末は天気が悪くなるかもしれない。

4　その時に遊園地で特別なイベントがあるだろう。

放送文，質問文ともにやや複雑なので，頭の中でできるだけ映像化して聞き進めたい。第1・2文（Tara won four … eat and drink.）で，状況設定を確認する。第3文（She was not …）は，was not sure「確信していなかった，自信がなかった」という表現から始まるので，本題に関わる部分だと考えて注意力を上げたい。ここでは遊園地に来週末に行くべきか7月まで待つべきかという選択で迷っていることが明かされる。解答根拠はここに続く最終文（She found out …）。前半で「来週末は雨だとわかった」とあり，その後 so「だから」に続けて「7月に行くと決めた」とあることから，正解は **3**「来週末は天気が悪くなるかもしれない」である。ちなみに，第2文（The amusement park …）で用いられている as well as は本来 *A* as well as *B* の形で「*B* だけでなく *A* も」という意味となり，情報の主眼は *A* に置かれるのが原則だが，しばしば等位接続詞 and のように，単に「*A* と *B*」という意味で用いられることがある。本問のようにリスニングでこの表現が出てきた時は，できるだけ語順通り情報処理した方が都合がいいので，「*A* と *B*」という解釈をしてもよい。訳文もこれに準じて，語順通り訳し下げてある。

No. 20　解答　1

This is an announcement for the owner of a red car with license plate number 4050. The car is parked on the first floor of the parking garage. The alarm started sounding five minutes ago. Could the owner please return to the car and turn the alarm off? If the alarm is not turned off soon, the vehicle will be removed.

Question：What is the owner of the car asked to do?

訳　この放送は，ナンバープレート 4050 の赤い車の所有者の方へのお知らせです。お車は駐車場の 1 階に駐車されています。その警報装置が 5 分前に鳴り始めました。所有者の方はお車にお戻りになり，警報をお切りいただけますでしょうか？　警報が直ちに切られない場合，お車は移動させていただくことになります。

質問：車の所有者は何をするように求められているか。

選択肢の訳
1　車の警報装置が騒音を立てるのを止める。
2　ガレージの別の場所に駐車する。
3　制限時間を超えて駐車したことで追加料金を支払う。
4　車に戻ってライトを消す。

第 1 文（This is an …）で，この放送がある特定の車の所有者に向けたものだとわかるので，何らかのトラブルが発生して，そのトラブルへの対応が放送されるものと予想できる。第 3 文（The alarm started …）でトラブルの原因は車から突然鳴り出した警報装置であるとわかる。解答根拠は続く第 4 文（Could the owner …）。ここでは，「車に戻って警報を切ってください」とお願いしていることから，正解は **1**「車の警報装置が騒音を立てるのを止める」である。放送文中には make a noise「騒音を立てる」という表現は用いられていないが，「警報を切ってください」とお願いしている点，また「警報が切られない場合は車両を移動する」とまで述べていることから，「警報がうるさい」というメッセージを言外に察することができる。**4** に関しては，解答根拠の第 4 文に含まれる表現とほぼ同じだが，turn off「電源を切る，消す」の目的語が alarm ではなく lights となっているので不適。ちなみに garage「ガレージ」の発音は聞いた通り，「ガラージ」の方が近いので注意。

No. 21 解答 1

Kai likes to write poems. Recently, he decided to enter a poetry contest at his local library. There was a cash prize for the best poem. Kai wrote a poem about the beauty of wildlife. His poem won, and Kai was invited to read it in front of an audience at the library. When he had finished, everyone clapped. The congratulations Kai received meant more to him than the prize money.

Script

Question : What was most important to Kai?

訳 カイは詩を書くのが好きだ。最近，彼は地元の図書館の詩のコンテストに参加することを決めた。最も良い詩には賞金が与えられる。彼は野生生物の美しさに関する詩を書いた。彼の詩は優勝し，カイは図書館で聴衆を前にしてその詩を読むように依頼された。彼が読み終えた時，皆が拍手をした。カイが受けた賞賛は彼にとって賞金以上の意味があった。

質問：カイにとって最も重要だったことは何か。

選択肢の訳
1 自分の詩に対する賞賛を得たこと。
2 コンテストでいくらかお金を得たこと。
3 地元の図書館で野生生物について知ったこと。
4 野生生物に関する詩の本を発見したこと。

第1・2文（Kai likes to … his local library.）で，「詩を書くのが好きなカイという男性が，地元の図書館で開かれた詩のコンテストに参加した」という状況が語られる。その結果が第5・6文（His poem won, … finished, everyone clapped.）で「彼の詩が優勝し，図書館で聴衆を前に詩を発表する機会が与えられて満場の拍手をもらった」という内容が述べられる。解答根拠はここに続く最終文（The congratulations Kai …）である。ここでは，S mean(s) more to *A* than ～「Sは*A*（人）にとって～よりも価値がある」の表現を用いて，「その満場の拍手が賞金よりも価値があった」と述べられている。したがって，正解は**1**「自分の詩に対する賞賛を得たこと」である。この問題は，解答根拠となっているmeant more to him than the prize moneyの部分が，質問文のmost important to Kaiと同義であると気付きにくいこと，放送文の内容が複雑であることなどから難度が高いと言える。とはいえ，しっかりと状況が思い浮かべられていれば，全体的な印象と各選択肢を照らし合わせて解答が選べるだろう。

No. 22 解答 2

Sir Francis Drake was a famous pirate who lived in the 16th century. The Queen of England gave him permission to attack Spanish ships and take any treasure he could find. He was the first English captain to sail around the world. Although he set out on this journey with five ships, only one succeeded, but it was full of gold, silver, jewels, and spices.

Question：What is one thing we learn about Sir Francis Drake?

訳　フランシス・ドレイク卿は，16世紀に生きた有名な海賊だった。英国女王は彼に，スペイン船を攻撃して発見できた宝物は何でも取ってよいとする許可を与えた。彼は世界中を航海した初めてのイギリス人船長だった。彼は5隻の船でこの旅に乗り出したものの，成功したのは1隻だけだったが，その船は金，銀，宝石や香辛料が満載であった。

質問：フランシス・ドレイク卿についてわかる一つのことは何か。

選択肢の訳
1　彼は何隻かのイギリス船に攻撃された。
2　彼は世界一周の航海に成功した。
3　彼は英国女王から宝石を盗んだ。
4　彼は旅の後，5隻の船と共に帰還した。

第1文（Sir Francis Drake …）で，実在の歴史上の人物についての話だとわかる。当然，この人物が行ったことや功績が語られ，それが質問の中心になりやすい。放送を聞きながら脳内で視覚情報に変換して内容を整理していこう。第2文（The Queen of …）で，ドレイク卿は英国女王お墨付きの海賊だったことが述べられているが，続く第3文（He was the …）はもはや海賊行為とは関係なく，「世界中を航海した初めてのイギリス人船長だった」とある。したがって，正解は**2**「彼は世界一周の航海に成功した」である。**1**に関しては，He was attacked「彼は攻撃された」となっていることで放送文の印象と違うと判断したい。**3**に関しても，stole「盗んだ」はともかくとしても，続く情報がfrom the Queen of Englandでは，英国女王と敵対関係にあったことになってしまう。**4**は最終文（Although he set …）のonly one succeededが聞き取れていれば間違いだと判断できるだろう。

No. 23 解答 1

When Kate went to meet her friend Yumi at a restaurant, she was surprised because there was a man with Yumi who Kate did not know. His name was John. At first, Kate was unhappy because Yumi had not told her about John. However, after talking to him, she started to feel comfortable because they were interested in some of the same things.

Question：Why was Kate unhappy at first?

訳　ケイトは，友人のユミに会いにレストランに行った時，自分が知らない男性がユミと一緒にいたので驚いた。彼の名前はジョン。ユミがジョンについてケイトに伝えていなかったので，最初，ケイトは不愉快だった。しかし，ジョンと話をした後，ケイトは心地よく感じ始めた。彼らはいくつか同じことに興味を持っていたからだ。

質問：ケイトはなぜ最初は不愉快だったのか。

選択肢の訳　**1**　自分が知らない人を友人が連れてきた。
2　ジョンは彼女と同じものに興味がなかった。
3　ユミははじめにケイトに尋ねることなく食べ物を選んだ。
4　そのレストランの椅子は快適でなかった。

第1文（When Kate went …）で，「ケイトは友人のユミに会いに行ったのに，知らない男性が一緒にいた」という状況をつかむ。反応したいのは第3文（At first, Kate …）冒頭のAt first。「最初のうちは，最初の段階では」という意味で，後に事態が変化することを予告する表現である。実際，本問でも続く第4文（However, after talking …）冒頭でHoweverを用いて反転させている。通常howeverやbutのような逆接の後に置かれる情報が解答の根拠になりやすいが，本問はその前の第3文が解答根拠。ここでは，ケイトが不愉快だった理由としてYumi had not told her about Johnとあるが，Johnについては第1文に「ケイトの知らない男性」とあるので，正解は**1**「自分が知らない人を友人が連れてきた」である。この問題は断片的に聞き取れる情報だけでは解答しにくいので，第1文からしっかりと状況を思い浮かべながら情報を整理していく必要がある。

No. 24　解答　2

Thanks to everyone in the audience for joining us at TV Best One today for the *Pamela Talk Show*. We will be recording this show, and it will be shown on TV next Wednesday. We would like to remind you to turn off your cell phones and to be quiet until you see the signs asking you to laugh or clap. Now, let's all enjoy the show!

Question：What does the woman ask the audience to do?

Script

訳　本日パメラ・トークショーのためにテレビ・ベスト・ワンにお越しいただきました観覧客の皆様，ありがとうございます。この番組は収録することになっており，次の水曜日にテレビで放映される予定です。携帯電話の電源はお切りになり，笑ってくださいや拍手してくださいという表示が出るまでは，静かにしてくださいますようお願いいたします。それでは皆様，当番組を楽しみましょう！

質問：女性は観覧客に何をしてほしいとお願いしているか。

選択肢の訳　**1**　次の水曜日にスタジオに戻ってくる。
2　表示が出されるまで静かにしている。
3　どの質問をパメラにすべきか決定する。

4　番組を自分の携帯電話で録画する。

第1文（Thanks to everyone …）で，テレビ番組の収録を観覧に来た人々に対する放送であるという状況をつかめるかがカギ。収録前に当たり，番組制作スタッフからの注意事項が第3文（We would like …）で述べられる。ここで使われている would like to *do* は「～したいのですが」という話者の希望を丁寧に述べる表現なので，何らかのお願いがされると考えて注意を向けたい。続く remind *A* to *do*「*A* に～するよう気付かせる」は，誰かに何かしらの行動をするよう注意喚起する表現だが，質問文では ask the audience to do「観覧客にするようお願いする」と言い換えられている。ここでは，「携帯電話の電源を切り，表示が出るまで静かにしていてほしい」とあることから，**2**「表示が出されるまで静かにしている」が正解。**1**，**3**，**4** に関しては，選択肢の内容自体は放送文と関係ない。

No. 25　解答　2

Leo is a science student at a local college. He recently started babysitting his nine-year-old nephew to make some extra cash. He thought it would be boring, but he was wrong. His nephew was curious about the things Leo was learning, and they started doing experiments together with things they found in the kitchen. They have become good friends.

Question：What did Leo expect babysitting to be like?

訳　レオは，地方の大学で科学を専攻する学生だ。彼はお金に少し余裕を持つために，最近，9歳の甥のベビーシッターを始めた。それは退屈だろうと思っていたのだが，間違っていた。甥はレオが学んでいることに興味津々だったので，二人は台所で見つかるものを使って一緒に実験をし始めた。彼らはいい友達になった。

質問：レオは，ベビーシッターの仕事はどのようなものであると予想していたか。

選択肢の訳
1　それは勉強する時間をもっと与えてくれるだろう。
2　それは金を稼ぐ退屈な方法だろう。
3　それは子供について知る良い方法だろう。
4　それは新しい友人を作る機会を与えてくれるだろう。

第1・2文（Leo is a … some extra cash.）で，「レオという大学生が最近，甥のベビーシッターを始めた」という状況をつかむ。第3文（He thought it …）で but が使われていることから，「退屈だろうと思っていた」というマイナスの内容からプラスの内容に変わると推測できる。質問文ではベビーシッターを始める前のレオの考えが問われているから，マイナスの内容になるものを選ぶ。したがって正解は **2**「それは金を稼ぐ退屈な方法だろう」である。第3文前半 He thought it would be boring の it は「お金に少し余裕を持つために，甥のベビーシッターをすること」を指している。ちなみに質問文は，頻出の慣用表現 What is S like?「S はどのようなものか，どんな感じか」と同様に What が前置詞 like の目的語となり，like what「何のように，何のような」という意味を作っている。

No. 26 解答 1

Most people hate mosquitoes because mosquito bites can be painful and can even make people sick. However, it is female mosquitoes that bite people and drink their blood. Male mosquitoes drink nectar from flowers and other plants, and they help some types of plants to grow. As a result, male mosquitoes are good for the environment.

Question : What is one thing we learn about male mosquitoes?

Script

訳 ほとんどの人は蚊が大嫌いだ。なぜなら蚊に刺されると痛いし，病気になることすらあるからだ。しかしながら，人を噛んで血を吸うのはメスの蚊である。オスの蚊は花や他の植物の蜜を吸い，一部の種の植物が育つのを手助けする。結果として，オスの蚊は環境にとって良いのだ。

質問：オスの蚊についてわかる一つのことは何か。

選択肢の訳
1 それらは一部の種の植物が育つのを助ける。
2 それらは他の動物の血しか吸わない。
3 それらの体は，薬を作るのに使うことができる。
4 それらの刺し傷は，メスの刺し傷よりも痛む。

主題が mosquitoes「蚊」であることはすぐわかるが，この単語を知らなければ戸惑うかもしれない。反応したいのは第2文（However, it is …）である。However は文中のどこで使用されても常に前文とは反対の内容が述べられるので，重要な情報が含まれやすい。ここでは強調構文を使って，「人を噛んで血を吸っているのはメスの蚊だ」と述べている。すると「オスは？」という当然の疑問が浮かぶはずなので，その疑問に任せて続く第3文（Male mosquitoes drink …）を聞くと，and 以降で they help some types of plants to grow と述べられる。したがって，**1**「それらは一部の種の植物が育つのを助ける」が正解である。この解答は放送文とほぼ同じ文なので正解は選びやすかったかもしれないが，本問のように解答根拠が前半や中盤に置かれる場合，質問文が流れた時にはすでに情報を忘れてしまっていることも少なくないので，要注意である。

No. 27 解答 3

Good morning, everyone. We hope you have a great time at this year's conference. All speakers, please go to the rooms where you will be speaking at least 10 minutes early. When you get there, please first make sure that the projectors, microphones, and speakers can be used. If there are any problems, please call our technical support team.

Question : Why does the man ask speakers to arrive early?

Script

訳　皆様おはようございます。皆様が今年の会議で素晴らしい時間をお過ごしくださることを願っております。講演者の皆様は，少なくとも 10 分前には講演される部屋にお越しください。部屋に到着されましたら，まずプロジェクター，マイク，スピーカーが使えることをご確認ください。もし何か問題がございましたら，テクニカルサポートチームにお問い合わせください。

質問：男性はなぜ講演者に早めに到着するように求めているのか。

選択肢の訳　**1**　出口の場所を確認するため。
2　聴衆にメモを配るため。
3　機材が作動していることを確認するため。
4　自身のプレゼンに関する用紙に記入するため。

第 1・2 文（Good morning, everyone. … this year's conference.）で，何らかの会議での放送であるという状況をつかむ。第 3 文（All speakers, please …）で，すべての講演者に呼びかけ，please で始まる命令文を口にしているので，何かのお願いをしたいのだとわかる。その内容は，登壇の少なくとも 10 分前には部屋に入ること。「その理由は何だろう？」と思いながら直後の文（When you get …）を聞くと，プロジェクターやマイク，スピーカーが使えるかを確認してほしいと述べている。よって，正解は **3**「機材が作動していることを確認するため」である。放送文中では the projectors, microphones, and speakers と具体的に言及されていたのが，選択肢では the equipment「機器，装置」となり，放送文中の can be used「使うことができる」は，選択肢で is working「作動している」というやや抽象的な表現に言い換えられていることに注意。**1**，**2**，**4** に関しては放送文の内容と関係ない。

No. 28　解答　4

Petra is studying to become a hairdresser. She has to give 10 successful haircuts to get a certificate from the beauty college. She put an advertisement for free haircuts on a social networking site, and many people signed up right away. Petra cut their hair and asked them to complete a questionnaire about her skills. Everyone thought she was very good.

Script

Question：Why did Petra give free haircuts?

訳　ペトラは美容師になるために勉強している。彼女は美容専門学校の修了証をもらうために，ヘアカットを 10 回成功させなければならない。彼女が SNS サイトに無料のヘアカットの宣伝を投稿すると，多くの人がすぐに申し込んできた。ペトラはその人たちの髪を切り，自分の技術に関するアンケートに記入してくれるよう彼らに頼んだ。皆が彼女は非常に上手だと思った。

質問：なぜペトラは無料でヘアカットをしたのか。

選択肢の訳　**1**　コンクールの準備をするため。

2　自分の新しいビジネスの宣伝をするため。

3　人々の援助に感謝するため。

4　専門学校の修了証を手に入れるため。

順に情報を整理しながら聞き進める。第1・2文（Petra is studying … the beauty college.）で，美容師を目指すペトラが専門学校から修了証をもらうために，ヘアカットを10回成功させる必要があるという状況をつかむ。こうした状況を前提に，第3文（She put an …）で「ペトラが無料のヘアカットの宣伝をSNSに投稿した」と続く。したがって正解は，**4**「専門学校の修了証を手に入れるため」である。この問題は断片情報では正解を選べない。さらに解答根拠は放送の前半にあるので，情報をできるだけ視覚情報に変えて脳内に留めておくことが推奨される。**1**に関しては，competition「コンクール」にまつわる情報は放送文中にないので候補から外せる。**2**に関しては，第3文（She put an …）にSNS投稿への言及があるので勘違いする可能性があるが，ビジネスの宣伝が目的ではない。**3**に関しては放送文の内容と大幅にかけ離れているので正解ではないと判断できるはず。

No. 29　解答　3

When humans find something funny, they laugh. Interestingly, babies often laugh in their sleep. However, the laughter of a baby does not only show the baby is happy. Laughing while sleeping can also show that the baby is thinking about information and trying to remember it. This is important because babies need to process information to learn.

Question : What is one reason babies laugh while they are sleeping?

Script

訳　人は何か面白いものを見つけると笑う。興味深いことに，赤ん坊は眠っている時に笑うことがよくある。しかし，赤ん坊の笑いは，その赤ん坊が幸せであるということを示すだけではない。眠っている間に笑うことはまた，その赤ん坊が情報について考えており，その情報を覚えようとしているということも示す可能性がある。これは，赤ん坊は学習するためには情報を処理する必要があるので，重要なことである。

質問：赤ん坊が眠っている間に笑う一つの理由は何か。

選択肢の訳　1　それは赤ん坊がより容易に呼吸するのを助けるから。

2　赤ん坊はとても安心するから。

3　赤ん坊は物事を覚えようとしている。

4　赤ん坊は遊ぶために目覚めようとしている。

第1文（When humans find …）でhumans「人間，人類」という単語が主語で始まっているので，一般論に関する放送だと推測するが，第2文（Interestingly, babies often …）で主語がbabies「赤ん坊」に移行することで，赤ん坊が主題だと気付く。続いて第3文冒頭にHowever「しかしながら」という逆接があることで，注意力を高めたい。譲歩を表すディスコース・マーカーであるhoweverは，重要な内容を述べるときに用いられやすい。実際本文でも「赤ん坊の笑いは赤ん坊が幸せであると示すだけではない」と述べられているので，「ではそれ以外の理由は？」という意識で次の放送を待てるようになる。続く第４文（Laughing while sleeping …）では，「睡眠中に笑うのは情報を思い出し覚えようとしている」とあることから，正解は**3**「赤ん坊は物事を覚えようとしている」である。仮にこの文を聞き逃しても，最終文（This is important …）で，to learn「学習するために」という語句が登場するので，正解は選べるかもしれない。ちなみに，最終文で用いられている process information「情報を処理する」という表現は，ライティングや二次試験でも使える表現なので，ぜひ覚えておきたい。

No. 30　解答　1

Script

Zoe's favorite album is called *Shores of Paradiso*. It was recorded live at a big music festival last year. The music is peaceful, and it makes Zoe feel like she is in a dream. When she was younger, she did not like this kind of music, but she has recently started to enjoy it. She could listen to it all day long.

Question：What is one thing we learn about Zoe?

訳　ゾーイの大好きなアルバムは，『ショアーズ・オブ・パラディーソ』というタイトルだ。それは，昨年の大きな音楽フェスでライブ録音されたものだ。その音楽は穏やかで，ゾーイに夢の中にいるかのように感じさせる。若かった頃はこのような音楽を好きではなかったが，最近それを楽しみ始めた。彼女はその音楽を一日中でも聞いていられるだろう。

質問：ゾーイについてわかる一つのことは何か。

選択肢の訳
1　彼女は異なる種類の音楽を楽しみ始めた。
2　彼女は２年前に大きな音楽コンサートに行った。
3　彼女は音楽が録音されるスタジオで働いている。
4　彼女は人が音楽について話すのに耳を傾けることが多い。

第１～３文（Zoe's favorite album … in a dream.）で，ある音楽アルバムに関する話であるとわかる。聞こえてくる放送をできるだけ視覚情報に変換して脳内に留めながら聞き進め，反応したいのは第４文（When she was …）である。この文の前半で，ゾーイは若い頃はこの種の音楽を好きではなかったと述べるが，but「しかし」で反転し，「最近楽しめるようになった」と続いている。逆接の後は重要な情報が置かれやすいという基本を意識してこの情報を脳内に留めたまま質問文を聞くと，正解は**1**「彼女は異なる種類の音楽を楽しみ始めた」だと直ちにわかる。**2**に関して，a big music festivalという単語が第２文（It was recorded …）にあるが，これはゾーイのお気に入りのアルバムがライブ収録されたものであることを説明しているだけであって，ゾーイが行ったとは述べていない。

二次試験　面接　問題カードA

訳

中古のコンピュータ

　最近，中古のコンピュータを売っている店の数が増えている。これらのコンピュータは新しいコンピュータよりもずっと安いので，魅力的に見える。しかし，中古のコンピュータは適切に作動しないという危険性がある。一部の消費者はこの危険性を心配しているので，結果として彼らは中古のコンピュータを買うのを避ける。人々は中古製品を買う前に注意深く考えるべきだ。

語句・構文

□ attractive「魅力的な」　□ work properly「適切に作動する」
□ be concerned about ～「～について心配している」　□ purchase「～を購入する」

質問の訳

No. 1　本文によれば，なぜ一部の消費者は中古のコンピュータを買うのを避けるのですか。

No. 2　では，イラストを見てその状況を説明してください。準備の時間は20秒あります。話は，カードにある文で始めてください。

No. 3　コンピュータが原因で，人々は一人で時間を過ごしすぎていると言う人もいます。あなたはそれについてどう思いますか。

No. 4　今日，ビタミンやミネラルなどの多くの種類のサプリメントが店で売られています。あなたは，人々がそのようなサプリメントを摂取することは良い考えだと思いますか。
Yes. → なぜそう思うのですか。　No. → なぜそう思わないのですか。

No. 1　解答例　**Because they are concerned about the danger that used computers will not work properly.**

訳　彼らは中古のコンピュータが適切に作動しないという危険性を心配しているから。

第4文（Some consumers are …）の後半に and as a result「そしてその結果」they（＝some consumers）avoid buying used computers とある。その理由は直前に述べられている。why で問われたときは，Because「～だからだ」と答えるのが自然なので，Because some consumers are concerned about this danger. とすることができるが，主語は疑問文で問われている主語と同じなので they に置き換え，反対に this danger では意味が不十分なので，さらに前文の the danger that used computers will not work properly に置き換えて文を完成させる。

No. 2　解答例　**One day, Mr. and Mrs. Takeda were talking about going shopping. Mr. Takeda said to his wife, "Let's go to the secondhand clothing store." The next day at the store, Mr. Takeda was putting a hat into a shopping basket. Mrs. Takeda was trying on a coat. A few weeks later, Mrs. Takeda was surprised to see that there was a hole in the coat. Mr. Takeda told her that he would repair it for her.**

訳 ある日，タケダ夫妻は買い物に行くことについて話していた。タケダ氏は妻に，「古着屋さんに行こう」と言った。次の日，店で，タケダ氏は帽子を買い物かごに入れていた。タケダ夫人は，コートの試着をしていた。数週間後，タケダ夫人はそのコートに穴があるのがわかって驚いた。タケダ氏は妻に，自分が修繕しようと言った。

指定された始まりの文から過去の話だとわかるので，説明の際は過去形，特にその場の状況を述べる際は過去進行形を用いること。１コマめではタケダ氏のセリフを直接話法で述べる。２コマめでは，タケダ氏とタケダ夫人の行動をそれぞれ述べたい。タケダ氏が持っている帽子は，ツバが円形状についているものなので，a cap ではなく a hat にする。ただし表現に迷う場合は，Mr. Takeda was choosing〔picking up〕some items.「タケダ氏は商品を選んで〔手に取って〕いた」としてもいいだろう。タケダ夫人の行動について，try on「試着する」が思いつかない場合は wear でもやむを得ないかもしれないが，そもそも wear は「着ている，身につけている」という意味の状態動詞であり，be wearing という進行形にしても「(その時は) 身につけていた」という意味にしかならない。表現するのが難しければ，単純に Mrs. Takeda was thinking of buying a coat.「タケダ夫人はコートを買おうと思っていた」でもいいだろう。3コマめでは，タケダ夫人の様子とタケダ氏の発言を説明する。タケダ夫人の様子は，Mrs. Takeda found that the coat had a hole under the arm.「タケダ夫人は，そのコートは脇の下に穴が空いているとわかった」とも表現できる。ただし，that 節は時制の一致に注意しよう。タケダ氏の発言は，解答例のように tell *A* that S V「*A*（人）にＳＶと言う」や，「*A*（人）に」を入れず say that S V でも表せるが，ここでも that 節中は時制の一致に注意。that 節を使いたくなければ，Mr. Takeda suggested repairing it for her. や Mr. Takeda offered to repair it for her. ともできる。「コートの穴を縫う」は sew up the hole on the coat とも表現できる。

No. 3 **解答例** （賛成の場合） **I agree. People usually don't talk to others while using computers. They need more face-to-face communication.**

（反対の場合） **I disagree. Computers help us connect with more people. Most people use online chats and social media.**

訳 **（賛成の場合）** 私もそう思います。人々は通常，コンピュータを使っている間は他の人と話をしません。彼らはもっと対面のコミュニケーションが必要です。

（反対の場合） 私はそうは思いません。コンピュータは，私たちがより多くの人々とつながるのを助けてくれます。ほとんどの人々はオンラインチャットやソーシャルメディアを使っています。

まずは，賛成か反対か立場をはっきりさせて，そのあとに理由を２文程度で述べればよい。賛成の解答例では，コンピュータの使用中は会話をしないので，もっと対面のコミュニケーションを大事にするべきだと主張している。他には，In particular, in the family, the use of computers often fosters the tendency for adolescents to avoid communication with their family members.「特に家庭では，コンピュータを使用することは，思春期の子供が家族とのコミュニケーションを避ける傾向を助長する」などが考えられる。反対の解答例では，オンラインチャットなど具体的な例を挙げて，コンピュータが人とのつながりを助けてくれると主張している。他には，Computer use enables people to expand their circle of friends to those they might not even meet in person.「コンピュータの使用によって，対面では会うことさえないかもしれない人々にまで友人の輪を広げることができる」などが考えられる。ちなみに，SNS は英語では social media とするのが普通。また，media は「ミーディア」と発音するので注意。

No. 4 解答例 (Yes. → Why?) **We can use supplements to have a healthier diet. Many people are too busy to cook a balanced meal every day.**

(No. → Why not?) **It costs a lot of money to buy supplements. Also, some people think it's better to eat a variety of foods.**

訳 **(Yes. の場合)** 私たちはより健康的な食事をするためにサプリメントを利用できます。多くの人は忙しすぎて，バランスの取れた食事を毎日調理することはできません。

(No. の場合) サプリメントを買うには多額のお金がかかります。また，様々な食品を食べる方が良いと考える人もいます。

まずは，Yes. / No. で賛成か反対かを明確にする。そのあと，自分の意見を裏付ける根拠について述べる。Yes の解答例では，バランスの良い食事を毎日作るのは難しいので，より健康的な食事をする上でサプリメントは有用だと主張している。他には，The practice of taking some supplements will make people more conscious of their diet because they will think carefully about what kind of nutrients they lack.「サプリメントを摂取するという習慣は，自分がどのような栄養素が不足しているかを注意深く考えることになるので，食事に対する意識を高めるだろう」などが考えられる。No の解答例では，サプリメントの購入は経済的ではないとし，多様な食事で栄養を補うべきであると主張している。他には Excessive or inappropriate intake of supplements could cause you to suffer from unexpected side effects.「サプリメントを過剰にもしくは不適切に摂取すると，思わぬ副作用に苦しむ可能性がある」などが考えられる。

二次試験　面接　問題カードD

訳

災害とペット

ペットは通常大切な家族の一員と見なされる。しかし，自然災害が起きた時，人とペットが一緒にいられる場所を見つけるのが難しい場合がある。一部の地方自治体はこれらの場所を提供しており，このようにしてそれらの自治体は，人々が緊急事態時にペットの世話をできるようにしている。そのような場所は将来ますます普及しそうだ。

語句・構文

☐ be regarded as ～「～と見なされている」　☐ natural disaster「自然災害」

☐ local government「地方自治体」　☐ emergency「緊急事態」

☐ be likely to *do*「～しそうである」　☐ become common「普及する」

質問の訳

No. 1　本文によれば，一部の地方自治体は，どのようにして人々が緊急事態時に自分のペットの世話をできるようにしているのですか。

No. 2 では，イラストを見てその状況を説明してください。準備の時間は 20 秒あります。話は，カードにある文で始めてください。

No. 3 人々が動物と遊ぶことができるペットカフェの数が将来増えるだろうと言う人もいます。あなたはそれについてどう思いますか。

No. 4 近頃，多くの人々が自分の日常生活に関する情報をオンラインで共有しています。あなたは，自分の個人情報をインターネットに掲載することについて人々が十分に注意していると思いますか。

Yes. → なぜそう思うのですか。 No. → なぜそう思わないのですか。

No. 1 解答例 **By providing places where people and pets can stay together.**

訳 人とペットが一緒にいられる場所を提供することによって。

第 3 文（Some local governments …）の後半に in this way「このようにして」they allow people to look after their pets during emergencies とある。in this way の内容は直前に述べられている。how で問われたときは，by *doing* で答えるのが自然なので By providing these places. とすることができるが，these places では内容が不十分なので，さらに前文の places where people and pets can stay together で置き換えて文を完成させる。主文を含めて Some local governments allow people to look after their pets during emergencies by providing … としてもよいが，この際，主語の Some local governments を代名詞 They で受けると，あとで出てくる their pets の their が指す内容がわかりにくくなる。

No. 2 解答例 **One day, Mr. and Mrs. Mori were on vacation near the beach. Mr. Mori said to his wife, “Let’s take a boat tour tomorrow.” The next morning on the boat, Mr. Mori was taking pictures of seabirds. Mrs. Mori was worried that he would drop the camera into the sea. That night at home, Mrs. Mori was sleeping in the bedroom. Mr. Mori was thinking of turning off the light.**

訳 ある日，モリ夫妻は砂浜の近くで休暇中だった。モリ氏は妻に，「明日船で遊覧しよう」と言った。翌朝船上で，モリ氏は海鳥の写真を撮っていた。モリ夫人は彼がカメラを海に落とさないかと心配していた。その夜自宅で，モリ夫人は寝室で眠っていた。モリ氏は電灯を消そうと思っていた。

指定された始まりの文から過去の話だとわかるので，説明の際は過去形，特にその場の状況を述べる際は過去進行形を用いること。1 コマめではモリ氏のセリフを直接話法で述べる。2 コマめではモリ氏の行動とモリ夫人の様子をそれぞれ述べたい。「～の写真を撮る」は take pictures of ～ と複数形にするのが普通。モリ夫人の様子は be worried that S V「S が V するのではないかと心配する」で表現するのが適切だが，think を使って Mrs. Mori thought that he might drop the camera into the sea. としてもいいだろう。ただし，that 節内は時制の一致に注意したい。3 コマめではモリ夫人の様子とモリ氏の考えをそれぞれ表現する。モリ夫人の様子は，Mrs. Mori was asleep in the bed. と表現してもよい。モリ氏の考えは，be thinking of *doing*「～しようと思っている」という表現が使える。

No. 3 **解答例** （賛成の場合） **I agree. More people want to relax with animals at these cafés. Also, some people can't keep pets in their homes.**

（反対の場合） **I disagree. Many animals at these cafés often feel stress. Also, it's very expensive for pet cafés to keep those pets.**

訳 **（賛成の場合）**私もそう思います。より多くの人がこうしたカフェで動物と一緒にくつろぎたいと思っています。また，自宅でペットを飼えない人もいます。

（反対の場合）私はそう思いません。これらのカフェにいる多くの動物は，ストレスをしばしば感じています。さらに，ペットカフェがそれらのペットを飼うのは非常にお金がかかります。

まず賛成か反対か立場をはっきりさせてから，そのあとに理由を2文程度で述べればよい。賛成の解答例では，動物との触れ合いによる癒し効果と自宅でペットを飼えない人もいることを理由に挙げている。他には，In contemporary society, cafés and restaurants are more likely to thrive when they offer more than just food and beverages.「現代社会では，カフェやレストランはただ食べ物や飲み物だけではなくそれ以上のものを提供した方が繁盛する可能性が高い」などが考えられる。反対の解答例では，ペットカフェで飼われる動物たちのストレスや運営店の経済的負担を理由に挙げている。他には，Some people consider it animal abuse to confine them in an enclosed space all the time, forcing them to interact with humans, regardless of their emotional states.「動物を常に密閉された空間に閉じ込め，その感情の状態に関係なく人間と交流することを強制するのは動物虐待であると考える人もいる」などが考えられる。

No. 4 **解答例** （Yes. → Why?） **Most people already know that sharing information is dangerous. They have learned this through newspapers and TV programs.**

（No. → Why not?） **Many people put their pictures on social media. This can cause problems for them later.**

訳 **（Yes. の場合）**ほとんどの人は，情報を共有することは危険であるとすでに知っています。彼らは新聞やテレビ番組を通してこのことを学んできました。

（No. の場合）多くの人々は自分の写真をソーシャルメディアに投稿しています。これは後々彼らにとっての問題を引き起こしかねません。

まずは，Yes. / No. で賛成か反対かを明確にする。そのあと，自分の意見を裏付ける根拠を述べる。Yesの解答例では，ほとんどの人はネット上での情報共有の危険性を知っていると主張している。他には，Now, more and more people are more cautious about their personal information on the Internet because of the high digital literacy developed from an early age.「今では，幼少期から発達させたデジタルリテラシーがあるので，ネット上の自分の個人情報をよりうまく管理している人が増えている」などが考えられる。Noの解答例では，SNSに自分の画像を載せることで問題が起こりうるとしている。他には，Some people get in trouble by allowing a stranger to identify where they live by analyzing the information they have posted online.「自分がオンラインに投稿した情報を知らない人が分析して住所を特定するのを許してしまい，困る人もいる」などが考えられる。

2022 年度 第 3 回

Grade 2

一次試験　解答一覧

● 筆記

1	(1)	(2)	(3)	(4)	(5)	(6)	(7)	(8)	(9)	(10)
	3	1	3	1	1	4	4	3	2	2
	(11)	(12)	(13)	(14)	(15)	(16)	(17)	(18)	(19)	(20)
	1	2	3	1	1	4	3	1	3	3

2	A	(21)	(22)	(23)	B	(24)	(25)	(26)
		3	4	2		3	1	3

3	A	(27)	(28)	(29)	B	(30)	(31)	(32)	(33)
		1	1	3		4	1	2	4
	C	(34)	(35)	(36)	(37)	(38)			
		1	3	1	3	2			

4（ライティング）の解答例は P. 18 を参照。

● リスニング

第 1 部	No. 1	No. 2	No. 3	No. 4	No. 5	No. 6	No. 7	No. 8	No. 9	No. 10
	2	4	2	2	3	1	2	1	2	1
	No. 11	No. 12	No. 13	No. 14	No. 15					
	4	3	2	3	4					

第 2 部	No. 16	No. 17	No. 18	No. 19	No. 20	No. 21	No. 22	No. 23	No. 24	No. 25
	4	1	2	3	4	1	4	1	2	1
	No. 26	No. 27	No. 28	No. 29	No. 30					
	3	1	4	2	2					

一次試験　筆記　1

(1)　解答　3

訳　ジュンは娘に，ミルク，クリーム，砂糖，メープルシロップを使って家でアイスクリームを作る簡単な方法を教えた。

単語力（名詞）を問う問題。空所の前後は an easy (　　) of making ice cream「アイスクリームを作る簡単な (　　)」となるので，**3 method**「方法」が正解。**1** cure「治療」 **2** register「登録する」 **4** slice「薄く切ったもの」

(2)　解答　1

訳　近頃の会社は信じられないほど小さなカメラを作っている。シャツのボタンよりも小さなものさえある。

単語力（副詞）を問う問題。第2文に「シャツのボタンよりも小さなものさえある」とあるので，**1 incredibly**「信じられないほど」を入れて，cameras that are incredibly small「信じられないほど小さいカメラ」とするのが正解。なお，incredible「信用できない」は credible「信用できる」の反対語で，ここではそれが副詞になっている。**2** partially「部分的に」 **3** eagerly「熱心に」 **4** consequently「結果として」

(3)　解答　3

訳　シルバーシティの北部には家が非常に少ない。そこは工場や倉庫で満ちている工業団地なのである。

単語力（形容詞）を問う問題。factories and warehouses「工場と倉庫」ばかりの地域は「工業団地」に相当する。したがって，**3 industrial**「工業の」が正解。**1** emergency「緊急事態」 **2** instant「瞬間的な」 **4** environmental「環境の」

(4)　解答　1

訳　A：明日は雨が降ると思う，テツヤ？
B：降らないんじゃないかな。梅雨は終わって，ここ1週間ずっと晴れているからね。

単語力（動詞）を問う問題。Bは第2文で「梅雨が終わった」と言っているので，Aの質問に対する応答は「降らない」に相当する言葉が来るはず。選択肢の中では，**1 doubt**「～であることを疑う，そうではないと思う」を入れると，Aの「雨が降ると思う？」という問いに「降らないだろう」と答えたことになる。なお，日本語の意味が似ている suspect は doubt と逆の意味になるので注意。suspect は「そうではないかなと疑う，思う」の意味。**2** blame「～を非難する」 **3** pardon「～を許す」 **4** affect「～に影響を与える」

(5)　解答　1

訳　A：最近オフィスがとても静かなのはなぜ？
B：エイミーとベンが口論をしてから，二人の間がとてもピリピリしててね。

単語力（名詞）を問う問題。社内で社員同士が口論をすれば，部署全体に気まずい空気が流れる。その状況にふさわしい語は，**1 tension**「緊張，ピリピリした状況」である。**2** survival「生き残り」 **3** privacy「プライバシー」 **4** justice「正義」

(6) 解答 4

訳 ジュリーの先生は，生徒全員に新しい教科書を配布するよう彼女に頼んだ。彼女は教室の一人一人の机の上に一冊ずつ置いていかなければならなかった。

単語力（動詞）を問う問題。第2文に「彼女は机の上に一冊ずつ置かなければならなかった」とあるので，**4 distribute**「配布する」を入れて distribute the new textbooks「新しい教科書を配布する」とするのが正解。**1** respond「応答する」 **2** negotiate「交渉する」 **3** collapse「崩壊する」

(7) 解答 4

訳 A：君の先生は理科の課題に対する君の考えに同意してくれたの？
B：同意してくれなかったよ。危険な化学物質を伴うことはどんなことであっても許されないと先生は言っているんだ。何か他のことを考えないといけないね。

単語力（動詞）を問う問題。Bは，I'm not allowed「許してもらえない」と言っているので，先生はBの idea「考え」に否定的であることがわかる。したがって，空所には**4 approve**「同意する」が入る。つまり，Bは自分の考えに「同意して」もらえなかったのである。**1** confine「閉じ込める」 **2** compare「比較する」 **3** abandon「放棄する」

(8) 解答 3

訳 A：あれが，以前あなたが探していた書類ですか？
B：はい，そうです。机の上の紙の山の下に埋まっていました。私には本当に整理整頓が必要ですね。

単語力（形容詞）を問う問題。空所の前後は「それ（＝書類）は山積みの紙の下に（　　）されていた」という意味になるので，**3 buried**「埋められて」が正解。a pile of ～「山積みの～」 **1** dyed「染められて」 **2** peeled「皮をむかれて」 **4** honored「光栄な」

(9) 解答 2

訳 多くのSF作家が光速の旅という考えについて書いてきた。将来の科学技術の発達で，この考えは現実になるかもしれない。

単語力（名詞）を問う問題。第2文の this idea「この考え」は，前文の traveling at the speed of light「光速で旅行する」という考えである。空所には，idea「考え」の言い換えが入ると考えられるので，同義語の**2 notion**「考え，観念」が正解。**1** edition「編集」 **3** contact「接触」 **4** instinct「本能」

(10) 解答 2

訳 ヘイリーが自分の祖先のことを少し調べたとき，曾祖父の一人がロンドンの有名な劇場で仕事をしていたことがわかった。

単語力（名詞）を問う問題。great-grandfather「曾祖父」という言葉が出てくるので，へイリーが調べていたことは自分の **2 ancestors**「祖先」のことだとわかる。**1** angels「天使」 **3** employees「被雇用者」 **4** enemies「敵」

(11) **解答 1**

訳 大きな嵐がその町の家々の多くに多大な被害をもたらした。すべての損害の修復費用は7千万ドル以上に達した。

イディオムの知識を問う問題。空所の前に主語として「すべての損害を修復する費用」，後ろに補語として「7千万ドル以上」とあるので，これらをつなぐ動詞は **1 amounted to**「～に達した」が正解。**2** aimed at は aim at ～「～を狙う」，**3** calmed down は calm down ～「落ち着く」，**4** checked with は check with ～「～に相談する」の過去形。

(12) **解答 2**

訳 A：ティナ，ヘレンの結婚式に着ていく服を選んだ？
B：選んだわよ。私，素敵なドレスをたくさん持っているけど，新年のバーゲンで買ったピンクのドレスを着ていくわ。

イディオムの知識を問う問題。空所を含む文でAは「ヘレンの結婚式に着ていくものを（　　）？」と尋ね，Bの返答の後半に「ピンクのドレスを着ていくつもり」とあるので，**2 picked out**「選んだ」が適切。**1** called up は call up ～「～に電話をかける」，**3** occurred to は occur to ～「～に起こる，～の心に浮かぶ」，**4** disposed of は dispose of ～「～を処分する」の過去形。

(13) **解答 3**

訳 バクスター・ボキシーズの現在の社長はマイク・バクスターである。彼の事業は15年前に引退した父親のピーターから引き継がれたものである。

イディオムの知識を問う問題。空所の前後は「彼の事業は父親から（　　）」という意味になり，続いて「父親は15年前に引退した」とあるので，**3 inherited from**「～から相続された」が適切。**1** balanced on は balance on ～「～の上でバランスを取る」，**2** opposed to は oppose to ～「～に反対する」，**4** prohibited by は prohibit by「～により禁止する」の過去分詞形。

(14) **解答 1**

訳 ニールは仕事を自分のプライベートな生活とは区別するように努めている。仕事と私生活を一緒にしたくないのである。だから，彼は決して仕事を家に持ち帰らないし，家族について同僚に話すこともない。

イディオムの知識を問う問題。空所の前に keep his work とあり，選択肢から，keep O C「OをCのままにしておく」の意味をとるとわかる。また，第2文に「それら（＝仕事とプライベートな生活）を一緒にしたくない」とあることから，**1 separate from**「～から離れた」を入れて，keep his work separate from his private life「仕事をプライベートな生活から離れたままにする」という意味にするのが正解。**2** familiar with「～をよく知っている」 **3** anxious for「～を心配して，切望して」 **4** equal to「～に匹敵する」

(15)　解答　1

訳　ひどい雨の中，船の乗組員たちは荒れ模様になすすべもなかった。エンジンを安全にかけるためには，嵐が過ぎ去るのを待たなければならなかった。

イディオムの知識を問う問題。冒頭に「ひどい雨の中」とあり，第2文前半に「嵐が過ぎ去るのを待たなければならなかった」とある。この文脈に合うイディオムは**1 at the mercy**で，at the mercy of ~で「~のなすがままに」という意味である。**2** on the pointはon the point of *doing*の形で「まさに~しようとしている」という意味になる。**3** in the hopeはin the hope that S Vの形で「~を期待して」という意味で使われる。**4** off the record「オフレコで」

(16)　解答　4

訳　イギリスのテレビドラマ「コロネーション・ストリート」は1960年に第1回目が放映された。以来ずっと人気を保ち，2020年には第1万回目のエピソードが放送された。

イディオムの知識を問う問題。冒頭からテレビドラマに関する内容だとわかり，第2文の後半にits 10,000th episode was broadcast「第1万回目のエピソードが放送された」とあるので，**4 on the air**が正解。go on the airで「放送される」という意味になる。**1** in a bit「すぐに」　**2** for a change「気分転換に」　**3** at the rate「その割合で」

(17)　解答　3

訳　A：すみません。台所用の電気ヒーターを探しているのですが。
B：奥さん，これはお勧め品ですよ。小さくても，熱はたくさん出します。わずか数分で台所を暖かくしてくれるはずです。

イディオムの知識を問う問題。空所の前後は「それはたくさんの熱を（　　）」となり，「それ」はBの発言のthis one（=electric heater）を指すので，空所には**3 gives off**「出す」が適切。**1** drops out「脱落する」　**2** runs out「なくなる」　**4** keeps off「~に近づかない」

(18)　解答　1

訳　A：このピーナッツは食べずにはいられない。とってもおいしいんだ！
B：わかる。いったん食べ出すと，もうなかなかやめられないね。

文法の知識を問う問題。cannot help *doing*は「~せざるを得ない，~しないではいられない」の意味。したがって，動名詞の**1 eating**「食べること」が正解。類似の意味を持つイディオムに，cannot but *do*やcannot help but *do*がある。

(19)　解答　3

訳　A：動物の形をしたこれらのカップ，どう思う？
B：とってもかわいいわ！　妹の誕生日にプレゼントを買う必要があるんだけど，そのカップはまさにそれね。

文法の知識を問う問題。**3 very**は形容詞や副詞として使われる他に，名詞を修飾する場合は強調として使われ，「まさに」という意味になる。

⑳ **解答** **3**

訳　ロックハンマーのバンドメンバーは新しいギタリストと演奏するのを楽しみにしていた。しかし，彼女がやってきたのはコンサートが終わってからだった。

文法の知識を問う問題。空所を含む文は「彼女はコンサートが終わるまで来なかった」という意味になると推測できる。よって，**3** **until** を入れて not ~ until …「~して初めて…する」の形にするのが適切。**1** unless「もし~でなければ，~しない限り」 **2** whether「~かどうか」 **4** yet「まだ~ない」

一次試験　筆記　2A

訳

ジョニー・アップルシード

ジョニー・アップルシードの物語はアメリカの伝説となっている。この物語によれば，アップルシードの夢はすべての人がたくさん食べられるのに十分なリンゴを育てることだった。彼はアメリカ全土を旅し，リンゴの木を旅の途中に植えていった。この物語の多くはフィクションである。しかし，ジョニー・アップルシードは実在の人物を元にしている。この物語の人物はジョン・チャップマンという人物である。彼は1774年，マサチューセッツ州北東部で生まれた。

当時，アメリカ東部の人々の多くが安い土地を見つけるために西部に移住していった。チャップマンはこれを見て金儲けのチャンスだと思った。彼は何袋もの無料のリンゴの種をサイダー製造業者から手に入れた。サイダーはリンゴから作られるアルコール飲料である。彼は旅をして回りながら，後に町となりそうな場所に土地を買い，リンゴの木を植えた。後に，リンゴの木がどうなったか，それを見てから売るためにその場所に戻ることになる。時々，彼は自分の土地をそこに住みたいという人たちに売ったりもした。

チャップマンは旅で訪れた人々の間で人気者になった。彼は遠いところからのニュースをもたらしたり，彼の面白い人生の話をみんなに聞かせたりした。また，彼は親切な人だったようで，もし誰かがリンゴの木の代金を服で支払った場合，自分よりももっと服を必要としている人々にそれをあげてしまったものだ。彼は古い布袋で作ったジャケットを喜んで着ており，冬でも靴を履くことはめったになかった。ジョニー・アップルシードの物語は主に伝説ではあるが，少なくとも，チャップマンの人生から取られた数粒の真実は含まれている。

語句・構文

(第1段) □ tale「物語」　□ according to ~「~によれば」
□ have plenty to eat「食べるものがたくさんある」
□ all across the United States「アメリカ中」　□ on the way「途中に」
□ however「しかし」

(第2段) □ at the time「当時」　□ move west「西部へ移住する」
□ free bags of apple seeds「無料の何袋かのリンゴの種」
□ travel around「旅をして回る」　□ likely「~する可能性のある」
□ settle there「そこに定住する」

（第 3 段）□ from far way「遠くから」
□ it seems that S V「～するように思われる」　□ clothes「服」
□ a jacket made from ～「～から作られた上着」　□ cloth bag「布袋」
□ rarely「めったに～でない」　□ mainly「主に」　□ legend「伝説」
□ though「しかしながら」 この though は接続詞ではなく副詞。
□ contain「含む」

各段落の要旨

第 1 段　リンゴの木をアメリカ中に植えて歩いたジョニー・アップルシードの伝説は，ジョン・チャップマンという実在の人物に基づいている。

第 2 段　チャップマンは旅をしながら，将来町になりそうなところにリンゴの木を植えていった。彼は時にはリンゴの木だけでなく土地も人に売った。

第 3 段　チャップマンは親切な人物で，行く先々で人々に好かれていた。ジョニー・アップルシードの伝説には，チャップマンの人生における実話もわずかに含まれている。

⑵1　**解答**　**3**

選択肢の訳　**1**　いくつかの映画に登場した　**2**　新しいイメージが与えられた
3　実在の人物に基づいていた　**4**　リンゴ農家によって作られた

前文（Much of …）で「この物語の多くはフィクションである」と述べられ，続いて However「しかし」と逆接的な意味の副詞が使われている。したがって，真実の部分もあると理解できる。その内容になっているのが，**3 was based on a real person**「実在の人物に基づいていた」である。

⑵2　**解答**　**4**

選択肢の訳　**1**　祝福すべき理由　**2**　通常の反応
3　深刻な間違い　**4**　お金儲けの機会

空所の後，この段落では物語のモデルのチャップマンがリンゴの木を植えるだけでなく，それを売り，また土地も購入していることがわかる。このことから，チャップマンは単に慈善事業をやっていたのではなく，ビジネスをやっていたことがわかる。したがって，人々の西部移住はチャップマンにとって **4 chance to make money**「お金儲けの機会」であったことがわかる。

⑵3　**解答**　**2**

選択肢の訳　**1**　In response「応えて」　**2**　At least「少なくとも」
3　On average「平均して」　**4**　With luck「幸運に」

前文（The story of …）でこの物語は mainly「主に」伝説だと述べられているが，空所直後に though「しかしながら」という逆接的副詞が使われ，続いて「チャップマンの人生からの真実を少しは含んでいる」と述べられている。したがって，**2 At least**「少なくとも」少しは真実がある，と理解するのが適切。

一次試験　筆記　2B

訳

シーシャンティズ

巨大帆船の生活は厳しかった。船乗りたちは自分の家や家族と何カ月も，時には何年も離れていることがあった。彼らが口にできる食べ物はしばしば乾燥したもので，その状態はひどかった。船乗りたちが船の中でする仕事は普通，退屈で肉体的には疲れるものだった。さらに悪いことには，海それ自身がとても危険な場所だった。特に，嵐の時は。そして事故は普通のことだった。船乗りたちが自分たち自身の歌を作り，それを歌って陽気さを保とうとし始めたのは驚くことではない。

「シーシャンティズ」というこれらの歌には二つの種類がある。「キャプスタン・シャンティズ」は休みなく一定のスピードを必要とする仕事，船の錨を揚げるといった場合に使われた。「プリング・シャンティズ」は船乗りたちが帆を揚げるために綱を引くときに使われた。船乗りたちはしばらく一緒に仕事をしながらこれらのシャンティズを歌い，一息入れ，そして再び仕事を始めた。このシャンティズを歌っている間，「シャンティマン」として知られる船乗りの一人が歌の一節を歌うと，他の船員が次の一節を一緒に歌った。こうすることで，船乗りたちが安定したリズムを保つことに役立っていたのである。

蒸気船が発明されると，船乗りたちはもはやチームで一緒に仕事をする必要はなくなった。船のエンジンがつらい仕事はすべてしてくれるようになった。たとえそうでも，シーシャンティズは人気を保ってきた。その理由の一つは，歌詞がしばしば面白い物語に基づいているからだ。一緒に集まって，これらの面白い歌を歌う集団は世界中にある。ある人々は新しい歌を作ることさえある。昔のシーシャンティズのように，新しいシャンティズもまた，大抵はたくさんのユーモアを含んでいる。

語句・構文

(第 1 段) □ sailing ships「帆船」　□ away from their homes「家から遠く離れて」
□ dried and in bad condition「乾燥して状態が良くない」
□ boring「退屈な」　□ physically tiring「肉体的に疲れる」
□ the sea itself「海それ自身」　□ especially「特に」
□ common「一般的な」
□ It is not surprising that S V「～ということは驚くべきことではない」
□ their own songs「彼ら自身の歌」　□ stay cheerful「陽気さを保つ」

(第 2 段) □ come in two varieties「二種類ある」　□ a regular pace「決まった速さ」
□ such as ～「～のような」 raise the ship's anchor「船の錨を揚げる」
□ raise the sails「帆を揚げる」　□ known as ～「～として知られる」
□ sing out a line「大きな声で一節を歌う」
□ sing the next line「次の一節を歌う」

(第 3 段) □ after the invention of steamships「蒸気船が発明された後は」
□ no longer「もはや～でない」
□ work together in teams「チームを組んで一緒に働く」

□ even so「たとえそうでも」　□ remain popular「人気を維持している」
□ be based on funny stories「面白い話に基づいている」
□ get together to sing「一緒になって歌う」
□ amusing songs「面白い歌」

各段落の要旨

第1段　帆船の船乗りたちはつらい，危険な仕事に従事していた。そんな中で陽気さを保つために彼らは自分たちの歌を作り，そして歌っていた。

第2段　歌は二種類あり，一つは休むことなく一定のスピードで仕事を行うときの歌，もう一つは短時間みんなで協力して仕事をする時の歌である。

第3段　蒸気船が発明され，船乗りたちは協力して働く必要はなくなったが，シーシャンティズという歌は残った。それは歌詞の題材が面白く，人気だったからだ。

(24)　解答　3

選択肢の訳　1　After a while「しばらく後に」
2　In exchange「交換に」
3　To make matters worse「さらに悪いことには」
4　For this reason「このような理由で」

空所の前文（The work that …）で船乗りの仕事は boring and physically tiring「退屈で肉体的につらい」と述べられ，空所の後では，海そのものが very dangerous「とても危険だ」と述べられている。否定的なことが続けて述べられているので，**3 To make matters worse**「さらに悪いことには」が適切。

(25)　解答　1

選択肢の訳　1　リズムを一定に保つ　2　船の建造方法を学ぶ
3　互いに知り合いになる　4　サメを怖がらせて遠ざける

第2段第2文（“Capstan shanties” were …）に「一定のペースが必要な仕事をする際に歌った」とあり，同段第4文（They sang these …）に「一緒に仕事をする際に歌った」とある。つまり歌を歌うことによって，仕事の**1 keep a steady rhythm**「リズムを一定に保つ」ことができたのである。

(26)　解答　3

選択肢の訳　1　男性と女性の両方に役割がある
2　人々に航海の仕方を教える
3　大抵はたくさんのユーモアを含んでいる
4　1分以上続くことはめったにない

第3段第4文（One reason is …）に「シーシャンティズの歌詞が面白い物語に基づいている」とあり，空所のある文の文頭に「過去のシーシャンティズのように」と述べられている。よって，new ones also「新しい歌もまた」面白い歌のはずである。したがって，**3 usually contain a lot of humor**「大抵はたくさんのユーモアを含んでいる」が適切。

一次試験　筆記　3 A

訳
発信元：グラベルトン・コミックショー〈info@graveltoncomicshow.com〉
宛先：アリス・サリバン〈alisulli321@friendlymail.com〉
日付：1 月 22 日
件名：お申し込みのお礼

アリス様へ

毎年恒例の第 8 回グラベルトン・コミックショーにオンラインでお申し込み頂きありがとうございます。今年のショーは 2 月 18 日，土曜日，グラベルトンのコンベンションセンターにおいて開催され，過去最大のものとなる予定です。珍しいものや地元の作家によるコミック本を含む数千冊ものコミック本が販売されるほか，お好きなコミック本をもとにしたTシャツ，ポスター，その他のグッズも販売されます。さらに，それらを作ったアーティストや作家さんたちに会って話す機会もあります。

例年通り，ご来場者を対象とした衣装コンテストも行います。そのコンテストの一つは 12 歳以下のお子様向け，もう一つは全員向けです。参加を希望される場合は，正午までに受付でお申し込みください。衣装はご自身で作ったものである必要があることにご注意ください。店で購入した衣装を着ておられる方はコンテストに参加できません。創造力を発揮して，素晴らしい賞を獲得してください。

ご来場者の皆様にはお互いに敬意を払って頂けるようお願いします。他の方々の衣装にあらかじめ許可を得ることなく触ったり，写真を撮ったりしないでください。また，忘れないで頂きたいのですが，コンベンションセンターのメインホールでは飲食はできません。コンベンションセンターのカフェテリアの他に，センターの外の広場では軽食や飲み物を販売している屋台もあります。

コミックショーで皆様にお会いできるのを楽しみにしております！

グラベルトン・コミックショー　スタッフ一同

語句・構文

(第 1 段) □ sign up online for ～「オンラインで～に申し込む」　□ annual「毎年の」
□ convention center「コンベンションセンター，会議場」
□ biggest ever「かつてない最大の」　□ thousands of ～「何千という～」
□ including「～を含めて」　□ rare items「珍しいもの」
□ local creators「地元の制作者」　□ as well as ～「～と同様に」

(第 2 段) □ as usual「いつものように」　□ costume contests「衣装コンテスト」
□ aged 12 or under「12 歳以下」　□ the reception desk「受付」
□ by noon「正午までに」　□ note that S V「～ということに注意する」
□ be allowed to *do*「～することを許される」
□ Be creative, and …「創造的になってください，そうすれば…」は，〈命令形＋and〉の構文。
□ win a fantastic prize「素晴らしい賞を得る」

(第 3 段) □ without getting permission「許可なしに」

☐ in addition to ～「～に加えて」　☐ food trucks「屋台」
☐ square「広場」

各段落の要旨

第１段　コミックショー申し込みのお礼を述べ，開催日時や内容を案内している。
第２段　衣装コンテストについて参加の場合の申し込み方法や注意事項を説明している。
第３段　来場者のマナーや飲食に関する注意事項を説明している。

(27)　解答　1

質問の訳　グラベルトン・コミックショーで，アリスができることは，（　　）

選択肢の訳　**1**　グラベルトン地域の人々によって制作されたコミック本の購入。
2　彼女の一番好きなコミック本に基づいた映画を見ること。
3　彼女自身のコミック本の作り方のレッスンを受けること。
4　彼女が描いた有名なコミック本のキャラクターの絵を展示すること。

第１段第３文（There will be …）に，地元の作家によるコミック本も購入できると述べられている。この内容と一致しているのは，**1 purchase comic books made by people from the Gravelton area.** である。

(28)　解答　1

質問の訳　衣装コンテストで参加者がする必要のあることの一つは何か。

選択肢の訳　**1**　自分の衣装は自分で作る。
2　ショーに来る前に申し込んでおく。
3　参加料を受付で支払う。
4　自分が着ている衣装を選んだ理由を説明する。

第２段第４文（Please note that …）で，衣装コンテストに参加するには自分で作った服でないといけないと述べられている。この内容と一致するのは，**1 Make their costumes themselves.** である。**2** は，第２段第３文（If you want …）に，申し込みは「正午までに」という記述はあるが，「ショーに来る前に」という記述はないので不適。

(29)　解答　3

質問の訳　グラベルトン・コミックショーの来場者が許可を求めなければならないことは，（　　）

選択肢の訳　**1**　コンベンションセンターのメインホールで食事すること。
2　センターの外の広場の駐車場を使うこと。
3　他の人の衣装の写真を撮ること。
4　自分自身の軽食と飲み物をショーに持参すること。

来場者が許可を得なければならないことについては，第３段第２文（Please do not …）に「最初に許可を得ることなく他人の衣装に触ったり，写真を撮ったりしてはいけない」とある。よって，**3 take a picture of another visitor's costume.** が適切。

一次試験　筆記　3 B

訳

王の小道

何千年もの間，グアダロルセ川はスペイン南部の山々の間を流れている。時とともに，川は印象的な狭い渓谷を作り，いくつかの場所では岩壁の高さは川面から 300 メートルもある。20 世紀始めに，技師たちによって，急流をなす川はダム建設の好適地であり，ダムを発電のために使えると判断された。幅 1 メートルのコンクリートの歩道が渓谷の岩壁の高いところに作られ，人が近くの町からダムまで行けるようにした。

最初，その歩道は発電所で働く労働者と山の反対側へ行きたい地元の人だけが使っていた。まもなく，その歩道からの驚くほど素晴らしい光景のニュースが拡散し，ハイカーたちの間で人気になった。技師たちはこの歩道を改善して観光客により魅力的なものにすることにした。そして 1921 年，スペイン王アルフォンソ 13 世によって公式にオープンした。オープンセレモニーの後，王が 8 キロの道を歩き，その道はエル・カミニート・デル・レイ，つまり「王の小道」として知られるようになった。

この歩道は人気だったにもかかわらず，補修があまりなされなかった。コンクリートの損傷箇所に穴がいくつもできた。元々，歩道の片側には金属製のフェンスがあり，人々が落ちないようになっていたのだが，このフェンスが壊れて，谷の底に落ちた。王の小道は世界で最も危険なハイキング道として有名になり，多くの国の人々がこの道を歩く興奮を味わいにやって来た。しかし，2 年の間に 4 人の死者が出て，政府は 2001 年，歩道の閉鎖を決めた。

王の小道に対する関心は続き，220 万ユーロをかけて木材と鋼鉄を使った歩道が再建された。新しい歩道は 2015 年にオープンした。この歩道は以前の歩道よりも安全なものではあったが，それでも怖いと思う人たちもいた。それにもかかわらず，この劇的な風景は多くの人々を魅了している。できる限り長い間，王の小道を良い状態に保つために，今ではハイカーたちはチケットを購入してからこの小道を使わなければいけない。そして毎年，30 万枚のチケットのみが販売されることになっている。

語句・構文

(第 1 段) □ for thousands of years「何千年もの間」　□ over time「時とともに」
□ impressive「印象的な，感動的な」　□ narrow「狭い」
□ valley「峡谷」　□ generate electricity「発電する」
□ high up on the walls「壁の上の高いところに」
□ for people to reach は for people が reach の意味上の主語。したがって，「人々が達するために」という意味になる。
□ nearby town「近くの町」

(第 2 段) □ to begin with「まず始めに」　□ power plant「発電所」
□ amazing「驚くほどの」　□ attractive「魅力的な」
□ officially「公式に」　□ ceremony「儀式」
□ meaning は，ここでは分詞構文。「～を意味している」の意味。
□ path「道」

（第3段）☐ despite「～にもかかわらず」　☐ look after ～「～の世話をする」
☐ originally「元々は」　☐ metal fence「金属製のフェンス」
☐ the bottom of the valley「谷底」
☐ come for the excitement「興奮を求めてやって来る」
☐ after four deaths in two years「2年間の間に4人が死んだ後に」

（第4段）☐ Interest in ～ remained「～への関心はそのまま残っていた」
☐ euro「ユーロ」は欧州の通貨。　☐ rebuild「再建する」
☐ frightening「恐ろしい」　☐ dramatic scenery「劇的な風景」
☐ attract「惹きつける」
☐ keep ～ in good condition「～を良い状態に保つ」
☐ for as long as possible「できるだけ長い間」　☐ available「手に入る」

各段落の要旨

第1段　スペイン南部の山岳地帯を流れるグアダロルセ川はダム建設の適地である。20世紀始めに，ダムの建設に伴ってコンクリートの歩道が渓谷の岩壁の上に作られた。

第2段　この小道がハイキング客たちの間で人気になり，公式に「王の小道」としてオープンした。

第3段　「王の小道」は保全・修理状況が良くなく，危険な道として有名になった。死者が出た後，2001年に閉鎖された。

第4段　しかし「王の小道」の人気は続き，道の保全のために通行料と人数制限を設けて2015年に再開した。

(30)　解答　4

質問の訳　**歩道がグアダロルセ川渓谷の岩壁の高いところに建設された理由は，（　　）**

選択肢の訳
1　川があまりにも危険で船で移動できなかった。
2　歩道の低い部分が突然の洪水で破壊された。
3　渓谷には歩行を困難にさせる岩があった。
4　人々が新しく建造されるダムへ行くためにその道が必要だった。

岩壁の高いところに小道を作った理由については，第1段最終文（A one-meter-wide …）に「人々が近くの町からそのダムへ行くために建設された」と述べられている。したがって，**4 people needed it to get to a newly constructed dam.** が適切。

(31)　解答　1

質問の訳　**その小道はなぜ「王の小道」と呼ばれたのか。**

選択肢の訳
1　スペイン王が，小道が完成した後にその道を歩いたから。
2　それを建設した技師たちが着ていた制服のためだった。
3　そこから見える光景が驚くべきものだったから。
4　地元の人々がその道を観光客に魅力的にしてほしいと思ったから。

「王の小道」と呼ばれた理由については，第2段最終文（After the ceremony …）に「スペイン王がこのハイキング道を歩いた後，『王の小道』として知られるようになった」と述べられている。したがって，**1 Because the king of Spain walked along it after he opened it.** が適切。

(32)　解答　2

質問の訳　歩道を閉鎖する決定がなされたのは（　　）

選択肢の訳
1　コンクリートに穴が見つかった後だった。
2　人が死ぬ事故があった後だった。
3　金属製フェンスがその上に落ちた後だった。
4　そのメンテナンス費用が増えた後だった。

小道の閉鎖時期については，第3段最終文（However, after four …）に「2年の間に4人が死んだ後，政府が歩道の閉鎖を決定した」と述べられている。この内容と一致するのは，**2 following accidents in which people died.** である。

(33)　解答　4

質問の訳　新しい歩道を保護している一つの方法は何か。

選択肢の訳
1　人々はその道を使うとき特別なハイキングブーツを履かなければならない。
2　雨による被害を防止するために屋根がさらに設けられた。
3　歩道の表面は新素材で作られている。
4　その道をハイキングする人々の数は制限されてきた。

第4段最終文（To keep El …）に「歩道を良好な状態に保つために，ハイキングに必要なチケットの枚数は年30万枚に限られている」とある。この内容と一致するのは，**4 The number of people who can hike on it has been limited.** である。**3**は，第4段第1文（Interest in El …）に「歩道は木材と鋼鉄で再度作られた」とあるが，「新素材で作られている」とは書かれていないので不適。

一次試験　筆記　3C

訳

笑いの進化

笑いは何かを面白いと感じたときに，その気持ちを表す方法であるだけでなく，それは健康に良いものでもある。短期的には笑いは筋肉を緩め，血流を良くするのに役立ち，長期的には，身体が病気とよりうまく戦えるようにしてくれる可能性がある。研究者たちは笑いが人間の中でどのように進化してきたかということを，他の動物の類似の行動を探すことによって調べてきた。ロサンゼルスにあるカリフォルニア大学で行われたある研究によって，60種類以上の動物の，笑いと似た行動の証拠が明らかにされた。

チンパンジーの笑いの音は人間の笑い方とは少々違うが，チンパンジーが笑うということは長く知られていた。ほとんどの人間は笑うとき，息を吐き出すときにだけ音を出すが，チンパンジーが笑うときは，息を吐き出すときも吸うときも両方とも音を出す。チンパンジーは人間と近縁な関係にあるので，チンパンジー，ゴリラ，オランウータンが笑うということはあまり驚くことではない。しかしながら，このような動物たちは冗談を言うために必要な複雑な言語を持っていないので，研究者たちの関心は，なぜ彼らは笑うのかを発見することにある。

研究者たちが発見したところでは，チンパンジーはお互いに荒っぽい遊びをしているときにこのような笑い声を出す。笑いは，その遊びが相手を傷つける意図が本当はないということを知らせるためのチンパンジーの方法だと研究者たちは確信している。遊びによってチンパンジーや他の動物はグループ内の他の者たちと強い関係を築くばかりでなく，戦いや狩りの技術を身につけることができる。

遊びの行動中に他の動物が出す音に耳を傾けることによって，研究者たちは幅広い動物の「笑い」を確定することができた。例えば，イヌは遊んでいるときに大きな音で息をする。イルカは特別なカチカチという音を出す。ネズミの場合，優しく触れられたときに出す笑いのような音は，音が高すぎて人間には聞こえない。しかし，その音は特別な機器を使って検知できる。笑いは自分たちがのんびり楽しめているということを他の者に知らせる合図として発達し始めたというのが研究者たちの結論である。もちろん，人間の笑いには様々な理由がある。したがって，この笑いという行動がどのように進化したのかについて，研究者たちにはまだ学ぶべき多くのことがある。

語句・構文

（第1段） ☐ not only *A* but also *B*「*A* ばかりでなく *B* も」
☐ in the short term「短期的には」 ☐ help (to) ***do***「～する助けになる」
☐ relax muscles「筋肉を弛緩させる」 ☐ blood flow「血流」
☐ in the long term「長期的には」
☐ better at ***doing*** は good at ***doing***「～するのが上手だ」の good が比較級 better になった形。
☐ make O C「O を C にする」 make our bodies better at ～ は，直訳すると「私たちの身体に～するのを上手にさせる」の意味。
☐ investigate「調査する」 ☐ evolve「進化する」
☐ similar behavior「似た行動」 ☐ carry out「実行する」
☐ reveal「明らかにする」

（第2段） ☐ make a noise「音を出す」 ☐ breathe out「息を吐き出す」
☐ breathe in「息を吸う」 ☐ be related to ～「～と関係がある」
☐ orangutan「オランウータン」 ☐ complicated「複雑な」

（第3段） ☐ play roughly with ～「～と荒っぽい遊びをする」
☐ each other「お互いに」
☐ let others know ～「他のものに～ということを知らせる」
☐ harm them「彼らに害を加える」
☐ allow *A* to ***do***「*A* に～することを許す」
☐ develop fighting and hunting skills「戦いと狩りの技能を身につける」
☐ *A* as well as *B*「*B* と同様に *A* も」
☐ build stronger relationships with ～「～とより強い関係を築く」

（第4段） ☐ listen for ～ は，listen to ～「～を聞く」とは少し異なり，「～を求めて聞

く」というニュアンスがある。

□ play behavior「遊び行動」　□ identify「確定する」

□ in a wide range of animals「いろいろな動物で」

□ breathe loudly「大きな音を出して息をする」

□ clicking noises「カチカチという音」　□ in the case of ~「~の場合」

□ laughter-like sounds「笑いのような音」　□ gently「優しく」

□ detect「感知する」　□ with special equipment「特別な機器を使って」

□ for a variety of reasons「様々な理由で」

□ have much to learn「学ぶべき多くのことがある」

各段落の要旨

第1段　笑いは面白いという感情を表現するだけでなく，種々の効用を持っている。笑いの進化について，研究者たちはいろいろな動物を使って研究してきた。

第2段　人間とは笑い方が異なるが，チンパンジーなどの類人猿も笑う。研究者たちは言語を持たない動物がなぜ笑うのかに関心を持っている。

第3段　チンパンジーが粗野に遊んでいるときに立てる笑いの音は，相手に害を加える気がないことを示すためのものである。

第4段　様々な動物の笑いは，のんびりと楽しんでいる合図として進化したと考えられるが，人間の笑いの進化についてはこれからも研究の余地がある。

(34) 解答　1

質問の訳　研究者たちはどのようにして人間の笑いの発達を解明しようとしているか。

選択肢の訳　1　他の動物の笑いと似たような行動を探求することによって。

2　人間が面白いと思うようなものを分析することによって。

3　人間の赤ちゃんが生まれたときから，彼らの反応を研究することによって。

4　人間が笑うときに使う筋肉を調べることによって。

第1段第3文（Researchers have been …）に，人間の笑いと似た行動を他の動物の中に求めて探すことによって行われてきたと述べられている。この内容と一致するのは，**1 By searching for behavior that seems like laughter in other species.** である。

(35) 解答　3

質問の訳　チンパンジーの笑いは人間の笑いとどう異なっているか。

選択肢の訳　1　チンパンジーは人間が驚いたときに出す音と同じような音を出す。

2　チンパンジーは鼻から息をすることによって音を出す。

3　チンパンジーは息を吐くときにだけ音を出すのではない。

4　チンパンジーは笑うとき，人間ほどゆっくりと息をしない。

第2段第2文（When most humans …）に，笑うとき，人間は息を吐くときだけ音を出すが，チンパンジーは息を吐くときも吸うときも音を出すと述べられている。この内容と一致するのは，**3 Chimpanzees do not only make sounds when they breathe out.** である。

(36) 解答 1

質問の訳 研究者たちの考えでは，チンパンジーが笑いを使うのは，(　　　)

選択肢の訳 **1** 自分の行動が深刻なものでないということを示すため。
2 自分たちのグループへ新しいメンバーを歓迎するため。
3 狩りに行く前に筋肉のウォーミングアップをするため。
4 他のチンパンジーを怖がらせて追い払うことによって喧嘩を避けるため。

第3段第1・2文（The researchers found … to harm them.）に，チンパンジーの笑いは害を加える気がないことを相手に知らせる方法だと述べられている。したがって，**1 indicate that their behavior is not serious.** が正解。

(37) 解答 3

質問の訳 特別な機器を使う必要があるのは，(　　　)

選択肢の訳 **1** 人間が笑うとき人間の脳の信号を測定するため。
2 イルカが出す異なった音を認識するため。
3 ある種の動物の笑いと似た音を観察するため。
4 人間が笑っている正確な理由を確定するため。

第4段第3・4文（In the case … with special equipment.）に，人間に聞こえないネズミの笑い声のような音を探知するために special equipment「特別な機器」を使うと書かれている。この内容と一致するのは，**3 observe the laughter-like noises of a kind of animal.** である。

(38) 解答 2

質問の訳 次に述べられているもののなかで正しいのはどれか。

選択肢の訳 **1** 動物の遊びの目的は，自分たちの集団の他のメンバーたちを笑わせることである。
2 人間の笑いがどのように発達したかについて，専門家たちにはまだ学ぶことがある。
3 笑いの利点の一つは人が強い筋肉を作る助けとなることである。
4 研究者たちはチンパンジーが実際に互いに冗談を言う証拠を見つけた。

1 は，本文にそのような記述はない。**3** は，第1段第2文（In the short …）に「笑いは筋肉を弛緩させる」とあるが，「笑いは強い筋肉を作る」という記述はないので不適。**4** は，第2段最終文（However, as these …）に「チンパンジーのような動物には冗談を言うために必要な複雑な言語がない」とあるので，不適。**2 Experts still have things to learn about how human laughter developed.** は，第4段最終文（Of course, humans …）で「人間の笑いには様々な理由があり，この行動がどのように進化したかについてはまだ学ぶことが多い」と述べられていることと一致。よって，これが正解。

一次試験　筆記　4

解答例　**I think Japan should use the Internet for people to vote in elections. First, people who find it difficult to go to voting places will be able to vote from almost anywhere. For example, Japanese people who are working or traveling in foreign countries can easily participate in elections. Second, the results will be known more quickly. Now, it takes time to count all the votes, but by using the Internet, accurate results can be shown to the public immediately. Therefore, I think it would be good for Japan to use the Internet for people to vote in elections. (80～100 語)**

訳　私は，日本はインターネットを使って選挙の投票をするべきだと思う。第一に，投票所へ行くのが困難な人々がほとんどどこからでも投票できるようになる。例えば，海外で仕事や旅行をしている日本人が簡単に選挙に参加できる。第二に，選挙結果がより早くわかるようになる。今は，すべての投票を数えるのに時間がかかっているが，インターネットを使えば，正確な結果をただちに国民に示すことができる。それゆえ，人々が選挙で投票するのにインターネットを使うのは日本にとって良いことだろうと思う。

トピックの訳　**日本は選挙にインターネット投票を使うべきだと言う人もいます。あなたはこの意見に同意しますか。**

ポイントの訳　**●便利さ　●費用　●安全性**

▶〔解答例〕の構成は，「①主張→②１つ目の理由→③１つ目の理由の具体的説明→④２つ目の理由→⑤２つ目の理由の具体的説明→⑥結論」である。

▶①主張では，まず同意するかどうかを明確にする。〔解答例〕のように質問の英文を利用してもよいが，字数が多くなってしまう場合は，Yes, I agree with it. もしくは，Yes, I think so. としてもよい。

▶②～⑤理由の説明では，１つ目の理由として，どこからでも投票できるという一般的なことを述べた後で，海外にいる日本人が投票できるという具体的な説明を付け加えている。２つ目の理由も同様の構成である。また，〔解答例〕では，書き出しに First，Second を使っているが，One reason is that ～「１つ目の理由は～である」，Another (reason) is that ～「もう１つの理由は～である」としてもよい。あるいは，最初に I have two reasons for it.「それには２つの理由がある」として，理由を２つ続けてもよい。自分が書けるパターンを一つは必ず持っておくことが大切である。

▶⑥結論では，①の主張をもう一度述べる。〔解答例〕のように Therefore「それゆえ」に続けて書いてもよいし，For these reasons「これらの理由から」，In conclusion「結論として」に続けてもよい。

▶反対の理由としては，インターネット投票では本人確認が困難なため不正がしやすい，インターネットを使えない高齢者が多いために高齢者が不利になり，差別につながる，などが考えられる。

一次試験　リスニング　第１部

No. 1　**解答**　**2**

★＝男性　☆＝女性　（以下同）

★ Excuse me. I wanted to order the salmon pasta, but I didn't see it anywhere on the menu.

☆ Sorry, but we only serve salmon pasta on Wednesdays. Today's special is clam chowder.

★ That's too bad. My friend recommended that I order the salmon pasta here. I was really hoping to try it.

☆ My apologies, sir.

Question：Why is the man disappointed?

Script

訳

★すみません。サーモンパスタを注文したかったのですが，メニューのどこにも見当たらないのです。

☆申し訳ありませんが，サーモンパスタは水曜日限定なんです。本日のスペシャルはクラムチャウダーになっております。

★それは残念だ。友人がこの店ではサーモンパスタを注文するように勧めてくれたんですよ。それを食べるのを本当に楽しみにしていたんです。

☆申し訳ありません，お客様。

質問：男性はどうしてがっかりしているのか。

選択肢の訳

1　彼の友人は彼と会って一緒に昼食を取ることができない。

2　彼は自分の食べたかったものを注文できない。

3　クラムチャウダーはもう残っていない。

4　サーモンパスタはあまりおいしくない。

質問は「男性ががっかりした理由」なので，男性の第２発言にある Tha't too bad. の That が指す内容が解答になる。男性は第１発言で，サーモンパスタを注文したかったがメニューにないと述べ，女性は「サーモンパスタは水曜日限定（＝今日は注文できない）」と返答している。したがって，サーモンパスタが食べられないことが失望した理由だとわかる。このことと一致するのは，**2**「彼は自分の食べたかったものを注文できない」である。

No. 2　解答　4

☆ Dillon, now that your parents are retired, what are they going to do?
★ They want to travel around the world. Actually, they're going to Kenya soon to see African wild animals on safari.
☆ That sounds like fun. I'd love to see elephants and zebras in the wild. I hope your parents take lots of photographs.
★ I'm sure they will. I'll ask them to show you some when they get back.

Question : What is one thing we learn about the man's parents?

Script

訳
☆ディロン，ご両親が引退されたけど，これから何をなさるおつもりかしら？
★世界旅行をしたいそうだよ。実際，サファリでアフリカの野生動物を見るために，まもなくケニアへ行くんだ。
☆それは面白そうね。私，野生のゾウやシマウマを見たいわ。ご両親がたくさん写真を撮ってきてくださるといいわね。
★きっと撮ってくると思うよ。帰ってきたら君に写真の一部を見せてくれるように頼んであげるよ。

質問：男性の両親についてわかることの一つは何か。

選択肢の訳
1　彼らはアフリカにしばしば旅行に行く。
2　彼らはケニアで生まれた。
3　彼らは楽しく写真を見ている。
4　彼らはもはや仕事をしていない。

女性が第1発言で，男性の両親が引退したので，彼らはこれから何をするのかと聞いている。よって，**4**「彼らはもはや仕事をしていない」が適切。**1**は，両親がアフリカに行くという発言はあるが，しばしば行くという発言はないので，不適。

No. 3　解答　2

☆ Hello.
★ Hi, Betty! It's Martin. I'm calling to ask if you've decided what you want to do for your birthday.
☆ Actually, I haven't really thought about it. Hmm. What about eating at that fancy new Thai restaurant that opened downtown?
★ Great! Can you tell me the name of the place? I'll make a reservation.
☆ It's called Diva's Dish. It's on Beach Avenue.

Question : Why did the man call the woman?

Script

訳 ☆もしもし。

★やあ，ベティ！　マーティンだよ。君の誕生日に何がしたいかを決めたかどうか聞こうと思って電話しているんだけど。

☆実は，まだあまり考えていないのよ。えーと。中心街にオープンしたあの素敵な新しいタイレストランで食事をするのはどう？

★それはいい！　その店の名前を教えてくれる？　予約を入れておくから。

☆ディヴァズディッシュよ。ビーチ通りにあるわ。

質問：男性はなぜ女性に電話をしたか。

選択肢の訳　**1**　彼女に新しいレストランを教えるため。

2　彼女の誕生日に何がしたいかを聞くため。

3　彼女が予約することを提案するため。

4　彼女がどこで夕食を食べたかを聞くため。

男性は第１発言で，「君の誕生日に何がしたいかを決めたかどうか聞こうと思って電話しているんだ」と言っている。したがって，**2**「彼女の誕生日に何がしたいか聞くため」が適切。**3**は，男性の第２発言で自分が予約すると言っているので，不適。

No. 4　解答　2

★ Welcome to the Ababa Café. We have a variety of coffee drinks, both hot and cold. Can I take your order?

☆ Oh, an iced coffee would be fantastic in this weather. It's too hot for a warm drink.

★ Well, we have regular, vanilla, or chocolate iced coffees. Which would you like?

☆ Hmm. I'll take a vanilla iced coffee, please.

Question：Why does the woman order iced coffee?

Script

訳 ★アバババカフェへようこそ。当店ではホットでもアイスでも，多種類のコーヒーを用意しております。ご注文はお決まりでしょうか？

☆まあ，この天気だとアイスコーヒーがいいわね。温かい飲み物を飲むには暑すぎますね。

★そうですね，アイスコーヒーにはレギュラー，バニラ，チョコレートがあります。どれがよろしいでしょうか？

☆えーと。バニラアイスコーヒーをお願いします。

質問：女性はどうしてアイスコーヒーを注文するのか。

選択肢の訳　**1**　そのカフェはそれが有名だから。

2　今日は外が暑いから。

3　友人がそれを勧めたから。

4　彼女はあまりお腹が空いていないから。

女性は第1発言で，「この天気だとアイスコーヒーがいいわね。温かい飲み物を飲むには暑すぎますね」と言っている。したがって，アイスコーヒーを注文する理由は **2**「今日は外が暑いから」が適切だとわかる。

No. 5　解答　3

☆ Dave, um, I have something to tell you. Do you remember that book that you let me borrow?

★ Sure. *The Young Ones*, by Bryce Chambers. How do you like it?

☆ Well, it seemed pretty good. The problem is I can't find it. I must have left it on the train yesterday. Should I buy you a new one?

★ No, don't worry about it. I've read it twice already.

Question : What is one thing the girl says to the boy?

Script

訳

☆デイブ，あの，ちょっと話があるんだけど。あなたに貸してもらったあの本のこと覚えてる？

★もちろん。ブライス・チェンバーズの『若者たち』だよね。読んでどうだった？

☆ええ，とてもいい本だったと思うわ。問題はその本が見つけられないことなの。昨日，電車の中に置き忘れたに違いないわ。あなたに新しいのを一冊買った方がいいかしら？

★いいよ，心配しないで。僕はすでに2回読んでいるから。

質問：女の子が男の子に言っていることの一つは何か。

選択肢の訳

1　彼女は『若者たち』という本を書いている。

2　彼女は昨日電車を乗り間違えた。

3　彼女は彼の本をなくしたと思っている。

4　彼女は彼に電車の切符を買った。

女の子は第2発言で，「借りた本が見当たらない，電車の中に置き忘れたに違いない」と言っている。したがって，**3**「彼女は彼の本をなくしたと思っている」が適切。leave「～を忘れてくる，置き忘れる」

No. 6 解答 1

☆ Thanks for taking me to the Statue of Liberty, Jim. I wish my camera hadn't broken, though.

★ Well, I'll send you the photos I took. Oh, don't you feel tired? We had to stand and wait for a long time to get in.

☆ No, not at all. I feel fine, and the view from the top was great.

★ That's good. Well, let's think about what to do next.

Question : What happened to the man and woman at the Statue of Liberty?

訳 ☆自由の女神像に連れてきてくれてありがとう，ジム。でも，私のカメラが壊れなかったらよかったのに。

★そうだね，僕が撮った写真を送ってあげるよ。ところで，君は疲れてない？　中に入るのに長い時間立って待ってなければいけなかったけど。

☆いいえ，全然疲れてないわ。気分がいいし，頂上からの景色も素晴らしかったわ。

★それは良かった。じゃあ，次は何をするか考えようか。

質問：自由の女神像で男性と女性に何が起こったか。

選択肢の訳
1　彼らは長時間待たなければならなかった。
2　彼らはとても疲れを感じ始めた。
3　彼らは出口を間違えた。
4　彼らは内部に入れなかった。

男性は第１発言で「長い時間立って待ってなければいけなかった」と言い，それに対して女性は「疲れてない」と言っている。したがって，**2**「彼らはとても疲れを感じ始めた」は逆の意味になり，不適。**1**「彼らは長時間待たなければならなかった」が正解。

No. 7　解答　2

☆Dad, can we go to the mountains this weekend? I want to collect some leaves for a school art project.
★Why do you need to go to the mountains for that?
☆Most of my classmates are going to get some around town, but I want to find different ones.
★You're right—there are more kinds of trees in the mountains. OK, let's go on Saturday.

Question : Why does the girl want to go to the mountains?

Script

訳
☆お父さん，今週末って山へ行ける？　学校の美術の課題で木の葉を集めたいのよ。
★木の葉を集めるのにどうして山へ行く必要があるんだい？
☆クラスの人たちはほとんどが街中で集めるんだけど，私はいろいろ違ったものを見つけたいの。
★君の言うとおりだね。山には街中よりいろいろな種類の木があるからね。わかった，土曜日に行こう。

質問：どうして女の子は山へ行きたいのか。

選択肢の訳
1　クラスの友だちと会うため。
2　美術の課題用に葉を手に入れるため。
3　木を植えるため。
4　学校へ持っていくための写真を撮るため。

女の子は第1発言で，山へ行きたい理由として「学校の美術の課題用に木の葉を集めたい」と言っている。よって，**2**「美術の課題用に葉を手に入れるため」が正解。

No. 8　解答　1

★Ann, have you finished writing the presentation for our business trip next week? I'd like to check it before we go.
☆I'm still waiting on some research data from the sales department. I can't finish the presentation without it.
★I see. Well, I'll go ask them to hurry up. Once you have the data, how long will it take?
☆Probably only an hour or two.

Question : What is the problem with the woman's presentation?

Script

訳
★アン，来週の僕たちの出張のプレゼン資料を書き終わったかい？　出かける前にチェックしておきたいんだが。
☆営業課の調査データをまだ待っている状態なんです。それがないとプレゼン資料を書き終えられないんです。
★わかった。では，営業課に急ぐように頼みに行ってくるよ。データが手に入ったら，どれくらいで片付くの？
☆たぶん1時間か2時間ぐらいしかかからないと思います。

質問：プレゼンに関する女性の問題は何か。

選択肢の訳　**1**　彼女はもう少し情報を必要としている。
2　彼女は営業課に電話をするのを忘れた。
3　彼女はそれの書き方を知らない。
4　彼女はそれをする時間がない。

プレゼン資料を書き終わったかと聞かれたのに対して，女性は「営業課の調査データを待っている」と応えている。ここでの「データ」は「情報」と同義なので，**1**「彼女はもう少し情報を必要としている」が正解。the sales department「営業課」

No. 9　解答　2

☆ Hello, sir. I'm with the *Silverton Daily News*. Would you mind answering a few questions about the Fox Theater?
★ I'd love to. It's my favorite theater in the city.
☆ Then you must be upset by the news that it will be shut down next year.
★ Yeah. I think it's a shame. It's one of the most famous buildings in Silverton.

Question：What is one thing we learn about the Fox Theater?

Script

訳
☆こんにちは。シルバートン・デイリー・ニュースの者です。フォックス劇場について少し質問にお答え頂けますでしょうか？
★喜んで。フォックス劇場は町にある中で私の一番好きな劇場ですから。
☆では，劇場が来年閉鎖になるというニュースにはきっと動揺されてるでしょうね。
★ええ。それは残念ですよ。この劇場はシルバートンで最も有名な建物の一つですから。

質問：フォックス劇場についてわかることの一つは何か。

選択肢の訳　**1**　それは最近建設された。
2　それは閉鎖予定だ。
3　それは修復中だ。
4　それはかなり収益を上げている。

女性が第2発言で it will be shut down と言っている。この it は「フォックス劇場」を指し，shut down で「閉鎖する」の意味である。この内容と一致するのは，**2**「それは閉鎖予定だ」である。なお，男性の第2発言中の it's a shame は「それは恥だ」という意味ではなく，「非常に残念だ」という意味なので注意。

No. 10　解答　1

★ Ms. Carter, do you think it might be possible for me to transfer to another department?
☆ Why, Albert? Don't you like working here in the Sales Department?
★ Of course I do. But I can't work such long hours anymore. I need to get home earlier for my kids.
☆ I see. In that case, let's discuss reducing your responsibilities. I'd really like to keep you here.

Script

Question : What does the man want to do?

訳
★カーターさん，僕が他の部署に異動するのは可能でしょうか？
☆それはどうして，アルバート？　この営業課で働きたくないの？
★もちろん働きたいです。でも，もうこれ以上は長時間働けないんです。子供たちのために早く家に帰る必要があるのです。
☆わかったわ。そのような事情なら，あなたの責務を減らせるか話をしましょう。私はあなたにはぜひともここで働いていてほしいのよ。

質問：男性は何をすることを望んでいるか。

選択肢の訳
1　家でもっと時間を過ごすこと。
2　会社を辞めること。
3　会社の近くに引っ越すこと。
4　新しいベビーシッターを見つけること。

男性は第2発言で，他の部署に移動したい理由として「子供たちのために早く家に帰る必要がある」と述べている。この内容と一致するのは，**1**「家でもっと時間を過ごすこと」である。

No. 11　解答　4

☆ Bob, can I ask a favor? My son will be in a play at school next week, and I need to make a costume for him. Could I use your family's sewing machine?
★ Sure, Anna. No problem.
☆ Great. Can I pick it up later today?
★ That would be fine. I'll be home in the evening. I have a meeting this afternoon, but I should be home by six.

Script

Question : What does the woman want to do?

訳 ☆ボブ，お願いしてもいいかな？　息子が来週学校のお芝居に出るの。それで，衣装を作ってやる必要があるの。あなたの家のミシンを貸してもらえる？
★もちろん，アンナ。問題ないよ。
☆良かった。今日遅くに取りに行ってもいいかしら？
★それでいいよ。夜は家にいるから。今日の午後は会議があるけど，6時までには帰っているはずだよ。

質問：女性は何をしたいか。

選択肢の訳
1　今晩の芝居に出る。
2　息子の学校に連絡を取る。
3　男性の衣装をデザインする。
4　ミシンを借りる。

女性は第1発言で，息子が学校の演劇に出演するので，衣装を作る必要があり，ミシンを借りたいと言っている。したがって，**4**「ミシンを借りる」が正解。

No. 12　解答　3

☆ Hello. Orange Computers. How can I help you?
★ My name is Mitch Sibley. May I speak to Ms. Fouts, please?
☆ I'm afraid Ms. Fouts is in Boston on business. She won't be back until Thursday.
★ Oh, I see. I'll try again after she gets back.

Question：Why wasn't Ms. Fouts able to take the call?

Script

訳 ☆もしもし。オレンジ・コンピューター社です。どのようなご用件でしょうか？
★私の名前はミッチ・シブレイと言います。ファウツさんをお願いしたいのですが？
☆ファウツは現在出張でボストンにいます。木曜日まで戻らない予定なんです。
★そうですか，わかりました。戻られた後でまた電話させて頂きます。

質問：なぜファウツさんは電話に出られなかったのか。

選択肢の訳
1　彼女は忙しすぎて電話に出られなかった。
2　彼女は今，別の会社で働いている。
3　彼女は会社にいなかった。
4　彼女は昼食に出ていた。

女性が第2発言で，「ファウツは出張でボストンにいて，木曜日まで戻らない」と言っている。よって，**3**「彼女は会社にいなかった」が正解。on business「仕事で，出張で」

No. 13　解答　2

★ Have you read any good science-fiction books lately, Hannah? I can't find any that I like.

☆ Yes. I just finished reading one about space travel and a plan to go to Mars. It was so exciting that I stayed up all night reading it.

★ That sounds really interesting. Would you let me borrow it for a few days?

☆ Sure. I have it in my bag right here.

Question：What is the boy asking Hannah?

訳

★最近何か良いSFを読んだかい，ハンナ？　僕は自分好みの本が見つからなくてね。

☆ええ。宇宙旅行で火星へ行く計画の話をちょうど読み終えたところよ。とっても面白くて，徹夜で読んだわ。

★本当に面白そうだね。2，3日貸してもらえる？

☆もちろん。ちょうど今，このバッグにあるわ。

質問：男の子はハンナに何を聞いているか。

選択肢の訳

1　彼女は火星がどこにあるか知っているかどうか。

2　彼女が良い本を知っているかどうか。

3　彼女が宇宙旅行をしたいかどうか。

4　彼女が彼と図書館に行けるかどうか。

男の子は第1発言で，ハンナに最近良いSF本を読んだかどうかを聞き，自分好みの本が見つからないと言っている。このことから，男の子は良い本を読みたがっているとわかるので，彼がハンナに聞いているのは，**2**「彼女が良い本を知っているかどうか」である。

No. 14　解答　3

☆ Do you want to go to a rock concert with me on Saturday? A new rock band is playing. They're called the Battle Hawks, and they're really, really good.

★ That sounds like fun. Have you seen them play before?

☆ No. I've only heard them on the radio. I think they'll be famous soon, though.

★ Well, I can't wait to hear them play.

Question：What did the woman hear on the radio?

訳

☆土曜日，私とロックコンサートに行かない？　新しいロックバンドが演奏するの。バンド名はバトル・ホークスっていうんだけど，本当に，本当にいいバンドよ。

★面白そうだね。以前に彼らの演奏を見たの？
☆見てないわ。ラジオで聴いただけよ。でも，彼らはすぐに有名になると思うわ。
★そうか，彼らの演奏を聴くのが待ち遠しいね。

質問：女性はラジオで何を聴いたか。

選択肢の訳
1 有名人についてのニュース。
2 あるバンドのインタビュー。
3 新しいロックバンドの音楽。
4 音楽店の広告。

女性は第2発言で「ラジオで聴いただけ」と言っている。聴いた内容は第1発言にある「新しいロックバンド」の音楽である。したがって，3「新しいロックバンドの音楽」が正解。

No. 15 解答 4

☆ It feels like winter. This weather is really cold for April.
★ Yeah. I heard the temperature might drop below zero tonight.
☆ Really? I hope not. I've just put some new plants in my garden. If it gets too cold, they'll freeze and die.
★ Well, let's hope it doesn't get that cold.

Question : What is the woman worried about?

Script

訳
☆冬みたい。この天気って4月にしては本当に寒いわね。
★そうだね。今夜は気温が零度以下になるかもしれないって聞いたよ。
☆本当？　そうなってほしくはないわね。お庭に新しい植物を植えたところよ。あまりにも寒いと凍結して枯れてしまうわ。
★じゃあ，それほど寒くならないことを願おう。

質問：女性は何を心配しているか。

選択肢の訳
1 ひどく雪が降るかもしれない。
2 庭に植物を植えるには遅くなりすぎるかもしれない。
3 男性のガーデンパーティーは中止になるかもしれない。
4 彼女の植物が凍結してしまうかもしれない。

女性が第2発言で，「寒いと庭に植えた植物が凍結して枯れてしまう」と言っている。よって彼女が心配しているのは，4「彼女の植物が凍結してしまうかもしれない」ことである。

一次試験　リスニング　第2部

No. 16　解答　4

Tommy is going on a trip to Ireland. It is his first time, and he is excited about visiting some of the famous buildings there. He will have to travel on an airplane for a long time, and he is worried about not having enough to do on the plane. Tommy's aunt often flies long distances for work, so he will ask for her advice.

Script

Question：What is Tommy worried about?

訳　トミーはアイルランドに旅行に行く予定だ。これは彼の初めての旅行なので，アイルランドでいくつかの有名な建築物を訪ねることにワクワクしている。長時間の飛行機の旅になるので，彼は飛行機の中ですることが十分にないのではないかと気がかりである。トミーのおばさんは仕事で飛行機の長距離移動をよくしているので，彼女にアドバイスを求めるつもりだ。

質問：トミーの気がかりなことは何か。

選択肢の訳
1　彼が有名な建築物を見に行けるかどうか。
2　他の国で働くこと。
3　彼のおばさんの忙しい旅行スケジュール。
4　長距離飛行で時間をどのように使うか。

第3文（He will have …）後半の，worried about の次の not がしっかり聞き取れれば，トミーは飛行機の中ですることが十分にないのではないかと心配していることがわかる。したがって，**4**「長距離飛行で時間をどのように使うか」が正解。

No. 17　解答　1

Walking is a good way to exercise, and it can also improve a person's mood and reduce stress. There is also a popular Olympic sport called race walking. Some say the sport began long ago in England, when competitions were held to see which servants could walk the fastest. These competitions were very exciting and soon began to attract large crowds.

Script

Question：What is one thing we learn about servants in England long ago?

訳　歩くのは運動する良い方法だ。歩くと人は気分が良くなり，ストレスも減る。また，競歩と呼ばれる人気の高いオリンピックスポーツがある。この競技はイギリスでかなり以前，使用人の誰が最も早く歩けるかを見るために行われた競技が始まりだったと言う人もいる。この競技はとても面白く，まもなく多くの観客を集めるようになった。

質問：ずっと以前のイギリスの使用人についてわかることの一つは何か。

選択肢の訳　**1**　彼らは特別な競技で速く歩いた。
2　彼らはオリンピックを見ることができなかった。
3　競歩は子供たちに非常なストレスを感じさせた。
4　彼らが参加できるスポーツクラブはなかった。

第 3 文（Some say the …）の「イギリスで」「一番早く歩ける使用人を見るための競技が行われた」という文言を聞き取ることができれば，**1**「彼らは特別な競技で速く歩いた」が正解だとわかる。competitions「競技」 servants「使用人」

No. 18 解答 2

Sam's mother loves to go hiking, and she often takes Sam with her. However, Sam prefers to stay home and play video games with his friends. To make exercising more fun for Sam, his mother started asking him about games while they were hiking. She asked Sam to describe his favorite game. Sam had so much fun talking about it that he did not realize he was exercising.

Question : What did Sam's mother do to make exercising more fun for him?

Script

訳　サムの母親はハイキングに行くのが好きで，しばしばサムを一緒に連れて行く。しかし，サムは家にいて友達とテレビゲームをする方が好きだ。サムにとって運動がもっと楽しくなるように，母親はハイキングをしながらテレビゲームについて彼に尋ね始めた。彼女はサムに彼が最も好きなゲームについて教えてくれるように頼んだ。サムはテレビゲームのことを話すのがとても楽しかったので，知らないうちに運動をしていた。

質問：サムの母親はサムにとって運動がもっと楽しくなるために何をしたか。

選択肢の訳　**1**　彼女はハイキングに関するテレビゲームを彼に買ってやった。
2　彼女は彼が一番好きなゲームについて聞いた。
3　彼女は彼と彼の友だちをジムに連れて行った。
4　彼女はハイキングをしながら遊べるゲームを作った。

第 3 文（To make exercising …）で，「サムにとって運動がもっと楽しくなるように，母親は彼にゲームのことを聞いた」と述べられている。したがって，**2**「彼女は彼が一番好きなゲームについて聞いた」が正解。文中の while は聞き取りにくい単語なので要注意。

No. 19　解答　3

Michael works at a bank. He really enjoys helping his customers, but recently, he realized that many of them do not know how to manage their money. He wants to offer classes to teach customers basic financial planning. Michael thinks the classes will be useful, but he must first get permission from his boss.

Question：Why does Michael want to offer classes to customers?

訳　マイケルは銀行で働いている。彼は顧客の手伝いを本当に楽しくやっているのだが，最近，顧客の多くが自分たちのお金をどのように管理するかを知らないことに気づいた。彼は顧客に基本的な資産計画を教える授業を提供したいと思っている。その授業は役立つとマイケルは思っているが，まずは上司に許可をもらわなければならない。

質問：マイケルはなぜ顧客に授業を提供したいのか。

選択肢の訳　**1**　上司が不平を言うのをやめさせるため。
2　自分のために余分にお金を儲けるため。
3　彼らがお金の管理について学ぶのを手助けするため。
4　彼らに銀行で働くことに関心を持ってもらうため。

第2文（He really enjoys …）に「顧客がお金の管理の仕方を知らないことに気づいた」とあり，続いて第3文（He wants to …）に「顧客に資産計画についての授業を提供したい」とある。よって，マイケルが授業を提供したい理由は**3**「彼らがお金の管理について学ぶのを手助けするため」である。manage *one's* money「お金を管理する」 financial planning「資産計画」

No. 20　解答　4

Spinach is a dark green vegetable that was first grown in Persia. It is very healthy, so it is often called a superfood. Spinach became a popular vegetable in the United States because of a cartoon character named Popeye. This character eats spinach to become strong. Thanks to this superfood, Popeye can save his girlfriend when she is in dangerous situations.

Question：Why did spinach become a popular vegetable in the United States?

訳　ほうれん草は濃緑の野菜で，ペルシャで最初に栽培された。ほうれん草はとても健康に良いので，しばしばスーパーフードと呼ばれる。ポパイという漫画のキャラクターによって，ほうれん草はアメリカで人気の野菜になった。このキャラクターはほうれん草を食べて強くなる。このスーパーフードのおかげで，ポパイは危険な状況にある恋人を救い出すことができる。

質問：ほうれん草はどうしてアメリカで人気の野菜になったのか。

選択肢の訳 **1** ペルシャ出身の人たちがそこへ旅行に行き始めたから。
2 船乗りたちがほうれん草をそこで安く購入できたから。
3 そこの若い女の子たちが健康食を必要としていたから。
4 漫画の登場人物がほうれん草を食べるのを人々が見たから。

第3文（Spinach became a …）に「ほうれん草はポパイという漫画のキャラクターによってアメリカで人気になった」とあり，続いて第4文（This character eats …）に「このキャラクターはほうれん草を食べて強くなる」とある。したがって，ほうれん草がアメリカで人気になった理由としては，**4**「漫画の登場人物がほうれん草を食べるのを人々が見たから」が正解。「ポパイ」は日本でも知られているが，日本語の「ポパイ」とは発音が異なる。地名の「ペルシャ」も日本語の発音とは異なるので，注意が必要。

No. 21 解答 1

Kyle loves playing sports. He plays soccer, basketball, tennis, and baseball. This year, however, he must study for his high school entrance exams, so he only has time to play one sport. He is not sure which one to choose. He asked his mother, and she suggested that he make a list of the things he loves about each sport to help him decide.

Question：What does Kyle need to do?

訳 カイルはスポーツをするのが大好きである。彼はサッカー，バスケットボール，テニス，野球をする。しかし，今年は，高校入試のために勉強をしなければいけないので，一つのスポーツをする時間しかない。彼はどのスポーツを選んだらよいかわからない。母親に相談すると，母親は，それぞれのスポーツについて自分が好きな点のリストを作れば，決めるのに役立つと提案してくれた。

質問：カイルは何をする必要があるか。

選択肢の訳 **1** したいスポーツを決める。
2 入試を再度受ける。
3 先生に授業スケジュールを求める。
4 母親の家事を手伝う。

第3文（This year, however …）に「高校入試のために一つのスポーツしかする時間がない」とあり，第4文（He is not …）に「どれを選べばいいかわからない」とある。また，第5文（He asked his …）に「母親は決めるためにリストを作ることを提案した」とある。よって，カイルがする必要があることは，**1**「したいスポーツを決める」である。be not sure「わからない」

No. 22　解答　4

You are listening to Radio Blastline FM. It's time for a message from our sponsors. Are you searching for an exciting adventure for the whole family? Come to Amazing Animals Petting Zoo and touch some of the cutest animals around. Admission for children is half-price on Sundays. You can also watch our new tiger cubs play with their mother, and you can join in our penguin parade. See you at Amazing Animals Petting Zoo.

Question : What is one thing families with children can do at Amazing Animals Petting Zoo on Sundays?

訳　今お聴きになっているのはラジオ・ブラストラインFMです。スポンサーの広告時間です。家族みんなのために面白い冒険をお探しですか？　アメイジング・アニマルズ・ペッティング動物園へ来園されて，近くにいる最高にかわいい動物たちに触れてください。子供の入園料は，日曜日は半額です。母親と遊ぶ新しく生まれたトラの子供を見ることもできますし，ペンギンのパレードに参加することもできます。アメイジング・アニマルズ・ペッティング動物園でお会いしましょう。

質問：子供連れの家族は日曜日，アメイジング・アニマルズ・ペッティング動物園で何ができるか。

選択肢の訳
1　半額でペットを購入する。
2　有名なラジオパーソナリティーに会う。
3　トラに餌を与えるのを手伝う。
4　もっと安い入場券を買う。

第5文（Admission for children …）に「子供の入園料は，日曜日は半額です」とあるので，**4**「もっと安い入場券を買う」が正解。放送文のhalf-price「半額」が選択肢ではcheaperに言い換えられている。**1**は，半額なのはペットではなく入園料なので不適。**3**は，トラの子供を見ることができるという文言はあるが，餌を与えるのを手伝うという文言はないので，不適。

No. 23　解答　1

Madison was very excited when Josh, a boy in her class, asked her to go ice-skating with him. Madison had never been ice-skating before, so she went to an ice rink to practice a week before her date with Josh. She enjoyed it so much that she decided to buy a pair of ice skates. They cost a lot of money, but she plans to go ice-skating often in the future.

Question : What did Madison do before she went ice-skating with Josh?

訳　マディソンは，彼女のクラスの男の子のジョシュがアイススケートに誘ってくれて，とてもワクワクしていた。マディソンは以前にアイススケートをしたことがないので，ジョシュとのデートの１週間前にアイスリンクへ行って練習をした。アイススケートはとても楽しかったので，マディソンはアイススケートの靴を買うことに決めた。非常にお金がかかるが，これからは頻繁にアイススケートに行く予定にしている。

質問：マディソンはジョシュとアイススケートに行く前に何をしたか。

選択肢の訳　**1**　彼女は一人でスケートの練習をした。
2　彼女は新しいイヤリングを買った。
3　彼女は彼に趣味について聞いた。
4　彼女はアイススケートのレッスンを２週間受けた。

第２文（Madison had never …）後半に「マディソンはジョシュとのデートの１週間前にアイスリンクへ行って練習した」とある。したがって，**1**「彼女は一人でスケートの練習をした」が正解。**2**は，第３文（She enjoyed it …）に「彼女はスケート靴を買うことにした」とはあるが，イヤリングを買ったという文言はないので，不適。

No. 24　解答　2

Melinda could not sleep well last night. She woke up several times because she heard some strange noises. She opened her window and looked outside to find out what was making them. She saw that a branch of a tree was being blown against the wall of her house. Melinda decided to go and sleep in her living room and take a look at the tree branch in the morning.

Question：Why did Melinda have trouble sleeping?

Script

訳　メリンダは昨夜よく眠れなかった。奇妙な音が聞こえてきたために何度も目が覚めた。彼女は窓を開けて，何が音を出しているのかを突き止めるために外を見た。彼女が目にしたのは，風に吹かれて一本の小枝が家の壁に当たっている様子だった。メリンダは居間へ行って眠ることに決め，その木の枝は朝見ることにした。

質問：メリンダはどうして眠るのに苦労したのか。

選択肢の訳　**1**　彼女の部屋が暖かすぎた。
2　彼女は外に騒音を聞いた。
3　風が壁の穴から吹き込んでいた。
4　光が窓から入ってきた。

第２文（She woke up …）に「奇妙な音が聞こえたので彼女は何度も起きた」とあり，第３文（She opened her …）に「外を見て音を出しているものを探った」とある。よって，メリンダが眠るのに苦労した理由としては，**2**「彼女は外に騒音を聞いた」が正解。

No. 25　解答　1

Too many things in a space are called clutter. By removing clutter from their homes, people can live more relaxed lives. However, it is often hard to decide which things to throw away. There are professionals who can help people to do this. One such professional, Vicky Silverthorn, made a lot of money by telling people how to remove clutter from their homes on the Internet.

Question : How did Vicky Silverthorn make a lot of money?

訳　一つの空間に物があり過ぎるのを乱雑という。散らかったものを自分の家から片付けることによって，人はより落ち着いた生活を送ることができる。しかしながら，何を捨てるかを決めるのは困難なことが多い。これを手助けできるプロがいる。そのようなプロの一人であるヴィッキー・シルヴァーソーンは，散らかったものを家から片付ける方法をインターネットで人々に教え，お金をたくさん稼いだ。

質問：ヴィッキー・シルヴァーソーンはどのようにしてたくさんのお金を稼いだか。

選択肢の訳
1　彼女は人々に物の片付け方を教えた。
2　彼女は人々が家を売却するのを手伝った。
3　彼女はプロの人たちのためにインターネットの問題を解決した。
4　彼女はより頑丈な家の建て方を教えた。

ヴィッキーがお金を儲けた方法については，最終文（One such professional, …）に「ヴィッキーは散らかったものを家から片付ける方法をインターネットで教えることでお金を稼いだ」とあるので，**1**「彼女は人々に物の片付け方を教えた」が正解。最終文の professional「プロ」，the Internet「インターネット」という言葉につられて **3** を選ばないようにしたい。
remove「取り除く」 clutter「乱雑，散らかっているもの」 get rid of ～「～を取り除く」

No. 26　解答　3

Today is Serena's first day at a new high school. She is nervous because she is shy and has difficulty making new friends. Serena's father told her to introduce herself to the students sitting next to her in her class. After that, he told her she should get to know them by asking them about their interests.

Question : Why is Serena nervous?

訳　今日はセレナの新しい高校での第１日目だ。彼女は内気で新しい友達を作るのが苦手なので，緊張している。セレナの父親は彼女に，クラスで隣に座っている生徒に自己紹介するように言った。その後，彼らの関心事について聞くことで彼らと知り合いになるべきだと父親は言った。

質問：なぜセレナは緊張しているのか。

選択肢の訳 **1** 彼女は学校までどうやって歩いていったらよいかわからない。
2 彼女は父親のアドバイスを思い出すことができない。
3 彼女は新しい友達を作るのが苦手だ。
4 彼女は自分の教室を見つけられないかもしれない。

第２文（She is nervous …）に「彼女は内気で新しい友達を作るのが苦手なので，緊張している」とある。shy「内気，恥ずかしがり」，have difficulty ***doing***「～するのに苦労する」を聞き取ることができれば，セレナが緊張している理由としては，**3**「彼女は新しい友達を作るのが苦手だ」が正解だとわかる。

No. 27 解答 1

Script

Most brides and grooms wear special clothing on their wedding day. The things a bride and groom wear depend on where in the world they live. In Scotland, brides and grooms traditionally gave each other pieces of cloth. These pieces of cloth had their families' historical colors on them. In this way, people could see that the bride was joining her husband's family.

Question : What is one thing we learn about traditional weddings in Scotland?

訳 ほとんどの新郎新婦が結婚式には特別な服を着る。新郎新婦が身にまとうものは彼らが世界のどこに住んでいるかによる。スコットランドでは，新郎新婦は伝統的に布をお互いに与え合う。この布には自分たち家族の歴史的な色がついている。このようにして，人々は新婦が夫の家族の一員に加わったことがわかるのである。

質問：スコットランドの伝統的な結婚式についてわかることの一つは何か。

選択肢の訳 **1** 新郎新婦は布をお互いに与え合った。
2 新婦は新郎がかぶる色彩豊かな帽子を作らなければならなかった。
3 そこのウエディング・ダンスは世界中で有名だった。
4 結婚式は他の国よりもお金がかかった。

第３文（In Scotland, brides …）の最後の部分が聞き取れるかがポイント。gave each other pieces of cloth「布をお互いに与え合った」の部分だが，cloth の発音の聞き取りが難しい。th の音が聞き取れ，この単語が「布」だとわかれば，正解は **1**「新郎新婦は布をお互いに与え合った」だとわかる。

No. 28 解答 4

Good evening, ladies and gentlemen. Thank you for choosing Speedy Airlines. The pilot has just turned off the seatbelt sign. Feel free to use the restrooms at the front or at the back of the airplane. During the flight, please keep your seatbelt on while you are in your seat. We will be serving some coffee, tea, and cookies shortly.

Question : What will probably happen next?

訳　皆様，こんばんは。スピーディ・エアラインズをご利用頂きありがとうございます。パイロットがただ今シートベルトのサインを切りました。飛行機の前部と後部にあるトイレはご自由に利用頂けます。飛行中，座席にいらっしゃる間はシートベルトを締めたままにしておいて頂けるようお願いいたします。まもなくコーヒー，紅茶，クッキーなどをお持ちします。

質問：おそらく次に何が起こるか。

選択肢の訳
1　みんなが飛行機に乗り始める。
2　飛行機が離陸する。
3　特別な料理が販売される。
4　乗客は飲み物と軽食を楽しむ。

第3文（The pilot has …）に「パイロットがシートベルトのサインを切った」とあるので，飛行機が離陸後，水平飛行に入ったとわかる。よって，**1**，**2**は不適。最終文（We will be …）に「まもなくコーヒー，紅茶，クッキーなどをお持ちします」とあることから，**4**「乗客は飲み物と軽食を楽しむ」が正解だとわかる。turn off ～「～を切る」

No. 29 解答 2

Misaki often gets headaches when she works on her computer. She got a brighter light bulb for her desk lamp. She also bought a new chair to support her back better. However, neither of these changes helped. When she told her father about her headaches, he suggested she get her eyes tested. She went to an eye doctor, and he told her that she needed glasses.

Question : Why was Misaki often getting headaches?

訳　ミサキはパソコンで仕事をしているとき，しばしば頭が痛くなる。彼女はデスクランプ用にもっと明るい電球を買った。また，背中を支えるのにより良い椅子を新しく購入した。しかし，この両方とも助けにはならなかった。父親に頭痛のことを話すと，彼は目の検査を受けてみてはどうかと言った。眼科に行くと，医者から眼鏡が必要だと言われた。

質問：なぜミサキはしばしば頭痛がしていたのか。

選択肢の訳　1　彼女は薬を飲み忘れ続けていた。
2　彼女は目に問題があった。
3　椅子の大きさが彼女に合っていなかった。
4　彼女のデスクランプが明るすぎた。

第2～4文（She got a … these changes helped.）に，「明るい電球に変え，椅子を新調したが，効果がなかった」とある。そして，第5・6文（When she told … she needed glasses.）に，「父のアドバイスで目の検査をした結果，眼鏡が必要だとわかった」とある。よって，ミサキの頭痛の原因としては，**2**「彼女は目に問題があった」が正解である。なお，get her eyes tested「目を検査してもらう」は使役の get の用法。get *A done*「*A* を～してもらう」

No. 30　解答　2

Script

Welcome to Beautiful Bay Beach! Come and watch the surfing contest at noon. Many famous surfers will take part. We would like to ask all visitors not to play loud music and to watch children carefully while they are playing in the waves. Please listen to the lifeguards. They will tell you where it is safe to swim. Also, please do not forget to take your trash home with you. Thank you!

Question：What will happen at noon today?

訳　ビューティフル・ベイ・ビーチへようこそ！　正午のサーフィン競技を見に来てください。有名なサーファーたちがたくさん参加します。サーファーたちが波乗りをしているときに，音楽を大音量でかけたりしないでください。また，子供たちを注意して見ておいてくださるよう皆様にお願いいたします。救助員の話を聞いてください。救助員たちは安全に泳げる場所を教えてくれます。また，ゴミは忘れずにお家へお持ち帰りください。ありがとうございました！

質問：今日の正午には何があるか。

選択肢の訳　1　子供向けのサーフボードが売られる。
2　サーフィン競技が行われる。
3　音楽を大音量でかけてダンスパーティーが始まる。
4　トラックがゴミ収集に来る。

第2文（Come and watch …）に「正午のサーフィン競技を見に来てください」とある。したがって，**2**「サーフィン競技が行われる」が正解。at noon「正午に」

二次試験　面接　問題カードA

訳

フェイクニュース

写真はニュース記事を人々がより良く理解するのを助けるためにメディアによって利用される。しかし，近頃では，誤った情報を含む写真を現代の技術を使って簡単に作ることができる。そのような写真をインターネットに投稿し，そうすることで他の人々に真実でない話を信じさせようとする人もいる。科学技術は良いことにも悪いことにも使えるということに，人々は気づくべきである。

語句・構文

- □ media は日本語と発音が異なるので要注意。日本語では「メディア」だが，英語は第1音節にアクセントがあり，[mí:diə] となる。
- □ help people to understand ～「人々が～を理解するのを助ける」　この help の用法は help *A do*「*A* が～するのを助ける」と原形でも使われる。
- □ news stories「ニュース記事」　□ contain「～を含む」
- □ put *A* on the Internet「*A* をインターネットに投稿する」
- □ make others believe ～「他の人々に～を信じさせる」の make は使役の用法で，make *A do*「*A* に～させる」の形で用いる。
- □ be aware that S V「～だということに気づいている」
- □ be used in good and bad ways「良いことにも悪いことにも使われる」

質問の訳

No. 1　本文によれば，ある人々はどのようにして他の人々に真実でない話を信じさせますか。

No. 2　では，イラストを見てその状況を説明してください。準備の時間は20秒あります。話は，カードにある文で始めてください。

No. 3　人々の中にはロボットによって多くの人が将来職を失うと言う人もいます。あなたはそれについてどう思いますか。

No. 4　この頃，日本の多くの家庭でペットが飼われています。ペットを飼うことは子供にとって良いことだと思いますか。
Yes. → なぜそう思うのですか。　No. → なぜそう思わないのですか。

No. 1　解答例　By putting photographs that contain false information on the Internet.

訳　真実でない情報を含む写真をネットに投稿することによって。

第3文（Some people put …）に質問と同じ文言があり，by doing so「そうすることによって」の具体的内容が答えとなる。so は文前半の put such photographs on the Internet「そのような写真をインターネットに投稿する」を指し，「そのような写真」は，第2文（Nowadays, however, …）の photographs that contain false information「誤った情報を含む写真」を指す。したがって，by doing so の具体的内容は解答例のようになる。

No. 2 解答例 **One day, Ken and Sakura were talking about their favorite sea animals. Ken said to her, "Let's go to the aquarium to see the dolphins." That weekend at the aquarium, Ken saw a sign that said taking pictures was not allowed. Sakura suggested that he put the camera into his backpack. Later that day, Sakura was enjoying watching a dolphin show. Ken was worried that they would get wet.**

訳 ある日，ケンとサクラは自分たちの一番好きな海の動物について話をしていた。ケンはサクラに「イルカを見に水族館へ行こう」と言った。その週末，水族館でケンは写真撮影不許可の掲示を目にした。サクラは彼にカメラをリュックにしまうことを提案した。その後，サクラはイルカショーを楽しく見ていたが，ケンは濡れるんじゃないかと心配していた。

1コマ目では，ケンがサクラに「水族館に行こう」と提案している。ここではイラスト中の表現を使って，直接話法で表現するとよい。aquarium は「水族館」という意味。2コマ目ではカメラを持っているケンが撮影禁止の表示を見ている。サクラもそれを見て，カメラをリュックに入れるように彼に言っている。3コマ目では，サクラはイルカを見て喜んでいるが，ケンは水しぶきで濡れるのではないかと思っている。人物間のやりとりを説明する際，直接話法で say を用いるだけではなく，suggest などを用いると，表現の幅が広がるだろう。suggest that S V「S が～することを提案する」

No. 3 解答例 （賛成の場合） **I agree. Robots can do more and more types of jobs. Also, they can work more efficiently than people.**

（反対の場合） **I disagree. There are many jobs that only humans can do. For example, taking care of children needs to be done by humans.**

訳 **（賛成の場合）** 私もそう思います。ロボットはますます多くの種類の仕事ができるようになっています。また，ロボットは人間よりも効率的に仕事ができます。

（反対の場合） 私はそうは思いません。人間にしかできない仕事がたくさんあります。例えば，子供の世話は人間がする必要があります。

まずは，賛成か反対か立場をはっきりさせることが必要。その後，理由を2つ程度挙げる。解答例では，賛成の場合，ロボットができる仕事の種類が増えているということと，ロボットの方が効率的に仕事をするということの2つの理由を述べている。反対の場合，人間にしかできない仕事があるという一般論の後，その仕事の具体例を述べている。このように理由を並列して述べてもよいし，一般論を述べた後で具体例を加えてもよい。複数の理由を述べる場合，互いに関連性を持たせるとより良いだろう。

No. 4 解答例 （Yes. → Why?） **Taking care of pets teaches children to be responsible. They have to give food to their pets every day.**

（No. → Why not?） **It's difficult for children to look after pets. Also, I've heard that some pets suddenly attack children.**

訳 **（Yes. の場合）** ペットを世話することで，子供たちは責任を持つということを学ぶことができます。子供たちはペットに毎日餌をやらないといけません。

（**No. の場合**）子供にとってペットの世話は難しいことです。また，ペットが突然子供を襲うこともあると聞いたことがあります。

賛成の場合，「責任を持つことを学ぶ」という一般論から，「毎日餌をやらないといけない」という具体的な理由を続けている。反対の場合，「ペットの世話は難しい」と「ペットが子供を襲う」という 2 つの理由を並列に挙げている。英検では様々なテーマが出題される。日頃からいろいろな社会的事象に関心を持って，自分の意見を持てるようにしておくことが大切である。

二次試験　面接　問題カードD

訳

動物シェルター

この頃，捨てられたペットの世話をする動物シェルターが多くある。これらの動物はしばしば人間を恐れている。今，ペットが人間とうまくやっていくのを手助けする訓練が注目を集めている。動物シェルターの中にはそのような訓練をしてくれるところもあり，このようにして，捨てられたペットに新しい飼い主を見つけやすくしている。動物シェルターはおそらく社会の中で重要な役割を果たし続けるだろう。

語句・構文

□ care for ～「～を世話する」　□ abandoned pets「捨てられたペット」
□ be scared of ～「～を怖がっている」
□ training「訓練」は動名詞で主語。次の that は関係代名詞。
□ helps pets get along with people「ペットが人間とうまくやっていくのを助ける」
help *A do*「*A* が～するのを助ける」 get along with～「～と仲良くやっていく」
□ in this way「このようにして」　□ new owners「新しい飼い主」
□ continue to *do*「～し続ける」
□ play an important role in ～「～に重要な役割を果たす」

質問の訳

No. 1　本文によれば，動物シェルターはどのようにして捨てられたペットに新しい飼い主を見つけやすくしていますか。

No. 2　では，イラストを見てその状況を説明してください。準備の時間は 20 秒あります。話は，カードにある文で始めてください。

No. 3　人々の中には動物は動物園で飼われるべきではないという人もいます。あなたはそれについてどう思いますか。

No. 4　今日，現金の代わりにクレジットカードで買い物をする人々が多くいます。あなたはこれを良い考えだと思いますか。
Yes. → なぜそう思うのですか。 No. → なぜそう思わないのですか。

No. 1　解答例　By offering training that helps pets get along with people.

訳　ペットが人間と仲良くやっていけるように訓練を行うことによって。

第4文（Some animal shelters …）に質問と同じ文言があり，in this way「このようにして」の具体的内容が答えとなる。「このようにして」は文前半のSome animal shelters offer such training「動物シェルターの中にはそのような訓練をしてくれるところもある」を指し，「そのような訓練」は直前の文のtraining that helps pets get along with people「ペットが人間とうまくやっていくのを手助けする訓練」を指す。よって，in this wayの具体的内容は解答例のようになる。質問文がhow ～?「どのように～しているか」と問われているので，By *doing*「～することによって」と答えるのがよいだろう。

No. 2　解答例　One day, Mr. and Mrs. Sano were talking at a hotel in Thailand. Mrs. Sano said to her husband, "I want to go to the zoo tomorrow." The next day at the zoo entrance, Mr. Sano was buying tickets. Mrs. Sano was asking a man to take a picture of her and her husband. An hour later, Mrs. Sano was feeding an elephant. Mr. Sano was looking forward to having dinner at a restaurant with her.

訳　ある日，サノ夫妻がタイのホテルで話をしていた。妻が夫に「明日，動物園に行きたいわ」と言った。次の日動物園の入り口で，夫はチケットを買っていた。妻は自分と夫との写真を撮ってくれるように男性に頼んでいた。1時間後，妻はゾウに餌を与えていた。夫は妻と一緒にレストランで夕食を食べることを楽しみにしている。

1コマ目では，妻が動物園に行きたいと言っている。この発話部分はそのまま，直接話法で言ってもよいが，間接話法でもよい。2コマ目では会話はなく，夫がチケットを買い，妻が動物園のスタッフに夫と一緒の写真を撮ってほしいと言っている。3コマ目では妻がゾウに餌をやり，夫は夕食のことを考えている。会話は吹き出しのセリフをそのまま言えばよいが，客観的な描写もとっさに言えるように語彙を増やしておくことが大切である。解答例ではfeed「餌をやる」，look forward to ～「～を楽しみにする」などが使われている。他にも，be thinking of ～「～することを考えている」などの表現も汎用性が高いので，覚えておくとよいだろう。

No. 3　解答例　（賛成の場合）**I agree. Animals should be free to live in nature. People need to protect the natural areas where animals live.**

（反対の場合）**I disagree. Zoos can teach children a lot about animals. For example, children can see how animals eat and sleep.**

訳　**（賛成の場合）**私もそう思います。動物は自然の中で自由に暮らせるべきです。人間は動物が生きている自然地域を保護する必要があります。

（反対の場合）私はそうは思いません。動物園は子供たちにたくさんのことを教えることができます。例えば，子供たちは動物たちがどのように食べ，眠るのか見ることができます。

賛成もしくは反対の理由を2つ程度並列して述べてもよいし，一般論（抽象論）から具体論へ話を続けてもよい。賛成の例では，動物は自由に生きるべきだということと，そのために人間は動物たちの生活環境を守るべきだということの，２つの理由を挙げている。理由を２つ以上述べる場合，互いに関連性がある方がより良いだろう。反対の例では，まず，動物園は子供に多くのことを教えてくれるという一般論を述べ，その具体例として，動物たちが食べたり寝たりする様子を見ることができるという具体論を述べている。

No. 4 解答例 （Yes. → Why?） **A lot of people don't like carrying cash with them. Also, most people don't want to go to the bank before shopping.**

（No. → Why not?） **It's easy to spend a lot of money with a credit card. People forget how much money they have spent.**

訳 **（Yes. の場合）**多くの人が現金を持ち運びたがりません。また，ほとんどの人が買い物をする前に銀行に行きたくないと思っています。

（No. の場合）クレジットカードを使うと簡単にお金をたくさん使ってしまいます。人々は自分がどれだけお金を使ったか忘れてしまいます。

ここでも理由は２つ述べることが望ましい。賛成の場合は，現金を持ち運びたくないということと，買い物の前に銀行に行きたくないということの，２つの理由が挙げられている。また，反対の場合は，お金を使いすぎるということが述べられ，次にその理由にあたる部分，つまり使ったお金の金額を忘れてしまうということが述べられている。２つの理由は，できれば関連づけた方がよいが，互いに異なる視点からのものでもよい。

2022 年度 第 2 回

Grade 2

一次試験　解答一覧

● 筆記

1	(1)	(2)	(3)	(4)	(5)	(6)	(7)	(8)	(9)	(10)
	1	1	3	3	1	2	3	4	2	3
	(11)	(12)	(13)	(14)	(15)	(16)	(17)	(18)	(19)	(20)
	2	3	3	4	1	1	2	1	2	2

2	A	(21)	(22)	(23)	B	(24)	(25)	(26)
		2	3	1		2	3	4

3	A	(27)	(28)	(29)	B	(30)	(31)	(32)	(33)
		2	1	2		4	4	1	1
	C	(34)	(35)	(36)	(37)	(38)			
		2	2	1	1	4			

4（ライティング）の解答例は P. 21 を参照。

● リスニング

第 1 部	No. 1	No. 2	No. 3	No. 4	No. 5	No. 6	No. 7	No. 8	No. 9	No. 10
	3	4	4	1	2	4	3	4	1	3
	No. 11	No. 12	No. 13	No. 14	No. 15					
	1	1	3	1	3					

第 2 部	No. 16	No. 17	No. 18	No. 19	No. 20	No. 21	No. 22	No. 23	No. 24	No. 25
	4	1	4	2	3	1	1	1	2	2
	No. 26	No. 27	No. 28	No. 29	No. 30					
	2	4	2	2	2					

一次試験　筆記　1

(1)　**解答　1**

訳　ケイコは英語をまだ6カ月しか勉強していないことを考慮すると，彼女は昨日のコンテストで非常に素晴らしい英語の発表をした。彼女は準優勝だった。

単語力（副詞）を問う問題。空所の位置から判断すると直後の good を修飾する副詞だとわかる。文頭で「英語を6カ月しか勉強していないことを考慮すると」という内容があり，2文目では「彼女は準優勝だった」とあることから，空所には good English presentation の good を強調する副詞が入ると判断できる。したがって正解は，**1 remarkably**「著しく，目立って」が適切である。**2** nervously「神経質に」　**3** suddenly「突然」　**4** carefully「注意深く」

(2)　**解答　1**

訳　A：デール，休暇はどうだった？
B：素晴らしかったよ！　純粋に楽しんで，そしてゆっくりできる7日間を過ごしたよ。

単語力（形容詞）を問う問題。休暇はどうだったかと問われているので，休暇に対する評価を表す形容詞が入る。Bは2文目で「7日間楽しくくつろいだ」と言っているので，正解は **1 marvelous**「素晴らしい，驚くほど良い」である。**2** industrial「産業の，工業の」　**3** humble「慎ましやかな，謙虚な」　**4** compact「小型の」

(3)　**解答　3**

訳　世界中の人々は，その2国間の対立が戦争を引き起こすことを恐れている。

単語力（名詞）を問う問題。文の構造を分析すると，空所は that 節中の主語であり，述語は will cause a war「戦争を引き起こすだろう」となっているので，空所に入る名詞は“戦争が起こる原因”であるとわかる。したがって，正解は **3 conflict**「対立，紛争」である。**1** patient「患者」　**2** phrase「句，言い回し」　**4** courage「勇気」

(4)　**解答　3**

訳　野球選手のオオムラ・シュウタは，2019年に右膝の手術をしなければならなかったが，2020年は完全に回復し，再びプレイする準備ができていた。

単語力（名詞）を問う問題。空所の後に on his right knee「彼の右膝に」という体の部位に言及する表現があり，さらに but 以降では「完全に回復した」という内容があることから，正解は **3 surgery**「手術」である。have surgery on ～「～（体の一部）の手術を受ける」という意味。**1** recognition「認識」　**2** innocence「無邪気，無罪」　**4** inquiry「質問」

(5)　**解答　1**

訳　そのレストランは，何件かの食中毒の後に評判を落とし，結局閉店しなければならなかった。

単語力（名詞）を問う問題。空所は lost「失った」の目的語であり，its good「その良い」

という形容が付いていることから，プラスの意味だと推測できる。さらに空所の後に注目すると，「数件の食中毒の後に」と述べられ，「結局閉店しなければならなかった」とあることから，失ったものは**1 reputation**「評判」だとわかる。**2** anticipation「期待，予想」 **3** observation「観察，遵守」 **4** examination「検査」

(6) **解答** **2**

訳 日光は人々が健康でいるために重要だ。しかし，肌を日光に晒しすぎるのは良くない。

単語力（動詞）を問う問題。空所の後がskin to too much sunlightという*A* to *B*の形になっており，is not good「良くない」を述語とする形式主語itの内容を表す真主語の部分なので，正解は**2 expose**である。expose *A* to *B*で「*A*を*B*に晒す」という意味。**1** protest「～に抗議する」 **3** conduct「～を実行する」 **4** represent「～を表す」

(7) **解答** **3**

訳 カイが腕を骨折した後，完全に治るのに約3カ月かかった。今や彼は何の問題もなく，またテニスをすることができる。

単語力（動詞）を問う問題。空所を含む文は，take *A* to ***do***「～するのに*A*（時間）がかかる」の構文であることに注意して検討する。1文目文頭に「腕の骨を折った後」という情報があり，2文目には「今は何の問題もなくテニスを再開できる」とあることから，**3 heal**「(傷などが）癒える」が正解だとわかる。itは骨折した腕のことである。**1** fulfill「～を実現させる，満たす」 **2** cheat「～をだます」 **4** retire「～を引退する」

(8) **解答** **4**

訳 最近，多くの企業が従業員にかなり柔軟に対応している。たとえば，社員は時に在宅勤務をしたり，何時に始業し何時に終業するかを選択したりすることができる。

単語力（名詞）を問う問題。空所を含む文は，offer *A* *B*「*A*に*B*を与える，提供する」の形で，「従業員に多くの（　　）を与えている」という意味になっている。2文目冒頭にFor example「たとえば」とあり，ここでは社員は在宅勤務や自由な労働時間が許されているという内容が述べられていることから，正解は**4 flexibility**「融通性，柔軟性」が最も適切である。**1** majority「大多数」 **2** similarity「類似性」 **3** quantity「量」

(9) **解答** **2**

訳 ケビンは車で家に帰る途中，吹雪で動けなくなった。天気が非常に悪かったので，彼は自分の車を乗り捨てて残りの道のりは歩かなければならなかった。

単語力（動詞）を問う問題。まず1文目で「ケビンが運転中に吹雪で身動きできなくなった」という背景と，空所を含む文がso ～ that …構文で，「天気が非常に悪かったので…」という文になっていることを押さえる。空所の後にはhis carが目的語として置かれ，続く文では「残りの道は歩かなければならなかった」とあるので，空所には**2 abandon**「～を置き去りにする，捨てる」を入れると文意が通る。**1** maintain「～を維持する」 **3** prevent「～を妨げる」 **4** supply「～を供給する」

⑽ **解答** **3**

訳　ローラはバドミントン大会で早々と敗退し悲しかったが，今は友人たちが試合をしている間，彼らの応援をしている。

単語力（動詞）を問う問題。空所の直前に being があり，選択肢がすべて動詞の ed 形になっていることから，受動態だとわかる。すると前半は「バドミントン大会から…されたことについて悲しかった」となるが，後半 but 以降で「試合をしている友人の応援をしている」とあることから，空所には eliminate「～を除く，敗退させる」の過去分詞 **3 eliminated** を入れると文意が通る。be eliminated from ～ で「～から敗退する」という意味。**1** は commit「～を約束する，取り組む」，**2** は defend「～を守る」，**4** は import「～を輸入する」のそれぞれ過去分詞。

⑾ **解答** **2**

訳　サラは，足が良くなるまで走るのを控えるように言われている。そうしなければ，彼女は怪我を悪化させてしまうだろう。

イディオムの知識を問う問題。空所は be told to *do* 「～するように言われる」の to *do* 部分なので，“命じられた行動” が入る。空所後には until her foot is better「足が良くなるまで」という表現があり，続く2文目では「そうしないと怪我が悪化するだろう」とあることから，空所には **2 refrain from** を入れるとよい。refrain from *doing* で「～するのを控える」という意味。**1** read through「～を通読する」 **3** reflect on「～について熟考する」 **4** refer to「～に言及する」

⑿ **解答** **3**

訳　A：映画はどうだった？
B：全体としては面白かったよ。一部の俳優は最高ではなかったけど，物語が素晴らしくて音楽が美しかったね。

イディオムの知識を問う問題。映画の感想を聞くAに対して，Bは I enjoyed it と答えている。2文目でも主節は「物語と音楽は良かった」と言っているものの，「一部の俳優は最高ではなかったが…」というマイナス評価も述べていることから，空所には **3 As a whole** 「全体としては」が最も適切。**2** In respect は，in respect of ～なら「～に関して」という意味。**1** On the move「移動中で，進行中で」，**4** By then「その時までに」では文意が通じない。

⒀ **解答** **3**

訳　A：エミリー，どうしたの？
B：ジムが私の友達の前で私をからかったの。彼は私の靴がダサいって言ったのよ。

イディオムの知識を問う問題。make a fool of ～で「～をからかう，ばかにする」という意味なので，正解は **3 fool** である。2文目で「彼は私の靴がダサいと言った」とあるのもヒント。**1** difference は make a difference で「違いが生じる，重要である」という意味で，後には前置詞 of ではなく to を置いて「～にとって」という意味が付されることもある。**2** point は make a point of *doing* で「決まって～する，～することを重視する」，**4** start

は make a start で「始める」という意味になる。

⒁ 解答　4

訳　ジェイソンは母親に，私生活に干渉するのをやめて欲しいと何度も求めてきた。彼は，自分は大人なのに，母親が彼のことを管理しようとしたがっていることに腹を立てている。

イディオムの知識を問う問題。2文目に注目すると，「ジェイソンは，大人なのに母親が管理しようとすることを嫌っている」という趣旨が読み取れる。選択肢は全て *doing* 形になっており stop *doing*「～するのをやめる」という意味になることから，**4 interfering with** が正解。interfere with ～で「～に干渉する，口出しする」という意味。**1** counting on は count on ～「～に頼る」，**2** insisting on は insist on ～「～を主張する」，**3** comparing with は compare with ～「～に匹敵する」の動名詞形。

⒂ 解答　1

訳　A：バーベキューを中止しなきゃいけなくなったのは残念だよな。
B：そうだね。でも，雨の中屋外でバーベキューはできないからね。その代わり，来週天気が良ければまたできるさ。

イディオムの知識を問う問題。空所は It' a shame that ～「～は残念だ」の that 節中なので，マイナスの内容になるとわかる。「私たちはバーベキューを…しなければならなかった」という意味だが，BがAの発言を受けて，「雨の中屋外でバーベキューをすることはできない」と述べていることから，正解は**1 call off**「～を中止する」である。**2** pick on「～をいじめる」 **3** fall for「～にだまされる，引っかかる」 **4** bring out「～を引き出す，出版する」

⒃ 解答　1

訳　その泥棒は，梯子を使って建物に侵入したに違いない。中に入る方法は，2階の窓を通るしかなかったからだ。

イディオムの知識を問う問題。空所前は「泥棒はその建物に入ったに違いない」とあり，空所後には a ladder「梯子」という単語が見られる。2文目で「建物に入るには2階の窓を通るしかない」と述べられていることから，正解は**1 by means** である。by means of ～で「～という手段で」という意味。**2** in charge だと，in charge of ～で「～を担当して，責任を負って」，**3** at times は「時々」，**4** for all だと，for all ～で「～にもかかわらず」という意味になる。

⒄ 解答　2

訳　バーニーは自分の猫に，いくつか簡単な命令に従うように教え込もうとしたが，彼の努力は無駄に終わった。彼が猫に伏せをするように言うたびに，猫はただ歩いて行ってしまうだけだった。

イディオムの知識を問う問題。空所は but の後なので，but 以前の内容（猫に芸を仕込もうとした）とは反対の内容になるはずである。2文目で，「猫は彼の命令に従わなかった」という趣旨が読み取れるので，正解は **2 in vain**「無駄で，むなしく」である。**1** of late「最近，近頃」 **3** for sure「確かに」 **4** by chance「偶然」

(18) **解答　1**

訳　東京に3年間住んでいるので，カサンドラは自分のアパートから東京スカイツリーに行く方法を正確に知っている。

文法力（分詞構文）を問う問題。空所は文の要素が揃った完全な文が始まる前の部分なので副詞のかたまりを導くものである。したがって準動詞（to *do* ／ *doing* ／ *done*）を入れる必要があるので，動詞の原形である **3** Have は候補から外れる。また，**2** Had を入れると Had lived という過去完了形になり，これも準動詞ではないので候補から外す。残る2つの準動詞を検討する。**4** To have を入れると不定詞の副詞的用法で「～するために」という未来の目的を表すはずだが，to have *done* という完了不定詞の形は主たる動詞よりも古い時制を表す時に使うので，文意がおかしくなる。したがって，正解は **1 Having** である。having *done* の形の分詞構文は，主たる動詞の時制よりも古い時制に言及し，「～したので」といったような意味になる。

(19) **解答　2**

訳　誰かがミッシェルの教室の窓ガラスを一枚割ってしまっていた。ミッシェルがしたのではなかったが，他の生徒の中には，まるで彼女がしたかのように彼女のことを見る者もいた。

文法力（仮定法）を問う問題。空所の後を見ると she had があるが，had だけで終わっているということは動詞の have の過去形ではなく，過去完了形 had *done* で用いられる助動詞の had であり，本問では *done* 以下を省略して代動詞のはたらきをしていると考えられる。さらに文意を確認すると，1文目で「ミッシェルの教室の窓ガラスが割られた」という状況が述べられ，2文目前半では「ミッシェルはやっていない」とある。その後 but「しかし」という逆接を経て「他の生徒の中には彼女を見る者もいた」という文に続くのが空所部分であることから，正解は **2 as if** が適切である。as if S V「まるでSがVするかのように」のS Vの部分は事実と反する場合は仮定法が用いられる。本問の場合は過去の事実「ミッシェルはガラスを割っていない」に反する内容なので，as if 以下は正確に書くと as if she had broken the window となって「まるで彼女がその窓ガラスを割ったかのように」という意味になる。

(20) **解答　2**

訳
Ａ：あなたのご両親のお家まで車でどれくらいの時間がかかるの？
Ｂ：休日中の交通量に関してはわからないからな。30分かかるかもしれないし，2時間かかるかもしれない。

文法力（動名詞）を問う問題。空所直前の no は形容詞で，後ろには原則的に名詞を従える。したがって，動詞が名詞化した，動名詞の **2 telling** が正解。There is no *doing* で「～することはできない」という意味である。ちなみに，本問の場合の tell は自動詞であり，「わかる」の意味。

一次試験　筆記　2A

訳

海での問題

プラスチックは非常に多様な商品に使用されている。実際，毎年約4億トンのプラスチックが世界中で生産されていると推定されている。その多くは使い捨て用に作られている。この廃棄物のほとんどは埋め立て地の地面に埋められる。しかしながら，多くの量が最終的に他の場所にたどりつく。国際自然保護連合によると，年間1400万トン以上のプラスチック廃棄物が海に流れ込んでいる。プラスチックは丈夫で，分解されるのに時間がかかる。このため，世界の海は急速にプラスチックでいっぱいになりつつある。

プラスチック廃棄物は，海中や海辺に生息する野生生物にとって，二つの大きな問題を引き起こす。第一に，動物が大きなプラスチックに引っかかり，自由に泳ぐことができないため死んでしまうことがある。しかし，もう一つの問題は，もっと小さなプラスチック片によって引き起こされる。動物はよく，これらを食べ物だと思ってしまう。最近の研究によると，約3分の2の魚種と，全海鳥の90%が，海に浮かんでいる小さなプラスチック片を誤って食べてしまっているということだ。

これを受けて，多くの環境保護団体が，海洋プラスチックについて政府に何とかしてもらおうと努力している。たとえば，生物多様性センターは，米国政府にプラスチック汚染を規制する法律を作るよう要請している。そのような団体はまた，その問題について一般の人々を啓発しようと努めている。これにもかかわらず，人々はプラスチックを捨て続けており，海のプラスチックの量は増え続けている。

語句・構文

(第1段) □ a wide variety of ～「非常に多様な～」
□ estimate「～を見積もる，推定する」
□ be designed to *do*「～するよう設計されている，作られている」
□ landfill site(s)「埋め立て地」　□ break down「分解される」

(第2段) □ wildlife「野生生物」　□ get trapped「(罠に) かかる，捕われる」
□ accidentally「誤って，偶然」　□ tiny「小さい」　□ float「漂う」

(第3段) □ in response「これに応じて」　□ environmental protection「環境保護」
□ organization(s)「団体，組織」
□ make efforts to *do*「～する努力をする」
□ biological「生物学的な」　□ diversity「多様性」　□ law(s)「法律」
□ educate「～を啓発する」　□ the public「一般の人々，大衆」

各段落の要旨

第1段　大量に生産されている使い捨てのプラスチックは，本来埋め立て地に埋めることになっているにもかかわらず海洋に流れ込むものも大量にあり，またプラスチックの分解には長い年月がかかるために，世界の海洋が急速にプラスチックで溢れつつある。

第2段　海とその周辺に生息する生物たちは，大きなプラスチック片に引っかかって泳げなくなって死んでしまったり，小さなプラスチック片を飲み込んでしまったりして，大小どちらのプラスチック片でも被害を被っている。

第3段 現状を憂える多くの環境保護団体が立ち上がって，政府に対してプラスチック汚染を規制する法律を作るように働きかけたり，大衆を啓蒙したりしているが，その効果は薄く，プラスチック廃棄物の量は増加の一途をたどっている。

(21) 解答 2

選択肢の訳 **1** 完全に消える **2** 最終的に他の場所に行きつく

3 慈善団体に与えられる **4** 再び使われるかもしれない

空所を含む文の冒頭 However「しかしながら」に注目する。前後の文で反対の内容になっているはずなので前文を確認すると，「廃棄物は埋め立て地に埋められる」とある。空所を含む文の次の文（According to the …）では，「大量のプラスチックが海洋に入り込む」とあることから，空所では「廃棄物が然るべき場所に捨てられていない」という内容が入るとわかる。したがって，正解は**2 ends up elsewhere**「最終的に他の場所に行きつく」である。end up は直後に副詞表現や ***doing*** を置いて，「最終的に～にある，結局～することになる」という意味になる。

(22) 解答 3

選択肢の訳 **1** 大家族の集団で生活する **2** 長旅をしなければならない

3 これらを食べ物と思う **4** 海を離れる

英語は，抽象→具体の順に情報が展開されることが多い点に留意すると，空所を含む文は前文（The other problem, …）で述べられた「もう一つの問題は小さなプラスチック片が原因である」という内容を具体化した文であるとわかる。この後の文（A recent study …）を見ると，「海洋生物が海に漂う細かなプラスチック片を食べている」と述べられていることから，正解は**3 see these as food**「これらを食べ物と思う」が適切である。these「これら」とは，前文の smaller pieces of plastic を指す。

(23) 解答 1

選択肢の訳 **1** In spite of this「これにもかかわらず」

2 Therefore「それゆえに，したがって」

3 Likewise「同様に」

4 In particular「特に」

ディスコース・マーカー（つなぎ言葉）を問う問題なので，前後の文の内容に注目する。空所前までは，生物多様性センターが海洋プラスチック汚染の問題の解決に向けて様々な行動をしているという内容が述べられている。対して，空所の後には「人はプラスチックを捨て続け，海洋のプラスチック量は増え続けている」とあることから，空所には逆接のディスコース・マーカーが入るとわかる。したがって，正解は**1 In spite of this**「これにもかかわらず」である。in spite of ～は前置詞句で「～にもかかわらず」という意味で，this は前文の内容を指している。

一次試験　筆記　2B

訳

舞台『キャッツ』

アンドリュー・ロイド・ウェバーはミュージカルを書いたことで有名で，彼が書いた曲の多くが有名になっている。この 50 年間，ウェバーは『オペラ座の怪人』や『ヨセフ・アンド・ザ・アメージング・テクニカラー・ドリームコート』など，数々の人気ミュージカルを生み出してきた。これらの登場人物は，昔からあるよく知られた物語から取られていた。ウェバーの最も成功したミュージカルのうちの一つが『キャッツ』だ。これは，彼がこれまでに書いた中で最も人気のある曲である，『メモリー』を代表曲としている。しかし，ウェバーの他のミュージカルの多くと同様に，『キャッツ』の登場人物は彼によって生み出されたものではなかった。

子どもの頃，ウェバーのお気に入りの本のうちの一つは，T. S. エリオットによる『ポッサムおじさんの猫と付き合う法』だった。これは，ある猫たちの性格を説明する詩集である。たとえば，登場する猫のうちある一匹は，みんなの注目の的になるのが好きだ。また別の一匹は，昼間は怠けているように見えるが，夜はネズミや昆虫たちが問題を起こさないように，密かに奮闘する。ウェバーは，これらの詩の言葉を自身のミュージカルの曲に使い，これらの猫たちが一緒に暮らす世界を作り上げた。

ウェバーは 1977 年に『キャッツ』の制作にかかり，『キャッツ』は 1981 年にロンドンで初公演を行った。それは非常に人気を博したため，21 年たってもまだそこで上演されていた。同様に，1982 年にニューヨーク市のブロードウェイで初演された後，同じ場所で 18 年間上演された。『キャッツ』は世界中で人気がある。実際，このショーはこれまで 15 カ国語に翻訳され，30 カ国以上で上演され，7300 万人以上が見ている。

語句・構文

(第 1 段) ☐ over「(前置詞で) ～にわたって，～の間ずっと」
☐ the last 50 years「直近 50 年」　☐ a number of ～「数多くの～」
☐ well-known「有名な，よく知られた」
☐ be around「存在している，流行っている」
☐ feature「～を呼び物にする」
☐ though「(副詞で挿入的に) けれども」

(第 2 段) ☐ a collection of poems「詩集」
☐ the focus of *A*'s attention「*A* の注目の的」
☐ lazy「怠惰な，怠けた」　☐ daytime「昼間」　☐ secretly「密かに」
☐ stop *A* from ***doing***「*A* が～するのを妨げる」

(第 3 段) ☐ performance「上演，公演」　☐ run「上演される」
☐ be translated into ～「～に翻訳される」
☐ over「(前置詞で) ～より多く」

各段落の要旨

第1段　『オペラ座の怪人』などで知られる有名なミュージカル作家アンドリュー・ロイド・ウェバーがここ50年間で手がけてきた数多くのミュージカルの登場人物は，大衆によく知られた物語から取られている。ウェバーの最も成功したミュージカルのうちの一つは『キャッツ』で，その登場人物も実は別の物語から取られたものである。

第2段　『キャッツ』のモチーフとなったのは，ウェバーが幼少期に読んだ『ポッサムおじさんの猫と付き合う法』というタイトルの詩集に出てくる，多様で個性的な性格を持つ猫たちであった。ウェバーはミュージカル曲の中にこの詩の言葉を引用し，その詩集に登場する猫たちが共生する世界を描き出した。

第3段　『キャッツ』の人気は凄まじく，ロンドンでは初公演から21年，ニューヨーク市では初公演から18年もの長い間上演されただけではなく，世界中でも大変な人気があり，これまで15カ国語に翻訳され，公演は30カ国以上，7300万を超える人たちがその公演に足を運んできた。

(24)　**解答**　**2**

選択肢の訳　**1**　あまり重要でない
2　彼によって生み出されない
3　好きになりにくい
4　彼の友人に基づいて

空所を含む文の冒頭，Like many of Webber's other musicals「ウェバーの他のミュージカルのうちの多くと同様に」がヒント。第1段第3文（The characters in …）に「これらの登場人物はよく知られた物語から取られていた」とあるが，「これら」とはさらに前文（Over the last …）に述べられている，ウェバーが手がけた数多くの人気ミュージカルを指す。したがって，空所は**2 not created by him**を入れると，「『キャッツ』の登場人物は，彼によって生み出されたものではなかった」となって文意が通る。

(25)　**解答**　**3**

選択肢の訳　**1**　猫のペットとしての歴史
2　猫の飼い方
3　何匹かの猫の性格
4　猫の体はどのように機能するのか

まずは空所を含む文の構造を分析すると，This is a collection of poemsが主節で，that以下はpoemsを先行詞とする関係代名詞節である。よって文意は「これは…を説明する詩集である」となる。空所直後にFor example「たとえば」とあるので，その後に述べられる具体例を抽象化した内容が空所に入るとわかる。For example以下では，幼少期のウェバーのお気に入りだった詩集『ポッサムおじさんの猫と付き合う法』に登場するキャラクターたちの多様な個性について述べられている。したがって，正解は**3 the personalities of some cats**「何匹かの猫の性格」である。

⑵⑹ 解答 4

選択肢の訳
1 In any case「いずれの場合でも」
2 Unfortunately「残念ながら」
3 By mistake「誤って」
4 Similarly「同様に」

ディスコース・マーカー（つなぎ言葉）を問う問題なので，前後の文の内容に注目する。空所前では，ミュージカル『キャッツ』がロンドンでは 1981 年の初公演以来 21 年間上演されていたと述べられている。空所を含む文は，ニューヨーク市では 1982 年の初演以来 18 年間上演されていたとある。前後の内容は公演の時と場所が違うだけで，どちらも「長年同じ場所で上演された」というほぼ同じような内容になっているので，正解は **4 Similarly**「同様に」である。

一次試験　筆記　3 A

訳
発信元：マイケル・グリーン〈mikeyg4000@friendlymail.com〉
宛先：テレビジョン・デポ・カスタマーサービス〈service@televisiondepot.com〉
日付：10 月 9 日
件名：ZX950 LCD テレビ
カスタマーサービス担当者様
インターネットで ZX950 LCD テレビの素晴らしいレビューをいくつか読んで，貴社のテレビジョン・デポ・オンラインストアで一台購入しました。商品到着時は見たところ完璧な状態で，テレビの取扱説明書に従って無事に初期設定することができました。しかし，使い始めるとすぐに，問題があることに気がつきました。
リモコンでテレビの音量を調節することができなかったのです。リモコンの電池を交換してみましたが，これでは問題は解決しませんでした。取扱説明書に目を通しましたが，解決策を見つけることができませんでした。テレビについているボタンで音量を調節することはできますが，このようなやり方だとどれほど不便なのか，きっとご理解いただけると思います。
代わりのリモコンをいただくことはできますか，それともテレビも返却する必要がありますか。こんなに大きなテレビを箱に戻すのは難しいので，送り返す必要がなければよいのですが。数日中にこの問題が解決できることを願っています。新しいテレビを使って，来週末に始まるヨーロッパサッカー大会をぜひ観たいと思っています。お返事お待ちしております。
敬具
マイケル・グリーン

語句・構文

（第1段）□ excellent「非常に優れた」　□ purchase「～を購入する」
□ set *A* up「*A* を設定する」　□ successfully「首尾よく，うまく」
□ follow「～に従う」　□ instruction manual「取扱説明書」
□ once S V「いったんSがVすると」

（第2段）□ adjust「調節する」　□ remote control「リモコン」
□ replace「～を置き換える，入れ替える」　□ battery「電池」
□ fix「（問題など）を解決する」　□ look through ～「～を詳しく調べる」
□ solution「解決策」　□ button「ボタン」
□ this way「（副詞で）このように」

（第3段）□ obtain「～を得る」　□ replacement「取り替え品」
□ send *A* back「*A* を送り返す」　□ put *A* into *B*「*A* を *B* に入れる」
□ would very much like to ***do***「ぜひ～したい」

各段落の要旨

第1段　ネットの高評価を参考にテレビを購入したマイケル・グリーンが，販売会社テレビジョン・デポのカスタマーサービス宛に，問題があることに気づいた，と申告している。

第2段　問題とは音量調節がリモコンでできないことで，リモコンの電池を取り替えたり，説明書に解決策を求めたりしたものの，問題は一向に解決できないことを訴えている。

第3段　マイケル・グリーンは，リモコンを取り替えることが可能であるのか，それともテレビも併せて返品する必要があるのかを尋ねた上で，できれば送り返すという手順は踏みたくないこと，来週末に始まるヨーロッパサッカー大会は新しいテレビで観たいので，問題解決を急いで欲しいことを伝えている。

(27)　解答　2

質問の訳　**マイケル・グリーンが，自分が買ったテレビについて言っている一つのことは何か。**

選択肢の訳　**1**　それは取扱説明書なしで彼に送られた。
2　それはネット上で良い評価をいくらか得ていた。
3　彼はそれを地元のテレビジョン・デポの店で手に入れた。
4　彼はそれが最近発売されたので選んだ。

第1段第1文（After reading several …）参照。ここでは，「いくつかの優れたレビューを見た後」と書かれているので，正解は**2 It has received some positive online reviews.** である。本文中の excellent が選択肢では positive と言い換えられていることに注意。**1**に関しては，同段第2文（When the item …）後半に「テレビの取扱説明書に従って」とあることに矛盾。**3**は，同段第1文（After reading several …）に「オンラインストアで購入した」とあることに矛盾。**4**に関しては，本文中に言及はない。

(28) **解答** 1

質問の訳 マイケル・グリーンは，そのテレビにはどんな問題があると言っているか。

選択肢の訳 **1** 音量をリモコンで変えることができない。

2 リモコンはほんの数時間で電池を使い切ってしまう。

3 テレビについているボタンは機能していないようである。

4 そのテレビは突然電源が切れる時がある。

第2段第1文（I was unable …）に注目。ここでは，テレビのリモコンで音量を調節できないと述べている。したがって，正解は**1 The sound level cannot be changed with the remote control.** である。本文中では unable to adjust the volume となっているのが，選択肢では The sound level cannot be changed と言い換えられている。**3** に関しては，テレビのボタンに関する言及が同段最終文（Although I can …）に見られるが，「テレビについているボタンを使って音量を調節できる」とあることから矛盾。**2** に関しては，同段第2文（I tried replacing …）に電池を入れ替えても機能しない，とあり，電池の減りが速いわけではないので誤り。**4** に関しては，本文中に言及は見られない。

(29) **解答** 2

質問の訳 マイケル・グリーンは，カスタマーサービス担当者が（　　）ことを望んでいる。

選択肢の訳 **1** 彼がテレビを箱に戻すのを助けるために人を派遣する

2 彼がスポーツ・イベントを観覧するのに間に合うよう問題を解決する

3 テレビジョン・デポがスポンサーとなっている大会について彼に教える

4 彼が自分で問題を解決できるようにしてくれる指示を与える

設問文が Michael Green hopes から始まっているので，I hope で始まる第3段第3文に注目したい。ここでは，マイケル・グリーンは2，3日での問題解決を求めている。その理由は続く第4文（I would very …）で述べられているように，来週末に始まるヨーロッパサッカー大会を観たいからである。したがって正解は，**2 solve the problem in time for him to watch a sports event.** である。本文中の European soccer tournament は，選択肢では a sports event と言い換えられ，in time「間に合って」という表現が用いられていることに注意したい。**1**，**3**，**4** に関しては，本文中に言及が見られない。

一次試験　筆記　3 B

訳

皇后のお気に入りの服

アジアのバングラデシュは世界最大の衣類輸出国の一つだ。低賃金と近代的な技術のおかげで，バングラデシュの衣類工場は安価な衣類を生産することができている。しかし，19世紀までずっと，同国はダッカ・モスリンと呼ばれる高級布を生産していた。多くの人がこの布を今まで作られた中で最高のものと見なしており，その布は最高級の絹の20倍以上の値段がした。それはプティ・カルパスという植物の綿から作られた。この種の綿は非常に細い糸に加工することができ，その糸は信じられないほど柔らかく軽い布を作るのに使うことができる。

ダッカ・モスリンは作るのが難しかったが，裕福な人たちは生産者によって要求される高い金額を喜んで支払った。この布の名声はヨーロッパに広がり，フランスのナポレオン皇帝の妻は，ダッカ・モスリンで作られたドレスを着るのを大変好んだ。しかし，バングラデシュを含む地域が大英帝国の一部になったとき，イギリスの貿易商たちはダッカ・モスリンの生産者たちに，もっと安価でもっと多くの布を生産するよう圧力をかけた。結局，すべての生産者が，より低品質な布を生産するか，もしくは廃業することに決めた。

2013 年，サイフル・イスラムというロンドン在住のバングラデシュ人男性が，ダッカ・モスリンに関する展覧会を手配するよう依頼された。イスラムはこの素材の質の高さに驚いた。彼はダッカ・モスリンをまた作ることはできないだろうかと考えた。残念なことに，彼はバングラデシュでプティ・カルパスの苗は全く見つけることができなかった。しかし，博物館から入手したプティ・カルパスの乾燥した葉の DNA を使って，彼はほぼ同じ種を見つけることができた。

イスラムはこの種の植物から綿を収穫したが，彼が作った糸は細すぎて切れやすかった。彼はその綿を他の植物から取れる綿と混ぜなければならなかった。しかし，この混合物から作られた糸は，それでも通常のものよりもはるかに細かった。多大な苦労の末，イスラムと彼のチームは，ダッカ・モスリンとほぼ同じくらい上質な布を作った。彼は生産技術を向上させ続けたいと思っている。バングラデシュ政府は，同国が世界で最も優れた布の生産国として知られることを望んでいるので，彼を支援している。

語句・構文

(第 1 段) □ exporter「輸出国」　□ clothes「衣服」　□ low wage(s)「低賃金」
□ clothing「(集合的に) 衣料品」
□ luxury「豪華さ，ぜいたく；(形容詞的に) 高級な，豪華な」
□ cloth「布」　□ fine「素晴らしい，上等な，高級な」　□ silk「絹」
□ cotton「綿」　□ be made into ～「加工して～にされる」
□ thin「細い」　□ thread「糸」
□ incredibly「信じられないほど，非常に」　□ light「軽い」
(第 2 段) □ fame「名声」　□ spread「広がる」　□ though「(副詞で) けれども」
□ trader「貿易商」　□ eventually「結局，最終的に」　□ quit「やめる」
(第 3 段) □ organize「～を手配する」　□ exhibition「展覧会」
□ material「素材」　□ sadly「残念なことに」　□ dried「乾燥した」
(第 4 段) □ harvest「～を収穫する」　□ mixture「混合物」
□ improve「～を改善する，向上させる」

各段落の要旨

第 1 段　バングラデシュは，低賃金と現代技術のおかげで安価な衣服を大量に輸出している国であるが，19 世紀まではダッカ・モスリンという，驚くほど柔らかくて軽い，最上の絹の 20 倍以上の値段がする最高級の綿布を製造していた。

第 2 段　ダッカ・モスリンの名声はヨーロッパにまで伝わり，フランス皇帝ナポレオンの妻もその最高級の綿布を愛していたが，バングラデシュがイギリスの植民地になってからは，イギリスの貿易商から低価格で多くの布を作るよう圧力がかかったことにより，生産者は全員，布の品質を低下させるか廃業するかのどちらかを選ぶこととなった。

第3段　2013年にダッカ・モスリンに関する展示を計画するよう頼まれたロンドン在住のバングラデシュ人サイフル・イスラム氏は，ダッカ・モスリンの生産を復活させたいと原料のプティ・カルパスを探したが見つからなかったため，DNAがほぼ同じ種を探し出した。

第4段　イスラム氏が発見した種だけでは糸が細すぎるという難点があったため，別の植物の綿と混ぜ合わせるなど様々な試行錯誤を経た末に，ダッカ・モスリンに遜色ない布を製造することができた。イスラム氏は生産技術のさらなる改善を企図しており，バングラデシュ政府もその生産国として名を上げるため，彼を支援している。

(30)　解答　4

質問の訳　**ダッカ・モスリンとして知られている布について当てはまるのはどれか。**

選択肢の訳　**1**　その細い糸は，絹糸の20倍以上の強度がある。
2　それはバングラデシュが衣服の主要輸出国になるのを妨げた。
3　現代技術のおかげで，工場はそれを安く生産できるようになった。
4　多くの人が，それはこれまで存在した中でも最高のものであると言う。

第1段第4文（Many regard this …）前半部に注目。ここでは，「多くの人がこの布をこれまで作られた中でも最高級のものであると見なしている」とある。this cloth とは，同段第3文（However, until the …）で言及された Dhaka muslin を指す。したがって，正解は **4 Many people say it is the best kind that there has ever been.** である。**1** に関しては，同段第4文後半に over 20 times という表現が見られるが，これはダッカ・モスリンの価格に言及したものであり，その糸の強さとは関係ない。**2**，**3** に関しては本文中に言及が見られない。

(31)　解答　4

質問の訳　**イギリスの貿易商からの要求の結果として何が起こったか。**

選択肢の訳　**1**　ヨーロッパの顧客の興味を引くために，様々な色が導入された。
2　ヨーロッパにおけるダッカ・モスリンの価格が高騰した。
3　生産者たちは，イギリスの技術を用いてよりよい布を作り始めた。
4　高品質なダッカ・モスリンの生産が完全に止まった。

第2段第3文（When the area …）後半 though 以下に British traders put pressure on the makers of Dhaka muslin とあるのが，設問文中の the demands made by British traders に当たる部分である。続く同段第4文（Eventually, all the …）に注目すると，「最終的にすべての生産者が，低品質の布を作るか廃業するかのどちらかに決めた」とあることから，最高級のダッカ・モスリンの生産に関しては，完全に止まってしまったことがわかる。したがって，正解は **4 Production of high-quality Dhaka muslin stopped completely.**

である。**1**，**2**，**3** に関しては本文中に言及がないので正解は選びやすいかもしれないが，解答根拠が本文に直接書かれているわけではないので，本文の内容をしっかりと理解して考えなければ自信を持って正解を選べない問題である。

(32)　解答　1

質問の訳　**サイフル・イスラムは，一部のプティ・カルパスの葉からの DNA を使って，（　　）**

選択肢の訳　**1**　ダッカ・モスリンを作るために使われていた植物と似た植物を発見した。

2　ダッカ・モスリンの標本が本物か偽物かを確かめた。

3　ダッカ・モスリンの進化を展覧会で説明した。

4　ロンドンの研究所で，人工的なダッカ・モスリンを作り出した。

第 3 段最終文（However, using the …）参照。ここでは，サイフル・イスラム氏がプティ・カルパスの乾燥した葉から得られた DNA を使って，ほぼ同じ種を発見したとある。したがって，正解は **1 to find plants like the ones that were used to make Dhaka muslin.** である。この選択肢では，***phuti karpas*** を the ones that were used to make Dhaka muslin と言い換えており，本文中の was almost the same「ほぼ同じであった」という表現は前置詞 like「～のような」で言い換えられている。**2**，**3**，**4** に関しては，本文中の断片情報を用いた誤答選択肢であり，内容としては本文に全く言及が見られない。

(33)　解答　1

質問の訳　**なぜバングラデシュ政府はイスラム氏の取り組みを支援しているのか。**

選択肢の訳　**1**　その国を高品質な布を生産することで有名にしたい。

2　彼の取り組みはバングラデシュ人に新たな仕事を創出するだろうと思っている。

3　彼は追加の財政支援を受けない限りは，やめるつもりだから。

4　彼は安価な衣服をもっと簡単に生産する方法を発見するかもしれないから。

第 4 段最終文（The government of …）の because 以下を参照。ここではバングラデシュ政府がイスラム氏を支援している理由として，自国が世界で最も優れた布の生産国であるとして知られたいから，と述べられている。したがって，正解は **1 It wants to make the country famous for producing high-quality cloth.** である。この選択肢は本文の the finest cloth が high-quality cloth に言い換えられているだけで，ほぼ原文のままなので正解は選びやすいかもしれない。**2**，**3**，**4** に関しては，本文中に言及が見られない。

一次試験　筆記　3 C

訳

砂漠の喜び

トホノ・オーダム族はソノラ砂漠を本来の居住地とするアメリカ先住民である。実際，この部族の名前は彼らの言語で「砂漠の人々」という意味だ。ソノラ砂漠はアメリカ合衆国とメキシコの国境周辺に位置している。伝統的に，トホノ・オーダム族は村で生活をし，豆，トウモロコシ，メロンなどの作物を栽培していた。彼らはまた，砂漠で見られる野生の植物や動物の一部を食べていた。

ソノラ砂漠は暑くて乾燥しているが，そこには 2,000 種以上の様々な植物がある。これらの植物のうちの数百種は，人が食べても安全である。ソノラ砂漠にそれほど多くの植物種がある理由は二つある。一つは，その砂漠は多様な種類の土壌を含んでおり，これらが多くの種類の植物の成長を支えているからだ。もう一つは，砂漠はほとんど乾燥しているにもかかわらず，毎年 2 回，冬に 1 回，夏に 1 回雨が降るということだ。この雨は一部の種の植物が生き延びるには十分なのだ。

砂漠の植物の一つであるサグアロ・サボテンは，トホノ・オーダム族の人々にとっては特に重要である。サグアロ・サボテンは 200 年以上生きることができ，15 メートル以上の高さに成長する。年に 1 度，6 月頃に，赤い実をつける。この果実，サグアロの実は，昔からトホノ・オーダム族の人々の大好物である。その実が食べ頃になると，家族で協力して，サボテンからその実を叩き落として収穫する。その実は新鮮な時は甘くておいしいし，長期間保存できるように，ソースやワインに加工することもできる。

トホノ・オーダム族の人々は非常に独立心が強く，長い間，彼らは自分たちの伝統的な生活様式を守るために闘っていた。しかし，20 世紀初頭，アメリカ合衆国政府は，彼らに生活様式を変更するよう強要した。政府は，トホノ・オーダムの子どもたちを学校に送り，彼らに英語を覚えさせ，自分たちの文化を忘れさせたのだ。多くの人が自分たちの伝統的な生活様式に従うことをやめた。けれども最近では，トホノ・オーダムの人々の中には，サグアロの実を採って食べるといった，消滅の危機に瀕した自分たちの部族の伝統を復活させ始めた人もいる。

語句・構文

(表題) □ desert「砂漠」　□ delight「喜び」

(第 1 段) □ tribe「部族」　□ lie「位置する，存在する」　□ border「国境」
□ traditionally「伝統的に」　□ crop「作物」

(第 2 段) □ contain「含む」　□ a variety of ～「様々な～」　□ soil「土壌」
□ the other「(二者のうちの) 他方，もう一方」
□ mostly「ほとんどは，大抵は」　□ a couple of ～「2 つの～」

(第 3 段) □ cactus(es)「サボテン」　□ especially「特に」
□ work together「協力する」　□ knock *A* down「*A* を叩き落とす」
□ be turned into ～「～に変えられる」　□ sauce「ソース」
□ store「～を保管する，貯蔵する」

(第 4 段) □ independent「独立した，自立した」　□ a way of life「生活様式」

☐ lifestyle「生活様式」　☐ follow「～に従う」　☐ recently「最近」
☐ bring back ～「～（旧制度・流行など）を復活させる」
☐ endangered「絶滅の危機にある」　☐ including「～を含んで」

各段落の要旨

第1段　アメリカ合衆国とメキシコの国境付近に横たわるソノラ砂漠に住むトホノ・オーダム族というアメリカ先住民族は，「砂漠の人々」という意味の彼らの部族名に違わず，砂漠で村を営み，作物を育て，砂漠の動植物を食料として生活している。

第2段　暑く乾燥しているソノラ砂漠に，意外にも2,000を超える様々な植物種が存在している理由は2つあり，1つ目はソノラ砂漠には多様な土壌があること，2つ目は毎年2回冬と夏に降る雨で，一部の植物が生存するには十分であるということである。

第3段　トホノ・オーダム族が特に重宝している砂漠の植物の一つに，サグアロ・サボテンがあるが，その実がなる毎年6月頃には，トホノ・オーダム族の人々が家族総出でサボテンから実を落とし収集する。その実はそのまま食べるだけでなく，ソースやワインにして長期間保存することもできる。

第4段　元々独立した部族で長期にわたり自分たちの伝統的な生活様式を守るために闘ってきたトホノ・オーダム族だったが，20世紀にアメリカ合衆国政府によって強制的に生活様式の変更を迫られた。一時的にその伝統文化は衰退したが，最近では失われつつある伝統を取り戻そうとする人々もいる。

(34)　解答　2

質問の訳　**北アメリカのトホノ・オーダム族に関して正しいのはどれか。**

選択肢の訳
1　彼らは以前，メキシコとアメリカ合衆国の国境を守っていた。
2　彼らは，小さな社会で生活をし，乾燥した地域で農業を営んでいた。
3　彼らは自分自身の食料を栽培するのではなく，野生の植物や動物を食べていた。
4　彼らは，故郷を出てソノラ砂漠に住むよう強制された。

第1段第4文（Traditionally, the Tohono …）に注目。ここでは，「トホノ・オーダムの人々が村で生活し，様々な作物を育てていた」とある。したがって，正解は**2 They lived in small communities and kept farms in a dry area.** である。本文中のvillagesがsmall communitiesに，grew cropsがkept farmsに言い換えられている。**1**に関して，the border between Mexico and the United Statesに対する言及は同段第3文（The Sonoran Desert …）に見られるが，これはソノラ砂漠が位置している場所を述べている箇所であり，「トホノ・オーダム族がその国境を守っていた」という内容は一切書かれていない。**3**に関しては，同段最終文（They also ate …）に「野生の動植物を食べていた」とあるが，同段第4文（Traditionally, the Tohono …）で述べられていたように，作物も育てていたのでinstead of growing their own foodの部分が誤りである。**4**に関しては，本文中に一切言及が見られない。

⑶5) 解答　2

質問の訳　2,000種以上の様々な植物がソノラ砂漠で生存できる一つの理由は何か。

選択肢の訳　**1**　その地域の日照は，一部の植物がそこでは実際によりよく育つということを意味している。

2　ソノラ砂漠は，植物が成長できるのに十分な雨が年に2回降る。

3　それらの植物を食べる人間も野生動物も，その地域にはほとんどいない。

4　ほぼどんな植物でも育つ，ある種の土壌がその砂漠にある。

第2段第3文（There are two …）に，ソノラ砂漠に非常に多くの植物種が見られるのには2つの理由があると述べられている。その1つ目の理由は続く第4文（One is that …）にあり，2つ目の理由は第5・6文（The other is … plants to survive.）で述べられている。注目すべきはその2つ目の理由である。ここでは，「ソノラ砂漠では毎年2回雨が降る」とあり，「この2回の雨で植物の生存には十分だ」と続いていることから，正解は**2 The Sonoran Desert gets enough rain twice a year to allow the plants to grow.**である。本文中ではa couple of times each yearとなっていたのが，twice a yearと言い換えられている。ちなみにa couple of ～は本問では原義通り“2”を表しているが，文脈によっては「2，3の」「いくつかの」という意味でも用いられるので注意。**1**，**3**，**4**に関しては，本文中に言及が見られない。

⑶6) 解答　1

質問の訳　サグアロ・サボテンは（　　　）

選択肢の訳　**1**　地元の人々が長い間食べてきた果実をつける。

2　約200年前にトホノ・オーダム族によって発見された。

3　水に到達するために地下15メートルまで成長する根を持っている。

4　伝統的なワインから作られる特別なソースで食べるのが最高である。

第3段第4文（This fruit— …）に「サグアロの実は，長い間トホノ・オーダム族の大好きな食べ物であった」とあることから，正解は**1 produces fruit that the local people have enjoyed for a long time.**である。**2**に関して，200 yearsは同段第2文（Saguaro cactuses can …）に見られるが，これはサグアロ・サボテンの寿命に言及した内容であり，その発見の時期に関しては本文中で一切述べられていない。**3**に関して，grow 15 metersは同段同文の後半に見られるが，これはサグアロ・サボテンの全長のことであり，「その根が地面の下で15メートル伸びる」という内容ではないので不適。**4**に関して，sauceとwineに関する言及は同段最終文（The fruit is …）に見られるが，ここで述べられているのは，「サグアロの実を使ってソースやワインを作ることができる」ということであり，選択肢の内容とは全く関係がない。

⑶7) 解答　1

質問の訳　なぜ多くのトホノ・オーダム族の人々が自分たちの伝統に従わなくなったのか。

選択肢の訳　**1**　アメリカ合衆国政府が彼らにもっと他のアメリカ国民のように振る舞うことを求めた。

2　アメリカ合衆国政府は彼らに勉強するために海外旅行をする機会を与えた。

3　彼らは自分の子どもに，良い学校に入学できるように英語を勉強してほしかった。

4　彼らは20世紀初頭に起こった戦争の後，独立を失った。

まずは，第4段第4文（Many stopped following …）に「多くが伝統的な生活様式に従うことをやめた」とあることに注目する。その理由はそこから遡って同段第2・3文（However, in the … their own culture.）に述べられている。ここでは，アメリカ合衆国政府が，トホノ・オーダム族に生活様式を変えるよう強制したとあり，その具体策として「子どもたちに英語を学ばせ自身の文化を忘れさせるために学校に行かせた」とある。つまり，トホノ・オーダムの子どもたちが他のアメリカ国民と同じような生活をするよう強制したということである。したがって，正解は**1 The U.S. government wanted them to behave more like other U.S. citizens.**が選べる。この問題は大幅な言い換えがなされているため，本文の内容を読んだ上でしっかりと解釈し直す必要がある。**2**に関しては，opportunities to travel overseas to study という内容は本文中に見られない。**3**に関しては主語がTheyになっていることから，指示内容は設問文中のmany Tohono O'odham peopleになってしまい，「彼らが望んで子どもたちに英語を勉強させた」という内容になるので不適。**4**に関しては，in the early 20th centuryという表現が同段第2文（However, in the …）に見られるが，「戦争が起きた」とは述べられていない。

(38)　解答　4

質問の訳　次の記述のうちどれが正しいか。

選択肢の訳　**1**　サグアロの実を集める方法は，その実がなる植物を絶滅の危機に追いやっている。

2　トホノ・オーダム族の名前は，その部族の人々の大好きな食べ物に由来している。

3　ソノラ砂漠の土壌は，冬と夏では異なっている。

4　トホノ・オーダム族には，家族で果実を集めるという伝統がある。

第3段第5文（When the fruit …）参照。ここでは，「サグアロが実をつけたら家族で協力して実を収集する」と述べられている。したがって，正解は**4 The Tohono O'odham people have a tradition of collecting fruit in family groups.**である。**1**に関して，サグアロの実の収集方法については同文で言及されているが，「その手法がサグアロを絶滅の危機に追いやっている」という内容は述べられていないので不適。**2**に関して，トホノ・オーダム族の名前の由来は第1段第2文（In fact, the …）に「砂漠の人々」という意味であると述べられているので矛盾。**3**に関して，ソノラ砂漠の土壌については第2段第4文（One is that …）に言及されており，「ソノラ砂漠は非常に多様な土壌がある」とはあるものの「冬と夏では異なる」とは述べられていない。「冬と夏」とは同段第5文（The other is …）にあるように，ソノラ砂漠に雨が降る時期についての言及である。

一次試験　筆記　4

解答例 **I agree that Japan should accept more people from other countries to work in Japan. First, in this aging society, it is necessary to increase the working-age population. This is especially important for workplaces that need many workers, such as construction sites and nursing homes. Second, accepting people from abroad will bring new ideas to Japanese society. By exchanging opinions with people who have different cultures and customs, people will be able to make something new and creative. Therefore, I think accepting more foreign workers would be a good idea for Japan. (80〜100語)**

訳　日本は，日本で働く他国出身の人々をもっと受け入れるべきだということに私は同意する。第一に，現在の高齢化社会においては，労働年齢人口を増やすことが必要である。これは建設現場や老人ホームなど，多くの労働者を必要とする職場にとって特に重要だ。第二に，外国人を受け入れることは，日本社会に新しい考えをもたらすだろう。異なる文化や習慣を持つ人々と意見を交換することによって，人々は何か新しく創造的なものを作ることができるだろう。したがって，より多くの外国人労働者を受け入れることは日本にとって良い考えだろうと私は思う。

トピックの訳　**日本は，日本で働く他国出身の人々をもっと受け入れるべきだと言う人がいる。この意見に同意するか。**

ポイントの訳　**●高齢化社会　●文化　●言語**

▶まず，賛成か反対かを明確にする。〔解答例〕は賛成の意見。反対の場合は，I disagree with this idea that …のようにすればよい。

▶理由を2つ提示するが，理由を列挙する場合は，最初に first / firstly，second / secondly と書いておくとわかりやすい文になる。

▶〔解答例〕の英文の構成は「①主張→②１つ目の理由→③２つ目の理由→④結論」である。最終文で再度主張を繰り返す場合は，なるべく１文目とは異なる表現を使用すること。〔解答例〕では，冒頭はトピックの表現そのままに Japan should accept …としているのに対し，最終文では accepting …と動名詞を主語とした文に変えて，さらに people from other countries to work を foreign workers と言い換えている。

▶反対の場合は，The difference in language will result in businesses expending extra time and effort to educate employees about each job.「言語の違いにより，企業は従業員に各仕事について教育するための余分な時間と労力を割かなければならない」や The Japanese government might be less motivated to tackle the problem of declining birthrate in Japan seriously.「日本政府が少子化の問題に真剣に取り組む意欲を減じる可能性がある」などが考えられる。

▶「労働年齢人口」the working-age population 「職場」workplace(s) 「建設現場」construction site(s) 「老人ホーム」nursing home(s) 「意見交換する」exchange opinions

一次試験　リスニング　第１部

No. 1 **解答** **3**

★＝男性　☆＝女性　（以下同）

☆ Excuse me. I'm looking for Cherry Avenue. Is it near here?

★ Actually, it's pretty far away. Is that a map you're looking at?

☆ Yes. My friend drew me a map to his new house, but I'm having trouble following it.

★ I can tell he doesn't know this part of town very well. His map is all wrong.

Question：What is the woman's problem?

Script

訳

☆すみません。チェリー通りを探しています。この近くですか。

★実は，その通りはかなり遠いですね。あなたが見ているそれは地図ですか。

☆はい。友達が新しい家までの地図を描いてくれたのですが，地図の通りに行くのに苦労しているんです。

★その人は町のこのあたりをあまりよく知らないことがわかりますね。彼の地図は全部間違っています。

質問：女性の問題は何か。

選択肢の訳

1　彼女は地図をなくした。

2　彼女は疲れすぎていてこれ以上歩くことができない。

3　彼女は友達の家を見つけることができない。

4　彼女は隣人が好きではない。

道を尋ねる女性と，通りすがりの男性との会話。状況は女性の第１発言でわかる。男性が「地図」という具体的な情報に言及した後の女性の発言に注意。「友達が家までの地図を描いてくれたがなかなか地図の通りには行けない」と訴える女性に対して，男性が「その地図は全く違う」と述べて会話が終わる。したがって正解は，**3**「彼女は友達の家を見つけることができない」である。会話の最後がHis map is all wrong.となっているので，正解は選びやすいかもしれない。

No. 2　解答　4

☆Excuse me, sir. I'd like to buy a bottle of red wine for my friend's birthday, but I don't know much about wine. Red is her favorite, though.

★Well, these over here are red wines from France. They're quite popular with our customers.

☆Hmm. Those are a little too expensive for me. Do you have anything cheaper?

★Sure. Let me show you some wines that are on sale.

Question：What is one thing the woman says?

訳　☆すみません。友達の誕生日に赤ワインを１本買いたいのですが，ワインのことをあまりよく知らないのです。赤ワインが彼女の大好物なんですが。

★そうですね，こちらにあるのはフランス産の赤ワインです。お客様に大変人気がありますよ。

☆うーん。それらは私にはちょっと高すぎます。もっと安いのはありませんか。

★もちろん。セール中のワインをいくつかお見せしましょう。

質問：女性が言っている一つのことは何か。

選択肢の訳　**1**　赤ワインは彼女の大好物だ。

2　彼女の友達はフランスのワインが好きではない。

3　彼女はフランスでたくさんワインを飲んだ。

4　彼女はあまりお金を使いたくない。

友達のためにワインを買いに来た女性と，店員の男性との会話。女性はまず第１発言で「ワインについてはよく知らない」と述べているので，男性店員はワインの説明をしてくれると予想できる。その説明に対して返答した女性の第２発言が正解の根拠。女性は値段を気にして「高すぎる」「もっと安いものはないか」と述べているので，正解は**4**「彼女はあまりお金を使いたくない」である。**1**に関して，her favorite の her とはこの放送文で発言している女性を指していることになるが，赤ワインが大好物なのは女性の友達なので誤りである。**2**，**3**に関して，「フランス」について言及しているのは男性の方なので，女性の発言からわかることではない。

No. 3　解答　4

★ Thank you for calling the Sandwich Company. What can I do for you?
☆ Hi. I'd like to order a large tomato sandwich with extra bacon and light mayonnaise on white bread.
★ All right, ma'am. I can have that ready in about 10 minutes. Can I have your name, please?
☆ It's Andrea. Thanks! I'll be there soon.

Question：What will the woman do next?

Script

訳
★サンドウィッチ・カンパニーにお電話いただきありがとうございます。ご用件をお伺いいたします。
☆もしもし。トマトサンドイッチのＬサイズを一つ，ベーコンとライトマヨネーズを追加，白パンで注文したいのですが。
★かしこまりました，お客様。それでしたら10分程でご用意できます。お名前を教えていただけますか。
☆アンドレアです。ありがとう！　すぐにそちらに行きます。

質問：その女性は次に何をするだろうか。

選択肢の訳　**1**　別のレストランに電話をする。　**2**　スーパーまで車で行く。
3　昼食にサンドイッチを作る。　**4**　食べ物を取りに行く。

サンドイッチ店の男性店員と，予約注文の電話をかけてきた女性との電話での会話。女性は第1発言で詳細な注文をしているが，細かい情報がわからなくても，ここでは「女性が何か食べ物の注文をしている」ということだけわかればよい。重要なのはその後，「すぐ準備できます」と答えた男性店員に対する女性の第2発言 I'll be there soon.「すぐにそちらに行きます」である。したがって，正解は**4**「食べ物を取りに行く」である。**3**に関して，sandwich が話題の中心であることは間違いないが，電話での注文なので「昼食に作る」という内容は一切述べられていない。**1**，**2**に関してはそもそも放送文中に登場しない単語（restaurant や supermarket）が入っていることから直ちに外せるだろう。

No. 4　解答　1

★ Hi, Casey. How's your sister doing? I heard she's sick.
☆ Yeah, Eddie. She's at home in bed with a bad cold.
★ That doesn't sound good. Has she seen a doctor?
☆ No, but my mom gave her some medicine this morning. Hopefully, she'll be all right in a few days.

Question：What do we learn about Casey's sister?

Script

訳 ★こんにちは，ケイシー。お姉さんの体調はどう？　病気だと聞いたけど。
☆そうなの，エディ。彼女はひどい風邪で，家で寝ているわ。
★それは良くないね。お医者さんには診てもらったの？
☆いいえ，でも今朝お母さんが薬をあげていたわ。うまくいけば2，3日で元気になると思うけど。

質問：ケイシーの姉について何がわかるか。

選択肢の訳 **1**　彼女は家で，病気で寝込んでいる。
2　彼女はエディに風邪をうつした。
3　彼女は数日で退院するだろう。
4　彼女の医師から薬をもらった。

ケイシーという女性と，ケイシーの姉の体調を気遣うエディという男性との会話。会話はエディの質問から始まり，ケイシーが姉の病状について答えるという形で終始して放送が終わる。ケイシーの第1発言にShe's at home in bed with a bad cold.とあることから，正解は**1**「彼女は家で，病気で寝込んでいる」である。**2**に関しては，cold「風邪」が話題になっているものの「エディにうつした」とは言っていないのと，状況としてもあり得そうにないとわかる。**3**に関しては，放送文中にgot hospitalized「入院した」やbe in hospital「入院している」といった情報は一切ないので，will leave the hospital「退院するだろう」はおかしいと判断できる。**4**に関しては，ケイシーの最後の発言から薬をあげたのは母なのでfrom her doctorが誤り。

No. 5　解答　2

☆ Hey, John. Are you going to Lucy's party this weekend? All of our friends will be there.
★ I really want to, but I'm scheduled to work Saturday night.
☆ That's too bad. Lucy really wanted you to come.
★ I know. I'll be sure to go to the next party she invites me to.

Question：Why will John not go to the party?

訳 ☆ねえ，ジョン。今週末のルーシーのパーティに行く？　私たちの友達はみんな行くよ。
★とても行きたいんだけど，土曜の夜は仕事の予定なんだ。
☆それは残念ね。ルーシーは本当にあなたに来てほしがっていたわよ。
★そうだよね。次に彼女が僕を招待してくれるパーティには必ず行くよ。

質問：なぜジョンはパーティに行かないのか。

選択肢の訳 **1**　彼は別の友達を訪問するつもりだ。
2　彼は土曜の夜仕事をしなければならない。
3　彼は体調が良くない。
4　彼は招待されていない。

週末のパーティへの参加の可否を問う女性と，返答する男性との会話。男性の第１発言に含まれる but で注意を高めたい。but や however などの逆接の後ろには重要な情報が述べられやすい。本問でも男性は but 以降に I'm scheduled to work Saturday night と述べているので，正解は **2**「彼は土曜の夜仕事をしなければならない」である。**4** に関して，女性の第２発言から，ルーシーは男性に会いたがっていたことがわかるので，男性が招待されていないはずがない。**1**，**3** に関しては放送文中にそれらしきことは一切言及されていない。ちなみにルーシーは女性が第１発言で Lucy's party と発言しているので，パーティの主催者だと考えられるが，この会話の場面には居合わせていない第三者であると直ちに判断して，混乱のないようにしたい。

No. 6　解答　4

★ Hey, Laura, do you have plans for Sunday? We're going to go bowling at three, and you should come, too!
☆ Oh, bowling is so much fun. But I'm busy on Sunday afternoons.
★ That's too bad. What do you do then?
☆ I go horseback riding. My cousin and I have been taking lessons together.

Question：What does the girl do on Sunday afternoons?

Script

訳
★やあ，ローラ，日曜日の予定はある？　僕たち，３時にボウリングをしに行く予定なんだけど，君も来たらいいよ！
☆ええ，ボウリングは本当に楽しいものね。でも，毎週日曜日の午後は忙しいの。
★それは残念だな。その時間帯はいつも何をしているの？
☆乗馬に行っているのよ。いとこと私はずっと一緒にレッスンを受けているの。

質問：その女の子は毎週日曜日の午後に何をしているか。

選択肢の訳
1　彼女は音楽のレッスンを受けている。
2　彼女は友達たちとボウリングに行っている。
3　彼女はいとこの宿題を手伝っている。
4　彼女は乗馬を習っている。

ボウリングに誘う男性と，応答する女性との会話。男性の誘いに対する女性の第１発言の But 以下で注意力を高める。I'm busy on Sunday afternoons と答え，誘いをやんわりと断っているのがわかるので，その理由が放送されるのを待つ。日曜日の午後は普段何をしているのか尋ねる男性に対する女性の最後の発言が解答根拠。ここで女性は「乗馬をしている」「いとこと一緒にレッスンを受けている」と述べている。したがって正解は **4**「彼女は乗馬を習っている」である。**1** に関して，女性の最後の発言で taking lessons と述べられているが，これは乗馬のレッスンのことであって音楽のレッスンではないので不適。**2** に関して，bowling の話題を出しているのは男性なので，女性の予定ではない。**3** に関して cousin については女性の最後の発言で言及されるが，「宿題を手伝う」とは述べられていない。ちなみに，放送文および選択肢ともに，女性の予定に関する文はすべて現在時制が用いられていることから，１回限りの予定ではなく習慣的な予定を述べていることに注意。

No. 7　解答　3

☆ I'm looking for a gift for my four-year-old son. He really likes teddy bears.

★ Well, we have many different colors and sizes. What are you looking for?

☆ Actually, a really big one would be great. He likes to hug one while he sleeps.

★ We should have some that are as big as large pillows. Let me check if we have what you're looking for.

Question：What does the woman want to buy?

訳

☆４歳の息子へのプレゼントを探しています。クマのぬいぐるみがとても好きなんです。

★そうですね，色や大きさはいろいろなものがたくさんありますよ。何をお探しですか。

☆実は，本当に大きいのがいいんです。寝ている間，ぬいぐるみを抱いているのが好きなんです。

★大きな枕と同じくらいの大きさのものがいくつかあるはずです。お探しのものがあるか確認いたします。

質問：女性は何を買いたいか。

選択肢の訳　**1**　クマが描かれたシャツ。　**2**　柔らかい枕。

3　大きなクマのぬいぐるみ。　**4**　息子のためのベッド。

息子のプレゼントを買いに来た母親と男性店員との会話。女性はまず第１発言で「息子はクマのぬいぐるみが好きだ」と述べる。「色や大きさは様々だ」と述べ，「どんなものをお探しですか」と尋ねる男性に対して詳細な希望を述べている女性の第２発言が解答根拠。ここで女性は，「とにかく大きいのがいい」と述べているので，正解は**3**「大きなクマのぬいぐるみ」である。teddy bear という情報は最初の発言でしか述べられていないので，聞き逃した場合は big を頼りに選ぶしかないだろう。**1**に関しては，放送文中に shirt は登場しないので候補から外しやすい。**2**に関して，pillow という単語は男性の第２発言にあるが，「大きいのがいい」と希望を述べる女性に対して，「枕ほど大きなぬいぐるみもあるはずだ」と，どれほど大きいかの一つの例として言及しているだけなので不適。**4**に関しては，女性の第２発言の while he sleeps からの連想かもしれないが，その直前で He likes to hug one「彼は抱きしめるのが好き」とあるので，bed が話題になっていないことはわかる。

No. 8　**解答**　**4**

★My plant looks a little yellow. Do you think I used the wrong kind of soil?

☆The soil looks too wet to me. How often have you been watering it?

★Every two days. I recently put it in a bigger pot and moved it closer to the window, too.

☆Don't water it too much. Leaves can turn yellow when a plant gets too much water.

Question：What does the woman suggest doing about the plant?

Script

訳

★僕の植物が，少し黄色く見えるんだよね。僕は間違った種類の土を使ったと思う？

☆私には，土は湿りすぎているように見えるわね。どれくらいの頻度で水をやっているの？

★1日おきだよ。最近は大きめの鉢に入れ替えて，そして窓の近くに動かしたんだ。

☆水をやりすぎてはダメよ。植物は水分を取りすぎると葉が黄色くなることがあるのよ。

質問：その女性はその植物についてどうすることを提案しているか。

選択肢の訳

1　それの土壌を変えること。

2　それをもっと大きな鉢に植え替えること。

3　それにもっと光をあてること。

4　それに与える水を減らすこと。

自分の栽培する植物の生育が気になる男性と，助言する女性との会話。男性は第1発言で「育てている植物が黄色い」と問題を述べ「土が悪いのかな」と女性に助言を求める。土が湿りすぎていることに気づいた女性が水やりの頻度を男性に尋ね，「1日おきだ（＝2日に1回）」という答えを聞いた後の女性の第2発言が解答根拠。ここでは「水をやりすぎてはいけない」「多すぎる水は葉を黄色くすることがある」と述べられていることから，正解は**4**「それに与える水を減らすこと」である。**2**に関しては，男性の第2発言にI recently put it in a bigger potとあるように，男性が実際に行ったことなので女性の助言ではない。**1**，**3**に関しては，放送文中の単語を用いた誤答選択肢。

No. 9　解答　1

☆ James, did you buy the meat for the barbecue?
★ Oh, no. I forgot! I'll get it tomorrow on my way home from work.
☆ OK. Please don't forget. Everybody is coming at six.
★ Can you call me at work tomorrow to remind me? You know how bad my memory is.

Question：What did James forget to do?

訳
☆ジェームズ，バーベキュー用の肉は買った？
★大変だ。忘れてた！　明日の仕事帰りに買ってくるよ。
☆わかったわ。お願いだから忘れないでね。みんな 6 時に来るのよ。
★明日会社に電話して，念を押してくれないかな？　君は僕の記憶力がどれだけ悪いか知ってるだろ。

質問：ジェームズは何をするのを忘れたのか。

選択肢の訳　**1**　肉を買う。　**2**　自分の友達に電話をする。
3　パーティに行く。　**4**　早めに帰宅する。

バーベキューの準備の確認をする女性と，応答する男性との会話。「肉は買ったか」と問う女性に対して，男性は「忘れていた」と答えている。したがって，正解は **1**「肉を買う」である。後半は解答根拠と直接関係のない放送が流れて終わるので冒頭部分の内容は忘れてしまうかもしれないが，**2**，**3**，**4** に関しては放送と関係のない内容なので，正解は選びやすいかもしれない。

No. 10　解答　3

☆ Welcome to Jessie's Comic Books. How can I help you?
★ I'd like to buy some old copies of a comic I used to read when I was a kid. It's called *Wild Cowboys*.
☆ Oh, I used to read that comic book when I was young, too. Unfortunately, you'll have trouble finding it at most stores. You should look for used copies online.
★ OK. I'll try that.

Question：How will the man try to find a copy of the comic book *Wild Cowboys*?

訳
☆ジェシーズ・コミック・ブックスへようこそ。何かお探しですか？
★子どもの頃に読んでいた漫画の古本を買いたいのですが。『ワイルドカウボーイズ』という漫画です。

☆あら，私も幼い頃その漫画を読んでいました。残念ですが，ほとんどの書店では見つけるのに苦労されると思います。インターネットで中古版を探された方がいいですよ。
★わかりました。やってみます。

質問：男性は漫画『ワイルドカウボーイズ』の本をどうやって見つけようとするか。

選択肢の訳
1　彼は出版社に手紙を書くだろう。
2　彼は別の店に行くだろう。
3　彼はインターネットを使うだろう。
4　彼は自宅の地下室で探すだろう。

漫画を探しに来た男性客と，本屋の女性店員との会話。男性の第１発言と，それを受けた女性の第２発言の第１文（Oh, I used …）はほぼ同じ文であることから多少聞き逃しても問題ないが，女性の第２発言の Unfortunately「残念ながら」から特に注意して聞きたい。ここでは，「どこに行っても見つけるのに苦労するだろうから，ネットで探したらどうか」と提案している。それを受けた男性は I'll try that. と答えているので，正解は **3**「彼はインターネットを使うだろう」である。放送文中では online となっていたのが，選択肢では use the Internet と言い換えられている。**1**，**2**，**4** に関しては本文中に言及が見られない。

No. 11　解答　1

★ Honey, you were running for longer than usual. What took you so long?
☆ Well, I was running on Forest Avenue when I saw a big, brown dog. It didn't look very friendly.
★ Did it try to bite you?
☆ No, but it was scary. I turned around and went the other way for a while. I ended up taking a longer way home, just in case.

Question：What do we learn about the woman?

Script

訳
★ハニー，いつもより長く走っていたんだね。何でそんなに時間がかかったんだい？
☆えっと，フォレスト・アベニューを走っていたら，大きな茶色の犬を見かけたの。見たところあまり人懐っこくなかったのよ。
★君を噛もうとしたのかい？
☆いいえ，でも怖かったわ。私は回れ右をして，反対の方向にしばらく行ったのよ。結局帰宅するのに遠回りしてきたわ，念のためにね。

質問：その女性について何がわかるか。

選択肢の訳
1　彼女は犬が怖かった。
2　彼女は走っている間に足を怪我した。
3　彼女は長い間自分の犬を散歩させた。
4　彼女は頻繁に走りに行かない。

ランニング帰りの妻と，家で待っていた夫の会話。男性の第１発言にある Honey で二人の関係が夫婦または恋人同士であるとわかる。「いつもより長く走っていたのはなぜか」と問う夫に対し，「走っている途中に見かけた大きな犬が人懐っこくなさそうだった」と妻は説明する。その犬は噛もうとしたのかという夫の質問に対し，「そういうことはなかったが，怖かった」と述べていることから，正解は**1**「彼女は犬が怖かった」である。放送文中では“犬”を指す it を主語にして scary「恐ろしい」と述べていたのが，選択肢では妻を指す she を主語にして was frightened by a dog「犬を怖がっていた」と言い換えられている点に注意。**3**に関して，他動詞の walk は「～を散歩させる」という意味だが，犬は女性がランニング中にたまたま見つけただけなので不適。**4**に関して，男性の第 1 発言「いつもより長く走っていた」という内容から，女性は習慣的にランニングをしていることがわかる。**2**に関しては，放送文と全く関係がない。

No. 12　解答　1

☆ Hello?
★ Hi, Liz. It's John. Can I talk to you about your boyfriend?
☆ Sure. What is it?
★ You know I'm doing a history report with him, right? Well, I feel like I'm doing all the work.
☆ I see. Well, he's not lazy, but he's the kind of person that waits to be told what to do. I'll try talking to him for you.

Question：What is one thing the girl says about her boyfriend?

訳
☆もしもし。
★やあリズ。ジョンだよ。君の彼氏について話したいんだけど，いいかな。
☆もちろん。何かしら。
★僕が彼と一緒に歴史のレポートを書いているのは知ってるよね？　えーと，僕がその作業を全部しているような気がするんだよね。
☆なるほど。まあ，彼は怠け者ではないんだけど，何をすべきか言われるのを待つタイプの人なのよね。あなたの代わりに彼と話してみるわ。

質問：その少女が彼氏について言っていることの一つは何か。

選択肢の訳
1　彼は何をするべきか言われるのを待つ。
2　彼は優れた歴史の学生だ。
3　彼は一人でレポートをしたい。
4　彼は怠惰な人間である可能性がある。

リズという少女と，リズの彼氏のことで電話をかける男友達ジョンとの会話。ジョンの第 2 発言で，ジョンとリズの彼氏が共同で歴史のレポートに取り組んでいる中で，ジョンが全部一人でやっているような状態になっていると苦情を述べている。それに同意する形で女性は，「彼は指示を待つタイプの人間だ」と述べる。したがって正解は**1**「彼は何をするべきか言われるのを待つ」である。**2**に関しては，history への言及がジョンの第 2 発言にあるが，リズの彼氏が歴史で優秀であるという情報は述べられていない。**3**に関しては，ジョンの第2発言中のI feel like I'm doing all the workにまつわる選択肢。I'mがなくI feel like doing all the work.ならfeel like *doing*は「～したい気がする」という意味なので「僕はすべての仕事をしたい気がする」という文意になり正解と思ってしまうかもしれないが，feel like S Vは「SがVするかのように感じる」という表現なので意味が全く違う。また，これはジョンのセリフであり，リズの彼氏のことではないのでいずれにせよ不正解。また**4**に関しては，リズの第3発言でhe's not lazyとはっきり否定しているので矛盾する。

No. 13　解答　3

★ No! The other team scored again. That's the second time this inning.

☆ Yeah. The Gray Sox aren't playing very well. Their defense is so bad.

★ They've been bad all season. I can't believe the newspapers were picking them to win the championship at the beginning of the season!

☆ I know. Well, I hope they fire the manager soon. The team needs someone who can show these players how to win.

Script

Question：Why are the man and woman upset with the Gray Sox?

訳

★だめだ！　また相手チームが点を入れた。この回で2度目だぞ。

☆ええ。グレーソックスのプレイはあまりよくないわね。守備がとてもひどいわ。

★シーズン中ずっと調子が悪いよな。新聞各社がシーズンの初めに，彼らを優勝チームに選んでいたなんて，信じられないよ！

☆そうよね。うーん，早くあの監督をクビにしてほしいわ。チームには，この選手たちに勝ち方を教えてくれる人が必要なのよ。

質問：なぜ男女はグレーソックスに腹を立てているのか。

選択肢の訳

1　彼らの優勝パレードが中止された。

2　彼らの監督がチームを変えつつある。

3　彼らのプレイがずっとよくない。

4　彼らには素晴らしいスタジアムがない。

野球観戦をしている男女の会話。男性が第1発言で忌々しそうに「相手チームがまた点を取った」と述べるのに対し，女性も同様に憤った様子で同意する。この女性の発言で，男女が応援するチームがThe Gray Soxだとわかる。男性の第2発言でThey've been bad all season.「シーズン中ずっと調子が悪い」とあり，その後も不満ばかりを述べて放送が終わる。したがって，正解は**3**「彼らのプレイがずっとよくない」である。**1**に関してはparadeについての言及が，**4**に関してはstadiumに対する言及が放送文中にないので候補から外しやすい。**2**に関しては，the manager「監督」への言及が女性の第2発言に見られる。ここでは「監督をクビにしてほしい」「チームに勝ち方を教えることができる人が必要だ」とあるので，「監督のせいでチームが弱く変化した」と捉えて正解にしてしまう人もいるかもしれない。しかしその際はTheir manager has changed teams.のように現在完了時制が用いられるはずで，選択肢のように現在進行形 is changing「変化させているところだ，変えつつある」にはならない。ちなみに，設問文の be upset with ～は「うろたえる，動揺している」ではなく「～に腹を立てている」という意味なので注意。

No. 14　解答　1

☆ Ken, are you going anywhere for vacation?

★ Maybe. I'm still planning. I'd like to go somewhere quiet—maybe camping in the mountains … or an Alaskan fishing trip, something like that.

☆ Wow. I didn't know you liked that kind of thing.

★ Well, I went to a crowded resort in Mexico last year, and before that I went to Europe. I'd like to try something different.

Question：Where does the man want to go on his vacation?

Script

訳　☆ケン，あなた休暇はどこかへ行くの？

★たぶん。まだ決めていないんだ。どこか静かなところに行きたいな。山でキャンプとか…アラスカの釣り旅行とか，そんな感じかな。

☆まあ。あなたがそういうのが好きだとは知らなかったわ。

★そうだね，去年はメキシコの混雑したリゾート地に行ったし，その前はヨーロッパに行ったからね。何か変わったことをしてみたいんだ。

質問：男性は休暇でどこに行きたいか。

選択肢の訳　**1**　ほとんど人がいないどこかに。

2　自宅近くのどこかに。

3　ヨーロッパのいくつかの都市に。

4　メキシコのビーチリゾートに。

休暇の予定を尋ねる女性と，応答する男性との会話。男性の第１発言で，I'd like to go somewhere quiet とあることから，正解は **1**「ほとんど人がいないどこかに」である。quiet「静かな」が with few people「ほとんど人がいない」と言い換えられていることに注意。**2** に関しては「自宅」にまつわる情報が放送文中に一切登場しない。**3** の Europe や，**4** の resort，in Mexico という情報は男性の最後の発言に見られるが，いずれも went という過去形が用いられおり，さらにその発言後に I'd like to try something different.「何か違ったことをしてみたい」と述べていることから誤りだと気づきたい。

No. 15　解答　3

☆ Dan, the town hall meeting is tonight.

★ Oh no. Tonight? The baseball game's on TV, and those meetings are always so boring. I don't think I'm going.

☆ But honey, I think you should come with me. We're voting on whether to build a new park for the kids. I think we should go.

★ Oh, well, maybe you are right. The neighborhood kids do need somewhere to play.

Script

Question : What does the woman tell her husband?

訳

☆ダン，対話集会は今夜よ。

★なんてこった。今夜？　野球の試合がテレビでやっているし，あの会議はいつもとても退屈だからな。僕は行かないでおこうかな。

☆でもあなた，私と一緒に来た方がいいと思うわよ。今回は子どもたちのために新しい公園を作るべきかどうか投票することになっているんだから。2人で行くべきだと思うわ。

★おお，そうか，君の言う通りかもしれない。近所の子どもたちには遊ぶ場所が本当に必要だからな。

質問：女性は夫に何と言っているか。

選択肢の訳

1　野球の試合が今夜テレビで放送されている。

2　その町は新たな公会堂を建てる予定だ。

3　彼は彼女とミーティングに行くべきだ。

4　彼は子どもたちを公園に連れて行くべきだ。

対話集会への参加を促す妻と，出席を渋る夫との会話。town hall meeting「対話集会」とは政治家が市民と対話して意見交換する集会のことだが，town ／ meeting という単語から，「町の寄合」ぐらいのイメージが湧けば，この会話がおそらく夫婦間のものであろうと推測がつく。出席をためらう夫に対して妻は第2発言で you should come with me ／ we should go と繰り返し述べていることから，正解は **3**「彼は彼女とミーティングに行くべきだ」である。**1** に関して，野球の中継に言及しているのは夫の方なので不適。**2** に関しては，town hall「公会堂，役所」という語は述べられているが，放送で述べられているのは建物ではなく，town hall meeting「対話集会」なので放送とは無関係である。**4** に関して，kids ／ park という語が女性の第2発言中に出てくるが，「子どものための公園を作るべきか否か」が対話集会の議題であると説明している箇所なので不適。

一次試験　リスニング　第２部

No. 16　解答　4

Vivian is thinking of selling her old car. It still works well and does not use a lot of gasoline, but it only has two doors. Vivian wants a bigger car with four doors so that her three children can get in and out more easily.

Question：Why is Vivian thinking of selling her old car?

訳　ヴィヴィアンは古い車を売ろうと考えている。その車はまだちゃんと動くし，燃費が悪いのでもないが，ドアが２つしかない。ヴィヴィアンは，３人の子どもたちがもっと乗り降りがしやすいように，ドアが４つあるもっと大きな車が欲しい。

質問：ヴィヴィアンはなぜ自分の古い車を売ろうと考えているのか。

選択肢の訳
1　それは彼女には大きすぎる。
2　それはガソリンを使いすぎる。
3　彼女はもっと運転しやすい車が必要である。
4　彼女はもっとドアのある車が欲しい。

第１文で「車を売りたがっている」という状況を捉えた上で，第２文後半 but が聞こえた瞬間に注意力を高めたい。逆接表現は直後に重要な情報が述べられやすいが，ここでは「車にはドアが２つしかない」と述べられ，第３文（Vivian wants a …）で「ドアが４つあるもっと大きな車が欲しい」と続く。したがって正解は **4**「彼女はもっとドアのある車が欲しい」である。**1**，**2**，**3** は断片情報を用いた誤答選択肢で，放送文の内容とは無関係である。

No. 17　解答　1

For many years, women have been wearing special clothes called corsets to make their bodies look thinner. Many people think that corsets were only worn by women. However, in the 18th century in England, men also wore corsets to look thin. In addition, today corsets are used to help men and women who have pain in their backs.

Question：What is one thing we learn about corsets?

訳　何年もの間，女性は体を細く見せるため，コルセットと呼ばれる特別な服を身に着けている。多くの人が，コルセットは女性だけが着用していたと思っている。しかし，18世紀のイングランドでは，男性もやせて見えるようにコルセットを身に着けていた。さらに，今日ではコルセットは腰に痛みのある男女を助けるために使われている。

質問：コルセットについてわかることの一つは何か。

選択肢の訳　**1**　細く見えるようにそれらを身に着ける男性もいた。
2　それらはイングランドでは身に着けることができなかった。
3　女性は公然とそれらを身に着けることができなかった。
4　それらを身に着けることは，人々の腰の痛みの原因となった。

順に情報を整理しながら聞き進め，第 3 文の冒頭 However「しかしながら」で反応したい。however を含む文は，前文の内容と反転させ重要な内容が述べられやすい。本問でも，前文では「多くの人は，コルセットを身に着けるのは女性だけだと思っている」という内容があるのに対し，第 3 文では「男性も細く見せるためにコルセットを身に着けていた」とある。したがって，**1**「細く見えるようにそれらを身に着ける男性もいた」が正解である。2 に関して，in England という情報は第 3 文で「男性もコルセットを身に着けていた」という内容で言及しているので，選択肢とは矛盾している。**4** に関しては，最終文（In addition, today …）で pain in their backs「腰の痛み」という表現があるが，「今日，腰痛を持つ男女を補助するためにコルセットが使われている」という内容を述べているので，選択肢は誤り。**3** に関しては言及がない。

No. 18　**解答**　4

Script

Kana is a part-time waitress, and she usually works until late at night. This weekend, however, the café where she works will be closed because the kitchen is being cleaned. She thinks it is a good chance to get some rest, so she plans to stay home, read comic books, and eat snacks all day.

Question : What does Kana plan to do this weekend?

訳　カナはアルバイトのウェイトレスで，普段は深夜まで働いている。しかし今週末は，彼女が働いているカフェは，キッチンの清掃のため閉店される予定だ。彼女は少し休む良い機会だと思っているので，一日中家にいて，漫画を読んだりお菓子を食べたりするつもりだ。

質問：カナは今週末何をする予定か。

選択肢の訳　**1**　カフェで漫画を読む。　**2**　自宅の台所を掃除する。
3　アルバイトをする。　**4**　家でくつろぐ。

第 1 文（Kana is a …）で，「カナはアルバイトで普段夜遅くまで働いている」という状況をつかみ，続く第 2 文（This weekend, however, …）に however という逆接があることで注意力を高めたい。ここでは「今週末は働いているカフェがキッチン清掃のため閉店する」という状況が述べられている。この状況に対しカナはどう捉えているかというと，第 3 文（She thinks it …）で「休息を取る良い機会だと思っている」とあり，「一日中家にいて漫画を読みお菓子を食べる計画をしている」として放送は終わる。したがって，正解は **4**「家でくつろぐ」である。**1** に関しては，at a café が誤り。**2** に関して，キッチン清掃をするのはアルバイト先なので不適。**3** に関しては普段の行動なので，今週末の予定ではない。

No. 19 解答 2

Yumi bought a new video game yesterday after her friend had recommended it to her several times. At first, it was difficult, and the story was hard to understand. However, after a while, Yumi started to enjoy it because there were flying horses in it. She loves animals, and in the game, she had to catch horses and care for them.

Question : Why did Yumi start to like her new video game?

訳　ユミは友達に何度か勧められた末に，昨日新しいテレビゲームを買った。最初は難しかったし，話も理解しにくかった。しかし，しばらくすると，ユミはゲームが楽しくなってきた。ゲームに空飛ぶ馬が出てきたからだ。彼女は動物が大好きで，ゲーム内では彼女は馬を捕まえて世話をしなければならなかった。

質問：ユミはなぜ新しく入手したビデオゲームが好きになったのか。

選択肢の訳
1　それは，はじめはプレイしやすかった。
2　それには空を飛べる馬が出てきた。
3　彼女は友達と遊ぶことができた。
4　彼女は複数回それをプレイすることができた。

まず第１文（Yumi bought a …）で状況をつかみ，第２文の冒頭 At first で後の展開を予想したい。at first は勘違いしやすいが「初めに」という意味ではなく，「最初は，最初のうちは」という意味で，後に事態が反転することを予告する表現である。実際本問でも，続く第３文（However, after a …）で事態が変わり，ゲームに対して否定的な感想を持っていたのが，「ゲームを楽しみ始めた」と述べられている。その理由は同文後半で because there were flying horses in it と述べられている。したがって，正解は **2**「それには空を飛べる馬が出てきた」である。**1** に関しては，第２文（At first, it …）で「最初は難しかった」とあるのと逆の内容である。**3** に関しては，her friend に対する言及は第１文（Yumi bought a …）にあるがここで「ユミにゲームを勧めた」と述べられてからは以後登場しないので候補から外しやすい。**4** に関しては，第１文末に several times と出てくるが，これは「友達がユミにゲームを複数回勧めていた」という文脈なので不適。

No. 20 解答 3

Michael usually rides his bicycle to work. This morning, he came across a car accident on the way. Luckily, no one had been hurt, but Michael ran over some broken glass from one of the cars. All the air went out of his tire, so he took his bicycle to a parking space near a station. After that, Michael had to run to his office with his backpack to be in time for work.

Question : Why did Michael have to run to his office this morning?

訳 マイケルは普段自転車で通勤している。今朝，彼は途中で交通事故に遭遇した。幸い，誰も怪我をしていなかったが，マイケルはそれらの車のうちの一台から出た割れたガラスの上を走ってしまった。タイヤの空気が全部抜けたので，彼は自転車を駅の近くの駐輪場に持っていった。その後，マイケルは仕事に間に合うために，リュックサックを背負って職場まで走らなければならなかった。

質問：なぜマイケルは今朝職場まで走らなければならなかったのか。

選択肢の訳
1 彼は事故についての情報を伝えなければならなかった。
2 彼は起きるのが遅くて電車に乗り遅れた。
3 自分の自転車に問題があった。
4 彼は駐輪場で自分の自転車を見つけることができなかった。

まず，第1文（Michael usually rides …）で「マイケルは普段自転車で通勤している」という前提を押さえる。第2文の冒頭に This morning「今朝」という表現があることから，何か事件が起きることを予測して，しっかりと状況を思い浮かべながら聞き進めたい。ここではマイケルが車の事故に遭遇したことが述べられる。続く第3文（Luckily, no one …）で「幸い怪我人はなかった」という情報の後に but という逆接が登場するので，その後ろに重要な情報が来ることを予測して注意力を高める。ここでは，「破損した車のガラス片を自転車で踏んでしまった」とあり，その後「タイヤがパンクした→自転車を駅近くの駐輪場に移動した→仕事に間に合うために職場まで走らなければならなかった」と続く。したがって，正解は **3**「自分の自転車に問題があった」である。「自転車がパンクした」という具体的な表現ではなく，had a problem with his bicycle という抽象的な表現で言い換えられているので，放送内容をしっかりと頭の中でイメージしてから解答に臨みたい。**1**，**4** は放送文中の断片情報をつなげた誤答選択肢で，**2** は放送文では言及がない。

No. 21 解答 1

Many people decorate their homes with carpets. Some Persian carpets are very expensive and are given as gifts from parents to children. As a result, these carpets stay in one family for many years. In Siberia, a carpet has been found that is more than 2,500 years old. It is special because it was put into the ground with a prince after he died. Experts still do not know where it was made.

Question：Why was the carpet found in Siberia special?

訳　多くの人が自分の家を絨毯で飾る。ペルシャ絨毯の中には，非常に高価で，親から子どもへの贈り物として贈られるものもある。その結果，これらの絨毯は一つの家庭に長年留まることになる。シベリアでは，2,500年以上前の絨毯が発見されている。それが特別なのは，ある王子が亡くなった後に，その王子と一緒に地中に埋められたからである。専門家はそれがどこで作られたのか，いまだにわかっていない。

質問：シベリアで見つかった絨毯はなぜ特別なのか。

選択肢の訳
1　それはある王子と一緒に埋められた。
2　それは表面にシベリア産の花の飾りがあった。
3　それはペルシャのある一家によって作られた。
4　それは何年もの間一つの家庭内にあった。

ペルシャ絨毯にまつわる放送文。情報は抽象的な内容から徐々に具体的内容へと移っているので前後のつながりを意識しながら一つ一つ聞き進めたい。第4文冒頭でIn Siberia「シベリアでは」という具体的な例が登場するので，解答根拠に関わりがあると思って注意を高めたい。ここでは「2,500年以上前の絨毯が発見されている」と述べられ，続く第5文（It is special…）で「その絨毯が特別であるのはある王子と共に埋められたからだ」とある。したがって正解は**1**「それはある王子と一緒に埋められた」である。放送文ではwas put into the groundとなっていたのが，選択肢ではwas buriedに言い換えられている。**4**に関しては，第3文（As a result, …）に「ペルシャ絨毯は一つの家庭で何年も留まる」と述べられているが，これは主語がthese carpetsになっていることからもわかるようにペルシャ絨毯全般に言える特徴であって，設問で問われている「シベリアで見つかった絨毯」の話ではないので正解にはならない。**2**，**3**は放送文中の断片情報を用いた誤答選択肢。ちなみにSiberiaの発音は聞いての通り「シベリア」ではないので「シベリア」であるとわからないかもしれないが，どこかの地名を表しているとわかれば支障はない。

No. 22　解答　1

On Sunday morning, Robert went to his grandmother's house. She wanted to put some things, such as her old computer, dishes, and cooking tools, into boxes and move them from her kitchen to a closet. However, the boxes were too heavy for her to lift, so she wanted Robert to carry them for her.

Question：Why did Robert go to his grandmother's house?

訳　日曜日の朝，ロバートは祖母の家に行った。彼女は，古いコンピュータ，皿，調理道具などいくつかのものを箱に入れて，台所からクローゼットに移したかった。しかし，その箱は重すぎて彼女では持ち上げられなかったので，自分の代わりにロバートに運んで欲しいと思っていた。

質問：ロバートはなぜ祖母の家に行ったのか。

選択肢の訳　**1**　いくつかの古いものを動かすために。

2　彼女の台所の窓を掃除するために。

3　彼女にコンピュータの使い方を教えるために。

4　彼女が何か料理をするのを手伝うために。

Robert が主語となっている文は第1文（On Sunday morning, …）だけで，残りの文は基本的に She/she（＝祖母）が主語となっている。第2文（She wanted to …）で，動詞には wanted が用いられていることから，ここは祖母の希望が述べられている。最終文（However, the boxes …）の後半 so 以下で she wanted とここでも希望が述べられ，続く情報は Robert to carry them for her なので，「ロバートが祖母の代わりにそれらを運ぶこと」を祖母が希望していたとわかる。「それら」とは同文前半の the boxes のことであり，この boxes とは第2文（She wanted to …）で述べられた古いコンピュータや皿や調理道具を入れた箱である。したがって，正解は **1**「いくつかの古いものを動かすために」である。本問の場合は，文の構造を頭の中でイメージしながら聞き進めることが重要である。特に第2文（She wanted to …）は長めの文であるため情報処理に苦労したかもしれない。構造としては，wanted to *do*「～したかった」が主たる動詞で，to *do* の部分が put と move である。put の方は put *A* into *B*「*A* を *B* に入れる」という形だが，*A* の部分に such as で具体例が挿入されているので混乱したかもしれない。such as …が聞こえたら直前の put some things を頭に保留したまま「たとえば…」と処理し軽く聞き進め，具体例の列挙が終わったら，後の into boxes を直ちに put some things とつなげられるようにしよう。さらに同文は and move と続くが，and の並列を正しく判断できないと「動かした」という意味に取り違える恐れがあるので注意。and や but などの等位接続詞は直後に従える語の品詞と形に注意する。本問は move という動詞の原形なので，前半の情報 wanted to put を思い出して，wanted ではなく原形 put の方との並列だと判断し，wanted to move「動かしたかった（実際はまだ動かしていない）」と捉えなければならない。

No. 23 解答 1

Takeshi is a computer programmer. He spends all day sitting down, so sometimes his back hurts. The other day, he and his boss took a train to go to a meeting with a client. When he arrived at the client's office, he was surprised to see people working at high desks and standing instead of sitting. Takeshi was interested in the desks because he thought they would be good for his back.

Question : How did Takeshi become interested in high desks?

訳 タケシはコンピュータのプログラマーだ。彼は一日中座っているので，時々腰が痛くなる。先日，彼と上司は電車に乗って顧客との打ち合わせに行った。依頼人のオフィスに到着したとき，彼は人々が高さのあるデスクで，座るのではなく立って仕事をしているのを見て驚いた。タケシはその机なら腰にいいだろうと思って，その机に興味を持った。

質問：タケシはどのようにして高さのある机に興味を持つようになったのか。

選択肢の訳
1 彼はそれらがあるオフィスで使われているのを目にした。
2 彼はそれらの広告を電車で見た。
3 彼は雑誌でそれらについて読んだ。
4 彼は上司からそれらについて聞いた。

第1・2文（Takeshi is a … his back hurts.）は現在時制なので，習慣的・不変的事実であることをまず押さえ前提情報を頭に入れておく。第3文（The other day, …）は「先日」という語から始まるので，具体的なエピソードが述べられると思って状況を思い浮かべながら聞き進めたい。第4文（When he arrived …）で「彼は人々が高さのある机で立って仕事をしているのを見て驚いた」とある。したがって，正解は**1**「彼はそれらがあるオフィスで使われているのを目にした」である。**2**，**4**は放送文中の断片情報を用いた誤答選択肢で，**3**はそもそも言及されていない。

No. 24 解答 2

In recent years, the terms "cookies" and "biscuits" have sometimes been used to mean the same baked snacks. However, they were originally very different. Bakers used to make cookies to test the temperatures of ovens before baking cakes, and biscuits were originally eaten as food by sailors on very long trips.

Question : In what way were the first cookies and biscuits different?

訳　最近は,「クッキー」と「ビスケット」という用語は，同じ焼き菓子を意味するために使われることがある。しかし，それらは本来全く違うものだった。パン職人はケーキを焼く前にオーブンの温度を調べるためにクッキーを作っていた。ビスケットはもともと食料として，非常に長い旅をしている際，船乗りによって食べられていた。

質問：最初のクッキーとビスケットはどのように違っていたのか。

選択肢の訳　**1**　それらは違う色で装飾されていた。
2　それらは違う目的で作られていた。
3　それらは違うイベントで売られていた。
4　それらは違う食事に添えて提供されていた。

第1文（In recent years,…）で，クッキーとビスケットが話題となっていることを押さえた上で，第2文がHowever「しかしながら」という逆接で始まっていることから注意を高める。ここでは「クッキーとビスケットは本来違うものだった」と述べられる。その理由を探りながら聞き進めると，第3文（Bakers used to…）で「クッキーはオーブンの温度を調べるためのもので，ビスケットは食用だった」とある。したがって，正解は**2**「それらは違う目的で作られていた」である。選択肢は文の構造が同じなので語彙で迷わなければ正解は選びやすかったかもしれない。ちなみにovenの発音は「オーブン」ではなく,「アヴン」に近い。日常的にカタカナで用いられている単語のうち大半は，英語では違う発音がされるので注意したい。

No. 25　解答　2

Welcome to Bobby's Electronics Store. We sell everything from cameras and computers to washing machines. Need a new vacuum cleaner? Then, try out the new Super Max. Staff by the stairs on the second floor are demonstrating this incredible new device now. Also, be sure to pick up our free magazine with new special deals at the exit when you are ready to leave.

Question：Where can customers see the new vacuum cleaner?

Script

訳　ボビーズ・エレクトロニクス・ストアにようこそ。当店では，カメラやコンピュータから洗濯機に至るまで，あらゆるものを販売しております。新しい掃除機をご所望ですか？ それなら，新しいスーパー・マックスをお試しください。ただ今2階の階段脇にいるスタッフが，この驚くべき新製品の実演販売をしております。また，お帰りの際は，出口で新しい特典付きの無料雑誌を受け取ることをお忘れなく。

質問：顧客は新しい掃除機をどこで見ることができるか。

選択肢の訳　**1**　1階の出口付近で。　**2**　2階の階段付近で。
3　3階のコンピュータの隣で。　**4**　4階のカメラの隣で。

先に選択肢に目を通しておくと，**1**と**2**はby「～のそばで」という前置詞，**3**と**4**はnext

to ～「～の隣に」という前置詞句が用いられており，全選択肢で後半に on the ～ floor「～階の」となっていることから，“場所”に注意して聞く必要があると準備ができる。放送は家電量販店の店内放送であり，第3・4文（Need a new … new Super Max.）で掃除機の宣伝を始める。解答根拠は続く第5文に by the stairs on the second floor とそのまま述べられている。正解は 2「2階の階段付近で」である。選択肢に先に目を通しておけばすぐに反応できただろう。

No. 26　解答　2

Long ago, some Roman women believed that taking a bath in the milk of donkeys was good for their skin. However, not all women could take care of their skin in this way. Donkey milk was very expensive, so only the richest women could wash in it. Some very rich women kept many donkeys to get milk every day.

Question：How did some Roman women take care of their skin?

Script

訳　遠い昔，ローマの女性の中には，ロバの乳の風呂に入るのが肌に良いと信じている人もいた。しかし，すべての女性がこの方法で肌の手入れをできるわけではなかった。ロバの乳はとても高価だったので，最も裕福な女性しかその乳に入って体を洗うことはできなかった。一部の非常に裕福な女性は，毎日乳を入手するためにたくさんのロバを飼っていた。

質問：一部のローマの女性は，どのように肌の手入れをしていたか。

選択肢の訳
1　毎日ロバの乳を大量に飲むことによって。
2　ロバの乳で自分の体を洗うことによって。
3　若いロバの肉を食べることによって。
4　ロバの世話をして時間を過ごすことによって。

設問文にある take care of their skin という表現は，第2文（However, not all …）の「すべての女性がこの方法で肌の手入れをできたわけではなかった」という文脈で登場しているが，in this way「この方法で」の具体的内容はその前の文である。したがって，解答根拠は第1文（Long ago, some …）の that 節以下。「ロバの乳で入浴することは肌に良い」とあることから，正解は 2「ロバの乳で自分の体を洗うことによって」である。放送文では taking a bath in the milk of donkeys となっているのが，選択肢では washing their bodies with donkey milk と言い換えられていることに注意。直接の解答根拠は第1文だが，第3文（Donkey milk was …）の so 以下に wash in it とあるので，正解に気づけるかもしれない。

No. 27　解答　4

Olivia is planning a birthday party for her grandfather. She searched online for restaurants with no stairs because her grandfather will be 90 years old and cannot walk well. She found one in her area, and her mother suggested that Olivia go to see it before the party. That way, she could make sure that the restaurant would be nice for her grandfather.

Question : What did Olivia's mother suggest she do?

Script

訳　オリビアは祖父の誕生日パーティを計画している。彼女はインターネットで階段のないレストランを検索したが，それは祖父が今年 90 歳で，よく歩けないからであった。彼女は自分の住む地域でレストランを見つけ，母親はパーティの前にオリビアにそれを見に行った方がよいと提案した。そうすれば，彼女はそのレストランが祖父にとって適しているということを確認することができるだろう。

質問：オリビアの母親は，オリビアに何をするべきだと提案したか。

選択肢の訳　**1**　人々にお気に入りのレストランについて尋ねる。
2　インターネットでレストランを探す。
3　自分の住む地域でレストランを開業する。
4　レストランを見に行く。

オリビア，祖父，母という複数の人が登場しているので，状況をできるだけ映像で思い浮かべながら順に聞き進めるとよい。解答根拠は第 3 文（She found one …）の and 以降 her mother suggested that Olivia go to see it before the party である。suggest「提案する」という動詞が従える that 節中なので，仮定法現在で go という原形が用いられている。go の前に should を補うとわかりやすい。「パーティの前にそれ（＝見つけたレストラン）を見に行くべきだ」と提案しているので，**4**「レストランを見に行く」が正解である。go to see ～「～を見に行く」が go and take a look at ～に言い換えられている。**2** に関しては，第 2 文（She searched online …）に言及があるが，母親から提案される前にオリビアがした行動なので不適。**1**，**3** に関しては，放送文中の断片情報を用いた誤答選択肢。

No. 28 **解答** **2**

We hope you are enjoying the facilities here at Fitness Life Center, including our new exercise machines. To help you build muscle, we are giving away protein bars for the next hour. Please come to the entrance and help yourself. Each member can take two. We hope you enjoy your day.

Question：Why is this announcement being made?

訳　皆様，ここフィットネス・ライフ・センターの設備を，新しいエクササイズマシンも含め，お楽しみいただいているでしょうか。皆様が筋肉を鍛える一助となるために，これから1時間はプロテインバーを無料でお配りします。入り口までお越しいただき，ご自由にお召し上がりください。会員様はお一人様につき2つお取りいただけます。楽しい一日をお過ごしくださいませ。

質問：なぜこの放送が流れているのか。

選択肢の訳　**1**　新会員を出迎えるために職員を雇う予定だ。
2　会員は無料のプロテインバーをもらうことができる。
3　新しいエクササイズマシンが間もなく入る。
4　そのフィットネスセンターはあと1時間で閉まる。

フィットネスセンターでの館内放送。We hope you …「私たちはあなたたちが…であることを望みます」という表現から何らかの館内放送の類だと気づきたい。館内放送では様々な情報が立て続けに述べられるか，何らかの特定の目的で流されていることが多い。本問では第2文（To help you …）で「プロテインバーを無料で配布する」という具体情報がまず述べられる。give away ～で「～を無料で配る」という意味。第3文（Please come to …）ではhelp yourself「ご自由にお取りください」とあり，さらに続く第4文（Each member can …）最後のtwoとは文脈からtwo protein barsのことであるとわかるので，結局この放送の趣旨はプロテインバーの無料配布についてである。したがって，正解は**2**「会員は無料のプロテインバーをもらうことができる」である。

No. 29　解答　2

When Mr. Jenson came home last night, his daughter's pet cat was in the kitchen. It looked hungry, so Mr. Jenson asked his daughter if she had fed it. She said that she had spent all afternoon at the shopping mall with her friends and had forgotten about her cat. Mr. Jenson was very upset with his daughter.

Script

Question : Why was Mr. Jenson upset with his daughter?

訳　ジェンソン氏が昨夜帰宅したとき，彼の娘が飼っている猫が台所にいた。空腹のようだったので，ジェンソン氏は餌を食べさせたかどうかを娘に尋ねた。彼女は，午後はずっと友達とショッピングモールで過ごしていて，猫のことは忘れていたと言った。ジェンソン氏は娘にひどく腹を立てた。

質問：ジェンソン氏はなぜ娘に腹を立てたのか。

選択肢の訳
1　彼女は約束していたよりも帰宅が遅かった。
2　彼女は自分のペットに餌をやるのを忘れていた。
3　彼女は台所を掃除していなかった。
4　彼女は宿題をしていなかった。

状況を思い浮かべながら聞き進める。第1・2文（When Mr. Jenson … had fed it.）で「昨夜帰宅したジェンソン氏はキッチンで空腹そうにしている娘の飼い猫を見つけたので娘に餌はやったのかと尋ねた」という状況設定を把握する。これに対する娘の返事に言及した第3文（She said that …）に「友達と遊びに行っていて餌をやるのを忘れていた」とあることから，正解は**2**「彼女は自分のペットに餌をやるのを忘れていた」である。ちなみに最終文（Mr. Jenson was …）および質問文に見られるbe upset with ～は「～に腹を立てる」という意味。

No. 30　解答　2

Thank you for shopping at Fresh Best Supermarket. We would like to remind drivers to be careful when driving in the parking lot. Last week, a woman and her dog were injured by a car while crossing the parking lot. Please keep your speed below 5 kilometers per hour to make sure our customers stay safe.

Script

Question : Who is this announcement mainly made for?

訳　フレッシュ・ベスト・スーパーでお買い上げいただき，ありがとうございます。ドライバーの皆様には，駐車場内で運転される際には注意していただきますようお願いいたします。先週，女性と女性の飼い犬が駐車場を横断中に，車によって負傷しました。お客様が安全でいられますように，時速５キロを超えないようにしてください。

質問：この放送はおもに誰に向けられているか。

選択肢の訳
1　自分のペットを店に連れてきている人々。
2　スーパーに車で来ている人々。
3　たくさんの買い物袋を持っている客。
4　５キロ未満の場所に住んでいる客。

冒頭の Thank you for shopping…で買い物客向けの館内放送だとわかる。第２文（We would like …）の remind drivers で反応したい。remind は「～に思い出させる」という意味なので，We would like to remind drivers の直訳は「ドライバーに思い出させたい」となり，この放送がドライバーに何らかの注意喚起をするものだとわかる。その後は先週駐車場で起こった事故で怪我人が出たことに言及し，最終文で顧客の安全を確保するために時速５キロ未満で走ってほしいとお願いして放送を終える。したがって，正解は **2**「スーパーに車で来ている人々」である。**1**，**4** は放送文中の断片情報を用いた誤答選択肢であり，**3** にはそもそも言及されていない。

二次試験　面接　問題カードA

訳

医師不足

最近，日本の一部の地域では医師が不足している。多くの医師が都会で働く方を好み，このことが田舎に住む人々にとって問題を引き起こす可能性があると言われている。医師が不足すると，これらの人々が十分な医療を受けることができなくなるので，それ（＝医師の不足）は深刻な問題だ。政府はこの状況について，もっと多くのことを行う必要があると多くの人が言う。

語句・構文

☐ shortage「不足」　☐ prefer to *do*「～するのを好む」　☐ rural areas「田舎」
☐ medical treatment「医療」　☐ issue「問題」

質問の訳

No. 1　本文によれば，なぜ医師不足は深刻な問題なのですか。

No. 2　では，イラストを見てその状況を説明してください。準備の時間は 20 秒あります。話は，カードにある文で始めてください。

No. 3　今日の若い人々は，お年寄りに対して十分な敬意を示していないと言う人もいます。あなたはそれについてどう思いますか。

No. 4　今日，一軒の家を借りて一緒に暮らす若者がいます。あなたは，他の人と家を共有することは若い人々にとってよい考えだと思いますか。
Yes.→なぜそう思うのですか。　No.→なぜそう思わないのですか。

No. 1　解答例　Because it will prevent people living in rural areas from receiving good medical treatment.

訳　そのことで田舎に住む人々が十分な医療を受けられなくなるから。

第 3 文（A shortage of …）の後半に so「だから」it（= a shortage of doctors）is a serious issue とある。その理由は直前に述べられている。why で問われたときは，Because ～「～だからだ」と答えるのが自然なので，Because a shortage of doctors will prevent these people from receiving good medical treatment. とすることができるが，主語は疑問文で問われている主語と同一なので it に置き換え，反対に these people では意味が不十分なので，さらに前文の people living in rural areas に置き換えて文を完成させる。

No. 2　解答例　One day, Mr. and Mrs. Kato were talking about going to the beach. Mrs. Kato said to her husband, “It’s windy today, but I think we can go.” Later at the beach, Mrs. Kato was feeling cold. Mr. Kato suggested that she drink something hot. That night at home, Mrs. Kato had a fever. Mr. Kato was thinking of taking her to the doctor.

訳　ある日，カトウ夫妻は海岸に行くことについて話していた。カトウ夫人は夫に，「今日は風が強いけど，行けると思うわ」と言った。その後海岸で，カトウ夫人は寒いと感じていた。カトウ氏は，彼女は何か温かいものを飲むべきだと提案した。その夜自宅で，カトウ夫人は熱が出た。カトウ氏は彼女を医者に連れて行こうと思っていた。

指定された始まりの文から過去の話だとわかるので，説明の際は過去形，特にその場の状況を述べる際は過去進行形を用いること。１コマめではカトウ夫人のセリフを直接話法で述べる。２コマめでは，カトウ夫人の様子とカトウ氏の考えをそれぞれ述べたい。feel cold「寒いと感じる」は一時的な状態なので，進行形にする方がよい。suggest that ～「～と提案する」の that 以下は仮定法現在になるので，suggest の時制や that 節中の主語に関係なく動詞の原形を用いる。難しければ，Mr. Kato said that she should drink something hot. としてもよいだろう。３コマめでは，カトウ夫人の行動（様子）とカトウ氏の考えを説明する。カトウ夫人の様子は，be sick in bed「病気で寝込んでいる」を使ってもよい。カトウ氏の考えを述べる上では，be thinking of ***doing***「～しようと思っている」が使える。「医者に診てもらう」で see a doctor や consult a doctor が思いつけば，He was thinking of having her see〔consult〕a doctor. とも言える。

No. 3 解答例 （賛成の場合） **I agree. Many young people don't listen to what elderly people say. Some young people even say rude things to them.**

（反対の場合） **I disagree. Young people often give elderly people their seats on buses. Also, some young people help elderly people carry their bags.**

訳 **（賛成の場合）**私もそう思います。多くの若い人々が，お年寄りの言うことを聞きません。お年寄りに失礼なことを言う若者さえいます。

（反対の場合）私はそうは思いません。若者はバスでよくお年寄りに座席を譲っています。また，お年寄りが荷物を運ぶのを手伝う若者もいます。

まずは，賛成か反対か立場をはっきりさせて，そのあとに理由を２文程度で述べればよい。賛成の解答例では，多くの若者がお年寄りの言うことを聞かず，それどころか失礼なことを言う者もいることを理由に挙げている。他には，Young people today have fewer and fewer opportunities to interact with elderly people, so they might not know how to show respect to them.「今日の若者はお年寄りと交流する機会が減っているので，敬意の示し方を知らないのかもしれない」などが考えられる。反対の解答例では，若者はバスで座席を譲ることが多いし，荷物を運ぶのを手伝う若者もいるという理由を挙げている。他には，Young people tend to be moved by the profound words of elderly people.「若者はお年寄りの深い言葉に感動する傾向がある」などが考えられる。

No. 4 解答例 （Yes. → Why?） **Sharing a house is a good way to save money. Also, it's a good opportunity for young people to make a lot of new friends.**

（No. → Why not?） **I think it's difficult for people to protect their privacy. They often find it uncomfortable to live with other people in the same house.**

訳 **（Yes. の場合）**家を共同で使うことは，お金を節約する良い方法です。さらにそれは，若い人々が多くの新しい友人を作る良い機会でもあります。

（No. の場合）人々が自分のプライバシーを守るのは難しいと思います。彼らはよく，他人と同じ家で暮らすのは落ち着かないと思っています。
まずは，Yes. / No. で賛成か，反対かを明確にする。そのあと，自分の意見を裏付ける根拠について述べる。Yes の解答例では，シェアハウスをするとお金の節約になり，さらに友人を作る機会になるということを理由にしている。他には，Sharing a house with others will ensure the residents more security than living alone.「他人と家を共有することは，一人暮らしをするよりも住んでいる人をより安全にするだろう」などが考えられる。No の解答例では，シェアハウスではプライバシーが守られにくく，落ち着かない生活になるだろうということを理由に挙げている。他には If you have trouble with your roommate, you will find it uncomfortable to spend time there.「もしルームメイトと問題が起これば，家で過ごすのが快適ではなくなるだろう」などが考えられる。

二次試験　面接　問題カードD

訳

新製品の販売促進

今日，高品質な製品は非常に高価なものもあるので，多くの人がそれを買うべきかどうか悩む。今では，人々が様々な商品を月極でレンタルできる制度が注目を集めている。一部の企業は，そのような制度を提供しており，そうすることによって企業は，人々が商品を購入する前に試せるようにしている。このような制度によって，企業は自社製品をより効果的に販売促進することができる。

語句・構文

☐ promote「～の販売促進をする」　☐ rent「～をレンタルする，賃借する」
☐ a variety of ～「様々な～」　☐ monthly「月極で，月一回で」

質問の訳

No. 1　本文によれば，一部の企業はどのようにして人々が商品を購入する前に試せるようにしていますか。
No. 2　では，イラストを見てその状況を説明してください。準備の時間は 20 秒あります。話は，カードにある文で始めてください。
No. 3　電子マネーのおかげで，人々は将来現金を持ち運ばなくなるだろうと言う人もいます。あなたはそれについてどう思いますか。
No. 4　発電するために，太陽光パネルを自宅に設置する人もいます。あなたは，こういった人々の数が将来増えると思いますか。
Yes.→なぜそう思うのですか。 No.→なぜそう思わないのですか。

No. 1　解答例　By offering systems that allow people to rent a variety of products monthly.

訳　人々が様々な商品を月極でレンタルできるようにする制度を提供することによって。
第 3 文（Some companies offer …）の後半に by doing so「そうすることによって」they let people try items before buying them とある。by doing so の内容は直前に述べられて

いる。howで問われたときは，by *doing*～で答えるのが自然なのでBy offering such systems.とすることができるが，such systemsでは内容が不十分なので，さらに前文のsystems that allow people to rent a variety of products monthlyで置き換えて文を完成させる。They offer systems that allow people to rent a variety of products monthly.と文の形にして答えてもよい。その際，主語はSome companiesではなく代名詞Theyで答えるようにしたい。

No. 2 解答例 **One evening, Mr. and Mrs. Kimura were talking about renting a car and going camping by a lake. Mr. Kimura said to his wife, "The weather forecast says it will be sunny tomorrow." At the campsite, Mr. Kimura was setting up the tent. Mrs. Kimura was thinking of taking the bags out of the car. A few hours later, Mr. Kimura was playing with the dog. Mrs. Kimura was looking forward to going fishing.**

訳 ある晩，キムラ夫妻は車を借りて湖畔でキャンプをしに行くことについて話していた。キムラ氏は妻に，「天気予報によると，明日は晴れるそうだよ」と言った。キャンプ場で，キムラ氏はテントを張っていた。キムラ夫人は車から鞄を下ろそうと思っていた。数時間後，キムラ氏は飼い犬と遊んでいた。キムラ夫人は，釣りに行くことを楽しみにしていた。

指定された始まりの文から過去の話だとわかるので，説明の際は過去形，特にその場の状況を述べる際は過去進行形を用いること。1コマめではキムラ氏のセリフを直接話法で述べる。2コマめではキムラ氏の行動とキムラ夫人の考えをそれぞれ述べたい。「テントを張る」はput up the tentとも言える。キムラ夫人の考えはbe thinking of *doing*「～しようと思っている」が使える。「荷物を下ろす」は解答例のようにtake *A* out of *B*「*A*を*B*から取り出す」で表現できるが，unload *A* from *B*「*A*を*B*から下ろす」を使ってunload their baggage from the carとも言える。3コマめではキムラ氏の行動とキムラ夫人の考えをそれぞれ表現する。キムラ夫人の考えは，ここでは解答例のようにlook forward to～「～を楽しみに待つ」が使えるが，toの後は動詞の原形ではなく動名詞にすることに注意。

No. 3 解答例 （賛成の場合） **I agree. Electronic money is more convenient than cash. Also, people don't have to worry about losing electronic money.**
（反対の場合） **I disagree. People won't be able to use electronic money at small stores. They'll always need to carry some cash.**

訳 **（賛成の場合）**私もそう思います。電子マネーは現金より便利です。また，電子マネーは紛失について心配をする必要がありません。

（反対の場合）私はそう思いません。小さな店では電子マネーを使うことができないでしょう。常にいくらか現金を持ち運ぶ必要があるでしょう。

まず賛成か反対か立場をはっきりさせてから，そのあとに理由を2文程度で述べればよい。賛成の解答例では，電子マネーの方が便利であり，紛失する心配がないという利点を理由に挙げている。他には，Electronic money makes it easier for people to manage their family finances because of its digital data.「電子マネーはデジタルデータにより，人々が家計を管理するのを容易にする」などが考えられる。反対の解答例では，小規模な店では電子マネーが使えないので，現金を持ち歩く習慣がなくなることはないと理由を挙げている。他には，In case you have unexpected trouble with the electronic devices, you won't be able to use your electronic money.「電子機器に予期せぬ問題が起こった場合は，電子マネーは使えなくなるだろう」などが考えられる。

No. 4 **解答例** (Yes. → Why?) **Using solar power is better for the environment. Many people are becoming interested in clean energy.**
(No. → why not?) **Solar panels don't produce much electricity on cloudy days. Also, they're very expensive for people to buy.**

訳 **(Yes. の場合)** 太陽光パネルを使う方が環境に良いです。多くの人がクリーンエネルギーに興味を持ちつつあります。

(No. の場合) 太陽光パネルは曇りの日にはあまり発電しません。さらに，太陽光パネルは人々が買うにはとても高価です。

まずは，Yes. / No. で賛成か，反対かを明確にする。そのあと，自分の意見を裏付ける根拠について述べる。Yes の解答例では，太陽光パネルは環境に良いことと，人々の環境意識の高まりを根拠に挙げている。他には，It is a global trend to lead greener lives by relying on more sustainable energy sources.「より持続可能なエネルギー源に頼り，より環境に優しい生活をするのは世界的な傾向だ」などが考えられる。green は「環境に優しい」という意味もある。No の解答例では，太陽光パネルは天候によって発電量が左右されるという欠点と，購入費が高価である点を根拠に挙げている。他には，There is a danger that some of the solar panels on the roof could be blown off by a typhoon, which might cause damage to the neighboring houses.「屋根の太陽光パネルの一部が台風で吹き飛ばされ，そのことにより近隣の家に損害を与えるかもしれないという恐れがある」などが考えられる。

2022 年度　第 1 回

Grade 2

一次試験　解答一覧

● 筆記

1	(1)	(2)	(3)	(4)	(5)	(6)	(7)	(8)	(9)	(10)
	1	4	4	3	4	4	3	4	1	4
	(11)	(12)	(13)	(14)	(15)	(16)	(17)	(18)	(19)	(20)
	1	1	1	2	2	3	2	2	3	1

2	A	(21)	(22)	(23)	B	(24)	(25)	(26)
		1	3	1		3	2	4

3	A	(27)	(28)	(29)	B	(30)	(31)	(32)	(33)
		4	1	2		1	4	4	3
	C	(34)	(35)	(36)	(37)	(38)			
		2	2	4	4	4			

4（ライティング）の解答例は P. 22 を参照。

● リスニング

第 1 部	No. 1	No. 2	No. 3	No. 4	No. 5	No. 6	No. 7	No. 8	No. 9	No. 10
	1	3	4	3	3	2	4	2	1	4
	No. 11	No. 12	No. 13	No. 14	No. 15					
	2	2	2	3	4					

第 2 部	No. 16	No. 17	No. 18	No. 19	No. 20	No. 21	No. 22	No. 23	No. 24	No. 25
	3	1	4	2	3	4	2	2	3	1
	No. 26	No. 27	No. 28	No. 29	No. 30					
	3	2	3	2	3					

一次試験　筆記　1

(1)　解答　1

訳　先週，シェリーはホラー映画を見に行った。それは，半分はサメで半分は人間の奇妙な生物に関するものだった。

単語力（名詞）を問う問題。空所直後の that は主格の関係代名詞で，空所を修飾していることに注目すると，空所を含む文は「それは，半分はサメで半分は人間である奇妙な（　　）に関するものだった」となることから，正解として適切な語句は **1 creature**「生物」である。creature は“create されるもの”の意味で，「神によって創造されたもの」ということから植物を除く生き物全般を指すが，本問では，「想像上の生き物」という意味である。**2** mineral「鉱物」　**3** package「小包」　**4** instrument「器具」

(2)　解答　4

訳　高校卒業後，テッドは祖国に奉仕するために軍隊に加わった。彼は初めて軍服を着たとき，誇らしく感じた。

単語力（名詞）を問う問題。空所直後に“目的”を表す so that ～「～できるように，～するために」という表現に続いて，he could serve his country「自分が祖国のために奉仕できる」という内容があること，また，2文目では「軍服を着たとき誇らしく感じた」とあることから，正解は **4 military**「軍隊」である。**1** affair「事態，出来事」　**2** emergency「緊急事態」　**3** container「容器」

(3)　解答　4

訳　レイカの夢は東京の有名なフランス料理店で働くことだ。彼女は料理学校に通うことによって，これを達成しようとしている。

単語力（動詞）を問う問題。空所直後の this を目的語とする他動詞を選ぶ。this の内容は前文「東京の有名フランス料理店で働きたい」という夢の内容を指しており，this の後には「料理学校に行くことにより」と書かれていることから，正解は **4 accomplish**「～を達成する，成就する」である。**1** decrease「～を減少させる」　**2** unite「～を統合する」　**3** overwhelm「～を困惑させる，圧倒する」

(4)　解答　3

訳　アーサーは自身が経営しているカフェを売ろうとしていた。しかし，近くに新しい大学ができてから客が増え始めたので，彼は決意を翻した。

単語力（動詞）を問う問題。2文目文頭の However「しかしながら」に注目。この前後は正反対の内容になることに留意して1文目に注目すると，「アーサーは自身が経営するカフェを売りに出そうとしていた」とある。空所の直後には his decision「彼の決心」があり，さらに続く because 以下には「客が増え始めた」という内容が続くので，空所に適切な語は **3 reversed**「翻した」である。reverse は「～を翻す，覆す」という意味。**1** abused は abuse「～を乱用する」，**2** secured は secure「～を安心させる」，**4** stimulated は

stimulate「～を刺激する」の過去形。

(5) **解答** 4

訳　フランクは報告書を書くための十分な時間がなかったので，それを仕上げるのにあと数日もらえるかどうか上司に尋ねた。

単語力（形容詞）を問う問題。空所直後に time to write his report「報告書を書くための時間」とあり，さらに後半の so「だから」の後ろに「上司にあと数日もらえるか尋ねた」とあることから，空所には **4 sufficient**「十分な」を入れると文意が通る。**1** possible「あり得る」 **2** delicate「繊細な」 **3** financial「財政の」

(6) **解答** 4

訳　昨日ブリグストン市のレストランで火事があった。誰もけがをしなかったが，その建物は激しく損傷を受けた。所有者たちは新しい建物を建設しなければならないだろう。

単語力（副詞）を問う問題。英文構造を見ると，空所は damaged を修飾しているとわかる。1文目で「火事があった」とあり，3文目では「新しい建物を建設しなければならないだろう」とあることから，正解は **4 severely**「ひどく，激しく」である。**1** mentally「精神的に」 **2** intelligently「聡明に」 **3** annually「年に1回」

(7) **解答** 3

訳　ベスは先週結婚披露宴に招待された。彼女は一人で行きたくなかったので，友人のジェレミーに一緒に来てくれるように頼んだ。

単語力（動詞）を問う問題。空所を含む文の前半に「彼女は一人で行きたくなかったので」とあることに注目。空所の文は ask *A* to *do*「*A* に～してもらうように頼む」の形になっていることから，正解は **3 accompany**「～と一緒に行く，同行する」である。**1** restrict「制限する」 **2** distribute「分配する」 **4** promote「昇進させる，促進する」

(8) **解答** 4

訳　SOL-5ロケットは明日地球を飛び立つ予定だ。宇宙飛行士たちの任務は，気象衛星を修理することである。

単語力（名詞）を問う問題。空所後に is という be 動詞があることに注目。be 動詞は前後で意味的なイコール関係を形成するが，is の後は to repair a weather satellite「気象衛星を修理すること」となっていることから，正解は **4 mission**「任務，使命」である。空所前が the astronauts'「その宇宙飛行士たちの」という所有格であることもヒント。**1** foundation「土台」 **2** impression「印象」 **3** definition「定義」

(9) **解答** 1

訳　化学の授業で，生徒たちは少量の酸を水に加えた。その後，彼らは実験を行うためにこの混合物を使った。

単語力（名詞）を問う問題。空所直前に this「この」とあることから，空所に入る名詞は前文にヒントがある。前文では，「化学の授業で生徒たちが酸を水に加えた」とあることから，

mix「混ぜる」の名詞形である **1 mixture**「混合物」が正解。**2** climate「気候」 **3** entry「入ること」 **4** moment「瞬間」

(10) 解答 4

訳 朝は雨が非常に激しく降っていたので，政府はそのロケットを宇宙へ打ち上げるのを待たなければならなかった。

単語力（動詞）を問う問題。空所は had to wait to「～するのを待たなければならなかった」に続く動詞であり，the rocket を目的語に取る動詞である。文の前半に「雨が激しく降っていたので」ともあることから，**4 launch**「打ち上げる」のを待つ，とするのが適切である。**1** elect「選出する」 **2** impact「影響を与える」 **3** sweep「掃く」

(11) 解答 1

訳 歴史の授業中，エイデンはリサがノートを持っていないことに気づいた。彼は自分のノートから紙を引き剥がして，彼女がメモを取れるようにそれを渡した。

イディオムの知識を問う問題。文構造を分析すると，空所は some paper を目的語に取る他動詞表現であり，かつその後に続く and gave it to her … の it とは some paper を指しているとわかる。文意は「ノートから紙を（　　）して，その紙を彼女に渡した」となるはずなので，tear off ～「～を引き剥がす，引きちぎる」の過去形である，**1 tore off** が正解である。**2** relied on は rely on ～「～に頼る」，**3** answered back は answer back「口答えする」，**4** broke out は break out「勃発する」の過去形。

(12) 解答 1

訳 デレクは，会社のゴルフトーナメントでもう少しで優勝しそうだった。しかし，最後のホールでまずいショットを打ってしまい，結局 2 位に終わった。

イディオムの知識を問う問題。2 文目 However「しかしながら」に注目して，前後の内容が逆になることを押さえる。However 前の文では，空所の直後に winning という *doing* 形があるが，選択肢は全て前置詞で終わっているので，winning 以下は動名詞句で「会社のゴルフトーナメントで勝つこと」という意味になっていると判断できる。However を含む文では「デレクが最終的に 2 位になった」という内容が述べられていることから，デレクが優勝に手が届きそうだったということがわかる。したがって，正解は **1 came close to** である。come close to *doing* で「もう少しで～するところだ」という意味（直訳は「～することに近いところまで来る」）。**2** made fun of は make fun of ～「～をからかう」，**3** took pride in は take pride in ～「～に誇りを持つ」，**4** found fault with は find fault with ～「～に文句を言う」の過去形。

(13) 解答 1

訳 グリフィス先生は，生徒たちに，授業中のおしゃべりをやめないと追加の宿題が出ることになると警告した。生徒たちがどうしても静かにならなかったので，彼は自身の脅しを完全に実行した。

イディオムの知識を問う問題。follow through with ～「～を（言葉だけでなく）最後までやり抜く」という意味なので，正解は **1 followed through** である。**2** went over なら go over with ～で「(事が) ～に受け入れられる」，**3** got through なら get through with ～で「(仕事など) を終える」，**4** turned over なら turn over で「ひっくり返す，熟考する」という意味になって，いずれも文意が通らない。

(14) 解答 2

訳
A：さて私がさっき偶然会ったのは誰でしょう。大学時代のジーナを覚えてる？
B：ああ，覚えているよ。僕も先日彼女に会ったよ。彼女は僕たちと同じ建物で働いているようだね。

イディオムの知識を問う問題。空所は who から始まる間接疑問文中の動詞なので，「私が誰に (を) ～したか」という意味になるとわかる。Bの発話で，I met her the other day, too.「僕も先日彼女に会ったよ」とあることから，正解は **2 ran into** である。run into ～ で「～に偶然出会う」という意味。**1** hoped for は hope for ～「～を望む」，**3** looked over は look over ～「～を見渡す」，**4** complied with は comply with ～「～に従う」の過去形。

(15) 解答 2

訳　転職して以来，ニールは自身の仕事と生活のバランスにはるかに満足している。彼は新しい地位を楽しんでいるが，家族や友人とより多くの時間を過ごすことができることも喜んでいる。

イディオムの知識を問う問題。2文目に注目すると，ニールは仕事と私生活の両方で充実した日々を送っていることがわかるので，his work-life balance に先行する空所の表現は，**2 content with** が最も適切である。be content with～で「～に満足している」という意味。またこの表現は，be contented with となる時もある。名詞の content「中身，内容」と合わせて覚えておきたい。**1** separate from「～から独立して」 **3** based on「～に基づいて」 **4** equal to「～に匹敵して」

(16) 解答 3

訳
A：お母さん，土曜日のバーベキューに友達を何人か招待してもいいかな？
B：もちろん。みんなが食べて飲んでも十分すぎるほどの量があるはずよ。

イディオムの知識を問う問題。「友達をバーベキューに誘っていいか」という問いに対する答え。Bは空所後に，「十分すぎるほどの食べ物，飲み物がある」と述べていることから，友達の招待を歓迎していると判断できる。したがって，正解は **3 By all means**「是非とも，もちろん」である。この場合の means は名詞で「方法，手段」という意味なので，直訳は「全ての手段によって」となることから，承認や許可を強調する表現として使われる。**1** In any case「いずれにせよ」 **2** At any rate「とにかく，どんな割合でも」 **4** On the whole「概して」

(17)　解答　2

訳　アリソンはまだ赤ん坊の弟が自分の部屋に入るのが嫌いだ。彼はいつも彼女のもので散らかして，彼女が後から片付けなければならないからだ。

イディオムの知識を問う問題。空所後の and she has to clean up afterward「彼女が後から片付けなければならない」とあることから，正解は **2 makes a mess**「散らかす」である。mess は「乱雑，めちゃくちゃな状態」という意味の名詞。**1** makes an effort「努力する」 **3** takes a chance「思い切ってやってみる」 **4** takes a rest「休憩する」

(18)　解答　2

訳　プレゼンコンテストで1位を獲得した後，ケビンはスピーチの中で，妻の助けがなければ，勝つことは決してなかっただろうと語った。

文法力（仮定法）を問う問題。まずは文構造を分析すると，空所を含む後半部分（Kevin said …）は，Kevin said が主たる SV で，said の目的語は in his speech という前置詞句の先にある that 以下だとわかる。よって that は接続詞だから，(　　) for his wife's help の部分が文の要素にならない副詞句で，he never would have won の部分が that 節の骨格だとわかる。仮定法過去完了の形で，正解は **2 but** である。but for ～ は，「～がなければ」という意味の“条件”を表す表現となる。

(19)　解答　3

訳　ショーンは明朝早くから重要な会議があるので，今夜は夜更かししないほうがよい。

文法力（助動詞）を問う問題。空所の直後に better not stay とあることから，正解は **3 had** である。had better *do* で「～すべきである，～したほうがよい」の意味で，「そうしなければ不利益を被ることになる」という意味を含む表現。否定形「～すべきではない，～しないほうがよい」は，had better not *do* となるが，not の位置に注意。

(20)　解答　1

訳　A：ニッキー，来年高校卒業だな。どの大学に行きたいのか考え始めてもいい頃だぞ。
B：そうね，パパ。でも，私自分が将来何になりたいのかまだわからないの。

文法力（仮定法）を問う問題。空所前の It's time がヒント。It is time S V. という形で「(今はまだそうなっていないが) もう S は V してもいい頃だ」という意味になる。ただし，「今はまだそうなっていないが」という現在の事実に反する内容を述べる含意があるので，SV の V の部分は仮定法過去の形になることに注意。したがって，正解は **1 started** である。ちなみにこの表現は，It is high time S V.「もうとっくに S は V してもいい頃だ」や It is about time S V.「もうそろそろ S は V してもいい頃だ」等，修飾語句がつくこともあるが，動詞はやはり仮定法過去になることを合わせて覚えておきたい。

一次試験　筆記　2A

訳

ティーカップにある答え

他の多くの国と同様に，インドの人々はプラスチック廃棄物の問題について心配している。なにしろ，その国は毎年56億キログラムのプラスチック廃棄物を出すのだから。たくさんのプラスチックが，最終的には陸上か，ガンジス川のような水路でゴミとなるので，プラスチック廃棄物を処理するためのシステムは改善を必要としている。対応として，インド政府は1回しか使うことができないプラスチック商品の禁止を導入することを計画した。しかし，結局，政府は経済状況と失業率の増加に対する懸念が理由で，その計画を変更せざるを得なかった。

それでも，プラスチックの使用が終了した状況が一つある。インドにある7000の鉄道駅全てが，プラスチックティーカップをカルハドと呼ばれる褐色粘土ティーカップに取り替えたのだ。インドでは，プラスチックカップが使われるずっと前は，人々はこれらの伝統的なカップでお茶を飲んでいた。インドの鉄道大臣は，カルハドに入れたお茶だけを売るように鉄道駅に命じた。そうすることによって，彼は，同国がプラスチックゴミを終わらせることに向けた，重要な一歩を踏み出すことを望んでいる。

カルハドがプラスチック製のティーカップより優れている理由はいくつかある。第一に，それらは捨てられた後，すぐに環境に害のない物質に分解される。第二に，カルハドが原料としている粘土は，実はお茶の風味を良くする。最後に，カルハドを使うことは雇用を創出するだろう。プラスチックのカップは機械で作られるが，カルハドは手作業で作られる。インド政府は，この変化によって数十万人がさらなる仕事を得るだろうと推定している。

語句・構文

(第1段) □ as in ～「～におけるように」
□ be concerned about ～「～について心配している」
□ after all「そもそも，なにしろ」　□ manage「～をうまく処理する」
□ end up as ～「結局～として終わる」　□ waterway「水路，排水溝」
□ in response「対応として，それに応じて」
□ ban on ～「～に対する禁止」　□ unemployment「失業率」

(第2段) □ nevertheless「それにもかかわらず」　□ come to an end「終わる」
□ railway「鉄道」　□ replace *A* with *B*「*A* を *B* と取り替える」
□ brown clay「褐色粘土」　□ long before ～「～よりもずっと前に」
□ minister「大臣」　□ order *A* to *do*「*A* に～するよう命令する」
□ take a step「一歩踏み出す」

(第3段) □ several「複数の」　□ throw away「～を捨てる，廃棄する」
□ break down into ～「分解されて～になる」　□ flavor「風味，味」
□ hundreds of thousands of ～「何十万もの～」
□ extra「余分な，追加の」

各段落の要旨

第1段　インドは，他国と同様プラスチック廃棄物の処理に関する問題を抱えており，その問題を解決するための計画を打ち出したこともあったが，経済状況や失業率の増加といった社会問題が理由で，その計画を断念せざるを得なかった。

第2段　一つの喜ぶべき状況は，国内の全ての鉄道駅では，従前のプラスチックカップが，カルハドという伝統的な粘土性のカップに取り替えられたことで，プラスチックの使用がなくなったということである。

第3段　カルハドの方がプラスチックカップを使用するよりも優れている理由は主に3つあり，1つ目は，カルハドは廃棄されても環境を害することのない物質に分解されるという点，2つ目はお茶の風味を増すという点，そして3つ目は手作りする必要があるので，その結果雇用を生み出すという点である。

(21)　解答　1

選択肢の訳
- **1**　In the end「結局は，最終的に」
- **2**　Moreover「さらに，その上」
- **3**　For one thing「一つには」
- **4**　Overall「概して，全体的に言って」

空所の直後の though に注目。このように挿入的に使われる though は，however と同様「しかしながら，けれども」という意味の副詞で，前文とは対照的な内容を述べる時に使う。そこで空所の前文（In response, …）の内容を確認すると，「インド政府がプラスチック製品に対して，ある規制をかける予定をしていた」とある。空所以下の文では，the government was forced to change its plans「政府はその計画を変更せざるを得なかった」とあることから，正解は **1　In the end**「結局は，最終的に」である。

(22)　解答　3

選択肢の訳
- **1**　のためのゴミ箱を供給する
- **2**　の中でより少ないプラスチックを使う
- **3**　に入れたお茶だけを売る
- **4**　に対してより多くの料金を請求する

文の形をまず確認した上で，論理の流れを吟味する。空所の前には ordered railway stations to とあり，選択肢は全て動詞の原形が含まれていることから，この文は order *A* to ***do***「*A* に～するよう命じる」になっているとわかる。次に空所の後ろの文の内容に注目すると，By doing so「そうすることによって」と前文の内容を受ける表現があって，その後「その国がプラスチック廃棄を終わらせる方向へと重要な一歩を踏み出してほしいと望んでいる」と続く。したがって，空所には「プラスチック廃棄を止める原因となり得ること」が入るとわかる。空所直後には *kulhads* とあり，同段第2文（All 7,000 railway …）には「全ての駅がプラスチックカップからカルハドと言われる褐色粘土のカップに置き換えた」とあることから，空所には **3　only sell tea in** を入れると「カルハドに入れたお茶だけを売る」となって文意が通る。**2** は選択肢だけを見ると正解に見えるかもしれないが，空所に入れると use less plastic in ***kulhads***「より少ないプラスチックをカルハドの中で使う」となってしまう。***kulhad*** は褐色粘土のカップで，そもそもプラスチックは含有されていないので不適。**1** だと「カルハドのためのゴミ箱を供給する」，**4** だと「カルハドに対してより多くの料金を請求する」となり，文意が通じない。

(23)　解答　1

選択肢の訳　**1**　雇用を創出するだろう
2　費用が少なくてすむ
3　人々の健康にとってより良い
4　まだ始まりにすぎない

空所を含む第3段（There are several …）では，カルハドが従来のプラスチックカップよりも優れている理由が3点に分けて述べられている。空所はその3点目を挙げる箇所であり，using ***kulhads***「カルハドを使うこと」を主語とする述部を選ぶ問題である。英文は抽象→具体の流れで論じられることが多いので空所の後の2文（Plastic cups are … of this change.）に注目すると，「カルハドは手作りなので，何十万もの人がさらなる仕事を得ることになる」とある。この内容を抽象化する内容となるのが空所部分なので，正解は **1 will create jobs**「雇用を創出するだろう」である。

一次試験　筆記　2B

訳

可愛いだけの鳥ではない

オウムは賢く，時にとても色彩豊かな鳥だ。それらはペットとして人気があり，動物園でよく見られる。残念ながら，野生のオウムの種の約3分の1が絶滅の危機に瀕している。例としては，スミレコンゴウインコやコスミレコンゴウインコなどがある。毎年，これらの鳥のうちの一部は捕獲され，ペットとして違法に販売されている。さらに悪いことに，多くの種が死に瀕しているのだが，それは，それらの種が生息している森が，農地を作ったり木材を得たりするために伐採されているからである。このことは，インコが巣を作ってえさを集めることができる場所の規模を，縮小させた。

『ダイバーシティ』誌に発表された研究は，スミレコンゴウインコとコスミレコンゴウインコが森林で重要な役割を果たしている，ということを明らかにした。ブラジルとボリビアでこれらのオウムを研究している研究者たちは，それらのインコが18種類の木の種をまいていることを発見した。彼らは，その鳥たちが，木から果実や木の実を取ってそれらを遠くまで運んでいるのに気づいた。鳥たちがこれをするのは，その果実や木の実を後で食べるためである。しかし，鳥たちはその果実や木の実を落とす時もあるのだ。人間によって伐採された場所でこのことが起こると，その果実と木の実の中の種が木に成長し，森が回復する助けとなる。

今日，保護団体はスミレコンゴウインコとコスミレコンゴウインコを保護するために，懸命に取り組んでいる。一つ困ったことには，こうしたオウムたちは多くの雛を失う。このことの重要な理由の一つは，それらの卵が他の鳥によく食べられるということだ。

これを防ぐために，コンゴウインコの卵は時に科学者によって巣から取り除かれ，鶏卵に置き換えられる。科学者たちはその卵を安全に保管する。コンゴウインコの雛が卵から出てきた後は，それらの雛は親のもとに戻されるのだ。

語句・構文

（第１段）☐ parrot「オウム」　☐ smart「賢い」　☐ zoo「動物園」
☐ one-third「３分の１」　☐ die out「絶滅する」
☐ hyacinth macaw「スミレコンゴウインコ」
☐ Lear's macaw「コスミレコンゴウインコ」　☐ illegally「違法に」
☐ clear「～を取り除く」　☐ farmland「農場」　☐ nest「巣」

（第２段）☐ journal「専門誌，定期刊行物」　☐ role「役割」
☐ spread「～をまく，散布する」　☐ seed「種，種子」
☐ observe *A* ***doing***「*A* が～しているのに気づく」
☐ so that …「…するために」

（第３段）☐ conservation「保護，保全」　☐ protect「～を保護する，保存する」
☐ remove *A* from *B*「*A* を *B* から取り除く」
☐ replace *A* with *B*「*A* を *B* と取り替える」　☐ chick「雛，雛鳥」
☐ come out of ～「～から出てくる」

各段落の要旨

第１段　オウムは聡明で色彩豊かな鳥であり，ペットや動物園で飼われている動物として非常に身近であるが，ペットとしての売買を目的として違法に捕獲されたり，農地開発や森林伐採に伴って生息地が奪われたりしたことが原因で，野生の種全体のうちの３分の１が絶滅の危機にある。

第２段　野生のオウムは果実や木の実を遠くへ運ぶ過程で，それらを地上に落とすことがある。落とした場所が，人間によって森林が破壊された土地だった場合，森林が回復することができるという点で，オウムたちは森林にとって非常に重要な役割を果たしていることがわかった。

第３段　オウムの保護活動を行う保護団体もあるが，その卵が別の鳥に食べられてしまうという難点があるために，科学者は卵を巣から取り出して雛が孵るまで人の手で育て，雛が孵ったら再び巣に戻すという活動をしている。

(24)　解答　3

選択肢の訳
1　On the contrary「それどころか」
2　Under this「この下で」
3　What is worse「さらに悪いことに」
4　Like before「以前のように」

選択肢を見ると空所は副詞が入るとわかるので，前後のつながりを確認する。空所前では，絶滅の危機に瀕しているオウムの種の中には，捕獲されてペットとして違法に売られているものもある，というマイナスの内容が述べられている。空所の後でも，多くの種は生息地を奪われているために絶滅しかけているという，同様にマイナスの内容が述べられている。したがって，正解は **3 What is worse**「さらに悪いことに」が適切である。

(25) 解答　2

選択肢の訳　**1**　さらに多く（の果実などを）求めて戻ることが多い

2　それらを落とす時がある

3　葉や花も食べる

4　それらを自分の巣に持ってくる

まず，空所直前の they が the birds を指すことを確認する。さらにその前に However があることから，「前後の内容に注目して前文とは反対の内容を入れる」というのが通例だが，本問の場合は前文を読んでもあまり参考にならない。注目すべきは，空所の直後の文の冒頭 When this happens in areas cleared by humans にある this「このこと」である。this は前文の内容を指すので，the birds の取る“ある行動”（＝空所に入る行動）が areas cleared by humans「人間によって開発された場所」で起こると，the seeds inside the fruits and nuts grow into trees, helping the forests to recover「その果実と木の実の中の種が木に成長し，森が回復する助けとなる」と繋がっていくのがわかる。したがって，空所に最も適切なのは **2 sometimes drop them**「それら（＝果実と木の実）を落とす時がある」である。

(26) 解答　4

選択肢の訳　**1**　巣をつくらない

2　捕まえるのが容易ではない

3　聴力が弱い

4　多くの雛鳥を失う

空所を含む文は，「一つの難点はこれらのオウムが（　　）ということである」となっている。difficulty「難点」とは前文の内容より，オウムを保護する上での難点を指す。空所は these parrots を主語にする述語部分であるが，解答根拠は空所直後の文にある。ここでは An important reason for this is that …「このことの重要な理由は…ということである」となっていることに注目すると，this は前文の内容を指し，その理由が that 以下に書かれているとわかる。that 以下では「オウムの卵が他の鳥に食べられる」とある。このことを“理由”として導かれる“帰結”となる空所部分の表現は，**4 lose many babies**「多くの雛鳥を失う」が最適である。

一次試験　筆記　3 A

訳

発信元：ノエル・ランダー〈noel@coffeeshopsupplies.com〉
宛先：ゲイリー・スタイン〈thedaydreamcoffeeshop@goodmail.com〉
日付：6 月 5 日
件名：お客様のご注文

スタイン様

今朝は弊社営業部のジェナ・マークスにお電話でご注文いただきありがとうございました。ご注文内容は，お客様のカフェのお名前とロゴが印刷された M サイズの黒の紙コップ 500 個でした。ご注文についてのジェナのメモによると，お客様はこれらのカップを土曜日までに配達してほしいとのご要望です。

申し訳ございませんが，現在 M サイズで黒のコーヒーカップの在庫が全くございません。さらに，弊社のコーヒーカップを作る機械が現在故障しております。故障した部品は先日修理に出しましたが，金曜日まで弊社の工場に返却されない予定です。このため，いくつかの代替案をご提案するためにご連絡している次第です。

どうしても黒のカップがご入用でしたら，S サイズと L サイズならございます。しかしながら，お客様におかれましては色よりもサイズの方が重要だと推察いたします。M サイズのコーヒーカップは白ならございますので，代わりにそちらにお客様のロゴを印刷することが可能です。M サイズのカップは茶色もございます。今回の問題に関して，心よりお詫び申し上げます。これらの選択肢の中でどれが最善であるかをお知らせください。またその際には，追加で 50 個のカップを無料でお送りさせていただきます。弊社の配達業者によりますと，ご注文の品が土曜日までに届くようにするためには，弊社の方で水曜日までに発送する必要があるとのことでございます。お客様のご決定をできるだけ早くお知らせくださいませ。

よろしくお願いします。
ノエル・ランダー
コーヒーショップサプライズお客様サポート

語句・構文

(第 1 段) □ place an order「注文する」　□ sales department「営業部，販売課」
□ medium-sized「M サイズの，中型の」
□ need *A* to be *done*「*A* を～してほしい」

(第 2 段) □ at this time「今のところ，現時点では」
□ what is more「さらに，その上」　□ currently「現在」
□ be sent for repair「修理に出される」　□ the other day「先日」
□ alternative「代替案，選択肢」

(第 3 段) □ guess「～と推測する」　□ instead「代わりに」
□ let *A* know「*A* に知らせる」　□ additional「追加の，余分な」
□ for free「無料で」　□ so that SV「S が V するように」
□ as soon as *A* can「できるだけすぐに」

各段落の要旨

第1段　コーヒー用品メーカーの顧客係であるノエル・ランダーが，コーヒーカップの注文をしたカフェ店主ゲイリー・スタインに対して，注文の詳細及び配達期限を確認している。

第2段　注文品の在庫がないこと，コーヒーカップの製造機が故障しており，かつ修理部品もすぐには届かないことを原因として，スタインの希望通りの品を用意できないと謝罪した上で，代案を提案しようとしている。

第3段　代案として，カップのサイズか色のいずれかを変更することを提案し，謝罪の意味を込めて追加で50個のカップを無料で提供すると申し出ると同時に，注文を間に合わせるための期限に関する注意を喚起して，メールを終えている。

(27)　解答　4

質問の訳　**今朝，ジェナ・マークスは（　　　）**

選択肢の訳　**1**　スタイン氏の注文書に間違った名前を書き留めた。

2　顧客に間違った配達日を知らせた。

3　電話で営業部に連絡を取った。

4　スタイン氏のカフェ用のカップの注文を受けた。

第1段第1文（Thank you for …）に注目。ここでは，「弊社営業部のジェナ・マークスにお電話でご注文いただきありがとうございました」とあることから，正解は**4 took an order for cups for Mr. Stein's café.** である。**1**は，write down「書き留める」という表現から，同段第3文（According to Jenna's …）にあるJenna's notes「ジェナのメモ」に関連があると思われるが，「間違った名前を書き留めた」とは書かれていない。**2**に関しては本文中に言及がない。**3**に関しては，“sales department”，“by telephone”といった語が同段第1文（Thank you for …）に見られるが，「営業部に電話で連絡を取った」のは，ジェナ・マークス氏ではなく，メールの受取手であるスタイン氏なので不適。断片情報に飛びつくのではなく，主語述語などの関係性を押さえ，文全体の意味で考えるのが重要である。

(28)　解答　1

質問の訳　**ノエル・ランダーによると，注文の問題点は何か。**

選択肢の訳　**1**　彼の会社にはスタイン氏の求めるカップがない。

2　彼の会社の機械はスタイン氏のロゴを印刷できない。

3　注文のカップは金曜日までスタイン氏に配達できない。

4　注文のカップは先日配達業者が紛失した。

第2段第1文（I am sorry …）に注目。ここでは，ノエル氏の会社は現在スタイン氏の注文の品がないということで謝罪をしている。同段ではこの後，注文通りの品が用意できない理由が列記されている。したがって，正解は**1 His company does not have the cups that Mr. Stein wants.** である。**2**について，同段第2文（What is more, …）にmachineへの言及は見られるが，故障しているこの機械は「カップを作る機械」のことであり，ロゴを印刷する機械は故障していない。**3**に関して，until Fridayという表現は同段第3文

（The part that …）に見られるが，これは故障した機械の修理部品が届く期限なので，不適。**4** に関して，delivery company は第 3 段第 7 文（Our delivery company …）に言及が見られるが，「カップを失くした」という内容は一切言及されておらず，不適。

(29) **解答** **2**

質問の訳 **ノエル・ランダーはスタイン氏に何を提案しているか。**

選択肢の訳 **1** 次回は 50 個以上のカップを注文すること。

2 白か茶色のカップを使うこと。

3 自身の顧客に無料のコーヒーを提供すること。

4 自分の店のカップを別の会社から買うこと。

第 3 段第 2 文（However, …）の「色よりも大きさの方が重要であると推察いたします」に続く，第 3・4 文（We have medium-sized … cups in brown.）が具体的な提案内容。ここでは，スタイン氏が注文した M サイズのカップなら白にロゴをプリントすることができるし，茶色のカップもある，と述べている。したがって，正解は **2 Using cups that are white or brown.** である。**1** に関して，“50 cups” への言及は同段第 6 文（Please let us …）に見られるが，これはノエル氏がお詫びの印として提供しようとしている品なので不適。

一次試験　筆記　3B

訳

ツイード

ツイードとは，スコットランドとアイルランドの農夫たちによって最初に開発された，一種の厚手の布に付けられた名前である。長い羊毛が様々な色に染められた後に，組み合わされて模様のある布になる。スコットランドやアイルランドの天気は，しばしば寒く湿気が多いので，この暖かい防水性素材は，農夫が畑で働く時に重宝された。

ツイードは，19 世紀までは，農村社会の外ではあまり知られていなかった。当時，裕福なイギリス人がスコットランドの広大な土地を購入しつつあった。これらは地所として知られており，地主たちによって狩りや釣りのために使用されていた。狩りをする人たちがツイードに関心を持つようになったのは，ツイードが主に茶色や緑色，灰色であるため，野生動物たちはその素材で作られた服を着ている人が見えにくくなるからである。裕福なイギリス人の地主たちは，ツイードの模様を自分の農園専用に作り始めた。ビクトリア女王の夫であるアルバート公が，スコットランドの王室の領地で働く人々のために独特の模様を作らせた後，この布はイギリス全体で有名になった。

ツイードで作られた服は，裕福な人が田舎で身につける定番アイテムになった。男性は町や都市でビジネスをするときは青か黒のスーツを，自分の地所でくつろぎに行くときはツイードのスーツを着たものだった。庶民は，ゴルフやサイクリングなどの屋外での趣味のためにツイードを身に着けることによって，裕福な人々の真似をし始めた。ツイードを着る流行はアメリカ合衆国やヨーロッパ全土にも広がり，様々な有名ファッションデザイナーたちがツイードを自分たちの服に使った 20 世紀には，ツイードはさらに人気が高まった。

ツイードは何年もの間流行していた。もっとも，21世紀初頭までにはその人気は落ちていたのだが。しかし，ツイードは今もう一度人気になり始めている。この理由の一つは，ツイードは環境にほとんど害をもたらさないからである。天然の羊毛から作られるだけではなく，非常に長持ちするほど丈夫なので，人々は新しい服を頻繁に買う必要がないのだ。実際，イギリスの裕福な人々の中には，今でも祖父母のツイードのスーツを着ている人がいる。

語句・構文

（第1段）☐ a type of ～「一種の～」　☐ thick「分厚い」　☐ cloth「布，生地」
☐ wool「羊毛，毛糸」　☐ dye「～を染める」
☐ put together ～「～を組み合わせる」　☐ pattern「模様，柄」
☐ waterproof「防水性の，耐水性の」　☐ field「田畑，牧草地」

（第2段）☐ wealthy「裕福な」　☐ estate「農園，地所」
☐ hunting「狩り，狩猟」　☐ mainly「主に，大部分は」
☐ material「生地，素材」　☐ royal「王家の」
☐ throughout「～じゅうで，～全体で」

（第3段）☐ clothes「衣服」　☐ standard「標準の，一般的な」
☐ countryside「田舎」　☐ would「～したものだ」　☐ suit「スーツ」
☐ ordinary「普通の，並の」　☐ imitate「～を真似する」
☐ outdoor「屋外の」　☐ fashion「流行」
☐ spread「普及する，広まる」　☐ the rest of ～「～の残り全部」
☐ even「（比較級の前で）一層，さらに」　☐ various「様々な」

（第4段）☐ remain ～「～のままである」　☐ fashionable「流行の，はやりの」
☐ though「（等位接続詞的に）もっとも…だが」
☐ popularity「人気，評判」　☐ once more「もう一回」
☐ do harm to ～「～に害を与える」
☐ in addition to ～「～に加えて，～だけでなく」　☐ last「（動詞で）続く」
☐ indeed「実際」　☐ still「まだ，いまだに」

各段落の要旨

第1段　ツイードは，スコットランドとアイルランドで初めて開発された分厚い生地で，様々な色に染めた羊毛を組み合わせて模様を作っている生地であるが，その防寒性と耐水性が理由で，屋外で農作業を行う農夫の間で人気があった。

第2段　ツイードが農夫以外に普及し始めたのは，19世紀に私有地所で狩猟や釣りを楽しむ富裕層が，その柄は動物の目を欺きやすく狩猟に適していると気づいたことが発端であり，ビクトリア女王の夫であるアルバート公が王室領地独自の柄を考案したことで，イギリス全土に広まった。

第3段　ツイードは富裕層の休日着となり，それにならった一般人がツイードを屋外活動で着用するという流行が確立され，その流行はアメリカ合衆国やヨーロッパ全土に広がったが，さらに20世紀に有名ファッションデザイナーたちがツイードを取り入れたことで一層の人気を博すこととなった。

第4段 長年流行であったツイードは21世紀初頭にその人気に翳りが見えたものの，現在その人気が再燃している。その理由は，ツイードが天然の羊毛で作られている上に，非常に丈夫で長持ちすることで新しい服を買い足す必要がなくなるという，環境に優しい側面があるからである。

(30) 解答 1

質問の訳 ツイードはスコットランドやアイルランドの農夫に人気があった。なぜなら（　　）からだ。

選択肢の訳
1 それは彼らが屋外にいる間，彼らを温め濡れないようにするのに役立った
2 それは彼らが自由時間にお金を稼ぐのに役立った
3 それによって彼らは自作した余分な羊毛を何でも使うことができた
4 それによって彼らは若い人たちに自分たちの文化を教えることができた

第1段最終文（The weather in…）に注目。ここでは，「この暖かい防水性素材（＝ツイード）が外で農作業をする農夫にとても人気だった」とある。したがって，正解は**1 it helped keep them warm and dry while they were outside.** である。この選択肢の keep them warm and dry の部分は，keep O C「O を C 状態に保つ」で，keep them warm と keep them dry を and でつないでいるが，前者が本文中の warm，後者が本文中の waterproof の言い換えとなっている。また，while they were outside は，本文中の as they worked in the fields の言い換えであることに注意。

(31) 解答 4

質問の訳 アルバート公はどのようにしてツイードを有名にする一助となったか。

選択肢の訳
1 彼はスコットランドの農夫が所有する土地によく狩りに行った。
2 彼はスコットランド内の，ツイード工場がある地所を買った。
3 彼はスコットランドを旅行中にそれを着ているところを目撃された。
4 彼はスコットランドの地所のために特別なツイードの柄を注文した。

第2段最終文（After Queen Victoria's…）に注目すると，「アルバート公が王室の領地で働く人々のために独特の模様を作らせた後，この布はイギリス全体で有名になった」とあることから，**4 He ordered a special tweed pattern for an estate in Scotland.** が正解である。**1** に関して，hunting への言及が同段第3文（These were known…）に見られるが，ここでは「富裕層は自身が購買した地所を狩りに使っていた」という内容を述べているだけで，アルバート公がツイードを有名にした件とは無関係である。

(32) 解答 4

質問の訳 庶民は，（　　）時にツイードを着ていた。

選択肢の訳
1 町や都市で仕事をしている
2 アメリカ合衆国やヨーロッパを訪れている
3 自分が農夫であると示そうとしている
4 屋外で余暇の活動を楽しんでいる

第3段第3文（Ordinary people began …）参照。ここでは，「庶民が富裕層の真似をしてツイードを屋外の趣味のために身につけ始めた」とある。したがって，正解は**4 enjoying leisure activities outside.**である。本文中のoutdoor hobbiesが選択肢ではleisure activities outsideと言い換えられていることに注意。**1**に関しては，同段第2文（Men would wear …）に言及が見られるが，仕事をしている時に着ていたのはツイードではなく青または黒のスーツである。さらに主語はMenとなっているが，前文（Clothes made from …）からのつながりから考えると，富裕層のことを指しているので内容と全く合わない。**2**に関して，同段第4文（The fashion for …）にthe United States and the rest of Europeという記述が見られるが，この文の主語はThe fashion for wearing tweedで，ツイードを着る流行が広がった先として挙げているだけなので「訪れた」わけではない。

(33) 解答　3

質問の訳　**ツイードが環境にほとんど害をもたらさない一つの理由は何か。**

選択肢の訳

1　それは燃やされる時，有害な煙を放出しない。

2　それは汚れにくく，ほとんど洗濯する必要がない。

3　それは人々が何年もの間身につけられるほどに丈夫である。

4　それは家族で経営されている小さな工場で，手作業で作られている。

第4段第4文（In addition to …）参照。ここでは，「ツイードは長く使い続けられるほどに丈夫だ」とあることから，**3 It is tough enough for people to wear it for many years.**が正解である。本文中のstrongがtoughに，for a very long timeがfor many yearsに言い換えられている。動詞のlast「続く」という意味を知っていることが最重要だが，仮に知らなくても続く第5文（Indeed, some wealthy …）で，「祖父母のツイードスーツをいまだに着ている人もいる」とあることから推測できる。

一次試験　筆記　3C

訳

遠い過去からの手掛かり

農業が発達する前に生きていた人類は，多くの石製の物体を残した。これらの物体は通常，道具や武器の一部であり，この人々がどのように食料を手に入れていたかを私たちに示してくれる。しかし，彼らの文化の他の部分についてはそれほど知られていない。私たちが持つこの時代のもう一方の情報源は，洞窟内の壁に描かれた絵だ。これらは主に狩りの場面なので，初期人類が集団生活をしていたことを示しているが，彼らが宗教儀式のような他の社会活動に参加したことを示しているわけではない。

証拠がないので，多くの歴史家は，人類が農地を作り村で生活するようになるまでは宗教が発展しなかったと信じるようになった。しかし最近の発見は，宗教的信仰がこの時代以前に存在していたかもしれないということを示唆している。シギルの偶像は，顔と記号が彫り込まれた背の高い木像だ。専門家たちは，これらの記号は彼らが崇拝した神々にまつわる宗教的信仰を表している可能性が非常に高いと言う。

シギルの偶像は，実は1890年にロシアで発見された。長い間，人々はそれがどれくらい前の物かわからなかったが，ここ数年の間その木材を分析したことで，その像が約1万2500年前，つまりこの地域の人類が農耕を始めるよりずっと前に作られたことが明らかになった。この像は，その所有者が動き回る時に解体して別の場所で再び組み立てられるように，複数の部位に分けて作られていた。残念ながら，一部の部品は20世紀初頭に失われており，それらのスケッチしか残っていない。

歴史のある時点で，シギルの偶像はその像を何千年もの間安全に保ってくれる泥のようなものの中に落ちた。それが発見された諸条件は非常に珍しい。実際，同年代の木製の像は他に一切見つかっていない。シギルの偶像の質から判断すると，初期の人類は木から物を作ることに長けていた。しかし，木製品はほとんど現存していない。これにもかかわらず，シギルの偶像は歴史学者たちに，初期人類はかつて人々が思っていたよりも高度な文化を持っており，おそらく宗教も持っていただろうということを示したのだ。

語句・構文

(第1段) □ leave *A* behind「*A* を残していく」 □ object「物体，もの」
□ weapon「武器」 □ obtain「～を得る，入手する」 □ source「源」
□ period「時代，年代」 □ painting「絵，絵画」 □ cave「洞窟」
□ mostly「主に」 □ scene「場面，光景」 □ religious「宗教的な」
□ ceremony「儀式」

(第2段) □ lack of ～「～の欠如，～がないこと」
□ lead *A* to ***do***「*A* が～するよう導く，(Sによって) *A* は～するようになる」
□ religion「宗教」 □ though「(副詞で) しかし，けれども」
□ wooden「木製の」 □ statue「像」 □ carve「彫る」
□ express「～を表す，表現する」 □ worship「～を崇拝する」

(第3段) □ actually「実際は，実は」 □ analysis「分析」
□ the last *A* years「ここ最近の *A* 年」 □ reveal「～を明らかにする」
□ long before ～「～よりもずっと前に」 □ so that ～「～できるように」
□ take down「～を解体する」 □ set up「～を組み立てる」
□ own「～を所有する」 □ drawing「図面，線画」
□ remain「残っている」

(第4段) □ at some point「ある時点で」
□ a kind of ～「～のようなもの，一種の～」
□ mud「泥，ぬかるみ」 □ condition「条件，状況」
□ rare「稀な，珍しい」 □ indeed「実際」
□ judging from ～「～から判断すると」
□ be skilled at ～「～が上手である」 □ survive「残存する」
□ despite ～「～にもかかわらず」 □ advanced「進歩した，高度な」
□ probably「おそらく～だろう」

各段落の要旨

第１段　農業が始まる以前の人類の生活様式を知る上で，石器と洞窟の壁画は重要な情報源である。前者によって，食料の入手方法がわかる一方で，後者によって人類が集団で生活していたことなどを知ることができる。しかし，宗教儀式のような社会活動についての詳細はよくわかっていない。

第２段　証拠がないので，多くの歴史家は初期の人類が農耕を開始し村で生活するようになるまでは宗教を持っていなかったと考えていたが，シギルの偶像が発見されたことにより，農耕開始前でも宗教が存在していた可能性が出てきた。

第３段　シギルの偶像は1890年にロシアで発見されたもので，当初その成立年代は不明であったが，使用されている木材を分析したことにより，人類が農耕を始めるよりもずっと前に作られたことが判明した。その像は組み立て式であるが，一部の部品は20世紀初頭に失われ，現在はスケッチしか残っていない。

第４段　シギルの偶像は，図らずも極めて稀有な保存環境にあったために，歴史家たちはその像の研究をすることができ，初期の人類は木製品の製造に優れていたこと，その文化は想像以上に高度であったこと，そしておそらく宗教も有していたであろうということがわかる。

(34)　解答　2

質問の訳　**初期人類によって残されている石製の物体から何がわかるか。**

選択肢の訳　**1**　彼らが洞窟の中で生活をしていたかどうか。

2　彼らが食べ物をどうやって手に入れることができたか。

3　彼らの集団が元々どこから来たのか。

4　彼らはかつてどのような種類の動物を狩っていたか。

第１段第２文（These objects are …）の and 以下に，「それらは，この人々が自分たちの食料をどのようにして得ていたのかを私たちに示してくれる」とある。「それら」とは文頭の These objects「これらの物体」を指しており，「これらの物体」とは前文の many stone objects「多くの石製品」のことである。したがって，**2 How they were able to get things to eat.** が正解となる。**1**，**3**，**4** は第１段中で使用されている単語を用いているだけで，本文の記述内容とは全く関係のない選択肢になっている。

(35)　解答　2

質問の訳　**シギルの偶像は，(　　　) 木製の像である。**

選択肢の訳　**1**　有名な歴史的指導者たちの顔が彫り込まれている

2　初期人類が神の存在を信じていたことを示すかもしれない

3　初期人類にとって農耕が重要であったことの象徴である

4　おそらく最初の人類の村のうちの一つの中心にあったであろう

選択肢は a wooden statue that に続くものでありいずれも動詞で始まっているので，that は主格の関係代名詞で，選択肢の文は wooden statue を修飾していることをまず確認する。第２段最終文（Experts say that …）に専門家の意見として，「これらの記号は彼らが崇拝した神々に関する宗教的信仰を表している可能性が非常に高い」とある。「これらの記号」とは，前文の内容からシギルの偶像に彫刻された記号のことだとわかるので，正解は **2 may show that early humans believed in the existence of gods.** である。**1** に関しては，同段第 3 文（The Shigir Idol …）に，a tall wooden statue that has faces というよく似た記述が見られるが，選択肢のような「有名な歴史的指導者たちの顔」とは述べられていないので不適。**3** は本文中の断片的な情報をつなげた誤答選択肢であり，**4** は本文中に同様の記述が一切見られない。

(36)　解答　4

質問の訳　**シギルの偶像について最近発見された一つのことは何か。**

選択肢の訳
1　それを所有していた人類は，それを組み立てる方法を示す図面を作成した。
2　その像を構成する部品の一部は，一度も発見されたことがない。
3　その像は，複数のさまざまな方法で組み立てることができる。
4　それは，まだ自分たちの食物の栽培を始めていない人々によって作られた。

第 3 段第 2 文（For a long …）の but 以下に，「その像は約 1 万 2500 年前，つまりこの地域の人類が農業を始めるよりずっと前に作られたことが明らかになった」とあることから，**4 It was made by people who had not yet begun growing their own food.** が正解である。この選択肢は大幅な言い換えがなされており，本文中の farming「農業」が growing their own food「自分自身の食料を栽培すること」に，long before humans in the area began farming「この地域の人類が農業を始めるずっと前に」という部分が，people who had not yet begun growing their own food「まだ自分自身の食料を栽培し始めていなかった人々」と言い換えられている。本文，選択肢いずれも落ち着いて正しく文意を取ることが鍵となる。**1** に関しては，同段第 3 文（The statue was …）に，「像の所有者が移動するときに解体し組み立て直せるように，複数の部品からできていた」と述べられており，続く第 4 文（Unfortunately, some pieces …）では drawings という単語が含まれているが，この第 4 文で述べられているのは，「像の部品の一部はすでに失われており，そのスケッチしか残っていない」という内容なので，選択肢の内容と一致せず不適。**2** に関しては，同第 4 文で some pieces were lost during the early 20th century「20 世紀初頭の間に一部の部品は失われた」とあるが，それはつまり「20 世紀初頭までは残っていた」ということなので，選択肢の have never been found「一度も発見されたことはない」と合わない。**3** に関しては，「複数の方法で組み立てることができる」とはどこにも書かれていないので不適。この問題は，本文中の断片的な情報だけを頼りにするだけでは正解できない問題の典型例である。

(37)　解答　4

質問の訳　**シギルの偶像の発見は，なぜ他に類を見ない出来事になりそうなのか。**

選択肢の訳
1　その像が発見された場所の泥のようなものが発掘を困難にするから。
2　初期人類は他の集団によって作られた宗教的な像をしばしば破壊したから。
3　シギルの偶像のようなものを作る技術を持つ初期人類はほとんどいなかったから。
4　木材は非常に特殊な条件下でしか何千年も残存しないから。

まずは，第 4 段第 2 文（The conditions in …）に「それ（＝シギルの偶像）が発見された諸条件は非常に珍しい」とあることに注目する。「それが発見された諸条件」とは，前文の a kind of mud that kept it safe for thousands of years「その像を何千年もの間安全に保った泥のようなもの」を指していると考えられる。その条件が「非常に珍しい」と言えるのは，同段第 3 文（Indeed, no other …）に「同年代の他のどんな木像も発見されていない」とあることや，同段第 5 文（However, few wooden …）に，「ほとんどの木製品は現存していない」ということからわかる。以上から，正解は **4 Because wood survives for thousands of years only in very special conditions.** だと判断できる。**1** に関しては，同段第 1 文（At some point …）に，a kind of mud という記述が見られるが，続く関係詞節では「その像を何千年もの間安全に保った」とあることから，「発掘を難しくする」という内容とは合わない。**3** に関しては，同段第 4 文（Judging from the …）に early humans were skilled at making things from wood とあるが，選択肢の主語は few early people「ほとんどの初期人類が…ない」となっているので不適。不定冠詞 a がつかない few は「ほとんど…ない」という意味の否定語である。**2** に関しては，本文中に言及が見られない。

(38) **解答** **4**

質問の訳 次の記述のうちどれが正しいか。

選択肢の訳 **1** シギルの偶像は，初期人類の集団間で文化交流があったことを示している。
2 洞窟の中の絵は，初期人類が宗教儀式に参加しているところを描いている。
3 歴史学者は，人類は常に宗教を持っていたと長い間信じてきた。
4 シギルの偶像の製造年は，それが発見されてから長年の間謎だった。

第 3 段第 1・2 文（The Shigir Idol … area began farming.）参照。ここでは，「シギルの偶像が 1890 年に発見されてから長い間その成立年代はわからなかったが，ここ数年の研究で約 1 万 2500 年前のものであると判明した」とある。したがって，正解は **4 The age of the Shigir Idol was a mystery for many years after it was discovered.** である。**1** に関しては本文中に一切言及が見られない。**2** に関しては，第 1 段第 4・5 文（The other source … as religious ceremonies.）に，「洞窟の壁画に描かれているのは狩りの場面であり，初期の人類が宗教儀式をはじめとした社会活動に参加した様子を示すものではない」とあることに矛盾。**3** に関しては，第 2 段第 1 文（The lack of …）に，「証拠がないため，多くの歴史家は，宗教は人類が農地を作り村で生活するようになって初めて発達したと信じるようになった」とあることに合わない。

一次試験　筆記　4

解答例　**I agree that it is necessary for people to go to important historical sites to understand history better. First, people can experience the actual scale of historical sites, such as the pyramids in Egypt. They cannot experience this by seeing these sites online, even with today's advanced technology. Second, visitors will have the opportunity to talk to local people. These people have stories about local history which include important information that is not in books. Such stories can make people want to learn more about history. For these reasons, I think people should visit historical sites. (80～100 語)**

訳　私は，人々が歴史をよりよく理解するために重要な史跡に行くことは必要だということに同意する。第一に，人はエジプトのピラミッドのような史跡の実際の規模を体験することができる。人は，今日の高度な科学技術を使っても，これらの史跡をオンラインで見ることによってでは，こうしたことを体験することができない。第二に，現地に行く人は地元の人と話す機会があるだろう。これらの人々は，本には載っていない重要な情報を含む，地元の歴史に関する物語を持っている。そのような話は，人々に歴史についてもっと知りたいと思わせることができる。これらの理由から，人々は史跡を訪れるべきだと私は思う。

トピックの訳　人は歴史をもっとよく理解するために重要な史跡に行くことが必要だ，と言う人がいる。この意見に同意するか。

ポイントの訳　●経験　●動機　●科学技術

▶まず，賛成か反対かを明確にする。〔解答例〕は賛成の意見。反対の場合は，I disagree with this idea that … のようにすればよい。

▶理由を２つ提示するが，理由を列挙する場合は，最初に first / firstly，second / secondly と書いておくとわかりやすい文になる。

▶〔解答例〕の英文の構成は「①主張→②１つ目の理由→③２つ目の理由→④結論」である。最終文で再度主張を繰り返す場合は，なるべく１文目とは異なる表現を使用すること。〔解答例〕では，冒頭で it is necessary for people to go to … としたのを，最終文では people should visit … と言い換えている。

▶反対の場合は，It is much more efficient to use modern technology in understanding history because we can learn more about it in a much shorter time.「現代の科学技術を使うことは，歴史を理解する上ではるかに効率的だ。なぜなら，私たちははるかに短い時間で，歴史についてもっと多くのことを知ることができるからだ」や，We should refrain from traveling by plane to reduce the carbon released by burning jet fuel.「私たちは，ジェット燃料を燃やすことで放出される炭素を減らすために，飛行機での移動は控えるべきだ」などが考えられる。

一次試験　リスニング　第１部

No. 1　解答　1

★＝男性　☆＝女性　（以下同）

☆ Livingstone Hotel.

★ This is Ben Bryson in Room 707. I'll be meeting some clients for dinner near City Station, and I'd like to take the train back here afterwards. Do you know what time the last train leaves?

☆ I can check for you. Let's see. The last train from City Station is at 12:15.

★ Excellent. Thanks a lot.

Question : What does the man want to know?

Script

訳　☆リヴィングストンホテルです。

★707 号室のベン・ブライソンです。シティ駅近くで顧客と会食する予定です。その後，こちらに戻ってくる電車に乗りたいのですが。終電が何時に出発するかわかりますか？

☆お調べいたします。そうですね。シティ駅発の最終電車は 12 時 15 分でございます。

★結構です。ありがとうございました。

質問：その男性は何を知りたいか。

選択肢の訳　**1**　終電がいつか。　**2**　シティ駅への行き方。
3　彼が部屋を変更できるかどうか。　**4**　彼の顧客がどの部屋にいるか。

ホテルの受付係の女性と客の男性の電話での会話。女性の第 1 発言でその状況はわかる。電話の用件はかけた側が述べるはずなので，続く男性の発言に注意しておくと，発言の最後に Do you know what time the last train leaves? とある。質問は「男性が知りたいこと」なので，この文が根拠となって正解は **1**「終電がいつか」になる。放送の細部が聞き取れなくても，the last train という発言は女性の第 2 発言にも現れるので選びやすいかもしれない。**2** に関しては City Station に対する言及が男性の第 1 発言にあるが，キーワードが the last train であるのに対し，選択肢では how to get to ～「～へ到着する方法」という表現になっていることから誤りだと気づける。

No. 2 解答 3

☆ Bernard, how did you get that scar on your knee?
★ Haven't you noticed it before, Cathy? I've had it for most of my life. I fell off my bicycle when I was a kid.
☆ Really? That must have hurt.
★ Yeah, it did. My knee was bleeding a lot, and my mother had to take me to the hospital.

Question : What was Bernard doing when he got hurt?

Script

訳 ☆バーナード，その膝の傷跡はどうやってできたの？
★キャシー，今まで気づかなかったのかい？　その傷はほぼずっとあるのに。子供の頃自転車から落ちたんだよ。
☆本当？　それは痛かったに違いないわね。
★ああ，痛かったよ。膝からひどく出血していたから，母が僕を病院に連れて行かなければいけなかったんだ。

質問：バーナードはけがをしたとき，何をしていたか。

選択肢の訳 **1** 友人とスポーツをしていた。 **2** 母親と車に乗っていた。 **3** 自転車に乗っていた。 **4** キャシーと話していた。

膝に傷跡がある男性とその傷跡を話題に出した女性の会話。女性の第１発言にある scar「傷跡」がわからないと何が話題になっているかわかりにくいが，続く会話で hurt「痛む」，was bleeding「出血していた」，hospital「病院」といった単語が散在していることから推測したい。質問文は「バーナードがけがをしたとき，彼は何をしていたか」なので，男性の第１発言の最終文 I fell off my bicycle when I was a kid. を根拠として，**3**「自転車に乗っていた」が正解となる。ちなみに，hurt は体の部位を主語にして「痛む」という意味の自動詞として頻繁に出てくるので注意。発音は口をあまり開けずに発声するので，heart と違ってやや音がこもったように聞こえるのが特徴。

No. 3 解答 4

★ What's the matter, Doris? You look very tired.
☆ My cat ran away last night, and I went looking for her. I didn't go to bed until after 3 a.m.
★ I'm sorry to hear that. Did you find her and bring her home?
☆ No, but when I woke up this morning, she was waiting outside. I have no idea where she went last night.

Question : Why is the woman tired?

Script

訳 ★どうしたんだい，ドリス？　とても疲れているようだね。
☆昨夜，猫が逃げ出して，探しに行ったの。やっと寝たのは，午前３時を過ぎてからよ。
★それは気の毒だね。猫は見つかって家に連れて帰ったの？
☆いいえ，でも今朝起きたら外で待っていたわ。あの子が昨夜どこへ行ったのか私にはさっぱりわからないのよね。

質問：女性はなぜ疲れているのか。

選択肢の訳 **1**　彼女は飼い猫を病院に連れて行った。
2　彼女は今朝ずっと走って職場に行った。
3　彼女は自宅の台所を掃除するために早起きした。
4　彼女は昨晩飼い猫を探さなければならなかった。

疲れを見せる女性と，それに気づいた男性の会話。男性の第１発言で，女性が疲れている理由が次に述べられるはずだとわかるので，続く女性の発言に注意する。ここでは，逃げ出してしまった飼い猫を探しに行ったため，深夜過ぎまで眠ることができなかったと述べられている。したがって，正解は **4**「彼女は昨晩飼い猫を探さなければならなかった」である。放送文中では飼い猫のことを一貫して she（her）で指している。人ではない３人称単数は通常 it で指すが，ペットなど愛情を込めて呼ぶ対象はオスなら he，メスなら she を使うことが多い。ただし，選択肢中の she は飼い猫のことではなく，発言している女性を指していることに注意。読解だけでなくリスニングでも代名詞が何を指すのかを常に確認する癖をつけておきたい。

No. 4　解答　3

☆ Is that a new pencil case, David? I thought you liked your old one with the shark on it.
★ I still do. My dad bought that one at the aquarium, but I needed to get a bigger one because I need to take a lot of colored pencils to art class.
☆ Have you drawn any pictures yet?
★ Yeah, lots. I'll show them to you sometime.

Question：Why did the boy get a new pencil case?

Script

訳 ☆デビッド，それは新しい筆箱？　前に持っていたサメの絵がついたのを気に入っているんだと思っていたわ。
★今も好きだよ。あの筆箱は父さんが水族館で買ってくれたんだけど，美術の授業に色鉛筆をたくさん持って行く必要があるから，もっと大きい筆箱が必要だったんだよ。
☆もう絵は何か描いたの？
★うん，たくさんね。いつか見せるよ。

質問：少年はなぜ新しい筆箱を買ったのか。

選択肢の訳　**1**　彼は古い筆箱をクラスの友人にあげた。

2　彼は水族館で古い筆箱をなくした。

3　彼は美術の授業のためにもっと大きな筆箱が必要だった。

4　彼は表に違う絵が描かれた筆箱が欲しかった。

新しい筆箱を持っている少年と，それに気づいた女性の会話。始めは少年が以前持っていた筆箱についての話が進むが，少年の第１発言中の but に注意したい。逆接の後は重要な情報が述べられやすい。ここでは，以前よりも大きな筆箱が必要になった理由として，because 以下で「美術の授業に色鉛筆をたくさん持っていく必要がある」と述べている。したがって正解は，**3**「彼は美術の授業のためにもっと大きな筆箱が必要だった」である。その後に続く会話は，直接の解答根拠にはならないが，art class「美術の授業」を聞き逃した場合の救済と考えられる。**1** と **2** に関しては，女性の第１発言中の「前の筆箱を気に入っているんだと思っていたわ」に対する少年の返答 I still do. から，「まだ筆箱を手放してはいない」と推測できるので，gave や lost という動詞は矛盾するとわかる。

No. 5　解答　3

☆George, could I have a tissue?

★Sure, here you go. Do you have a cold?

☆I don't think so. The air conditioners in my apartment are very old, and I think they need to be cleaned. The air in my room makes my nose run. I'm going to call the building manager later today.

★Good idea. Air conditioners need to be cleaned often.

Question：How does the woman plan to solve her problem?

Script

訳

☆ジョージ，ティッシュをもらえる？

★はい，どうぞ。風邪をひいているの？

☆違うと思うわ。私のアパートのエアコンがとても古くて，掃除する必要があると思うの。私の部屋の空気のせいで鼻水が出るのよ。今日この後管理人に電話するつもり。

★いい考えだね。エアコンは頻繁に掃除する必要があるんだよね。

質問：その女性は自身の問題をどのように解決するつもりか。

選択肢の訳　**1**　自分の部屋を掃除することによって。

2　もっとティッシュを買うことによって。

3　建物の管理人と話をすることによって。

4　友人に助けを求めることによって。

鼻水が止まらない女性と，その原因を尋ねる男性の会話。Do you have a cold?「風邪をひいているの？」と尋ねた男性に対して I don't think so. という意外な返答をした女性の発言に注意する。放送を聞き進めると，アパートのエアコンが古いことが原因だと述べている。ただし，質問で問われている内容は「女性が問題を解決する方法」なので，女性の発言の I'm going to call the building manager later today. をしっかり聞き取っておく必要がある。

正解は**3**「建物の管理人と話をすることによって」である。**1**に関しては，放送文が男性の need to be cleaned often という発言で終わるので紛らわしいが，掃除するのは her room ではなく「エアコン」なので不適。ちなみに男性のこの発言の主語は Air conditioners という無冠詞複数なので，エアコン全般に言える一般論を述べている。

No. 6　解答　2

☆ Good morning. I'm looking for a new desk for my room.
★ Would you like a metal one or a wooden one?
☆ Well, the rest of the furniture in my room is wooden, so I'd like to find a matching desk.
★ I think we may have just the thing you're looking for. There's a sale on all of our desks, chairs, and shelves today.

Question：What is the customer looking for?

Script

訳
☆おはようございます。自分の部屋に置く新しい机を探しているのですが。
★金属製がよろしいですか，それとも木製がよろしいですか？
☆そうですね，私の部屋にある他の家具は全部木製なので，それに合う机がいいですね。
★ちょうどお探しのものがあるのではないかと思います。本日は当店の机，椅子，棚が全部セールなんです。

質問：その客は何を探しているか。

選択肢の訳
1　自分の机に合う椅子。
2　自分の部屋に置く新しい机。
3　自分の本を置く木製の本棚。
4　自分の部屋に置く金属製の家具。

机の購入を考えている女性客と，家具取扱店の男性店員の会話。女性の第1発言で状況はわかる。続く男性の発言で「金属製がよいか，木製がよいか」という具体的な質問がなされるので，これに対する女性の発言に重要な情報が含まれると考えて注意して聞きたい。ここで女性は「部屋の家具は全て木製なので，合う机にしたい」と述べているので，正解は**2**「自分の部屋に置く新しい机」である。**1**に関しては，女性の第2発言に matching「よく調和する」という語があるので惑わされるかもしれないが，女性が欲しいのは机なので，chair という時点でおかしい。**3**に関しては，wooden「木製の」というのは女性の希望通りだが，shelf「棚」とは述べていないので不適。**4**に関しては，女性の希望は木製であって金属製ではないので合わない。ちなみに metal という単語のように，t が母音で挟まれる場合，t が d のような音に聞こえる“フラップ”と呼ばれる現象が起きる。カタカナ発音でイメージしていると認識できなくなるので，実際の英語の発音に慣れておきたい。

No. 7　解答　4

★ Excuse me. I got this postcard in my mailbox yesterday. It says I have a package to pick up at this post office.
☆ Yes, sir. May I see an ID card, please?
★ Of course. Here's my driver's license.
☆ Thank you. Now, just sign your name on this line.

Question: What is the man doing at the post office?

Script

訳
★すみません。昨日郵便受けにこのハガキが届いたんです。それには，この郵便局で受け取るべき荷物があると書いてあります。
☆かしこまりました。身分証明書を拝見してもよろしいですか？
★もちろん。どうぞ，運転免許証です。
☆ありがとうございます。それでは，こちらの行にお名前をお書きください。

質問：男性は郵便局で何をしているのか。

選択肢の訳
1　郵便物を送っている。
2　郵便受けを確認している。
3　自分の新しい免許を受け取っている。
4　小包を受け取っている。

郵便局に郵便物を受け取りに来た男性客と，郵便局員の女性の会話。男性の第1発言が会話の状況説明と解答根拠になっている。この発言における第3文（It says I…）の主語 It とは直前の発言にあるように，男性の郵便受けに入っていたという this postcard を指しているので，続く情報はそのハガキに書かれていた内容だと瞬時に判断したい。I have a package と続くので，「今現在男性が配達物を持っている」と思ってしまうかもしれないが，to pick up at this post office「この郵便局で受け取るべき」と不定詞の情報が続くことに注意。不定詞は“まだしていないこと”，“これからすること”を表すので，ハガキの内容は男性に「あなたにはこれから郵便局で受け取るべき荷物がありますよ」と伝えるものだということがわかる。その後の会話は，郵便物受け取りのための事務的な手続きをするだけで終わる。したがって，正解は 4「小包を受け取っている」である。

No. 8　解答　2

☆ So, how are the wedding preparations going, Gordon? Have you and your fiancée finished planning everything?
★ We've done a lot, but there's still so much left to do.
☆ Well, you still have six weeks left. Have you decided where to go on your honeymoon?
★ Actually, we've both been so busy that we haven't had time to think about it yet.

Question: What is one thing the man says?

Script

訳 ☆それでゴードン，結婚式の準備はどうなっているの？　婚約者と一緒に全部計画できたのかしら？

★二人でかなり頑張ったんだけど，まだやるべきことがたくさん残っているんだ。

☆まあ，まだ6週間あるものね。新婚旅行はどこに行くか決めたの？

★実は二人ともずっと忙しすぎて，それについて考える時間をまだ持てていないんだよ。

質問：男性が言っている一つのことは何か。

選択肢の訳 **1**　結婚式の時間が変更された。

2　結婚式の計画がまだ終わっていない。

3　新婚旅行は楽しくなかった。

4　新婚旅行の計画は6週間前に立てられた。

結婚前準備に追われる男性と，その進捗を心配する女性の会話。第1発言で「結婚式の準備はどうか」と尋ねる女性に対して，男性は「まだやるべきことがたくさん残っている」と述べている。さらに話題が新婚旅行に移った後も，男性は最後の発言で「二人とも忙しすぎて新婚旅行について考える時間を設けることもできていない」と述べている。したがって，正解は**2**「結婚式の計画がまだ終わっていない」である。**3**に関して，結婚式の準備さえまだできていない状況で，もちろん新婚旅行には行っていないので過去形でwas not enjoyableと述べているのは間違い。**4**に関して，six weeksという語は女性の第2発言にあるが，six weeksの後にleft「残されている」と続いており，今後のことを述べているので，six weeks <u>ago</u>となっているのは不適だと判断したい。

No. 9　解答　1

☆ Honey, we haven’t seen Gloria at our town meetings recently. I guess she must be busy.

★ Actually, I forgot to tell you—I ran into her on the street last week. She said she’s started going to a business class in the evening.

☆ Really? I hope I can get a chance to see her again soon.

★ Well, she said she’d definitely be at the next meeting.

Question : What is one thing the man says about Gloria?

訳 ☆ねえ，最近地区の寄合でグロリアを見ないわね。忙しいんでしょうね。

★実は，言いそびれていたんだけど，先週彼女に通りでばったり会ったんだよ。夜間のビジネス講座に通い始めたと言っていたよ。

☆本当に？　近いうちにまた彼女に会える機会があるといいわね。

★ああ，彼女は次の寄合には必ず出席すると言っていたよ。

質問：男性がグロリアについて言っている一つのことは何か。

選択肢の訳 **1**　彼女はある講座を受講している。

2　彼女は自分自身の事業を始めた。

3　彼女は女性に電話するつもりだ。

4　彼女は違う通りに引っ越した。

地域の共通の知人について語り合う夫婦の会話。女性の第1発言冒頭のHoneyという呼びかけで2人の関係がわかる。また，同発言中のat our town meetingsで，話題に上がっているGloriaとは同じ町に住む知り合いだとわかる。ちなみにここのourは「アー」の発音に近く，さらに直前のatとリエゾン（音の連結）が起こることでtが母音に挟まれた結果，atのtがrのような発音に近くなる“フラップ”という現象が起こり，at ourが「アラー」のように聞こえる。「グロリア」という女性を最近見ていないという妻の発言に対し返答した夫の第1発言が解答の根拠。正解は**1**「彼女はある講座を受講している」である。放送ではshe's started going to a business classとなっていたのが，選択肢ではShe is taking a class.と言い換えられていることに注意。**2**に関しては，businessという単語を使ったひっかけの選択肢。

No. 10　解答　4

★ Working overtime again tonight, Debbie?

☆ I think so, Bob. I'm still working on this presentation for Mr. Donaldson.

★ You've been working on it all week. Let me know if you need help with anything.

☆ OK, thanks. I will be done with it soon, though. After that, my work schedule should go back to normal.

Question：What is one thing the woman says?

Script

訳

★また今夜も残業かい，デビー？

☆そうよ，ボブ。ドナルドソンさんのためにこのプレゼンにまだ取り組んでいるのよ。

★今週はずっとそれにかかっているね。どんなことでもいいから助けが必要なら言って。

☆わかったわ，ありがとう。でもすぐに終わるわ。その後は，私の仕事の予定も通常に戻るはずよ。

質問：女性が言っている一つのことは何か。

選択肢の訳

1　彼女は来月までずっと残業をすることになるだろう。

2　彼女はドナルドソン氏と話すことはないだろう。

3　彼女はこれまでプレゼンをしたことが一度もない。

4　彼女はもう少しでプレゼン資料を書き終えそうだ。

残業をしている女性とその女性を気遣う同僚男性の会話。質問文が読まれる前でも，発言量の多い女性の方が重要な情報を述べていると考えて，一つ一つ注意して聞き進めていきたい。プレゼン資料作成に今週ずっと取り組んでいる女性に対して，「何か助けが必要であれば教えて」と言った男性。これに返答した女性の最後の発言が解答根拠。特にこの発言中のI will be done with it soon, though.に注意しておきたい。副詞のthoughはこの発言のように，文末で用いられるかもしくは文中に登場して，前の発言に対する譲歩で使われる。つまりこの文が，話者が強調したい文である。正解は**4**「彼女はもう少しでプレゼン資料を書き終えそうだ」である。**1**，**2**，**3**は，放送文中の断片情報を用いた誤答選択肢。

No. 11　解答　2

☆ Hello.
★ Hi, this is Stefan calling. Is Lorie there?
☆ She's just gone to the store to get something for dinner. She shouldn't be too long. I'll have her call you when she gets home.
★ That's OK. I'm going out with my parents, so I'll call her when I get back.

Question: What will Stefan do when he gets back?

Script

訳
☆もしもし。
★もしもし，ステファンです。ローリーはいますか？
☆彼女なら，夕食の買い出しにちょうど店に出かけたところよ。そんなに長くはならないはずだけど。帰宅したらかけ直させるわ。
★大丈夫です。これから両親と出かけるところなので，帰ってきたら僕から電話します。

質問：ステファンは戻ったら何をするか。

選択肢の訳
1　ローリーが電話をするのを待つ。
2　ローリーに電話をかけ直す。
3　家で夕食を食べる。
4　自分の両親と外出する。

友人女性ローリーに電話をかけたステファンという男性と，ローリーではない別の女性（おそらくローリーの母）との電話での会話。その状況はステファンの第1発言でわかる。彼の用件に対し，対応した女性は「ローリーは不在だから帰ってきたら電話させる」と答える。これに対するステファンの最後の発言 I'll call her when I get back. が解答根拠。正解は**2**「ローリーに電話をかけ直す」である。**4**に関しては，ステファンの最終発言にあるが，これはステファンが電話を切った直後に行う行動であり，質問は when he gets back「彼が戻ってきた時に」とあるように，ステファンが両親との外出から戻ってきた時にする行動を問われているので不適。**1**に関しては，ステファンが女性の提案に対して That's OK. と答えてやんわりと断り，その後「自分からかけ直す」と続けていることから間違い。**3**に関しては放送文中に言及はない。

No. 12 解答 2

☆ Excuse me. Where can I find the special exhibition of modern art?
★ It's on the third floor, next to the museum shop. But you'd better hurry. The museum is closing in half an hour.
☆ All right. Do I have to pay extra to go in?
★ Yes. Special exhibition tickets are five dollars. It's our most popular event this year.

Question : Why does the man say the woman should hurry?

Script

訳 ☆すみません。現代美術の特別展はどこで見られますか？
★ 3 階，売店の隣でございます。でもお急ぎになった方がいいですよ。当美術館はあと 30 分で閉館いたします。
☆わかりました。入場料は別途必要ですか？
★はい。特別展の入場券は 5 ドルです。その展示は当館で今年一番人気のある催しです。

質問：男性はなぜ女性が急ぐべきだと言っているのか。

選択肢の訳 **1** 展示の最終日である。
2 まもなく閉館の時間である。
3 展示の入場券がまもなく売り切れる。
4 美術館の売店が特別セールをしている。

美術館で特別展について尋ねる女性と，それに対応した男性職員の会話。男性が第 1 発言で But you'd better hurry. と述べた後の内容が解答根拠。you'd better は you had better の短縮で「あなたは（そうしなければ不利益を被るので）～した方がよい」という意味だが，質問文では should hurry と言い換えられている。続く発言の The museum is closing in half an hour. は，近未来を表す現在進行形「～する予定だ」で，前置詞 in は未来時制と一緒に使って「(今から) ～が経つと，～後に」という意味を表すことに注意。したがって，2「まもなく閉館の時間である」が正解である。

No. 13 解答 2

★ Hey, Anne. I've got two tickets to the Fire Queens concert in Highdale Park this Friday night. Do you want to go? It starts at 6 p.m.
☆ Well, I love the Fire Queens, but I promised to look after my sister's baby that night. My sister has to work late.
★ I see. That's too bad.
☆ I wish I could go. Maybe next time, I guess.

Question : Why will the woman not go to the concert?

Script

訳 ★ねえ，アン。今週の金曜日の夜，ハイデール・パークでのファイア・クイーンズのコンサートのチケットが2枚手に入ったんだけど。行ってみない？　午後6時に始まるんだ。

☆そうね，ファイア・クイーンズは大好きなんだけど，その晩は，姉の赤ちゃんの世話をするって約束したの。姉は残業しなければならないのよ。

★そうか，それは残念だ。

☆行けたらいいんだけど。多分また次の機会にね。

質問：女性はなぜコンサートに行かないのか。

選択肢の訳 **1**　彼女はその晩は夕食を作らなければならない。

2　彼女は赤ん坊の世話をしなければならない。

3　彼女は姉と外出する予定だ。

4　彼女は残業することになっている。

コンサートに誘う男性と，相手女性の会話。男性の第1発言は会話の状況を説明する内容となっている。男性の誘いに対する女性の返答が解答根拠になりそうだという心の準備をしておきたい。女性の発言 but I promised to look after my sister's baby が解答根拠となって，**2**「彼女は赤ん坊の世話をしなければならない」が正解である。but I の部分は，リエゾン（音の連結）とフラップ（母音に挟まれた t の音変化）が起きて「バライ」のように聞こえる。この音はよく出てくるので慣れておきたい。**3** に関しては，sister という単語が解答根拠の発言に登場するが，go out「外出する」という内容は述べられていないので間違いと判断できる。**4** に関しては，work late という表現が女性の第1発言の最後にあるが，主語が“女性の姉”なので，女性がコンサートに行かない理由とは無関係である。

No. 14　解答　3

☆ Donnie, I'm happy you did well on your science test this time, but you failed your math test again.

★ I know, Mom. I find it hard to concentrate in Ms. Wilson's class.

☆ Well, if you don't get a better score next time, maybe you should start seeing a tutor after school.

★ No, please don't make me do that. I'll do my best to study harder.

Question：What does the boy say he will do?

Script

訳 ☆ドニー，今回のテスト，理科は良かったから嬉しいけど，数学はまた赤点ね。

★わかってるよ，ママ。ウィルソン先生の授業に集中するのは大変なんだ。

☆まあ，次にもっといい点数が取れなかったら，放課後に家庭教師にみてもらい始めた方がいいかもね。

★いやだ，お願いだからそれはやめてよ。もっと勉強できるように頑張るから。

質問：少年は何をすると言っているか。

選択肢の訳　**1**　理科の授業でもっと集中する。
2　放課後，ウィルソン先生に会う。
3　数学の授業でもっと勉強する。
4　新しい数学の家庭教師を探そうとする。

学校のテストの成績で小言を言う母親とその息子の会話。質問文直前の息子の最終発言 I'll do my best to study harder. が解答根拠なので，**3**「数学の授業でもっと勉強する」を正解として選びやすかったかもしれない。放送文中の study が work に言い換えられていることに注意。math という語は母親の第 1 発言にしか登場しないが，however や but などの逆接の後には重要な情報が述べられやすいという原則を意識して聞いていれば，同発言中の but you failed your math test again が印象に残っただろう。

No. 15　解答　4

☆ Excuse me, sir. Do you live in this neighborhood?
★ I do. Do you need some help finding something?
☆ Yes, if you don't mind. I'm looking for a good place for lunch. Do you have any recommendations?
★ Hmm. Well, there's a nice German restaurant up on the hill. It's called Heidi's.

Question : What does the woman want to do?

Script

訳
☆失礼ですが。あなたはこの近所にお住まいですか？
★はい。何かお探しでしたらお手伝いしましょうか？
☆はい，よろしければ。昼食にいい店を探しています。おすすめはありますか？
★うーん。そうですね，丘の上にすてきなドイツ料理のレストランがあります。ハイジの店というところです。

質問：女性は何をしたいか。

選択肢の訳　**1**　ドイツに引っ越す。
2　その男性と昼食を食べる。
3　その男性がどこに行くところなのかを知る。
4　美味しいレストランで昼食を取る。

2 人の最初のやりとりで状況はつかめるので，女性の第 2 発言に注意する。ここでは，昼食を取る上でおすすめのレストランがあるかと尋ねている。したがって，正解は **4**「美味しいレストランで昼食を取る」である。続く男性の発言もただレストランの情報について述べるだけの平坦な発話なので，**2** や **3** ではないとわかるだろう。**1** は move to「～に引っ越す，転居する」やそれに類する表現は放送文中で述べられていないので，惑わされないはず。ちなみに，男性の最後の発言に見られる Heidi's は，人名の所有格なので本来直後に名詞を従える必要があるが，house や shop などは省略して使うことができる。

一次試験　リスニング　第2部

No. 16　解答　3

Sandra hurt her left foot playing soccer. She could not play for a long time, so she joined a fitness center to stay active. The instructor there was very friendly and showed her how to use the training machines. However, after a few months, Sandra stopped going because the fitness center became very crowded. She is looking forward to playing soccer again soon.

Question : Why did Sandra stop going to the fitness center?

訳　サンドラはサッカーをしていて左足を怪我した。彼女は長い間サッカーができなかったので，運動を続けるためにフィットネスセンターに入会した。そこのインストラクターはとても優しくて，彼女にトレーニングマシンの使い方を教えてくれた。しかし数カ月後，サンドラはフィットネスセンターが非常に混雑するようになったため，行くのをやめた。彼女はまたすぐにサッカーをするのを楽しみにしている。

質問：サンドラはなぜフィットネスセンターに行くのをやめたのか。

選択肢の訳　**1**　彼女はもう元気がなかった。　**2**　彼女の足が回復しなかった。
3　そこにいる人が多すぎた。　**4**　インストラクターが厳しすぎた。

状況を思い浮かべながら聞き進め，第4文冒頭の However「しかしながら」に反応したい。逆接の後は重要な情報が置かれやすいが，ここでもサンドラがせっかく始めたフィットネスセンター通いをやめたとある。その理由は同文最後の because 以下で「フィットネスセンターが非常に混雑するようになった」と述べられる。したがって，正解は**3**「そこにいる人が多すぎた」である。その他の選択肢は，放送文中に言及が見られない。ちなみに**3**と**4**に見られる there とは，質問文中の the fitness center を指している。

No. 17　解答　1

Robert's work schedule will change at the beginning of next month. He will still work from home twice a week, but his boss said that weekly reports will be due on Fridays—not on Wednesdays as before. In addition, the staff meeting will be on Mondays instead of Tuesdays. What Robert is most happy about is that he will have more time to make and check his weekly report during the week.

Question : What is one way in which Robert's schedule will change?

訳　ロバートの勤務予定は来月初めに変更される予定だ。彼はまだ週に2回在宅勤務をすることになっているのだが，彼の上司は，週報は以前のように水曜日ではなく金曜日が締め切りになると言った。さらに，社員会議は火曜日ではなく月曜日になる予定である。ロバートが一番嬉しいことは，一週間の中で自身の週報を作成しチェックする時間が増えるだろう，ということだ。

質問：ロバートのスケジュールが変わる一つの点は何か。

選択肢の訳　**1**　彼は金曜日に報告書を提出することになる。
2　彼は在宅勤務を止めることになる。
3　報告書を作成する時間が減ることになる。
4　社員会議が水曜日に移ることになる。

様々な情報が立て続けに述べられるので，冷静に1文1文整理しながら聞き進めたい。第2文（He will still …）の後半にある but に注意する。逆接の後には重要な情報が置かれやすいので聞き進めていくと，「週報の締切が水曜日から金曜日に変更になる」と述べられている。したがって正解は**1**「彼は金曜日に報告書を提出することになる」である。形容詞の due は「期限の，締切の，予定日の」という意味だが，ややなじみの薄い意味である上に，発音も短めであり do と聞き違える可能性も高いので，やや難しいと言える。ただし，この文も含め放送文の中盤が聞き取りにくくても，最終文（What Robert is …）が「ロバートが一番嬉しいことは」というプラスの意味の主語で始められており，続いて he will have more time と聞こえるので，少なくとも**2**，**3**は不適だと判断できるだろう。**4**の社員会議は火曜日から月曜日に移るので，間違えてこれを選ぶことはないだろう。

No. 18　解答　4

Most puddings around the world are sweet. However, in England, there is a pudding made from things that are not sweet, such as animal blood and fat. It is called black pudding, or blood pudding, and it looks like a black sausage. It was first made long ago because people did not want to waste any parts of the animals that they cooked. Today, some types of black pudding are very expensive.

Question：Why did people start making black pudding long ago?

訳　世界中のほとんどのプリンは甘い。しかし，イギリスには，動物の血や脂肪のような甘くないもので作られたプリンがある。それはブラックプディング，もしくはブラッドプディングと呼ばれており，ブラックソーセージのような見た目をしている。それが初めて作られたのは大昔のことだが，その理由は人々が，調理した動物のどの部位も無駄にしたくなかったからである。今日，非常に高価な種類のブラックプディングもある。

質問：ずっと前，人々はなぜブラックプディングを作り始めたのか。

選択肢の訳　**1**　彼らはそれを動物に餌として与えたかった。
2　彼らは何か甘い食べ物が必要だった。
3　彼らは十分なソーセージがなかった。
4　彼らは動物の部位を無駄にしたくなかった。

順に情報を整理しながら聞き進める。初めは一般的なプリンを引き合いに出し，それとは違う「甘くないプリン」がイングランドにあると続く。このように，ある国や地方特有の文化にまつわる出題は，最初に一般的な説明が入り，後にその沿革や目的，意義などといった具体情報へと移行することが多い。本問でも第4文（It was first …）から具体的な話が始まるので，この辺りから特に注意して聞いておきたい。ここでは，「ブラックプディング（ブラッドプディング）」が作られた理由として，「調理する動物のあらゆる部位を無駄にしたくなかった」と述べられている。したがって，正解は**4**「彼らは動物の部位を無駄にしたくなかった」である。この選択肢は放送文中で読まれた文とほぼ同じなので，正解として選びやすかったかもしれない。

No. 19　解答　2

Trevor went camping with two friends. The campsite was very crowded, so they had to put up their tents a long way from the bathroom. During the night, Trevor had to get up to go to the bathroom. It took him a long time to find it in the dark, and then he could not find his tent again. He had to call one of his friends on his smartphone to ask for help.

Question：What happened to Trevor while he was camping?

訳　トレバーは2人の友達とキャンプに行った。キャンプ場はとても混雑していたので，トイレから遠く離れたところにテントを張らなければならなかった。夜中，トレバーはトイレに行くために起きなければならなかった。彼が暗闇の中でトイレを見つけるのに長い時間がかかり，その後，彼は再びテントを見つけることができなかった。彼は助けを求めるためにスマートフォンで友人の一人に電話しなければならなかった。

質問：キャンプ中にトレバーに何が起こったか。

選択肢の訳　**1**　彼は自分のスマートフォンを壊した。
2　彼は夜に道に迷った。
3　彼はテントを張る場所がなかった。
4　彼は自分の友人を手伝うことができなかった。

最初の方で「キャンプ場に行ったものの，トイレから離れた場所にテントを張らなければならなかった」という，望ましくはない状況が述べられているので，何か問題が起こることを予想しておきたい。第3文（During the night, …）から具体的なエピソードに入るので，注意して聞く。すると，続く第4文（It took him …）で「トレバーが用を足した後，自分のテントを発見できなかった」と続く。したがって，正解は**2**「彼は夜に道に迷った」である。放送文中には「道に迷う」に当たる表現は一切出てきていないため，しっかりと状況を思い浮かべて放送を聞いた上で選択肢を吟味する必要がある。**3**は，第2文（The campsite was …）にある「キャンプ場はとても混雑していたので…」という情報からつながりそうだが，放送文は「離れたところにテントを張る必要があった」と続いているので，「テントを張る場所がなかった」というのは間違い。**1**，**4**は放送文中の断片情報を用いた選択肢。

No. 20　解答　3

In Panama and other warm countries, people often wear hats to keep cool. In fact, a famous light-colored hat called the Panama hat was named after this country. However, Panama hats do not originally come from Panama. They were first made in Ecuador, in the town of Montecristi. The finest hats from Montecristi cost a lot of money because it takes skilled craftspeople several months to make each one.

Script

Question：Why are fine Panama hats from Montecristi expensive?

訳　パナマやその他の暖かい国では，人々は涼しくいるためによく帽子をかぶっている。実際，パナマ帽と呼ばれる有名な淡い色の帽子は，この国にちなんで名付けられた。しかし，パナマ帽はもともとパナマが発祥ではない。それらは，エクアドルのモンテクリスティという町で最初に作られた。モンテクリスティ産の最も優美な帽子は，熟練の職人が1つ作るのに数カ月かかるので，高価である。

質問：モンテクリスティ産の優美なパナマ帽はなぜ高価なのか。

選択肢の訳

1　パナマ出身の人々がその帽子にちなんで自分たちの国に名前をつけた。

2　それらは冬の間，人々の頭を暖かく保つことができる。

3　1つ1つの帽子は，作るのに長い時間と特別な技能が必要である。

4　選ぶべき色がたくさんある。

この問題もNo.18と同様，文化にまつわる問題なので，一般説明→具体的情報という流れを意識しながら聞き進める。本問でも，However「しかしながら」で始まる第3文から設問に関わる情報が始まると思って，特に注意して聞き進めたい。「パナマ帽はパナマではなく，エクアドルのモンテクリスティという町で初めて作られた」と述べられた後に続く第5文（The finest hats …）が解答根拠。「モンテクリスティ産の最高級の帽子は高価である」と述べ，その理由としてbecause以下に「熟練の職人が1つ作るのに数カ月かかる」と続く。したがって，正解は**3**「1つ1つの帽子は，作るのに長い時間と特別な技能が必要である」である。**1**に関して，was named after ～「～にちなんで名付けられた」という表現が第2文（In fact, …）に登場するが，これは「パナマ帽はこの国にちなんで名付けられた」という内容なので不適。そもそも“name *A* after *B*”という表現は「*B*にちなんで*A*に名前を付ける」という意味なので，関係性が逆であることに気づきたい。**2**に関しては，第1文にあるto keep cool「涼しくいるために」と真っ向から反する。

No. 21 解答 4

Natalie goes to college and works part time at a bakery. Her final exams are starting soon, so she needs more time to study. She does not want to quit her job, so she talked to her manager about it. He recommended that she continue to work on weekends but stop working during the week. Natalie thought it was a good idea and took his advice.

Question：How did Natalie solve her problem?

訳　ナタリーは大学生で，パン屋でアルバイトをしている。もうすぐ期末試験が始まるので，勉強する時間がもっと必要だ。彼女は仕事を辞めたくないので，そのことについて店長と話した。彼は彼女に，週末は仕事を続けるが，平日は仕事をやめるようにしたらどうかと言った。ナタリーはそれがいい考えだと思って，彼の助言に従った。

質問：ナタリーは自身の問題をどのようにして解決したか。

選択肢の訳
1　別の仕事を探すことによって。
2　週末の労働を減らすことによって。
3　買うパンの量を減らすことによって。
4　店長と話をすることによって。

1文1文は短いので，情報を整理しながら聞き進める。「大学に通いながらパン屋でバイトするナタリーは，間もなく始まる期末試験に向けて勉強する時間を確保したいが，かと言ってアルバイトを辞めたいとは思っていない」というナタリーの状況と抱えている問題を確認して，第3文（She does not …）の後半 so「だから」以降を注意して聞く。店長は，平日は働くのをやめて週末だけ働いたらどうかと勧め，ナタリーがその助言に従ったという内容で放送は終わる。したがって正解は，**4**「店長と話をすることによって」である。**2**に関しては，第4文（He recommended that …）にある店長の助言内容が「週末は働き続けること」と「平日は働くのをやめること」とあえて対比的に述べられているので，放送中にしっかりと情報整理できていれば間違いだと判断できるだろう。

No. 22 解答 2

Mr. Ogawa has a two-year-old daughter called Shiho. His wife had stayed home to take care of Shiho, but last month, she started working again. She wanted to buy a car to take Shiho to day care. However, Mr. Ogawa suggested buying an electric bicycle instead because it would be easier to take care of and would take up less space than a car.

Question：What is one reason Mr. Ogawa recommended buying an electric bicycle?

訳　オガワ氏には，シホという2歳の娘がいる。彼の妻はシホの世話をするために家にいたが，先月，再び働き始めた。彼女はシホを保育所に連れて行くために車を買いたいと思った。しかし，オガワ氏は代わりに電動自転車を買うことを提案した。なぜなら，その方が車よりも手入れが簡単で場所をとらないだろうからだ。

質問：オガワ氏が電動自転車を買うように勧めた一つの理由は何か。

選択肢の訳
1　それは車よりも売りやすいだろう。
2　それは車ほどスペースを必要としないだろう。
3　彼の妻は自分の車に乗せておくのに1台欲しかった。
4　彼の娘が車よりもそれを気に入った。

状況を思い浮かべながら聞き進める。前半では，オガワ氏には妻と2歳の娘がいて，妻は子育てのために専業主婦だったが先月仕事に復帰したという状況で，妻が子供を保育所へ送り迎えするのに車が欲しいと思っていると述べられる。その後，第4文の冒頭 However に反応したい。逆接の後は重要な情報が述べられやすく，本問でも「オガワ氏は車を買うのではなく，電動自転車を買うよう提案した」とある。その理由は続く because 以下で「手入れが容易でそれほど場所もとらないからだ」と説明している。したがって正解は2「それは車ほどスペースを必要としないだろう」である。

No. 23　解答　2

Welcome to Silverton Books. There are some new computers in our Internet café on the third floor. Please feel free to come and try them out. Remember that every Silverton member who introduces a new member gets a $5 discount ticket. Also, we would like to remind you that the store now opens early on Saturdays, at 7:30 a.m., and closes at 5 p.m.

Question：How can Silverton Books members get a discount?

訳　シルバートン・ブックスへようこそ。当店3階のインターネットカフェには新しいパソコンがございます。ご自由にお越しになってお試しください。新しい会員をご紹介くださるシルバートンの会員の方には，全員5ドルの割引券を差し上げますことをお忘れなきよう。また，当店は現在，毎週土曜日は早朝7時30分に開店し，午後5時に閉店することをお知らせいたします。

質問：シルバートン・ブックスの会員はどのようにして割引してもらえるか。

選択肢の訳
1　早い時間に来店することによって。
2　新しい会員を紹介することによって。
3　その新しいコンピュータを使うことによって。
4　コーヒーを買うことによって。

第1文の Welcome to Silverton Books. から，館内放送であることを捉える。館内放送は顧客に複数の情報を伝えるものが多いので，一つ一つの情報を整理しながら聞き進めたい。解答根拠は第4文（Remember that every …）で，ここでは「新しい会員を紹介すれば5ドルの割引を受けられる」と述べられている。したがって，正解は**2**「新しい会員を紹介することによって」である。**1**，**3**は放送文中で読み上げられた単語を使った誤答選択肢で，**4**に関しては全く言及がない。ちなみに，第2文（There are some …）にあるin our Internet caféの部分では，ourが「アー」と発音され，直前のinとリエゾン（音の連結）をすることによって，in ourは「イナー」のように聞こえる。本問のようにourが「アー」のように発音される場合は意外に多いので慣れておきたい。

No. 24　解答　3

Patricia is a busy lawyer with little free time. She feels stressed at work, and she is looking for a way to relax. She read an article about a woman who does yoga before work. Patricia thought she would have time to exercise for about 15 minutes every morning, so she ordered a yoga mat online to get started.

Question：Why does Patricia want to do yoga?

訳　パトリシアは，自由時間がほとんどない忙しい弁護士である。彼女は仕事でストレスを感じていて，リラックスする方法を探している。彼女は仕事の前にヨガをしている女性についての記事を読んだ。パトリシアは，自分には毎朝15分ほど運動する時間があると思ったので，始めるためにヨガマットをインターネットで注文した。

質問：パトリシアはなぜヨガをしたいのか。

選択肢の訳
1　彼女は弁護士から助言をもらった。
2　彼女は友人からヨガマットをもらった。
3　彼女はずっとストレスで苦しんでいる。
4　彼女はそれについての記事を書くつもりだ。

順に状況を思い浮かべながら聞き進める。解答根拠は第2文（She feels stressed …）で，ここでは「パトリシアは仕事でストレスを感じていて，リラックスする方法を探している」とあることから，正解は**3**「彼女はずっとストレスで苦しんでいる」が正解である。以後の放送は，「仕事前にヨガをしている女性に関する記事を読んで，ヨガマットをオンラインで注文した」という内容だけで終わるので，冒頭を聞き逃さないようにしておくのが肝心である。ただし，**1**，**2**，**4**の選択肢は放送文中の単語を断片的に用いた選択肢で，内容は全く関係ないものばかりなので，正解は選びやすいかもしれない。

No. 25 解答 1

In 1943, after the United States entered World War II, there were fights in Los Angeles, California, between soldiers and other young men. The fights started because the young men wore zoot suits. Zoot suits were like business suits, but they were loose and were made from a lot of cloth. The military needed cloth for uniforms, so the soldiers thought that zoot suits were a waste of material.

Question : Why were there fights in Los Angeles?

Script

訳　1943年，アメリカ合衆国が第二次世界大戦に参戦した後，カリフォルニア州ロサンゼルスでは兵士とその他の若者の間で複数回の抗争があった。その抗争が始まったのは，若者たちがズートスーツを着ていたからだ。ズートスーツはビジネススーツのようなものだが，ゆったりとしていて，たくさんの生地で作られていた。軍隊は制服のための布が必要だったので，兵士たちは，ズートスーツは材料の無駄だと考えていた。

質問：なぜロサンゼルスで抗争があったのか。

選択肢の訳
1　兵士たちは，ズートスーツが多くの生地を使いすぎていると思っていた。
2　軍隊は航空機で飛行する際ズートスーツを使った。
3　その若い男たちはスーツ店で働きたくなかった。
4　そのビジネスマンたちはもはやスーツを着ることができなかった。

第1文で「兵士と若者との間で抗争があった」と述べられ，その理由は第2文（The fights started …）の because 以下で述べられるが，“zoot suits” という聞き慣れない単語が出てくるので，まだ理由は判然としない。その zoot suits が争いの火種となった理由は続く第3，4文（Zoot suits were … waste of material.）で「ゆったりとしたビジネススーツのようなズートスーツは，布を必要としている軍隊からすると材料の無駄遣いであるように思えた」と述べられていることから，正解は **1**「兵士たちは，ズートスーツが多くの生地を使いすぎていると思っていた」である。本問は，放送の一部分を聞くだけでは正解を選べず，全体の内容を理解する必要があるという問題である。

No. 26 解答 3

Maki is a first-year high school student from Japan and she has decided to study abroad. She saw some online videos of students having a lot of fun in high schools in the United States. Her teacher said it would be better for her to graduate before she goes abroad, but Maki wanted to have the same experience as the ones she saw on the Internet.

Question : Why did Maki decide to study abroad?

Script

訳　マキは日本出身の高校1年生で，留学しようと決意している。彼女は，学生たちがアメリカの高校でとても楽しんでいるオンライン動画をいくつか見た。彼女の先生は，卒業してから海外に行った方がいいだろうと言ったが，マキはインターネットで見た経験と同じ経験をしたかった。

質問：マキはなぜ留学しようと決意したのか。

選択肢の訳
1　彼女の学校に広告があった。
2　先生がある講座について彼女に教えてくれた。
3　彼女は高校生活を海外で経験したかった。
4　彼女のクラスメートがそれは楽しいだろうと言った。

前半ではマキが海外留学を決意したという事実とその経緯が述べられている。この辺を聞き逃しても，最終文（Her teacher said …）の後半 but で反応したい。逆接の後は重要な情報が置かれやすいが，ここでも高校卒業後に留学した方がよいと先生が勧めたのに対し，「マキは彼女がネットで見たものと同じ経験をしたかった」とある。この文中の the ones she saw on the Internet の ones とは experience を指すので，「彼女がインターネットで見た経験」とは第2文（She saw some …）に述べられていた，アメリカでの楽しそうな高校生活を指すとわかる。したがって，正解は **3**「彼女は高校生活を海外で経験したかった」である。選択肢中に experience が含まれているので，正解は選びやすかったかもしれない。**1** に関しては advertisement という語は放送文中に登場していない。**2** に関しては，先生が彼女に伝えたのは何らかの course “講座” についてではなく，留学に関するアドバイスなので不適。**4** に関しては，classmates は登場していない。

No. 27　解答　2

In Guam, there is a traditional drink called *tuba*. To get *tuba*, a farmer climbs a coconut tree and then cuts open a part of the tree. After a while, *tuba* comes out. *Tuba* is sometimes called the “water of life” because it is an important part of the culture of Guam. It can also be used to make alcoholic drinks. In fact, *tuba* is a popular drink at parties and festivals in Guam.

Question : How do farmers in Guam get *tuba*?

Script

訳　グアムにはチューバという伝統的な飲み物がある。チューバを手に入れるために，農夫はココナッツの木に登って，それから木の一部を切り開く。しばらくすると，チューバが出てくる。チューバはグアムの文化の重要な一部なので，「生命の水」と呼ばれることもある。それは，アルコール飲料を作るためにも使うことができる。実際，チューバはグアムのパーティやお祭りで人気の飲み物だ。

質問：グアムの農夫はどうやってチューバを手に入れるか。

選択肢の訳　**1**　彼らはそれとアルコール飲料を交換する。
2　彼らは木の一部を切り開く。
3　彼らはそれを街の店で買う。
4　彼らはココナッツの葉を水と混ぜる。

"*tuba*"「チューバ」と呼ばれるグアムの伝統的な飲料に関する出題。この問題もNo.18や20と同様に地域の文化風俗にまつわる問題だが，一般的説明→具体的情報の流れを踏まず，第2文（To get *tuba*, …）から早速具体的な情報を始めている。冒頭「チューバを手に入れるために」が聞こえた瞬間に具体的情報の始まりだと判断して集中したい。実際この文はa farmer「農夫」が主語で，「ココナッツの木に登って木の一部を切り開く」とあり，続く文（After a while, …）で「しばらくすると，チューバが出てくる」とあるので，正解は**2**「彼らは木の一部を切り開く」である。その後の説明は質問文と関係ないので，冒頭で集中できたかどうかが鍵。**1**に関して，alcoholic drinksに関する言及は第5文（It can also …）に見られるが，ここでは「チューバがアルコール飲料を作る際に用いられる」と述べているので，trade「交換する」は不適。

No. 28　解答　3

Welcome to tonight's performance of *Swan Lake*. The ballet will be in four parts, and the main role will be played by Wakako Takizawa. There will be a 20-minute break after the second part. Flowers can be given to the dancers in the lobby after the performance. Please do not take any food or drinks with you to your seats. We hope you enjoy the performance.

Question：What can people do after the performance?

Script

訳　今夜の「白鳥の湖」の公演へようこそお越しくださいました。このバレエは4部構成で，主役はタキザワ・ワカコが演じます。第2部の後に，20分間の休憩がございます。花は，公演後にロビーでダンサーに贈ることができます。飲食物は，お座席に一切持ち込まないようお願いいたします。本公演をお楽しみください。

質問：人々は，公演後何をすることができるか。

選択肢の訳　**1**　ロビーでパーティに参加する。
2　無料の食べ物や飲み物を楽しむ。
3　花をダンサーに贈る。
4　バレエに関する20分間の話を聞く。

冒頭のWelcome to … で館内放送だと判断する。館内放送は相互に関係の薄い複数の情報が立て続けに述べられる傾向があるので，一つ一つ情報を整理しながら聞き進める。メモが追いつかない場合は，放送を聞きながらできるだけ視覚イメージを作って頭の中に残しておくこと。解答根拠は第4文（Flowers can be …）。ここでは「公演後にロビーで花を演者に渡すことができる」と述べられている。したがって正解は**3**「花をダンサーに贈る」である。**1**に関して，lobbyは同文に登場するが，「パーティに参加する」とは述べていない。**2**に関して，food と drinks は第 5 文（Please do not …）で言及されているが，ここでは「座席で飲食しないように」という注意として述べられているので不適。**4** に関して，20-minute についての言及が第 3 文（There will be …）にあるが，ここではバレエ公演の第 2 部終了後に設けられた“20 分休憩”について述べているので間違い。

No. 29　解答　2

Nicole wants to make it easier to cook in her small kitchen. There is a large cabinet next to the fridge. Nicole plans to take it out so that she can have more space to move around in when she cooks. She has asked her brother to help her remove it because he is big and strong enough to carry it.

Script

Question：How does Nicole plan to change her kitchen?

訳　ニコルは，自宅の小さな台所をもっと料理しやすいようにしたいと思っている。冷蔵庫の横には，大きな食器棚がある。ニコルは，料理をするときに中で動き回るスペースをもっと取れるように，その食器棚を運び出すつもりだ。彼女の兄はそれを運べるほど体が大きく力も強いので，彼女は兄にそれを撤去するのを手伝ってくれるように頼んだ。

質問：ニコルは自宅の台所をどのように変えるつもりか。

選択肢の訳
1　彼女は壁にペンキを塗るつもりだ。
2　彼女は棚を撤去するつもりだ。
3　彼女は冷蔵庫を移動させるつもりだ。
4　彼女はもっと大きいオーブンを入手するつもりだ。

情報が抽象→具体の流れで提示されている。まず冒頭で「ニコルは台所で料理をしやすくしたい」という抽象情報が述べられるので，「どのように？」あるいは「なぜ？」という観点で次の情報を待ちたい。続く第 2・3 文（There is a … when she cooks.）では，「現在冷蔵庫の横にある大きな食器棚が邪魔で身動きが取りにくいため，その棚を取り除きたいと思っている」という具体的情報が述べられている。したがって，**2**「彼女は棚を撤去するつもりだ」が正解である。最後の第 4 文（She has asked …）は直接の解答根拠としては弱いが，remove，carry といった単語が含まれていることで，選択肢を **2** と **3** に絞ることができるだろう。あとは“動かす”もしくは“撤去する”の対象が a cabinet なのか the fridge なのかが問題だが，根拠は第 2 文（There is a …）にしかないので，ここを聞き逃すと自信を持って選びにくい。There is 構文は，そもそも聞き手の知らない“新情報”が“存在している”ということを前もって予告する表現なので，本問に限らず There is が聞こえたら，「直後に何か新情報が述べられるぞ」と思って集中する姿勢を普段から持っておきたい。

No. 30　解答　3

Your attention, please. One of our staff members has found a bag near Entrance B2. It can be collected at the main office on the first floor. If you have lost a bag, please come to the main office. We would like to remind passengers to keep an eye on their baggage at all times. Please do not leave baggage behind on the platform.

Question : Why is this announcement being made?

Script

訳　お知らせいたします。職員の一人がB2入口付近で，かばんを発見しました。1階の本部事務所でお受け取りいただけます。かばんを紛失されたという方は，本部事務所までお越しください。乗客の皆様には，常にお荷物から目を離さないよう，お願いいたします。ホームに荷物を置き忘れることがないようにお願いいたします。

質問：なぜこの放送が流れているのか。

選択肢の訳
1　その駅は新しいホームを開設した。
2　B2入口は修繕のため閉鎖されている。
3　かばんが職員によって発見された。
4　一階は掃除中である。

冒頭のYour attention, please.で空港や駅などの館内放送だとわかる。丁寧な言い方だと，May I have your attention, please.とも言われる。第2文（One of our …）で，遺失物のかばんについての放送だとわかる。館内放送は複数の情報が述べられることが多いが，本問のように特定の事例についての放送であれば，その事例について詳細な情報が引き続き述べられる。かばんをどこで受け取ることができるかという情報，手荷物から目を離さないようにという注意喚起を経て，最終文（Please do not …）も「ホームに荷物を置き忘れないでください」となって放送は終わる。したがって，正解は**3**「かばんが職員によって発見された」である。「職員によって」という情報は第2文（One of our …）でしか述べられていないので放送終了時点では忘れているかもしれないが，他の選択肢が放送文と無関係な内容なので，正解として選びやすかっただろう。

二次試験　面接　問題カードA

訳

食べ物について知ること

今日，多くの人々が食の安全にさらに注意を払っている。このため，日本中の食品会社は，自社製品について顧客にもっと知ってもらおうとしている。これらの企業のうちの多くが，自社のウェブサイトを使って食品がどのようにして製造されるのかについての情報を提供している。顧客はそのような情報を調べて，そうすることによって，彼らは自分が購入する食料品についてより多くのことを知る。

語句・構文

□ these days「(過去と比較して) 近頃では，今日では」
□ food safety「食の安全」　□ purchase「購入する」

質問の訳

No. 1　本文によれば，顧客は自分が購入する食料品について，どのようにしてもっと知るのですか。

No. 2　では，イラストを見てその状況を説明してください。準備の時間は20秒あります。話は，カードにある文で始めてください。

No. 3　人々はインターネット上の情報をあまりにも容易に信用しすぎる，と言う人もいます。あなたはそれについてどう思いますか。

No. 4　今日外国には日本料理店があります。あなたは，こうした料理店の数は将来増えると思いますか。
Yes. → なぜそう思うのですか。　No. → なぜそう思わないのですか。

No. 1　解答例　By checking information about how food is produced.

訳　食品がどのように製造されるのかについての情報を調べることによって。

第4文 (Customers check such …) 後半に，by doing so「そうすることによって」they learn more about the food products they purchase とある。by doing so の内容は直前に述べられている。how で問われたときは，by *doing* で答えるのが自然なので By checking such information. とすることができるが，such information では内容が不十分なので，どのような情報なのか，さらに前文の information about how food is produced で置き換えて文を完成させる。They (＝Customers) check information about how food is produced. と主文を使って答えてもよい。この際，主語は代名詞 They で答えるようにしたい。

No. 2　解答例　One day, Miki was talking to her father in the kitchen. She said to him, "I want to get a cookbook about pies." Later at a library, Miki was taking a book from the shelf. Her father was thinking of borrowing the book. The next day, Miki was cutting a pie. Her father was thinking of setting the table.

訳　ある日，ミキは台所で父と話していた。彼女は父に，「パイに関する料理本がほしいわ」と言った。その後図書館で，ミキは棚から本を取り出していた。彼女の父はその本を借りようと思っていた。次の日，ミキはパイを切っていた。彼女の父は，食卓の準備をしようと思っていた。

指定された始まりの文から過去の話だとわかるので，説明の際は過去形，特にその場の状況を述べる際は過去進行形を用いること。1コマめではミキのセリフを直接話法で述べてよい。2コマめでは，ミキの行動と父の考えをそれぞれ述べたい。take a book from the shelf「棚から本を取る」の他には，Miki found a book she wanted.「ミキは自分がほしかった本を見つけた」などでも良いだろう。考えを述べる上で，be thinking of *doing*「～しようと思っている」はよく使う表現なのでマスターしよう。「本を借りる」は check out a book も使える。ただし，ここではミキが見つけた本を借りることを考えているはずなので，the book とすることに注意。3コマめでは，ミキの行動と父の考えを説明する。ミキの行動は She was cutting a pie she made (baked). でもいいだろう。ただし，cook a pie とは通常言わないので注意。「食卓の準備をする」は set the table と言うが，知らない場合は Her father was thinking of putting forks and plates on the table.「彼はフォークとお皿をテーブルに置こうと思っていた」とも言える。

No. 3　解答例　（賛成の場合）**I agree. Many people think that all online information is true. They sometimes share false information with their friends.**

（反対の場合）**I disagree. Most people look carefully for websites they can trust. They know that some information on the Internet isn't true.**

訳　**（賛成の場合）**私もそう思います。多くの人々が，ネットの情報が全て正しいと思っています。彼らは間違った情報を友人と共有することもあります。

（反対の場合）私はそうは思いません。ほとんどの人が，自分が信頼できるウェブサイトを慎重に探しています。彼らはインターネット上の一部の情報は真実ではないとわかっています。

まずは，賛成か反対か立場をはっきりさせて，そのあとに理由を2文程度で述べればよい。賛成の解答例では，多くの人がネットの情報を鵜呑みにしている現状に触れ，その結果，間違った情報を拡散してしまうことを理由に挙げている。他には，False information sometimes hurts people. Some people are actually suffering from mental and physical problems caused by online misinformation.「間違った情報が人を傷つけることもある。オンライン上の間違った情報に起因する精神的，身体的な問題に，実際に苦しんでいる人もいる」という理由も考えられる。反対の解答例では，ほとんどの人が慎重にサイトを選んでいて，ネット上には間違った情報もあるということもわかっている，という理由を挙げている。他には，Nowadays, people have developed such net literacy that they can check whether specific online information is true instead of believing it thoughtlessly.「今日の人々は，ネットリテラシーが発達しているので，ネットの情報を軽率に鵜呑みにするのではなく，その情報が正しいか間違っているかを調べることができる」などが考えられる。ちなみに，information は不可算名詞なので many informations などとしないように注意。「たくさんの情報」は much information, a lot of information を使い，情報の“数”に言及したい場合は many pieces of information や some pieces of information のように a piece of ～ を使う。piece は可算名詞なので，複数の場合は s がつく。

No. 4 解答例 (Yes. → Why?) **I think more people want to try Japanese dishes. They think that Japanese food is good for their health.**

(No. → Why not?) **There are already many Japanese restaurants abroad. Also, many people think that Japanese food is too expensive.**

訳 **(Yes. の場合)** 私は日本食を食べてみたいと思っている人は増えていると思います。彼らは，日本食は健康に良いと考えています。

(No. の場合) 海外にはすでに多くの日本料理店があります。また，多くの人が日本食は高すぎると思っています。

まずは，Do you think ～? と聞かれているので，Yes. / No. で，賛成か反対かを明確にする。そのあと，Why (do you think so)? と聞かれるので，自分の意見を裏付ける根拠について述べる。Yes の解答例では，健康に良いと考えて和食を食べてみたい人が増えている，ということを理由にしている。他には，More Japanese people will live in other countries. Such people will miss Japanese restaurants there.「外国で生活する日本人の数が増え，そのような人々は日本食料理店が恋しくなるだろう」などが考えられる。No の解答例では，すでに多くの日本料理店が存在しているということと，さらには，日本食は高価だと思う人が多いということを理由に挙げている。他には，There are many other delicious dishes besides Japanese food.「日本食以外にも美味しい料理がたくさんある」なども考えられる。

二次試験 面接 問題カードD

訳

重要な遺跡を守ること

今日，世界遺産に登録される場所が増えている。しかしながら，多くの自然災害が世界中で起こっている。それらの災害によって，これまで深刻な被害を受けてきた世界遺産登録地もあるため，そうした場所は修復するために多大な労力を必要とする。世界遺産登録地を良い状態に保つために，地域社会は協力する必要がある。そのような遺跡を，未来の世代のために管理することが重要である。

語句・構文

□ list「リストに挙げる」 □ site「遺跡」
□ World Heritage site「世界遺産登録地」
□ natural disaster「自然災害」 □ work together「協力する，力を合わせる」
□ condition「状態」 □ look after ～「～を管理する，～の手入れをする」

質問の訳

No. 1 本文によれば，なぜ一部の世界遺産登録地は修復するために多大な労力を必要とするのですか。

No. 2　では，イラストを見てその状況を説明してください。準備の時間は 20 秒あります。話は，カードにある文で始めてください。

No. 3　自然の景勝地を訪れる観光客の数を規制すべきだと言う人もいます。あなたはそれについてどう思いますか。

No. 4　今日，多くの学校がボランティア活動をするための時間を生徒に与えています。あなたは，学校は生徒がボランティア活動をする時間を与えるべきだと思いますか。
Yes. → なぜそう思うのですか。　No. → なぜそう思わないのですか。

No. 1　解答例　Because they have been seriously damaged by natural disasters.

訳　それらは自然災害によって深刻な被害を受けたから。

第 3 文（Some World Heritage …）の後半に so「だから」they require a lot of work to repair とある。その理由は so の直前に述べられている。why で問われたときは，Because ～「～だからだ」と答えるのが自然なので，Because some World Heritage sites have been seriously damaged by them. とすることができるが，主語は疑問文で問われている主語と同一なので they に置き換え，反対に by them では意味が不十分なので，them をさらに前文の（many）natural disasters に置き換えて文を完成させる。

No. 2　解答例　One day, Mr. and Mrs. Ito were talking about their trip. Mr. Ito said to his wife, “I’d like to go to see an old castle.” On the morning of the trip, Mrs. Ito was making sandwiches. Mr. Ito was thinking of putting their bags in the car. Later at the castle, Mr. Ito was looking at a map. Mrs. Ito was asking a man to take a picture of her and her husband.

訳　ある日，イトウ夫妻は自分たちの旅行について話していた。イトウ氏は妻に，「僕は古い城を見に行きたい」と言った。旅行の朝，イトウ夫人はサンドイッチを作っていた。イトウ氏は自分たちの荷物を車に載せようと思っていた。その後城で，イトウ氏は地図を見ていた。イトウ夫人は，自分と夫の写真を撮ってくれるように男性に頼んでいた。

指定された始まりの文から過去の話だとわかるので，説明の際は過去形，特にその場の状況を述べる際は過去進行形を用いること。1 コマめではイトウ氏のセリフを直接話法で述べる。2 コマめではイトウ夫人の様子とイトウ氏の考えをそれぞれ述べたい。イトウ夫人の行動は，Mrs. Ito was preparing their lunch. とすることもできる。サンドイッチは加熱調理ではないので，cook を使わないように。イトウ氏の考えは be thinking of *doing*「～しようと思っている」が使える。「車に荷物を積む」は解答例のように put *A* in *B*「*A* を *B* に入れる」で表現できるが，load their car や load their baggage into their car とも言える。3 コマめではイトウ氏とイトウ夫人の行動をそれぞれ表現する。人に何らかの行動をお願いする場合は ask *A* to *do*「*A* に～してもらうよう頼む」を使う。「～の写真を撮る」は take a picture of ～と表現できるが動詞の photograph を使って photograph ～とも言える。

No. 3 解答例 （賛成の場合） **I agree. Some of these areas are damaged by many visitors. They leave a lot of trash at these areas.**

（反対の場合） **I disagree. People should be allowed to visit these places at any time. Most people are careful not to damage such places.**

訳 **（賛成の場合）**私もそう思います。こうした場所の中には多くの訪問者によって被害を受けているところもあります。彼らはこれらの場所に多くのゴミを残していきます。

（反対の場合）私はそう思いません。人々は，これらの場所をいつでも訪れるのを許されるべきです。ほとんどの人はそうした場所を傷つけないように注意しています。

まず賛成か反対か立場をはっきりさせてから，そのあとに理由を2文程度で述べればよい。賛成の解答例では，景勝地にゴミを捨てて損害を与える観光客が多いことを理由に挙げている。他には，People could harm the ecosystems in those places by merely walking around there.「人々はその場所を歩き回るだけでもそこの生態系を害する可能性がある」などが考えられる。反対の解答例では，人は景勝地をいつでも訪れる自由があるべきだとし，ほとんどの人々が景勝地を汚さないように気をつけているということを理由に挙げている。他には，We should not overlook the positive effects that viewing such places could have on our mental health.「私たちは，そのような場所を見ることが私たちの心の健康に与え得る良い影響を無視するべきではない」などが考えられる。

No. 4 解答例 （Yes. → Why?） **These activities give students chances to help their communities. Also, they can learn important skills from volunteer activities.**

（No. → Why not?） **Students need to focus on studying for their classes. This is more important for their future.**

訳 **（Yes. の場合）**これらの活動は学生に，自分たちの地域社会の手伝いをする機会を与えます。また，彼らはボランティア活動から重要な技能を学ぶことができます。

（No. の場合）学生たちは自分の授業のための勉強に集中する必要がある。このことの方が彼らの将来にとって，より重要である。

まずは，Do you think ～? と聞かれているので，Yes. / No. で，賛成か反対かを明確にする。そのあと，Why (do you think so)? と聞かれるので，自分の意見を裏付ける根拠について述べる。Yes の解答例では，地域社会の手伝いとなること，またボランティア活動を通して重要な技能を学べるということを根拠に挙げている。他には，Students can develop communication skills because those activities encourage them to cooperate.「そうした活動は学生に協力し合うように促すので，学生はコミュニケーション能力を養うことができる」などが考えられる。No の解答例では，正規の授業の方が学生の将来にとって重要なので，学業を優先すべきであるということを根拠に挙げている。他には，If students feel forced, it goes against the true purpose of volunteer activities.「学生が強制されていると感じるなら，それはボランティア活動の真の目的に反している」などが考えられる。

2021年度 第3回

Grade 2

一次試験　解答一覧

● 筆記

1	(1)	(2)	(3)	(4)	(5)	(6)	(7)	(8)	(9)	(10)
	3	3	1	3	3	3	1	2	2	1
	(11)	(12)	(13)	(14)	(15)	(16)	(17)	(18)	(19)	(20)
	1	4	1	2	2	1	1	3	3	2

2	A	(21)	(22)	(23)	B	(24)	(25)	(26)
		1	2	3		3	4	2

3	A	(27)	(28)	(29)	B	(30)	(31)	(32)	(33)
		4	4	2		3	2	1	4
	C	(34)	(35)	(36)	(37)	(38)			
		1	2	3	2	2			

4（ライティング）の解答例はP. 19を参照。

● リスニング

第1部	No. 1	No. 2	No. 3	No. 4	No. 5	No. 6	No. 7	No. 8	No. 9	No. 10
	3	4	1	3	3	4	4	2	2	4
	No. 11	No. 12	No. 13	No. 14	No. 15					
	2	1	3	4	2					

第2部	No. 16	No. 17	No. 18	No. 19	No. 20	No. 21	No. 22	No. 23	No. 24	No. 25
	1	3	3	2	3	1	4	2	3	1
	No. 26	No. 27	No. 28	No. 29	No. 30					
	2	4	1	2	4					

一次試験　筆記　1

(1)　解答　3

訳　先週，動物園から珍しい鳥が逃げた。今日，ついに捕獲されて動物園に連れ戻された。

単語力（動詞）を問う問題。「鳥が逃げた（escaped）」と述べられている。また，それが「動物園に連れ戻された（taken back to the zoo）」と言われているので，「逃げたが捕まえられた」となるはず。したがって，**3 captured**「捕まえられた」が正解。**1** proved は prove「証明する」，**2** accused は accuse「非難する」，**4** neglected は neglect「ないがしろにする」の過去分詞形。

(2)　解答　3

訳　A：旅行に出発する前に，お母さんに電話をするのを忘れないように，私に一言，言ってくれる？　忘れるといけないので。

B：いいわ。もちろんよ。

単語力（動詞）を問う問題。remind *A* to *do* は直訳すると「*A* に～することを思いださせる」という必須表現であるが，会話では，「忘れないように一言，言ってほしい」という時の決まり文句である。したがって，**3 remind**「思い出させる」が適切。**1** expect「期待する」　**2** distract「気を紛らわせる」　**4** disturb「邪魔する」

(3)　解答　1

訳　ビルはその新しい女の子が自分に気があるかどうか自信はなかった。それでためらいながらも彼女をデートに誘ったら，「いいわ」と言ってくれたので嬉しかった。

単語力（副詞）を問う問題。相手が自分に気があるかどうか自信がなければデートに誘うのには勇気がいる。その状況に近いのは，**1 hesitantly**「ためらいながら」である。**2** academically「学問的に」　**3** spiritually「精神的に」　**4** terribly「おそろしく，とても」

(4)　解答　3

訳　A：ルークが去年より約20％売上げが伸びたと言っていたけど，ウェンディ，正確な額を教えてくれる？

B：売上げは正確には21.8％増えたわよ。

単語力（形容詞）を問う問題。「約20％」とAが言っているのに対して，Bは「正確には21.8％」と細かく言っている。したがって，Aは**3 precise**「正確な」数字を求めたが適切。**1** intense「激しい，強い」　**2** endless「終わりのない」　**4** frequent「頻繁な」

(5)　解答　3

訳　良い先生というのは，生徒を勉強させるのに，脅しという手段ではなく，説得という手段をいつも使うものだ。

単語力（名詞）を問う問題。生徒に勉強させるのに threats「脅し」の代わりとしてふさわしいのは，**3 persuasion**「説得」である。**1** immigration「移民」 **2** organization「組織」 **4** admission「入る許可，入学」

(6) 解答 3

訳 シルビアはカナダへ旅行する前に，自分や荷物に何かが起こった場合に備えて，ちゃんとした海外旅行保険に必ず入るようにした。

単語力（名詞）を問う問題。自分の身や持ち物に何かあった場合に備えるべきは「保険」である。したがって，**3 insurance**「保険」が適切。**1** violence「暴力」 **2** affection「愛情」 **4** punishment「罰」

(7) 解答 1

訳 A：ボブは君の理科の宿題を手伝うことができたかい？
B：実は，私，混乱しただけだったわ。彼の複雑な説明は理解できなかったのよ。

単語力（動詞）を問う問題。Bは「理解できなかった」と言っている。その理由としてふさわしいのは，**1 confused**「混乱させた」である。**2** promoted は promote「推進する」，**3** arrested は arrest「逮捕する」，**4** located は locate「場所を特定する」の過去形。

(8) 解答 2

訳 そのアート・ギャラリーはその絵をすぐに展示したかったが，展示するのに所有者の許可が下りるまで待たなければならなかった。

単語力（動詞）を問う問題。ギャラリーがしたかったことは文を最後まで読むと，display「展示する」ことだとわかる。display と同じ意味の単語は，**2 exhibit**「展示する」である。**1** combine「結びつける」 **3** imitate「模倣する」 **4** overcome「克服する」

(9) 解答 2

訳 A：ホールデン先生，授業に遅れてすみません。遅れたちゃんとした言い訳はありません。今朝は寝坊しただけです。
B：そうね，もっと早く寝るようにする必要があるわね，スティーブン。

単語力（名詞）を問う問題。Aは，「今朝は目が覚めるのが遅かった」と言っている。つまり，授業に遅れたちゃんとした理由がないということ。この内容にふさわしいのは，**2 excuse**「言い訳」である。**1** device「装置」 **3** applause「称賛」 **4** resource「資源」

(10) 解答 1

訳 カナダのハイウェイ 401 号線は，北米で最も交通量が多い道路である。毎日，約 42 万台の車両がこの道を走っている。

単語力（名詞）を問う問題。ハイウェイを走るのは「車」である。乗用車やトラックなどを含めたすべての車両を **1 vehicles**「車両」という。**2** tubes「管」 **3** rivals「ライバル」 **4** deserts「砂漠」

(11) 解答 1

訳　そのファストフード店では，特大飲み物を廃止した。なぜならそれを注文する客はわずかしかいなかったからである。今では，飲み物は前より少量になり，食事と一緒に飲み物を注文する客が増えた。

イディオムの知識を問う問題。only a few customers「わずかな客しか」注文しない飲み物であれば，店としても販売を中止しても不思議ではない。do away with で「～を廃止する」の意味となるので，正解は **1 did away** である。

(12) 解答 4

訳　A：明日京都に行った後，仙台を見に行くのはどう？
B：地図を見てよ！　二つの場所はかけ離れているよ。そりゃあ，無理だよ。

イディオムの知識を問う問題。空所には自動詞が入るが，**2** account for「～を説明する」と **3** cope with「～に対処する」は二つとも他動詞的イディオムで不適。**1** live on はこの文脈では意味不明。**4 work out** はいろいろな意味があるが，ここでは「うまくいく」の意味。

(13) 解答 1

訳　グレッグの父はグレッグに釣りの仕方を教えてくれた。そして，今度はグレッグが息子に教える予定にしている。

イディオムの知識を問う問題。グレッグの父からグレッグへ，そしてグレッグから彼の息子へ伝えるという話である。この文脈に合うイディオムは，**1 in turn**「今度は」である。**2** in touch は get in touch with の形で「～と連絡をとる」が必須イディオム。**3** by chance「偶然に」 **4** by heart は learn *A* by heart「*A* を暗唱する」を覚えておきたい。

(14) 解答 2

訳　アレックスは大学で法律を学んだ後，ネット犯罪を専門にすることに決めた。なぜならアレックスはコンピュータやインターネットにとても関心があったからだ。

単語力（動詞）を問う問題。コンピュータやインターネットに関心があれば，法律の分野では「ネット犯罪」を **2 specialize in**「専門にする」と考えるのが妥当。**1** complain of「～について不平を言う」，**3** differ from「～と異なる」，**4** bound for は be bound for で電車などが「～行き」という意味。

(15) 解答 2

訳　リチャードの先生は，リチャードに他の生徒の邪魔をするのを止めるように言った。もし悪い振る舞いをしつこく続けるならば，リチャードを校長室に送ると先生は言った。

イディオムの知識を問う問題。先生がリチャードを校長室に送ると言っている。つまり，リチャードが他の生徒に迷惑をかけることを止めなければということなので，逆に言えば，リチャードが **2 persisted in**「～をしつこく続けた」ならば，ということである。**1** wore out は wear out「すり切れる」，**3** relied on は rely on「～に依存する」，**4** made for は make for「～の方へ進む」の過去形。

(16) 解答 1

訳 電力会社は停電はネズミのせいであると言った。ネズミが各家庭に電力供給をしている電線を食い破ったとのことであった。

イディオムの知識を問う問題。**1 blame for** は *A* is to blame for *B* の形で「*A* は *B* のことに責任がある」という形で使われる。なお，**3** add to「～を増す」と **4** act on「～に基づいて行動する」は覚えておきたい。

(17) 解答 1

訳 アーノルドは娘が自分に似ていると思っている。彼らの目は同じ色で，娘の鼻の形も彼の鼻に似ている。

イディオムの知識を問う問題。目の色が同じで，鼻が似ていれば，娘は **1 takes after**「～に似ている」と考えられる。他の選択肢については，**2** falls down「倒れる」は覚えておきたい。

(18) 解答 3

訳 ミサキの家族は彼女が幼かった頃アメリカに引っ越した。来年で，ミサキはアメリカで人生の半分以上を暮らしたことになる。

文法の知識を問う問題。Next year「来年」という副詞句があるので，選択肢の **1**，**4** は不適。**2** の be to 不定詞の用法は，未来のことでは，「～する予定」の意味になるが，これは意味上不自然。未来完了形の **3 will have lived**「暮らしたことになる」が適切。

(19) 解答 3

訳 その手紙によれば，銀行は残念ながらハンフリーズさんにクレジットカードの申請はできなかった旨をお知らせする，とあった。

文法の知識を問う問題。regret は regret *doing* という動名詞を取る場合と regret to *do* と不定詞を取る場合で意味が異なる動詞。regret *doing* は「～したことを後悔する」，regret to *do* は「残念ながら～する」の意味。選択肢には regret *doing* がない。したがって，**3 to inform** を入れ「残念ながらお知らせする」と理解するのが適切。

(20) 解答 2

訳 クリスは市のサッカー大会のためにトレーニングを一生懸命やってきた。彼は毎日5キロも走り，1時間以上ジムで運動をしている。

比較必須イディオムの知識を問う問題。正解は **2 less** であるが，覚える形は，no less than「～も」で，これは「多さ」を表す。また反対の意味の no more than「～しか」と「少なさ」を表す表現も必須である。

一次試験　筆記　2A

訳

肌で感じる音楽

ドイツの作曲家ルートヴィヒ・ヴァン・ベートーヴェンの音楽は，何世代にもわたって聞く人々に幸福感を与えてきた。しかし，衆知のように，ベートーヴェンは20代後半に彼自身の聴力を失い始めた。44歳になる頃には，耳が聞こえなくなり，ほとんどいかなる音も聞こえなくなった。それでも，ベートーヴェンは作曲を止めなかった。そして，彼の最も有名な作品のいくつかは，聴力を失った後に作曲されたものである。

ベートーヴェン生誕250周年を祝うために，ハンガリーのオーケストラ指揮者であるマテ・ハモリは特別なコンサートを何回か開催した。ハモリは耳の聞こえない人々を何組も招待し，ベートーヴェンの音楽をコンサート場に来て楽しんでもらった。音楽を「聴く」ために，数名の観客は，演奏家の隣に座って，手を楽器の上に置いた。こうすることによって，耳の聞こえない人々は楽器が演奏されている間，楽器が出す振動を感じることができた。また，風船を持っている人々もいたが，彼らはこの風船によって空気中の音楽の振動を感じることができた。彼らは触覚を使って音楽を経験できたのである。

コンサートは成功であった。ツザンナ・フォルディという67歳の女性は赤ちゃんのときから耳が聞こえない女性であったが，このような形でベートーヴェンの交響曲第5番を「聴く」ことができて，喜びの涙を流した。ハモリの考えたことは尋常なことではなかったが，それは彼自身の考えではなかった。ベートーヴェンは耳が聞こえなくなるにつれて，作曲をするとき，ピアノを使った。楽器があれば，指によって自分の音楽を感じることができることをベートーヴェンは発見したのである。ハモリはベートーヴェンの考えを取り入れ，それを用いてベートーヴェンと同じ困難に直面している人々が，ベートーヴェンの音楽を楽しめるようにしたのである。

語句・構文

(第1段) □ composer「作曲家」　□ generations of ～「何世代もの～」
□ as is well known「よく知られているように」　□ hearing「聴力」
□ By the time S V「S が V する頃までには」
□ hardly ～ at all は not ～ at all「全く～でない」のバリエーション。「ほとんど全く～でない」　□ write music「作曲する」

(第2段) □ celebrate「祝う」　□ the 250th anniversary「250周年」
□ conductor「指揮者」　□ in order to *do*「～するために」
□ instrument「楽器」　□ vibration「振動」　□ balloon「風船」
□ allow *A* to *do*「*A* が～するのを許す」

(第3段) □ cry with joy「喜びのあまり叫ぶ，泣く」
□ Beethoven's Fifth Symphony「ベートーヴェンの交響曲第5番」
□ in this way「このようにして」　□ his own「彼自身のもの」
□ feel his music through his fingers「指を通して音楽を感じる」

各段落の要旨

第1段　偉大な作曲家ベートーヴェンは耳が聞こえなくなったことでも知られているが，聴力を失った後も数々の名曲を作曲した。

第2段　ハンガリーの指揮者のマテ・ハモリは，耳の聞こえない人たちをコンサートに招待し，演奏中に楽器に触れたり，客席で風船を持ったりすることによって，音楽を触覚によって体験してもらった。

第3段　このコンサートは，耳の聞こえない人々に音楽を聴く喜びを体験してもらい成功したが，このような楽器の出す振動による音楽体験は，元々ベートーヴェン自身が，ピアノに指で触れ振動を感じることで作曲していたことに，ヒントを得たものだった。

(21)　解答　1

選択肢の訳　**1**　Even so「それにもかかわらず，それにしても」
2　Rather「むしろ」
3　For once「一度だけ」
4　Therefore「それゆえに」

前文（By the time …）でベートーヴェンは耳が聞こえなくなったと述べられ，空所の後で，ベートーヴェンは作曲を止めなかったと述べられている。通常，音が聞こえないということは音楽家にとって致命的である。したがって，逆接的な意味の**1 Even so**「それにもかかわらず」が適切。

(22)　解答　2

選択肢の訳　**1**　この新しい技術　　**2**　彼らの触覚
3　虹の色　　**4**　これらの自然なにおい

前文（Other audience members …）で耳の聞こえない人たちが風船を使って空気中の音楽の振動を感じたと述べられている。したがって，彼らは**2 their sense of touch**「触覚」を使って振動を感じ，それが音楽体験となったことがわかる。

(23)　解答　3

選択肢の訳　**1**　家を出ることができない
2　記憶がない
3　同じ困難に直面する
4　他のスタイルを好む

ベートーヴェンは聴力を失ったにもかかわらず，音楽を「感じる」ことによって作曲を続けた。マテ・ハモリがこのベートーヴェンのアイデアを利用したのは，第2段に述べられているように耳の聞こえない人々に音楽体験をしてもらうためであった。したがって，**3 face the same challenge**「同じ困難に直面する」が正解。the same challengeとは，耳が聞こえないことを指している。

一次試験　筆記　2B

訳

食塩水

冬の寒さが厳しい地域では，雪や氷のために交通事故が起きることがある。それを防止するため，冬は塩を道路に撒くということがしばしば行われる。これをするのは，塩によって氷が摂氏0度以下の温度でも溶けるからである。例えば，塩を10％混ぜた水では，氷の溶解温度が0度からマイナス6度まで下がる。塩が20％の水ではさらに溶解温度はマイナス16度まで下がる。しかし，このように塩を使うことには望まぬ結果も伴う。車，道路，そして自然環境ですら塩によって被害を受けることがある。

研究によってわかっていることは，道路に塩を使うと，塩はただ消えるのではない。そうではなく，溶けた氷によって地中に運ばれる。その塩の多くが結局は湖や川へ流れ込み，そこの水中の植物，魚，その他の生き物に害を与えることがある。たとえば，高レベルの塩分によって，稚魚の大きさが最大3分の1小さくなることがある。さらに，塩分によって，水中の種に害を与えるばかりでなく，人間が飲む水にも影響を与えるバクテリアを増加させることもある。

このような問題を避けるために，塩に代わる自然のものが試されている。一つのアイデアとして，ビートという野菜のジュースを，氷を溶かすのに使うことが行われてきた。しかし，ビートジュースは自然のものであるけれども，これは湖や川の酸素の量を減らしてしまい，そのために植物や魚の生存が困難になってしまう。この問題の解決は簡単ではない。しかし，研究者たちは氷を溶かす様々な方法を試みている。運が良ければ，交通事故を防止するのに役立つが環境を破壊しない物質を，見つけられるであろう。

語句・構文

（第1段）
- □ cause traffic accidents「交通事故を起こす」　□ prevent「防止する」
- □ spread salt on roads「塩を道に撒く」　□ melt「溶ける」
- □ at temperatures lower than 0℃「摂氏0度以下の温度で」 lower 以下が temperatures を修飾している。
- □ a 10 percent salt-water mixture「10％の食塩と水の混合液」
- □ lower「下げる」 この lower は形容詞 low の比較級でなく動詞。
- □ further「さらに」　□ the natural environment「自然環境」

（第2段）
- □ instead「そうではなく」
- □ be carried into the ground「地中に運びこまれる」
- □ end up in lakes「結局，湖に入る」 end up ～は「結局～になる」のニュアンス。後に前置詞句などが続く場合が多い。
- □ harm underwater plants「水中植物に害を与える」
- □ creature「生きもの」　□ high levels of salt「高濃度の塩分」
- □ reduce「減らす」
- □ by up to one-third「最大3分の1の差で」 up to ～は「～まで」の意味。by は差を表す。one-third は分数表現。
- □ moreover「さらに」　□ lead to ～「～をもたらす」

☐ not only *A* but also *B*「*A* ばかりでなく *B* も」
☐ affect「影響を与える」
（第 3 段）☐ avoid「避ける」　☐ natural alternatives「天然の，代わりになるもの」
☐ test「検証する」　☐ juice from vegetables「野菜から取った汁」
☐ reduce the amount of oxygen「酸素の量を減らす」
☐ make it hard for plants and fish to survive は，it が形式目的語で，for plants and fish to survive「植物と魚が生き延びる」を受ける。make it hard は，make O C「O を C にする」の構文。
☐ solve「解決する」　☐ try different ways「様々な方法を試す」
☐ substance「物質」
☐ help prevent「防止するのを助ける」 help の後に原形の prevent がきていることに注意。
☐ damage the environment「環境に害を与える」

各段落の要旨

第 1 段　道路が凍ると交通事故が起きやすい。事故を防ぐために塩が道路に撒かれる場合がある。塩は氷が解ける温度を下げるからであるが，塩は道路や車に害をもたらすだけでなく，環境破壊に繋がる恐れがある。

第 2 段　道路に撒かれた塩分は溶けて消えても，最終的には川や湖に流れ込み，生まれてくる稚魚が小さくなるなど，動植物に影響を与えるばかりでなく，水中のバクテリアを増加させ，人間の飲み水にも影響を与えかねない。

第 3 段　塩に代わって，ビートの汁が凍結防止に使われてきたが，これは湖や川の酸素量を減らし動植物の生息を困難にする。現在，様々な方法が試されており，道路の凍結による交通事故を減らし，かつ環境を破壊しない物質が将来見つけられるであろう。

(24) 解答　3

選択肢の訳　**1**　その風味を変える　**2**　まったく一般的である
3　望まぬ影響がある　**4**　無駄になり得る

文頭に However という逆接の副詞がある。塩と水の混合溶液は雪が凍結する温度を下げるが，そのマイナス面があるという意味の言葉がくるはず。したがって，**3 has unwanted effects**「望まぬ影響がある」が適切。

(25) 解答　4

選択肢の訳　**1**　まもなくガスに変わる　**2**　動物によって食べられる
3　置き換えられない　**4**　単に消えるのではない

次文（Instead …）で，「塩分は地中に運ばれる」と述べられている。この内容に相応しいのは **4 does not just disappear**「単に消えるのではない」である。要するに塩分はなくならずに環境に悪影響を与えるということである。

(26) 解答　2

選択肢の訳　**1**　In reality「実際に」　**2**　With luck「運が良ければ」
3　Like before「以前のように」　**4**　By then「その時までには」

前文（This is not …）の後半 but 以下で，道路の凍結を防ぎ，かつ環境に害を与えない物質を見つける努力がされていると述べられている。空所の後には「物質が見つかるだろう」と述べられている。**1** In reality「実際に」を入れると，見つかることが確定していることになるが，現実にはまだ見つかるか見つからないか確定していないので不適。ここは希望的観測と理解して，**2 With luck**「運が良ければ」が適切。

一次試験　筆記　3A

訳

発信元：エイミー・ゴードン〈a.gordon@g-kelectronics.com〉
宛先：顧客サービス課全スタッフ〈customerservicestaff@g-kelectronics.com〉
日付：1 月 23 日
件名：スタッフの入れ替わり

顧客サービス課スタッフの皆様へ

先週金曜日の社内パーティは，皆さん，楽しんでいただけたことと思います。私は本当に楽しい一時を過ごしました。グランドホテルはパーティには完璧な場所だったと思います。あなたがたの中には私たちが行ったビンゴゲームで賞を取った人たちもいたことを忘れないでください。営業課のスティーブ・ミラーさんが，賞を預かっているとのことです。もし何か獲得していたら，彼のところへ行って賞を受け取ってください。

今日は，また他にもいくつかお知らせがあります。来月，我が社に新たに 6 人が入社してきます。彼らは皆，最近大学を卒業したばかりの人たちです。彼らのうち 2 人が，顧客サービス課で私たちと一緒に勤務することになっています。私たちは全部で 3 人の新しい同僚を迎えることになります。というのも，ケント・ガーディナーさんも同じ時に私たちの課に異動してくることになっているからです。ケントさんは G&K エレクトロニクスの設計課で 10 年間勤務しておられましたから，あなたがたの多くもすでに彼のことはきっと知っていることと思います。

他に 2 ～ 3 人，スタッフの入れ替わりもあります。経理課長のピーター・スミスさんが来月末に退職されます。ピーターさんは G&K エレクトロニクスで 40 年以上働いてこられました。2 月 28 日午後 5 時から A 会議室でちょっとした彼の退職祝いがあります。また，来週からレイチェル・マーティンさんがまもなくお産だということで，6 カ月間の休みを取られます。

以上，よろしくお願いします。

エイミー・ゴードン
顧客サービス課　課長

語句・構文

（第 1 段）☐ enjoy *oneself*「楽しむ」　☐ win prizes「賞を取る」
☐ the sales department「営業課」

□ pick up your prize「自分の賞を受け取る」 pick up は「人を迎えに行く」「頼んでおいたものを取りに行く」など多くの場面で使われる言葉。

（第 2 段）□ announcement「発表，お知らせ」　□ as well「同様に」

□ graduate from college「大学を卒業する」　□ co-worker「同僚」

□ altogether「全部で」　□ at the same time「同時に」

□ I'm sure that S V「きっと～だと思う」

（第 3 段）□ staff changes「スタッフの交替」 ここでの change は名詞。

□ the accounting department「経理課」　□ retire「退職する」

□ retirement ceremony「退職祝い」

□ starting next week「来週から始まって」の starting ～, は分詞構文。

□ take six months off「6 カ月の休暇を取る」 この off は「休み」の意味。take a day off なら「一日休みを取る」となる。

各段落の要旨

第 1 段　先週行われた会社のパーティのビンゴゲームで賞を取った人は，それを営業課のスティーブ・ミラーが預かっているので，彼の所に取りに行くように。

第 2 段　会社の人事異動として，6 名の新卒新入社員があり，そのうち 2 人が顧客サービス課に配属になる。同時に設計課に 10 年勤務したケント・ガーディナーが異動してくる。

第 3 段　経理課長のピーター・スミスが来月末で退職する。彼はこの会社で 40 年以上勤務した人で，最後の日に 5 時からささやかな退職祝いをする予定である。また，レイチェル・マーティンは，来週から出産に備えて 6 カ月の休暇に入る。

(27) 解答　4

質問の訳　**エイミー・ゴードンは最近の会社のパーティについてどう思っているか。**

選択肢の訳　**1**　もし営業課が参加していたらもっと良かったであろう。

2　もしビンゴゲームをしたら楽しかったであろう。

3　今年の賞は昨年よりも良かった。

4　場所の選択はそれ（＝パーティ）にぴったりだった。

第 1 段第 3 文（I think that …）にグランドホテルがパーティをするのに最適な場所だった，と述べられている。この内容に一致しているのは，**4 The choice of location was just right for it.** である。**2** の「ビンゴゲームをしたら楽しかったであろうに」は，仮定法の帰結文の形。ビンゴゲームは実際に行われているので不適切。

(28) 解答　4

質問の訳　**来月は何がある予定か。**

選択肢の訳　**1**　大学生が何人か会社へボランティアでやってくる。

2　ケント・ガーディナーが設計課へ異動する。

3　会社の従業員は 10 年で初めてのボーナスをもらう。

4　3 人が顧客サービス課に加わる。

第2段第1文（I have some …）で新入社員6人が入社してくると述べられ，同段第4文（We'll have three …）で，そのうちの2人とケント・ガーディナーが顧客サービス課に配属されると述べられている。この内容と一致するのは，**4 Three people will join the customer service department.** である。**2**「設計課へ異動する」のではなく，「設計課から異動してくる」と述べられているので不適。

(29) 解答 2

質問の訳 来週，レイチェル・マーティンは（　　）

選択肢の訳
1 40年以上勤務して退職する。
2 子どもが生まれるのでしばらく職場を離れる。
3 会社の経理課長になる。
4 ピーター・スミスのために特別な行事を企画する責任者となる。

第3段最終文（Also, starting next week …）で，レイチェル・マーティンは子どもが生まれるので6カ月の休暇を取ると述べられている。したがって，**2 leave work for a while because she will have a child.** が適切。**1** はピーター・スミスのことである。

一次試験　筆記　3B

訳

最初の一歩

動物には大きく二つのグループがある。背骨のある動物と背骨のない動物である。背骨を持つ動物は脊椎動物として知られている。最初に出てきた脊椎動物は魚であり，長い間，魚は唯一の脊椎動物であった。それから，約3億7千4百万年前に，これらの魚の一部が海から出て，陸地に棲み始めた。これらの魚が最初の「テトラポッド（四足動物）」となった。テトラポッドとは四肢──動物の種類によるが，足と羽，もしくは足と腕──と背骨をもった動物である。テトラポッドの例には，爬虫類，鳥類，そして人間のような哺乳類が含まれる。

脊椎動物の海から陸への移動は，地球上の生命の歴史において，最も重要な出来事の一つだと考えられている。しかし，今日でさえ，どのようにしてこのことが起こったかについては，ほとんどわかっていない。この理由の一つは，魚がテトラポッドに進化しつつあった時代の化石が，相対的にほとんど残っていないからである。しかし，カナダで最近，古代魚の完全な化石が発見されたことにより，この変化がどのように起こりえたかについて，新たなヒントが得られた。

この魚の化石はエルピストステガリアンと呼ばれる魚のもので，長さが1.6メートルある。しばらく前から，科学者たちは，ワニと少々似ていて，沿岸の近くに生息していたこの魚は，テトラポッドの先祖の一つだったと信じている。この魚には前に2つ，後ろに2つ，計4つのヒレがあり，これらのヒレがテトラポッドの四肢に進化した可能性がある。カナダのケベック州にあるミグアシャ国立公園で完全な化石が発見されたことにより，科学者たちはまさに初めて，エルピストステガリアンの前についているヒレを調べることができるようになった。

科学者たちは，この古代魚の前ヒレには，陸地の動物の手にあるような骨があることを発見した。通常，ヒレに骨はまったくない。これらの骨が進化して，魚が浅瀬にいるときに体を支えることができるようになった，と科学者たちは確信している。言い換えれば，魚は海を離れる前にすでに手足を発達させ始めていたのである。このことにより，エルピストステガリアンは魚とテトラポッドとの間をつなぐ，リンクの一つである可能性が一層高まったのである。

語句・構文

（第1段）
- ☐ backbone「背骨」　☐ vertebrate「脊椎動物」
- ☐ move out of the sea「海から出る」　☐ tetrapod「四足動物」
- ☐ limb「肢」　☐ depending on ～「～によって」　☐ reptile「爬虫類」
- ☐ mammal「哺乳類」

（第2段）
- ☐ be considered to be ～「～だと考えられている」
- ☐ important events「重要な出来事」　☐ even today「今日でさえ」
- ☐ though「しかし」　ここでの though の用法は副詞用法。though は挿入句として文中でも文末でも使われる。
- ☐ little is known about ～「～についてほとんど知られていない」　little は，ここでは名詞用法。a little「少しは～」と little「ほとんど～でない」の使い分けに注意。
- ☐ relatively「相対的に」　☐ fossil「化石」
- ☐ remain「残っている」　この remain は補語をとらない完全自動詞の用法。
- ☐ evolve into tetrapods「進化してテトラポッド（四足動物）となる」
- ☐ ancient fish「古代魚」

（第3段）
- ☐ The fossil is of a 1.6 meter-long fish「この化石は1.6メートルの魚のもの」
- ☐ called an elpistostegalian「エルピストステガリアンと呼ばれる」　called は過去分詞で「～と呼ばれる」の意味。
- ☐ ancestor「先祖」　☐ fin「ヒレ」
- ☐ for the very first time は for the first time「初めて」に強調の very がついた形。「まさに初めて」

（第4段）
- ☐ contain「含む」　☐ normally「普通は」
- ☐ not ～ at all「まったく～でない」
- ☐ develop to *do*「発達して～するようになる」
- ☐ in shallow water「浅瀬で」
- ☐ in other words「言い換えると，すなわち」
- ☐ make it even more likely that S V　it は that 以下を受ける形式目的語。even「さらに，一層」は比較級を強調する副詞。make it likely は make O C「O を C にする」の構文。likely は「ありそうである」の意味の形容詞。全体的な直訳は「(that 以下のこと) をありそうにする」である。

各段落の要旨

第1段 魚は最初の脊椎動物であり，長い間唯一の脊椎動物であった，その魚の一部が海から陸に上がり，後に爬虫類，鳥類，哺乳類といった四足動物に進化した。

第2段 脊椎動物の魚がどのように陸地に棲むようになったかは，その時代の化石が少ないためにわかっていなかったが，最近になって，カナダで古代魚の完全な化石が見つかり，魚から四足動物への進化の過程が明らかになるカギとなった。

第3段 化石はエルピストステガリアンという，四足動物の祖先と考えられている魚のもので，ワニに似ていて，4つあるヒレのうち前の2つのヒレを，初めて調べることができた。

第4段 通常，魚のヒレには骨がない。しかし，エルピストステガリアンの前のヒレには骨があり，海から上がる前，浅瀬で身体を支えたと考えられ，魚と四足動物とをつなぐ存在である可能性が高まった。

(30) 解答 3

質問の訳 tetrapodsとは（ ）

選択肢の訳
1 もっとも初期の種類の魚に進化した動物の集団。
2 腕と脚を発達させた，背骨のない唯一の動物。
3 背骨と，歩いたり飛んだりすることを可能にする四肢をもった動物。
4 約3億7千4百万年前に海と陸の両方に棲んでいた動物。

tetrapodの定義は，第1段最後から2番目の文（A tetrapod is …）にあり，その具体例として，爬虫類，鳥類，哺乳類が最終行に挙げられている。tetrapodの定義とその具体例から考えて，**3 animals with a backbone and four limbs which allow them to walk or fly.** が適切。**4**は紛らわしいが，同段第4・5文（Then, … the first "tetrapods."）にあるように，海から出て陸に棲むようになったのが四足動物tetrapodであり，誤り。

(31) 解答 2

質問の訳 **脊椎動物がどのようにして初めて陸地に棲み始めたか，人々がよくわからなかったのはなぜか。**

選択肢の訳
1 当時，陸地がどのようなものであったかを示すものがほとんど発見されていなかったから。
2 この変化が起こった時代の化石による証拠があまりないから。
3 古代魚の化石によって，それがいくつかの異なった方法で起こったことがわかるから。
4 この重要な出来事がいつ起こったか，専門家たちには確信がないから。

脊椎動物が海から陸地へ移動したという重要な出来事については，第2段第3文（One reason for this …）に化石がほとんど残っておらず正確なことがほとんどわからないからだと述べられている。この内容と一致するのは，**2 There is not much fossil evidence from the period when this change happened.** である。**4**は「いつ」この進化が起こったかではなく「どのようにして」起こったかがポイントなので，文脈からずれている。

⑶2 **解答**　**1**

質問の訳　**エルピストステガリアンと呼ばれる動物は（　　　）**

選択肢の訳　**1**　陸地近くに棲むある大型生物の一種。
2　ワニを食べるのを好む初期の四足動物。
3　ヒレと脚の両方を持つ四足動物から進化した。
4　カナダで発見されるまで科学者たちに知られていなかった。

第3段第2文（Scientists have believed …）の後半で「沿岸近くに棲んでいた」と述べられている。また同段第1文には 1.6-meter-long fish「体長1.6メートルの魚」という記述があり，かなり「大きな魚」だとわかる。この記述と一致するのは，**1 were a kind of large creature that lived close to land.** である。**3** は紛らわしいが同段第3文（The fish had …）に「4つのヒレ」と書かれており，「脚」ではない。また，エルピストステガリアンから四足動物へと進化したので，逆である。

⑶3 **解答**　**4**

質問の訳　**科学者たちがエルピストステガリアンの化石を調べたとき，何を発見したか。**

選択肢の訳　**1**　エルピストステガリアンの骨は，深海で生き残れるほど強くなかった。
2　エルピストステガリアンの手と足は，この魚が海から出てしばらく後に発達したに違いないということ。
3　エルピストステガリアンは，海と陸の動物を繋ぐものの一つではありえなかったということ。
4　エルピストステガリアンは，そのヒレに骨があることから他の魚と違っていたということ。

第4段第1文（The scientists found …）でこの魚の前のヒレには陸地の動物の手にあるような骨があったと述べられ，第2文（Normally, fins do …）で，通常，魚のヒレに骨は全くないと述べられている。この内容と一致するのは，**4 The elpistostegalian was different from other fish because its fins contained bones.** である。**1** と **2** についてはそのような記述がなく，**3** は反対の内容である。

一次試験　筆記　3C

訳

素晴らしい果物

今日，パイナップルは世界で最も人気のある果物の一つである。しかし，長い間，世界のほとんどの地域でパイナップルは非常に珍しいものであった。パイナップルは，元々は南アメリカのものであり，最初は，現在，ブラジルとパラグアイの一部になっている地域に生育していた。パイナップルはその自然な甘さのおかげで，先住民の最も好むものの一つになっていた。パイナップルは南米の沿岸地域とカリブ海諸島に住む，カリブの人々に特に人気があった。

パイナップルを発見した最初のヨーロッパ人の一人は，探検家クリストファー・コロンブスであった。彼は，1493年の2回目のアメリカ航海で，カリブ海のグアドループ島でパイナップルを発見した。コロンブスはそれをスペインに持ち帰り，フェルディナンド王に進呈した。当時，ヨーロッパでは砂糖は本当にわずかしかなく，果物は１年のうちで短い期間しか手に入らなかった。王はパイナップルを味わって，これはすべての果物の中で最も美味なものだと宣言した。以前は知られていなかったこの果物のニュースは，またたくまにヨーロッパ中に広まった。

残念なことに，当時，南米からヨーロッパまでの旅は１カ月以上かかった。したがって，パイナップルは目的地に着く前に，普通は腐ってしまった。ヨーロッパの人々は輸入する代わりに，ヨーロッパでパイナップルを育てる方法を見つけようとした。オランダ人とイギリス人は，パイナップルが育つよう暖かくした温室を作った。温室を暖かく保つには，膨大な量の燃料が必要で，一つのパイナップルが食べられるようになるには，４年以上かかった。パイナップルの栽培は，大金持ちたちの趣味となり，パイナップルはステイタス・シンボルになったのである。パイナップルは食べるよりも，装飾品としてしばしば使われた。

パイナップルはその変わった形とステイタスのために，芸術やデザインの分野でも人気のイメージになった。今日でも，イギリスの大きな古い屋敷の庭では，パイナップルの石像が多く見られる。蒸気船が発明されてからは，南米とヨーロッパの旅ははるかに速いものになった。パイナップルの輸入は増え，価格は下がり，普通の人々でも購入できるようになった。その結果，パイナップルの贅沢品というイメージは失われ，世界中で賞味される一般的な果物となった。

語句・構文

(第１段) □ extremely rare「極端に珍しい」　□ originally「元来は」
□ especially「特に」　□ the Carib people「カリブ海の人々」

(第２段) □ the explorer Christopher Columbus「探検家クリストファー·コロンブス」
□ on his second voyage「２回目の航海で」　□ available「手に入る」
□ declare it to be ～「それは～であると宣言する」
□ previously unknown「以前は知られていなかった」

(第３段) □ unfortunately「残念なことに」
□ take over a month「１カ月以上かかる」 この take は「時間がかかる」の意味。over は「～以上」の意味。take over というイディオムではない。
□ destination「目的地」　□ the Dutch「オランダ人」
□ enable *A* to *do*「*A* が～することを可能にする」
□ huge amounts of fuel「莫大な量の燃料」
□ as long as four years「４年も」 この as ～ as は強調用法。
□ a status symbol はカタカナで「ステイタス・シンボル」と日本語でも言うが，「身分や地位を象徴するもの」のこと。
□ decoration「装飾物」　□ *A* rather than *B*「*B* というよりむしろ *A*」

(第４段) □ unusual appearance「変わった見かけ」　□ even today「今日でさえ」
□ ships with steam engines「蒸気船」　□ invent「発明する」
□ import「輸入」　□ as a result「結果として」
□ luxury image「贅沢品のイメージ」

各段落の要旨

第1段　今では人気のある果物のパイナップルは，元来は南米のカリブ海諸島に自生していたもので，自然な甘さで地元の人々にも非常に好まれていた。

第2段　ヨーロッパには，グアドループ島でパイナップルを発見したコロンブスによって最初に持ち込まれ，スペイン王が試食し，最もおいしい果物と宣言した。当時ヨーロッパでは砂糖は珍しく，果物がとれるのも短期間であったため，パイナップルという果物があることはヨーロッパ中に広まった。

第3段　その頃南米からヨーロッパまでパイナップルを運ぶのに1カ月以上かかったため，到着する時には腐ってしまっていた。ビニールハウスでの栽培も行われたが，燃料代がかかり高価なものとなり，パイナップルは所有者のステイタス・シンボルとして食すものというより装飾品であった。

第4段　パイナップルはその形の面白さもあって，芸術やデザインの対象となり，イギリスの古い邸宅には多くのパイナップルの石像が残っている。蒸気汽船の発明後は短時間での輸送が可能になり，価格が下がって一般の人々も食べられるようになったため，パイナップルは贅沢品のイメージがなくなって世界中で食べられるようになった。

(34)　**解答**　1

質問の訳　元来，パイナップルは（　　　）

選択肢の訳
1　わずかな地域でしか育たなかったので，多くの人にとって手に入れるのが難しかった。
2　南米の先住民には，あまりにも甘すぎると考えられていた。
3　カリブの人々によって，ブラジルやパラグアイのような国に持ち込まれた。
4　カリブ諸島の人々によって農場の動物用飼料として使われた。

第1段第2文（For a long …）にパイナップルは世界のほとんどの地域でとても珍しかった，ということが述べられ，同段第4文（They first grew …）でブラジル，パラグアイで最初は育ったと述べられている。つまり生育場所が限られていたということで，これらの内容と一致するのは，**1 hard for many people to get because they only grew in a few places.** である。**2** は同段第5文（Their natural sweetness …）に「自然な甘さ」を先住民に気に入られた，とあるので不可。**3** のブラジルやパラグアイは，パイナップルが生えていた場所である。**4** はそのような記述はない。

(35)　**解答**　2

質問の訳　フェルディナンド王がパイナップルを試食して何が起こったか。

選択肢の訳
1　王はクリストファー・コロンブスにアメリカに戻って，もっと多くのパイナップルを持ち帰るように命じた。
2　よく知られていないが美味しいこの果物についての話がヨーロッパ中で聞かれた。
3　ヨーロッパの探検家たちがパイナップルよりはるかに美味しい果物を求め

て世界中を探し始めた。

4 王は，もし人々がもっと果物を食べたらより健康になるとわかった。

第2段最終文（News of this …）に今まで知られていなかったこの果物がヨーロッパ中に急速に広まった，と述べられている。この内容と一致するのは，**2 Stories about this unfamiliar but tasty fruit were heard across Europe.** である。

(36) 解答 3

質問の訳 なぜヨーロッパの人々はパイナップルをヨーロッパで育てる方法を探したのか。

選択肢の訳 1 南米でパイナップルを育てている人々と同じくらい金持ちになるため。

2 海賊が自分たちの船を攻撃し，貴重な果物を奪ってしまうのを防ぐため。

3 パイナップルがヨーロッパに到着する頃には，多くのパイナップルがもはや新鮮でなくなっていたから。

4 南米からパイナップルを輸送するには，膨大な量の燃料が必要だったから。

4は紛らわしいが，第3段第4文（Huge amounts of …）より，膨大な燃料が必要なのは，パイナップルの輸送のためではなく，温室内の温度を保つためであり，パイナップルを栽培しようとした理由ではない。栽培の理由は，第3段第1文（Unfortunately, the journey …）後半より「パイナップルが目的地に着くまでに傷んでしまう」ことである。この理由と一致するのは，**3 Because many pineapples were no longer fresh when they arrived in Europe.** である。

(37) 解答 2

質問の訳 ヨーロッパのパイナップルの価格はどうして下がったか。

選択肢の訳 1 南米よりもヨーロッパに近い場所に，パイナップル農場が作られたから。

2 南米からヨーロッパに行くのにかかる時間がより短い船が発明されたから。

3 パイナップルが非常に一般的なものになり，人々が食べるのに飽きたから。

4 イギリスの気候が変わって，人々が自分の庭で栽培できるようになったから。

価格下落の要因は，第4段第3文（After ships with …）に蒸気船が発明されて，南米からヨーロッパへの航海が非常に速くなったと述べられている。この内容と一致するのは，**2 Ships were invented that took less time to travel from South America to Europe.** である。なお，**1**の「パイナップル農場」，**3**の「パイナップルの一般化」，**4**の「自分（の庭）で栽培」は部分的に言及されているが，これらは価格下落の理由ではない。

(38) 解答 2

質問の訳 次に述べられているもののなかで正しいのはどれか。

選択肢の訳 1 パイナップルの形が変わっているので，食べたくないと思っている人たちもいた。

2 パイナップルは，かつて人々が自分たちの富を誇示する手段だった。

3 南米の各地域で自然に育っていたパイナップルは甘くなかった。

4 クリストファー・コロンブスの時代，ヨーロッパでは砂糖が広く手に入った。

1は「パイナップルの形が変わっている」は正しいが，それゆえ「食べたくない」という言及はない。3は，前半は正しいが「甘くなかった」は第1段第5文の Their natural sweetness「自然の甘さ」と矛盾する。4は第2段第4文（At that time …）に，砂糖はほとんどなかった，と述べられていることと矛盾する。2 **Pineapples used to be a way for people to show how wealthy they were.** が， 第3段最後の2文（Growing pineapples became … rather than eaten.）に，パイナップルは金持ちのステイタス・シンボルであり，食べるというより装飾品として使われた，と述べられていることと一致する。

一次試験　筆記　4

解答例　**I think it is a good idea that buildings and public areas have lights for decoration. First of all, these lights are a good way to increase the number of tourists. If many people come to see the decorations, they may buy souvenirs from shops and eat at the restaurants in the area. Second, bright lights will help prevent crimes at nighttime. In a bright area, it is easy to see people's faces and other things clearly. For these reasons, I think it is good for buildings and public areas to have lights for decoration. (80～100 語)**

訳　私は建物や公共の場に装飾用の照明があることは良いことだと思う。第一に，このような明かりは観光客の数を増やす良い方法である。もしこの装飾用照明を見に来る人々が多ければ，その地域のお店でお土産品を買ったり，またレストランで食事をしたりする人も出てくるかもしれない。第二に，明るい照明は夜の犯罪防止に役立つ。明るい場所では人の顔や他のものをはっきり見ることも容易である。このような理由から，私は建物や公共の場に装飾用照明があることは良いことだと思う。

トピックの訳　**今日，日本では多くの建物や公共の場には，例えば，クリスマス期間中に使われる照明などの装飾用の照明が沢山ありますが，あなたは，これは良いことだと思いますか。**

ポイントの訳　**●安全性　●環境　●観光**

▶ 1文目で同意か同意しないかを明確にする。質問の英文を利用して，〔解答例〕のように I think it is a good idea that buildings and public areas have lights for decoration. と書き出してもよいが，字数が多くなってしまう場合は，Yes, I think it is a good idea. もしくは，Yes, I think so. としてその理由を書き始めてもよい。

▶続いて理由を2つ提示する。〔解答例〕では，First of all, ～と Second, ～が使われているが，One reason is that ～と Another is that ～というパターンを使ってもよい。もし，最初に I have two reasons for it. と書くならば，2つ目の理由は，The other is that S V になることには注意しておこう。単に，First, Second くらいからパターンを覚えるのもよい。大切なことはまず，自分が書けるパターンを一つは必ず持っておくことである。

▶〔解答例〕の構成は「①主張→② 1つ目の理由→③補足的な具体的説明→④ 2つ目の理由

→⑤補足的な具体的説明→⑥結論」である。最終的結論部分は最初の主張と同じ文にするのではなく,〔解答例〕のように多少変化を加えた表現にするのがよい。

▶反対の立場で書くとしたら,その理由は「過剰な照明は環境破壊に繋がる。なぜなら,照明は過剰に電力を消費する。そのため,化石燃料を過剰に消費し,ひいてはそれが自然破壊に繋がる」とすればよい。また,安全性の面においては,「深夜まで遊ぶ若者たちが増え,帰宅時間が遅くなり,結果的に犯罪を増やしてしまう可能性がある」とすればよい。反対の理由を書く場合も,論の構成は賛成の時と同じであることを忘れないようにしたい。

一次試験　リスニング　第１部

No. 1　解答　3

Script

★＝男性　☆＝女性　(以下同)

☆I heard that you moved into a new house last weekend, John.

★Yeah, but I still have a lot of unpacking to do, Donna. And I really need to decide where to put all of my furniture by next week.

☆Would you like some help? I have a lot of experience arranging furniture.

★That'd be great. Thanks for offering.

Question：What does Donna offer to do for John?

訳

☆ジョン,先週末,新居に引っ越したんですって?

★そうだよ。でも,まだたくさんの荷物を開けないといけないんだ,ドナ。で,来週までには全部の家具の置き場所を決める必要が本当にあってね。

☆少し手伝いましょうか。私,家具の配置は経験豊富よ。

★それはありがたい。感謝するよ。

質問:ドナはジョンに何を申し出ているか。

選択肢の訳　**1**　彼を買い物に連れて行くこと。　**2**　箱に荷物を詰めること。

3　彼の家具の配置を手伝うこと。　**4**　彼の新居を掃除すること。

move into ～「～へ引っ越す」,unpacking「荷物を開ける」という言葉から「引っ越し」の話だとわかる。その上で,ドナの2回目の発言のWould you like some help?とarranging furniture「家具の配置」という言葉とが聞き取れれば,**3**「彼の家具の配置を手伝うこと」が正解だとわかる。

No. 2　解答　4

☆ Hello?
★ Hi. I'd like to make an appointment to see the dentist this afternoon.
☆ OK. What seems to be the problem?
★ Well, one of my teeth really hurts, so I'd like to have it checked.
☆ All right. Dr. Campbell can see you at three o'clock.

Question：Why is the man calling Dr. Campbell's office?

訳
☆もしもし。
★もしもし，今日の午後歯医者さんの予約をしたいのですが。
☆わかりました。問題はどのようなことでしょうか？
★歯の１本が本当に痛いんですよ。それを診てほしいのですが。
☆わかりました。キャンベル先生は３時に診察が可能です。

質問：男性はキャンベル歯科医院にどうして電話をかけているか。

選択肢の訳
1　薬をもらうため。
2　歯医者を変えるため。
3　電話で助言をもらうため。
4　予約するため。

男性の１回目の発言の make an appointment「予約する」が聞き取れるかがポイント。男性は，「歯が痛い」とか「診てもらいたい」とは言っているが，**1** 薬をもらう，**2** 歯医者を変える，**3** 助言をもらうという話はしていない。したがって，**4** 予約するためが正解。同じ表現 make an appointment が使われているので答えやすい問題である。

No. 3　解答　1

★ Hello.
☆ Hello, David. Traffic is very heavy right now and I'm going to be about 15 minutes late for lunch. Can you order a chicken sandwich for me?
★ Sure. I'm already here. Do you want the grilled chicken or the fried chicken? And do you want french fries? Or a salad?
☆ I want the grilled chicken with an order of french fries.
★ OK. I'll see you inside the restaurant. Drive safely.

Question：What will the man do for the woman?

訳
★もしもし。
☆もしもし，デイヴィッド。今，ひどく渋滞しているの。ランチに 15 分くらい遅れそうよ。私にチキンサンドイッチを注文しておいてくれる？
★いいよ。僕はもうここに着いているよ。グリルチキンとフライドチキンのどちらがいい？　フライドポテトもいるかい？　それともサラダ？

☆グリルチキンと，フライドポテトを頼んでね。
★わかった。レストランの中で会おう。安全運転でね。

質問：男性は女性のために何をするか。

選択肢の訳　**1**　彼女の食べたいものを注文する。　**2**　彼女の予約時間を変える。
3　早くレストランに行く。　**4**　レストランに彼女を車で送る。

女性が1回目の発言で，「15分ほど遅れるのでチキンサンドイッチを私の代わりに注文してくれる？」と言っているが，「注文する」のorderが聞き取れれば，男性が2回目の発言で女性の食べたいものをさらに詳しく聞いているとわかる。また，男性は2回目の発言で「僕はもうここに着いているよ」と言っていることから，**3**は不適切だとわかる。したがって，**1**「彼女の食べたいものを注文する」が適切。

No. 4　解答　3

★ Excuse me, I lost my library card, and I'd like a new one.
☆ I can make you a new card, but I need to see your ID. Also, if you have any books checked out, you need to return them.
★ Well, I have my ID. I do have two books checked out for school, though.
☆ Sorry, but you have to bring them in. I can't make a new card before then.

Question：What does the woman tell the boy?

Script

訳
★すみません，図書カードを紛失したので，新しいのが欲しいのですが。
☆新しいカードをお作りしますが，身分証明書を見せていただく必要があります。また，借りている本があれば，返却する必要がありますが。
★そうですね。身分証明書は持っていますが，本は確かに2冊学校用に借りています。
☆すみませんが，それを持ってきていただく必要があります。それまではカードをお作りできません。

質問：女性は男の子に何と言っているか。

選択肢の訳　**1**　彼は新しい身分証明書を作るべきだ。
2　彼は学校用の本が必要だ。
3　彼は本を返却する必要がある。
4　彼は図書カードを使うことができない。

図書館司書と男の子との会話。司書が身分証明書の他にcheck outしている本があるか確認しているが，このcheck outが「本の貸し出し」の意味で使われることを知っているかどうかがポイント。会話の場所が図書館であり，return「返却する」という語から気づくであろう。新しいカードを作成する際，今借りている本を返却しなければならない，ということがわかれば，解答は，**3**「彼は本を返却する必要がある」だとわかる。

No. 5　解答　3

★ Excuse me. Is this your purse? I think you left it on the bus when you got off.

☆ Oh, it is! Thank you so much! I was in such a hurry to get to work that I must have left it behind.

★ It's lucky I saw it as I was getting off.

☆ Thanks again, I'm so happy you found it.

Question：What is one thing the woman tells the man?

訳

★すみませんが，これ，あなたの財布ではないですか？　バスを降りるときに忘れて行かれたと思うのですが。

☆あら，そうよ！　本当にありがとうございます！　仕事に行くのにとっても急いでいて，忘れてしまったのね。

★私は降りるときに，それを目にしたんですよ。運が良かったですね。

☆ありがとうございます。あなたが見つけてくださって本当に嬉しいです。

質問：女性が男性に言っていることの一つは何か。

選択肢の訳

1　彼女は何時か知らない。

2　彼女は普通バスに乗らない。

3　彼女はすぐに仕事場に行く必要がある。

4　彼女は彼をバスのなかで見た。

男性のyou left it on the busという表現から，バスに忘れ物をした女性とそれを見つけた男性の会話だとわかる。女性は1回目の発言で，「仕事に行くのにとっても急いでいて」と言っていることから，**3**「彼女はすぐに仕事場に行く必要がある」が正解だとわかる。**4**は若干紛らわしいが「彼女が彼を見た」のではなく，「彼が彼女」を，それも「彼女の財布」を見たのであるから不適切。

No. 6　解答　4

★ Liz, can you help me with my computer?

☆ What's wrong? Are you having problems connecting to the Internet again?

★ No, it's worse than that. The computer won't even start up! It just beeps loudly when I press the power button, and then nothing happens.

☆ I don't think I can fix that. You'd better take it to a repair shop.

Question：What is one thing the man says about his computer?

訳 ★リズ，パソコン，ちょっと見てくれる？
☆どうしたの？　またネットに繋がらないの？
★いいや，それよりも悪いんだよ。パソコンが起動さえしないんだ。電源ボタンを押しても，ビーと大きな音が出るだけで，何も起きないんだよ。
☆私では直せないわね。修理店に持って行った方がいいわよ。

質問：男性がパソコンのことで言っていることの一つは何か。

選択肢の訳　**1**　それはまだ修理店にある。
2　それはネットに繋がっている。
3　それは騒音を出すのが止まった。
4　それは適切に作動していない。

パソコンの不具合を訴える男性と女性の会話。**1**は，repair shop「修理店」という音声と同じ言葉は出てくるが，女性が言っているのは「修理店に持っていった方がよい」ということ（2回目の発言）なので，これは不適切。また，**2**は，女性が1回目の発言で「またネットに繋がらないの？」と聞いたのに対して男性が「それよりも悪い」と言っているので，これも不適切。**3**も，音が止まった，とは言っておらず，結局，会話全体では，**4**「それは適切に作動していない」が正解となる。

No. 7　解答　4

☆ Colin, I just heard that I'm being transferred to the Beijing office next year.
★ Wow, that's exciting, Anne. The culture there is so different.
☆ Yeah, but I don't speak the language. In fact, I don't know anything about China.
★ Well, you have plenty of time to prepare. And I'm sure the people in the Beijing office will be happy to help you once you get there.

Question：What do we learn about Anne?

Script

訳 ☆コリン，私，来年北京支社に転勤になるって今聞いたんだけど。
★うわー，それはワクワクするねえ，アン。北京の文化は相当違うよ。
☆ええ，でも私，中国語を話せないのよ。実際，中国のこと何も知らないのよ。
★まあ，でも準備時間はたっぷりあるよ。君が行けば，北京支社の人たちはきっと喜んで助けてくれるよ。

質問：アンについてわかることは何か。

選択肢の訳　**1**　彼女は転勤の準備をした。
2　彼女は中国文化については多くのことを知っている。
3　彼女は多くの言語を話すことができる。
4　彼女は中国で仕事をすることになった。

少々難しいが女性の1回目の発言の I'm being transferred to the Beijing office「北京支社に転勤になる予定」という受動態の進行形の形が聞き取れているか，transfer「転勤させる」という単語が聞き取れているかがポイントとなる。**2** の「中国文化」，**3** の「多くの言語を話す」は，これらの言葉は出てくるが，女性は2回目の発言で，中国語も話せない，中国文化も知らないと言っているので，これらの選択肢は不適切である。**1** は「転勤」の言葉が出てくるが，時制も過去形で間違っており，また「準備」もまだしていないので，不可。したがって，**4**「彼女は中国で仕事をすることになった」が正解。

No. 8　解答　2

☆ What do you think we should get Mom for her birthday this year?

★ Well, we could go look for something at Redwood Mall. There's a big sale there this weekend.

☆ I was thinking it would be more special if we made something ourselves, like a birdhouse for the garden.

★ A birdhouse? That sounds like a great idea! Mom loved the present we made her for Christmas.

Question：What will the boy and the girl do for their mother's birthday?

訳

☆今年のお母さんの誕生日には何をあげたらいいと思う？

★そうだね。レッドウッドモールへ見に行こうか。今週末，大々的なセールがあるよ。

☆もし自分たちで何か，たとえばお庭に小鳥の巣箱のようなものを作れば，もっと特別なものになると考えていたんだけど。

★巣箱？　それは素晴らしい考えだね！　お母さんはクリスマスに僕たちが作ったプレゼント，とても気に入ってくれたよね。

質問：男の子と女の子は母親の誕生日に何をしようとしているか。

選択肢の訳

1　彼らは母親にモールで何かを買う。

2　彼らは母親のために何かを作る。

3　彼らは母親を食事に連れていく。

4　彼らは母親に庭の花をあげる。

母親の誕生日プレゼントについて男の子と女の子が話している。男の子が1回目の発言で，モールでセールをしているから，見に行こうと言ったのに対して，女の子が巣箱を作ろうと提案している。それに対して，男の子も「素晴らしい考えだ」と同調している。女の子の2回目の発言の if we made something ourselves, like a birdhouse for the garden という言葉が聞き取れるかどうかがポイント。したがって，**2**「彼らは母親のために何かを作る」が正解。

No. 9　解答　2

☆ Welcome to the White Horse Ranch Resort. You must be the Carters.
★ That's right. We're excited about staying here this weekend.
☆ Well, we're happy to have you. You'll be in Room 302. Why don't you put your things in your room? Then, I'll show you the horses. We can take a morning ride and then come back here for lunch.
★ That sounds great. We'll be back in a minute.

Script

Question : What will the couple do first?

訳
☆ホワイト・ホース・ランチ・リゾートへ，ようこそ。カーターさんご夫妻ですね。
★そうです。この週末にこちらに滞在するということで，ワクワクしています。
☆ええ，お迎えできて私どもも嬉しいです。お部屋は 302 号室です。お部屋に荷物を置いてこられたらどうですか？　それから馬のところへご案内いたしますよ。朝の乗馬をして戻ってきたら，お昼が食べられますよ。
★それはすばらしい。すぐ戻ってきます。

質問：夫妻は最初に何をするか。

選択肢の訳
1　馬に乗りに行く。
2　荷物を部屋に置く。
3　牧場で昼食を食べる。
4　部屋をチェックアウトする。

牧場に乗馬に来た夫妻と牧場主の会話と気づけるか。the White Horse Ranch Resort の Horse Ranch が「牧場」であり，女性の 2 回目の発言に出てくる。horses と a morning ride を聞いて「朝の乗馬」を連想するのは難しい。それがわかれば，女性の 2 回目の発言中の Why don't you put your things in your room?「お荷物を部屋に置いてこられたらどうですか？」もわかりやすくなるはず。乗馬を楽しみにきた観光客に，まず部屋に荷物を置いてくることを勧めている。したがって，**2**「荷物を部屋に置く」が正解。

No. 10　解答　4

☆ Excuse me. Could you move your truck, please? It's in front of my office, and I have a customer coming who needs to park there.
★ I'm sorry. I was just picking up some things from the shop next door. I'll be out of your way in a second.
☆ Thank you. Could you use the parking lot across the street next time?
★ Yes, I'll be sure to do that.

Script

Question : Why is the woman complaining?

訳 ☆すみませんが，トラックを移動していただけますか？　トラックがうちの会社の前にあるんですが。来客予定で，そこに車を停めてもらう必要があるものですから。

★すみません。隣の店にちょっと取りに来たものがあったもので。すぐ車をどけますね。

☆ありがとう。次のときは，通りの反対側の駐車場を使ってくださいますか？

★わかりました。きっとそうします。

質問：女性はなぜ文句を言っているのか。

選択肢の訳 **1**　彼女の店のそばの駐車場が閉鎖されていたから。

2　隣の店の騒音がうるさすぎたから。

3　男性が彼女の会社に忘れ物をしたから。

4　男性のトラックが彼女の会社の前にあったから。

無断駐車をした男性とそれに苦情を言っている女性の会話。男性の1回目の発言中の picking up some things「物を取りにきた」や I'll be out of your way「どけます」は少々聞き取りにくいと思われるが，女性の最初の発言中の move your truck「トラックを移動させる」，It's in front of my office「私の会社の前にある」がわかれば，解答は，4「男性のトラックが彼女の会社の前にあったから」だとわかる。

No. 11　解答　2

☆ Guess what? I'm thinking of going to France for my summer vacation! I've always wanted to see Paris.

★ That's great! But you should buy your plane ticket soon. If you wait, the tickets may get too expensive.

☆ You're right. I'd better start looking for tickets right away.

★ That's why I always stay at home for vacation. I can relax and take it easy.

Question：Why does the man say the woman should hurry?

Script

訳 ☆あのね，夏休みにフランスへ行こうと思っているのよ！　ずっとパリを見たいと思っていたの。

★それはいいね！　でも早く飛行機のチケットを買わないといけないね。もし待っていると，チケットが高くなりすぎるかもしれないよ。

☆その通りね。すぐチケットを探した方がいいわね。

★だから，僕はいつも休みの間は家にいるんだ。ゆっくり，のんびりできるからね。

質問：なぜ男性は女性に急ぐように言っているか。

選択肢の訳 **1**　パリの多くのホテルがすでにいっぱいだから。

2　フランス旅行はもっと高くなるかもしれないので。

3　たくさんの人が今年の夏はパリへ行くから。

4　フランス行きの飛行機の席が売り切れるかもしれないから。

男性が女性に早くチケットを購入するように勧めている理由については，男性の１回目の発言の後半で，the tickets may get too expensive.「チケットが高くなりすぎるかもしれない」と述べられている。**4** の sell out「売り切れる」は言及がない。**1** の「ホテルがすでにいっぱい」は言及もされていないし，そもそもホテルがいっぱいでは旅行そのものが不可能。飛行機代は旅行シーズン中などには値段が高くなるということを背景知識として知っていれば，自信を持って，**2**「フランス旅行はもっと高くなるかもしれないので」が正解だとわかる。

No. 12　解答　1

★ I just saw a news report about the new hospital. It said it will have the latest medical technology.

☆ That's fantastic. I hope that means doctors can help people get better faster.

★ Me, too. It said some of the machines are so big that they need their own rooms. That's why the hospital is so large.

☆ I see. And a bigger hospital could also help more patients.

Question：Why is the hospital so big?

Script

訳

★新しい病院のこと，ニュースで見たばかりなんだけど，その病院は最新の医療技術があると言っていたね。

☆素晴らしいわね。お医者さんが早く治してくれるということならいいんだけどね。

★僕もそう願うよ。ニュースだと，機械の中には，とても大きくて機械のためだけの部屋が必要なものもあるそうだよ。だから病院があんなに大きいんだよ。

☆そうなの。病院が大きくなれば助かる患者さんも多くなるわね。

質問：なぜ病院はそんなに大きいのか。

選択肢の訳

1　機械の中にはスペースを多く取るものもあるから。

2　患者が自分たち自身の部屋を必要としているから。

3　すべての部屋に部屋専用の機械がないといけないから。

4　多くの新しい医者がそこで働くから。

新たにできた病院についての男女の会話。病院がとても大きいことの理由については，男性が２回目の発言で「機械の中にはとても大きくて機械のためだけの部屋が必要なものもある」と言っている。したがって，**1**「機械の中にはスペースを多く取るものもあるから」が正解。**3** には「機械」という言葉はでてくるが，それが各病室に必要とは述べられていない。

No. 13　解答　3

★ Welcome to Fun Soccer Club for Kids. Today is our first practice of the summer.

☆ Excuse me, Coach, but when will practice be over? I need to tell my parents so they know when to come and get me.

★ We'll finish in about an hour.

☆ Thanks. I'll just go tell them. They're standing over there.

Question：What does the man tell the girl?

訳 ★ファン子どもサッカークラブへ，ようこそ。今日は夏季練習の第１回目です。

☆コーチ，すみませんが，練習はいつ終わりますか。迎えに来てもらう時間がわかるように，両親に言わないといけないのですが。

★だいたい１時間で終わるよ。

☆ありがとうございます。親に言ってきます。向こうにいるので。

質問：男性は女の子になんと言っているか。

選択肢の訳
1　サッカークラブは大人専用だということ。
2　夏の間練習があるということ。
3　練習は１時間くらい続くということ。
4　両親は留まって練習をみることができるということ。

サッカーコーチとサッカーの練習に参加している女の子との会話。女の子の１回目の発言の when will practice be over?「いつ練習は終わりますか」と，コーチのそれへの応答の We'll finish in about an hour.「１時間くらいで終わるよ」，とくに最初の女の子の質問が聞き取れるかどうかがポイント。when will などは聞き取りとなると結構難しいが，この部分が聞き取れれば，**3**「練習は１時間くらい続くということ」が正解だとわかる。

No. 14　解答　4

☆ Honey, did you take a look at the stereo?

★ Yes, I did. It's definitely broken, and I can't seem to fix it. We'll have to take it to the electronics shop for repairs.

☆ OK. We can stop there on the way to the shopping mall this afternoon.

★ Good idea. I'll go and put it in the trunk of the car.

Question：What does the man tell the woman?

訳 ☆あなた，ステレオを見た？

★ああ，見たよ。絶対，壊れているね。ぼくに直せるとは思えないよ。電気店に持って行って修理してもらわないといけないね。

☆わかった。午後，ショッピングモールへ行く途中で，電気店に立ち寄りましょう。
★それがいいね。車のトランクに積み込んでおくよ。

質問：男性は女性に何と言っているか。

選択肢の訳　**1**　彼はショッピングモールへ行った。
2　彼らの車は壊れてしまった。
3　彼らは今日の午後は出かけるべきではない。
4　彼はステレオを直せない。

少々紛らわしい。**1**は，女性の2番目の発言 on the way to the shopping mall this afternoon が「これから」ショッピングモールへ行く話に聞こえているかどうかがポイント。**2**は，壊れたのは車ではなくステレオである。**3**は出かけるという話で「出かけるべきではない」は逆。一部分は放送内容と一致するだけに要注意である。結局，**4**「彼はステレオを直せない」が正解であるが，男性の1回目の発言中の I can't seem to fix it.「直せるとは思えないよ」が聞き取れているかどうかがポイント。

No. 15　解答　2

☆ You went to see the doctor today, didn't you, honey?
★ Yeah. He gave me the medicine I needed, so that's good. But I had to wait a really long time to see him.
☆ I'm not surprised. That clinic is always busy.
★ Today, it was even more crowded than usual.

Question：What was the man's problem?

Script

訳
☆あなた，今日はお医者さんに行ったわよね？
★行ったよ。必要な薬をくれたよ。それは良かったんだが，診てもらうのに，ほんと長い時間待たなければならなかったよ。
☆びっくりすることではないわね。あの病院，いつも混雑しているから。
★今日は，いつもよりはるかに混み合っていたよ。

質問：男性の問題は何だったか。

選択肢の訳　**1**　薬が間違っていた。
2　病院で長く待たなければならなかった。
3　新しい医者に診てもらいに行った。
4　病院へ行くのを忘れた。

病院へ行って薬をもらってきた男性と女性との会話。男性の問題については，男性の1回目の発言中の I had to wait a really long time「ほんと長い時間待たなければならなかった」が聞き取れているかどうかがポイントだが，男性は2回目の発言でも，「いつもよりはるかに混み合っていた」と言っていることから，**2**「病院で長く待たなければならなかった」が正解だとわかる。

一次試験　リスニング　第2部

No. 16　解答　1

John teaches computer classes at a high school. In recent years, he has been surprised because some of his new students do not know how to use a computer. Many of them have only ever used smartphones. They do not know how a computer works or how to type on a regular keyboard. Because of this, he has to teach more basic skills than he expected.

Question : What surprised John about some of his students?

訳　ジョンは高校でコンピュータを教えている。近年，新入生の中にはパソコンの使い方を知らない生徒がいるので，彼はびっくりしている。彼らの多くはいままでスマホしか使ったことがない。彼らはパソコンがどのように動くのかとか，普通のキーボードでの打ち方を知らない。このために彼は，自分が思っていたよりも基本的な技術を教えなければならない。

質問：ジョンは彼の生徒のことで何に驚いているか。

選択肢の訳
1　彼らがパソコンを使ったことがないこと。
2　彼らが非常に速くタイプが打てること。
3　彼らがスマホを欲しがらないこと。
4　彼らが先生になりたいと望んでいること。

第2文（In recent years, …）のsurprisedが聞き取れれば，以下に述べられているdo not know how to use a computer「パソコンの使い方を知らない生徒がいる」が理由だとわかる。続く第3文（Many of them …）のhave only ever used smartphones「スマホしか使ったことがない」と合わせて，ジョンが驚いたのは，**1**「彼らがパソコンを使ったことがないこと」である。

No. 17　解答　3

The yellow-legged buttonquail is a bird that lives in India and China. Although yellow-legged buttonquails are small, their sounds can be heard up to 100 meters away. In fact, in 2020, thousands of people in a village in China ran out of their homes because they thought there was a tiger. Later, they found out that the noise they heard had come from these small birds.

Question : What is one thing we learn about yellow-legged buttonquails?

訳　チョウセンミフウズラは，インドと中国に生息する鳥である。チョウセンミフウズラは小さいけれども，その鳴き声は100メートル先までも聞こえる。実際，2020年に，中国のある村で，何千人という人々が家から走り出て来たことがある。というのも彼らはトラがいると思ったからである。後で，彼らが聞いたその声はこれらの小さな鳥のものだとわかった。

質問：チョウセンミフウズラについてわかることの一つは何か。

選択肢の訳
1　彼らが最速時速100キロで飛べること。
2　彼らは人間より速く走れること。
3　彼らはとても大きな鳴き声を出すこと。
4　彼らは自分を守るためにトラの近くに巣を作ること。

第2文（Although yellow-legged buttonquails …）後半で「その鳴き声は100メートル先までも聞こえる」と述べられているが，意外と難しいのがheardという語。これをうまく聞き取れないと主語のtheir soundsを無視して，「100」だけを聞き取って選択肢**1**を選んでしまうかもしれない。「音が聞こえる」の部分が聞き取れると，正解は**3**「彼らはとても大きな鳴き声を出すこと」だとわかる。**4**のtigerも音声中に出てくるが，ミフウズラの鳴き声をトラと勘違いした話で，内容が全く違う。

No. 18　解答　3

Richard bought an apartment in a large building last year. He was happy because it was not expensive to live there. Last week, the building manager talked to him. She said that everyone in the building would have to pay an extra fee for some construction work to make the building safer during earthquakes. Richard is upset, and he thinks new residents should not have to pay so much.

Question：What did the building manager tell Richard?

Script

訳　リチャードは昨年大きなビルの，アパートの一室を購入した。そこは住むのに高くなかったので，彼は喜んでいた。先週，建物管理人が彼に話しかけてきた。彼女が言うには，住人は全員，地震のときに建物が安全であるようにするための，工事費用を余分に払わないといけなくなる，というのだった。リチャードは腹を立てている。新居住者はそんなに多く払う必要がないはずだと思っている。

質問：建物管理人はリチャードに何と言ったか。

選択肢の訳
1　家賃が安くなる。
2　建物は工事のために閉鎖される。
3　彼は追加の料金を払わなければならない。
4　彼は地震のとき他の建物へ行く方がよい。

第4文（She said that everyone …）中のpay an extra fee for …「費用を余分に払わない

といけなくなる」が正しく聞き取れているかがポイント。**2** には，construction「工事」という言葉が，また **4** には earthquakes「地震」という言葉が出てくるが，これは一部の言葉が英文の中の語と一致するだけで，他の部分が間違っている。したがって，正解は，**3**「彼は追加の料金を払わなければならない」である。an extra fee が an additional charge と言い換えられている。

No. 19　解答　2

Script

Sally has been playing soccer in a small, local league for several years. The matches are very casual, and she has many friends on her own team and other teams. From next year, the league announced that it will join a larger league, and Sally's team will be playing against a lot of different teams with good players. She is looking forward to the challenge, but she is also a little nervous.

Question：Why is Sally a little nervous?

訳　サリーは数年前から，地元の小さなリーグでサッカーをしている。試合はとても気楽なもので，彼女は自分のチームや他のチームに友達がたくさんいる。来年から，リーグはより大きなリーグに参加すると発表された。サリーのチームは，良い選手を多く抱えたたくさんの他のチームとプレーすることになる。サリーはこの挑戦を楽しみにしているが，また少々緊張もしている。

質問：なぜサリーは緊張しているのか。

選択肢の訳
1　彼女は自分のサッカーチームに知り合いがほとんどいないから。
2　彼女はより大きなリーグでサッカーをすることになるから。
3　彼女は好きなサッカー選手に会えるから。
4　彼女は明日，大きなサッカーの試合があるから。

1 は第2文（The matches are …）後半で「自分のチームにも他のチームにも友達が多い」と言っているので，すぐに間違いと気づくだろう。**3** についてはそのような内容はでてこない。**4** が少々紛らわしい。第3文（From next year, …）中の a larger league の larger だけが記憶に残る恐れがある。サリーが緊張していたのは，a small, local league（第1文）でプレーしていたのが，a larger league（第3文）でプレーすることになった，という理由の部分が聞き取れているかである。この内容と一致しているのは，**2**「彼女はより大きなリーグでサッカーをすることになるから」である。

No. 20 解答 3

In Scotland, there is a traditional skirt called a kilt. It is usually worn by men and it has a pattern on it. The most special pattern for kilts is called Balmoral Tartan. It is special because only the king or queen of the United Kingdom can decide who may wear this pattern. Balmoral Tartan is grey, black, and red. The colors were chosen to match rock found in Scotland.

Script

Question : Why is Balmoral Tartan special?

訳 スコットランドでは，キルトと呼ばれる伝統的なスカートがある。これは普通男性が着用し，それには模様がついている。キルトの最も特別な模様はバルモラル・タータンと呼ばれる。これが特別なのは，この模様のものを誰が着られるかは，イギリスの王か女王しか決定できないからである。バルモラル・タータンは，灰色，黒，赤である。この三色は，スコットランドにある岩と合うように選ばれていた。

質問：バルモラル・タータンはなぜ特別なのか。

選択肢の訳
1 それに城の絵が描かれているから。
2 人々が色彩豊かな絵を作るためにそれを使うから。
3 王または女王がそれを着用できる人を決めるから。
4 男性が，女性に自分たちの技術を見せるためにそれを作るから。

スコットランドの男性が「キルト」という「スカート」を履く，という知識がないとつらいかもしれない。さらに，skirt, kilt という単語が日本語の発音とかなり異なっているので，日本語の「スカート」「キルト」という音しか知らないと話の内容がわからなくなると思われる。話についていけていれば，質問に相当する箇所（It is special because …）の because 以下，「これが特別なのは，この模様のものを誰が着られるかは，イギリスの王か女王しか決定できないからである」の部分は難しくない。この内容と一致しているのは，**3**「王または女王がそれを着用できる人を決めるから」である。

No. 21 解答 1

Suzie loves comic books and movies about superheroes. Recently, she has started writing stories about a girl who can fly. She sent her stories to a publisher, but they were not accepted. Then, she posted them on a website where writers can share their stories. Many people said they enjoyed her stories. Suzie is looking forward to writing more and being part of an online community.

Script

Question : Why did Suzie post her stories online?

訳　スージーはスーパーヒーローの漫画や映画が大好きだ。最近，彼女は空飛ぶ女の子の物語を書き始めた。それを出版社に送ったが，受け付けてもらえなかった。そこで，スージーは作家たちの物語を共有することができるサイトに投稿した。たくさんの人が，彼女の物語は面白かったと言ってくれた。スージーはもっとたくさん物語を書いて，オンラインコミュニティの一員になれるのを楽しみにしている。

質問：なぜスージーはオンラインで自分の物語を投稿したのか。

選択肢の訳　**1**　自分の物語が出版社に受け付けてもらえなかったから。

2　彼女は自分の物語が映画化されるのを望んだから。

3　ネットのサイトが彼女に連絡してきて，彼女の物語を求めたから。

4　彼女の友人が彼女の物語を読む時間がなかったから。

スージーがオンライン投稿を始めた理由は，第3文（She sent her stories …）に「それを出版社に送ったが，受け付けてもらえなかった」と述べられている。ただ，「受け付ける，受け入れる」に相当するacceptの語は，日本語式に第一音節も強く発音して「アクセプト」と覚えている人は，この「ア」に相当する部分がほとんど聞こえないくらいに発音されたり，前の単語と連結したりするので要注意である。簡単な単語なのに聞き取れない単語の典型例。この語が聞き取れたら，**1**「自分の物語が出版社に受け付けてもらえなかったから」が正解だと容易にわかる。

No. 22　解答　4

There will be a big tennis tournament in Randy's city next month. Randy tried to buy tickets as soon as he heard about it, but they were already sold out. He learned, however, that he could sign up to be a volunteer at the tournament. He will volunteer for two days, and he will be able to get a better view of some events than if he had sat at the back.

Question：Why did Randy decide to volunteer at the tournament?

訳　来月，ランディの住む街では大きなテニスの大会がある。ランディはそのことを聞くとすぐに，チケットを買おうとしたが，チケットはすでに売り切れていた。しかし，試合のボランティアに応募できることを知った。彼は2日間，ボランティアをするつもりだ。そうすれば，後ろで座っているよりも，試合をよく見ることができるだろう。

質問：どうして，ランディは試合でボランティアをすることにしたのか。

選択肢の訳　**1**　彼は試合のいくつかについては非常によく知っているから。

2　彼は選手の何人かについて知っているから。

3　彼は友人に手助けを求められたから。

4　彼は遅すぎてチケットを買えなかったから。

第2文（Randy tried to buy …）の後半部分で「チケットはすでに売り切れていた」と述べられている。sold out「売り切れ」の部分が聞き取れないと辛いが，この部分が聞き取れれば，4「彼は遅すぎてチケットを買えなかったから」が正解だということは容易にわかると思われる。

No. 23　解答　2

Thank you for visiting Salston Library. Please remember to have a look at our classic novels on the third floor. We would also like to remind you that our regular hours are 8 a.m. to 9 p.m. from Tuesday to Sunday. However, because Monday is a public holiday, this week we will be open all day on Monday and closed on Tuesday instead.

Question：Why will the library be open on Monday?

Script

訳　サルストン図書館に来ていただき，ありがとうございます。忘れずに3階の古典小説もご覧ください。また，当館の通常の開館時間は，火曜日から日曜日まで，午前8時～午後9時となっています。しかしながら，月曜日が祝日になっていますので，今週は月曜日に終日開館し，その代わりに火曜日を休館日とさせていただきます。

質問：図書館はなぜ月曜日に開館するのか。

選択肢の訳　**1**　特別な小説が読まれるから。
2　祝日だから。
3　古い小説が売られるから。
4　床の掃除が火曜日に行われるから。

第3文（We would also like to …）後半で，「通常の開館時間は，火曜日から日曜日まで」と述べられているので通常は月曜日が閉館日だとわかる。続いて第4文（However, because Monday …）でHowever, を聞けば，月曜日を開館日にする例外について述べられる，と予想しながら聴くことができる。するとbecauseの次に「月曜日が祝日になっていますので」と続くので，2「祝日だから」が正解。

No. 24　解答　3

Traditional fairy tales such as “Rapunzel,” published by the Brothers Grimm in 1812, have changed a lot over the years. In the past, fairy tales contained more violence, and they scared young boys and girls. However, these days, most fairy tales are told with cute pictures, and they have happy endings that make children feel safe.

Question：How were traditional fairy tales different in the past?

Script

訳　1812年にグリム兄弟によって出版された『ラプンツェル』のような伝統的おとぎ話は，年月とともに大きく話が変わっている。昔のおとぎ話には今より暴力行為が多くでてきて，幼い男の子や女の子を怖がらせていた。しかし，この頃では，ほとんどのおとぎ話が，かわいい絵とともに語られ，子どもたちを安心させるハッピーエンドになっている。

質問：昔の伝統的なおとぎ話はどのように違っていたか。

選択肢の訳　**1**　今よりもっと絵が多かった。

2　女の子より男の子たちの方に好まれていた。

3　今より怖い話であった。

4　ほとんどが子どもたちによって語られたものであった。

第2文（In the past, …）の過去のfairly talesと第3文（However, these days, …）の今のfairly talesの説明部分で，第2文中のviolence, scaredという単語と，第3文中のcute pictures, happy endings, feel safeなどのうちいくつかの単語，特に第2文中のscaredが聞き取れれば解答できる。もしscaredが無理でもviolenceが聞き取れれば，第3文中の単語との対比で，3「今より怖い話であった」が正解だと判断するのは，それほど難しくない。「グリム童話」に限らないが，昔の童話は実は怖い話がたくさんある，という背景知識のある人は，さらに正解できる確率が高くなる。

No. 25　解答　1

Miki has lived in her neighborhood since she was a child, and she is friends with many of her neighbors. Recently, the neighborhood has begun to change. More wealthy people have moved in and expensive shops and restaurants have opened. This makes the neighborhood nicer in some ways, but Miki is also worried that some of her neighbors will not be able to afford to live there anymore.

Question：Why is Miki worried?

Script

訳　ミキは子どもの頃から今の地域に住んでいて，隣人の多くとは友だちである。最近，この地域が変わり始めた。金持ちの人々が多く移り住むようになって，高価なお店やレストランができた。おかげで，この地域には良くなった面もあるが，隣人の中には，もはや住む余裕がなくなる人も出てくるのではないか，とミキは心配している。

質問：どうしてミキは心配しているのか。

選択肢の訳　**1**　彼女の地域はお金がかかるようになってきたから。

2　彼女の隣人がうるさい子どもたちの問題を抱えているから。

3　彼女の大好きなレストランが閉店するから。

4　彼女の店がまもなく新しいオーナーになるから。

選択肢を見ると，すべて問題や困ったことなので，「彼女の抱えている問題は何か」といった問題ではないか，と予想しながら聴くことができる。ミキの心配事は最終部分に「隣人の中にはそこにもはや住む余裕がなくなる人も出てくるのではないか」と述べられる。しかしそのような選択肢はないので，解答はそこに住みづらくなる理由，ということになる。その理由とは，第３文（More wealthy people …）の「金持ちの人々が多く移り住むようになって，高価なお店やレストランができた」である。because ～と直接的理由は述べられていないが，ミキの住んでいるところが「高級化」して「物価高」になるということが示唆されている。したがって，**1**「彼女の地域はお金がかかるようになってきたから」が適切である。

No. 26　解答　2

Script

Last year, Lucas joined a gym, and at first, he went there every day to exercise after work. Soon, though, he found that he was not going so often because he was busy with work. From this month, he has decided to start going to the gym early in the morning. He hopes this plan will allow him to exercise regularly.

Question：What has Lucas decided to start doing?

訳　昨年，ルーカスはジムに入会した。最初のうちは，毎日仕事が終わった後，ジムへ行って運動をしていた。しかし，まもなく，仕事が忙しくてそれほど頻繁には行けなくなくなりそうだとわかった。今月から，早朝にジムへ行き始めることに彼は決めた。こうすれば運動を定期的にできるのではないか，と彼は期待している。

質問：ルーカスは何を始めることにしたか。

選択肢の訳
1　新しいジムを探すこと。
2　仕事の前に運動すること。
3　お昼休憩にジムへ行くこと。
4　スポーツセンターで働くこと。

ルーカスが始めたことという問いに，「ジム」という言葉が出てくる選択肢（**1**と**3**）にひっかからないようにしたい。第３文（From this month, …）で述べられている「早朝にジムへ行き始めることに彼は決めた」が聞き取れているかどうかがポイント。going to the gym early in the morning「早朝にジムへ行く」ということは，**2**「仕事の前に運動すること」である。

No. 27　解答　4

These days, a honeymoon is usually a short vacation after a wedding. However, in the past, "honeymoon" had a different meaning. It was originally two words—*hony*, which meant "sweet," and *moone*, which meant "month." *Hony moone* was used to tell newly married couples that the sweet feeling of marriage does not last forever, and that staying happy together takes hard work.

Question：How was the word "honeymoon" used in the past?

訳　最近では，新婚旅行（honeymoon）は普通，結婚式の後の短期間の休暇のことである。しかし，昔は，"honeymoon" は違った意味だった。元々，"honeymoon" は2語，「甘い」を意味する *hony* と「1カ月」を意味する *moone* からなっていた。*Hony moone* は，新婚の二人に，結婚の甘い気持ちは永遠には続かない，共に幸せであり続けるには非常な努力がいるのだ，ということを教えるために使われた言葉であった。

質問："honeymoon" という言葉は，昔はどのように使われていたか。

選択肢の訳
1　女性が結婚することを発表するために。
2　人々に，短い休暇を過ごすための場所のことを教えるために。
3　結婚式で食べられる，甘い料理のことを説明するために。
4　結婚する二人に結婚生活のことを教えるために。

今日使われる「ハネムーン」という言葉は元来，hony「甘い」moone「1カ月」という意味で，この教えについては第4文（*Hony moone* was …）の to 以下「結婚の甘い気持ちは長くは続かない，幸せな生活を続けるためには非常な努力がいる，ということを教えるために」という部分が聞き取れれば，この話は **4**「結婚する二人に結婚生活のことを教えるために」が正解だとわかる。音声文中の tell は teach「教える」という意味がある。

No. 28　解答　1

This is an announcement for all employees. As you all know, our company name changed at the beginning of this year. As a result, all employees need to pick up new business cards from the personnel department on the first floor before 5 p.m. today. Please do not leave the office today without going to the personnel department. Thank you.

Question：What do employees have to do before 5 p.m.?

訳　社員全員への連絡です。みなさんご存知のように，我が社の名前が今年の初めに変わりました。したがいまして，社員は全員，今日の午後5時までに，1階の人事課で新しい名刺を受け取ってください。今日は必ず人事課に寄ってから退社してください。以上です。

質問：社員たちは，午後5時までに何をしなければならないか。

選択肢の訳　**1**　新しい名刺を受け取る。
2　机を新しいオフィスに移動させる。
3　新しい事業計画を作る。
4　新しい会社の名前を考える。

社内放送の内容で，business card「名刺」，the personnel department「人事課」といった言葉は学生には耳慣れないかもしれないが，「会社名が変わった」（第2文 As you all …）ので社員の人たちは新しい名刺を人事課で受け取ること（第3文 As a result …）という話の流れがわかるはず。したがって，**1**「新しい名刺を受け取る」が正解。

No. 29　解答　2

Louise started high school last year. When she was young, she did not like being outdoors because she did not like insects. For this reason, she was worried when her teacher said that her class would be going on a camping trip. However, when she went on the trip, she was surprised to find that she felt good being in nature. She did not worry because her friends were with her.

Question：Why was Louise surprised?

Script

訳　ルイーズは昨年高校に行き始めた。彼女は幼かった頃，屋外にいるのが好きではなかった。というのも，昆虫が好きではなかったからだ。このような理由から，彼女は先生がクラスの子どもたちはキャンプ旅行に行く予定であると言ったとき，心配になった。しかし，旅行に行ってみると，驚いたことに彼女は自然の中にいるのは気持ちがよかった。友人も一緒にいたから，心配なことはなかった。

質問：なぜ，ルイーズは驚いたのか。

選択肢の訳　**1**　彼女の学校にたくさんの昆虫がいたから。
2　彼女は屋外にいるのが楽しかったから。
3　彼女の友人がキャンプに行こうと言ってくれたから。
4　修学旅行がキャンセルされたから。

1の「昆虫」という言葉は言及されているが，第2文（When she was …）で「屋外にいるのが好きではなかった。というのも，昆虫が好きではなかったからだ」と述べられており，「学校」とは関係がない。また，**3**は「キャンプに行こう」と言ったのは「友人」ではなく「先生」（第3文 For this reason, …）なので，これも不可。彼女が驚いたのは，第4文（However, when she …）後半で，「自然の中にいると気持ちよいということを発見して驚いた」と述べられている。この内容と一致するのは，**2**「彼女は屋外にいるのが楽しかったから」である。

No. 30　解答　4

Thank you for coming to Savers Palace. Customers who came by car today can get a 10 percent discount on parking. Just show your parking ticket to the staff when you pay. Also, hand towels and bathroom soaps are sold at half price this month. For more information on special offers, please come to the service counter.

Question : How can customers get a discount on parking?

訳　セイバーズ・パレスへお越しいただきありがとうございます。本日，お車で来られたお客様には駐車料金が10%割引されます。お支払いの際に，駐車券を係の者にお見せいただくだけで結構です。また，今月は，ハンドタオル，浴用の石鹸が半額で販売されております。特別サービスについてより詳しい情報をお求めの方は，サービスカウンターまでお越しください。

質問：客は駐車料金を割引してもらうためにはどうしたらいいか。

選択肢の訳
1　ハンドタオルを10本買うことによって。
2　サービスカウンターへ行くことによって。
3　毎月，駐車料金を払うことによって。
4　買い物をしたときに駐車券を見せることによって。

第2文（Customers who …）で「駐車料金が10%割引されます」と駐車料金の割引のことが述べられ，第3文（Just show your …）で「お支払いの際に，駐車券を係の者に見せていただくだけで結構です」と続いている。ここで「お支払いの際に」の「お支払い」は買い物のお支払いのことだとわかれば，**4**「買い物をしたときに駐車券を見せる」が正解だとわかる。**1**の「ハンドタオル」は言及されているが，「10本」は「10%割引」と数字が一緒にしてあるだけで，全く関係がない。**2**の「サービスカウンター」，**3**の「駐車料金」は，それぞれの言葉は出てくるが，駐車料金を割引してもらうことと全く関係がない。

二次試験　面接　問題カードA

訳

健康な労働者

日本では多くの人が毎年，健康診断を受けている。機関によってはこの健康診断のために役立つサービスを提供しているところもある。これらの機関では特別なバスを仕立てて，職場での健康診断を提供している。多くの企業がそのようなバスを利用し，そうすることによって，忙しい労働者が健康を維持する手助けをしている。人々が定期的に健康診断を受けるようにするのは，とても重要なことである。

語句・構文

- □ get a medical checkup「健康診断を受ける」　□ organization「機関」
- □ workplace「職場」
- □ help busy workers to stay healthy の help はこの例のように help *A* to *do* と to が入る形もあるが，多くは help *A* *do* と原形不定詞になるので注意。意味は「*A* が～するのを助ける」である。
- □ stay healthy「健康を保つ」
- □ It is very important that … の It は形式主語で that 以下を受ける。

質問の訳

No. 1　本文によれば，多くの会社はどのようにして，忙しい労働者たちが健康を維持するための手助けをしていますか。

No. 2　では，イラストを見て，状況を説明してください。準備時間は 20 秒です。話はカードにある文で始めてください。

No. 3　日本の電車やバスは夏，エアコンを使い過ぎるという人たちもいます。それについてどう思いますか。

No. 4　日本には多くのブランド商品を売るお店があります。そのような店で買い物をする人々は将来，増えると思いますか。
Yes. → なぜそう思うのですか。　No. → なぜそう思わないのですか。

No. 1　解答例　By using special buses that provide medical checkups at the workplace.

訳　職場で健康診断を行う特別なバスを利用することによって。

第 4 文（Many companies use …）で「多くの企業がそのようなバスを利用し，そうすることによって，忙しい労働者が健康を維持する手助けをしている」と述べられている。質問の答えとしては，この中の by doing so だが，so ではどうすることかわからないので，前の部分の use such buses … を利用すればよいが，such も「どのようなバスか」を具体的に説明しなければならない。したがって，その前文からとって，special buses that provide medical checkups at the workplace と言い換えなければ，答えたことにならない。

No. 2　解答例　One morning, Mr. and Mrs. Mori were talking in their living

<u>room.</u> Mr. Mori said to his wife, "I stayed up late last night." Thirty minutes later, Mr. Mori was asleep on the sofa. Mrs. Mori was thinking of putting a blanket on him. That afternoon, Mrs. Mori was making coffee. Mr. Mori suggested that they go for a walk together.

訳 ある日の朝，森夫妻は居間で話をしていた。森さんは奥さんに「昨夜は遅くまで起きていたよ」と言った。30分後，森さんはソファーで寝てしまった。奥さんは夫に毛布を掛けてあげようと思っている。その日の午後，奥さんはコーヒーを入れている。森さんは「一緒に散歩に行こう」と言った。

1コマめでは，夫の森さんが奥さんに昨夜は遅くまで起きていたと言っている。stay up late は「遅くまで起きている」という意味。2コマめでは森さんが寝てしまったことと，奥さんが森さんに毛布をかけてあげようと考えていることを言えばよい。3コマめでは，奥さんがコーヒーを入れていることを描写し，森さんが二人で散歩を提案していることを説明するとよい。このような提案表現に使える suggest の用法はしっかり使えるようにしておきたい。つまり，that 節の中の動詞を原型にするか，〈should＋原形〉の形で使うことになるので注意。「コーヒーを入れる」の make coffee,「散歩に行く」go for a walk など，基本表現をすぐ言えるようにしておきたい。

No. 3 解答例 （賛成の場合） **I agree. Some trains and buses are very cold in summer. Also, it's bad for the environment to use so much electricity.**

（反対の場合） **I disagree. Summer is getting hotter and hotter every year. It's important to keep trains and buses cool for people's health.**

訳 **（賛成の場合）**私もそう思います。夏は電車やバスがとても寒いことがあります。また，電気をそれほど多く使うのは環境にも悪いです。

（反対の場合）私はそうは思いません。夏は年々暑くなってきています。人々の健康のために電車やバスを涼しくしておくことは重要です。

まずは，賛成か反対か立場をはっきりさせる。その後，理由を2文で説明する。解答例では，賛成の場合，冷房を効かせすぎている電車やバスがあるということと，冷房を効かせるために電力を過剰に使うことは環境に悪いということを述べている。他には，Some people even feel sick or catch cold and have to put on long-sleeved jackets in trains and buses.「具合が悪くなったり風邪をひいたりする人もいて，電車やバスでは長袖の上着を着なければならない」という状況説明も考えられる。反対の立場では，解答例は，毎年気温が上がってきているので，健康維持のために冷房を効かせる必要がある，という理由を挙げている。他には，These days, it is not so cold in many trains and buses in the summer because some windows are open for ventilation.「最近は換気のため窓を開けているので，それほど寒くない」と，最近のコロナウイルスによる状況を言うことも可能だろう。

No. 4 解答例 （Yes. → Why?） **More people want to give brand-name products as gifts. They think such gifts make events like birthdays special.**

（No. → Why not?） **Most of the products at these stores are very expensive. Other stores sell good products at lower prices.**

訳 **(Yes. の場合)** ブランド商品を贈答品として人にあげたいと思う人は増えています。そのような贈答品は誕生日のような行事を特別なものにしてくれると人々は思っているのです。

(No. の場合) これらの店の商品のほとんどは非常に高価です。他の店では良い商品がより安い値段で売られています。

まずは，Do you think ~? と聞かれているので，Yes. / No. で，賛成か反対かを明確にする。その後，Why (do you think so)? と聞かれるので，理由を2文で述べる。賛成の場合，解答例では，ブランド商品は贈答品にできるとしたうえで，その贈答品によって誕生日などの行事が特別な日になる，と理由が述べられている。他には，Many people know that brand-name products are expensive, but their quality is good enough for them to last a long time.「多くの人が，ブランド品は高価だが，品質がよく長持ちすることを知っている」という理由も考えられる。反対の立場からは，ブランド品は高いということと，同じような良い商品が他の店で安く買えると理由を述べている。他には，People will not buy many things, especially expensive brand-name goods, because the economy is not good.「景気がよくないので，人々はあまり物，特に高価なブランド品は買わないでしょう」という答えも考えられる。英検では様々なテーマが出題される。日頃からいろいろな社会的事象に関心を持って，自分の意見を持てるようにしておくことが大切である。

二次試験　面接　問題カードD

訳

変わった海の生き物

この頃，科学者たちは世界の深海に棲む生き物のことをもっと知りたいという関心を抱いている。しかし，海の深いところに行くのは非常に危険である。今では，そのような場所にロボットを送って，それによって，変わった海の生き物について安全に知ることができるようにしている科学者たちもいる。これらのロボットは恐らく将来，ますます有用になってくるであろう。

語句・構文

☐ creature「生き物」　☐ ocean「大洋」

☐ reaching areas「場所に達すること」の reaching は動名詞で主語の働きをしている。述部は is very dangerous「とても危険である」。

☐ more and more＋形容詞「ますます～」は〈比較級 and 比較級〉の構文。

質問の訳

No. 1　本文によれば，科学者たちはどのようにして，変わった海の生き物のことを安全に知ることができますか。

No. 2　では，イラストを見て，状況を説明してください。準備時間は20秒です。話はカードにある文で始めてください。

No. 3　値段は高くても，環境に優しい商品を買うべきだと言う人々もいます。あなたはそれについてどう思いますか。

No. 4　今日，多くの映画には暴力シーンが含まれています。このような映画を作ることをやめるべきだとあなたは思いますか。

Yes. → なぜそう思うのですか。　No. → なぜそう思わないのですか。

No. 1　解答例　By sending robots to areas that are deep in the ocean.

訳　海の深いところにロボットを送ることによって。

第3文（Now, some scientists send …）において，「今では，そのような場所にロボットを送って」と述べられている。How ～? と手段を聞かれているので，By *doing*「～することによって」という形で答えればよいが，By doing so. ではどうするのか，不明で答えにならない。したがってその前の部分の，send robots to such areas に置き換えるが，ここでも such「そのような」のままでは，きちんと答えたことにならないので，前文の areas that are deep in the ocean を使えばよい。They send robots to areas that are deep in the ocean. と文の形で答えてもよい。

No. 2　解答例　One day, Ken and his mother were talking in their living room. Ken said to his mother, "I want to see the sea turtles at the aquarium." The next month at the aquarium, Ken was looking at a sign that said taking pictures was not allowed. His mother told him to put his camera into her bag. Later at the gift shop, Ken was choosing a T-shirt. His mother was thinking of buying it for him.

訳　ある日，ケンとお母さんが居間で話をしていた。ケンはお母さんに「水族館でウミガメを見たい」と言った。翌月，水族館で，ケンは写真撮影禁止という掲示を見ていた。お母さんはケンにカメラをお母さんのバッグにしまうように言った。後で，土産店で，ケンはＴシャツを選んでいた。お母さんはそれを買ってあげようと思っていた。

1コマめでは，ケンが水族館でウミガメを見たいと言っている。この発話の部分はそのまま，直接話法で言えばよい。2コマめのイラストではケンの行動とお母さんの言っていることを説明する。「掲示」は sign，「禁止されている」は *A* is not allowed の *A* に「写真を撮ること」を入れるとよい。お母さんが「～しなさい」という間接話法は，tell *A* to *do* である。put *A* into *B*「*A* を *B* に入れる」といった日常的な動作を練習しておくとよい。3コマめでは，ケンが行っていることと，お母さんが考えていることを説明する必要がある。be thinking of *doing*「～することを考えている」という表現を使えるようにしておきたい。

No. 3　解答例　（賛成の場合）**I agree. People should do things to protect the environment. They need to work together to help the earth.**

（反対の場合）**I disagree. Buying such products doesn't help the environment. The government should make stricter laws to reduce pollution.**

訳　**（賛成の場合）**私もそう思います。人々は環境を守るためにいろいろなことをすべきです。地球を助けるためにみんなが一緒に協力する必要があります。

（反対の場合）私はそうは思いません。そのような商品を買うことでは環境を助けられません。政府が，汚染を減らすためのもっと厳しい法律を作るべきです。

まず賛成か，反対かの立場をはっきりさせ，そう考える理由を2つの文で述べるようにしたい。解答例では，賛成の場合，環境を守るため人はいろいろなことすべき，それもみんなが協力して，という理由が述べられている。他には，Buying eco-friendly products will eventually help to protect the environment. If many people buy such products, it will have a great influence on the environment.「環境に優しい製品を買うことは，最終的に環境を守ることになります。多くの人がそういう製品を買えば，環境へ大きな影響があるでしょう」という答え方もあるだろう。反対の立場の主張の方では，環境保護のために環境に優しい商品を買う程度では役立たない，政府が汚染を減らす法律を作るべきだと述べ，個人の取り組みよりも，政府が対策をとるべきだ，と述べている。他には，Some people cannot afford to buy expensive eco-friendly products. Both companies and the government should make an effort to make such products cheaper.「高価な環境に優しい製品を買う余裕のない人もいる。企業も政府も，そのような製品を安くする努力をするべきだ」といった答え方もできるだろう。

No. 4　解答例　(Yes. → Why?)　**Violent movies often have a bad influence on people. For example, some people may try to copy the actors in these movies.**

(No. → Why not?)　**Many people think violent movies are exciting. They can enjoy watching them with friends.**

訳　**(Yes. の場合)** 暴力映画は人々に悪影響を与える場合が多い。たとえば，映画の中の俳優を真似ようとする人もいる。

(No. の場合) 多くの人が暴力映画は面白いと思っている。友だちと楽しく一緒に観ることができる。

まず，Do you think ～? と聞かれているので，Yes. / No. のどちらかで答える。その後 Why (do you think so)? と聞かれるので，理由を2つの文で述べる。賛成の立場からは，暴力映画の悪影響を述べればよい。その場合，知っておくと便利なのは，理由を述べるときに，〈抽象⇒具体〉という構成にするとよい。また，場合によっては，逆に〈具体（現実）⇒抽象〉という話の持って行き方もできる。解答例では，暴力映画は悪影響になるという抽象的な理由から，俳優の真似をするからという具体的な説明になっている。具体例としては他に，Children especially might want to imitate actors in such movies.「特に子供は，そのような映画に出てくる俳優の真似をしたがるかもしれない」といった内容も考えられる。反対の立場では，暴力映画は面白く，友だちと一緒に楽しめ，それを好む人もいる，という内容である。他には，People know that such scenes are found only in movies. It is all right so long as they are careful not to show violent movies to children.「そのような場面は，映画の中だけだと皆わかっている。子どもには暴力映画を見せないよう気をつければよい」といった答え方もあるだろう。

2021 年度 第 2 回

Grade 2

一次試験　解答一覧

● 筆記

1	(1)	(2)	(3)	(4)	(5)	(6)	(7)	(8)	(9)	(10)
	3	3	1	2	1	3	1	2	4	1
	(11)	(12)	(13)	(14)	(15)	(16)	(17)	(18)	(19)	(20)
	1	4	4	3	4	3	1	2	2	1

2	A	(21)	(22)	(23)	B	(24)	(25)	(26)
		3	1	1		3	4	2

3	A	(27)	(28)	(29)	B	(30)	(31)	(32)	(33)
		1	3	1		3	1	3	2
	C	(34)	(35)	(36)	(37)	(38)			
		3	2	3	4	1			

4（ライティング）の解答例は P. 20 を参照。

● リスニング

第 1 部	No. 1	No. 2	No. 3	No. 4	No. 5	No. 6	No. 7	No. 8	No. 9	No. 10
	2	1	2	4	2	1	3	3	1	2
	No. 11	No. 12	No. 13	No. 14	No. 15					
	4	2	3	1	4					

第 2 部	No. 16	No. 17	No. 18	No. 19	No. 20	No. 21	No. 22	No. 23	No. 24	No. 25
	3	2	2	3	1	2	1	2	4	1
	No. 26	No. 27	No. 28	No. 29	No. 30					
	3	4	3	2	4					

一次試験　筆記　1

(1)　解答　3

訳　キャリーは子供たちにもっと丁寧な話し方をしてほしいので，彼女は子供たちに，他の人には「お願いします」や「ありがとう」と言うように注意することが多い。

単語力（副詞）を問う問題。空所の文は want *A* to ***do***「*A* に～してほしい」という表現が使われているので，空所はキャリーが自分の子供に望む話し方を表す副詞が入るとわかる。空所直後には「だから彼女は子供たちに，他の人には『お願いします』や『ありがとう』と言うように注意することが多い」とあることから，正解は **3　politely**「丁寧に」である。**1**　luckily「幸運にも」　**2**　commonly「共通して」　**4**　silently「静かに」

(2)　解答　3

訳　アメリカ合衆国の多くの人々は，アメリカの産業を支えるために，外国製品ではなく国産品を選ぶ。

単語力（形容詞）を問う問題。空所の後の instead of foreign ones「外国のものの代わりに」に注目する。代名詞 ones は products「製品」を指していることから，空所は foreign「外国の」とは対比関係にある形容詞が入るとわかる。したがって，正解は **3　domestic**「国内の，家庭内の」である。**1**　manual「手を使う，手動の」　**2**　routine「いつもの，日常の」　**4**　formal「公式の，堅苦しい」

(3)　解答　1

訳　A：私は来週不在ですから，あなたの課題はエドワード先生に提出してください。

B：わかりました，クリフトン教授。出来上がったらすぐに彼女に渡します。

単語力（動詞）を問う問題。空所を含む文は「あなたの課題をエドワード先生に…してください」となっており，それに応じるBの文に「出来上がったらすぐに彼女に渡します」とあることから，空所には **1　submit**「～を提出する」が最適。**2**　beat「～を打つ，負かす」　**3**　convert「～を転換する」　**4**　imply「～を示唆する」

(4)　解答　2

訳　ジョーは古い持ち物をいくつか売るためにウェブページを作った。彼はそのウェブページに写真を載せ，それぞれの品物の詳細な説明を書いた。

単語力（名詞）を問う問題。空所は wrote「～を書いた」という動詞の目的語であり，また空所後の of each item とは1文目からジョーがウェブ上で売りに出した品物だとわかるので，正解は **2　description**「記述，説明」である。**1**　route「道筋，経路」　**3**　hammer「ハンマー，金槌」　**4**　symphony「交響曲，シンフォニー」

(5)　解答　1

訳　警察はその男性がその銀行を襲ったということを示す証拠を持っていた。彼の顔が，銀行の監視カメラで撮影された映像で確認できたのだ。

単語力（名詞）を問う問題。空所の後の that は関係代名詞（主格）で空所を修飾している。「その男性が銀行を襲ったということを示す」がかかる名詞であること，また2文目では「彼の顔が映像で確認できた」とあることから，**1 evidence**「証拠」が正解だとわかる。**2** harmony「調和」 **3** rhythm「リズム」 **4** praise「賛辞」

(6) **解答　3**

訳　ヨハンの趣味は作曲することだ。彼は自分の妻の誕生日に素敵な曲を書き，誕生日パーティにてその曲をピアノで演奏した。

単語力（動詞）を問う問題。空所は be 動詞の後ろに *doing* 形を置くことになるが，主語が「趣味」なので，進行形ではなく動名詞である。空所の直後に注目して，music「音楽」を目的語に取る動詞を選ぶ。正解は **3 composing** である。compose は「～を組み立てる，構成する」という意味から，「（作文・手紙・小説など）を書く」の意味や，本問のように「（音楽）を作曲する」という意味がある。**1** rescuing は rescue「～を救う」，**2** flattering は flatter「～をおだてる」，**4** declaring は declare「～を宣言する，公表する」の *doing* 形。

(7) **解答　1**

訳　アンディは自分の科学のレポートのために，進化に焦点を当てた。そのレポートは，ある種の鳥が何百万年にもわたってどのようにして飛行能力を失ったのかについてのものだった。

単語力（名詞）を問う問題。2文目に注目する。主語の it は前文の his science report を指しており，「鳥が長い年月をかけて飛行能力を失ったという内容を扱っている」とあることから，**1 evolution**「進化」が正解である。**2** landscape「景観」 **3** humanity「人類」 **4** psychology「心理学」

(8) **解答　2**

訳　リサと彼女の弟は，皿洗いをするのはどちらの番であるのかについて口論をした。彼女らはそれぞれ，前回皿洗いをしたのは自分であると思っていた。

単語力（名詞）を問う問題。空所の直後にある about「～について」の後ろに「皿洗いをするのはどちらの番であるか」とあり，2文目では「どちらも前回皿洗いをしたのは自分だと思っていた」とあることから，リサと弟は互いに反発し合っていることがわかる。以上から正解は **2 argument**「口論，口げんか」を選ぶ。argument には「議論，主張」の意味もあることに注意。**1** occasion「場合」 **3** identity「身元，個性」 **4** expense「費用」

(9) **解答　4**

訳　A：インターネットがつながらないわ。
B：その青いケーブルをコンピュータに接続する必要があるよ。そうしたらつながるはずだよ。

単語力（動詞）を問う問題。Aが「インターネットがつながらない」と発言したことに対する助言であるということ，また空所の後は that blue cable to the computer という *A* to *B* の形になっていることから，正解は **4 connect**「～を接続する」である。connect *A* to *B*

で「*A* を *B* に接続する」という意味。**1** reflect「～を反射する，反映する」 **2** define「～を定義する」 **3** investigate「～を調査する」

(10) **解答** **1**

訳 ケイトは，通りの建設作業の音にイライラしていたので，寝室の窓を閉めた。

単語力（動詞）を問う問題。空所を含む節の主語が the sound of the construction，目的語が her（文末）となっていることから，**1** **irritating** が正解として選べる。irritate は他動詞で「～をイライラさせる，不快にさせる」という意味。感情を左右する動詞（surprise, excite など）は，基本的に訳が「～せる，させる」になることに注意。**2** judging は judge「～を判断する」の，**3** detecting は detect「～を探知する」の，**4** exchanging は exchange「～を交換する」の *doing* 形。

(11) **解答** **1**

訳 今朝，イケダさんは仕事中疲れていた。なぜなら，まだ赤ん坊である娘の面倒をみて一晩中起きていたからだ。

イディオムの知識を問う問題。「イケダさんは疲れていた」という内容に続く理由を表す文で，空所直後に all night もあることから，**1** **stayed up** が正解。stay up で「(寝ないで)起きている」という意味。sit up late at night「夜更かしする」も頻出表現。**2** spoke up は speak up「はっきり言う」，**3** left over は leave over「～を残しておく」，**4** looked over は look over「～を調べる，ざっと見る」の過去形。

(12) **解答** **4**

訳 A：400 ドルならニューヨークで 3 日間過ごすのに十分だと思う？
B：いいや，少なくとも 800 ドルは必要だと思うよ。そこはホテルが高いからね。

イディオムの知識を問う問題。Aの発言にある「400 ドル」という金額に対して，Bは「少なくとも 800 ドル必要だ」と発言していることから，Aは「400 ドルで足りるか」ということを聞きたいのだとわかる。したがって，**4** **sufficient for** が正解。be sufficient for ～で「～に十分である」という意味。**1** obliged to は，be obliged to *do* なら「～するよう義務付けられている」，be obliged to *A* なら「*A*（人）に感謝している」という意味。**2** capable of は be capable of ～で「～の能力がある」，**3** particular about は be particular about ～で「～について好みがうるさい，こだわりがある」という意味になる。

(13) **解答** **4**

訳 その科学者は生涯の間に，物理学における自身の研究は言うまでもなく，太陽系の研究に並々ならぬ貢献をした。

イディオムの知識を問う問題。to say nothing of *A* で「*A* は言うまでもなく」という意味の独立不定詞になるので，**4** **nothing** が正解。この表現は，not to speak of *A* や not to mention *A* で書き換え可能。似た表現に needless to say「言うまでもなく」があるが，こちらは後ろに *A* に当たるものを置かずに使うという点に注意。（例：Needless to say, he is familiar with the subject.「言うまでもなく，彼はその主題に詳しい」）

(14) 解答 3

訳 A：ジャネットはいつも自分の仕事の不満ばかり言っているね。
B：そうだね，僕はそれにはうんざりしてきているんだ。彼女が不平を言わなくなってくれたらいいのに。

イディオムの知識を問う問題。get sick of ～ で「～にうんざりする」という意味なので，正解は **3 sick** である。この表現は，be sick of ～ という形だと「～にうんざりしている」という“状態”を表す意味になる。ちなみに，Aの発言 is always complaining に見られるように，現在進行形に always / constantly など「常に」の意味の単語が組み合わさると，「いつも～してばかりいる」という，話し手の非難や苛立ちを表す表現となる。

(15) 解答 4

訳 ヴィクターは学業が忙しすぎるので，もはやバドミントン部の部長でいることができない。マイケルが部長として引き継ぐことになる。

イディオムの知識を問う問題。1文目では「ヴィクターが部長を続けられない」という趣旨が述べられており，2文目では新たな人物であるマイケルが「部長として…する予定だ」と書かれていることから，「マイケルがヴィクターに代わって新たな部長になる」という趣旨だとわかる。したがって，正解は **4 take over** である。take over で「(先代から) 引き継ぐ」という意味。「～を後代へ引き継ぐ」という意味の pass on / down ～や hand down ～と混同しないように注意。**1** drive off「車で立ち去る，～を追い払う」 **2** make sure「～を確かめる，確実にする」 **3** pull down「～を引き降ろす，取り壊す」

(16) 解答 3

訳 A：この車はいいけど，お金がかかりすぎるわ。
B：心配いらないよ，君。値引きをしてくれるよう車の販売員を説得できるかやってみるから，そうすればもっと安い値段でその車を買うことができるさ。

イディオムの知識を問う問題。空所の後ろに注目すると，the car salesperson という名詞の後に into があるとわかる。into の後ろには「私たちに値引きをしてくれる」とあることから，正解は **3 talk** である。talk *A* into *doing* で，「*A* を説得して～させる」という意味。反意表現の talk *A* out of *doing*「*A* を説得して～するのを止めさせる」もあわせて覚えておきたい。**1** run は run *A* into the ground なら「*A* を徹底的にこき使う」，**2** burst は burst into ～なら「突然～し始める」，**4** divide は divide *A* into *B* で「*A* を *B* に分割する」という意味になる。

(17) 解答 1

訳 ジョージはマーケティング部にいる他の全員に尊敬されている。彼の部署にいる全員が，彼の素晴らしい着想や熱心な仕事ぶりのことで彼を尊敬しているのだ。

イディオムの知識を問う問題。1文目で「ジョージは皆に尊敬されている」と受動態で述べられているが，all the other people in the marketing department という表現が2文目では everyone in his section に言い換えられただけで，2文目は1文目を能動態にして同内容を繰り返しているということがわかる。したがって，空所は1文目の is respected が能動になった表現なので，正解は **1 look up to**「～を尊敬している」である。この表現は look down on ～「～を見下している」とセットで覚えておきたい。**2** moves on with は move on with ～で「～に対処する，追随する」，**3** does away with は do away with ～で「～を廃止する」，**4** takes away from は take away from ～で「～から持ち去る，引き取る」という意味。

⒅ **解答 2**

訳 トムの祖父母は，去年コンピュータを買っていなかったら，いまだに古いタイプライターを使っていることだろう。

文法力（仮定法）を問う問題。主節が they'd still be …となっていることに注目する。'd は had と would の可能性があるが，後ろに be という動詞の原形があることから本問は they would であるとわかる。主節で助動詞の過去形 would が使われていることから仮定法の問題だと判断できるので，if 節中の動詞は過去形か had *done* の形にする。if 節中には last year とあることから，過去の事実に反する内容を述べる仮定法過去完了にする。正解は **2 hadn't bought** である。

⒆ **解答 2**

訳 モニカは州のテニス選手権大会のためにとても一生懸命練習した。彼女の努力にもかかわらず，彼女は勝つことができなかった。

単語力（前置詞）を問う問題。空所の後 her efforts「彼女の努力」と主節の内容 she could not win「彼女は勝つことができなかった」は逆接的な関係にあるので，正解は **2 Despite**「～にもかかわらず」である。**1** Above「～の上に」 **3** Outside「～の外側に」 **4** Within「～以内に」

⒇ **解答 1**

訳 シュンタロウは常にチェス部の他の部員を手助けしようとしてきた。彼は今年早くにそのクラブの部長になったからいっそうそうしているのだ。

文法（比較）に関する知識を問う問題。空所前は He has been doing so となっているが，has been doing so「そうしている」とは前文の tried to help the other members of the chess club を指している。さらに空所後に「彼がクラブの部長になったので」と理由が述べられていることから，all the＋比較級＋"理由"「～だからいっそう（なおさら）…」の表現だと判断する。したがって，正解は **1 all the more** である。

一次試験　筆記　2 A

訳

簡単な解決策

英国のバーナム・オン・シーという町で，警察官のアシュリー・ジョーンズは，孤独な人々がたくさんいることに気付いた。彼は，これらの人々が他人との会話を始めることをより簡単にする方法を見つけたいと思った。この問題について考えた後，彼は地元の公園にあるベンチの一部を「チャットベンチ」に変えようというアイディアを思い付いた。彼は各チャットベンチに，誰かがこのベンチに座っていたら，その人は見知らぬ人と会話をしてもいいと思っています，と書かれた看板を掲げた。

彼がチャットベンチを設置してからわずか数日後，ジョーンズは自分のアイディアがうまくいっていることを知って喜んだ。それまで一度も会ったことのなかった人たちが，ベンチに座ってお互い話をしていたのだ。そのベンチは，特にお年寄りの生活に大きな変化をもたらしつつある。彼らの多くは一人暮らしで，家族や友人を訪ねるために旅行するのは難しいと思っている。実際，高齢者の中には，数日，さらには数週間も会話をする機会がない人もいる。

最近の調査によると，英国では900万人以上がしばしば孤独を感じているとわかった。彼らの多くは知らない人と話すのが怖いので，友達を作るのが難しいと感じている。ジョーンズの単純な考えは，孤独の問題を解決する簡単で魅力的な方法を提供する。実際，チャットベンチは非常に人気になってきている。英国全域で40基を超えるベンチが設置されてきており，このアイディアはオーストラリアや米国など他の国にも広がっているところだ。

語句・構文

(第1段) ☐ police officer「警官」 ☐ a number of ～「たくさんの～」
☐ come up with ～「～を思い付く」 ☐ turn *A* into *B*「*A* を *B* に変える」
☐ chat「おしゃべり，歓談」 ☐ sign「標識，看板」
☐ not mind *doing*「～しても構わない」 ☐ conversation「会話」

(第2段) ☐ *A* after ～「～して *A* 後」
☐ make a big difference「大きな違いを生む，多大な効果をもたらす」
☐ on *one's* own「自分一人で，単独で」 ☐ senior「お年寄り」

(第3段) ☐ survey「調査」 ☐ be scared of ～「～が怖い，～を恐れている」
☐ attractive「魅力的な」 ☐ loneliness「孤独」
☐ set up ～「～を設置する」 ☐ across「～じゅうで，～全体で」
☐ spread「広まる，普及する」

各段落の要旨

第1段 英国の警官であるアシュリー・ジョーンズは，地元の孤独な人々が他人と会話するのを容易にする「チャットベンチ」という考えを思い付いた。

第2段 チャットベンチは設置されて数日後にはすでに奏功し，特に会話の機会が少ない一人暮らしのお年寄りに対して大きな変化をもたらした。

第3段 「チャットベンチ」という着想は，孤独の問題を解決する容易で魅力的な方法なので，英国全土だけでなくオーストラリアや米国など他国にも広がりを見せ始めている。

(21) 解答 3

選択肢の訳
1 科学技術を理解する　**2** 新しい家を見つける
3 他人との会話を始める　**4** 運動をし始める

空所を含む文は，「彼はこれらの人々が…するのをより簡単にする方法を発見したいと思った」という意味になっている。「これらの人々」とは，前文の a number of lonely people「たくさんの孤独な人々」を指していることを確認した上で空所の後の文に注目する。ここでは，「『チャットベンチ』によって見知らぬ人同士の会話を促す」という趣旨の内容が述べられている。したがって，正解は **3 start talking to others**「他人との会話を始める」である。

(22)　解答　1

選択肢の訳

1　お年寄りの生活　　**2**　地元の学生

3　ペットを飼っている人々　　**4**　町に住む若い親

空所を含む文は，「そのベンチは特に…に大きな違いを生んでいる」となっている。空所の次の文に注目すると，「彼らのうちの多くが一人で住んでおり，家族や友人の元に旅行するのが難しいと思っている」という意味になっているが，主語の Many of them の them が空所に含まれる名詞を指すことは明らかである。さらに続く文（In fact, some …）に注目すると「実際，一部のお年寄りは…」と続くので，「チャットベンチ」が特に功を奏したのはお年寄りであったのだとわかる。したがって，正解は **1 the lives of elderly people**「お年寄りの生活」である。

(23)　解答　1

選択肢の訳

1　Indeed「実際，実は」

2　Equally「同様に」

3　On the contrary「それどころか」

4　For one thing「一つには」

空所の前後に注目し，論理の流れを考える。空所直前の文では「ジョーンズの単純な着想は，孤独という問題を解決する簡単で魅力的な方法を与える」とあり，空所後では「チャットベンチはとても人気になっている」とあることから，空所後の内容は空所前の内容に対して，事実となる情報を続けて補足する機能を果たしているとわかる。したがって，正解は **1 Indeed**「実際，実は」である。

一次試験　筆記　2 B

訳

牛には友達が必要だ

牛乳生産は大きな事業である。例えば北米では，毎年一人当たり平均 150kg 以上の牛乳を消費する。必要とされる莫大な量を供給するために，大きな農場は自動的に牛にエサを与え搾乳する機械を使用している。人がほとんど必要とされなくなっているため，牛乳の製造コストは下がっている。しかしこのような農場では，病気が動物から動物へと広がりやすい。これは一つの農場で多くの牛が死ぬことにつながりうる。その結果，牛は幼い時から別々に飼われることが多い。

カナダの科学者たちは，このような方法で子牛を飼う効果を研究した。彼らはこのような牛を，別の牛と一緒に飼われていた牛と比較した。研究者たちは，牛がそれまで一度も見たことのなかった赤いプラスチック容器をそれぞれの牛に複数回見せた。２頭１組で飼われていた牛は，最初はその容器に興味を持っていたが，すぐに見向きもしなくなった。それに対し，単頭飼いされていた牛は，まるでその容器を初めて見たかのように反応し続けた。研究者たちは，単頭飼いされている牛の方が新しい物事に敏感だと結論付けた。

これは農夫たちにとって重要なニュースだ。乳牛がエサやり機と搾乳機に慣れなければ，牛乳生産が鈍化する。研究者たちは，牛を別々に飼うのではなくごく少数の群れで飼育すれば，農家がエサやりや搾乳で抱える問題が少なくなるだろうと信じている。研究者たちはまた，病気は少数集団にとってはそれほど大きな問題ではないと言う。２，３頭だけが一緒に飼われるのであれば，多くの動物を失うというリスクはほとんどないはずである。

語句・構文

（第１段）☐ on average「平均して」　☐ supply「～を供給する」
☐ huge「莫大な」　☐ automatically「自動的に」
☐ feed「～にエサを与える」　☐ though「（副詞で）けれども」
☐ disease「病気」　☐ spread「広がる，拡散する」
☐ separately「別々に，離れて」

（第２段）☐ compare *A* with *B*「*A* を *B* と比べる」　☐ in pairs「２つ１組で」
☐ at first「最初のうちは」　☐ ignore「～を無視する」
☐ as if ～「まるで～かのように」　☐ conclude「結論付ける」
☐ sensitive「感受性の豊かな，敏感な」

（第３段）☐ get used to ～「～に慣れる」　☐ milking「搾乳」
☐ slow down「低下する」　☐ *A* rather *B*「*B* ではなく *A*」

各段落の要旨

第１段　北米では，乳牛にエサを与えるのも搾乳するのも機械で自動的に行っているため牛乳の製造コストは低く抑えることができるが，乳牛の間で病気が拡散しやすいため，それぞれの牛は幼い頃から集団ではなく別々に育てられることが多い。

第２段　科学者が個別飼育されている牛と，２頭１組で飼育されている牛とを比較する実験を行ったところ，個別飼育されている牛の方が新しいものに対して敏感だとわかった。

第３段　乳牛がエサやり機と搾乳機に慣れることができなければ牛乳生産の低下を招く恐れがあるため，研究者たちは，病気のリスクを考慮しても個別飼育より少数集団飼育が良いと主張している。

(24)　解答　3

選択肢の訳　**1**　各乳牛ははるかに大きい
2　その牛乳はより長い期間保存することができる

3　必要とされる人数が少ない

4　より安い食べ物が使われている

空所を含む文は，「…なので，牛乳を製造するコストはより低い」という意味になっているので，空所は製造コストが下がる原因・理由を選ぶ。前文に注目すると「大農家はエサやりや搾乳を自動化している」という趣旨が述べられているので，この文脈に自然につながるのは，**3 fewer people are needed**「必要とされる人数が少ない」である。

(25)　解答　4

選択肢の訳　1　Later on「後で」

2　At last「ついに」

3　In other words「言い換えると」

4　On the other hand「他方で，一方で」

空所の前後の文に注目する。空所前の文の主語は The cows that had been kept in pairs で，空所を含む文の主語は the cows that had been kept alone となっていることから，空所の前後の文は対比関係になっているとわかる。したがって，正解は **4 On the other hand**「他方で，一方で」である。

(26)　解答　2

選択肢の訳　1　乳牛にエサをやりすぎてしまうこと

2　多くの動物を失うこと

3　野生の動物が攻撃すること

4　幼い乳牛が健康なままでいること

空所を含む文は，「2，3頭しか一緒に飼わなければ，…の危険性はほとんどないはずだ」という意味になっている。前文に注目すると，「研究者は，病気は小集団にとってはそれほど大きな問題ではないと言っている」とあることから，空所を含む文も「病気の拡散で懸念すべきことはない」という説明になっているとわかる。病気の拡散でもたらされる可能性のある結果とは，第1段第6文（This can lead …）に「多くの乳牛が一つの農場で死んでしまうこと」と述べられていることから，正解は **2 losing many animals**「多くの動物を失うこと」である。

一次試験　筆記　3 A

訳　発信元：ロバート・ミッチェル〈r.mitchell@wmail.com〉

宛先：メリッサ・ロビンソン〈m-robinson@matlockpost.com〉

日付：10月10日

件名：ニュースレポーターへの申し込み

ロビンソン様

私は今日，『マットロックポスト』のニュースリポーターの仕事に応募するためにメールを書いています。私は最近英語の学位を取得して大学を卒業しましたが，ニュース記者としての道を歩み始めたいと思っています。先週の日曜日に御社の新聞でその仕事の広告を目にしました。その後，私は御社のウェブサイトにアクセスし，そこでｅメールで応募するようにという指示を見ました。

私は卒業したばかりなので，まだ専門的な経験はありません。しかし，私は大学新聞『キャンパスデイリー』で３年間記事を書いていました。そこでの３年目では，ニュース編集者もしました。『キャンパスデイリー』は大学生によって運営されていますが，私たちは毎週質の高い新聞を発行しました。その間，私はその新聞のために少なくとも週に四つの記事を書きました。それらのうちの一つをこのメールに添付しております。また，私の英語教授であるオルソン博士が書いた推薦状を添付しております。

私はとても仕事熱心で，他の人とうまくやっていくことができます。また，残業や深夜労働をするのもいといません。面接を予定してくださるのなら，(253) 555-6418 までお電話ください。木曜日は午前８時から午後３時まで個別指導で学生に英語を教えていますが，それ以外の時間は大丈夫です。ありがとうございます。

よろしくお願いします。

ロバート・ミッチェル

語句・構文

（第１段）☐ apply for *A*「*A*（仕事）に応募する，申し込む」　☐ degree「学位」
☐ advertisement「広告，宣伝」　☐ instruction「指示」

（第２段）☐ editor「編集者」　☐ run「～を運営する」　☐ publish「～を出版する」
☐ at least「少なくとも」　☐ attach *A* to *B*「*A* を *B* に添付する」
☐ in addition「さらに，加えて」　☐ a recommendation letter「推薦状」

（第３段）☐ get along (well) with *A*「*A* と仲良くやっていく」
☐ work extra hours「残業する」　☐ interview「面接」

各段落の要旨

第１段　ロバート・ミッチェルが，『マットロックポスト』という新聞社のメリッサ・ロビンソンに就職面接の申し込みをしようと，求人広告の指示通りｅメールで志願文を書いている。

第２段　ミッチェルは大学を卒業したばかりで経験は全くないものの，大学の機関紙発行に携わってきたことをアピールし，大学時代に書いた記事と大学教授の推薦状をメールに添付していると伝えている。

第３段　熱心な勤務態度や社交性の高さ，さらには残業や深夜労働もいとわない自身の内面的資質もアピールし，連絡先と都合のつく時間帯について伝えている。

(27)　解答　1

質問の訳　**ロバート・ミッチェルは初め，どのようにしてそのニュースレポーターの仕事について知ったか。**

選択肢の訳　**1**　彼は新聞でその広告を読んだ。
2　彼は大学で誰かからそのことについて聞いた。

3　彼は『マットロックポスト』のウェブサイトでその掲示を見た。
4　彼は友人からその仕事に関するｅメールを受け取った。

第１段第３文（I saw an …）に注目。ここでは，「先週日曜日に新聞で募集広告を見た」とあることから，**1 He read an advertisement for it in the newspaper.** が正解である。**2** に関しては someone at his college のような第三者は本文に一切登場していない。**3** に関して，website への言及は同段最終文（I then visited …）に見られるが，これは then「それから，その後」という表現があるように，新聞を見てからとった行動なので，「初めて知った」媒体ではない。**4** に関して，ｅメールへの言及は同文に見られるが，これは「ウェブサイトでｅメールで応募するよう指示されていた」という内容なので不適。

⑵⑻　**解答**　**3**

質問の訳　ロバート・ミッチェルは（　　　）

選択肢の訳　**1**　３年間プロの新聞社で働いた。
2　四つの記事を自分の就職申込書に添付している。
3　しばらくの間，大学の新聞でニュース編集者だった。
4　大学の教授のうちの一人によく手紙を書く。

第２段第３文（In my third …）に注目。ここでは，大学の機関紙『キャンパスデイリー』に携わった３年間のうちの３年目には，編集者も務めたとある。したがって，正解は **3 was the news editor at a college newspaper for a while.** である。for a while「しばらくの間」という“期間”については，In my third year there「そこでの私の３年目では」という表現から，ある一定期間は務めたことが類推できる。**1** に関して，for three years は同段第２文（However, I wrote …）に言及があるが，これはロバート・ミッチェルが『キャンパスデイリー』に携わった期間であり，「プロの新聞社で働いた」という記述は，同段第１文（Because I just …）の「卒業したばかりなので専門的な経験はない」という内容に矛盾するので不適。**2** に関して，「自分が書いた記事をメールに添付した」という内容は同段第６文（I am attaching …）に見られるが，本文中の one of those「それらのうちの一つ」が選択肢では four articles「四つの記事」となっていることから不適。**4** に関して，letters に関する言及は同段最終文（In addition, I …）に見られるが，この文における letter とは大学教授が書いた a recommendation letter「推薦状」のことなので不適。

⑵⑼　**解答**　**1**

質問の訳　ロバート・ミッチェルは今週木曜日に何をしているだろうか。

選択肢の訳　**1**　日中は，学生が英語を勉強するのを手伝っている。
2　自分の仕事のため夜遅くまで残業している。
3　他の知り合い数名と会談している。
4　その仕事のためロビンソンと面接をしている。

第３段第４文（I teach English …）に注目。ここでは「木曜日は英語の個別指導をしている」とある。時制は teach という現在形になっていることから，現在の繰り返し行われる習慣を表しているので，今週の木曜日も同様であると判断できる。したがって，正解は **1 Helping students with English during the day.** が適切である。本文中の teach

English to private students という表現が，選択肢では helping students with English と言い換えられていることに注意。**2** に関しては，同段第 2 文（I also do …）に残業や深夜労働に関する言及が見られるが，ここはロバート・ミッチェルが自身の資質としてアピールしている部分なので，今週木曜日の予定とは関係ない。**3** に関しては，同段第 1 文（I am a …）に other people という単語は見られるが，これは「新しい職場で出会う人ともうまくやっていける」という文脈で述べているのであって，知り合いのことを言っているわけではない。meet with *A* は「(いろいろ準備を整えて) *A*（人）と会談する，正式に会う」という意味。**4** に関しては，同段第 3 文（If you would …）で「面接をしてくださるのなら連絡してください」とあることから，面接の予定はまだ決まっていないので不適。

一次試験　筆記　3 B

訳

歴史上のひげ

男性の顔に生える毛は，ひげと呼ばれる。毛が普通少年の顔に生え始めるのは，彼らが 10 代になり体がある化学物質を作り始める時である。科学者チャールズ・ダーウィンは，男性は女性にとって魅力的であるためにひげが生えるのだということを示唆し，他の多くの科学者がこの理論を支持してきた。しかし，歴史を見ると，ひげに対する態度が文化によって大きく異なってきたことは明らかである。

多くの文化で，長いあごひげは知恵の象徴と考えられてきた。例えばインドでは，宗教指導者たちはしばしば長いひげを生やしてきた。古代イスラエルでは，男性がひげを剃ったり切ったりすることを禁止する厳しい規則があった。しかし，イスラエル近隣諸国に住む男性のうちの多くはひげ剃りをするか，ひげをとても短くしていた。古代イスラエル人は，自分たちの外見がこうした他国の人々と違って見えるようにひげを長く生やしていたのだと信じる歴史学者もいる。

ひょっとするとさらに驚くだろうことは，ひげに対する態度が文化によってだけではなく，時代によっても異なってきたということだ。例えば古代ローマ人は，紀元前 100 年頃まではひげを剃らなかった。その後，ひげは人気がなくなり，約 3 世紀の間，地位の高いローマ人は決してひげを生やさなかった。しかし，ひげはもう一度突然流行した。同じようなことが，後にヨーロッパでも起こった。ひげは 17 世紀に人気がなくなり，男性は 19 世紀半ば頃まではひげを剃っていた。その時以降は，ヨーロッパの男性は再び長いひげを生やし始めた。

20 世紀でも，ひげは 1930 年代に人気がなくなったが，結局 1960 年代に再び流行を取り戻した。最近，ひげはヨーロッパや北アメリカの若い男性の間で再び人気になってきている。このことが「ひげクラブ」の創設につながった。これらは，みんなで集まって自分たちのひげを比べる男性の集団である。これらのクラブのうちの一部は，世界あごひげ口ひげ選手権（WBMC）を始めることにしたが，その選手権は 2 年ごとに開かれている。2017 年には，WBMC はテキサス州オースティン市で開催され，33 カ国から 738 人の選手が参加した。その行事には，女性が参加できる作り物のひげ競技まで含まれていた。

語句・構文

（第1段） □ beard「ひげ，あごひげ」 □ certain「ある～」
□ chemical「化学物質」 □ suggest「～を示唆する」
□ appealing「魅力的な」 □ support「～を支持する」
□ attitude「態度，考え方」
□ vary from *A* to *A*「*A*（無冠詞単数名詞）によって異なる，さまざまである」

（第2段） □ see *A* as *B*「*A* を *B* とみなす」 □ wisdom「知恵，博識」
□ religious「宗教的な」 □ shave「ひげを剃る」

（第3段） □ perhaps「ひょっとすると～だろう」 □ important「地位の高い」
□ fashionable「流行した」 □ once more「もう一度」
□ similar「同様の」

（第4段） □ only to ***do***「…して（その結果）結局～することになる」
□ creation「創設」 □ compare「～を比べる」
□ moustache（mustache）「口ひげ」 □ competitor「参加者，出場選手」
□ competition「競技」 □ fake「作り物の，偽の」

各段落の要旨

第1段 男性が10代になると生えてくるひげは，ダーウィンをはじめとする科学者に「女性を惹きつけるため」と思われてきたが，歴史を顧みるとひげに対する捉え方は文化によって異なっている。

第2段 多くの文化では長いひげは英知の象徴であるとみなされてきており，その例はインドや古代イスラエルに見られる。

第3段 ひげに対する捉え方の違いは文化だけでなく時代によっても変わるものであり，ひげがある一定期間ごとに流行と衰退を繰り返した例は，古代ローマや近代ヨーロッパに見られる。

第4段 20世紀になってからもひげの盛衰は続いているが，近年はヨーロッパや北アメリカでひげの人気が高まっている。

(30) 解答 3

質問の訳 科学者のチャールズ・ダーウィンは（ ）

選択肢の訳 **1** ひげに対する考え方が様々な文化で時代と共にどのように変わってきたかを研究した。

2 ある化学物質が，10代の少年の顔にひげを生えさせると発見した。

3 ひげは男性が女性に対してより魅力的でいる方法であるという考えを持っていた。

4 科学者の集団によって提案された，ひげに関する理論を支持していた。

第1段第3文（The scientist Charles …）に注目。「男性は女性にとって魅力的であるためにひげを生やすと示唆した」とあることから，**3 had the idea that beards are a way for men to be more attractive to women.** が正解である。本文中では appealing となっ

ているのが，選択肢では attractive に言い換えられていることに注意。**1** に関して，「ひげに対する考え方が文化によって異なる」という内容は同段最終文（Looking at history, …）に見られるが，これは歴史を通して見られる事実であり，ダーウィンの研究課題ではないので不適。**2** に関して，「ある化学物質によって少年の顔にひげが生え始める」という内容は同段第 2 文（Hair usually starts …）に見られるが，これは本文全体の導入として述べているだけで，ダーウィンが発見したことではない。**4** に関しては，同段第 3 文後半の「ダーウィンが提唱した意見に多くの科学者が賛同した」と真逆であり不適。

(31) 解答 1

質問の訳 **一部の歴史学者によると，古代イスラエルの男性が長いひげを生やしていた一つの理由は何か。**

選択肢の訳
1 彼らは近隣諸国の男性と同じように見られたくなかったから。
2 彼らはひげを剃ることに関する規則に同意していなかったから。
3 彼らは自分たちの社会の他の人々よりも賢く見えることを望んでいたから。
4 彼らはインドの宗教指導者に対する敬意を示していたから。

第 2 段最終文（Some historians believe …）に注目すると，「古代イスラエル人は，自分たちの外見がこうした他国の人々と違って見えるようにひげを長く生やしていたのだと信じる歴史学者もいる」とあることから，**1 Because they did not want to look the same as men in nearby countries.** が正解である。**2** に関して，the rules about shaving their beards「ひげを剃ることに関する規則」は同段第 3 文（In ancient Israel, …）に見られるが，「同意していなかった」という記述はない。**3** に関しては，同段第 1 文（In many cultures, …）に「長いひげは英知の象徴とみなされてきた」とはあるが，「古代イスラエル人が自分の属する社会の中で賢く見られたかった」という記述はどこにも見られない。**4** に関しては，古代イスラエル人とインドの宗教指導者は全く関係がないので不適。

(32) 解答 3

質問の訳 **古代ローマ人のひげに対する考え方に関して驚くべきことは何か。**

選択肢の訳
1 ローマ人は，地位の高い人々はひげを生やすのを許されるべきではないと考えていた。
2 ローマ人の少年たちは，長いひげが生えるまでひげ剃りを決してしようとしなかった。
3 ひげが再び人気になる前は，およそ 300 年間人気がなかった。
4 彼らの考え方は，17 世紀のヨーロッパの流行に影響を与えた。

「驚くべきこと」に関しては，第 3 段第 1 文（What is perhaps …）に「ひげに対する考え方が文化だけではなく時代によっても変わってきたことだ」とあるが，この文は段落全体の趣旨を表す抽象的な内容の文なので，具体的内容を求めてさらに後を読み進める。同段第 3・4 文（Then, beards became … fashionable once more.）に注目すると，「古代ローマではひげが不人気になり，およそ 3 世紀の間地位の高い人はひげを生やさなかったが，突如としてひげがまた流行した」とある。したがって正解は，**3 Beards were unpopular for around 300 years before becoming popular again.** である。本文中は for about three centuriesとなっているのが，選択肢ではfor around 300 yearsと言い換えられていることにも注意。**1**に関して，important peopleについての言及は同段第3文（Then, beards became …）に見られるが，「地位の高いローマ人は決してひげを生やさなかった」とあることから，自らの意志でひげを生やしていなかったことがわかるので不適。**2**に関して，never shave their facesとほぼ同様の記述が同段第2文（The ancient Romans, …）に見られるが，本文中はuntil about 100 B.C.となっており，ローマにおいて盛衰が繰り返されたひげの流行の一過程を述べているだけなので「驚くべきこと」ではない。**4**に関しては，同段第4文（However, beards suddenly …）にfashionableという語は見られるが，「ひげが再び流行した」という内容であり不適。

(33) **解答** **2**

質問の訳 **世界あごひげ口ひげ選手権は（　　）**

選択肢の訳 **1** 多数のひげクラブの創設につながった。
2 女性が参加するのを許す特別な区分がある。
3 テキサス州のオースティン市で毎年開かれている。
4 1930年代には中止され，1960年代に再開した。

第4段最終文（The event even …）参照。「その行事には，女性が参加できる作り物のひげ競技まで含まれていた」とあることから，**2 have special categories to allow women to take part.**が正解である。本文中の記述competitions for fake beardsが選択肢ではspecial categoriesに，participateがtake partに言い換えられていることに注意。**1**に関しては同段第3文（This has led …）にhas led to the creation of "beard clubs"という記述が見られるが，主語のThisは前文の「ヨーロッパと北アメリカの若い男性の間でひげが再び人気になってきている」という内容を指しているので合わない。さらに同段第5文（Some of these …）も参照すると，「ひげクラブがWBMCを開催し始めた」とあることから，選択肢の文は因果関係も逆になってしまい不適。**3**に関しては，同段第6文（In 2017, the …）に「テキサス州オースティンで開催された」とあるが，これは2017年の開催地であり，さらに同段第5文（Some of these …）後半では「WBMCは2年ごとに開催されている」ともあるので，選択肢のevery yearという記述は間違いである。**4**に関しては，同段第1文（In the 20th …）にthe 1930sやthe 1960sという記述が見られるが，これはひげの人気の盛衰について述べた内容なのでWBMCとは無関係である。

一次試験　筆記　3 C

訳

海の宝

経済が成長するにつれて，より多くの製品が製造されるので，金属が絶えず必要になる。技術の変化はこの需要をさらに増大させた。例えば，コンピュータやスマートフォンには金のようなレアメタルが必要である。しかし，陸で入手できる金属の量は限られている。鉱業会社が金属を見つけるために地中深く掘り下げるのはお金がかかる。このような理由から，鉱業会社は現在，海底の金属を探している。

かつては，海底で金属を見つけることはあまりにも難題すぎると考えられていた。しかし，ここ数十年で，レアメタルを発見できる場所が見つかった。これらの場所は「熱水噴出孔」と呼ばれている。それらは，岩石が非常に熱い地中深くに海水が流れ込む時に作られる。その岩石は金属を含む物質でできている。海水がこれらの物質を吸収する。その海水は熱くなるにつれて上昇し，海底土を押し分けて海洋に戻る。その熱水が冷たい海水と混ざると，その熱水に含まれていた物質が海底に落とされるのである。

熱水噴出孔は海の奥深くにあるため，1970 年代まで発見されることはなかった。科学者たちは，熱水噴出孔が含んでいる金属のためだけではなく，その近くで生息が確認される驚くべき生物たちのためにも，熱水噴出孔に興味を持っている。噴出孔の周りの水は非常に熱く，暗く，強力な酸で満ちている。このような困難な環境にもかかわらず，複数のバクテリアと動物がこのような場所で生活するよう適応してきた。地球上の他のほぼ全ての生物と違って，これらの特別な生物は，太陽エネルギーに依存していないのだ。

噴出孔周辺の環境は，その近くで採掘することが一筋縄ではいかないということを意味する。噴出孔の近くで採掘する技術は今存在しているが，依然として非常に高価である。深海採掘には他の問題もある。科学者たちは，近いうちに複数の企業が海底から金属を採掘する余裕ができるようになると信じている。しかし，噴出孔周辺で採掘することはおそらく，そこに生息する生物に害を及ぼすだろう。結果として，金属を求めて海底を採掘することは可能になるだろうが，政府や環境団体はそれに抵抗し，ひょっとすると禁止しようとさえするかもしれない。

語句・構文

(第 1 段) □ goods「製品，商品」　□ manufacture「～を製造する」
□ constant「絶え間ない」　□ further「(far の比較級) さらに」
□ demand「需要」　□ rare metal「レアメタル，希少金属」
□ mine「採掘する」　□ dig「掘る」

(第 2 段) □ much of a＋単数名詞「かなり～」　□ challenge「難題」
□ hydrothermal (sea) vent「熱水噴出孔」　□ flow「流れる」
□ be made of ～「～でできている」　□ substance「物質」
□ contain「含む」　□ absorb「吸収する」
□ push through ～「～の中を押し進む」

(第 3 段) □ amazing「驚くべき，見事な」　□ creature「生物」　□ acid「酸」
□ in spite of ～「～にもかかわらず」　□ condition「環境，状況」
□ adapt to *do*「～するよう適応する」　□ unlike「～とは違って」

(第 4 段) □ challenging「大変な，能力を試されるような」
□ sometime soon「近いうちに」　□ afford to *do*「～する余裕がある」
□ consequently「結果的に，結果として」
□ fight against ～「～に抵抗する」　□ ban「～を禁止する」

各段落の要旨

第1段 経済成長に伴う技術革新により，特にレアメタルに対する需要が高まっているが，陸地での採掘は限りがあるので，鉱業会社は海中にその活路を見出そうとしている。

第2段 かつては海底で金属を見つけることはかなりの難題であったが，海底に熱水噴出孔が発見されてからは，希少金属が以前よりは発見しやすくなった。

第3段 熱水噴出孔に科学者が関心を抱く理由は，その噴出孔から金属が得られるからだけではなく，その周辺の環境に適応し，太陽エネルギーを必要としない珍しい生物たちがその近くに生息しているからでもある。

第4段 熱水噴出孔の近くで採掘する現存の技術は未だかなり高価であり，海底採掘はその周辺の生物に害が及ぶ可能性もあるので，課題は山積している。

(34) 解答 3

質問の訳 より多くの会社が海から金属を得る方法を探していたのはなぜか。

選択肢の訳
1 科学技術における変化によって，そうすることが容易で安価になった。
2 製品を製造するのに必要とされる金属は陸地で発見することができない。
3 見つけにくいある種の金属に対する需要が増している。
4 彼らはレアメタルを見つけるのにこれ以上地中深くまで掘ることができない。

第1段最終文（For these reasons, …）に「このような理由から，鉱業会社は現在，海底の金属を探している」とあることに注目。「このような理由」の直接的な内容は，前文の「鉱業会社が地中奥深くまで採掘するのは金がかかる」という部分だが，該当する選択肢がない。さらに本文を遡っていくと，同段第2・3文（Changes in technology … such as gold.）の「技術革新に伴うレアメタルに対する需要が増えている」という内容に行き当たる。したがって，正解は**3 There is more demand for certain kinds of metals which are hard to find.** である。**1** に関しては，Changes in technology という記述は同段第2文（Changes in technology …）に見られるが，技術革新によって海底採掘が容易で安価になったとは述べていないので不適。**2** に関しては，同段第4文（The amount of …）に「陸地で入手できる金属の量には限りがある」とあることに注目すると，「陸地で入手することができない」と断言するのは間違いだとわかる。**4** に関しては，本文中に言及はない。

(35) 解答 2

質問の訳 熱水噴出孔は（　　）

選択肢の訳
1 ここ数十年の間に海底の岩石の中に現れ始めた。
2 海底の地中に埋まっている岩石によって熱せられた海水が出てくる場所である。
3 金属を含んでいる物質を吸収し，その物質を地中深くにとどめておく。
4 地中奥深くから岩石を上に送り出し，その岩石を海底に落とす。

“hydrothermal sea vents”「熱水噴出孔」の説明は，第2段第4～最終文（They are

created … on the seafloor.）に及ぶ。特に，第 4 文（They are created …）の「熱水噴出孔は，岩石がとても熱い地中奥深くに海水が流れ込む時に作られる」という内容と，第 7 文（As the water …）の「海水が熱くなると，海底土を押し分け海中に戻る」という内容から総合して，正解は，**2 are places where seawater heated by rocks under the seafloor comes out.** が最も適切である。**1** に関して，the last few decades に対する言及は同段第 2 文（In the last …）に見られるが，ここ数十年で起こったことは「熱水噴出孔が現れ始めた」ということではなく，「熱水噴出孔が発見された」ということなので不適。**3** に関して，absorb substances という記述は同段第 6 文（The water absorbs …）に見られるが，主語は the water「海水」であって，「熱水噴出孔」ではないので合わない。さらに選択肢後半 keep them deep inside the earth「地中奥深くにその物質をとどめておく」という内容は本文中に記述がない。**4** に関しては，前半の send up rocks from deep inside the earth「地中奥深くから岩石を送り出す」に該当すると思われる記述が同段第 7 文（As the water …）に見られ，後半の drop them on the seafloor「海底にそれらを落とす」に該当すると思われる記述が続く最終文（When the hot …）に見られるが，いずれも目的語が rocks になっている点が誤り。本文では，「地中奥深くから送り出される」のは the water「海水」であり，「海底に落とされる」のはその海水が含む the substances「物質」である。

(36) 解答 3

質問の訳 科学者が熱水噴出孔に興味を抱いている一つの理由は何か。

選択肢の訳
1 それらは最近になって初めて発見された特別な金属を含んでいる。
2 それらは，海洋では珍しい強力な酸で満ちている。
3 太陽にエネルギーを頼らない珍しい動物がそこで生息している。
4 それらが作り出す熱はエネルギー源として使うことができるかもしれない。

第 3 段第 2 文（Scientists are interested …）参照。「科学者が熱水噴出孔に興味を持っているのは，その近くにすむ生物もその理由だ」とある。その生物については，同段最終文（Unlike almost all …）に「これらの特別な生物は太陽のエネルギーに頼らない」とあることから，正解は **3 Unusual animals that do not rely on the sun for energy live there.** である。**1** に関しては，metals that were only discovered recently「最近になって初めて発見された金属」という点が誤り。同段第 1 文（Because they are …）に were not discovered until the 1970s とあるが，この文の主語は hydrothermal sea vents であり，「金属」ではない。**2** に関しては，同段第 3 文（The water around …）に powerful acids への言及は見られるが，これは熱水噴出孔周辺の海水の状態を説明しただけの文であり，科学者が噴出孔に興味を抱く理由ではない。**4** に関しては本文中に言及がない。

(37) 解答 4

質問の訳 深海採掘は将来どのような難題に直面しそうか。

選択肢の訳
1 各国政府が最高の深海採掘場を求めて互いに争うかもしれない。
2 科学者は深海採掘に必要とされる技術を発明するために懸命に研究しなければならないだろう。
3 その噴出孔の周辺で生息している生物を移動させるために多額のお金がか

かるだろう。

4　人々は，その環境に対して起こりうる被害を理由として，深海採掘を止めようとするかもしれない。

第4段最終文（Consequently, although mining …）参照。ここでは，政府や環境団体が海底採掘に反対するかもしれないという内容が述べられている。その理由は前文（However, mining around …）に「海底採掘は噴出孔周辺の生物に害を及ぼす」とあることから，正解は **4 People might try to stop it because of possible damage to the environment.** である。**1**に関しては，最終文後半に fight against it とあるが，it は mining the seafloor for metals を指していることから「海底採掘に反対する」という意味であって，選択肢のように「各国政府が争う」という内容ではない。**3**に関しては，同段第2文（The technology to …）後半に it is still very expensive とあるが，高価であるのは海底採掘を行うことであり，選択肢のように「噴出孔周辺の生物を移動させる」という内容は全く書かれていない。**2**に関しては全く言及がない。

(38)　**解答**　**1**

質問の訳　次の記述のうちどれが正しいか。

選択肢の訳　**1**　海洋で金属を発見することは，行うには困難すぎると以前は考えられていた。

2　新しいコンピュータやスマートフォンは，古いものよりも少ない量のレアメタルを使う。

3　科学者は1970年代に熱水噴出孔から金属を得る方法を発見した。

4　企業が深海採掘を実行することを違法だとした国もある。

第2段第1文（In the past, …）参照。ここでは，「以前は，海底で金属を見つけることはあまりにも難題すぎると考えられていた」とあることから，**1 Finding metals in the ocean was thought to be too difficult to do in the past.** が正解である。**2**に関しては，第1段第3文（For example, computers …）に「コンピュータやスマートフォンはレアメタルを必要とする」とあるが，古いものと比較して「新しいものの方が使うレアメタルの量は少ない」といった内容は述べられていない。**3**に関しては，1970s という表記が第3段第1文（Because they are …）に見られるが，これは熱水噴出孔そのものが発見された年代であって，「熱水噴出孔から金属を得る方法の発見」については本文中に言及がない。**4**に関しては，have made という時制が誤り。類似した内容は第4段最終文（Consequently, although mining …）に見られるが，本文はあくまで might「かもしれない」という未来の可能性に言及しているに過ぎないので，「～した，～してしまった」という意味になってしまう現在完了形では，本文の内容と合っているとは言えない。

一次試験　筆記　4

解答例　**I do not agree that all people should be able to enter museums for free. I have two reasons for this opinion. First, it costs money to preserve**

historical items and works of art. If such collections were not maintained properly, they would become damaged over time. Second, it is important to control the number of people entering a museum by charging a fee. People would not be satisfied at a crowded museum because they would not be able to take enough time to see the displays. For these two reasons, I do not agree with this opinion.（80〜100 語）

訳 私は全ての人が無料で美術館に入ることができるべきだということに同意しない。この意見に対して２つの理由がある。第一に，歴史的な遺物と芸術品を保存するのにはお金がかかる。もしこのような収蔵品が適切に維持されなければ，時間が経つにつれて損なわれてしまうだろう。第二に，入館料を徴収することによって美術館に入館する人の数を抑制することが重要である。人々は，混み合った美術館では満足しないだろう。なぜなら，人々は展示を見るのに十分な時間を取ることができなくなるだろうからだ。これら２つの理由で，私はこの意見には同意しない。

トピックの訳 全ての人が美術館に無料で入館できるべきだと言われることがある。この意見に同意するか。

ポイントの訳 ●寄付 ●学習環境 ●維持

▶まず，賛成か反対かを明確にする。〔解答例〕は反対の意見。賛成の場合は，I agree with this idea that …のようにすればよい。

▶理由を２つ提示するが，理由を列挙する場合は，〔解答例〕のI have two reasons for this opinion. のように，挙げる理由の数を初めに明記し，続いて first / firstly, second / secondly と書いていくとわかりやすい文になる。

▶〔解答例〕の英文の構成は「①主張→②１つ目の理由→③２つ目の理由→④結論」である。最終文で再度主張を繰り返す場合は，なるべく１文目とは異なる表現を使用したい。ここではFor these two reasons「これら２つの理由から」という，結論を導くディスコース・マーカー（つなぎ言葉）を使って，I do not agree with this opinion. と自分の意見を簡単に再主張している。

▶賛成の場合の理由としては，Everyone has the right to enjoy works of art, whether they have money or not〔whether rich or poor〕.「お金があろうとなかろうと，全ての人が芸術作品を楽しむ権利がある」や，Museums should be public places where anyone can freely spend their time, just like neighboring parks or riverbanks.「美術館は，近隣の公園や川岸など，誰でも自由に時間を過ごせる公共の場所であるべきだ」などが考えられる。

▶「〜に入館する」enter 「無料で」for free 「〜するのはお金がかかる」It costs money to *do* 「保存する」preserve 「歴史的な遺物」historical item(s) 「芸術作品」work(s) of art 「収蔵品」collection 「〜を維持する」maintain 「適切に」properly 「時間と共に，やがて」over time 「入場料金を課す」charge a fee 「〜に満足する」be satisfied at 〜 「展示品」display(s)

一次試験　リスニング　第1部

No. 1　解答　2

★＝男性　☆＝女性　（以下同）

☆ Hello. I've just arrived on Starfish Island, and I'd like some information about your scuba-diving tours.

★ Welcome to the island. We offer tours of several different diving spots. Do you have a scuba-diving license?

☆ A license? I didn't know I needed one. I'm only staying on the island for one week.

★ That's OK. You should take our beginners' course. You'll be able to get your license in two days.

Question : What does the man suggest the woman do?

訳

☆ こんにちは。ちょうどスターフィッシュ島に着いたところで，そちらのスキューバダイビングツアーについての情報を知りたいのですが。

★ 島へようこそ。当方は複数の様々なダイビングスポットのツアーを提供しています。スキューバダイビングのライセンスはお持ちですか？

☆ ライセンスですか？　ライセンスが必要だとは知りませんでした。この島には1週間しか滞在する予定がないんです。

★ 大丈夫ですよ。当方の初心者コースを受講していただくといいですよ。2日でライセンスを取ることができます。

質問：女性は何をするべきだと男性は提案しているか。

選択肢の訳

1　スキューバダイビングツアーをキャンセルする。

2　スキューバダイビングのコースを受講する。

3　ダイビングに行くために新しいスポットを見つける。

4　スターフィッシュ島まで旅行する。

スキューバダイビングを楽しみたいと情報を求めに来た女性と受付男性の会話。女性の第1発言でスキューバダイビングが会話の主題となることが予想できる。ライセンスを持っているか尋ねた男性に対する女性の第2発言「ライセンスが必要だとは知らなかった」に注意。リスニング問題では，放送文中に何らかのトラブルが生じがちだが，設問ではそのトラブルの“内容”や“解決策”が問われやすい。本問も男性の第2発言 You should take our beginners' course. をしっかり聞き取りたい。正解は**2**「スキューバダイビングのコースを受講する」である。

No. 2　解答　1

☆ Hello.

★ Hi, honey. I'm missing a folder that had some important documents in it. Have you seen it?

☆ Yes. It's right here on the kitchen table.

★ Thank goodness. I was worried I had left it on the train. Could you possibly bring it to me at my office? I need it for a meeting this afternoon.

☆ Sure. I'm going downtown for lunch anyway. I'll take it to you then.

Question : What do we learn about the man?

訳

☆ もしもし。

★ ああ，君か。大事な書類が入っているフォルダが見当たらないんだ。そのフォルダを見たかい？

☆ ええ。ちょうどここの台所のテーブルの上にあるわよ。

★ ああ良かった。電車に置き忘れたんじゃないかと心配していたんだよ。すまないけど会社まで持ってきてくれないか？　今日の午後の会議で必要なんだ。

☆ わかったわ。どっちにしてもランチで街に出るつもりだし。その時持っていくわね。

質問：男性について何がわかるか。

選択肢の訳　**1**　彼は家に何かを忘れた。

2　彼は電車に乗り遅れた。

3　彼は仕事に遅れた。

4　彼は会議をキャンセルしなければならなかった。

書類が入ったフォルダが見当たらない男性とその妻の電話での会話。男性の第1発言で I'm missing a folder とあることから，**1**「彼は家に何かを忘れた」が正解である。その後はそのフォルダを巡ってのやり取りが続くが，詳細は聞き取れなくても男性が抱えていた問題「フォルダが見当たらない」という状況は聞き取れるだろう。**2** に関しては，男性の第1発言に含まれる miss という単語にまつわる引っかけ。miss は多義語なので要注意単語だが，放送文は「～がない，～がないのに気付く」の意で，選択肢は「～に乗り遅れる」の意なので意味が違う。**3**，**4** に関しては office や meeting という単語が放送文中で使われているが，late や cancel といった内容には一切言及がない。

No. 3　解答　2

☆ Excuse me. I'm interested in getting some tropical fish.

★ Sure, ma'am. Is there any kind that you're interested in?

☆ Well, honestly, I don't know anything about fish. I'd like to get some that are easy to take care of, though.

★ How about these? They're from Brazil. Not only are they pretty, but they're also quite easy to look after.

Question : What is the woman interested in doing?

Script

訳

☆ すみません。熱帯魚を飼うことに興味があるんですが。

★ かしこまりました，お客様。興味をお持ちの種類はございますか？

☆ うーん，正直に言うと，魚のことは何もわからないんです。でも，世話しやすい種類を飼いたいわ。

★ こちらはどうでしょう？　ブラジル産です。この種は可愛いだけではなく，とても飼いやすいですよ。

質問：女性は何をすることに興味を持っているか。

選択肢の訳

1　ブラジルについて学ぶこと。

2　熱帯魚を買うこと。

3　釣り旅行に出かけること。

4　魚市場で働くこと。

熱帯魚の購入を考え店に立ち寄った女性と男性店員の会話。女性の第1発言にI'm interested in getting some tropical fish.とあることから，**2**「熱帯魚を買うこと」が正解。この第1発言を聞き逃しても，女性が第2発言で「魚に関しては全くわからない」と発言したのに対して男性が最終発言でthey're also quite easy to look after.と述べていることから主題をつかみたい。**1**，**3**，**4**に関しては，放送文中の断片情報を用いた誤りの選択肢。

No. 4　解答　4

☆ Excuse me. What time will this plane land in Tokyo?

★ Around 3 p.m., Japan time. We're about 30 minutes ahead of schedule because of the wind.

☆ I see. My watch is still set to New York time. What's the time in Japan now?

★ Let me see. It's one o'clock. We should be arriving in about two hours.

Question : What is one thing we learn about the woman's flight?

Script

訳 ☆すみません。この飛行機は東京に何時に到着しますか？
★日本時間で午後3時頃です。当機は風の影響で予定より約30分早く進んでおります。
☆わかりました。私の時計はまだニューヨーク時間に設定されているんです。日本では今何時ですか？
★そうですね。1時です。当機は約2時間で到着するはずです。

質問：女性の飛行機に関してわかる一つのことは何か。

選択肢の訳 **1** 飛行機はニューヨークに向かっている。
2 飛行機はほんの1時間の搭乗時間しかない。
3 飛行機は30分で到着するだろう。
4 飛行機はおそらく早く到着するだろう。

飛行機の乗客である女性とフライトアテンダントの男性の機内での会話。男性の第1発言We're about 30 minutes ahead of scheduleから，**4**「飛行機はおそらく早く到着するだろう」が正解である。**1**は，女性の第1発言のin Tokyoや男性の第1発言のJapan timeから，行き先は日本であることがわかるだろう。**2**は，男性の第2発言のIt's one o'clock.にまつわる誤りの選択肢。one o'clock「1時」（時刻）とone hour「1時間」（時間の幅）を混同しないようにしたい。**3**は，男性の第1発言のabout 30 minutes ahead of scheduleに関わる誤りの選択肢。"in＋時間"は「～が経つと，～後に」という"経過"の意味なので，in 30 minutes「あと30分で（到着する）」は放送文と合わず誤り。

No. 5 解答 2

★Carrie, didn't you have a baby just three months ago? How come you're back at work so soon?
☆Well, I really like my job, and I want to keep working. Besides, I'm only working part time now.
★Isn't it expensive to pay someone to watch the baby for you?
☆Actually, my parents live nearby. They're helping to look after the baby while I'm at work.

Question：What is one thing the woman says?

Script

訳 ★キャリー，ほんの3カ月前に赤ちゃんを産んだところじゃなかった？ どうしてそんなに早く職場に復帰しているんだい？
☆うーん，私は自分の仕事が大好きだし，働き続けたいの。それに，今はパートタイムでしか働いていないのよ。
★赤ちゃんを代わりに見てくれる人にお金を払うのは高くない？
☆実は，私の両親が近くに住んでいるの。私が仕事をしている間，両親が赤ちゃんの世話を手伝ってくれているのよ。

質問：女性が言っている一つのことは何か。

選択肢の訳　**1**　彼女は自分の赤ちゃんを職場に連れてくる。

2　彼女は働き続けたい。

3　彼女はフルタイムで働きたい。

4　彼女は両親と暮らしている。

出産後まもなく職場に復帰した女性と，女性を気遣う同僚男性の職場での会話。女性の第1発言にI want to keep working.とあるので，正解は**2**「彼女は働き続けたい」である。放送文中はkeep *doing*で「～し続ける」を表しているのに対し，選択肢はcontinue *doing*で言い換えている。**1**に関してはbabyについての言及は見られるもののbringsとは述べていない。**3**に関しては，女性の第1発言にI'm only working part time now.とあるが，この発言はパートタイムで働くことの不満を述べているわけではなく，「パートタイムだから生後まもない赤ちゃんがいても問題ない」という女性の意図を表しているので不適。**4**に関しては，her parentsへの言及は女性の第2発言にあるが，live nearbyとあるので不適。

No.6　解答　1

☆ Welcome to Seaside Bank. Can I help you?

★ Hi. I'm an exchange student here for a year, and I'd like to open an account at your bank. What do I need to do?

☆ You'll need to bring in your passport and some money to put into the account.

★ OK, great. I'll have to go home to get my passport, but I'll come back and do it this afternoon.

Question : What is the man going to do this afternoon?

Script

訳

☆ シーサイドバンクへようこそ。ご用件をお伺いいたします。

★ こんにちは。私はここに来て1年になる交換留学生です。この銀行で口座を開きたいと思っています。何をすればいいですか？

☆ パスポートと，口座に入金するお金をお持ちいただく必要があります。

★ わかりました。パスポートを取りに家に帰らなければなりませんが，今日の午後にまた戻ってきてからそうします。

質問：男性は今日の午後何をするつもりか？

選択肢の訳　**1**　銀行口座を開設する。

2　両替をする。

3　海外に送金する。

4　新しいパスポートを取得する。

銀行窓口の女性と，新規で口座開設をしにきた留学生の男性との会話。解答の直接の根拠は男性の第2発言後半にあるI'll come back and do it this afternoon.だが，do it「そうする」の内容が重要。通常do itは直前の動詞句を指すのでget my passportを指しそうだが，I'll come back and …に続く箇所であることから，本問のdo itの内容は「今いる銀行に戻ってきてからする行為」である。したがって，男性が銀行を訪れた当初の目的である **1**「銀行口座を開設する」が正解。**2** に関しては，男性の第１発言中の an exchange student「交換留学生」に関する誤りの選択肢。**4** に関しては前述の do it の内容の捉え違いをねらった選択肢である。**3** に関しては一切言及がない。

No. 7 解答 3

Script

☆ Why the big smile, Jack? Most people don't look happy when they come out of the boss's office.

★ I just got a promotion! The company is creating a new sales department, and I've been asked to be the manager of it.

☆ Wow! That's wonderful news. Congratulations. We'll have to go out to lunch to celebrate.

★ Thanks a lot, Cindy. Lunch sounds great.

Question：Why is the man happy?

訳

☆ どうしてそんなに笑顔なの，ジャック？　ほとんどの人は社長室から出てくる時幸せそうには見えないのに。

★ 昇進したんだよ！　会社が新しい営業部を作っているんだけど，僕にそこの部長になってほしいと頼まれたんだ。

☆ わぁ！　素晴らしいニュースね。おめでとう。お祝いのために一緒に昼食を食べに行かなくちゃいけないわね。

★ 本当にありがとう，シンディ。昼食はいいね。

質問：なぜ男性は幸せなのか。

選択肢の訳

1 彼の同僚が誕生日を迎える予定だ。

2 社長が彼に昼食をおごってくれる予定だ。

3 彼はちょうど昇進したところだ。

4 彼は新しい都市に派遣される予定だ。

社長室から出てくる男性会社員と，声をかける同僚女性の職場での会話。男性が笑顔である理由を問う女性の第１発言に対して返答した男性の発言 I just got a promotion! から，**3**「彼はちょうど昇進したところだ」が正解である。promote は多義語だが「～を昇進させる」という意味があり，通常は be promoted という受け身の形で使う。受動態の be 動詞の部分を get に変えて“動作・変化”を強調した形 get promoted で「昇進する」の意味を表す。また，放送文のように promote を名詞で使う get a promotion もあわせて覚えておきたい。promotion「昇進」という意味を知らなくても，続く男性の発言から「manager になることが決まった」という内容はわかるはず。**2**，**4** に関しては断片情報を組み合わせた誤りの選択肢。**1** に関しては全く言及がない。

No. 8　解答　3

☆ What are you doing with all of these stamps, John? Are you writing letters or something?

★ No. These are actually from my grandfather's stamp collection. I'm thinking of trying stamp collecting as a hobby.

☆ Are any of them really old?

★ Yeah. This one is over 100 years old. It's from England.

Script

Question：What do we learn about the boy?

訳

☆ ジョン，ここにある全部の切手で何をしているの？　手紙か何か書いているの？

★ いいや。これ，実は祖父の切手コレクションなんだ。趣味で切手収集をしてみようかと思っているんだよ。

☆ その中には本当に古いものもあるの？

★ ああ。この切手は 100 年以上前のものだよ。イングランド製なんだ。

質問：少年について何がわかるか。

選択肢の訳
1　彼は長い間切手を集めてきた。
2　彼は投函すべき手紙が何通かある。
3　彼は新しい趣味を始めるかもしれない。
4　彼はまもなくイングランドに行くつもりだ。

切手をたくさん広げている少年と，声をかける友人の会話。質問文は「少年についてわかること」なので，放送文全体を思い出しながら正解を選ぶ。少年の第 1 発言の I'm thinking of trying stamp collecting as a hobby. から，**3**「彼は新しい趣味を始めるかもしれない」が正解である。**1**，**2** に関しては，同じく少年の第 1 発言から違うと判断できる。**4** に関しては，England という情報が会話の最後，質問文の直前で読まれるが，仮に前半を聞き逃しても，from England から誤りであると判断できるはず。

No. 9　解答　1

☆ Honey, we always eat the same things. We should start eating different foods.

★ But I love your cooking, dear. And what's wrong with meat and potatoes? It's what everyone has for dinner.

☆ Maybe 50 years ago, Don. Come on, it'll be fun. Plus, you never know, you might like other foods.

★ You're right. I guess we could try that little Thai café down the street.

Script

Question：What does the woman say to the man?

訳 ☆ あなた，私たちはいつも同じものを食べているわ。他のものを食べ始めるべきよ。

★ でも，僕は君の料理が大好きだよ。それに肉とジャガイモの何がダメなんだい？みんなが夕食に食べるものだろ。

☆ それは多分 50 年前の話ね，ドン。ねえったら，きっと楽しいから。それに，試してみないとわからないけど，あなたが他の食べ物を好きになるかもしれないでしょ。

★ 君の言う通りだね。通り沿いの小さなタイ料理カフェに行ってみようか。

質問：女性は男性に何を言っているのか。

選択肢の訳 **1** 自分たちは何か新しいものを食べてみるべきだ。

2 自分たちは夕食にタイ料理を作るべきだ。

3 肉とジャガイモは自分のお気に入りの料理だ。

4 夫は台所で手を貸すべきだ。

普段の食事に飽きた夫婦の会話。女性が男性に対して呼びかける Honey から夫婦の会話だとわかる。女性は第 1 発言で We should …と話し出すので，何らかの提案をしようとしていることを捉える。リスニングで何らかの提案がなされる場合，設問はその提案の“内容”についてか，その提案に対する“返答・結果”が問われやすい。本問も提案の内容そのものが問われている。正解は **1**「自分たちは何か新しいものを食べてみるべきだ」である。ちなみに，女性の第 2 発言に見られる Come on は，相手に何らかの行動を促す際に幅広く使われる表現。

No. 10 解答 2

☆ Welcome to Getaway Travel. May I help you?

★ Yes. I signed up for a tour to Vietnam with your travel agency last week. I was told I have to get a visa, but I forgot what I need for that.

☆ Take your passport, a copy of your plane ticket, and one photo to the Vietnamese embassy. There is a $30 fee.

★ OK. Thank you very much.

Question：What does the man need to do?

Script

訳 ☆ ゲットアウェイトラベルへようこそ。ご用件をお伺いします。

★ はい。私は先週こちらの旅行代理店でベトナム旅行を契約しました。ビザを取らなければならないと言われたのですが，そのために何が必要なのか忘れてしまったんです。

☆ パスポート，航空券のコピー，写真 1 枚をベトナム大使館に持って行ってください。30 ドルの手数料がかかります。

★ わかりました。本当にありがとうございました。

質問：男性は何をする必要があるか。

選択肢の訳 **1** 旅行代金を支払う。

2　ビザを取得する。

3　旅行代理店に行く。

4　パスポートの申請をする。

旅行代理店の女性店員と，客として訪れた男性の会話。男性の第1発言にI was told I have to get a visaとあることから，**2**「ビザを取得する」が正解である。放送文を聞いている時はまだ質問文の内容がわからないので，女性の第2発言に重要な情報が含まれているように思われるかもしれない。しかし，細かい情報は設問になりにくいと割り切って，細部が聞き取れなくてもこだわらず会話全体の大きな流れをつかむように心がけたい。**4**に関しては，男性の第1発言で男性が代理店を訪れた理由を聞き取れなかったり，女性の第2発言のTake your passportを聞き逃したりすると間違って選んでしまうかもしれない。ちなみにVietnamは「ベトナム」だが，tの音は弱いため「ヴィーァナーム」のように発音される。Vietnameseも同様で「ヴィーァナミーズ」のように発音されることに注意。

No. 11　解答　4

★ Hello?

☆ Hi, Charlie. This is Jennifer. Do you have today's *Daily Post* newspaper at your house?

★ No. My family doesn't have a newspaper delivered. I read the news on the Internet. Why?

☆ I heard it has an article about choosing a college. I want to read it.

★ Well, you could go to the library. They have all of the local newspapers.

Question：What does the boy suggest that the girl do?

訳

★ もしもし。

☆ もしもし，チャーリー。ジェニファーよ。あなたの家に今日の新聞の『デイリーポスト』はある？

★ いいや。うちは新聞を配達してもらってないんだよ。僕はインターネットでニュースを読むんだ。なぜだい？

☆ 大学選びに関する記事が載っているそうなの。それが読みたくて。

★ うーん，図書館に行ったらどうだい。あそこは地元の新聞が全部あるよ。

質問：少女はどうするべきだと少年は提案しているか。

選択肢の訳　**1**　大学選びに関する文章を書く。

2　新聞を取り始める。

3　ニュースをインターネットで調べる。

4　その記事を図書館で読む。

ある新聞記事に興味を持っている少女と友人の少年との電話での会話。順に情報を整理しながら聞き進める。少女が大学選びに関する記事を読みたくて少年に新聞を取っているか尋ねるが，少年の家庭は新聞を取っていない。そこで少年の第3発言にyou could go to the library. とあることから，4「その記事を図書館で読む」が正解である。この could は通例 you could *do* の形で「～したらどうですか」という，提案や穏やかな命令の意味を表す。

No. 12　解答　2

☆ Hi, Bill. I just got back from my trip. Did you water my plants while I was gone?

★ Welcome back, Angie. Well, actually, I've been so busy with work that I forgot to do it. Are they OK?

☆ Well, one plant died. The rest are still alive.

★ I'm really sorry. Let me buy you a new plant.

Question：What did Bill forget to do?

訳 ☆ こんにちは，ビル。ちょうど旅行から帰ってきたところなのよ。私がいない間，私の植物に水をあげてくれた？

★ アンジー，お帰り。いやあ，実を言うと，仕事が忙しくてそれをするのを忘れてしまったんだ。植物は大丈夫かな？

☆ うーん，一つは枯れているわね。残りはまだ生きているわ。

★ 本当にごめんよ。新しい植物を買わせておくれ。

質問：ビルは何をするのを忘れたのか。

選択肢の訳
1　アンジーに新しい植物を買う。
2　アンジーの植物に水をやる。
3　仕事中にアンジーに電話をする。
4　アンジーを空港まで迎えに行く。

旅行から帰ってきたところの女性と，それを出迎える男性の会話。男性の第1発言の I've been so busy with work that I forgot to do it. が直接の根拠。do it「そうする」という表現はすでに出ている動詞句の繰り返しを避けるために用いられる。本問の場合，do it が指す内容は女性の第1発言中の water my plants なので，正解は 2「アンジーの植物に水をやる」である。他の選択肢は放送文中の断片情報から作られた誤りの選択肢。

No. 13　解答　3

Script

☆ Fezzaro's Pizzeria.

★ Hello, my name's Fred Dawson. I ordered a cheese pizza about 30 minutes ago. Is it too late to cancel?

☆ Actually, the driver has left with your pizza already.

★ Oh no. Do you know when it will arrive? I have some unexpected business to attend to, and I have to leave in a minute.

☆ Yes, sir. It should be at your home soon.

Question：What do we learn about the man?

訳

☆ フェザーロズピッツェリアです。

★ もしもし，フレッド・ドーソンと言います。約30分前にチーズピザを注文したのですが。キャンセルするには遅すぎますか？

☆ 実は，運転手がすでにあなたのピザを持って出発しているんです。

★ どうしよう。いつ到着するかわかりますか？　対処しなければならない予想外の用事があって，すぐに出発しなければならないんです。

☆ かしこまりました。まもなくお宅に到着するはずです。

質問：その男について何がわかるか。

選択肢の訳

1　彼はチーズが好きではない。

2　彼は家にいないことが多い。

3　彼はどこかに行く必要がある。

4　彼はもう一枚ピザを注文したい。

ピザの注文をキャンセルしようと電話をかけた男性と女性店員の電話での会話。男性が第1発言で「ピザをキャンセルするには遅すぎるか」と問うていることから，その理由に注意して聞き進める。男性の第2発言にI have to leave in a minute.とあることから，**3**「彼はどこかに行く必要がある」が正解。**2**に関してはHe is often away from home.という形から，これは現在の頻繁に行われる習慣を述べていることになるので不適だとわかる。**1**，**4**に関しては全く言及がない。

No. 14　解答　1

☆ Honey, I know you wanted to try this noodle shop, but look at all the people waiting! The line is out the door.

★ That's because the food is so good here. My friend said it's the best in Tokyo.

☆ Well, I'm hungry. Let's go somewhere else. I don't feel like standing in line for an hour until we can eat.

★ Oh, don't worry. The line will move quickly.

Question：Why does the woman suggest eating somewhere else?

訳　☆ あなた，このラーメン屋で食べてみたかったのはわかるけど，待っている人たちを見て！　列が店の外まで続いているわ。

★ それはここの食べ物がそれだけおいしいからだよ。僕の友達がこの店は東京で一番おいしいって言っていたんだ。

☆ うーん，お腹がすいたわ。どこか他の店に行きましょう。食べられるまで1時間ずっと列に並ぶ気にならないわ。

★ ああ，心配しないで。列はすぐに動くよ。

質問：女性はなぜ他の所で食べようと提案しているか。

選択肢の訳
1　彼女は待ちたくない。
2　彼女は麺が好きではない。
3　彼女はあまりお腹がすいていない。
4　彼女は十分なお金を持っていない。

ラーメン屋の行列に並ぶ夫婦の会話。女性の第1発言で状況を把握するとともに，but に注意。逆接の後ろは重要な情報であることが多いので集中して聞くと，女性が行列に不満を述べているとわかる。その後男性がなだめようとするのに対し，女性は第2発言で「空腹だ。他の店に行こう」と提案し，I don't feel like standing in line …と述べている。したがって，正解は**1**「彼女は待ちたくない」である。放送文中の feel like ***doing***「～したい気がする」が選択肢では want to ***do*** に言い換えられている。**3**に関しては女性の第2発言の I'm hungry. に矛盾。**2**，**4**は放送文中に言及がない。

No. 15　解答　4

☆ Oh, you didn't drive to work today, Greg?
★ No, I didn't. I've been taking the bus lately.
☆ Why? What's wrong with your car?
★ Oh, my car is fine. It's just that gas prices are so high that it's cheaper for me to take the bus.

Question：Why has the man been taking the bus?

Script

訳
☆ まあ，グレッグ，今日は車で出勤しなかったの？
★ そうなんだ。最近バスに乗っているんだよ。
☆ なぜ？　車に何かあった？
★ ああ，車は大丈夫だよ。ただガソリンの価格が高すぎて，バスに乗った方が安いんだ。

質問：男性はなぜ最近バスに乗っているのか。

選択肢の訳
1　新しいバス停が家の近くに作られた。
2　車の調子が悪い。
3　バスは常に時間通りである。
4　運転するよりも費用がかからない。

車で出勤しなかった男性と，同僚女性の会話。女性の第1発言の you didn't drive to work today, Greg?「グレッグ，今日は車で出勤しなかったの？」に対して男性は No, I didn't. と答えている。否定疑問文は混乱するかもしれないが，答えの帰結は肯定疑問文と同じになる。つまり，否定疑問文＝肯定疑問文と考えて，本問も「今日は車で出勤したの？」という肯定疑問文と同義だと捉える。すると，No, I didn't. とは「車で出勤しなかった」と述べているのがわかる。仮にここで混乱しても，直後で I've been taking the bus lately. と述べているので，混乱を引きずらず切り替えたい。男性がバスで出勤している理由は第2発言の it's cheaper for me to take the bus. から **4**「運転するよりも費用がかからない」が正解である。**2** に関しては，女性の第2発言中の What's wrong with your car? に対して男性が Oh, my car is fine. と答えていることから不適。**1** と **3** は放送文中に言及がない。

一次試験　リスニング　第2部

No. 16　解答　3

Script

Walter hurt his left foot while he was climbing a mountain last week. He went to the doctor, and she told him that he should take it easy for two weeks. She said that running or walking a long way would not be good for his foot. He wanted to stay active, so he asked the doctor if he could swim at the gym once a week, and she said that it would be fine.

Question：What is Walter probably going to do once a week?

訳　ウォルターは先週，登山中に左足を負傷した。彼は医者の所に行くと，彼女は彼に2週間は休むべきだと言った。彼女は，長距離を走ったり歩いたりするのは彼の足にはよくないだろうと言った。彼は運動を続けたいと思ったので，週に1回ジムで泳いでもいいかと医者に尋ねたところ，それは大丈夫だろうと彼女は言った。

質問：ウォルターは週に1回何をしそうか。

選択肢の訳　**1**　医者に診てもらう。
2　長距離の散歩に行く。
3　ジムでプールを使う。
4　登山する。

「ウォルターが怪我をした後に行った病院での医師との会話」であることを前半でつかむ。sheという代名詞が医師を指していることも直ちに把握しておきたい。「運動がよくない」と述べる医師に対し，ウォルターは最終文（He wanted to …）で「週に1回ジムで泳いでもいいか」と尋ね，医師がそれを承諾して放送は終わる。したがって正解は，**3**「ジムでプールを使う」である。選択肢ではswimという単語が使われていないため，放送内容を頭の中でしっかりと映像化して理解しておかなければならない。**1**，**2**，**4**は放送文の前半で出てきた断片情報を用いた誤りの選択肢。本問の場合は最終文にあるonce a weekという表現の周辺で聞こえた情報を思い出せばいいので，引っかかりにくいかもしれない。

No. 17　解答　2

In India, there is a city called Jaipur. It is famous for its many pink buildings. In 1876, an important guest, the Prince of Wales, visited Jaipur, and to welcome him, the gate of the city was painted pink. Jaipur's pink gate is one of the main attractions for tourists who travel around India. Many of them like to take pictures of it and to post them online.

Question : Why was the gate of the city of Jaipur painted pink?

訳　インドにはジャイプールという都市がある。その都市は，たくさんのピンクの建物で有名である。1876 年，賓客であるウェールズ皇太子がジャイプールを訪問したが，彼を歓迎するためにその都市の門がピンク色に塗られた。ジャイプールのピンク色の門は，インドを旅行する観光客の主な見所の一つである。彼らの多くが，その門の写真を撮ってオンラインに投稿したがる。

質問：なぜジャイプール市の門はピンク色に塗られたのか？

選択肢の訳　**1**　その市旗の主な色を示すため。
2　その都市の賓客を歓迎するため。
3　門の建築者がその色を好きだったから。
4　その門は都市中で咲いている花と合っているから。

ジャイプールというインドの都市についての放送。どこかの場所や都市にまつわる放送文は，その場所の特色を素早くつかむこと。本問は第 2 文（It is famous …）より，「ピンクの建物が多い」という特色があるとわかる。その理由である解答根拠は，続く第 3 文（In 1876, an …）の後半 and to welcome him「彼を歓迎するため」である。him とは同文前半の an important guest, the Prince of Wales を指す。したがって正解は **2**「その都市の賓客を歓迎するため」である。これ以後放送文は質問文と関係のない内容を述べて終わるため，前半を聞き落とすと挽回するのは難しそうだが，**1** の the city's flag や **3** の the builders，**4** の flowers に関する言及は全くなかったので，消去法でも選べるかもしれない。ちなみに最終文（Many of them …）にある post は，ブログに記事を「投稿する」や SNS に写真を「アップロードする」といった意味でよく使われる単語なので覚えておきたい。

No. 18　解答　2

Attention, passengers. The last bus to North Hope City will arrive in five minutes as scheduled. Exit No. 3 of this bus station will close soon, at 11:30 p.m., so please use one of the other two exits. Passengers with small children, please be careful of buses coming into and going out of the station.

Question : What is one reason that this announcement is being made?

訳　乗客の皆様にお知らせします。ノースホープシティ行きの最終バスは予定通り5分後に到着します。当バス停の3番出口はまもなく午後11時30分には閉まりますので，残り二つの出口のうちの一つをご利用ください。小さなお子様連れのお客様は，発着するバスにご注意ください。

質問：この放送が行われている理由の一つは何か？

選択肢の訳　**1**　バスの到着が遅れる予定だ。
2　出口がまもなく閉まる。
3　事故があった。
4　駅へ行くための指示をするため。

第3文の this bus station「このバス停」から，バス停の放送だという状況はわかる。解答根拠は第3文（Exit No.3 of …）に「3番出口がまもなく閉まるので…」とあることから，**2**「出口がまもなく閉まる」である。**1**に関しては第2文（The last bus …）にある as scheduled「予定通りに」に矛盾する。**4**は this bus station に関わる誤りの選択肢。**3**については言及がない。

No. 19　解答　3

Marisa lost the key to her apartment on her way home from work yesterday. Luckily, she remembered that she had given her father a spare key when she moved in. She called him and asked him if he could come and open her door for her. He was not happy because he had to drive over an hour to get to her apartment.

Script

Question：Why did Marisa call her father?

訳　マリサは昨日職場からの帰宅途中にアパートの鍵をなくした。幸運にも，彼女は引っ越してきたとき，父親にスペアキーを渡していたことを思い出した。彼女は父親に電話して，ドアを開けにきてもらえないかと頼んだ。父親は，彼女のアパートに行くのに1時間以上運転する必要があったので，面白くはなかった。

質問：マリサはなぜ自分の父親に電話したのか。

選択肢の訳　**1**　彼女は，父親が助けてくれたことに感謝したかった。
2　彼女は，帰宅途中に財布をなくした。
3　彼女は，自宅のドアを父親に開けてもらう必要があった。
4　彼女は，自身の引っ越しについて父親に伝えなければならなかった。

冒頭で“発生するトラブル”を把握し，その解決策が何かを聞き取る。本問は「マリサがアパートの鍵をなくした」というトラブルが発生する。マリサは引っ越した際に父にスペアキーを渡していたことを思い出したので，第3文（She called him …）にあるように，父に連絡をし，父に来てもらって鍵を開けてくれないかと頼む。She asked him if he could come …は間接話法だが，直接話法に書き換えると，She said to him, “Can you come …?”

になる。Can you ~? は「~してくれませんか」という依頼の意味なので，正解は，**3**「彼女は，自宅のドアを父親に開けてもらう必要があった」である。**1** に関しては，父に助けてもらうのはこれからのことなので，不適。**2** に関しては，her wallet の部分が誤り。**4** に関しては，第2文（Luckily, she remembered …）にある when she moved を使った誤りの選択肢。

No. 20 解答 1

In 2020, an airplane called the Super Scooper was built in Canada. Pilots could use the plane to pick up water from lakes and then drop the water on fires to put them out. The Super Scooper was considered special because although it was a big plane, it could change direction very quickly in the air. As a result, it could fight fires in dangerous places, such as mountains, where other big planes could not fly.

Question : Why was the Super Scooper considered special?

Script

訳 2020年，スーパースクーパーと呼ばれる飛行機がカナダで建造された。パイロットはその飛行機を使って湖から水をくみ上げ，火災にその水をかけて消すことができた。スーパースクーパーが特別だと考えられたのは，それが大きな飛行機であったにもかかわらず，空中で非常に素早く方向を変えることができたからであった。その結果，それは，山岳のような，他の大型飛行機なら飛んで行けないであろう危険な場所で火災と闘うことができた。

質問：なぜスーパースクーパーは特別だと考えられていたのか。

選択肢の訳
1 それは空中で素早く方向転換できた。
2 それは空中で大きな飛行機を牽引することができた。
3 それは飛行するのにガソリンを必要としなかった。
4 それは飛行するのにパイロットを必要としなかった。

「スーパースクーパー」という航空機についての文章だということが冒頭でわかる。「スーパースクーパー」の特徴を整理しながら聞き進めると，第3文に The Super Scooper was considered special とある。「特別だ」とあるので，「どういった点で？」「なぜ？」と思いながら続く情報を待ちたい。すると直後の because 以下で it could change direction very quickly in the air と，その理由が述べられることに注意できるはず。正解は **1**「それは空中で素早く方向転換できた」である。放送文中では change direction となっているのが，選択肢では turn と言い換えられていることに注意。turn 自体は「向きを変える」という意味で，後ろに down や around や into など，副詞や前置詞句を従えることで「どのように向きを変えるか」を表す（turn down「音量を下げる」，turn around「振り返る」，turn into ~「~に変わる」など）。**2**，**3**，**4** に関しては放送文中に言及がない。

No. 21 解答 2

Victor is a salesperson and he often meets customers in their offices to introduce new products. Last week, on his way to a customer, he realized that his smartphone had no more battery power. He needed to call one of his co-workers to let her know about the time of their meeting, so he had to buy a battery charger at a convenience store. It was expensive, so Victor was not happy.

Question : How did Victor solve his problem?

訳　ビクターは販売員で，新製品を紹介するために顧客に会いにオフィスまで出向くことが多い。先週，ある顧客のところに行く途中，彼はスマートフォンの充電がもうないことに気付いた。彼は，同僚の一人に電話をかけて落ち合う時間を知らせなければならなかったので，コンビニで充電器を買わなければならなかった。それは高かったので，ビクターはいい気分はしなかった。

質問：ビクターはどうやって自分の問題を解決したか。

選択肢の訳　**1**　彼はスマートフォンを借りた。
2　彼は充電器を買った。
3　彼はオフィスまでタクシーに乗った。
4　彼は顧客に電話した。

冒頭の状況説明は情報整理程度にとどめておき，第2文（Last week, on …）から注意力を高めたい。具体的な日時や場所などがくると何かしらのイベントやトラブルが発生するはずで，それがそのまま質問になりやすい。本問でも「スマートフォンの充電がないことに気付いた」と述べられる。トラブル発生の場合は「どのように解決したか？」という情報を待ちたい。続く第3文（He needed to …）の後半で he had to buy a battery charger とあることから，**2**「彼は充電器を買った」が正解である。**4** に関しては，第3文に He needed to call …「彼は…に電話する必要があった」とあるが，電話の相手は彼の同僚であり，かつ充電がないことの解決策ではないので不適。**1** と **3** に関しては，放送文中に言及がない。

No. 22　解答　1

Many young children like to play with dolls and they often put their dolls in small dollhouses. Some dollhouses look very realistic. One of the most famous dollhouses in the world is called the Astolat Dollhouse Castle. It was made by a group of artists and has realistic decorations as well as a tiny grand piano. Although each room is about the size of a person's head, the furniture inside looks real.

Question：What is one thing we learn about the Astolat Dollhouse Castle?

Script

訳　多くの幼い子供たちは人形遊びが好きで，よく人形を小さなドールハウスの中に入れる。ドールハウスの中にはとても本物のように見えるものもある。世界で最も有名なドールハウスの一つは，アストラット・ドールハウス・キャッスルと呼ばれる。それはある芸術家集団によって作られたもので，小さなグランドピアノだけでなく本物のような装飾もある。それぞれの部屋は人の頭ほどの大きさだが，中の家具は本物のように見える。

質問：私たちがアストラット・ドールハウス・キャッスルについてわかることの一つは何か？

選択肢の訳　**1**　それはある芸術家集団によって作られた。

2　それは有名な芸術家の家の模型である。

3　それは全ての部屋の中にグランドピアノがある。

4　それは中で子供が生活できる。

冒頭で，ドールハウスが話の主題だとわかる。第3文（One of the …）でthe Astolat Dollhouse Castleという固有名詞が出てくるので，これが質問文に関わると予想してその特色を聞き取るよう集中する。直後の文で，It was made by a group of artistsとあるのが根拠。正解は**1**「それはある芸術家集団によって作られた」である。**3**に関しては，grand pianoについての言及が第4文（It was made …）の最後に見られるが，in every roomとは述べられていない。**2**，**4**に関しては放送文中に言及がない。

No. 23　解答　2

Nolan has three young daughters, and he wants them to go to university someday. He went to a bank to get some information about long-term savings plans. He decided to open a special account and to save 10 percent of his salary automatically each month. He is not sure if there will be enough money when his daughters finish high school, but he thinks it is a good start.

Script

Question : What did Nolan decide to do?

訳　ノーランには3人の幼い娘がいて，彼女らにはいつか大学に行ってほしいと思っている。彼は長期貯蓄計画に関する情報を得るために銀行に行った。彼は，特別口座を開設し毎月給料の10パーセントを自動的に貯蓄することにした。娘たちが高校を卒業する時に十分なお金があるかどうかはわからないが，彼はそれが良いスタートだと思っている。

質問：ノーランは何をすることに決めたか。

選択肢の訳　**1**　銀行から金を借りる。

2　特別貯蓄口座を開設する。

3　娘たちが大学を見つけるのを手伝う。

4　事業を始めることについての情報を得る。

正解の根拠としては，第3文（He decided to …）に「彼は特別口座を開設して給料の10パーセントを毎月貯金する」とあることから，**2**「特別貯蓄口座を開設する」が正解である。ただ，本問は聞き取りに苦労する語彙が多少あるかもしれない。まず第1文で「ノーランには3人の娘がいる」と述べられるが，daughters は t の音が母音に挟まれているので，「ダーラー」のような音に聞こえる（フラップと呼ばれる音声変化）ので，慣れていないと意味が取れないかもしれない。さらに第2文（He went to …）には long-term savings plans「長期貯蓄計画」，第3文（He decided to …）には a special account「特別口座」など，やや特殊な語が出てくるので，戸惑うかもしれない。仮に意味が取れなくても，最終文（He is not …）で「十分なお金ができるかわからないが，良いスタートだと思っている」とあるので，正解は選べるかもしれない。

No. 24　解答　4

Rosanna and her friends had plans to go to a French restaurant for dinner on Friday night. However, both of her friends called on Wednesday and told her that they would not be able to join her. Rosanna canceled the reservation and now she plans to order a pizza for dinner and enjoy some online movies at home.

Script

Question : How does Rosanna plan to spend Friday night?

訳　ロザンナと友人たちは金曜日の夜，夕食にフランス料理店に行く予定をしていた。しかし，友人が両方とも水曜日に電話をかけてきて，彼女に参加できないと言った。ロザンナは予約をキャンセルし，今は夕食にピザを注文して自宅でオンライン映画を楽しむつもりでいる。

質問：ロザンナは金曜日の夜をどう過ごすつもりか。

選択肢の訳　**1**　彼女は自宅でフランス料理を作るつもりだ。

2　彼女は映画館で映画を観るつもりだ。

3　彼女はレストランで夕食を食べるつもりだ。

4　彼女はピザを注文し映画を観る予定だ。

状況を思い浮かべながら聞き進める。第２文（However, both of …）に逆接の however が含まれるので，重要な情報が述べられると考えて注意して聞く。この前後では，友人たちと夕食に出かける予定だったが，友人たちから断りの電話があったことが述べられる。続く第３文（Rosanna canceled the …）が解答の根拠。**4**「彼女はピザを注文し映画を観る予定だ」が正解である。**2** に関しては，at a theater の部分が誤り。**3** に関しては，第３文で「予約をキャンセルした」とあることから不適。**1** に関しては放送文中に言及がない。

No. 25　解答　1

Kelly is a college student and she is looking for a part-time job. Although her professors give her a lot of homework, she has some free time on Sundays. A friend sent a message to her smartphone about a new café that is looking for someone to work on Sunday mornings. Kelly plans to talk to the manager of the café this weekend.

Script

Question : How did Kelly find out about the part-time job?

訳　ケリーは大学生で，アルバイトを探している。教授たちは彼女に宿題をたくさん出すが，彼女は日曜日には暇な時間が少しある。ある友人が彼女のスマートフォンに，日曜日の朝に働いてくれる人を探している新しいカフェについてメッセージを送ってきた。ケリーは今週末にカフェの経営者と話す予定だ。

■ **質問：ケリーはどうやってそのアルバイトについて知ったか。**

選択肢の訳　**1**　彼女はそれについてのメッセージを友人から受け取った。

2　彼女はそれについての情報をカフェで見た。

3　彼女はそれについて教授陣の一人から聞いた。

4　彼女はそれについて大学で読んだ。

第3文（A friend sent …）で，「友人が求人を出しているカフェについてメッセージを送ってくれた」とあるので，正解は**1**「彼女はそれについてのメッセージを友人から受け取った」である。放送文中ではA friendが主語だったためsentが動詞だったが，選択肢はShe（＝Kelly）が主語なので動詞がgotになっていることに注意。**3**に関して，professorsへの言及は第2文（Although her professors …）に見られるが，これは「教授はたくさん宿題を出す」と述べているだけで，アルバイトの情報とは無関係である。**2**，**4**に関しては，放送文中に言及がない。

No. 26　解答　3

Script

Tony loves gardening, but he finds it difficult to make the grass grow under a big tree in his garden. His neighbor, Ms. Smith, gave him some advice. She said that he should cut some of the tree's branches to make it smaller. That way, more sunlight would reach the grass. Tony has decided to try it, and he will go to the gardening store this weekend to look for cutting equipment.

Question：What advice did Tony's neighbor give him?

訳　トニーはガーデニングが大好きだが，芝生を自宅の庭にある大きな木の下に生えさせるのは難しいと思っている。隣人のスミスさんが彼にある助言をくれた。彼女は，木の枝をいくつか切って，木をもっと小さくするべきだと言った。そうすれば，より多くの日光が芝生に届くだろう。トニーはそれを試してみることにしたので，剪定器具を探すために，今週末は園芸店に行く予定だ。

質問：トニーの隣人は彼にどんな助言をしたか。

選択肢の訳　**1**　毎週末に自宅の庭に水をやること。

2　いくつか小さな花を育てること。

3　木の一部を取り除くこと。

4　木の下にもっと芝生を植えること。

状況を思い浮かべながら聞き進める。ガーデニングに凝っているトニーが抱える悩みに対し，隣人がアドバイスをくれるという状況である。第2文（His neighbor, Ms. …）でgave him some adviceと予告をした上で述べられる次の文（She said that …）が解答根拠である。正解は**3**「木の一部を取り除くこと」である。放送文ではcut some of the tree's branchesと具体的に述べられているのに対し，選択肢はremove some parts of a treeと抽象的な表現に言い換えられていることに注意。仮にこの文を聞き逃しても，直後の文（That way, more …）に「そうすればより多くの日光が芝生に届く」とあること，また，最終文（Tony has decided …）で，cutting equipment と述べられることからも正解は選べるかもしれない。**1**，**2** に関しては，放送文中に全く言及はない。**4** に関して，grass に対する言及は第1文（Tony loves gardening, …）や第4文（That way, more …）に見られるが，いずれも「芝生をもっと植える」という趣旨ではない。

No. 27　解答　4

Buttons are very useful because they keep shirts closed and keep pants from falling down. However, researchers say that the first buttons had different uses. The oldest buttons are around 5,000 years old. They were made from animal shells and were very pretty, so they were probably used as decorations on clothes. Buttonholes that were strong enough to keep buttons from slipping out were invented much later, in the 13th century.

Question：How were the first buttons probably used?

Script

訳　ボタンは，シャツを閉じたままにし，ズボンが落ちないようにしてくれるので，とても便利だ。しかし，研究者たちは最初のボタンには違う用途があったと言う。最も古いボタンは約5,000年前のものだ。それらは動物の殻で作られていてとてもきれいだったので，おそらく服につける装飾として使われていたのだろう。ボタンが外れてしまわないようにするほど強力なボタン穴はずっと後の時代になってから，13世紀に発明された。

質問：最初のボタンはどのように使われていた可能性が高いか。

選択肢の訳
1　シャツを閉まったままにするため。
2　ズボンが落ちないようにするため。
3　動物のおもちゃとして。
4　服の装飾として。

第2文（However, researchers say …）の冒頭 However「しかしながら」に注意する。逆接の後は重要な情報が置かれやすい。本問でも，「ボタンはシャツを閉じたりズボンがずり落ちるのを防ぐ」というボタンの通常の用途を述べた後に However と述べ，ここでは「最初のボタンには違う用途があった」とある。「どのような用途で使われたのか」に注意して聞き進めると，第4文（They were made …）の後半に they were probably used as decorations on clothes とある。したがって，正解は **4**「服の装飾として」である。**1**，**2** に関しては，第1文（Buttons are very …）から，現在のボタンの用途に関する記述なので誤り。**3** に関しては，animals という語は第4文（They were made …）にあるが toys には全く言及されていない。ちなみに，button の発音は「ボタン」ではなく，「バッ＿ン」のように，t の音が飲み込まれたように発音される。これは発音が［tn］や［dn］の時に起こる現象で，他にも important「インポーッ＿ン」や forbidden「フォービッ＿ン」など，出現頻度は決して低くはないので慣れておきたい。

No. 28　解答　3

Here at Bundy Supermarket, we have the best prices on everyday items for your home. Apply now for a Bundy membership card and get 10 percent off the next time you shop at our store. Also, for this month only, we are giving away some free gifts. Take a ticket with a number at the exit, and if your number is chosen, you could win a set of six imported wine glasses.

Script

Question : How can customers get a 10 percent discount?

訳　当店バンディスーパーでは，ご自宅の日用品をお求めやすい価格でご用意しております。今すぐバンディ会員カードをお申し込みいただくと，次回当店でお買い上げの際には 10 パーセント割引をいたします。また，今月中に限り，無料プレゼントを差し上げております。出口で番号が書かれたチケットをお取りください。お客様の番号が選ばれると，輸入品のワイングラス 6 個セットが当たります。

質問：顧客はどのようにして 10 パーセント割引を受けることができるか。

選択肢の訳　**1**　毎月そのスーパーで買い物をすることによって。
2　ワイングラスセットを買うことによって。
3　会員カードを申し込むことによって。
4　その店で 60 ドル以上費やすことによって。

冒頭が Here at Bundy Supermarket で始まり，主語が we であることから，スーパーの館内放送か何かだとわかる。利用客に幅広く何かを周知する放送文では，複数の伝達事項が述べられることがあるので，一つ一つ情報を整理しながら聞き進めていきたい。本問では第 3 文（Also, for this …）の Also「さらに」の前後で，①「会員カードの申し込みをしてほしい」，②「期間限定の無料プレゼントがある」の 2 点が述べられている。解答の根拠は，①について述べる第 2 文（Apply now for …）の Apply now for a Bundy membership card という命令文に続く，and get 10 percent off …の部分である。命令文に続く and は「そうすれば」の意味なので，放送文は「会員カードの申し込みをすれば 10 パーセント割引を受けられる」という意味になる。したがって，正解は **3**「会員カードを申し込むことによって」である。**1** に関しては every month という内容は放送文中にない。**2** に関しては，a set of wine glasses は最終文（Take a ticket …）に言及されているが，you could win …とあるので，誤りだと気付きやすい。**4** に関しては，最終文の six imported wine glasses にまつわる誤りの選択肢だろうが，放送文と全く関係がない内容になっている上に，six と sixty の発音も違いを聞き分けやすいので，誤りだと判断しやすいだろう。

No. 29 解答 2

Rie's grandfather lives outside the city, and she often helps him around the house. Yesterday, while she was helping him with his laundry, she noticed that he looked tired. She asked him why, and he said that he had walked for 45 minutes to a store to buy vegetables for dinner. Rie plans to show him how to use the Internet to order things and have them delivered to his home instead.

Script

Question：How does Rie plan to help her grandfather?

訳　リエの祖父は市外に住んでおり，彼女は祖父の家事をよく手伝っている。昨日，彼女が祖父の洗濯を手伝っている間，彼女は祖父が疲れた様子をしていることに気が付いた。彼女が祖父に理由を尋ねると，祖父は夕食用の野菜を買うために，店まで 45 分歩いてきたのだと言った。リエは，代わりに物を注文してそれらを自宅まで配達してもらうためにインターネットを利用する方法を祖父に教えるつもりだ。

質問：リエはどのようにして祖父を助けるつもりか。

選択肢の訳
1　毎週祖父の洗濯をすることによって。
2　祖父にオンラインで物を注文する方法を教えることによって。
3　祖父が疲れている時に祖父の家を掃除することによって。
4　彼女の家で，祖父のために料理をすることによって。

状況を思い浮かべながら聞き進める。普段祖父の手伝いをしているリエが祖父の異変に気付く第 2 文（Yesterday, while she …）から特に注意して聞き進める。リエは，祖父が長距離を歩いて買い物に出掛けて疲れていることを知り，最終文（Rie plans to …）で「祖父にインターネット注文の方法を教えるつもりだ」という内容が述べられる。したがって，**2**「祖父にオンラインで物を注文する方法を教えることによって」が正解である。**1** の laundry，**3** の tired という情報は第 2 文に見られるが，選択肢の内容はどちらも放送文とは関係ない。**4** に関しても，放送文中に全く言及はない。

No. 30 解答 4

You're listening to WVXT Radio, and here is tomorrow's weather forecast. It will be cold and rainy tonight, but tomorrow morning will be much warmer. In fact, weather stations forecast that the temperature will rise more than 15 degrees. It will be much warmer than expected. There will be some clouds, but no rain. The rest of the week will also be cloudy, with skies clearing around Friday for a sunny weekend.

Script

Question：How will the weather be tomorrow morning?

訳　WVXT ラジオをお聞きいただいておりますが，ここで明日の天気予報です。今夜は寒く雨が降りますが，明日の朝はずっと暖かくなることでしょう。実際，気象台は気温が 15 度以上も上がるという予報を出しております。予想よりもずっと暖かくなりそうです。雲は少し出るでしょうが，雨は降りません。今週の残りも曇りがちになる予想で，晴れ間がのぞくのは金曜日頃，週末にかけては晴れるでしょう。

質問：明日の朝の天気はどうなるか。

選択肢の訳
1　通常よりも風が強いだろう。
2　寒くて雨が降るだろう。
3　雲がなく晴れるだろう。
4　予想以上に暖かいだろう。

冒頭で天気予報の放送であるとわかる。天気予報は，予報する日時・場所などに応じて，気温や天候条件など，多様かつ数多くの情報が立て続けに述べられるので，しっかりと情報を聞き分けて整理していく必要がある。本問でも時系列で言うと，tonight「今夜」，tomorrow morning「明日の朝」，the rest of the week「今週の残り」，weekend「週末」という大きく 4 つの時点の情報が述べられているので，それぞれの時点でどのような情報が与えられているのかを整理すること。おそらくメモを取る余裕はないので，しっかり頭の中で映像化した上で情報分類しておきたい。本問の質問内容は「明日の朝の天気」についてなので，第 2 文（It will be …）後半からの情報が解答根拠である。続く第 3・4 文（In fact, weather … warmer than expected.）に「気温が 15 度以上も上がり，予想よりも暖かくなるだろう」とあることから，4「予想以上に暖かいだろう」が正解である。**1** に関しては，windy という情報は言及されていない。**2** に関しては，第 2 文にあるが，これは tonight「今夜」の天気なので誤り。**3** に関しては，最終文（The rest of …）の後半より，「週末」の天気なので不適。

二次試験　面接　問題カードA

訳

情報の質

今日，大量の情報がオンラインで入手できる。しかし，この情報のうちの一部は事実に基づいていないので，信用できる情報に対する需要が増している。人々はそのような情報を日常生活で利用しており，このようにして，彼らは自分の周りの物事についてよりよい決定をすることができる。インターネット時代においては，情報源がより重要になりつつある。

語句・構文

□ nowadays「(過去と比較して) ここ最近，今日」

□ be based on ～「～に基づいている」

□ demand for ～「～に対する需要」　□ the source of information「情報源」

質問の訳

No. 1　本文によれば，人々はどのようにして自分の周囲の物事についてよりよい決定をすることができますか。

No. 2　では，イラストを見てその状況を説明してください。準備の時間は 20 秒あります。話は，カードにある文で始めてください。

No. 3　人々はインターネットで買い物をするときの方が注意する必要があると言う人もいます。あなたはそれについてどう思いますか。

No. 4　今日の日本では，多くの電車やバスに英語での標識やアナウンスがあります。あなたは，他の外国語でも標識やアナウンスがあるべきだと思いますか。

Yes.→なぜそう思うのですか。　No.→なぜそう思わないのですか。

No. 1　解答例　By using information that can be trusted.

訳　信用できる情報を利用することによって。

第 3 文 (People use such …) 後半に，in this way「このようにして」they can make better decisions about things around them とある。in this way の内容は直前に述べられている。how で問われたときは，by *doing* ～で答えるのが自然なので，By using such information. とする。さらに，前文の information that can be trusted で具体的内容に置き換えて文を完成させる。They (＝People) can make better decisions … と主文を含めて答えてもよい。この際，主語は People ではなく代名詞 They で答えるようにしたい。

No. 2　解答例　One day, Mr. and Mrs. Ito were talking about selling some things at a flea market. Mrs. Ito said to her husband, "Maybe we can sell this computer, too." The next day at the market, Mr. Ito was cleaning the computer. Mrs. Ito was writing prices on some paper. That afternoon, Mrs. Ito was surprised to see that it had started to rain. Mr. Ito was thinking of putting the computer in the car.

訳 ある日，イトウ夫妻はフリーマーケットでいくつか物を売ることについて話していた。イトウ夫人は夫に，「このコンピュータも売れるかもしれないね」と言った。翌日フリーマーケットで，イトウ氏はそのコンピュータを掃除していた。イトウ夫人は紙に値段を書いていた。その午後，イトウ夫人は雨が降り始めたことがわかって驚いた。イトウ氏はそのコンピュータを車の中に入れようと思っていた。

指定された始まりの文から過去の話だとわかるので，説明の際は過去形，特にその場の状況を述べる際は過去進行形を用いること。1コマめではイトウ夫人のセリフを直接話法で述べる。2コマめでは，イトウ夫妻の行動をそれぞれ述べたい。write prices on some paper「紙に値段を書く」は，paperが不可算名詞であることに注意。paperという単語を使いたくなければ，prepare the price tags「値札を準備する」という表現でもよい。3コマめでは，イトウ夫人の行動とイトウ氏の考えを説明する。「雨が降り始めた」の部分は従属節中になるので，時制の一致に注意。うっかりit has started to rainとしてしまわないこと。be thinking of *doing*「～しようと思っている」

No. 3 解答例 （賛成の場合） **I agree. Some shopping websites are dangerous for people to use. People's personal information can be stolen.**

（反対の場合） **I disagree. People today know the dangers of using the Internet. It's often discussed in the news.**

訳 **（賛成の場合）** 私もそう思います。買い物サイトの中には，人々が利用するには危険なものもあります。人々の個人情報が盗まれる可能性があります。

（反対の場合） 私はそうは思いません。今日の人々はインターネットを利用することの危険性がわかっています。それはよくニュースで議論されています。

まずは，賛成か反対か立場をはっきりさせて，そのあとに理由を2文程度で述べればよい。賛成の解答例では，インターネットの買い物サイトには危険なものもあることに触れ，個人情報が盗まれる可能性があるという具体的な懸念を理由に挙げている。他には，People might buy more than they want because the Internet makes it difficult for them to realize they have spent money.「インターネットではお金を使ったという実感を得るのが難しいので，人々は欲しいと思っている以上のものを買ってしまうかもしれない」という理由も考えられる。反対の解答例では，現代の人々はネットの危険性がわかっていると主張し，ニュースでもそのことが議論されていると理由を挙げている。他には，There are also strict rules in the case of online shopping, so people don't need any special consideration just because they shop on the Internet.「オンラインショッピングの場合でも厳格な規則があるので，インターネットで買い物をするからといって特別な配慮が必要になるわけではない」という理由が考えられる。

No. 4 解答例 （Yes. → Why?） **There are many foreign tourists that don't know English. Signs and announcements in other languages would be helpful to them.**

（No. → Why not?） **It would cost a lot to have signs and announcements in other languages. Also, it would be difficult to decide which languages to use.**

訳　**(Yes. の場合)** 英語がわからない外国人観光客がたくさんいます。他の言語の標識やアナウンスがあれば，彼らにとって有益でしょう。

(No. の場合) 他の言語の標識やアナウンスを用意するのは多額の費用がかかるでしょう。さらに，どの言語を使うべきかを決定するのは難しいでしょう。

まずは，Yes. / No. で賛成か，反対かを明確にする。その後，自分の意見を裏付ける根拠について述べる。Yes の解答例では，英語がわからない外国人観光客を想定し，幅広く対応できるようにすべきだということを理由にしている。他には，The existence of signs and announcements in many languages will invite a lot more tourists to come to Japan, which will lead to its economic development.「多言語の標識やアナウンスがあれば，はるかに多くの観光客が日本に来るようになり，このことは経済発展につながるだろう」などが考えられる。No の解答例では，他言語の標識やアナウンスを用意することにかかる費用や，どの言語で用意すべきかが決定しにくいということを理由に挙げている。他には，Too many signs and announcements could make it annoying for people to gain the information they need.「標識やアナウンスが多すぎると，人々が必要な情報を得るのが面倒になる可能性がある」なども考えられる。

二次試験　面接　問題カードD

訳

運動選手について知ること

運動選手は常に自分の能力を向上させようとしている。今，彼らがこれをするのを助けることができるトレーニングセンターがある。これらの場所には，様々な体の動きに関するデータを記録する特別な装置がある。専門家たちがこのようなデータを研究しており，そうすることによって彼らは運動選手の長所と短所について知る。この情報は，運動選手の能力を向上させるための重要な道具になりうる。

語句・構文

□ athlete「運動選手」　□ improve「～を向上させる，改善する」
□ performance「能力，成果，業績」　□ device「装置，器具」
□ record「～を記録する」　□ strong points / weak points「長所／短所」

質問の訳

No. 1　本文によれば，専門家はどのようにして運動選手の長所と短所について知るのですか。

No. 2　では，イラストを見てその状況を説明してください。準備の時間は 20 秒あります。話は，カードにある文で始めてください。

No. 3　今日の人々は，インターネットに個人情報を載せすぎていると言う人もいます。あなたはそれについてどう思いますか。

No. 4　今日，多くの人々が日常生活で自転車に乗っています。あなたは，人々が自転車を使うときマナーがよいと思いますか。
Yes. → なぜそう思うのですか。　No. → なぜそう思わないのですか。

No. 1　解答例　By studying data about various body movements.

訳　様々な体の動きに関するデータを研究することによって。

第4文（Experts study such …）の後半に by doing so「そうすることによって」they learn about the strong and weak points of athletes とある。by doing so の内容は直前に述べられている。how で問われたときは，by *doing* ～「～することによって」と答えるのが自然なので，By studying such data. とする。さらに，前文の data about various body movements で具体的内容に置き換えて文を完成させる。They（=Experts）learn about the strong and weak points of athletes … と主文を含めて答えてもよい。この際，主語は Experts ではなく代名詞 They で答えるようにしたい。

No. 2　解答例　One day, Miki and her father were at home. Miki said to her father, "I'd like to try tennis." The next day at a store, Miki's father was asking a clerk about a tennis racket in a catalog. Miki was trying on shoes. Later that day, Miki was taking her tennis racket out of a box. Her father was thinking of playing tennis with Miki.

訳　ある日，ミキと彼女の父親は家にいた。ミキは父親に，「テニスをしてみたい」と言った。次の日には店で，ミキの父親はカタログに載っているテニスラケットについて店員に質問していた。ミキは靴を試着していた。当日その後，ミキはテニスラケットを箱から取り出していた。父親はミキとテニスをしようと考えていた。

指定された始まりの文から過去の話だとわかるので，説明の際は過去形，特にその場の状況を述べる際は過去進行形を用いること。１コマめではミキのセリフを直接話法で述べる。２コマめではミキの父親とミキの様子をそれぞれ述べたい。ミキの父親の行動は，catalog という単語が思い付きにくい場合は，Miki's father was talking with a clerk about which racket to choose.「ミキの父親は店員と，どのラケットを選ぶべきか話していた」とすることもできる。try on ～「～を試着する」　３コマめではミキの行動とミキの父親の考えを表現する。take *A* out of *B*「*A* を *B* から取り出す」　think of *doing*「～しようと考える」

No. 3　解答例　（賛成の場合）**I agree. It can be dangerous for people to put personal information online. For example, this information can be used in online crimes.**

（反対の場合）**I disagree. People know they shouldn't put too much personal information on the Internet. They only share information with people they trust.**

訳　**（賛成の場合）**私もそう思います。人々がオンラインに個人情報を載せるのは危険である可能性があります。例えば，この情報はネット犯罪で使われる可能性があります。

（反対の場合）私はそう思いません。人々は，自分たちがインターネットに個人情報を載せすぎるべきではないとわかっています。彼らは自分が信用する人々としか情報を共有しません。

まず賛成か反対か立場をはっきりさせてから，そのあとに理由を２文程度で述べればよい。賛成の解答例では，個人情報をネットに掲載するのは危険になりうるとし，具体例としてその情報がネット犯罪に利用される可能性を挙げている。他には，By putting too much personal information on the Internet, people could cause serious trouble not only for themselves but for those around them.「インターネットに情報を掲載しすぎることで，人々は自分だけでなく，周りの人々にも深刻な問題を引き起こす可能性がある」という理由が考えられる。反対の解答例では，人々は個人情報をネットに掲載しすぎるべきでないと自覚しているとし，情報を公開するにしても信用できる人だけに限っているということを理由に挙げている。他には，People know better than to put on the Internet information that is specific enough to threaten their security.「人々は自己の安全を脅かすような具体的な情報をインターネットに載せないだけの分別がある」という理由が考えられる。know better than to *do*「～しないだけの分別がある，～するほど愚かではない」

No. 4 解答例 （Yes. → Why?） **Most bicycle riders are careful about the people around them. For example, they ride their bikes slowly on crowded streets.**

（No. → Why not?） **Many people park their bicycles on narrow streets. This makes it difficult for people to pass by.**

訳 **（Yes. の場合）**自転車に乗るほとんどの人は自分の周囲の人々に注意しています。例えば，彼らは人混みの多い通りでは，自転車をゆっくり運転しています。

（No. の場合）多くの人々が，狭い通りに自分の自転車を止めています。これにより，人々は通行しにくくなっています。

まずは，Yes. / No. で賛成か，反対かを明確にする。そのあと，自分の意見を裏付ける根拠について述べる。Yes の解答例では，自転車を運転する人は周囲に配慮できているとし，具体例として人混みでは速度を落とすことを根拠に挙げている。他には，Stricter laws than before have urged bicycle riders to behave themselves on the road.「以前よりも厳しい法律が，自転車に乗る人を路上で行儀よくするように促している」という理由が考えられる。No の解答例では，狭い街路でも自転車を止める人が少なくないことを指摘し，このせいで人の往来が妨害されているということを根拠に挙げている。他には，Not a few bicycle riders behave like pedestrians and often ignore traffic rules.「自転車を運転する人の中には，歩行者のように振る舞い，しばしば交通規則を守らない人も少なくない」という理由が考えられる。

2021年度 第1回

Grade 2

一次試験　解答一覧

● 筆記

1	(1)	(2)	(3)	(4)	(5)	(6)	(7)	(8)	(9)	(10)
	2	1	4	4	3	4	3	2	4	3
	(11)	(12)	(13)	(14)	(15)	(16)	(17)	(18)	(19)	(20)
	3	4	2	1	1	2	3	1	2	1

2	A	(21)	(22)	(23)	B	(24)	(25)	(26)
		3	1	4		2	1	1

3	A	(27)	(28)	(29)	B	(30)	(31)	(32)	(33)
		2	2	4		2	3	4	1
	C	(34)	(35)	(36)	(37)	(38)			
		2	2	1	2	1			

4（ライティング）の解答例はP. 22を参照。

● リスニング

第1部	No. 1	No. 2	No. 3	No. 4	No. 5	No. 6	No. 7	No. 8	No. 9	No. 10
	3	1	4	3	3	4	4	2	1	2
	No. 11	No. 12	No. 13	No. 14	No. 15					
	1	2	3	4	2					

第2部	No. 16	No. 17	No. 18	No. 19	No. 20	No. 21	No. 22	No. 23	No. 24	No. 25
	2	3	2	4	1	4	3	4	1	2
	No. 26	No. 27	No. 28	No. 29	No. 30					
	3	1	3	1	2					

一次試験　筆記　1

(1)　**解答　2**

訳　最初はマーケティング部と営業部が一緒にプロジェクトを進めていた。しかし，営業部の人々は忙しすぎたので，今ではそのプロジェクトは完全にマーケティング部によって運営されている。

単語力（副詞）を問う問題。冒頭の At first「最初は」に注目。この表現は，あとで事態が変化することを暗示する表現であり，本文でも第2文の But を境に事態が変わっている。「最初はマーケティング部と営業部が共同でプロジェクトに当たっていた」とあるのに対し，But 以降には「営業部が忙しすぎる」とある。そして so「だから」の後に「プロジェクトはマーケティング部によって運営されている」とあることから，空所は **2 entirely**「完全に」を入れると文意が通る。**1** needlessly「不必要に」 **3** scientifically「科学的に」 **4** violently「暴力的に」

(2)　**解答　1**

訳　その美術館の専門家たちは，自分たちの絵画の一つが本物のピカソの作品だと考えていたのに，実際には複製に過ぎないということがわかった。

単語力（形容詞）を問う問題。空所の直後は Picasso「ピカソ」という固有名詞になっているにもかかわらず，空所の前には冠詞の a があることに注目。冠詞の a / an は one「一つの」を意味していることから，"Picasso" とは「複数存在し得るもの」，つまり「ピカソの作品」という意味だとわかる。以上を前提に空所を含む文の意味を考える。空所は which から始まる関係詞節中にあるが，one of their paintings を先行詞とする連鎖関係代名詞節で，元の文に復元すると They had thought one of their paintings was a (　　) Picasso.「彼らは自分たちの絵画の一つが…なピカソの作品だと考えていた」となる。空所の後が was actually just a copy「実際はただの複製だった」という内容であることから，正解は **1 genuine**「本物の，偽物でない」だとわかる。**2** severe「厳しい」 **3** logical「論理的な」 **4** portable「持ち運び可能な」

(3)　**解答　4**

訳　音楽家のジミー・ベイカーは子供の頃，多くの苦難を抱えていた。彼が金持ちで有名なロックスターになる前は，彼の家族はとても貧しかった。

単語力（名詞）を問う問題。第2文に「ジミーの家族は彼が金持ちで有名なロックスターになる前はとても貧しかった」とあることから，空所にはマイナスの意味の単語が入るということがわかる。よって，**4 hardship**「苦難，窮乏」が正解。**1** permission「許可」 **2** membership「会員権」 **3** concentration「集中」

(4)　**解答　4**

訳　マザー・テレサは，インドで多くの病人を助け，多くの飢えた子供たちに食べ物を与えた。彼女は慈愛を大切にする人として知られていた。

単語力（名詞）を問う問題。空所を含む文は，「彼女は…を大切にする人として知られていた」という意味になっている。彼女の人柄は第1文に「多くの病人を助け，多くの飢えた子供たちに食べ物を与えた」とあることからわかる。以上から，正解は**4 humanity**「慈愛，思いやり」である。humanityには「人間，人類」という意味もあるが，care about ～「～を大切にする」との接続を考えると，本問では「慈愛」の意味で用いられていると考えられる。**1** generation「世代」 **2** gravity「重力」 **3** hesitation「ためらい」

(5) **解答** **3**

訳 リアムは夜道を歩いていると，恐怖を感じ始めた。彼は誰かが自分をじっと見ているという感覚があった。

単語力（名詞）を問う問題。空所の直後にあるthatは，後ろに完全な文を従えていることから，接続詞のthatで，空所の名詞と同格関係になっているとわかる。よって，第2文は「彼は誰かが自分をじっと見ているという…を持っていた」となるが，第1文に「彼は夜道を歩いていると，恐怖を感じ始めた」とあるため，文意が通じる正解は**3 sensation**「感覚」だとわかる。**1** feature「特徴」 **2** translation「翻訳」 **4** property「財産，特質」

(6) **解答** **4**

訳 リサは渓流から採取した水を購入している。彼女は，その水には自分の体が必要とするミネラルがたくさん入っているからそれを飲むのが良いと言う。

単語力（名詞）を問う問題。空所を含む文の主語itは，前文のwater that comes from a mountain stream「渓流から採取した水」を指している。空所直後のthatは，her body needsというneedの目的語が欠落した文を従えているので，関係代名詞の目的格だとわかる。以上から，空所を含む文は，「その水は彼女の体が必要とする多くの…を持っている」となることから，正解は**4 minerals**「ミネラル」である。mineralは「鉱物」という意味もあるが，本問では，鉄分などの栄養素としてのミネラルを指す。**1** campaigns「運動」 **2** operations「手術，業務，作動」 **3** illustrations「挿絵，例証」

(7) **解答** **3**

訳 救命士は，大波の中で溺死しかけているように見える少女を助けるために海に飛び込んだ。

単語力（動詞）を問う問題。空所の前にはwasというbe動詞があり，選択肢は全て*doing*形であることから，過去進行形の文だとわかる。また，空所の後ろはin the big wavesという前置詞句しかないことから，空所は自動詞だと判断できる。全体の文意は，「救命士は大波の中で…ように見える少女を助けるために海に飛び込んだ」となっているので，正解は**3 drowning**「溺死しかけている」が正解。drownは「溺死する，溺れ死ぬ」という「死ぬ」までを含む意味を持っているが，進行形になると「溺死しかけている」という意味になる。**1** proposingはpropose「提案する」，**2** convertingはconvert「転換する，改宗させる」，**4** exportingはexport「輸出する」の*doing*形でいずれも文脈に合わない。

(8)　解答　2

訳　昨日，動物園は暑かったので，ヘザーはアイスクリームを買った。それはすぐに溶けてしまったので，彼女は服にこぼさずにはいられなかった。

単語力（動詞）を問う問題。選択肢は全て ***doing*** の形で，空所の前には could not help があることから，cannot help ***doing***「～せずにはいられない，～することを避けられない」という表現が使われているとわかる。空所を含む文は，主語 It が直前の文の an ice cream を指すことから，「そのアイスはとても速く溶けたので，彼女は自分の服にいくらか…せずにはいられなかった」となることがわかる。空所後の some は ice cream を指していることがわかると，正解は **2 spilling** を選べる。spill「～をこぼす」という意味。**1** arguing は argue「口論する，主張する」，**3** convincing は convince「（人を）説得する，納得させる」，**4** maintaining は maintain「～を維持する」の ***doing*** 形。

(9)　解答　4

訳　かつては，船乗りは海上にいる時，航行するために星を利用しなければならなかった。今日では，船乗りたちにどの航路を進むべきかを示す現代的な装置が船に付いている。

単語力（動詞）を問う問題。第1文冒頭に，In the past「かつては，以前は」とあり，第2文冒頭は These days「今日では」となっていることから，2つの文が対比関係になっているとわかる。第1文では「海にいる時は星を利用しなければならなかった」と述べられ，第2文では「船乗りにどの航路を進むべきかを教える装置がある」となっていることから，空所には **4 navigate**「航行する」が最適だとわかる。**1** satisfy「～を満足させる」 **2** respect「～を尊敬する」 **3** permit「～を許す」

(10)　解答　3

訳　ダイスケの祖母は，健康を保つために，野菜をたくさん食べ，緑茶を飲み，毎晩長距離の散歩をする。

単語力（動詞）を問う問題。空所の直前には to があり，選択肢は全て動詞の原形であることから，to 以下は不定詞句になっている。さらに，to 直前の every evening までで文としては完結しているので，この不定詞句は文の要素にならない副詞的用法「～するために」という意味だとわかる。空所の直後には her health を目的語として置いており，主文の内容は「ダイスケの祖母が健康に配慮した行動をしている」という趣旨なので，**3 preserve**「～を保つ，維持する」が正解。**1** interpret「～を解釈する」 **2** replace「～に取って代わる」 **4** betray「～を裏切る」

(11)　解答　3

訳　テレサは，ジョーが優しい笑顔と優しい目をしているので，彼がいい人だと一目でわかった。

イディオムの知識を問う問題。know の直後に空所があるので know を使ったイディオムと思うかもしれないが，文構造を分析すると，(　　) first sight が know that …の間に挿入されているだけで，know とは関係ないことがわかる。at first sight もしくは on first sight で「一目で，一見したところで」という意味なので，正解は **3 at** である。前置詞の

at は“動きのない点”を意味するときに用いるので,「一目見た時点で」というイメージを持つとよい。

(12) 解答 4

訳 A：お父さんの誕生日に何かワインを買おうと思うの。
B：うーん, お父さんはかなりワインの好みがうるさいのよね。お父さんがどんな種類が欲しいのか聞いた方がいいわよ。

イディオムの知識を問う問題。be particular about ～で「～の好みがうるさい, ～にこだわりがある」という意味。よって, 正解は **4 particular** である。**2** guilty だと be guilty about ～で「～のことで罪の意識がある」という意味になるが文意がつながらない。**1** sweet は be sweet on ～なら「～に夢中である」という意味になるが, about では特に意味をなさない。**3** enormous「莫大な」は人を主語に取らず, 文意もつながらない。

(13) 解答 2

訳 A：サム, 映画館で君を何時に降ろせばいいかな？
B：映画は 7 時に始まるから, 6 時 45 分はどうかな？

イディオムの知識を問う問題。drop off *A* / drop *A* off で「*A*（人）を（送って行って）車から降ろす」という意味なので, 正解は **2 drop** である。この表現は, pick up *A* / pick *A* up「*A*（人）を（迎えに行って）車に乗せる」とセットで覚えておきたい。ちなみに, drop off や pick up のように“他動詞＋副詞”で意味をなす句動詞は, 目的語に当たる *A* が代名詞のときは“他動詞＋*A*＋副詞”という語順しか許されない。本問の場合も drop you off という語順になっていることに注意。

(14) 解答 1

訳 A：すみません。このベルトは今日の半額セールに含まれていますか？
B：申し訳ございません, お客様。このセールは財布にもベルトにも適用されないんです。

イディオムの知識を問う問題。Aが「ベルトは半額セールに含まれるか」と尋ねたのに対し, Bは「申し訳ございません」と答えていることから,「ベルトは半額セールに含まれない」と言いたいのだとわかる。空所を含む文の主語が The sale であり, 空所の直後が belts or wallets になっていることより, **1 apply to**「～に適用される」が正解。**2** vote for ～「～に賛成票を投じる」 **3** put off ～「～を延期する」 **4** tie up ～「～を縛り上げる, 関連させる」

(15) 解答 1

訳 レイカは紫の着物が欲しい。ショッピングモールに着物屋がある。しかし, 彼女はそこで手に入るかどうかわからないので, 確実にそれを見つけるためにオンラインで買い物するつもりだ。

イディオムの知識を問う問題。第 2 文に「着物屋はショッピングモールにある」とあるが, 第 3 文前半には「しかし, 彼女はそこで手に入れられるかどうかわからない」とある。その後 so「だから」を受けて「彼女はそれを見つけるためにオンラインで買い物するつもりだ」とある。空所は find one「着物を見つけるために」を修飾する部分なので，文意として自然な流れを作る正解の表現は **1** **for sure**「確実に」である。**2** for instance「例えば」，**3** in short「要するに，つまり」，**4** in vain「無駄で」はいずれも文脈に合わない。

⒃ **解答**　**2**

訳　先月，激しい嵐がモンターニュ渓谷で甚大な被害をもたらした。その地域の農家は，野菜が被害を受けたので，売ることができなかった。

イディオムの知識を問う問題。第 2 文に「農家は野菜が被害を受けたので売れなかった」とあることに注目。その原因となるのが空所を含む文で，主語は A heavy storm「激しい嵐」であることから，正解は **2** **did a lot of harm**「甚大な被害をもたらした」が適切。一般動詞の do は SVOO 型で do *A* *B* という形になると「*A*（人）に *B*（物）を与える，もたらす」という意味になる。*B* には good（利益）や harm（害）といった一部の限られた名詞だけが用いられる。SVOO 型は“人”に当たる間接目的語を省略して書くこともできるので，do *A* *B* を do *B* と表すこともできる。本問はこの形。**1** had some difficulty は，have difficulty「苦労する」という表現で，後ろに（in）*doing* か with ～を従える。**3** took a break は take a break で「休憩をとる」という意味。名詞の break は「休憩，休息」という意味である。**4** found fault は find fault with ～で「～の粗探しをする，～に難癖をつける」という意味になる。

⒄ **解答**　**3**

訳　ジョセリンは大学を卒業したらボランティア団体で働きたいと思っている。彼女は他人のために働くのに自分の時間を使いたいと思っている。

イディオムの知識を問う問題。空所を含む文は「彼女は自分の時間を，他人…働くのに費やしたい」という意味になっている。第 1 文の主節では，「ジョセリンはボランティア団体で働きたい」とあることから，正解は **3** **for the benefit of**「～のために」が文意をつなげる上で最も適切だとわかる。benefit が「利益」という意味だと知っていれば選べただろう。**1** at the sight of ～は「～を見て」，**4** at the thought of ～は「～と考えて」という意味で，**2** for a change of ～は，for a change もしくは for a change of pace という形であれば「気分転換に」という意味になる。

⒅ **解答**　**1**

訳　A：私たちの電車は何時に出発するの？
B：あと 20 分だ。もうそろそろ駅に向かってもいい頃だね。

文法力（仮定法）を問う問題。空所を含む文は完成すると It is time S V. という形になり，「（今はまだそうなっていないが）もう S は V してもいい頃だ」という意味で，現在の事実に反する内容を述べる表現なので，SV の部分は仮定法過去の文になる。したがって，正解は **1** **left** である。ちなみにこの表現は，It is high time S V.「もうとっくに S は V してもいい頃だ」や It is about time S V.「もうそろそろ S は V してもいい頃だ」等，修飾語句がつくこともあるが，SV 部分はやはり仮定法過去になることを合わせて覚えておきたい。

(19) 解答　2

訳　コンサートは非常に騒がしかったので，ジェーンは自分の声を届かせるのに苦労した。彼女は，友達と会話するのに叫ばなければならなかった。

文法力（準動詞）を問う問題。まず空所直前の to に注目する。to の後ろに置く動詞の変化形は原形にするか ***doing*** にするかが問われやすいが，今回は struggle to ***do*** で「～しようともがく，努力する」という意味なので，選択肢の **3** と **4** は除外する。次に make の語法だが，**1** のように make の後ろに heard のような過去分詞形を置くことは不可能である。よって，正解は **2 make herself heard** である。make *oneself* heard は，直訳は「自分自身を聞かれる状態にする」ということから「自分の声を届かせる」という意味。他に make O *done* の形は make *oneself* understood「自分の意図を相手にわかってもらう」がある。

(20) 解答　1

訳　マルティネス先生は学校の全ての学生に愛されている。しかし，ガルシア先生はマルティネス先生ほど親切な人ではないので，それほど人気がない。

語法に関する知識を問う問題。空所直後には as があり，選択肢にも全て as が含まれていることから，as ～ as …「…と同じくらい～」という比較表現が使われているとわかる。語順は，通常“a＋副詞＋形容詞＋名詞”となる（*ex.* a very beautiful flower）のに対して，副詞に as が用いられると“as＋形容詞＋a＋名詞”（*ex.* as beautiful a flower）という語順になる。このような“副詞＋形容詞＋a＋名詞”の語順を取る副詞は as の他に so, how, too などがある。これらはいずれも，直後に形容詞を従えて，その形容詞の“程度”に言及する表現である（“as＋形容詞”「同じくらい～」，“so＋形容詞”「それほど～」，“how＋形容詞”「どれくらい～」，“too＋形容詞”「あまりにも～」）。これら“程度”を表す副詞を使うときは，先に“副詞＋形容詞”を置き，その後に“a＋名詞”を続けるという，変わった語順になる。正解は **1 as kind a person** である。

一次試験　筆記　2 A

訳

自給自足の共同社会

最近，多くの人が環境により優しくなるために生活を変えようとしている。彼らがこれをする一つの方法は，化学物質を使わずに栽培された野菜のように，それほど汚染を生まない製品を選ぶことによってである。また，彼らは地元の生産者から購入することで，製品を輸送するのに必要とされる化石燃料の量を削減している。「自給自足の共同社会」に参加する人もいる。こうした社会では，人々は食料，衣服，家具，燃料，医薬品など，生活するのに必要なあらゆるものを生産するために協力している。

1970 年代，ジョン・シーモアというイギリス人が自給自足という概念を広めた。彼は旅をして農業について学ぶことに人生の多くを費やした。例えば，彼は南アフリカに行って牧羊場を経営した。そこにいる間，彼は野生の食べ物を見つける方法を教えてくれた地元の人々と過ごした。彼はまた，ヨーロッパからインドまで旅をし，様々な農業共同体がどのように生活しているのかを観察した。このような経験はシーモアに，都市や会社や工場から離れようとする考えを与えた。

シーモアは，作物を育てたりミツバチを飼ったりするような方法を説明する本を1976年に出版した。当時この本がきっかけで，何千人もの人が自給自足の共同社会に参加しようとする気になった。しかし，これらの人々のうちのほとんどはその生活様式が難しいとわかり，1980年代初めには諦めてしまっていた。けれども今，その考え方は再び関心を集めている。都市生活から離れて農業を営む若者が増えているのだ。今回は，彼らの多くは完全に自給自足するわけではないことにした。むしろ，彼らは自分で生産するのが難しいものを買えるだけのお金を稼ぐために，現代の技術を使っている。

語句・構文

（第1段）□ self-sufficient「自給自足の」　□ recently「最近，近年」
□ pollution「汚染」　□ chemical「化学物質，化学薬品」
□ fossil fuel「化石燃料」　□ transport「～を輸送する」
□ clothes「衣服」　□ furniture「家具」

（第2段）□ promote「～を促進する，～の支持を訴える」
□ manage「～を経営する」　□ local「その土地の，地元の」
□ in the wild「野生の」　□ make a journey「旅する」
□ observe「～を観察する」　□ get away from ～「～から離れる，逃れる」

（第3段）□ inspire *A* to *do*「*A*を～する気にさせる，*A*を～するよう触発する」
□ thousands of ～「何千もの～，数千の～」　□ challenging「難しい」
□ the early ～s「～年代初期」　□ though「（副詞で）けれども，しかし」
□ attract interest「関心を引く」
□ not ～ completely「（部分否定）完全に～というわけではない」

各段落の要旨

第1段　近年，環境に対する配慮から，環境汚染の少ない作物を選ぶ，製品を地元の生産者から購入する，自給自足をする等，自身の生活様式を変える人の数が増えている。

第2段　自給自足という概念は，1970年代に英国人のジョン・シーモアが世界中を旅して農業や牧羊に携わる中で生まれた。

第3段　シーモアが自給自足の生活を説明する本を出版した直後は多くの人々が生活様式を変えたものの，実践が難しかったためすぐに廃れてしまった。しかし，現在では再び人々の関心を集めている。

(21)　解答　3

選択肢の訳
1　もっと多くの時間を仕事以外に費やす
2　もっと多くの金を家に持ち帰る
3　環境により優しくなる
4　もっと強く健康になる

空所を含む文は「最近多くの人々が…ために自分たちの生活を変えようとしている」という意味だが，パラグラフの冒頭文は原則的にパラグラフ全体の主題文（トピック・センテンス）なので，このパラグラフ全体を読み通してから空所を判断する。空所に続く文ではOne way they do this「彼らがこれをする一つの方法は，それほど汚染を生まない製品を選ぶことによってである」と書かれている。do this は既出の動詞句の繰り返しを避けるために使われる表現なので，前文の change their lives in order to（ 21 ）の部分を指している。さらに，第3文（Also, by buying …）では，「化石燃料の量を減らす」という内容が書かれていることから，「人々は環境に配慮した生活に転換しようとしている」という内容が読み取れるので，正解は **3 be kinder to the environment**「環境により優しくなる」が最も適切であるとわかる。

(22) 解答 1

選択肢の訳 **1** 旅をして農業について学ぶこと
2 大きな船で生活し働くこと
3 優れた料理人になるために勉強すること
4 興味深い文化について執筆すること

空所の直後の文が For example「例えば」で始まっていることから，その具体例を抽象化した内容が空所に入るとわかる。具体的内容として述べられているのは，「彼は南アフリカで牧羊をし，野生の食物の見つけ方を地元の人々に教えてもらい，様々な農業共同体を観察しながらヨーロッパからインドまで旅をした」ということである。したがって，正解は **1 traveling and learning about farming**「旅をして農業について学ぶこと」が適切。

(23) 解答 4

選択肢の訳 **1** At last「ついに」
2 Meanwhile「一方で，そうしている間に」
3 Like before「以前のように」
4 Rather「むしろ，それどころか」

空所の前後に注目し，論理の流れを考える。空所直前の文では「今回は，彼らの多くは完全に自給自足をするわけではないことにした」とあり，空所後では「彼らは自分で生産するのが難しいものを買えるだけのお金を稼ぐために，現代の技術を使っている」とあることから，空所前の内容が空所後で具体的に言い換えられているとわかる。したがって，正解は **4 Rather**「むしろ，それどころか」が最も適切である。

一次試験 筆記 2B

訳

砂漠の達人

「ベドウィン」は北アフリカと中東に住む人々のうちの一部に付けられた名前だ。ほとんどの人と違って，多くのベドウィンは一つの場所に住むことはない。それどころか，彼らは遊牧民なのだ。つまり，彼らはいつも動き回っているということである。彼らは，ラクダや羊を牧草地や水場へと連れて行きながら，エジプトやイスラエルのような国々の熱い砂漠を歩き回る。砂漠での生活は容易ではないが，何千年もの間，ベドウィンは自分たちが生き残るのに役立つ独自の技術を発展させてきた。

今日，世界には約 2,000 万人のベドウィンがいると推定する人もいる。しかし，正確な数はわからない。彼らの多くは移動しているので，全員を数えるのは不可能なのだ。しかし，近年，多くのベドウィンが自分たちの伝統的な生活様式を放棄している。これは，各国政府が統制する土地の量が増え，そのことによりベドウィンたちが自由に移動しにくくなったためだ。彼らのなかには，現在都市部に居住し，タクシーを運転したり飲食店で働いたりするなど，定職に就いている者もいる。

トラッカーとしてイスラエル陸軍と共に働く仕事を見つけたベドウィンたちもいる。トラッカーとは，足跡やタイヤの跡など，地面に残された痕跡を利用して人を追跡する者のことだ。トラッカーは自分の環境をよく知り，異常なことは何であれすぐに気付かなければならない。当然のことながら，ベドウィンは砂漠を生き抜く技術を持っているので，優れたトラッカーである。彼らのうち約 1,600 人が現在イスラエル陸軍に服務しており，イスラエル国境沿いの危険に気付く彼らの能力がその国を守るのに役立っている。

語句・構文

（第 1 段）□ unlike「～とは違って」　□ instead「それどころか」
□ nomad「遊牧民」　□ move about「動き回る」　□ camel「ラクダ」

（第 2 段）□ estimate「～であると見積もる，推定する」　□ way of life「生活様式」
□ This is because ～「これは～だからである」
□ urban「都市の，都会の」　□ regular job「定職」

（第 3 段）□ Israeli「イスラエルの」　□ army「軍隊，陸軍」
□ follow「～を追跡する，～を注意深く見る」　□ sign「形跡，痕跡」
□ mark「跡，印」　□ tire「（乗り物の）タイヤ」
□ know ～ well「～をよく知っている」　□ be quick to *do*「すぐに～する」
□ unusual「普通でない，異常な」　□ excellent「非常に優れた，優秀な」
□ serve「勤務する，軍務に就く」　□ border「国境」

各段落の要旨

第 1 段　北アフリカと中東の各地を転々と動き回る「ベドウィン」と呼ばれる遊牧民は，環境が過酷な砂漠地帯でも生き抜くことができる独特な技術を，何千年にもわたって身につけてきた。

第 2 段　各国政府の土地統制の強まりを背景に，都市に居住して定職に就くなど，ベドウィンの伝統的な生活様式が変化している。

第 3 段　ベドウィンの中にはイスラエル軍に従軍している者もいて，そこで彼らは砂漠を生き抜くための類い稀な能力を活かしている。

(24)　解答　2

選択肢の訳　1　寝そべって眠る　　2　一つの場所に住む
3　肉か魚を食べる　　4　紙幣を使う

空所を含む文は，「多くのベドウィンは…しない」となっていることを確認した上で，空所の次の文に注目する。文頭の Instead「それどころか」は，前文の内容と対照させて，後ろの発言が重要であることを強調するときに用いられる。本文の場合強調している内容とは，they are nomads「彼らは遊牧民である」の部分だが，nomads という単語を知らなくても直後に which means that they are always moving about「それは，彼らが常に動き回っているということを意味する」と書かれているので内容はわかる。したがって，正解は **2 live in one place**「一つの場所に住む」である。

(25) 解答 1

選択肢の訳
1 彼らの正確な数はわからない
2 以前ははるかに多くの人数がいた
3 その集団には政府というものがない
4 彼らは皆，毎年 1 回会う

まずは，空所直前の However「しかしながら」に注目。however は文頭・文中・文末のどこに置かれても必ず前文との逆接関係を形成する。よって，本問の場合も前の文（Some people estimate …）の「今日，世界には約 2,000 万人のベドウィンがいると推定する人もいる」という内容と照合する。**1** と **2** はどちらも前文と逆接関係になりそうだが，空所の次の文（Because many of …）に注目すると「彼らの多くは移動しているので，彼ら全員を数えるのは不可能なのだ」とあることから，正解は **1 their exact numbers are unknown**「彼らの正確な数はわからない」が最も適切だとわかる。

(26) 解答 1

選択肢の訳
1 Naturally「当然のことながら」　**2** Occasionally「時々」
3 Secondly「第二に」　**4** Equally「同様に」

空所の前後の意味のつながりに注目する。空所前では「トラッカーは自分の環境をよく知り，異常なことは何であれすぐに気付かなければならない」とあり，空所後では「砂漠を生き抜く技術を持っているので，ベドウィンは優れたトラッカーである」とある。以上の 2 文を自然につなぐのは，**1 Naturally**「当然のことながら，言うまでもなく」である。

一次試験　筆記　3 A

訳
発信元：ピーター・デッカー〈p-decker@yourworldls.org〉
宛先：フェン・リー〈feng.li@mymail.com〉
日付：5 月 30 日
件名：中国語を教える
リー様
ロンドンのユア・ワールド・ランゲージ・スクールで教えることに関心を持ってくださってありがとうございます。オンライン面接の間，私たちは，あなたが学習を子供たちにとって楽しくわくわくするものにするための素晴らしいアイディアをお持ちだと思いましたので，本校で中国語を教える職位をご提供したいと思います。正式な採用開始日は8月1日ですが，その前にここで2週間の研修プログラムに参加していただきたいと思います。
ご存知のように，私たちの語学学校はあらゆる年齢の学生を対象に授業を行っており，毎回の授業は，学生たちが自分独自の目標を達成する手助けをするよう意図されています。子供の指導に関するあなたのご経験は，きっと大きな利点になるでしょう。しかし，私たちの中国語プログラムは社会人にもとても人気があるので，その分野の指導にも精通してほしいと思います。
本校はあなたの転居費用を最大1,500ポンドまで負担します。航空券やホテル宿泊費のような費用は対象ですが，食費やその他の個人費用は対象外です。このメールに添付された書式と一緒に全ての領収書の原本を提出していただく必要があります。また，添付の雇用契約書に目を通しておいてください。その契約書にはあなたの職務についての説明が記載されています。ご不明な点がございましたらお知らせください。私たちはあなたが私たちのチームに加わってくださることを本当に楽しみにしています！
よろしくお願いします。
ピーター・デッカー

語句・構文

（第1段）
- □ interview「面接」 □ would like to *do*「～したい」
- □ offer *A B*「*A*（人）に*B*（物）を提供する，与える」
- □ official start「正式採用」
- □ would like *A* to *do*「*A*（人）に～してほしい」
- □ attend「～に参加する」

（第2段）
- □ be designed to *do*「～することを意図されている」
- □ become familiar with ～「～に精通するようになる，詳しくなる」
- □ as well「～も」

（第3段）
- □ cover「（料金・費用などを）まかなう，補償する」
- □ up to ～「～に至るまで，最大で～」 □ expense「費用」
- □ submit「～を提出する」 □ receipt「領収書，レシート」
- □ along with ～「～に加えて，～の他に」 □ form「用紙，書式」
- □ attach「添付する」 □ look over ～「～に目を通す」
- □ contract「契約書」 □ duty「義務」

各段落の要旨

第1段　「ユア・ワールド・ランゲージ・スクール」のピーター・デッカー氏が，オンライン面接を受けたフェン・リー氏に対して，中国語講師として採用が決定した旨の通知をしており，採用開始日とそれまでに受講すべき研修プログラムについて伝えている。

第2段　学校の対象生徒と教育方針に触れ，リー氏の持つ子供への指導経験に太鼓判を押す一方，社会人指導に対する知見も深めてもらいたいと希望を伝えている。

第3段　採用にあたっての金銭的な補助と，それらを受けるための手続きを簡単に説明している。

(27) **解答　2**

質問の訳　ユア・ワールド・ランゲージ・スクールで仕事を始める前に，リーさんは（　　）べきである。

選択肢の訳
1　ピーター・デッカーとオンライン面接をする
2　ロンドンで２週間研修を受ける
3　子供に教えるための楽しいアイディアを思いつく
4　その学校で中国語の体験授業をいくつか行う

第１段最終文（The official start …）に注目。ここでは，「正式な採用開始日は８月１日ですが，その前にここで２週間の研修プログラムに参加していただきたいと思います」とあることから，正解は**2 receive training for two weeks in London.** である。本文は would like you to attend「あなたに参加してほしい」という，主語の希望を伝える表現が使われているが，実質は雇用主から従業員に対する命令となるため，質問文は must になっていることに注意しておきたい。**1** に関して，online interview については同段第２文（During your online …）に言及が見られるが，主節が we thought と過去形になっていることから，オンライン面接はすでに終わっていることなので不適だとわかる。**3** に関しては，同段同文に some great ideas という言及が見られるが，we thought you had some great ideas「あなたが素晴らしい考えを持っていると思った」となっており，改めて come up with ～「～を思いつく」ように要求しているわけではないので不適。**4** に関しては，trial lessons「体験授業，模擬授業」に対する言及は本文に見られない。

(28) **解答　2**

質問の訳　ピーター・デッカーはリーさんに何をするよう頼んでいるか。

選択肢の訳
1　あらゆる年齢の授業のための講義を計画する。
2　ビジネス中国語を教えることについて学ぶ。
3　子供に教えるという経験をする。
4　学校近くの地域に詳しくなる。

第２段最終文（However, our Chinese …）に注目。ここでは，中国語講座が社会人に非常に人気であることが述べられ，後半で so I would like you to become familiar with that area of teaching as well「だから私はあなたに，その分野の指導にも精通してほしい」とある。したがって，正解は**2 Learn about teaching business Chinese.** である。**1** に関して，all ages「あらゆる年齢」に対する言及は同段第１文（As you know, …）に見られるが，これはユア・ワールド・ランゲージ・スクールが対象とする学生の年齢に言及しているだけであって，リー氏への依頼内容とは直接関係がないので不適。**3** に関して，「子供に教えるという経験」については，同段第２文（Your experience of …）にあるが，これはリーさんがすでに持っている経験なので不適。**4** に関しては，同段最終文にある area という単語についての誤答選択肢。本文中では「（教育する）分野・領域・範囲」という意味で使われているのに対し，選択肢は「（物理的・空間的な）場所・地域」の意味になっている。

⑵9 **解答**　**4**

質問の訳　ユア・ワールド・ランゲージ・スクールはリーさんのために何をするだろうか。

選択肢の訳　**1**　彼女の職務についての詳細を送る。
2　彼女の航空券やホテルの予約をする。
3　彼女の食費や個人費の補償をする。
4　彼女がロンドンに引っ越す費用の支払いを援助する。

第3段第1文（The school will …）に注目。「本校は転居費用を最大1,500ポンドまで負担します」となっていることから，**4 Help pay for her to move to London.** が正解である。本文のcover your moving costs「引っ越し費用をまかなう，補償する」がhelp pay for *A* to *do*「*A*が～する金を払うのを助ける」と言い換えられていることに注意。**1**に関して，work duties「職務」への言及は同段第4文（Also, please look …）にあるが，「メールに添付した雇用契約書に，職務についての説明が書かれているので目を通してほしい」という趣旨であることから，職務内容についてはすでに送信済みであり，これから改めて送り直すわけではないので不適。**2**に関しては同段第2文（Expenses like airline …）前半にairline tickets and hotel staysという言及が見られるが，「予約する」とは述べられていない。**3**に関しては同段同文後半にfood and other personal expensesという言及が見られるが，これらは補償対象にならないものとして挙げられているので不適。

一次試験　筆記　3 B

訳

空中で

世界の大都市の多くでは大気汚染が深刻な問題だ。専門家によると，毎年世界中で約700万人が汚染された大気の影響で死亡している。イギリスの首都ロンドンは，このような問題を抱えている都市の一例だ。ロンドンは世界で最悪の大気汚染レベルのいくつかを有すると言われている。しかし，このような汚染の多くは目には見えないため，状況を改善するための措置をとるよう政府に求めている人はほとんどいない。

しかし，ピエール・デュケノワという人は，人々にその問題をもっと認識させる方法を思いついた。デュケノワのアイディアは，多くの大都市でよく見られる鳥である鳩でチームを作り，それを使って大気汚染レベルを測定し，その結果をウェブサイトに送ることだった。最初は，デュケノワはドローンの使用を考えていたが，ロンドンでドローンを飛ばすことは法律違反だと言われた。その後，彼は代わりに鳩を使うことができると気付いた。

ロンドンには100万羽以上の鳩が生息していると推定されている。鳩は，建物や公共の場所を汚すので，住民の評判は良くない。デュケノワが使うことにした鳩は普通の鳩ではなく，伝書鳩だった。これらの鳩は放された場所から自分が住んでいる場所に戻ることができるという驚くべき能力を持っているので，古代から伝言を送るのに使われてきた。デュケノワがこれらの鳩を使ったのは，その鳩であれば元の場所に帰って来るだろうし，どこかに飛び去ってしまうことはないだろうと確信できたからであった。

デュケノワは専門家の助けを借りて鳩のチームを作った。小さな機器がそれぞれの鳩の背中に取り付けられた。これらの機器が空気中の気体を測定し，その結果をウェブサイトに送るのだ。このプロジェクトの間，人々はウェブサイトを見て，各鳩がどこにいるのか，およびその地域の大気汚染のレベルを知ることができた。そのウェブサイトには多くの人が訪れ，彼らはデュケノワのプロジェクトと大気汚染問題について議論し始めた。結果的に，政府はロンドンの空気を浄化するためにもっと多くのことをすべきだと言う人が増えている。

語句・構文

(第1段) □ in the air「空中で，上空で，大気中に，未解決で，(噂などが) 広まって」
□ air pollution「大気汚染」　□ capital city「首都」
□ take action「行動を起こす」　□ improve「～を改善する」

(第2段) □ though「(副詞で) けれども」　□ come up with ～「～を思いつく」
□ aware of ～「～を知っている」　□ pigeon「鳩」
□ measure「～を計測する」　□ drone「ドローン（無人無線操縦機)」
□ against the law「法律違反で」　□ instead「代わりに」

(第3段) □ be estimated to *do*「～すると推定される」　□ resident「住民」
□ make a mess「散らかす，汚す」　□ ordinary「普通の，並の」
□ homing pigeon「伝書鳩」　□ find *one's* way back「戻ってくる」
□ release「～を放す」　□ ancient「古代の」
□ be sure that ～「～を確信している」

(第4段) □ put together ～「(チームなどを) 作る，まとめる」
□ device「装置，器具」　□ be attached to ～「～に取り付けられる」
□ back「背中」　□ clean up ～「～を浄化する」

各段落の要旨

第1段　イギリスの首都であるロンドンでは，大気汚染レベルが最悪水準にあるにもかかわらず，政府にその対策を求める人がほとんどいない。

第2段　ピエール・デュケノワは，大都市に多い鳩を利用し，ロンドンの大気汚染問題への大衆の意識を高める方法を思いついた。

第3段　住民からの鳩の悪評を考慮し，デュケノワの案には，優れた帰巣性により古代から利用されてきた伝書鳩が選ばれた。

第4段　専門家の助けも得て実行されたデュケノワの案は効果を生み，政府がロンドンの大気浄化対策を取るべきだと主張する人たちの数は増えている。

(30) **解答**　2

質問の訳　イギリスのロンドンでは (　　)

選択肢の訳　**1**　政府が汚染に対処する新しい方法を調べている。
2　大気の質が他の多くの都市と比べて悪い。
3　毎年 100 万人を超える人々が汚染された空気の影響で亡くなっている。
4　新種の汚染が人々の目を傷つけている。

第1段第4文（London is said …）に注目。「ロンドンは世界で最悪の大気汚染レベルのいくつかを有すると言われている」とあることから，**2 the quality of the air is worse than in many other large cities.** に一致する。本文中は worst という最上級が使われているのに対し，選択肢では worse than in many other large cities「他の多くの都市と比べて悪い」という，比較級を用いた言い換えになっていることに注意。**3** に関して，同段第2文（According to experts, …）に「毎年およそ700万人の人が，大気汚染が原因で亡くなっている」と述べられているが，around the world「世界中で」という修飾語があることに注意。ロンドンで何人が亡くなっているかについては言及がないので不適。**1** と **4** に関しては，本文中に全く記述が見られない。

(31) 解答 3

質問の訳 ピエール・デュケノワが自分のプロジェクトで鳩を使うことに決めた一つの理由は何か。

選択肢の訳
1 鳩は他の鳥と比べると，高水準の大気汚染にそれほど影響されない。
2 鳩は多くの大都市ではどこにでもいるので安価で使える。
3 彼は，ロンドン市内でドローンを使うことが許されていないと知った。
4 彼は鳥を使えばもっと多くの人々が自分の計画に興味を持つだろうと思った。

第2段最終文（After that, he …）に注目すると，「その後，彼は代わりに鳩を使うことができると気付いた」とある。After that「その後」の that とは前文の内容を指している。前文（At first, Duquesnoy …）では，「デュケノワは，初めはドローンを使おうと思っていたが，法律で禁止されていると言われた」とある。したがって，**3 He found out that using drones in the city of London was not allowed.** が正解である。**2** に関して，同段第2文（Duquesnoy's idea was …）で，pigeons の言い換えとして a bird common in many big cities という言及は見られるが，「安価で使える」とは書かれていない。**4** に関して，同段第1文（A man called …）に came up with a way to make people more aware of the problem「人々にその問題（＝大気汚染）をもっと意識させる方法を思いついた」とあるが，これは「大気汚染を意識させるために大気汚染レベルを測定しネット上で公開する」というアイディアのことで，鳩を使うのはあくまでその一つの手段に過ぎない。「鳩を使うこと」で人々がその大気汚染測定プロジェクトに興味を持つことを期待したわけではないので不適。

(32) 解答 4

質問の訳 デュケノワが使った鳩に関して特別な点は何か。

選択肢の訳
1 その鳩は建物や公共の場所を汚す可能性が低い。
2 その鳩はロンドン中に住んでいる人々に伝言を届けることができる。
3 その鳩は驚くべき技を行うために古代より使われてきた。
4 その鳩は自分の住処に戻る能力がある。

第3段第3・4文（The pigeons that … for sending messages.）参照。ここでは，「デュケノワが使用することに決めた鳩は，帰巣性に優れた伝書鳩だった」という内容が書かれている。したがって，正解は **4 They have the ability to find their way back to their** homes. である。**1** に関して，make a mess on buildings and public places「建物や公共の場所を汚す」という内容は同段第 2 文（They are not …）に言及があるが，これは一般的な鳩の性質を説明した箇所であり，デュケノワが使用する鳩と比較して述べているわけではない。**2** に関しては，同段第 4 文（These pigeons have …）後半の so 以降で「古代より伝言を届けるために使われてきた」との言及が見られるが，これは伝書鳩そのものの性質を説明した部分で，to people living all over London「ロンドン中に住んでいる人に」とは書かれていないので不適。**3** に関しては，to perform amazing tricks「驚くべき技を行うために」という箇所が誤り。伝書鳩は第 4 文に見られるように帰巣性に優れているという点が特徴ではあるが，古代から使われていたのは，単にその能力を披露するためではなく，その能力を使って伝言を送る任務を担っていたからである。

(33) **解答** **1**

質問の訳 **デュケノワのプロジェクトが原因で何が起こったか。**

選択肢の訳
1 大気汚染の危険性に関して話題にする人が増え始めた。
2 ロンドンを訪れる人々は，彼の汚染計測装置を使うようになっている。
3 政府はロンドンの大気を浄化するためにもっと多くのことをする約束をした。
4 専門家は他の問題に関するデータを集めるために鳩を使い始めた。

第 4 段最終文（As a result, …）参照。「結果として，ロンドンの空気を浄化するために政府はもっと多くのことをすべきだと言う人が増えている」とあり，何の結果なのかは，その前文の内容からわかる。前文（The website had …）では，「大気汚染レベルを公開したウェブサイトの訪問者数が増えており，彼らはデュケノワのプロジェクトと大気汚染問題について議論し始めた」とある。したがって，正解は **1 More people have started talking about the dangers of air pollution.** である。**3** に関しては has promised「約束した」の部分が誤り。最終文の内容にあるように，大気汚染問題に対する政府の対策は人々が「すべきだと言っている」だけであって，「政府が約束した」わけではない。

一次試験　筆記　3 C

訳

より良い未来を築くこと

エストニアは北欧にある国である。その国は，第二次世界大戦前は独立国家だったが，大戦が終わる頃にはソビエト連邦の一部だった。当時，ソ連の多くの地域で住宅が不足していたので，ソ連政府は多くの共同住宅を建てた。これらは仮設住宅であることが意図されていたので，設計も建築もうまくされていなかった。1991 年にソ連が崩壊した後，エストニアと他の国々は再び独立した。これらの国々のほとんどは自国の古い共同住宅を破壊してきている。

しかし，エストニアは自国の共同住宅を，エネルギーを効率的に使用する，環境に優しい住宅に変えつつある。この事業は 2016 年，この国の南部の都市タルトゥにある 17 棟の共同住宅で始まったもので，スマートエンシティとして知られている。エストニアは現在，欧州連合（EU）に加盟しており，この事業のためにEUから財政的支援を受けた。ねらいは，それらの共同住宅によって消費されるエネルギー量を減らすことだけでなく，それらを現代的で見た目の美しい住宅に変えるということでもある。

タルトゥ市のその17棟の共同住宅の工事はもう完了している。壁や窓を通して熱が逃げないようにする改装がされた。新しい効率的な暖房設備が追加された。各住宅には制御盤があり，その制御盤によって，住民は自分たちが消費するエネルギー量を注視し制御できる。その結果，住民は現在，自分たちの住居を暖めるためのガスの使用が80パーセント減っている。また，太陽光パネルが建物に設置されており，これらは住民が必要とする電力の3倍の量を生み出している。

その事業は金の無駄遣いになるだろうと言う批評家もいた。しかし，今のところ，それはうまくいっているようだ。費用の半分はEUが負担し，残りは銀行から借りたお金を使って住民たちが負担した。住民たちは以前より光熱費が減っているため，ローンを返済する余剰資金がある。さらに，共同住宅の工事はその都市の外観を改善した。エストニア政府は，国内にある他の6,000棟の古い共同住宅のいくつかを同様に改良したいと望んでいる。

語句・構文

(第1段) □ independent「独立した」　□ in those days「当時」
□ shortage「不足」　□ apartment「共同住宅，アパート」
□ be meant to *do*「～するよう意図されている」
□ temporary「一時的な，仮の」　□ design「設計する」
□ break up「解散する，分裂する」

(第2段) □ turn *A* into *B*「*A*を*B*に変える」
□ environmentally friendly「環境に優しい」
□ efficiently「効率的に」　□ financial help「財政援助」
□ aim「目的，ねらい」　□ modern「現代的な，最新式の」
□ good-looking「見た目の良い」

(第3段) □ complete「完成させる」　□ escape「逃れる，逃げる」
□ heating system「暖房設備」　□ control panel「制御盤」
□ monitor「～を監視する」　□ solar「太陽の，太陽熱を利用した」
□ install「～を取り付ける，設置する」

(第4段) □ critic「批評家，批判する人」　□ so far「これまでのところ」
□ the rest「残り，残り全部」　□ energy bill「光熱費」
□ extra「余分の」　□ repay「(借金を) 返済する」
□ loan「ローン，融資」　□ the way *A* look(s)「*A*の見た目，外観」
□ upgrade「～を改良する，最新にする」　□ in a similar way「同様に」

各段落の要旨

第1段　元々独立国だった北欧の国エストニアは，第二次世界大戦中にソ連に統合され，住宅不足を解消しようとするソ連の政策により，決して質が良いとは言えない多くの仮設共同住宅が国内に建設された。

第2段　エストニアは自国の共同住宅を環境に優しい建物に改築するというスマートエンシティ事業に着手した。

第3段　現在タルトゥでは17棟の共同住宅の改築が完了し，新しい効率的な断熱・暖房設備のおかげで消費ガスの大幅な削減や豊富な電力の生成に成功している。

第4段　エストニアの事業は今のところ成功を収めているようであり，政府はさらに国内のその他の共同住宅にも同様の改良を加えたいと考えている。

(34)　解答　2

質問の訳　第二次世界大戦終結までに，(　　　)

選択肢の訳　**1**　ソ連の多くの場所で人の住んでいない共同住宅があった。

2　エストニアは独立を失い，ソ連の一部となっていた。

3　ヨーロッパの大半の人々は，仮設の共同住宅に一時滞在していた。

4　ヨーロッパ北部の多くの人々が新しい家を見つけるために自国を離れていた。

第1段第2文（Before World War II, …）参照。「エストニアは，元は独立国だったが，第二次世界大戦の終わりまでにソ連の一部となっていた」とあることから，**2 Estonia had lost its independence and become part of the Soviet Union.** が正解である。**3** に関して，temporary apartment buildings「仮設共同住宅」は同段第3・4文（In those days, … or built well.）に言及が見られるが，これはソ連政府が建築したものであり，「ヨーロッパに住むほとんどの人」が住んでいたわけではないので不適。

(35)　解答　2

質問の訳　スマートエンシティ計画の目的のうちの一つは何か。

選択肢の訳　**1**　タルトゥにいる人々に，自分の家を環境に優しくする方法を教えること。

2　古い共同住宅を，エネルギー効率がより良くなるように改良すること。

3　エストニアの南部の都市に住む貧しい人々に財政援助を与えること。

4　欧州連合で家を建てるために使われるエネルギー量を減らすこと。

SmartEnCity に関しては，第2段第2文（The project began …）に見られるが，その事業の内容に関してはその前文（Estonia, however, is …）に書かれている。「共同住宅を，エネルギー効率が良く環境に優しい家に変える」とあることから，**2 To improve old apartment buildings so that they are more energy-efficient.** が正解である。**1** に関しては，teach people in Tartu の部分が誤り。彼らの家を環境効率が良くなるようにする方法を「教える」とは書かれていない。**3** に関して，financial help「財政援助」への言及は同段第3文（Estonia is now …）の後半 and 以降に見られるが，これは「エストニアがスマートエンシティ計画について EU から財政援助を受けている」という内容なので不適。**4** に関して，reduce the amount of energy という記述が同段第4文（The aim is …）に見られるが，「欧州連合で家を建てるために使われるエネルギー量」ではなく，エストニア国内のスマートエンシティ計画の対象となる共同住宅で消費されるエネルギー量のことなので不適。

(36) **解答** 1

質問の訳 タルトゥの共同住宅にある制御盤は何のためにあるのか。

選択肢の訳
1 それによって，人々は自分がどれほどの量のエネルギーを使っているのかを知って修正することができる。
2 それは，共同住宅の壁を通って逃げてしまう熱の量を減らす。
3 それは，太陽光パネルで生み出された電気量を制御する。
4 それのおかげで，住民は自分が住んでいる共同住宅を暖めるためにガスを使うべきか電気を使うべきかを選ぶことができる。

第3段第4文（Each apartment has …）参照。「住民たちが，消費するエネルギー量を注視し制御できるようにする制御盤」とあることから，**1 It allows people to see and change how much energy they are using.** が正解である。**2** に関して，「共同住宅の壁を通って逃げてしまう熱」は同段第2文（Changes have been …）に言及が見られるが，「タルトゥの共同住宅に，熱が逃げるのを防ぐ改良が行われた」という内容を述べているのであって，control panel そのものにそうした働きがあるとは述べられていないので不適。**3** に関して，solar panels「太陽光パネル」への言及は同段最終文（Also, solar panels …）に見られるが，制御盤がそのエネルギーを制御するとは書かれていないので不適。**4** に関しては，同段で用いられていた単語を断片的にそれらしく組み合わせただけの選択肢で，内容自体は本文中に一切言及が見られない。

(37) **解答** 2

質問の訳 その共同住宅の住人たちは，どのようにしてその事業にお金を払う手助けをしているのか。

選択肢の訳
1 同様の共同住宅 6,000 棟を改良する手助けをすることによって。
2 光熱費に費やされていたであろうお金を使うことによって。
3 その改良のうちの多くを自分たちで実行することによって。
4 費用の半分を支払うために欧州連合で働くことによって。

第4段第4文（The residents are …）参照。ここでは，「光熱費が下がった結果できた余剰資金をローンの返済に回している」と書かれている。この the loans とは，同段第3文（The EU paid …）に，「スマートエンシティ計画の費用は EU が半分を負担し，残りの半分は住民が銀行からお金を借りることで賄っている」という趣旨が述べられていることから，スマートエンシティ計画の費用に充てられるローンであるとわかる。したがって，“光熱費が下がる→余剰資金をローン返済に充てる→ローンで借りたお金はスマートエンシティ計画に費やされる”という関係性ができているので，**2 By using money that would have been spent on bills.** が正解である。この設問は解答根拠が本文に直接書かれている訳ではなく，文脈や因果関係をしっかりと整理する文章理解が求められている。さらに，選択肢の would have been spent「（もし光熱費が従前通り高いままであれば光熱費の支払いに）費やされていたであろう」という意味の仮定法表現も正確に理解できないと選べないので，やや難しいと言える。**1** に関して，「6,000 棟の共同住宅」は同段最終文（The Estonian government …）に言及が見られるが，これはスマートエンシティ計画の成功を受けてエストニア政府が他の 6,000 棟にも同じ改良を加えたいという趣旨の内容なので，不適。**3** に関しては本文中に言及が見られない。**4**に関しては，同段第3文（The EU paid …）に言及されている断片情報を用いた選択肢だと考えられるが，本文中にworking for the European Union「EUで働く」という情報は書かれていない。

(38)　解答　1

質問の訳　次の記述のうちどれが正しいか。

選択肢の訳　**1**　スマートエンシティ計画は，タルトゥをより魅力的な都市に変える一助となった。

2　欧州連合はエストニアにある17棟の新しい共同住宅を建てるためにお金を与えた。

3　複数の国が，住宅不足を理由としてソ連から離脱することに決めた。

4　エストニアにおけるガス消費の80パーセント以上は，個人宅を暖めるためのものである。

第4段第5文（Moreover, the work …）参照。ここでは，「共同住宅の工事は街の外観を改善した」とある。どのような外観であるかは，第2段最終文（The aim is …）に「その目的はアパートを現代的で見た目の美しい家にすることでもある」とあることからわかる。したがって，正解は**1 The SmartEnCity project has helped to turn Tartu into a more attractive city.**である。**2**に関してはto build 17 new apartment housesが誤り。第2段第2・3文（The project began … for the project.）にあるように，「17棟」というのはソ連統治時代にエストニア領内に建てられたものの，大戦後不要になった仮設住宅のことである。また，EUが資金提供しているのは，それらの建物をエネルギー効率が良く現代的な家にしようとするスマートエンシティ計画そのものに対してであるので不適。**3**に関して，housing shortages「住宅不足」については第1段第3文（In those days, …）にa shortage of housesという表記が見られるが，これはソ連統治下にあった国々に仮設住宅が建てられることとなった原因として言及された部分であり，諸国がソ連の統治を離れようとする原因であったという趣旨ではないので不適。**4**に関して，80 percentは第3段第5文（As a result, …）に見られるが，これは，「スマートエンシティ計画のおかげで暖房用のガス使用量が80パーセント減少した」という内容で，「個人宅の暖房に使われている」という内容ではない。

一次試験　筆記　4

解答例 **I agree that restaurants and supermarkets should try to reduce the amount of food that they throw away. Firstly, a large amount of carbon dioxide is released into the air when food waste is burned. Reducing the amount of food that is thrown away has a good impact on the environment and can help stop global warming. Secondly, it costs restaurants and supermarkets a lot of money to throw away their food. Cutting this cost would allow them to use more money on their products and services. Therefore, I agree with this opinion.（80～100 語）**

訳　私は，飲食店やスーパーは廃棄する食べ物の量を減らそうとするべきだということに同意する。第一に，食品廃棄物が燃やされると，大量の二酸化炭素が大気中に放出される。捨てられる食べ物の量を減らすことは環境に良い影響を与え，地球温暖化を防ぐ一助となり得る。第二に，飲食店やスーパーが食べ物を捨てるのには多額の費用がかかる。この費用を削減することで，飲食店やスーパーは，自分たちの製品やサービスにより多くのお金を使うことができる。したがって，私はこの意見に同意する。

トピックの訳　**飲食店やスーパーは，廃棄する食べ物の量を減らそうとするべきだとよく言われている。この意見に同意するか。**

ポイントの訳　**●費用　●健康と安全　●環境**

▶まず，賛成か反対かを明確にする。〔解答例〕は賛成の意見。反対の場合は，I disagree with this idea that …のようにすればよい。

▶理由を2つ提示するが，理由を列挙する場合は，最初に first / firstly，second / secondly と書いておくとわかりやすい文になる。

▶〔解答例〕の英文の構成は「①主張→②1つ目の理由→③2つ目の理由→④結論」である。最終文で主張を繰り返す場合は，なるべく1文目とは異なる表現を使用すること。ここでは therefore「それゆえに，したがって」という結論を導くディスコース・マーカー（つなぎ言葉）を使って，I agree with this opinion. と自分の意見を簡単に再主張している。

▶反対の場合の理由が挙げにくいが，あえて挙げるとすると The attempts to reduce food waste could eventually lead restaurants and supermarkets to serve meals of lower quality and variety.「食品廃棄物を減らそうとする試みによって，結果的に飲食店やスーパーが，質の面でも種類の面でも貧弱な食事を提供することになり得る」などが考えられる。この主張の帰結は可能性としてはそれほど高くないので，助動詞の現在形 can ではなく，過去形の could を用いている。

▶「食べ物の量を減らす」reduce the amount of food　「～を捨てる」throw away ～　「大量の～」a large amount of ～　「二酸化炭素」carbon dioxide　「～を放出する」release　「食品廃棄物」food waste　「～に良い影響を与える」have a good impact on ～　「地球温暖化」global warming　「*A* が～するのに *B* がかかる」It costs *A*（人）*B*（お金）to *do*　「費用を削減する」cut the cost

一次試験　リスニング　第1部

No. 1　解答　3

★＝男性　☆＝女性　（以下同）

★ Jane, do you have plans for Sunday?

☆ Well, there's a big flea market in Bakersville. I'm thinking of going to that, and maybe going to see a play afterward.

★ Oh. I was going to ask if you'd like to go on a fishing trip with me.

☆ Hmm. Fishing sounds like fun. Yeah, I'd love to go. I can go to the flea market some other day.

Question：What will the woman probably do on Sunday?

訳

★ ジェーン，日曜日に予定はある？

☆ えっと，ベーカーズヴィルで大きなフリーマーケットがあるの。そこに行ってみようと思っていて，その後はお芝居を観に行ってもいいかなと思っているのよ。

★ そうか。僕と一緒に釣りに行かないか聞こうと思っていたんだ。

☆ うーん。釣りは楽しそうね。ええ，ぜひ行きたいわ。フリーマーケットはまた別の日に行けるし。

質問：女性は日曜日に何をしそうか。

選択肢の訳

1　フリーマーケットで買い物をする。

2　芝居を観る。

3　男性と釣りに行く。

4　ベーカーズヴィルまで車で行く。

日曜日の計画について話し合う男女の会話。男性の第1発言で女性に日曜日の予定を聞いていることから，男性が女性をどこかに誘いそうだという状況はすぐにわかる。この種の会話では「どこに行く予定か」や，一方が誘いを断った場合は「なぜか」が問われやすいが，相手の返答次第でどちらに転ぶかわからないので，本問の場合は特に女性の発言に注意して聞いておく。女性は第1発言で自身の予定を述べるが，それを受けた男性が「釣りに行かないかなと思ったんだけど」と発言したことで一転，Fishing sounds like fun. Year, I'd love to go. と男性の誘いに乗り気になった女性の第2発言が解答根拠。したがって，正解は **3**「男性と釣りに行く」である。

No. 2　解答　1

☆ Hi, Kevin. Are you going to the company's Christmas party this weekend?

★ No, I can't. My cousin's coming to visit, and I've promised to take her around town.

☆ That's too bad. I was looking forward to talking with you at the party.

★ Well, I'll call you next week. Maybe we can go out for lunch.

Script

Question：Why can't the man attend the Christmas party?

訳

☆こんにちは，ケビン。今週末の会社のクリスマス・パーティーには行く？

★いや，行けないんだ。いとこが遊びに来るんだけど，彼女に町を案内すると約束しちゃったんだよ。

☆それは残念ね。私，パーティーであなたとお話するのを楽しみにしていたのに。

★じゃあ，来週電話するよ。多分一緒にお昼を食べに行けるから。

質問：男性はなぜクリスマス・パーティーに参加できないのか。

選択肢の訳

1　彼はいとこを案内することになるだろう。

2　彼は入院中の上司のお見舞いに行くつもりだ。

3　彼は友人と昼食を食べるつもりだ。

4　彼は遅くまで働くことになるだろう。

週末に予定されている会社のクリスマス・パーティーについて話し合う男女の会話。「パーティーに参加するか」を尋ねた女性に対して No, I can't. と返答した男性の第1発言が解答根拠。正解は**1**「彼はいとこを案内することになるだろう」である。未来進行形 will be *doing* は，「～することになるだろう，～していることだろう」という“当然の成り行き”を強調する表現。放送文では take her around town となっており，take *A* around *B*「*A*（人）に *B*（場所）を案内する」が使われているが，選択肢は show *A* around「*A*（人）を案内する」に言い換えられている。

No. 3　解答　4

☆ Hello, sir. May I help you with something?

★ Hi. I'm looking for some handkerchiefs. They're a gift for my mother.

☆ These are the only handkerchiefs we have. As you can see, they're simple but elegant, and they come in several colors.

★ Well, she likes flower designs, so I think I'll look at another store.

Script

Question：What will the man probably do next?

訳 ☆いらっしゃいませ，お客様。ご用をお伺いしましょうか。

★こんにちは。ハンカチを探しています。私の母への贈り物なんです。

☆当店のハンカチはこれだけしかありません。ご覧のように，シンプルですけど上品で，色も複数ご用意しております。

★うーん，母は花のデザインが好きなので，他の店を見てみようと思います。

質問：男性は次に何をしそうか。

選択肢の訳 **1** ギフトカタログを注文する。

2 彼の母が贈り物を買う手伝いをする。

3 女性に贈り物の意見を求める。

4 どこか他の場所で贈り物を探す。

母親に贈るハンカチを探す男性客と女性店員との会話。女性の第1発言 May I help you with something? で店での会話だとわかる。「母親にプレゼントするハンカチを探している」という男性に対し，「店舗にはシンプルなハンカチしかない」と返答した女性店員に対する男性の第2発言が解答根拠。I'll look at another store. とあることから，4「どこか他の場所で贈り物を探す」が正解である。ちなみに，女性の第2発言にある they come in several colors の come in は「(商品などが) 入手できる，売られている，用意されている」という意味で，come in all sizes「全てのサイズが揃っている」や come in four colors「4色用意されている」といった使い方がされる頻出表現。

No. 4 解答 3

☆I've been thinking about riding my bike to college instead of driving, Jim.

★Sounds great, Karen. It would only take about 20 minutes to cycle there from your house. And it would be better for the environment.

☆Yeah. But I'm worried about riding home after dark, especially after studying late in the library.

★Well, you should be OK if you use a light and wear a helmet.

Question：What is the woman worried about?

Script

訳 ☆ジム，私ね，車の代わりに自転車で大学に行こうかと思っているの。

★いいね，カレン。君の家から自転車でそこまで行くのに20分ほどしかかからないだろうし。それに，その方が環境に良いだろうね。

☆ええ。でも暗くなってから自転車で帰宅するのは不安なのよね。特に図書館で遅くまで勉強した後とか。

★うーん，ライトを使ってヘルメットをかぶれば大丈夫なはずだよ。

質問：女性は何を心配しているか。

選択肢の訳 **1** 古いヘルメットを使うこと。 **2** 図書館で一人で勉強すること。

3 夜に自転車で帰宅すること。 **4** 授業に遅れること。

大学への交通手段を車から自転車に変えようと検討している女子学生と，それに賛同する男子学生の会話。女子学生の第2発言のButに注意。逆接の後ろには重要な情報が置かれやすいので集中して聞いていると，女子学生は帰りの夜道を心配していることがわかる。したがって，正解は**3**「夜に自転車で帰宅すること」である。**1**に関して，helmetに対する言及は男性の発言にしか見られないので解答根拠になりにくい。**2**にあるStudying in the libraryや**4**にあるlateは，女性の第2発言に含まれているので惑わされるかもしれないが，放送文中のbutに注意が向けられていれば，その直後のI'm worried about riding home after darkが重要な情報だとわかったであろう。

No. 5　解答　3

Script

☆ Good morning. Ashton City Library.

★ Hi. I have a book that I'm supposed to return today, but I haven't finished reading it. Can I return it next week?

☆ You can. But a late fee of 20 cents is charged for each day the book is overdue.

★ OK. Thank you for your help.

Question：Why does the man want to return the book next week?

訳

☆ おはようございます。アシュトン市立図書館です。

★ こんにちは。今日返却予定の本があるのですが，まだ読み終わっていないんです。来週返却してもいいですか？

☆ はい，大丈夫です。しかし，本を1日延滞するごとに20セントの延滞金が課されます。

★ わかりました。ご対応ありがとうございました。

質問：男性はなぜ本を来週に返したいのか。

選択肢の訳

1　彼はその本を見つけられない。

2　彼はその時まで不在である。

3　彼はまだその本を読んでいる。

4　彼は延滞料を支払う必要がない。

市立図書館に電話をかけた男性と，応対した女性職員の会話。会話の場面と2人の関係性は女性の第1発言でわかるが，電話の要件は電話をかけた側の発言，つまり本問の場合は男性の第1発言でわかる。男性がbutの後で述べたI haven't finished reading it.が解答根拠。したがって，**3**「彼はまだその本を読んでいる」が正解である。この発言を受けた女性職員がしたa late fee「延滞金」の説明は聞き取りにやや苦労するかもしれないが，男性はその発言に特にコメントをすることなくそのまま電話を終わらせているので，延滞金の話は設問に関わる重要な情報ではないと判断できる。

No. 6 解答 4

★ Jenny, do you remember that I told you I was having problems with my old computer? Well, now it's stopped working altogether.

☆ Really? So, are you going to get a new one soon?

★ Yeah. I also have to take my old one to the electronics store to have it recycled.

☆ Make sure you tell them to delete all of the data on it, too.

Script

Question：What is one thing the man says about his computer?

訳
★ジェニー，僕の古いコンピュータに問題があると言ったのを覚えている？ えっとね，もうそれが完全に動かなくなったんだよ。

☆本当？ それで，あなたはすぐに新しいものを買うつもりなの？

★そうなんだ。それに，古いのをリサイクルしてもらうのに，電器店に持って行かなきゃいけないんだ。

☆データを全て削除するように伝えるのも忘れないようにね。

質問：男性が自分のコンピュータについて言っている一つのことは何か。

選択肢の訳
1 彼は安い電器店でそれを入手した。
2 彼は女性がそれを買うことを望んでいる。
3 それはデータが多すぎる。
4 それはもはや動かない。

自分のコンピュータが動かなくなったと伝える男性と，それを聞く女性の会話。解答根拠は男性の第1発言にある。正解は**4**「それはもはや動かない」である。直接の解答根拠を聞き逃しても，後の会話で「新しいのを手に入れるつもりか」「古いのを持って行かなければならない」「データを全て削除する」などの断片的な情報でも聞き取れれば正解は選べるはず。ちなみに放送文ではit's stopped working altogether「それは完全に作動することをやめてしまった」という表現になっているのに対して，選択肢はnot ～ anymore「もはや～ない」という表現を使ってIt does not work anymore. と言い換えられていることに注意。

No. 7 解答 4

☆ Wow, Mr. Hanson sure gives us a lot of tough tests!

★ I know. I'm worried that I won't be able to pass his class this semester.

☆ Yeah, I'm worried, too. In fact, my mom's hiring a private teacher to help me study.

★ That's a good idea. I'd like my mom to do that, too. I'll talk to her about it.

Script

Question：What does the boy want to do?

訳 ☆わあ，ハンソン先生は厳しいテストを本当にたくさんしてくれるわね！
★そうだよね。僕は今学期，先生の授業に合格できないんじゃないかと心配だよ。
☆ええ，私も心配よ。実は，お母さんが私の勉強を手伝ってくれる家庭教師を雇うつもりなの。
★それは良い考えだね。僕も母さんにそうしてもらいたいよ。そのことについて母さんに話してみよう。

質問：少年は何をしたいか。

選択肢の訳 **1** 少女の助けを得る。
2 少女がテスト勉強をする手伝いをする。
3 難しいテストをもっとたくさん受ける。
4 家庭教師を雇う。

厳しいテストが課される授業の落第を恐れる学生たちの会話。解答根拠そのものは男性の第2発言であるが，「それはいい考えだ」「僕も母さんにそうしてもらいたい」「そのことについて母さんに話してみよう」という指示語しか述べられていないので，その前の女性の発言 my mom's hiring a private teacher を聞き落とすと正答が選びにくい。正解は **4**「家庭教師を雇う」である。話の流れとしては，女性が a lot of tough tests と発言した後，男性が I'm worried と述べ，それに対して女性が I'm worried, too. と受けていることから「2人とも授業のテストで困っている」ということがわかるはずなので，女性のその後の発言に注意を向けておきたいところである。

No. 8 解答 2

☆Excuse me. I'm new at this college, and I'm wondering if there's a bank on campus.
★Well, there are several ATMs.
☆I see. But I need an actual bank because I want to open an account.
★Then you need to go off campus to the shopping mall across the street from the main gate. There's a bank there.

Question：What does the man suggest that the woman do?

Script

訳 ☆すみません。私はこの大学に不慣れなのですが，構内に銀行はあるでしょうか。
★えっと，ATM はいくつかありますよ。
☆なるほど。でも，私は口座を開設したいので，実際の銀行が必要なのです。
★それなら，構外に出て，正門前の通りの向かい側にあるショッピングモールに行く必要があります。そこに銀行がありますよ。

質問：男性は女性に何をするよう提案しているか。

選択肢の訳 **1** 大学職員と話す。 **2** ショッピングモールに行く。
3 構内で銀行を探す。 **4** 通りの向かい側の ATM を使う。

大学構内で銀行を探す女性と，それに応対する男性の会話。女性の第 1 発言から，女性が銀行を探しているとわかる。それに対し「ATM がいくつかある」と答えた男性に，女性が I see. But …「なるほど。でも…」と逆接の but を使用するので，ここから特に集中して聞く。because 以下の open an account「口座を開設する」は音がつながって「オープナナカウントゥ」と聞こえること，また account という単語が多義語であることから，意味を取るのに苦労するかもしれないが，I need an actual bank「実際の銀行が必要だ」の方が重要な情報だとわかればよい。この女性の発言を受けた男性の第 2 発言が解答根拠。「それなら，構外に出てショッピングモールに行く必要がある」とあることから，**2**「ショッピングモールに行く」が正解である。

No. 9 解答 1

☆ So, Mr. Jones, how is your back this week?
★ Well, Doctor, I have less pain than last week. And I've finished taking all the pills.
☆ Yes. Looking at this x-ray, I'd say you're getting better. You'll be able to return to work very soon.
★ That's good news. I'm tired of spending so much time sitting at home.

Question : What does the doctor tell the man?

Script

訳
☆ さて，ジョーンズさん，今週は背中の具合はどうですか？
★ そうですね，先生，先週より痛みがましです。あと，全ての錠剤を飲み終えました。
☆ わかりました。このレントゲン写真を見ると，まあ良くなっていると思います。もう間もなく仕事に復帰できるでしょう。
★ それは朗報です。あんなに長い時間家で座って過ごすのはうんざりですから。

質問：医者は男性に何と言っているか。

選択肢の訳
1 彼はもうすぐ仕事を再開できる。
2 彼は明日戻ってくるべきだ。
3 彼はもっと錠剤を飲む必要がある。
4 彼はもう一度レントゲン検査を受けなければならない。

女性医師と男性患者の会話。女性の第 1 発言で your back が出てくるが，所有格のつく back は「背中」の意味であることを知っていれば直ちに状況がわかる。仮に女性の発言でわからなくても，男性の Well, Doctor という呼びかけで状況ははっきりする。男性は「痛みが先週よりましだ」と述べており，女性医師も「良くなっていると思います」と述べていることから，男性の病状が快方に向かっていることがわかる。その後女性医師が述べる You'll be able to return to work very soon. が解答根拠。したがって，**1**「彼はもうすぐ仕事を再開できる」が正解である。

No. 10　解答　2

☆ You were right about traveling to California by train, honey. It's much more relaxing than flying.

★ And the scenery's beautiful, isn't it? Look at those mountains in the distance.

☆ They're lovely. And this is cheaper than flying. Let's think about taking the train more often.

★ I agree. We almost always fly. We're in too much of a hurry to get where we're going.

Question : What is one thing we learn about the couple?

Script

訳

☆ 列車でカリフォルニアへ旅行するのは正解だったわ，あなた。飛行機に乗るよりははるかにゆったりしているもの。

★ それに景色も素晴らしいよね？　遠くにあるあの山々をごらん。

☆ 素敵ね。それに，飛行機より安いし。もっと頻繁に列車に乗ることを考えましょう。

★ 賛成だね。僕たちはほとんどいつも飛行機で移動するからね。目的地に行くのに急ぎすぎなんだよ。

質問：その夫婦についてわかる一つのことは何か。

選択肢の訳

1　彼らは山でキャンプをするだろう。

2　彼らは通常飛行機で旅行する。

3　彼らはカリフォルニアに引っ越した。

4　彼らは忙しすぎて旅行することができない。

列車の旅を楽しむ夫婦の会話。女性の第1発言中の honey「あなた」から2人の関係性がわかり，男性の第1発言 Look at those mountains in the distance. から2人は移動中であるという会話の場面がわかる。fly が単純に「飛ぶ」ではなく「飛行機に乗る，飛行機で移動する」という意味で使われていることに気付けるかがカギ。解答根拠は男性の第2発言 We almost always fly.「僕たちはほとんどいつも飛行機で移動する」で，正解は **2**「彼らは通常飛行機で旅行する」である。選択肢では放送文中の almost always が usually に，fly が travel by airplane と言い換えられていることに注意。**1**，**3**，**4** は断片情報を使った誤答選択肢だが，特に **4** は男性の最終発言 We're in too much of a hurry to get where we're going. に基づいた選択肢で，話の流れを整理して聞き進めていなければうっかり選んでしまうかもしれない。ちなみに we're は「ウィア」という発音ではなく，実際は「ウェァ」もしくは単純に「ウェ」に近いので，where we're going の発音は「ウェウェゴーイン」のように聞こえる。

No. 11　解答　1

☆ Jack, I just read an article about the benefits of taking a nap during the day.

★ Sometimes I wish I could do that at work. I stay up too late at night, and I'm always tired.

☆ You could sleep a little during your lunch break. Even 20 minutes can help you feel refreshed.

★ Really? Maybe I'll try that.

Script

Question：What are the man and woman talking about?

訳

☆ジャック，私ちょうど，日中にちょっと寝ることの利点についての記事を読んだの。

★仕事中にそれができたらいいなと思う時はあるね。僕は夜更かししすぎていて，いつも疲れているんだよ。

☆昼食休憩中なら少し眠れるでしょう。20分でもすっきりできるわよ。

★本当かい？　試してみようかな。

質問：男性と女性は何について話しているか。

選択肢の訳

1　昼間に睡眠をとること。

2　昼食をもっとゆっくり食べること。

3　20分早く就寝すること。

4　夜遅くまで仕事をすること。

昼寝について話し合う男女の会話。話題そのものを問われる問題なので，会話全体にヒントが散りばめられている。女性の第1発言 taking a nap「昼寝をすること」がちゃんと聞き取れて意味が把握できれば難しくない。正解は**1**「昼間に睡眠をとること」である。これを聞き逃したか，あるいは理解できなかった場合，男性の第1発言 I stay up too late at night「僕は夜更かししすぎなんだ」を受けた女性の第2発言 You could sleep a little during your lunch break.「昼食休憩中なら少し眠れるでしょう」からわかるはず。

No. 12　解答　2

★ Hello?

☆ Ben, it's Helen. Do you remember I said I'm planning a trip to Thailand? What was the name of the island you said I should visit?

★ It's called Ko Lanta. It's simply beautiful. I have some travel magazines with pictures of it. I'll give them to you the next time I see you.

☆ Thanks. Do they have any good hotels there?

★ Yeah. There are several nice ones.

Script

Question：What will the man do for the woman?

訳 ★もしもし。
☆ベン，ヘレンよ。私がタイ旅行を計画していると言ったのを覚えている？　あなたが行った方がいいと言っていた島の名前って何だったっけ？
★ランタ島というところだよ。とても美しいんだ。その島の写真が載っている旅行雑誌を何冊か持っているんだ。今度会ったらあげるよ。
☆ありがとう。そこにはいいホテルはあるかしら？
★ああ。いくつか素敵なホテルがあるよ。

質問：男性は女性のために何をするつもりか。

選択肢の訳　**1**　自分の旅行の写真を彼女に見せる。
2　彼女に雑誌を何冊かあげる。
3　彼女のためにホテルの予約をする。
4　彼女を連れてタイを案内する。

旅行計画中の女性と，アドバイスをする男性の電話での会話。解答根拠は，男性の第 2 発言 I'll give them to you the next time I see you. から **2**「彼女に雑誌を何冊かあげる」である。解答根拠は前半寄りにあるので，情景を浮かべながら聞き進めていないと難しい。**1** は間違って選んでしまいそうだが，男性の発言中に my trip や I traveled …といった表現がなかったことから some pictures of his trip はおかしいと気付きたい。ちなみに **4** の take *A* around は「*A*（人）を案内する」という意味（No. 2 参照）。

No. 13　解答　3

☆It's raining again today, honey. When was the last time we saw the sun?
★It's been over a month. It just keeps raining and raining.
☆The weather report said it'll last one or maybe two more weeks.
★Two more weeks? This has got to be one of the longest, wettest rainy seasons we've ever had.

Question：What does the man say about the weather this year?

Script

訳 ☆あなた，また今日も雨が降っているわ。私たちが最後に太陽を見たのはいつだったかしら？
★ 1 カ月以上前だよ。雨がずっと降り続いているね。
☆天気予報によると，あと 1 週間かひょっとすると 2 週間続くそうよ。
★あと 2 週間？　今年は今までで一番長くて一番雨の多い梅雨の一つに違いないな。

質問：今年の天気について男性は何と言っているか。

選択肢の訳　**1**　晴れの日が多かった。　**2**　天気予報に間違いがあった。
3　梅雨がいつもより酷いようだ。　**4**　梅雨が 1 週間前に始まった。

雨続きの天候に不満を漏らす夫婦の会話。細かい部分は聞き取れなくても，女性と男性の不快そうな声の調子や raining という単語が連呼されていることから，天気について話しているという状況は把握できるはず。男性の第2発言 This has got to be one of the longest, wettest rainy seasons we've ever had. の内容から，**3**「梅雨がいつもより酷いようだ」が正解。"the 最上級＋A＋（that）S have ever ***done***"「Sが（これまで）～した中でも最も…なA（名詞）」は筆記でも頻出の慣用表現。**4**は女性の第2発言に由来する誤答選択肢だが，放送文中では one or maybe two more weeks「あと1週間かひょっとすると2週間」という，未来に言及する表現になっていることから不適だとわかる。

No. 14　解答　4

★ Honey, we've both been really busy with work lately. Do you think we should get someone to help with the housework?

☆ Well, it would be a big help. Neither of us has much time for doing the cleaning.

★ Exactly. The only problem is that I've heard housekeepers are expensive.

☆ Well, it wouldn't hurt to call some housekeeping companies and find out their prices. We can always say no.

Script

Question：What do the man and woman think they might need?

訳

★ あのさ，僕たちは2人とも最近仕事で本当に忙しいよね。家事を手伝ってくれる人を探した方がいいと思わない？

☆ まあ，それはすごく助かるでしょうね。私たちはどちらも掃除をする時間があまりないし。

★ その通りだ。唯一の問題は，家事代行者は高額らしいってことだ。

☆ うーん，いくつか家事代行会社に電話して価格を調べても悪くないんじゃない。いつでも断ることができるんだし。

質問：男性と女性は，自分たちには何が必要かもしれないと思っているか。

選択肢の訳　**1**　もっと広い住居。　**2**　仕事の休暇。
3　家賃の安いアパート。　**4**　家事の手助け。

共働きで忙しい日常の解決策を話し合う夫婦の会話。男性は第1発言で Do you think …? という相手の意見を求める疑問文を投げかけている。内容は we should get someone to help with the housework「僕たちは家事を手伝ってくれる人を探すべきだ」という提案で，妻は it would be a big help と応じていることから，夫の意見に賛成していることがわかる。したがって，正解は**4**「家事の手助け」である。会話の中で housework「家事」，housekeepers「家事代行者」，housekeeping companies「家事代行会社」といった単語が散りばめられているので，正解は選びやすい。ちなみに，女性の最後の発言に見られる it wouldn't hurt to *do* は「～しても損はない，ダメ元で～してはどうか」という意味。

No. 15　解答　2

★ Hi. I'd like one ticket to *Zombies from Space*, please.

☆ *Zombies from Space*. Hmm. You have to be 18 to see that movie. Can I ask how old you are?

★ Oh, I didn't know. I'm only 16.

☆ I'm sorry, but I won't be able to sell you a ticket. You can watch it if you come with one of your parents, though.

Script

Question : Why can't the boy see *Zombies from Space*?

訳

★ こんにちは。『宇宙から来たゾンビ』のチケットを1枚ください。

☆『宇宙から来たゾンビ』ですか。うーん。その映画を観るには18歳でなければならないんです。あなたがおいくつか聞いてもいいですか？

★ あ，知りませんでした。僕はまだ16歳です。

☆ 申し訳ありませんが，チケットはお売りできません。でも，親御さんのどちらかと一緒に来たら観ることができます。

質問：なぜ少年は『宇宙から来たゾンビ』を観ることができないのか。

選択肢の訳

1　彼は家にチケットを忘れた。

2　彼は十分な年齢ではない。

3　それはすでに売り切れている。

4　それはその映画館で上映されていない。

映画のチケットを求める男性と，チケット売り場の女性の会話。女性の第1発言 You have to be 18 to see that movie. が根拠。したがって，正解は **2**「彼は十分な年齢ではない」である。女性が続けて Can I ask how old you are? と尋ねていることや，女性の第2発言で You can watch it if you come with one of your parents, though. と述べていることから，年齢が問題となっていることはわかりやすい。ちなみに映画や小説のタイトルは，本問における zombie「ゾンビ」のように，普段馴染みのない単語が入りやすい。馴染みがない以上聞き取れないことも多いので焦ってしまうかもしれないが，タイトルを正確に理解できる必要はなく，その名称が何のタイトルを表しているのか（映画なのか小説なのか）がわかればよい。タイトルに限らず，リスニングでは少々聞き取れない単語があっても過度にこだわらずに，会話全体の流れを把握するように努めよう。

一次試験　リスニング　第2部

No. 16　解答　2

Samantha takes the train to her office every day. Last Friday, she saw her neighbor, Mr. Watson, near the train station. He seemed to be having trouble getting onto a bus, so Samantha walked over and helped him to get on. Mr. Watson told her that he had hurt his leg when he fell off his bicycle, and then he thanked her for being so kind.

Script

Question：What did Samantha do on Friday?

訳　サマンサは毎日電車に乗って職場に行く。先週の金曜日に，彼女は駅の近くで隣人のワトソンさんを見かけた。彼はバスに乗車するのに苦労しているようだったので，サマンサは歩み寄って，彼が乗るのを手伝った。ワトソンさんは，自転車で転倒して足に怪我をしたのだと彼女に話し，それから，親切にしてくれたことに感謝した。

質問：サマンサは金曜日に何をしたか。

選択肢の訳
1　彼女は古い自転車を見つけた。
2　彼女は駅の近くで男性の手助けをした。
3　彼女は職場からバスで帰宅した。
4　彼女は隣人と散歩に行った。

状況を思い浮かべながら聞き進める。「サマンサが駅の近くで隣人のワトソンさんを見つけ，彼がバスに乗るのを手伝った」という一連の流れを押さえておくと2「彼女は駅の近くで男性の手助けをした」が正解だとわかる。直接的な根拠は第3文（He seemed to …）文末のand helped him to get onの部分で，その後解答には関係のない情報が述べられていくが，最終文（Mr. Watson told …）の最後にhe thanked her for being so kindとあるので，前半を聞き逃しても正解は選びやすいだろう。

No. 17　解答　3

Laura won a big toy bear at an amusement park on Sunday. She took many pictures of it and sent them to her friends right away. The bear was so big that Laura struggled to take it home on the train. Luckily, two of her friends had seen her pictures and went to the station to help her carry it home.

Script

Question：How did Laura's friends find out about her new toy bear?

訳　ローラは日曜日に，遊園地で大きなクマのぬいぐるみを獲得した。彼女はそれをたくさん写真に撮って，すぐに友人たちに送った。そのクマは大きすぎてローラは電車で家に持って帰るのに苦労した。幸い，彼女の友人２人が彼女の写真を見ていたので，彼女がそのぬいぐるみを家に持ち帰るのを手伝うために駅に行った。

質問：ローラの友人たちは，彼女の新しいクマのぬいぐるみについてどのようにして知ったか。

選択肢の訳　**1**　彼女が友人たちに電話をして，それについて伝えた。
2　彼女は電車の中でそれを友人たちに見せた。
3　友人たちは彼女が送った写真でそれを見た。
4　友人たちは遊園地でそれについて耳にした。

ローラが遊園地で大きなクマのぬいぐるみを入手して友人たちにその写真を送ったものの，家まで持ち帰るのに苦労していたという状況を前提に，最終文（Luckily, two of …）で「友人がローラを助けるために駅まで来てくれた」とある。この文の前半 two of her friends had seen her pictures が駅に来た理由の説明となっているので，正解は **3**「友人たちは彼女が送った写真でそれを見た」である。

No. 18　解答　2

There is a place in South Africa called Stormkaap. It is famous because the Indian Ocean and the Atlantic Ocean meet near there. One ocean is warm and the other is cold, so when they meet, they make big waves. Many ships have been damaged or destroyed by these dangerous waves. Two different colors can also be seen in the water, so Stormkaap gets many visitors every year.

Question：What is one thing the speaker says about Stormkaap?

Script

訳　南アフリカにはストームカープという場所がある。そこが有名なのは，インド洋と大西洋がその場所の近くで交わるからだ。一方の海は暖かく，もう一方の海は冷たいので，その２つの海は交わると大きな波を作る。多くの船が，このような危険な波によって損傷を受けたり，破壊されたりした。さらに，水中で２つの異なる色が見られるため，ストームカープには毎年多くの観光客が来ている。

質問：ストームカープについて話者が言っている一つのことは何か。

選択肢の訳　**1**　そこで多くの船が作られている。
2　そこで暖かい海が冷たい海と交わる。
3　観光客がそこの美しい砂浜を汚す。
4　そこでは一日の気温が急速に変化する。

第３文（One ocean is …）に「一方の海は暖かく，他方は冷たいので，それらが交わる時…」とあることから，**2**「そこで暖かい海が冷たい海と交わる」が正解。情報の整理の仕方としては，まず第１文（There is a …）でStormkaapと言われる場所が話題となることを押さえる。第２文（It is famous …）でその場所が有名な理由が述べられるが，「インド洋と大西洋が交わる場所」というだけではまだ話題として弱いので，さらに情報を集めようと集中して聞いていると，解答根拠の文に行き当たる。

No. 19　解答　4

Thank you for calling the Pinkstar Electronics Customer Center. This line is for customers who need help with products they have bought at our stores. We are currently very busy, so it may take some time to answer your call. Please be aware that we are closed on Sundays. You can find answers to many support questions on our website, so please try searching there first. Thank you for your patience.

Question：What does the speaker suggest customers do first?

訳　ピンクスター・エレクトロニクスのカスタマーセンターにお電話いただきありがとうございます。こちらの回線は，当店でご購入いただいた商品に関してお困りのお客様のためのものです。現在，大変混み合っておりますので，お電話をおつなぎするのに少し時間がかかるかもしれません。日曜日は休業しておりますのでご注意ください。当社のホームページでサポートに関する多くの質問に対する回答をご覧いただけますので，まずはそちらで検索してみてください。お待ちいただき，ありがとうございます。

質問：顧客はまず何をすべきだと話者は提案しているか。

選択肢の訳　**1**　商品を見るために店に足を運ぶ。
2　カスタマーセンターに行く。
3　日曜日にｅメールを送る。
4　ウェブサイトで回答を探す。

質問文は「話者は何を提案しているか」なので，放送文中の命令文，またはそれに類似する文が解答根拠となる。第５文（You can find …）の後半でso please try searching there firstとあり，thereとは直前で述べられているour websiteを指しているので，正解は**4**「ウェブサイトで回答を探す」である。searchは目的語に“探しているもの”ではなく“探すべき場所”を置くので，search the answersではなくsearch the websiteという意味でsearch thereと述べられている。「答えを探す」の場合はsearch for the answersになるが，選択肢はlook for answersと言い換えられている。情報の整理としては，第１・２文（Thank you for … at our stores.）でカスタマーセンターの電話だと理解する。本題は第３文（We are currently …）からで，「顧客対応ができない」という現状を把握できると，解答根拠の命令文please try searching …を意識して聞くことができるだろう。

No. 20　解答　1

In 1923, a book was published in Lebanon, a country in the Middle East. The book was called *The Prophet*, and it has been translated into more than 40 languages. People from Lebanon feel proud that a book from their country has been read in many parts of the world. Although *The Prophet* was published long ago, it is still read by many people today.

Question : Why do people in Lebanon feel proud of the book *The Prophet*?

訳　1923年，中東の国レバノンで，ある本が出版された。その本は『預言者』というタイトルで，これまで40以上の言語に翻訳されてきた。レバノンの人々は，自国の本が世界の多くの場所で読まれてきたことを誇りに思っている。『預言者』はずっと前に出版されたが，今日でもまだ多くの人に読まれている。

質問：レバノンの人々は，なぜ『預言者』という本を誇りに思うのか。

選択肢の訳
1　その本は多くの国で読まれてきた。
2　その本は彼らの言語に翻訳された。
3　その本は1923年にレバノンに持ち込まれた。
4　その本は西洋諸国について知るために使われた。

本のタイトルであるprophet「預言者」は難度の高い語であるが，意味はわからなくともこの放送文の主題となっている本のタイトルであることはしっかりと把握し，後の放送でもこの音が聞こえたらすぐに反応できるようにしたい。放送文の趣旨は「その本が世界中で長きにわたり読まれている」ということであるが，解答根拠は第3文（People from Lebanon …）にある。feel proud that a book from their country has been read in many parts of the worldとあることから，正解は**1**「その本は多くの国で読まれてきた」である。

No. 21　解答　4

Naomi lives in Tokyo and she visited her uncle in Osaka last weekend. When she came home on Sunday afternoon, she realized that she had left her glasses at her uncle's house. He said that he would send them to her, but she needed glasses to read at school on Monday. Naomi decided to buy new glasses to use until she gets her old ones back.

Question : Why did Naomi decide to buy new glasses?

訳　ナオミは東京に住んでおり，先週末，大阪のおじの元を訪れた。日曜日の午後に帰宅したとき，彼女は眼鏡をおじの家に置き忘れたことに気付いた。おじは眼鏡を彼女に送ると言ったが，彼女は月曜日に学校で本を読むのに眼鏡が必要だった。ナオミは，古い眼鏡が手元に戻ってくるまで使う新しい眼鏡を買うことにした。

質問：ナオミはなぜ新しい眼鏡を買うことに決めたか。

選択肢の訳　**1**　彼女は古い眼鏡のデザインが好きではなかった。
2　彼女は古い眼鏡だとうまく読めなかった。
3　彼女は学校で古い眼鏡を失くした。
4　彼女は大阪に古い眼鏡を置き忘れた。

「ナオミが大阪のおじの元を訪れた→眼鏡をおじの家に忘れた→新しい眼鏡を買うことに決めた」という一連の流れから，正解は4「彼女は大阪に古い眼鏡を置き忘れた」である。「大阪」という情報は第1文（Naomi lives in …）に出てくるので，聞こえる情報をしっかりと映像化しておかないと，質問が読まれるときには忘れてしまっているかもしれない。ただ，選択肢が全てSheであることから，ナオミが「何をした」のかという“彼女の行動”に注意して情報を整理すれば正解は選べただろう。ちなみに選択肢中のonesは全てglasses「眼鏡」を指している。

No. 22　解答　3

Welcome to the Annual Education Convention. Due to a technical error, the wireless Internet cannot be used right now. We hope to have it fixed as soon as possible. Those who need the Internet to prepare for their presentations can use one of the computers in the library on the first floor. Staff members are waiting there to assist you. Thank you for your understanding.

Question：What is this announcement about?

Script

訳　年次教育総会にようこそ。技術的なミスで，ただ今無線インターネットが使用できません。できるだけ早く直したいと思っております。発表の準備をするのにインターネットが必要な方は，1階の図書館にあるコンピュータのうち1台をお使いいただけます。職員がお手伝いするためにそこでお待ちしています。ご理解のほどよろしくお願いいたします。

質問：この放送は何に関するものか。

選択肢の訳　**1**　今日はスタッフの人数が足りない。
2　インターネットを使えるコンピュータがない。
3　インターネット環境に問題がある。
4　次のイベントの前にショーがある。

まず第1文（Welcome to the …）で，館内放送か何かの告知だとわかる。こうした告知アナウンスの場合，要件は冒頭で述べられるのが普通である。本問でも，続く第2文（Due to a …）に，the wireless Internet cannot be used right nowという今回の要件が述べられる。したがって，正解は3「インターネット環境に問題がある」である。本問は放送文の主題そのものを問う問題であることから，断片情報が解答となる可能性は低い。

No. 23　解答　4

One of the most common materials for making clothes is cotton. People started planting cotton more than 7,000 years ago, and it spread around the world because it could be used to make strong material. Cotton material was one of the first products ever made in a factory. In fact, the city of Manchester in England was once called “Cottonopolis” because there were so many cotton factories there.

Question：Why did cotton spread around the world?

Script

訳　衣類を作る最も一般的な材料の一つは綿だ。人々は7,000年以上前に綿を植え始めたが，それが世界中に広まったのは，綿が強力な素材を作るのに使えたからであった。綿素材は工場で初めて作られた製品の一つだ。実際，イングランドのマンチェスター市はかつて「綿の都市」と呼ばれていたが，それはその市に綿工場が非常にたくさんあったからであった。

質問：なぜ綿は世界中に広まったか。

選択肢の訳
1　多くの都市は公園で強い植物を必要としていた。
2　イングランド出身の工場労働者たちがそれを海外に持ち出した。
3　綿は多くの工場で容易に育つ。
4　強い素材を綿から作ることができる。

第2文（People started planting …）の後半 and 以降に it spread around the world because it could be used to make strong material とあることから，**4**「強い素材を綿から作ることができる」が正解。ちなみに cotton という単語はカタカナでは「コットン」と書かれるが，聞いての通り実際の発音は全く違う。英単語において［tn］や［dn］という発音は，t 音や d 音が飲み込まれたかのように発音される。

No. 24　解答　1

Vanessa is busy working part time at a café and taking piano lessons. She used to play the piano every Wednesday after work, but her teacher changed the lessons to Friday. She asked the manager at the café if she could leave work earlier on Fridays, but he said no. He suggested she ask another staff member to exchange workdays with her so that she could have Fridays off.

Question：What did the manager suggest Vanessa do?

Script

訳　ヴァネッサは，カフェでのアルバイトとピアノのレッスンで忙しい。彼女は以前，毎週水曜日の仕事後にピアノを弾いていたが，先生がレッスンを金曜日に変更した。彼女は毎週金曜日に早く退勤できるかカフェの店長に尋ねたが，彼は許してくれなかった。彼が提案したのは，彼女が金曜日に休暇をとれるように他のスタッフに出勤日を交代してもらうように頼むべきだということだった。

質問：店長は，ヴァネッサは何をすべきだと提案したか。

選択肢の訳　**1**　出勤日を変える。
2　金曜日は早い時間に働き始める。
3　毎週水曜日は遅くまで働く。
4　週末にピアノのレッスンを受ける。

曜日が複数出てくるので，情報を整理しながら聞き進めること。最終文（He suggested she …）に「彼（＝カフェの店長）が提案したのは，彼女が金曜日に休暇をとれるように他のスタッフに出勤日を交代してもらうように頼むべきだということだった」とあることから，**1**「出勤日を変える」が正解である。**2**は，第3文（She asked the …）でleave work earlier on Fridaysとあることから Start が間違い。さらにこの部分はヴァネッサが店長に許可を願った内容であり，店長が提案した内容ではない。**3**に関して，every Wednesday は第2文（She used to …）にあるが，これはヴァネッサがかつてピアノレッスンに通っていた曜日なので不適。**4**に関して，weekends「週末」に言及する部分はない。

No. 25　解答　2

Congratulations on finishing the Parkville 10-Kilometer Fun Run! If you would like a photograph of yourself running, just log in to our smartphone application. Photographs will be available tomorrow morning. If you would like us to send a certificate for completing the 10-Kilometer Fun Run in the mail, please come and talk to the event staff today. Enjoy your day.

Question：How can runners get a photograph?

Script

訳　パークヴィル10キロ市民マラソンの完走おめでとうございます！　ご自分が走っている写真をご希望の場合は，当方のスマートフォンアプリにログインしてください。明日の朝には写真をお受け取りいただけます。10キロ市民マラソン完走証明書の郵送をご希望の場合は，本日イベントスタッフの元までお越しいただき，ご相談ください。楽しい一日を。

質問：走者はどうやって写真を入手できるか。

選択肢の訳　**1**　郵送で申込書を送ることによって。
2　スマホのアプリにログインすることによって。
3　イベントスタッフと話をすることによって。
4　パークヴィルモールに行くことによって。

第2文（If you would …）で,「自分自身が走っている写真を欲しければ，アプリにログインしてください」とあることから，**2**「スマホのアプリにログインすることによって」が正解である。**1**はapplicationがsendの目的語になっていることから,「申込用紙，申請書」の意味となるが，放送文では「(スマホの）アプリ」の意味で使われているので意味が違う。さらにsendという単語は一応第4文（If you would like us …）に見られるが，目的語はa certificate「証明書」であり，さらにその主語は走者ではなく運営側なので，求めるべき情報には全く該当しない。**3**に関して，talk to the event staffは第4文後半にあるが，写真を入手するためではなく，証明書の送付を希望するために行うべき行動なので不適。**4**に関してはmallに関する言及が全くないので候補から外せる。

No. 26　解答　3

Megan became interested in ballet because she saw a TV show about dancers. When she told her friend Victor about it, he invited her to a ballet performance at the theater where he works. The ballet was three hours long, but Megan enjoyed it a lot. After the performance, she took a picture with the dancers, and now she is thinking of taking ballet lessons.

Script

Question : Why did Megan become interested in ballet?

訳　メガンがバレエに興味を持ったのは，ダンサーに関するテレビ番組を見たからだった。友人のビクターにそのことを話すと，彼は自分が働いている劇場のバレエ公演に彼女を招待した。バレエは3時間の長さだったが，メガンはとても楽しんだ。公演が終わった後，彼女はダンサーたちと一緒に写真を撮って，今ではバレエのレッスンを受けようと思っている。

質問：メガンはなぜバレエに興味を持ったのか。

選択肢の訳
1　彼女の友人がバレエの劇場で働いている。
2　彼女のダンスの先生がバレエを勧めた。
3　彼女はテレビでダンサーに関する番組を見た。
4　彼女はダンサーと写真を撮ってもらった。

解答根拠は冒頭にあるので，放送を頭の中で映像化しながら聞き進めていないと，質問文が読まれる頃には冒頭の情報を忘れてしまっているかもしれない。正解は**3**「彼女はテレビでダンサーに関する番組を見た」である。ここを聞き逃すと解答を導き出せる根拠がないので消去法になる。**2**に関しては，her dance teacherに関する言及はないので候補から外せるだろう。**1**に関しては，第2文（When she told …）の文末で，**4**に関しては最終文（After the performance, …）前半で確かに言及されているが，どちらもメガンがバレエに興味を持った理由ではなく，すでに興味を持った後の情報なので不適だと判断する。

No. 27 解答 1

Kenji is a student and he collects model cars from around the world. He has many Japanese ones, but he wants one made in Germany. Kenji thought of borrowing money from his father to buy it. However, his mother suggested that he sell some things he does not use any more, such as his guitar. Kenji took her advice and put his guitar up for sale online.

Question：How does Kenji plan to get the money for a model car made in Germany?

訳　ケンジは学生で，世界中の自動車模型を集めている。彼は日本製の模型をたくさん持っているが，ドイツ製のものを欲しがっている。ケンジはそれを買うために父親から金を借りようと思った。しかし母親が提案したのは，彼がもう使っていないもの，例えば自分のギターを売るということだった。ケンジは母親の忠告に従って，自分のギターをオンラインで売りに出した。

質問：ケンジはドイツ製の自動車模型のお金をどうやって得るつもりか。

選択肢の訳
1　必要のないものを売ることによって。
2　ドイツへの旅行をキャンセルすることによって。
3　父からお金を借りることによって。
4　学生にギターの弾き方を教えることによって。

第4文（However, his mother …）の冒頭 However「しかしながら」に注意する。逆接の後は重要な情報が置かれやすい。本問でも，「ドイツ製の自動車模型を欲しいケンジが父にお金を借りようと思った」という前文までの内容に続けて「しかしながら」と述べ，次に「母は彼がもう使っていないものを売るよう提案した」とあることから，正解は**1**「必要のないものを売ることによって」である。最終文（Kenji took her …）でも「自分のギターをオンラインで売りに出した」とあるので正解は選びやすいだろう。**3**に関しては第4文の However より前の情報なので不適。**2**と**4**に関しては言及がない。

No. 28 解答 3

Mrs. Williams lives in an old house. It is far away from the city, but she loves it because there are many animals to see and the roads are quiet at night. However, there are no stores nearby, so she has to drive a long distance to go shopping. Recently, she has been thinking of moving to an apartment in the city to make her life more convenient.

Question：Why is Mrs. Williams thinking of moving to an apartment in the city?

訳　ウィリアムズ夫人は古い家に住んでいる。その家は市から遠く離れているが，動物たちがたくさん見かけられて夜は道が静かなので，彼女はその家が大好きである。しかし，近くに店がないので，彼女は買い物に行くのに長距離運転をしなければならない。最近，彼女は生活をもっと便利にするために，市内のアパートに引っ越そうかと思っている。

質問：ウィリアムズ夫人はなぜ市内のアパートに引っ越そうと思っているのか。

選択肢の訳　**1**　彼女の家は彼女には小さすぎる。
2　彼女が住んでいる地域はとても騒がしくなりつつある。
3　彼女の家の近くには店がない。
4　彼女は自分が住んでいる地域にいる動物たちが好きではない。

情報を整理しながら聞き進める。第1・2文（Mrs. Williams lives in … quiet at night.）では，ウィリアムズ夫人が郊外での暮らしを楽しんでいることが述べられる。しかし，第3文（However, there are …）冒頭のHowever「しかしながら」で反転する。逆接表現は後ろに重要な情報が置かれやすいので，特に注意すること。本問でも，「近くに店がないために買い物をするため長距離を車で移動しなければならない」とある。したがって，正解は3「彼女の家の近くには店がない」である。**2**と**4**に関しては，第2文（It is far …）後半のbecause以下に「多くの動物が見かけられて，夜は道が静かなので」とある情報と完全に矛盾する。**1**に関して，家の大小に言及した情報はない。

No. 29　解答　1

A marathon is held in the city of Dubai every winter. Even at this time of year, the afternoon sunlight in Dubai is very strong, so the marathon starts early in the morning before the day becomes too hot for athletes to run. During the marathon, runners can see many tall buildings, such as the Burj Al Arab, which is one of the tallest hotels in the world.

Question：Why does the marathon in Dubai start early on a winter morning?

訳　毎年冬にドバイという都市でマラソン大会が開催される。1年の中でこの時期でも，ドバイの午後の日差しは非常に強いので，マラソン大会が始まるのは，日中選手たちが走れないほど暑くなる前の早朝である。マラソンの間，走者たちは世界で最も高層なホテルの一つであるブルジュ・アル・アラブのような高層建築をたくさん見ることができる。

質問：ドバイでのマラソンはなぜ冬の朝早く始まるか。

選択肢の訳　**1**　午後はマラソンをするには暑すぎる。
2　道路は，午後は十分な静けさではない。
3　冬はホテルが特別な朝食を用意してくれる。
4　建物は日の出の時に見映えが良い。

第２文（Even at this …）に「１年の中でこの時期でもドバイは午後の日差しが非常に強いので，マラソン大会が始まるのは，日中選手たちが走れないほど暑くなる前の早朝である」とある。at this time of year「１年の中でこの時期」とは直前の文の winter を指しているので，正解は **1**「午後はマラソンをするには暑すぎる」である。この設問はやや難しいと言える。理由は次の２点である。１点は，質問文中の on a winter morning「冬の朝に」という情報は第１文（A marathon is …）にあり，直接の根拠である第２文（Even at this …）には明言されていないことから，これら連続する２つの文を整理して聞いておかなければならないという点である。もう１点は，放送文中では before the day becomes too hot for athletes to run「日中選手たちが走れないほど暑くなる前に」となっているのが，選択肢では The afternoon is too hot for a marathon.「午後はマラソンをするには暑すぎる」と大幅に言い換えられている点である。**2**，**3**，**4** に関してはいずれも言及がないので，冷静に考えれば正答は選べるだろうが，設問とは全く関係のない第３文（During the marathon, …）で放送が終わるので，うっかりすると惑わされるかもしれない。

No. 30　解答　2

Robert has an important job interview tomorrow. Unfortunately, the suit that he wanted to wear needed to be cleaned. He took the suit to the dry cleaner's this morning, but they said that they would not be able to finish it in time for his interview. As a result, Robert went to buy a new suit. It was expensive, but he hopes it will help him get the job.

Question：Why did Robert buy a new suit?

Script

訳　ロバートは明日重要な就職面接がある。残念ながら，彼が着たいスーツはクリーニングする必要があった。彼は今朝ドライクリーニング店にそのスーツを持って行ったが，彼の面接に間に合うよう終わらせることはできないだろうと言われた。その結果，ロバートは新しいスーツを買いに行った。そのスーツは高かったが，彼はそのスーツが仕事を得るのに役立つことを望んでいる。

質問：ロバートはなぜ新しいスーツを買ったのか。

選択肢の訳
1　彼が着たいスーツは小さすぎた。
2　彼が着たいスーツは綺麗ではなかった。
3　彼は，自分が着たいスーツを見つけることができなかった。
4　彼は自分が綺麗にしたいスーツを家に置き忘れた。

第４文（As a result, …）に「その結果，ロバートは新しいスーツを買いに行った」とあるので，その理由は第３文（He took the …）にある。この文中には but が含まれているが，but などの逆接の後ろには重要な情報が置かれるという意識を持って聞いていれば集中して情報を拾えたであろう。正解は **2**「彼が着たいスーツは綺麗ではなかった」である。**4** に関しては clean という単語が入っているが，left the suit at home.「スーツを家に置き忘れた」とは言及されていないので不適。**1**，**3** に関しては放送文中で一切言及がない。

二次試験　面接　問題カードA

訳

新種のサービス

今日，多くの人がペットを飼うことに興味を持っている。しかし，ペットが病気になったり怪我をしたりした時，治療費が高くなることがある。これに対処するためには，ペットの医療費を補償してくれる保険にペットの飼い主が加入するのが良い考えである。一部の会社はこのような保険を提供しており，そうすることによって，彼らはペットの飼い主の需要を満たそうとしている。

語句・構文

□ nowadays「(過去と比較して) ここ最近，今日」　□ get hurt「怪我をする」
□ medical treatment「医療」　□ deal with ～「～に対処する，～を処理する」
□ get insurance「保険に入る，保険を掛ける」
□ cover「～を補償する，負担する」　□ meet the needs「需要を満たす」

質問の訳

No. 1　本文によれば，一部の会社はどのようにしてペットの飼い主の需要を満たそうとしていますか。

No. 2　では，イラストを見てその状況を説明してください。準備の時間は 20 秒あります。話は，カードにある文で始めてください。

No. 3　ペットを飼うことは，人々がストレスを軽減するのに役立ち得ると言う人もいます。あなたはそれについてどう思いますか。

No. 4　今日，多くの学生が学校でクラブ活動に参加します。あなたは，クラブ活動は学校教育の重要な一部だと思いますか。
Yes. → なぜそう思うのですか。　No. → なぜそう思わないのですか。

No. 1　解答例　By offering insurance that covers pets' medical costs.

訳　ペットの医療費を補償する保険を提供することによって。

第 4 文 (Some companies offer …) 後半に，by doing so「そうすることによって」they try to meet the needs of pet owners とある。by doing so の内容は直前に述べられている。how で問われたときは，by *doing* で答えるのが自然なので By offering such insurance. とすることができるが，such insurance では内容が不十分なので，さらに前文の insurance that covers pets' medical costs で置き換えて文を完成させる。They (＝some companies) offer insurance …と主文を含めて答えてもよい。この際，主語は Some companies ではなく代名詞 They で答えるようにしたい。

No. 2　解答例　<u>One day, Yumi and her father were talking in their car.</u> Yumi said to her father, "I'm excited to go to the beach." At the beach, Yumi's father was surprised to see that there was a lot of garbage. Yumi told him that she couldn't play with their dog. Ten minutes later, Yumi was

picking up the garbage. Her father was thinking of putting the garbage in the car.

訳 ある日，ユミと彼女の父は自家用車の中で話していた。ユミは父に，「砂浜に行くのが楽しみだわ」と言った。砂浜では，ユミの父はたくさんのゴミがあることを知って驚いた。ユミは父に，飼い犬と一緒に遊ぶことができないと言った。10 分後，ユミはゴミを拾っていた。彼女の父はゴミを車に乗せようと思っていた。

指定された始まりの文から過去の話だとわかるので，説明の際は過去形，特にその場の状況を述べる際は過去進行形を用いること。1 コマ目ではユミのセリフを直接話法で述べる。2 コマ目では，ユミの父の様子とユミの発言を述べたい。be surprised to see that …「…がわかって驚いている」 garbage「ゴミ」は不可算名詞なので複数の s を付けないことに注意。また，ユミの発言を間接話法で述べる際は，うっかり Yumi told him that she can't play with their dog. としないよう，時制の一致にも注意したい。3 コマ目では，ユミの行動とユミの父の考えを説明する。ここで「ゴミ」に言及する場合は，既出の情報なので the garbage とすること。be thinking of *doing*「～しようと思っている」

No. 3 解答例 （賛成の場合） **I agree. Having a pet helps people to forget about their problems. Also, people can get exercise by playing with their pets.**

（反対の場合） **I disagree. I think that some pets are very noisy. It's hard for people to relax around them.**

訳 **（賛成の場合）**私もそう思います。ペットを飼うことは，人々が自分の問題について忘れるのに役立ちます。さらに，人々はペットと遊ぶことによって運動することができます。

（反対の場合）私はそうは思いません。私は一部のペットはとても騒がしいと思います。人々がペットの周りにいてくつろぐのは難しいです。

まずは，賛成か反対か立場をはっきりさせて，そのあとに理由を 2 文程度で述べればよい。賛成の解答例では，ペットを飼うことで人は自分が抱える問題を忘れられること，ペットと遊んで運動できることを理由に挙げている。他には，Interactions with their pets can encourage people to become more sociable.「ペットとの交流は人々がもっと社交的になるよう促すことができる」という理由も考えられる。反対の解答例では，ペットは騒音を出すこともあること，その結果人はペットと一緒にいても心の平安を得られない場合があることを理由に挙げている。When pets get sick or hurt, their owners can feel more stress due to worrying about them.「ペットが病気になったり怪我をすると，飼い主は心配してさらにストレスを感じる可能性がある」という理由も考えられる。

No. 4 解答例 （Yes. → Why?） **Students can learn a variety of things from doing club activities. Also, club activities are a good way to make new friends.**

（No. → Why not?） **Students should focus on studying subjects like math and science. Also, many students are too busy to do club activities.**

訳 （**Yes.** の場合） 学生はクラブ活動をすることから様々なことを学ぶことができます。さらに，クラブ活動は新しい友人を作る良い方法です。

（**No.** の場合）学生は数学や理科などの科目を勉強することに集中すべきです。さらに，多くの学生はクラブ活動をするには忙しすぎます。

まずは，Yes. / No. で賛成か，反対かを明確にする。そのあと，自分の意見を裏付ける根拠について述べる。Yes. の解答例では，学生はクラブ活動を通して様々なことが学べる上に，新しい友人もできるということを理由にしている。他には，Club activities will teach students to collaborate with others to achieve their common goals.「クラブ活動は学生に，共通の目標を達成するために協力することを教える」などが考えられる。No. の解答例では，学生は学業に専念すべきこと，またクラブ活動をする時間がないほど忙しいということを理由に挙げている。他には，Students, could more likely get sick because club activities often deprive them of the time to rest their tired bodies.「部活動は学生が疲れた体を休める時間を奪うことが多いので，学生は病気になりやすい恐れがある」なども考えられる。

二次試験　面接　問題カードD

訳

新たな意思疎通方法

今日，人々は外国人と話す多くの機会がある。今では，複数言語を翻訳する電子機器がさらに人気になりつつある。一部の病院はそのような機器を導入しつつあり，そうすることによって，病院は外国人患者が医師ともっと簡単に話す手助けをしている。しかしながら，新しい科学技術は人々が意思疎通する手助けをしているものの，人々が外国語を習得しようとする時間をとることはそれでもなお重要である。

語句・構文

□ electronic devices「電子機器」　□ still「それでもなお，それでもやはり」

質問の訳

No. 1　本文によれば，一部の病院はどのようにして外国人患者が医者ともっと簡単に話すための手助けをしていますか。

No. 2　では，イラストを見てその状況を説明してください。準備の時間は20秒あります。話は，カードにある文で始めてください。

No. 3　将来，日本の映画は外国でもっと人気になるだろうと言う人もいます。あなたはそのことについてどう思いますか。

No. 4　日本では多くの学生が制服を着ています。あなたは，学校は学生が制服を着るのを強制すべきだと思いますか。

Yes. → なぜそう思うのですか。 No. → なぜそう思わないのですか。

No. 1　解答例　By introducing electronic devices that translate languages.

訳 複数言語を翻訳する電子機器を導入することによって。

第3文（Some hospitals are …）の後半に by doing so「そうすることによって」they are helping foreign patients speak with doctors more easily とある。by doing so の内容は直前に述べられている。how で問われたときは，by *doing*「～することによって」と答えるのが自然なので，By introducing such devices. とすることができるが，such devices ではまだ意味が不十分なので，さらに前文の electronic devices that translate languages に置き換えて文を完成させる。They（＝some hospitals）are helping foreign patients speak with doctors more easily …と主文を含めて答えてもよい。この際，主語は Some hospitals ではなく代名詞 They で答えるようにしたい。

No. 2 解答例 **One evening, Mr. and Mrs. Fukuda were talking about traveling to France. Mr. Fukuda said to his wife, "This school has online French lessons." The next week at home, Mr. Fukuda was taking a lesson on the Internet. Mrs. Fukuda was thinking of bringing him tea. After the lesson, Mr. Fukuda was sleeping at his desk. Mrs. Fukuda was thinking of putting a blanket on him.**

訳 ある晩，フクダ夫妻はフランス旅行について話していた。フクダ氏は妻に，「この学校にはオンラインのフランス語講座があるよ」と言った。次の週に家で，フクダ氏はインターネットで授業を受けていた。フクダ夫人は夫にお茶を持ってこようと思っていた。授業の後，フクダ氏は自分の机で眠っていた。フクダ夫人は夫に毛布を掛けようと思っていた。

指定された始まりの文から過去の話だとわかるので，説明の際は過去形，特にその場の状況を述べる際は過去進行形を用いること。１コマ目ではフクダ氏のセリフを直接話法で述べる。２コマ目ではフクダ氏の様子とフクダ夫人の考えを述べたい。be thinking of *doing*「～しようと考えている」「お茶を持ってくる」は，フクダ夫人の視点からすると take を使ってしまいそうだが，フクダ夫人の考えはフクダ氏を中心としているので，bring を用いた方が自然。話題の中心に「近付く」のが bring，話題の中心から「離れる」のが take である。この関係性は come と go も同様。３コマ目ではフクダ氏の行動とフクダ夫人の考えを表現する。「毛布を掛ける」は cover *A* with a blanket「*A*（人）に毛布を掛ける」を使って，Mrs. Fukuda was thinking of covering him with a blanket. と表現してもよい。

No. 3 解答例 （賛成の場合） **I agree. More Japanese movies are being translated into other languages. It's easy for foreigners to understand them.**
（反対の場合） **I disagree. Most people prefer to watch movies made in their own countries. Also, Japanese movies aren't easy to find in some countries.**

訳 **（賛成の場合）**私もそう思います。他言語に翻訳される日本映画が増えています。外国人が日本映画を理解するのは簡単です。
（反対の場合）私はそう思いません。ほとんどの人は，自国で製作された映画を観る方を好みます。さらに，日本映画を見つけるのが容易ではない国もあります。

まず賛成か反対か立場をはっきりさせてから，そのあとに理由を２文程度で述べればよい。賛成の解答例では，日本映画が複数言語に翻訳されていること，それにより外国人も内容を理解しやすいことを理由に挙げている。他には，Above all, movies based on Japanese anime or manga are becoming more and more popular abroad.「特に，日本のアニメや漫画を原作とした映画は海外でますます人気になっている」などが考えられる。反対の解答例では，人は自国の映画の方を好んで観るものであり，さらに日本映画を視聴すること自体が困難な国もあるということを理由に挙げている。他にはIt is difficult to enjoy Japanese movies without a deep understanding of Japanese culture.「日本文化の深い理解なしでは日本映画を楽しむことは難しい」などが考えられる。

No. 4　**解答例**　(Yes. → Why?)　**Uniforms make it easy for students to get ready for school. Also, uniforms help students to feel proud of their schools.**
(No. → Why not?)　**Students should decide what to wear for themselves. Fashion is very important to some students.**

訳 (**Yes. の場合**) 制服は学生が学校へ行く準備をしやすくする。さらに，制服は生徒が母校に誇りを感じるのに役立つ。

(**No. の場合**) 学生は何を着るべきかを自分で決定すべきだ。ある生徒たちにとってファッションはとても重要だ。

まずは，Yes. / No. で賛成か，反対かを明確にする。そのあと，自分の意見を裏付ける根拠について述べる。Yes. の解答例では，制服のおかげで登校準備に手間取らないこと，また制服を通して芽生える愛校精神を根拠に挙げている。他には，Uniforms can save students the money they would have to spend on casual clothes.「制服は生徒が普段着に費やさなければならないだろうお金を節約させてくれる」などが考えられる。No. の解答例では，着るものは自分で決定すべきであるとし，ファッションを重要視する生徒もいることを根拠に挙げている。他には，Thinking about what to wear every day will stimulate students' individuality and creativity.「毎日何を着ていくべきかを考えることは，学生の個性や創造性を刺激する」などが考えられる。

2020 年度　第 3 回

Grade 2

一次試験　解答一覧

● 筆記

1	(1)	(2)	(3)	(4)	(5)	(6)	(7)	(8)	(9)	(10)
	2	3	1	1	4	3	3	1	2	2
	(11)	(12)	(13)	(14)	(15)	(16)	(17)	(18)	(19)	(20)
	3	3	2	3	2	4	1	4	1	4

2	A	(21)	(22)	(23)	B	(24)	(25)	(26)
		3	1	4		2	1	1

3	A	(27)	(28)	(29)	B	(30)	(31)	(32)	(33)
		4	3	2		2	4	3	1
	C	(34)	(35)	(36)	(37)	(38)			
		4	2	4	1	2			

4（ライティング）の解答例は P. 19 を参照。

● リスニング

第 1 部	No. 1	No. 2	No. 3	No. 4	No. 5	No. 6	No. 7	No. 8	No. 9	No. 10
	4	1	4	2	2	3	1	3	1	2
	No. 11	No. 12	No. 13	No. 14	No. 15					
	2	3	3	4	4					

第 2 部	No. 16	No. 17	No. 18	No. 19	No. 20	No. 21	No. 22	No. 23	No. 24	No. 25
	3	1	4	3	2	4	1	3	2	3
	No. 26	No. 27	No. 28	No. 29	No. 30					
	4	3	4	3	2					

一次試験　筆記　1

(1)　**解答**　**2**

訳　A：ドン，パーティー，楽しそうだったね。君，よく笑ってたよね。
B：ああ。レイチェルが自分の父親のことをほんとに面白おかしく話していたからね。

単語力（形容詞）を問う問題。「笑う」「話（stories）」に注目。これらと関係する単語は，**2** **amusing**「楽しい」である。**1** marine「海の」　**3** native「土着の」　**4** silent「沈黙の」

(2)　**解答**　**3**

訳　A：スワードさん，おたくの会社ではどれくらいの人が働いていますか？
B：現在，社員は30人ですが，今年度末には，もう5人雇う計画です。

単語力（副詞）を問う問題。Aは会社の従業員の数を尋ねている。at the end of the year「年末には」に対応するのは**3** **currently**「現在」が適切。**1** seriously「深刻に」**2** instantly「ただちに」　**4** especially「特に」

(3)　**解答**　**1**

訳　図書館のコンピュータは学校の課題や宿題のために利用されるべきである。生徒はゲームをしたり，ネットで動画をみたりするために使用することは許されない。

単語力（動詞）を問う問題。第2文で「使うことが許されない」とある。したがって，コンピュータの「使用」と関係する単語としては，**1** **utilized**「利用する」が適切。**2** satisfied「満足させる」　**3** flavored「味をつける」　**4** reflected「反映する」

(4)　**解答**　**1**

訳　フランクリン市では，水の保全が大きな心配事になった。市では，人々にできるだけ水を使わないように求めている。

単語力（名詞）を問う問題。第2文で「できるだけ水を使わないように」と言っているので，水不足を心配していることがわかる。したがって，**1** **conservation**「保全，保持」が適切。**2** publication「出版」　**3** revolution「革命」　**4** ambition「野心」

(5)　**解答**　**4**

訳　理科の授業では，生徒たちは自然界に見られる元素の名前を学習する。CO_2が炭素と酸素からできているということを生徒は知らなければならない。

単語力（名詞）を問う問題。「理科の授業」や「炭素」「酸素」に関連する選択肢は，**4** **elements**「元素」である。**1** duties「義務」　**2** narrations「語り」　**3** witnesses「証人」

(6)　**解答**　**3**

訳　スーザンは結婚後，同じ会社で仕事を続けることにしたが，仕事はパートにした。

イディオムの知識を問う問題。on a ~ basis は「~に基づいて」の意。この文脈では，「正社員」ではなく「パートで」ということであるから，**3** **basis**「基礎，土台」が適切。on a part-time basis で「パートで」の意味。**1** rating「評価付け」 **2** sense「感覚」 **4** charge「請求」

(7)　解答　3

訳　A：アートショーに来ていた人々はあなたの絵を気に入ってた？
B：ああ，だいぶお褒めの言葉を貰ったよ。ある人は，こんな美しい絵を見たのは久しぶりだと言ってくれたよ。

単語力（名詞）を問う問題。絵を気に入られているということは，**3** **compliments**「称賛」を貰ったということ。**1** mysteries「謎」 **2** detectives「探偵」 **4** structures「構造物」

(8)　解答　1

訳　A：ドバイまで行くのに費用はどれくらいかかる？
B：そうだね，チケット価格はいろいろだよ。新年の休暇中は高いけど，他の時期はずっと安いよ。

単語力（動詞）を問う問題。価格が高い，安いと言っているので，価格は **1** **vary**「変化する」と理解するのが適切。**2** navigate「航海する」 **3** pause「止まる」 **4** struggle「戦う」

(9)　解答　2

訳　カレンは自分の時間を銀行で働く時間と子供の世話をする時間に分けている。彼女はもっと家にいる時間を増やしたいと思っているが，お金を稼ぐことも必要なのである。

単語力（動詞）を問う問題。働くことと子供の世話と2つのことをしている。したがって，時間を **2** **divides**「分ける」と考えるのが適切。divide ~ between *A* and *B*「~を *A* と *B* に分ける」 **1** publishes「出版する」 **3** scratches「ひっかく」 **4** attaches「貼り付ける」

(10)　解答　2

訳　A：ケビン，ホテルに電話して明日の私の予約，確認してくれた？
B：はい，ハリスさん。午後2時以降いつでもチェックインできるということです。

単語力（動詞）を問う問題。「予約」と「チェックイン」の言葉から判断して，AはBにホテルの予約の確認を頼んだと理解できる。したがって，**2** **confirm**「確認する」が適切。**1** distinguish「区別する」 **3** promote「促進する」 **4** govern「統治する」

(11)　解答　3

訳　A：8月に京都に行こうと思っているんですよ。
B：ほんと？　11月まで待った方がいいと思いますが。京都が一番良いのはその頃ですよ。気候は涼しいし，紅葉が美しいですよ。

イディオムの知識を問う問題。京都観光には11月が一番良い季節だということ。したがって，**3 at its best**「一番良い」が適切。本問では，選択肢は全てitsになっているが，これを*one's*として他の選択肢も覚えておきたい。**1** behind *one's* back「陰で」悪口を言う場合などに使う。**2** against *one's* will「意志に反して，心ならずも」 **4** in *one's* opinion「～の意見では」

⑿ **解答** **3**

訳　A：スティーブンおじさんはいつ来るの？
　　B：もういつ来てもおかしくないから，着替えておいてね。

イディオムの知識を問う問題。服を着替えるようにと言っているので，おじさんはもういつ来てもよい頃だということ。したがって，**3 at any moment**「いつ，なんどき」が適切。**1** in a series「順序を追って次々に」 **2** for a living「生活のために」 **4** to some extent「ある程度まで」

⒀ **解答** **2**

訳　サラは夏を友だちと一緒にヨーロッパ旅行で過ごした。とても楽しかったので，旅行が終わりになるのはとても悲しかった。

イディオムの知識を問う問題。an endとつながるイディオムは**2 came to**。覚えるときには，come to an end「終わりになる」の形で覚えること。**1** dig up「掘り出す」 **3** take over「引き継ぐ」 **4** fall on「（日付・曜日）に当たる」

⒁ **解答** **3**

訳　多くの生徒にとって，高校卒業後に行く大学を決めるのは難しい。

単語力（動詞）を問う問題。decide は後に動詞が来るときには，decide to *do*「～することに決める」となるが，名詞が来る場合には前置詞onを取ってdecide on ～「～を決める」となる。よって，**3 on**が正解。本問のItは形式主語。真主語はto decide …で，to decideの意味上の主語はmany studentsである。

⒂ **解答** **2**

訳　ワカコは幼かった頃，毎日バレエをしていたものだが，この頃はとても忙しくて，時々しかやっていない。

イディオムの知識を問う問題。毎日踊っていたバレエも忙しくなればあまりできなくなる。したがって，**2 now and then**「時々」が適切。なお，この設問では他のイディオムも覚えたい。**1** up and down「浮き沈み」 **3** all the way「ずっと」 **4** not at all「全く～でない」

⒃ **解答** **4**

訳　ビクターは新しい仕事が気に入っている。なぜなら，いつも動き回っていられるからだ。彼は，タクシー，電車，飛行機を毎日使い，国中の顧客を訪ねている。

イディオムの知識を問う問題。「国中の顧客を訪ねる」とは常に動き回っているということ。

解答は，**4 on the go**「動き回って」だが，他の選択肢もここでは覚えておきたい。**1** above all else「何よりも」 **2** out of place「場違いな」 **3** at a distance「すこし離れて」

(17) 解答 1

訳 ベッキーはテストの点が悪かったことを恥ずかしく思っていた。それで，金曜日，大学では友だちの誰とも話をしたくなかった。

イディオムの知識を問う問題。テストの点が悪ければ，それを**1 ashamed of**「恥ずかしく思う」のは当然。be ashamed of ～「～を恥ずかしく思う」という形で覚えたい。なお，他の選択肢も，**2** get rid of ～「～を取り除く」，**3** be accustomed to ～「～に慣れている」，**4** be familiar with ～「～をよく知っている」という形で覚えておこう。

(18) 解答 4

訳 朝食は一日の食事で最も重要な食事だと言われている。専門家によれば，朝食を食べることによって，一日を乗り切るのに必要なエネルギーが得られるということである。

文法の知識を問う問題。主語が「朝食」なので，「朝食は～だと言われている」と受け身で理解すること。選択肢の中で受け身の形は**4 is said**のみである。

(19) 解答 1

訳 ブルーストリート・ガールズが十代の子供たちに非常に人気があるのは，彼女たちの歌と踊りが非常に素晴らしいからである。

文法の知識を問う問題。正解は**1 that**。これは，It is *A* that …「…なのは*A*だ」の強調構文。*A*のところに，because S V と理由の副詞節が入っている形。

(20) 解答 4

訳 A：フォードさん，このプロジェクトはとても難しいし，お金も相当かかりそうですよ。中止したらどうでしょうか？
B：駄目だよ。このプロジェクトは後で会社に多大な利益をもたらしてくれるんだよ。

イディオムの知識を問う問題。正解は**4 Why not**。Why not *do*? は人に「～したらどうですか」と提案するときの一つの表現。Why don't you *do*? も同じ意味。他の選択肢は直後に動詞を取れない。

一次試験　筆記　2A

訳

変わる自転車

自転車は効率的な移動手段である。自転車は19世紀に発明され，それ以来，何度も改良が行われてきた。最近，電動自転車，いわゆる「e-バイク」が広く使われるようになった。通常の自転車と違い，e-バイクはモーター付きで坂道を容易に上ることができる。自転車の好きな人たちのなかには，モーター付き自転車を使うのは「インチキ」だと思う人もいる。それでも，e- バイクの人気は急速に高まっている。実際，ある調査によれば，アメリカにおける e- バイクの売上は，2018 年には 2014 年の 8 倍に増えている。

研究者たちによれば，これは良いニュースだということである。e- バイクは人々の健康や環境に良い影響をもたらすかもしれないと彼らは主張している。e- バイクの一つの大きな良い点は，老人や定期的に運動をしない人々が自転車に乗れるということである。そのおかげで自転車通勤が容易になり，これは自動車通勤よりも環境には良い。さらには，e- バイクのおかげで，サイクリングを趣味にする人が増えている。ラフロードや山登りのサイクリングができなかった人々が今やそれを行っているのである。

しかしながら，サイクリングの専門家の中には，e- バイク利用が増えたことに関する問題点を指摘する人もいる。一つには，e- バイクに乗っている人は事故にあう可能性がより高いことである。この対策として，自転車の制限速度を下げたり，自転車専用道路のような安全性を高める他の方策が欲しいと思っている人たちもいる。最も重要なことは，e- バイクに乗る人も，普通の自転車に乗る人も，どちらも注意して乗ることだと専門家は言う。自転車にモーターが付いているかどうかは重要なことではない。重要なことは，安全を保ちつつサイクリングを楽しむことである。

語句・構文

（第 1 段）□ efficient「効率的な」　□ a means of transportation「交通手段」
□ invent「発明する」　□ electric bicycle「電動自転車」
□ unlike「～と違って」　□ allow *A* to *do*「*A* が～することを許す」
□ go up hills「丘を上る」　□ cheating「騙している」
□ nevertheless「それにもかかわらず」　□ in fact「実際」
□ e-bike sales「電動自転車の販売」
□ according to one survey「ある調査によれば」

（第 2 段）□ researcher「研究者」　□ claim that S V「S が V であると主張する」
□ have a positive effect on ～「～に良い影響を与える」
□ one major advantage「一つの大きな利点」
□ those who ～「～する人々」　□ exercise regularly「定期的に運動する」
□ make it easy for *A* to *do*「*A* が～するのを容易にする」
□ commute to work「通勤する」
□ ride along rough roads or up mountains「自転車でラフロードを走ったり，山に登ったりする」

（第 3 段）□ expert「専門家」　□ however「しかしながら」
□ point out「指摘する」　□ problems with ～「～に関する問題点」
□ the increased use of e-bikes「電動自転車の利用が増えたこと」
□ be likely to *do*「～する可能性がある，～しそうである」
□ be involved in accidents「事故にあう」
□ in response「（それに）応じて」
□ want speed limits to be lowered「制限速度を下げてほしい」 want *A* to *do*「*A* に～してほしい」の構文。意味上の主語が「制限速度」なので，「制限速度は下げられる」と受動態になっている。

□ other measures「他の措置，方策」　□ such as ～「例えば～のような」

□ bike path「自転車専用道路」

□ Most importantly, …「もっとも重要なことは…」

□ It does not matter if S V「S が V するかどうかは重要ではない」 it は形式主語。

各段落の要旨

第１段　交通手段として便利な自転車だが，最近は電動自転車が増えてきている。

第２段　電動自動車は人々の健康にも環境にも良い影響を与える。

第３段　電動自動車に限らず普通の自転車でも，安全には十分気をつけないといけない。

(21) 解答　3

選択肢の訳　**1**　電力の利用を減らしている

2　新しい問題を引き起こしている

3　人気を増している

4　環境を改善している

空所を含む文の前（Some cycling fans …）で，「自転車の好きな人たちのなかには，モーター付き自転車を使うのは『インチキ』だと思う人もいる」とあり，空所を含む文（Nevertheless, …）は「それにもかかわらず」で始まっているので，前文とは逆の意味を表す文章が入るはず。また空所を含む文の次の文では，「電動自転車の売上は 2014 年から 2018 年で 8 倍に増えた」と述べられている。したがって，**3 growing in popularity**「人気を増している」が適切。

(22) 解答　1

選択肢の訳　**1**　What is more「さらに」

2　Therefore「それゆえに」

3　By contrast「対照的に」

4　Despite this「これにもかかわらず」

空所を含む文の前（This makes it …）で，電動自転車での通勤は自動車通勤よりも環境に良いという肯定的なことが述べられ，空所の後でも，電動自転車は趣味にもなると肯定的なことが述べられている。したがって，添加を表す **1 What is more**「さらに」が適切。

(23) 解答　4

選択肢の訳　**1**　暖かい月日の間は

2　友だちと一緒に

3　健康を保つために

4　安全を保ちながら

空所を含む文の 2 つ前の文（Most importantly, …）で，電動自転車であっても通常の自転車であっても，大切なのは安全に気をつけることだと述べられている。したがって，

4 **while staying safe**「安全を保ちながら」自転車を楽しむことと理解するのが適切。

一次試験　筆記　2 B

訳

スペースを節約する良い方法

近年，全ての人に行き渡るだけの食糧を生産するのはますます困難になってきたと多くの国の農民が思っている。理由の一つは地球温暖化による気候変動である。地球の温度が上昇し，多くの場所が暑すぎたり，乾燥しすぎたりで，農業に使えなくなっている。それと同時に，太陽光発電のような再生可能エネルギーを生産することへの圧力が高まってきている。しかし太陽光発電の問題は，ソーラーパネルが多くのスペースを占領してしまうことである。この2つの問題を同時に解決するために，研究者たちは最近，太陽エネルギーと作物の生産を結びつける方法を考え出した。

農業における一般的な一つの難題は，大量の直射日光は作物を傷めてしまうということである。作物の葉の色が茶色に変わり，乾燥してしまうばかりでなく，太陽の熱で地中にある水がすぐに干上がってしまうのである。つまり，作物は十分な水が得られず枯れてしまう。研究者たちはソーラーパネルを地上から約2.5メートルの高さのところに設置することにした。これによって，作物には日陰の空間ができ，干上がる水の量も減少し，作物の増産にも役立った。

また，ソーラーパネルの方も作物から利益が得られた。ソーラーパネルは気温が高いと性能が悪くなる。しかしながら，レタスやケールのような作物が冷却効果をもたらし，それによってソーラーパネルは過熱が防止され，より効率的に機能する。この調査結果からわかることは，食糧を増産し，スペースを節約し，太陽エネルギーがもたらしてくれる恩恵を享受することは可能だということである。

語句・構文

(第1段)
- □ in recent years「近年」
- □ find it more and more difficult to produce ～「～を生産することがますます難しくなっている」 more and more は〈比較級＋比較級〉の構文で「ますます～」の意味。it は to produce 以下を受ける形式目的語。
- □ feed everyone「全ての人を食べさせる」
- □ changes in weather patterns「気候変動」
- □ As global temperatures increase「地球の温度が上昇するにつれて」 この As はここでは「～するにつれて」の意味。
- □ too hot and dry to be used「暑く，乾燥しすぎて使えない」 too ～ to *do*「あまりにも～で…できない」の構文。
- □ there is increasing pressure to produce ～「～を生産するようにという圧力が高まっている」 この increasing は pressure を修飾する現在分詞。
- □ take up a lot of space「たくさんの空間を使う」
- □ at once「同時に」　□ come up with a way「方法を考え出す」
- □ combine *A* with *B*「*A* と *B* を結びつける」
- □ crop production「作物生産」

（第 2 段）□ one common challenge「一つの一般的な難題」
□ direct sunlight「直射日光」
□ Not only can it ～ but the heat … は，not only *A* but also *B*「*A* ばかりでなく *B* も」の構文。ここでは also は省略。また not only という否定の副詞が文頭に来ているために can it ～と倒置になっている。
□ dry up the water in the ground「地中の水を干上がらせる」
□ get enough water to survive「生き残るための十分な水を手に入れる」
□ set up solar panels「ソーラーパネルを設置する」
□ at about 2.5 meters above the ground「地上約 2.5メートルの高さのところに」
□ create a space with shade「日陰のある空間を作る」
□ reduce the amount of water「水の量を減らす」
（第 3 段）□ benefit from ～「～から利益を得る」　□ perform well「うまく働く」
□ lettuce「レタス」　□ kale「ケール」　□ a cooling effect「冷却効果」
□ stop *A* from ***doing***「*A* が～することを止める」
□ overheat「過熱する」　□ allow *A* to ***do***「*A* が～することを許す」
□ work more efficiently「より効率的に働く」
□ save space「スペースを節約する」
□ the benefits of solar power「太陽エネルギーの利点」

各段落の要旨

第 1 段　地球温暖化による作物生産の低下と，ソーラーパネルがスペースを取りすぎる問題を同時に解決する方法を研究者たちは考え出した。

第 2 段　ソーラーパネルを地上約 2.5メートルの高さに設置することによって，スペースを節約するのと同時に作物が育つ日陰をパネルの下に作ることができる。

第 3 段　ソーラーパネルは高温になりすぎると効率が低下するが，パネルの下の作物が冷却効果をもたらし，作物生産と太陽エネルギー利用の両方に良い結果をもたらしている。

(24)　解答　2

選択肢の訳　**1**　Without this「これなしで」　**2**　At the same time「同時に」
3　After a while「しばらく後に」　**4**　Indeed「本当に」

空所を含む文の前の文（As global temperatures …）では，地球温暖化で農地として使えない土地が多くなってきたと述べられ，空所の直後では，再生可能エネルギー生産への圧力が高まってきたと述べられている。つまり，この 2 つを **2 At the same time**「同時に」解決することが求められているということである。

(25)　解答　1

選択肢の訳　**1**　作物を傷める　**2**　見つけるのが難しい
3　より多くの昆虫を引きつける　**4**　野菜の味を悪くする

空所を含む文の直後の文（Not only can …）において，「大量の直射日光は作物の葉を変色させ乾燥させるだけでなく，その熱によって地中の水分がすぐに干上がってしまう」と述べられている。したがって，大量の直射日光は，**1 damage crops**「作物を傷める」と考えるのが適切。

(26) 解答 1

選択肢の訳 **1** 高い気温で　**2** 冷たい水の近くで

3 大きな木の下で　**4** 曇った日に

空所を含む文の直後の文（However, crops like …）に，「しかし，レタスのような作物には冷却効果があり，これがソーラーパネルの過熱を防ぐ」と述べられている。ここから考えられるのは，ソーラーパネルは **1 at high temperatures**「高い気温で」うまく機能しないということ。暑すぎても駄目だということである。

一次試験　筆記　3 A

訳

発信元：マーク・タッカー〈mtucker@berktonmiddle.edu〉
宛先：マーガレット・ローソン〈margaret-lawson8@umail.com〉
日付：1月24日
件名：シルビアさんの数学の成績

ローソン様

バークトン中学で娘さんのシルビアさんを教えています数学教師のマーク・タッカーです。シルビアさんの数学の成績について少々お話をさせていただきたいと思います。シルビアさんが2，3週間前にひどい風邪をひかれ，授業を何回か欠席されたことはわかっております。残念なことにその週に，生徒たちはとても重要なことを学んでいます。シルビアさんには欠席されている間，宿題を送っていますが，その授業の間に行った三角形についてとても大切な説明をいくつか彼女は学び損ねています。彼女はその内容は理解していると言うのですが，昨日のテストの結果は非常に悪いものでした。これは彼女のせいではないとわかっていますが，このテーマを学習することはとても重要なのです。もし学んでおかないと，先で困ったことになります。というのも，次の章で再びこの概念を使うことになるからです。

私は，始業時間前の30分間，学校の勉強で問題のある生徒を助けるために時間をとっています。また，ウエスト・ブリッジビル大学の数学科の学生たちが学校の図書館に来て，毎週水曜日の放課後に無料個人指導を行っております。シルビアさんはお母さんが毎日学校へ連れてきてくれて，また迎えに来てくれると言っていますが，どちらがご都合がよろしいでしょうか？　朝早く娘さんを連れてくる方がよいか，水曜日に遅く迎えに来る方がよいかメールで知らせていただけますか。

よろしくお願いします。

マーク・タッカー

語句・構文

(第1段) □ math grade「数学の成績」

□ miss a few classes「授業を何回か欠席する」
□ unfortunately「不幸なことに」
（第2段）□ triangles「三角形」
□ do poorly on a test「テストの点が悪い」 直訳すると「テストを不成功に行う」となるが，これは「テストができない」「悪い点を取る」に相当する英語表現。
□ this is not *one's* fault「これは～のせいではない」
□ have trouble in the future「先で困ったことになる」
□ concept「概念」
（第3段）□ I am available この表現は直訳すると「私は利用できます」となるが，電話や連絡，相手をする時間があると言った状況のときに使える。この文脈では「私は時間があります」くらいの意味。
□ have trouble with *one's* schoolwork「学校の勉強に問題がある」
□ give free tutoring「無料の個人指導を行う」
□ pick up「（人を乗り物で）迎えに行く」

各段落の要旨

第1段 シルビアが数学の重要な説明のときに授業を休んだ。
第2段 シルビアのテストの結果が芳しくなかった。この数学の単元は後々まで響く重要な箇所である。
第3段 補講を朝か放課後に行うので，母親の都合を知らせてほしい。

(27) 解答 4

質問の訳 2，3週間前，シルビアは，(　　　)

選択肢の訳
1 バークトン中学へ行き始めた。
2 数学の授業で悪い成績を取った。
3 学校に新しい先生が来た。
4 授業に出席するのに十分なほど体調が良くなかった。

第1段第3文（I know Sylvia …）に，シルビアが2，3週間前にひどい風邪をひき授業を欠席したということが述べられている。したがって，**4 was not well enough to attend classes.** が最も適切。第2段第2文（She said she …）の but 以下でシルビアの数学のテスト結果が悪いことに関する言及があるが，設問は2，3週間前のことを聞いているので，**2** は不適。

(28) 解答 3

質問の訳 シルビアは何をすることが重要か。

選択肢の訳
1 三角形についてクラスで説明すること。
2 これからのテスト勉強をもっと真剣にすること。
3 数学の授業のある単元を理解すること。
4 次の章を丁寧に読むこと。

第2段第4・5文（However, it is … the next chapter.）で，シルビアが理解していない箇

所は今後も使われる概念であり，学習しておくことがとても重要だと述べられている。したがって，**3 Understand a topic from math class.** が適切。

(29) 解答　2

質問の訳　マーク・タッカーはシルビアに何をしてほしいと思っているか。

選択肢の訳　**1**　学校の図書館で本を何冊か読むこと。

2　数学の勉強で特別に少し手助けしてもらうこと。

3　お母さんに宿題を手伝ってもらうように頼むこと。

4　ウエスト・ブリッジビル大学へ行って特別授業を受けること。

第3段第1文（I am available …）では，タッカー氏が授業前に指導できる時間があると言っており，また同段第2文（Also, math students …）では，大学生が無料で個人指導できると言っている。したがって，タッカー氏は **2 Get some extra help with her math studies.** を提案しているとわかる。

一次試験　筆記　3 B

訳

ヌタウナギ

海には奇妙で謎に満ちた生き物が多くいる。一つの例は，ヌタウナギである。ヌタウナギはヘビ，もしくはウナギに似ているが，その口の形は特殊で，舌の上に歯がある。ヌタウナギは深海に生息し，死んで海底に沈んだ魚の身体を食べる。3億3千年前のヌタウナギの化石がこれまでに発見されている。進化を研究している科学者たちは，ヌタウナギは，人間を含めて，背骨を持つあらゆる生き物の先祖だと考えている。

ほとんどの国で，ヌタウナギのことを聞いたことがあるという人はほとんどいない。しかし，韓国ではヌタウナギは一般的な料理に使われている。ヌタウナギの肉は油で料理され，塩で味付けして供される。特に韓国のお年寄りはヌタウナギを酒の肴にするのが好きである。このためにアジアではヌタウナギは乱獲されている。結果として，アメリカなどの他の国々が自国の海でヌタウナギを捕り，韓国へ輸出することを始めている。また，ヌタウナギの皮はバッグ，ブーツ，その他の製品の素材となっている。

ヌタウナギは，自分を攻撃してくるサメのような動物から身を守るのに特殊な方法を用いる。ヌタウナギは細い繊維が充満した濃い液体を作り出す。ヌタウナギは攻撃されると，この液体を身体の両サイドにある小さな孔から発射する。この液体は海水と混ざると，急速に膨張して，ある種のゼリーとなる。このゼリーによって，ヌタウナギを攻撃している魚は呼吸困難となり，ヌタウナギは自分の身が守られるのである。

カナダのグエルフ大学のダグラス・ファッジと研究者グループは，このヌタウナギの液体には他の使い道の可能性があると見ていた。彼らによれば，この液体の中の繊維はとても強靭な絹のようなものらしい。これを使えば，ナイロンなどの化石燃料から作られる人工繊維に取って代わることができるであろうという確信を彼らは抱いている。ヌタウナギの繊維は環境にもはるかに優しいと思われる。この科学者たちが今挑戦しているのは，とても強靭であるとともに軽い新しい繊維を作るために，実験室でヌタウナギの繊維と似た繊維を作ることである。衣料品メーカーは，自分たちの商品にそのような高品質の繊維を使用することに関心を持つであろう。

語句・構文

（第１段）☐ hagfish「ヌタウナギ」　☐ contain「含む」　☐ eel「うなぎ」
☐ live deep in the ocean「深海にすむ」
☐ sunk は sink「沈む」の過去分詞。　☐ fossil「化石」
☐ evolution「進化」
☐ the ancestors of all creatures「全ての生き物の先祖」
☐ backbone「背骨」

（第２段）☐ few people have heard ～「～を聞いたことのある人はほとんどいない」 few は「ほとんどない（否定的な意味）」，a few は「少しある（肯定的な意味）」と意味が変わるので注意。
☐ in particular「特に」　☐ while drinking alcohol「お酒を飲みながら」
☐ lead to ～「（事が）（ある結果に）つながる」
☐ as a result「結果として」　☐ export「輸出する」　☐ skin「皮」

（第３段）☐ have a special way of protecting ～「～を守る特別な方法を持っている」
☐ shark「サメ」　☐ produce a thick liquid「濃い液体を作り出す」
☐ thin fibers「細い繊維」　☐ shoot out「撃ち出す」
☐ mix with ～「～と混ざる」　☐ expand「広がる，膨張する」
☐ turning into a kind of jelly「一種のゼリーになる」 turning は「そして～になる」という付帯状況を表す分詞構文の用法。
☐ making it difficult「それを難しくする」の it は to breath「呼吸する」を受ける形式目的語。that is attacking it という関係代名詞節が the fish を修飾している。

（第４段）☐ a possible use for this hagfish liquid「このヌタウナギの液体の可能性のある利用方法」
☐ replace artificial fabrics「人工繊維に取って代わる」
☐ nylon「ナイロン」　☐ fossil fuel「化石燃料」
☐ be environmentally friendly「環境に優しい」　☐ laboratory「実験室」
☐ clothing manufacturer「衣料品メーカー」
☐ a high-quality fabric「高品質の繊維」

各段落の要旨

第１段　深海に生息するヌタウナギは，人類を含めた背骨を持つ動物の先祖であると考えられている。

第２段　ヌタウナギは韓国人が好む料理の素材であり，また，皮は様々な製品の原料となっている。

第３段　ヌタウナギは自己防衛のために特殊な液体を出す。

第４段　この液体からは人工繊維に代わる絹のような強くて軽い繊維が作れる可能性がある。

⑽ **解答　2**

質問の訳　ヌタウナギについて正しい文は次のなかのどれか。

選択肢の訳　**1**　他の魚はヌタウナギを捕まえるために，海の深いところへ泳いでいく。

2　人間や他の多くの動物は本当に，ヌタウナギから進化したのかもしれない。

3　ヌタウナギは背骨を持たない現代の全ての魚の先祖である。

4　ヌタウナギは歯や舌を全く持たないある種のヘビである。

第1段最終文（Scientists who study …）に，「進化を研究する科学者たちは，ヌタウナギは背骨を持ったあらゆる生き物の先祖だと考えている」と述べられている。この内容と一致するのは，**2 People and many other animals may actually have evolved from them.** である。「ヌタウナギは，背骨を持ったあらゆる生き物の先祖である」とは，言い換えると「背骨を持ったあらゆる生き物は，ヌタウナギから進化した」ということである。

⑾ **解答　4**

質問の訳　アメリカの人々がヌタウナギを獲り始めた理由は，（　　）

選択肢の訳　**1**　ヌタウナギの肉はアメリカ人の間でますます人気が出てきたから。

2　韓国人が健康食品を作るためにヌタウナギから採れる油を使うため。

3　もっと人気のある他の種類の魚がすでに乱獲されてしまったため。

4　アジアのヌタウナギの数が乱獲で減少したため。

第2段第5・6文（This has led … them to Korea.）で「アジアではヌタウナギが乱獲されている。結果として，アメリカなど他の国々が自国の海でヌタウナギを捕り，それを韓国へ輸出している」と述べられている。この内容と一致するのは，**4 their numbers in Asia have declined since too many were caught.** である。their numbers の their は「ヌタウナギ」である。

⑿ **解答　3**

質問の訳　ヌタウナギはどのようにして他の魚から自分の身を守っているか。

選択肢の訳　**1**　自分の身体が大きく見えるように，身体を膨らませることによって。

2　他の魚の身体に孔をあける細い繊維を発射することによって。

3　海水中で変化する液体を自分の身体から出すことによって。

4　周りを見えにくくするゼリー状のもので他の魚を覆ってしまうことによって。

第3段に，ヌタウナギが自分の身を守るため，どのような特殊な方法を使うかが具体的に述べられている。第3文（When hagfish are …）で「ヌタウナギは攻撃されると，この液体を身体の両サイドにある小さな孔から発射する」とあり，「この液体」というのは同段第2文（Hagfish produce a …）に書かれている「細い繊維が充満した濃い液体」である。またこの液体は，同段第4文（When the liquid …）にあるように「急速に膨張して，ある種のゼリーになる」のである。したがって，これらの内容と一致するのは，**3 By releasing a liquid from their bodies that changes in seawater.** である。

(33) **解答** **1**

質問の訳 **ヌタウナギは将来どのような恩恵を与えてくれる可能性があるか。**

選択肢の訳 **1** ヌタウナギは環境により好ましい素材を開発するのに使われうる。

2 ヌタウナギは海を汚染しているナイロン繊維を分解することができる。

3 ヌタウナギは実験室で漏れる化石燃料を除去するのに役立ちうる。

4 ヌタウナギはファッション業界に非常に強靭な絹を提供するために，容易に変化を加えることができる。

第4段第4・5文（The hagfish fibers … strong and light.）に「ヌタウナギの繊維は環境にもはるかに優しいと思われ，科学者たちはヌタウナギの繊維と同様の強靭で軽い新しい繊維を作る研究をしている」と述べられている。この内容と一致するのは，**1 They could be used to develop a material that is better for the environment.** である。

一次試験　筆記　3 C

訳

昔の考え方を再利用する

今日，人々はいろいろなものを再利用して，それらがゴミ埋め立て地に捨てられないようにすることが多くなってきた。特に，金属の再利用は重要である。なぜなら金属は自然石から生産されるとき，非常に多くの被害をもたらすからだ。地中から資源を取り出すときに土地が損なわれるだけでなく，多くの有毒物質が自然環境に放出される。さらに，大量の電力が使われる。このような理由から，人々はむしろ金属を再利用する方法を模索しているのである。

実際，金属の再利用には長い歴史がある。昔からずっと，金属を生産するよりもそれを再利用する方がはるかに簡単だった。鉄，銅，錫のような金属は一般的なものだが，これらの金属はそれを含む岩石から分離するのが難しい。このような理由から，古代のローマ軍は戦いが終わった後，他国から金属の像を奪ってきて，それを溶かして新しい武器を作ったのである。18世紀になっても，アメリカ人はジョージ・ワシントン軍のために再利用するため，鉄製のものを供出するよう奨励された。

19世紀中は，再利用を専門とする大企業が創設され，高まる金属需要に応じていた。しかしながら，20世紀になると，金属の生産はより速く，より効率的にできるようになった。この頃には，多くの商品メーカーが利益を高める方法を変え始めた。通常のような生産コストを減らすという方法に代えて，「計画的旧式化」と呼ばれる方法を採用し始めた。「計画的旧式化」とは，短期間で壊れたり，使えなくなったりする商品を作り，客は今まで以上に頻繁に商品を買わなければならないようにする方法である。

最近では，そのような商品には，数年毎に取り替えなければならないスマートフォンのような機器も含まれる。スマートフォンにはまた多くのレアメタルが使われている。実際，アメリカ人は使用済みのスマートフォンを捨てるだけで，毎年約6千万ドル相当の金や銀をゴミ埋め立て地に捨てているのである。すでに多くの人が冷蔵庫や洗濯機のような大型家電機器の再利用の重要性を理解しているけれども，小型の電子機器がなぜ再利用されなければいけないのか，その理由を理解していない人たちもいる。世界の金属の量は限られている。したがって，世界の供給量を維持するためには昔の考え方に学ぶ方がよいかもしれないのである。

語句・構文

（第１段）□ recycle items「ものを再利用する」
□ prevent *A* from *doing*「*A* が～するのを妨げる」
□ be thrown away in landfills「ゴミ埋め立て地へ捨てられる」
□ metal「金属」　□ much harm is caused「多くの害がもたらされる」
□ Not only *A* but also *B*「*A* ばかりでなく *B* も」 この文脈における Not only is land damaged の文は否定の副詞（not only）が文頭にきたために，is land damaged と倒置された形になっている。主語は land である。
□ poison「毒」　□ be released into ～「～に放出される」
□ furthermore「さらに」　□ large amounts of electricity「大量の電力」
□ look for ways to recycle ～「～を再利用する方法を探す」
□ instead「その代わりに，むしろ」

（第２段）□ actually「実際」　□ iron「鉄」　□ copper「銅」
□ tin「錫」　□ This is why, S V「こういうわけで，S が V する」
□ in ancient times「古代では」　□ Roman armies「ローマ軍」
□ as late as the 18th century の as late as は強調表現。late を強調して「18世紀という遅い時代になっても」の意味。
□ be encouraged to *do*「～するように奨励される」
□ donate iron items「鉄製のものを寄付する」
□ George Washington's army「ジョージ・ワシントン軍」 ワシントンはアメリカの初代大統領。

（第３段）□ specialize in ～「～を専門とする」
□ meet a higher demand for metals「より高い金属需要を満たす」 この meet は「満たす，応える」の意味。　□ efficient「効率的な」
□ around this time「大体その時期に」
□ change the way S V「S が V する仕方を変える」
□ increase their profit「彼らの利益を増やす」
□ instead of ～「～の代わりに」
□ reduce production costs「生産コストを減らす」
□ as usual「いつものように」　□ approach「方法」
□ planned obsolescence を直訳すれば「計画された旧式化」。これについては，This means 以下で具体的に説明されている。
□ be designed to *do*「～するように設計されている」　□ customer「客」
□ more frequently「より頻繁に」

（第４段）□ device「機器」　□ be replaced「取り替えられる」
□ every few years「数年毎に」 この every は「～毎に」の意味。
□ rare metal「レアメタル」 カタカナでも一般的に言われているが，産出量の少ない「希少金属」のこと。

- □ around $60 million worth of ～「約6千万ドル相当の～」 このworthは「～の価値」の意味。
- □ throw away used phones「使用済みのスマートフォンを捨てる」
- □ refrigerator「冷蔵庫」 □ electronics「電子機器」
- □ preserve the world's supply「世界の供給量を維持する」

各段落の要旨

第1段 今日，いろいろなものが再利用されているが，金属の再利用方法も模索され始めている。

第2段 金属の再利用は，鉱石から取り出すよりも簡単なので，古代ローマ時代から行われていた。

第3段 19世紀には金属再利用専門の会社があったが，20世紀では，再利用よりも商品を短期で消耗する「計画的旧式化」という方法がとられるようになった。

第4段 今日膨大な金額に相当するレアメタルが捨てられている。資源には限りがあるということを考えれば，昔の金属再利用の考え方を学ぶ方がよい。

(34) 解答 4

質問の訳 金属生産が環境に害をもたらす一つのやり方は何か。

選択肢の訳
1 たくさんの生き物は生き残るために地中の金属を必要としている。
2 金属生産過程において使われる大量の電気が火事を引き起こす。
3 大多数の金属が捨てられ，埋め立て地の多くを占領している。
4 金属生産過程において，危険な物質を放出する。

第1段第2文（Recycling metals, …）に「特に，金属の再利用は重要である。なぜなら金属は自然石から生産されるとき，非常に多くの被害をもたらすからだ」と書かれており，その具体例として同段第3文（Not only is …）に「地中から資源を取り出すときに土地が損なわれるだけでなく，多くの有毒物質が自然環境に放出される」と述べられている。したがって正解は，**4 The process leads to the release of dangerous substances.** である。

(35) 解答 2

質問の訳 昔，人々はどうして金属の物を溶かしていたのか。

選択肢の訳
1 なぜなら，アメリカとの戦争で武器が必要とされたから。
2 なぜなら，新しい金属を岩石から分離するよりも容易だったから。
3 それらを岩石と混合して強化するために。
4 それらを再利用して，戦争の英雄たちの像を新たに作るために。

金属の再利用が昔から行われてきたことは，第2段に書かれている。第2・3文（It has always … they are found.）に再利用の方が簡単で，岩石からの分離は大変だと述べられている。それゆえ，第4文（This is why …）にあるように「古代のローマ軍は戦いが終わった後，他国から金属の像を奪ってきて，それを溶かして新しい武器を作った」のである。したがって正解は，**2 Because it was easier than separating new metals from rock.** である。

(36) 解答 4

質問の訳 20 世紀の間に,(　　)

選択肢の訳 **1** 人々は再利用を専門とする会社を作り始めた。

2 お金を儲けるために金属を使うことが,より速く,より効率的になった。

3 商品メーカーは生産コストを下げることによってより多くのお金を儲けた。

4 企業はすぐに使えなくなる商品を作り始めた。

1 は紛らわしいが,第 3 段第 1 文(During the 19th century, …)に書かれているように,再利用を専門とする会社が作られ始めたのは,20 世紀ではなく 19 世紀の話。同段第 4・5 文(Instead of reducing … products more frequently.)に「(20 世紀になると)商品メーカーは『計画的旧式化』という手法で,短期間で使えなくなる商品を作り始めた」と述べられている。この内容と一致するのは,**4 businesses began to make goods that quickly became useless.** である。

(37) 解答 1

質問の訳 人々はどのようにしてレアメタルの供給量を維持できるか。

選択肢の訳 **1** 小さい電子機器を捨てる代わりに再利用することによって。

2 古いスマートフォンをもっと効率的に機能するスマートフォンに交換することによって。

3 再利用できる大型家電の数を増やすことによって。

4 金や銀を含む機器をゴミ埋め立て地に残すことによって。

第 4 段第 2 文(They [=devices like smartphones] also contain …)に「スマートフォンのような小さい電子機器にも多くのレアメタルが含まれている」とあり,続く第 3 文(In fact, …)に「アメリカ人は使用済みのスマートフォンを捨てるだけで,毎年約 6 千万ドル相当の金や銀をゴミ埋め立て地に捨てている」と書かれている。同段最終文(The amount of …)には「世界の金属の量は限られている。したがって,世界の供給量を維持するためには昔の考えに学ぶ方がよいかもしれないのである」とあり,この「昔の考え方」とは金属を再利用するということ。したがって,正解は **1 By trying to recycle small electronics instead of throwing them away.** である。

(38) 解答 2

質問の訳 次に述べられているもののなかで正しいのはどれか。

選択肢の訳 **1** ジョージ・ワシントンは鉄を再利用するという考えをアメリカに導入した。

2 19 世紀中に金属の需要が高まった。

3 金属は電力生産によって放出される毒物の量を減らすことができる。

4 企業は新しいスマートフォンに必要な金に毎年約 6 千万ドルを使っている。

選択肢 2 **There was an increase in the need for metals during the 19th century.** が,第 3 段第 1 文(During the 19th century, …)「19 世紀には,高まる金属需要に応えるために再利用を専門とする大企業が作られた」の内容と一致するので,これが正解である。

一次試験　筆記　4

解答例　**I think more apartment buildings should allow pets such as dogs and cats. First, nowadays, the demand for apartment buildings that allow pets is increasing. This is because more and more people believe that owning a pet is a good way to reduce stress. Second, when pet owners are unable to find an apartment that allows pets, it can lead to problems. For example, there could be an increase in the number of abandoned dogs and cats. For these two reasons, I agree with this opinion.（80～100 語）**

訳　私はもっと多くのアパートやマンションが，犬や猫のようなペットを飼うことを許可すべきだと思う。第一に，今日では，ペット可のアパートやマンションの需要が高まっているからである。これはペットを飼うことがストレスを減らす良い方法であると確信する人々が増えてきたためである。第二に，ペットを飼っている人がペット可のアパートやマンションなどを見つけられないと，いろいろと問題が出てくる場合があるためである。例えば，捨てられる犬や猫が増える可能性があるだろう。この2つの理由から私はこの意見に同意する。

トピックの訳　**もっと多くのアパートやマンションが，犬や猫のようなペットを飼うことを許可すべきだと言う人がいます。あなたはこの意見に賛成ですか。**

ポイントの訳　**●清潔さ　●生活様式　●隣人**

▶ 1文目でまず賛成か反対かを明確にする。〔解答例〕は賛成の意見。質問の英文を利用して，〔解答例〕のようにI think more apartment buildings should allow pets such as dogs and cats. と書き出してもよいが，字数が多くなってしまう場合は，Yes, I agree with the opinion. もしくは，Yes, I do. としてその理由を書き始めてもよい。

▶続いて理由を2つ提示する。〔解答例〕では，First, Second が使ってあるが，One reason is that S V, The other is that S V というパターンを使ってもよい。

▶〔解答例〕の構成は「①主張→②1つ目の理由→③補足的な具体的説明→④2つ目の理由→⑤補足的な具体的説明→⑤結論」である。最終的結論部分は最初の主張と同じ文にするのではなく，〔解答例〕のように主張の要約や多少変化を加えた表現にするのがよい。

▶反対の理由を書くとしたら，マンションなどで犬や猫を飼うことのマイナス面を述べればよい。例えば，「犬や猫は不衛生である。なぜなら外を出歩いた足のまま家の中に入ってくるからである」とか，「犬や猫は隣人に迷惑をかける。なぜなら，夜中でも大きな声で吠えたり鳴いたりするからである」などを理由として書けばよい。

▶「需要，要求，請求」demand　the demand for apartment buildings that allow pets is increasing. の主部は the demand for apartment buildings that allow pets。述部は is increasing。that allow pets は apartment buildings を修飾する関係代名詞節である。
「～を所有する，持つ」own 「～を減らす」reduce 「(ある結果に) つながる」lead to ～ 「～を捨てる，見捨てる」abandon

一次試験　リスニング　第1部

No. 1　解答　4

★＝男性　☆＝女性　（以下同）

★ Mom, it's David. Guess what? You're going to be a grandmother!

☆ Really? I've been waiting so long for you and Carol to start a family. Do you know if it's a boy or a girl?

★ Not yet, but we should find out soon.

☆ Oh, that's wonderful! Your father will be so happy.

Question：What is David telling his mother?

訳 ★ お母さん，デイヴィッドだよ。ねえ，何だと思う？　お母さんがおばあちゃんになるんだよ！

☆ 本当？　あなたとキャロルに子供ができるのをずっと待っていたのよ。男の子か女の子かわかっているの？

★ まだだよ。でもまもなくわかると思うよ。

☆ 本当に良かったね！　お父さんも喜ぶと思うよ。

質問：デイヴィッドは母親に何を伝えているか。

選択肢の訳
1　彼は妻の父親に会う予定だということ。
2　彼と妻は彼の祖母を訪ねるということ。
3　彼と妻は母親を旅行に連れて行くということ。
4　彼の妻が赤ちゃんを産むということ。

息子と母親の電話での会話。男性は1回目の発話で「お母さんはおばあちゃんになるよ」と言っている。つまり，孫ができるということである。したがって，**4**「彼の妻が赤ちゃんを産むということ」が適切。

No. 2　解答　1

☆ So, Eddie, have you saved enough money for your trip to Peru?

★ Not yet, Charlene. I'm looking for another part-time job at the moment. Are there any jobs available at the restaurant where you work?

☆ Actually, I think there are. If you like, I can talk to my boss about it.

★ That would be great! Thank you.

Question：What does the man ask the woman about?

訳 ☆ それで，エディ，ペルーへ旅行に行くお金は十分貯まったの？

★ まだだよ，シャーリーン。今，他のアルバイトを探しているんだ。君が仕事をしているレストラン，バイトできるかな？
☆ 実は，バイトできると思うのよ。もし良かったら，上の人に話してみるけど。
★ それは嬉しい！　ありがとう。

質問：男性は女性に何を聞いているか。

選択肢の訳　**1**　レストランでバイトをすること。
2　彼にお金を貸すこと。
3　夕食を一緒に食べること。
4　ペルーへ一緒に旅行に行くこと。

友人同士と思われる男性と女性の会話。男性は1回目の発話で「今，バイトを探している」と言っている。したがって，**1**「レストランでバイトをすること」が正解。

No. 3　解答　4

☆ Excuse me. Do you know which bus I should take to Griffin Park?
★ You don't need to take a bus. You can walk there easily.
☆ Really? How long will it take?
★ Only about five minutes. Just turn left at the next corner and go one block. The park won't open for another hour, though.

Question：What do we learn about Griffin Park?

Script

訳
☆ すみませんが，グリフィン公園に行くにはどのバスに乗ればよいかご存知ですか？
★ バスに乗る必要はないですよ。そこは歩いて簡単に行けますよ。
☆ 本当ですか？　どれくらい時間がかかりますか？
★ 5分くらいしかかかりませんよ。次の角で左に曲がって1ブロック行けばいいだけです。でも，公園はもう1時間しないと開かないですよ。

質問：グリフィン公園についてどのようなことがわかるか。

選択肢の訳　**1**　そこへ行くには1時間かかる。
2　そこは遊歩道がある。
3　そこは今日は開園していない。
4　それは近くにある。

初めての場所に来た女性と地元の男性との会話。男性は1回目の発話で，「バスに乗る必要はないですよ。そこは歩いて簡単に行けますよ」と言っている。つまり，公園は近いということ。したがって，**4**「それは近くにある」が正解。

No. 4　**解答**　**2**

☆ So, honey, we've looked at four houses so far. Were there any you especially liked?
★ I thought that the blue one on Lee Road was the best, but it's rather expensive.
☆ I know. But the location is fantastic, and it's really pretty. Maybe we should spend more than we were planning and get it.
★ Well, let's talk to the people at the bank again and then decide.

Question : What is one reason the woman likes the house on Lee Road?

訳
☆ ねえ，これまで家を４件見たわね。特に気に入った家はあった？
★ リー・ロードの青い家が最高だと思ったね。でも，かなり高いね。
☆ そうね。でも場所は素晴らしいわね。それにとってもかわいい感じね。たぶん，予定していたよりもっとお金を払って買わないといけないわね。
★ そうだね，もう一度銀行の人と話をして，それから決めよう。

質問：リー・ロードの家を女性が気に入った理由の一つは何か。

選択肢の訳
1　高くないから。
2　場所が良いから。
3　かわいい庭があるから。
4　他の家より大きいから。

夫婦と思われる２人の会話。女性は２回目の発話で，場所の良さと家のかわいさには言及しているが，値段や庭，家の大きさについては言及していない。したがって，**2**「場所が良いから」が正解。

No. 5　**解答**　**2**

☆ Hey, Daniel. You won't believe what happened yesterday.
★ Let me guess, Ellen. You won an award for your science project at school.
☆ That's right! How did you know?
★ Your mom already told me about it.

Question : How did Daniel find out about Ellen's news?

訳
☆ こんにちは，ダニエル。昨日の出来事，あなた，信じられないわよ。
★ エレン，当ててみるよ。君が学校の理科の課題で賞をとった。
☆ 当たり！　どうしてわかったの？
★ 君のお母さんがもう教えてくれたよ。

質問：どうしてダニエルはエレンの話を知っていたか。

選択肢の訳　**1**　彼の先生が理科の授業の時にそのことを発表した。

2　彼はそのことを彼女の母親から聞いた。

3　彼はそのことを自分の母親に尋ねた。

4　彼の学校新聞がその話を掲載していた。

友人同士と思われる男子学生と女子学生との会話。男性は2回目の発話で「君のお母さんがもう教えてくれたよ」と言っている。したがって，**2**「彼はそのことを彼女の母親から聞いた」が正解。

No. 6　解答　3

☆ Excuse me, Officer. Could you tell me if it's OK to park on this street?

★ You can park here until four o'clock if you have a parking sticker on your car.

☆ Oh. Well, I don't have a sticker, so I guess I'd better look for somewhere else to park.

★ There's a parking lot three blocks away on Davis Street.

Question：What does the man suggest the woman do?

訳

☆ すみません，おまわりさん。この通りは駐車して大丈夫ですか？

★ 車に駐車ステッカーを貼れば，4時までここに駐車できますよ。

☆ あ，そうですか。私，ステッカーを持ってないんですよね。駐車できる他の場所を探した方が良さそうね。

★ 3ブロックほど行ったところのデイヴィス通りに駐車場がありますよ。

質問：男性は女性に何を提案しているか。

選択肢の訳　**1**　4時以降に戻ってくること。

2　もっとスピードを落として運転すること。

3　駐車場に車を駐めること。

4　駐車ステッカーを変えること。

女性と男性警察官との会話。男性は2回目の発話で「3ブロックほど行ったところのデイヴィス通りに駐車場があります」と女性に教えている。したがって，**3**「駐車場に車を駐めること」が正解。

No. 7 解答 1

☆ Hey, Jim. I haven't seen you around the office lately. Did you go somewhere on vacation?

★ No. I took a few days off work because my son's been ill, and my wife's out of town on a business trip.

☆ Oh, I see. Well, I hope he's better now.

★ Thanks. He's back at school today.

Question : Why was the man absent from work?

訳 ☆ あら，ジム。最近，会社で顔を見なかったけど，どこかへ旅行に行っていたの？

★ いや，数日休暇をとっていたんだ。息子の体調が悪くて，妻は出張で他の町へ行っているものだから。

☆ まあ，そうだったの。息子さん，今はいいんでしょう。

★ おかげさまで，今日からまた学校へ行っているよ。

質問：男性はどうして会社を休んでいたのか。

選択肢の訳
1 息子の世話をしていた。
2 出張で遠くへ行っていた。
3 気分がすぐれなかった。
4 旅行に行っていた。

同僚と思われる男性と女性との会話。男性は1回目の発話で「息子の体調が悪くて」と言っている。しかも妻が出張で不在とも言っている。したがって，**1**「息子の世話をしていた」が正解。

No. 8 解答 3

☆ Fred, I heard your wife and kids aren't very excited about your job transfer to Germany.

★ They're not. My wife doesn't want to leave here, and my kids are worried about speaking German.

☆ Well, tell them that once they get used to everything, living abroad will be a great experience.

★ Right. If they think about it as a big adventure, they might start looking forward to it.

Question : What is one thing we learn about Fred's wife and children?

訳 ☆ フレッド，あなたの奥さんと子供たちはあなたのドイツ転勤をあまり喜んでいないって聞いたけど。

★ そうなんだよ。妻はこの地を離れたくないと思っているし，子供たちはドイツ語を話せるか心配しているんだよ。

☆ じゃあ，言ってあげなさい。なんでも一旦慣れてしまえば，海外生活は素晴らしい経験になるって。

★ そうだよね。海外生活を大冒険だと考えてくれれば，転勤も楽しみになり始めるかもしれないからね。

質問：フレッドの妻と子供たちについてわかる一つのことは何か。

選択肢の訳　**1**　彼らは以前ドイツ語を勉強したことがある。

2　彼らは新しい冒険を楽しみにしている。

3　彼らはドイツに引っ越すのを嬉しく思っていない。

4　彼らは外国の食べ物が好きではない。

同僚と思われる男性と女性との会話。男性は，１回目の発話で「妻はこの地を離れたくないと思っているし，子供たちはドイツ語を話せるか心配している」と言っている。したがって，**3**「彼らはドイツに引っ越すのを嬉しく思っていない」が正解。

No. 9　解答　1

★ I want to make pasta tonight, honey, but not just the same old spaghetti and meat sauce. Do you know any good recipes?

☆ Try the Internet. You should be able to find something interesting there.

★ Good idea. After that, I'll probably need to go shopping for the ingredients. Do you want to come with me?

☆ Sure, as soon as I finish cleaning the bathroom.

Question：What will the man do next?

Script

訳

★ 今日はパスタを作ろうと思っているんだけど，いつもと同じスパゲッティ・ミートソースではないのを作りたいんだ。何か良いレシピ知らない？

☆ ネットで調べてみて。何か面白いものが見つかるはずだよ。

★ それはいいね。調べたら，その後たぶん食材を買いに行く必要が出てきそうだね。一緒に行く？

☆ もちろん，バスルームの掃除が終わったらすぐにね。

質問：男性は次に何をするか。

選択肢の訳　**1**　レシピを探す。

2　スパゲッティを作る。

3　買い物に行く。

4　バスルームを掃除する。

夫婦と思われる２人の会話。男性は女性の発話を受けた２回目の発話で，「それはいいね」と言っている。つまり，パスタのレシピをネットで「調べる」ということ。したがって，

1「レシピを探す」が正解。

No. 10 解答 2

☆ George, have you watched those DVDs I lent you last month?
★ I've watched two of them so far, but not the other two. Sorry, but I've been a bit busy.
☆ Don't worry. I don't need them back right away. I was just wondering what you thought of them.
★ Well, of the two I watched, I especially liked *Lost in Brazil*. The characters were really interesting.

Question: Why does the woman ask George about the DVDs?

Script

訳
☆ ジョージ，先月貸してあげたDVDを観た？
★ 今までのところ2本は観たけど，他の2本はまだ観てないよ。ごめんね。でも，ちょっと忙しくて。
☆ 心配しなくていいわよ。すぐに返してもらう必要はないので。あなたがどう思ったかなって，ちょっと思っていたものだから。
★ そうだね。僕が観た2本の中では，*Lost in Brazil* が特に気に入った。登場人物が本当に面白かったよ。

質問：女性はDVDについてなぜジョージに尋ねたのか。

選択肢の訳
1 それらのDVDをすぐにもう一度観たかったから。
2 ジョージの意見を知りたかったから。
3 どのDVDを貸したか忘れたので。
4 *Lost in Brazil* の結末を忘れたから。

友人同士の会話。女性は2回目の発話で，「あなたがどう思ったかなって，ちょっと思っていたものだから」と言っている。したがって，**2**「ジョージの意見を知りたかったから」が正解。

No. 11　解答　2

★ Excuse me. I have a pizza delivery for a Janet Hill. Is this the right office?

☆ Yes. I'm Janet Hill. How much do I owe you?

★ It's 32 dollars and 95 cents. Should I put the pizzas on your desk?

☆ No, give them to me. They're for a party in the next room, but I'll take them there.

Question：What does the woman tell the man to do with the pizzas?

訳
★すみません。ジャネット・ヒルさんにピザの配達に伺ったのですが，こちらのオフィスで良かったでしょうか？

☆ええ，私がジャネット・ヒルよ。おいくら？

★32ドル95セントです。ピザはお机の上に置きましょうか？

☆いえ，私に手渡してください。それ，隣の部屋でやっているパーティー用なの。私がそこへ持っていくから。

質問：女性は男性にピザをどうするように言っているか。

選択肢の訳
1　机の上に置くように。
2　彼女に手渡すように。
3　他の建物に配達するように。
4　ピザ店に持って帰るように。

ピザの配達員の男性と客の女性との会話。女性は2回目の発話で「いえ，私に手渡してください」と言っている。したがって，**2**「彼女に手渡すように」が正解。

No. 12　解答　3

★ Hello. Do you sell used video games at this store?

☆ No. We only sell new games.

★ I see. The game I'm looking for isn't made anymore. It's called *One Hundred Warriors.*

☆ Oh, yes. They stopped making that a few years ago. You may be able to find a used copy of the game on the Internet.

Question：Why can't the boy buy the game *One Hundred Warriors* at the store?

訳
★こんにちは。こちらの店では中古のテレビゲームを売っていますか？

☆いいえ，新しいものしか扱ってないんですよ。

★そうですか。探しているゲームはもう作られていないんです。*One Hundred*

Warriors というゲームなんですが。

☆ ええ，そうですね。数年前に製造中止になっていますね。ネットで中古のものが見つけられるかもしれませんよ。

質問：男の子はなぜ *One Hundred Warriors* をその店で買えないのか。

選択肢の訳　**1**　そこではテレビゲームを売っていないので。

2　それは子供向けとしてはあまりにも暴力的なゲームなので。

3　そこでは新品しか売っていないので。

4　それはまだ販売していないので。

テレビゲーム販売店の女性と男の子の会話。女性は1回目の発話で「いいえ，新しいものしか扱ってないんですよ」と言っている。**1** は女性の new games の new を聞き逃すと間違える可能性が高い。適切なのは，**3**「そこでは新品しか売っていないので」ある。

No. 13　解答　3

★ Mom, we have a long rugby practice today, so can you pick me up a little later than usual?

☆ I can come at six o'clock. Would that be OK?

★ Yeah. We should definitely be done by then. We'll be at the same field as usual.

☆ All right. Make sure you drink lots of water during practice!

Question : What will be different about today's practice?

Script

訳

★ お母さん，今日はラグビーの練習が長引くよ。だからいつもより少し遅く迎えに来てくれる？

☆ 6時に行けるけど，それでいい？

★ いいよ。その頃までには絶対終わっていると思うから。いつもと同じところにいるよ。

☆ わかったわ。練習中は必ず水をたくさん飲むのよ！

質問：今日の練習は何が違うのか。

選択肢の訳　**1**　6時に始まること。

2　少々早く終わること。

3　いつもより長くなること。

4　違った場所で行われること。

男の子と母親との会話。男の子は，1回目の発話で「今日はラグビーの練習が長引くよ」と言っている。つまり，通常より練習時間が長くなるということ。この内容と一致しているのは，**3**「いつもより長くなること」である。

No. 14　解答　4

★ Hello. Henry Allen speaking.

☆ Hello, Mr. Allen. This is Computer Plaza. We've checked your computer. It'll cost about three hundred dollars to repair it and replace the hard drive.

★ Three hundred dollars! That's a lot for an old computer. I think I'll just buy a new one instead.

☆ OK. We can recycle your old computer for free if you buy a new one here.

Question : What will Henry Allen probably do?

Script

訳

★ もしもし。ヘンリー・アレンですが。

☆ もしもし，アレンさん。こちらはコンピュータ・プラザです。あなた様のパソコンをチェックさせていただきましたが，修理とハードドライブの交換で300ドルほどかかります。

★ 300ドルですか！　それは古いパソコンにはかかりすぎですね。修理する代わりに新しいのを買いますよ。

☆ わかりました。もし当店で新しいパソコンを購入していただければ，古いコンピュータはこちらでリサイクルさせていただきます。

質問：ヘンリー・アレンは何をしそうか。

選択肢の訳　**1**　彼のハードドライブをその女性に売る。

2　彼のパソコンを修理してもらう。

3　コンピュータ・プラザで働く。

4　新しいパソコンを買う。

パソコン販売店の女性店員と男性客との電話での会話。男性は2回目の発話で「修理する代わりに新しいのを買いますよ」と言っている。この内容と一致するのは，**4**「新しいパソコンを買う」である。

No. 15　解答　4

☆ *Nihao*, Jimmy. That's "hello" in Chinese. I've been taking lessons at City Language School.

★ Really? I didn't know you were interested in foreign languages. And Chinese—isn't that difficult?

☆ I thought it would be. But it's not as much work as I thought. The teacher's really interesting, and her classes are fun. It makes learning so much easier.

★ That's great. Maybe I'll try the class, too.

Question：What is one thing the woman says?

Script

訳

☆ ニーハオ，ジミー。これ，中国語の「ハロー」に相当する言葉よ。私，シティ語学学校で中国語を習っているの。

★ ほんと？　君が外国語に興味があるなんて知らなかったなあ。それも中国語。難しくない？

☆ 難しいかなと思ったのよ。でも，思ったほど大変ではないわよ。先生は本当に面白い人だし，授業は楽しいわ。おかげで勉強がずっと楽にできているわ。

★ それはいいね。僕もそのクラスで勉強するかも。

質問：女性が言っている一つのことは何か。

選択肢の訳

1　彼女の新しい先生は厳しい。

2　その学校では無料の授業を提供している。

3　彼女は中国の勉強を始めるであろう。

4　中国語を学ぶことは彼女が考えていたより易しい。

友人同士と思われる男性と女性との会話。女性は2回目の発話で，「難しいかなと思ったのよ。でも，思ったほど大変ではないわよ」と言っている。したがって，**4**「中国語を学ぶことは彼女が考えていたより易しい」が正解。

一次試験　リスニング　第2部

No. 16　解答　3

Richard is a high school student, and for lunch, he usually eats sandwiches that his mother makes for him. His mother is a chef, and Richard's sandwiches are always delicious. Yesterday, his friend Veronica forgot to bring her lunch, so Richard offered to share his lunch with her. Veronica happily accepted and in return, she bought him a snack at the cafeteria for dessert.

Question : Why did Richard share his lunch with Veronica yesterday?

訳　リチャードは高校生で，昼食には普段，彼の母親が作ってくれるサンドイッチを食べている。母親はシェフで，リチャードのサンドイッチはいつも美味しい。昨日，彼の友だちのベロニカがランチを持ってくるのを忘れた。それで，リチャードが自分のサンドイッチを分けてあげると言うと，ベロニカは喜んで受け取り，お返しに，カフェでデザートにスナックを買ってくれた。

質問：リチャードはなぜ昨日ベロニカにランチを分けてあげたのか。

選択肢の訳
1　彼は母親が作ってくれた食べ物が好きでなかったから。
2　彼は自分の食べ物を全部食べられるわけではなかったから。
3　彼女が家にランチを忘れてきたから。
4　彼女が彼にカフェのスナックをあげたから。

ベロニカの名前が出てくるのは第3文（Yesterday, his friend …）から。ここで「昨日，彼の友だちのベロニカがランチを持ってくるのを忘れたので，リチャードは自分のサンドイッチを分けてあげると言った」と述べられている。したがって正解は，**3**「彼女が家にランチを忘れてきたから」である。

No. 17　解答　1

Welcome to *News Tonight* on Radio 6. Tonight, we have some special guests—five members of the Capton City women's rugby team. The team members have been getting better results recently, and everyone is expecting them to win the national tournament next month. I will talk to the members about how they are preparing for the tournament.

Question : What does the announcer say about the rugby team?

訳　ラジオ6のニュース・トゥナイトにようこそ。今夜は，特別なゲストを何人かお迎えしています。キャプトン市女子ラグビーチームの５人の選手の方々です。このチームの選手たちは最近良い結果を出していて，来月の全国大会で優勝することをみんなが期待しています。これから選手の方々に大会に向けてどのように準備をされているかお聞きします。

質問：アナウンサーはそのラグビーチームについて何を言っているか。

選択肢の訳　**1**　彼女たちは優勝すると期待されている。
2　彼女たちは来月トレーニングを始める。
3　彼女たちは来週キャプトン市へ行く。
4　彼女たちは海外で準備を行ってきた。

このラグビーチームについて具体的に説明しているのは，第3文（The team members …）である。その後半で「来月の全国大会で優勝することをみんなが期待しています」と述べられている。この内容と一致しているのは，**1**「彼女たちは優勝すると期待されている」である。問題文中のto win を，選択肢ではto become the championsと言い換えている。

No. 18　解答　4

There is a festival in Florida in the United States called the Lower Keys Underwater Music Festival. The festival was created by a man named Bill Becker, who wanted to help protect the ocean. During the festival, musicians take instruments into the water to perform music. The goal of the festival is to teach people about coral reefs and marine life in a fun way.

Question : Why was the Lower Keys Underwater Music Festival created?

Script

訳　アメリカのフロリダには，ロウアー・キーズ・アンダーウォーター・ミュージック・フェスティバルと呼ばれるフェスティバルがある。このフェスティバルは，ビル・ベッカーという，海を守るために手助けをしたいと思っていた人が始めた。フェスティバルの間，ミュージシャンたちは楽器を海に持ち込んで演奏を行う。このフェスティバルの目的は，人々に珊瑚礁や海洋生物について楽しく教えることである。

質問：ロウアー・キーズ・アンダーウォーター・ミュージック・フェスティバルはなぜ始められたのか。

選択肢の訳　**1**　フロリダの伝統的な種類の音楽を奨励するため。
2　新しい種類の楽器について人々に教えるため。
3　人々が水中にいる間，彼らを守るため。
4　人々が海洋生物について学ぶ手助けをするため。

最終文（The goal of …）で「このフェスティバルの目的は，人々に珊瑚礁や海洋生物について楽しく教えることである」と述べられている。この内容と一致するのは，**4**「人々が海洋生物について学ぶ手助けをするため」である。life は本文中では「(集合的に) 生き物」の意。marine life は「海洋生物」である。

No. 19　解答　3

Warren is an economics student at university, and his exams start next month. He had planned to study two hours every evening, but he has not been following this schedule. Warren has realized that he can concentrate better in the mornings, so instead, he has decided to get up two hours earlier than usual to study. He hopes this new schedule will help him study more effectively.

Question : How will Warren's schedule change?

訳　ウォレンは大学で経済学を勉強している学生だ。試験が来月始まる。彼は毎晩2時間，勉強する計画を立てていたが，この予定通りには進んでいない。ウォレンは午前中の方が勉強に集中できることがわかった。それで，夜の代わりに，通常より2時間早く起きて勉強することにした。この新しい日課で，彼はもっと効率的に勉強できることを期待している。

質問：ウォレンはどのように日課を変えるのか。

選択肢の訳
1　彼は週末だけ勉強する。
2　彼は毎日4時間勉強する。
3　彼は午前中に勉強することを始める。
4　彼は夕方早く勉強することを始める。

時制に注意して聞き取ること。第2文 (He had planned …) で，「夜勉強する計画を立てていたが，今までうまく行っていない」ことがわかる。次に第3文 (Warren has realized …) で，午前中の方が勉強に集中できることがわかり，「それで，夜の代わりに，通常より2時間早く起きて勉強することにした」と述べられている。したがって今後彼が実践するであろう日課は，**3**「彼は午前中に勉強することを始める」である。

No. 20　解答　2

Many people around the world enjoy eating honey. As long as honey is kept in sealed containers, it can be eaten even when it is many years old. In fact, some news articles say that 3,000-year-old honey has been found in the pyramids of Egypt. The honey was kept in sealed pots, and scientists say that this honey can still be eaten today.

Script

Question：What is one thing we learn about honey?

訳　世界中で多くの人々が喜んで蜂蜜を食べている。蜂蜜は密閉された容器に保存されている限りは，たとえ何年経っていても食べられる。実際，ニュース記事などによれば，3,000年前の蜂蜜がエジプトのピラミッドで発見されたとのことである。この蜂蜜は密閉された壺に保存されており，科学者たちによれば，この蜂蜜は今日でもまだ食べられるとのことである。

質問：蜂蜜についてわかる一つのことは何か。

選択肢の訳
1　エジプトの人々は特別な壺で蜂蜜を料理する。
2　蜂蜜は長期間保存でき，また食べられる。
3　科学者たちは日々，新たな種類の蜂蜜を発見している。
4　蜂蜜が3,000壺以上ピラミッドで発見された。

第2文（As long as …）で「蜂蜜は密閉された容器に保存されている限りは，たとえ何年経っていても食べられる」と述べられており，次に第3文（In fact, some …）以下で具体例として，3,000年前の蜂蜜が今でも食べることができると述べられている。この内容と一致するのは，**2**「蜂蜜は長期間保存でき，また食べられる」である。

No. 21　解答　4

Peggy has a large collection of Japanese comic books and she enjoys talking about them with other people on the Internet. However, she thought it would be good to meet other collectors in person, so she decided to become a member of a comic book fan club in her area. She will wear her favorite character's costume to the club's meeting this Friday.

Script

Question：What has Peggy decided to do?

訳　ペギーは日本のコミック本を非常にたくさん持っている。彼女はネットで他の人々とそれらについて話をするのが楽しみだ。しかし，コミック本を集めている他の人たちと直接会うのも良い考えだと思った。それで，彼女は地元のコミック本ファンクラブに入ることにした。彼女は今度の金曜日に，お気に入りのキャラクターの衣装を着てファンクラブの集いに出かけるつもりである。

質問：ペギーは何をすることに決めたか。

選択肢の訳　**1**　コミック本のイベントのために衣装を作る。
2　コミック本に関するウェブサイトを立ち上げる。
3　集めたコミック本を売る。
4　コミック本ファンクラブに参加する。

第2文（However, she thought …）後半で，she decided to become a member of a comic book fan club in her area と decided to がそのまま使われているのでわかりやすいだろう。「ファンクラブのメンバーになる」とは「ファンクラブに入ること」なので，正解は，**4**「コミック本ファンクラブに参加する」である。

No. 22　解答　1

Come to Waller Wheels for deals on family-sized cars. As advertised on TV, our Super Sale is this weekend. Get a discount of $2,000 when you buy a new car. If you buy a used car, we will give you a free set of snow tires. We are located on Thomson Street and are open until 7 p.m. every day.

Question：What can customers get when they buy a new car?

訳　家族向け乗用車の購入には，ウォラー・ホイールズにお越しください。テレビで広告していますように，当社のスーパー・セールは今週の土日です。新車を購入していただくと2,000ドルの割引があります。中古車を購入された場合，無料のスノータイヤが1セットついてきます。当店はトムソン通りにあり，毎日午後7時まで開店しております。

質問：客は新車を買うと何が貰えるか。

選択肢の訳　**1**　2,000ドルの割引。
2　スノータイヤの割引。
3　家族向け週末旅行。
4　テレビ番組に出演する機会。

新車の購入に関しては，第3文（Get a discount …）に「新車を購入していただくと2,000ドルの割引があります」と述べられている。したがって正解は，**1**「2,000ドルの割引」である。スノータイヤについては第4文（If you buy …）に言及があるが，「中古車を購入した場合は，スノータイヤ1セットを無料で差し上げます」という内容なので，不適。

No. 23　解答　3

Steve wants to teach his six-year-old daughter how to swim this summer. Unfortunately, she does not like going into the pool, so Steve bought her some pool toys to play with. She now enjoys playing on the steps of the pool, so Steve thinks he can start giving her lessons soon. He hopes that she will think swimming is fun in the future.

Script

Question : What did Steve do for his daughter?

訳　スティーブは6歳の娘に今年の夏，泳ぎ方を教えたいと思っている。残念なことに，娘はプールに入るのが好きではない。そこでスティーブはプールで遊べるおもちゃをいくつか購入した。娘は，今ではプールに入る階段に座って楽しく遊んでいる。それでスティーブは，そろそろ泳ぎ方を教え始められると思っている。娘が将来，水泳を楽しいと思ってくれることを願っている。

質問：スティーブは娘のために何をしたか。

選択肢の訳
1　娘を今年の夏，旅行に連れて行った。
2　彼は娘を水泳教室に連れて行った。
3　娘に新しいおもちゃをいくつか買ってやった。
4　娘に夏服を購入した。

質問が「スティーブは娘のために何をしたか」と過去形であることに着目する。問題文の中で過去形の文は，第2文（Unfortunately, she does …）の後半 so Steve bought her some pool toys to play with「そこでスティーブは，娘のためにプールで遊べるおもちゃを購入した」だけである。この内容と一致するのは，**3**「娘に新しいおもちゃをいくつか買ってやった」である。**2** は紛らわしいが，スティーブは娘を水泳教室に連れて行ったわけではなく，自分で教えようと思っているので不適切である。

No. 24　解答　2

Get ready for spring at Silverman Gym! We have two special campaigns this month. First, all members who introduce a friend to the gym will get an extra month of membership free. Second, if you sign up for a boxing class, you will get a free gym bag worth $25. Don't forget to take advantage of these two great offers.

Script

Question : How can members get a free gym bag?

訳　シルバーマン・ジムで春の準備を！　当ジムでは，今月特別キャンペーンを2つ用意しております。まず1つ目は，お友だちに当ジムを紹介してくださった会員の方は全員，1カ月分の会費が無料になります。2つ目は，ボクシング教室にお申し込みいただいた方には，25 ドル相当のジムバッグを無料で差し上げます。この二大特典を忘れずにご活用ください。

質問：会員はどうしたら無料のジムバッグを貰えるか。

選択肢の訳
1 ジムで 25 ドル使うことによって。
2 ボクシング教室に参加することによって。
3 新会員 2 名を紹介することによって。
4 1 カ月毎日ジムに行くことによって。

ジムバッグについては，第 4 文（Second, if you …）に「2 つ目は，ボクシング教室にお申し込みいただいた方には，25 ドル相当のジムバッグを無料で差し上げます」と述べられている。この内容と一致するのは，**2**「ボクシング教室に参加することによって」である。放送文中の sign up for ～「（組織，団体などに署名して）加わる，参加する」が，選択肢では joining と言い換えられている。

No. 25 解答 3

Kenta is planning a trip to Thailand with two of his friends. His friends want to see many temples there. However, Kenta loves the ocean, so he wants to relax on the beach instead. Kenta and his friends have decided that they will stay in the same hotel, but while he goes to the beach during the day, his friends will go sightseeing.

Question：What is one thing that we learn about Kenta?

訳　ケンタは友人 2 人とタイ旅行を計画している。友人たちはタイでたくさんの寺院を見たいと思っている。しかし，ケンタは海が好きなので，寺院へ行く代わりにビーチでのんびりしたいと思っている。ケンタと友人たちは同じホテルに泊まるが，昼間ケンタがビーチへ行っている間，友人たちは観光に出かけることに決めた。

質問：ケンタについてわかる一つのことは何か。

選択肢の訳
1 彼はホテルに宿泊したくない。
2 彼はタイへ行きたくない。
3 彼はビーチへ行きたい。
4 彼は寺院に興味がある。

第 3 文（However, Kenta loves …）で「しかし，ケンタは海が好きなので，寺院へ行く代わりにビーチでのんびりしたいと思っている」と述べられている。この内容と一致するのは，**3**「彼はビーチへ行きたい」である。**4**「彼は寺院に興味がある」については，寺院に興味があるのは 2 人の友人であり，ケンタではないので不適。

No. 26　解答　4

Stacy has been a movie director for over 15 years. So far, she has only made fantasy movies. This year, however, her goal is to direct a documentary about the real lives of doctors and nurses who work in emergency rooms. Next week, Stacy will start to interview some of them in hospitals around the city.

Question : What does Stacy want to do this year?

Script

訳　ステイシーは映画監督になってから15年以上になる。今までに彼女が作った映画は，ファンタジー映画だけである。しかし，今年の彼女の目標は，救急治療室で働く医者と看護師の実際の生活に関するドキュメンタリー映画を監督することである。来週，ステイシーは，町の病院の医者や看護師たち何人かにインタビューを始めるつもりだ。

質問：ステイシーが今年やりたいことは何か。

選択肢の訳　**1**　ドキュメンタリーをたくさん観ること。
2　15人の映画監督にインタビューをすること。
3　ファンタジー物語を書くこと。
4　実際の人々に関する映画を作ること。

第3文（This year, however, …）で，今年の目標は「医者と看護師の実際の生活に関するドキュメンタリー映画を監督することである」と述べられている。この内容と一致するのは，**4**「実際の人々に関する映画を作ること」である。**1**にも「ドキュメンタリー」という言葉が出てくるが，彼女はドキュメンタリーを観るのではなく，「作る」方なので不適。

No. 27　解答　3

The cassowary is a type of bird that lives in parts of Australia and New Guinea. Cassowaries are sometimes called the most dangerous birds in the world. They are big in size and have sharp claws. They have been reported to use their powerful legs to kick people who come too close. However, this rarely happens because cassowaries tend to stay away from people.

Question : What is one thing we learn about cassowaries?

Script

訳　ヒクイドリはオーストラリアおよびニューギニアの一部にすむ鳥の種類である。ヒクイドリは時々，世界で一番危険な鳥だと言われる。身体が大きく，鋭い爪を持っている。人が近づきすぎると，その強力な脚で人を蹴ると報告されている。しかし，ヒクイドリは人に近づかない傾向があるので，このようなことは滅多に起こらない。

質問：ヒクイドリについてわかる一つのことは何か。

選択肢の訳　**1**　ヒクイドリは危険なほど高いところにすんでいる。
2　ヒクイドリは人の近くへ行くのが好きだ。
3　ヒクイドリは危険だと考えられている。
4　ヒクイドリはほとんどの鳥よりも脚が短い。

初めから終わりまでヒクイドリの説明であり，選択肢にも紛らわしい単語が使われているので注意が必要。第2文（Cassowaries are sometimes …）に，「ヒクイドリは時々，世界で一番危険な鳥だと言われる」と述べられているので，正解は，**3**「ヒクイドリは危険だと考えられている」である。**1**に関しては第2文に「ヒクイドリは危険な鳥と言われる」とあるが「危険なほど高いところにすんでいる」とは述べていないので不適。**2**に関しては最終文（However, this rarely …）の後半にcassowaries tend to stay away from people「ヒクイドリは人に近づかない傾向がある」と述べられているので不適。**4**に関しては第4文（They have been …）に「ヒクイドリは強力な脚で蹴る」と述べられているが「短い脚」とは述べていないので不適。

No. 28　解答　4

Travis was born in New York, but he works in Canada now. He likes his job, but his mother has been feeling unwell recently. Travis wants to move back to his hometown to be closer to her. His company has an office in New York, so he will ask his boss if he can be transferred there.

Question : Why does Travis want to move back to New York?

訳　トラビスはニューヨークで生まれたが，今はカナダで仕事をしている。仕事は気に入っているが，最近，母親の体調が悪い。トラビスは故郷に戻って母親の近くにいたいと思っている。彼の会社はニューヨークにも支社がある。それで，そこに転勤可能かどうか上司に聞いてみようと思っている。

質問：トラビスはなぜニューヨークに戻りたいのか。

選択肢の訳　**1**　上司が彼に転勤してほしいと思っているから。
2　カナダにある支社が閉鎖されるから。
3　ニューヨークにある会社で新しい仕事を見つけたから。
4　母親の近くにいたいと思っているから。

第3文（Travis wants to …）で，体調の悪い母親のために，「トラビスは故郷に戻って母親の近くにいたいと思っている」と述べられている。この内容と一致するのは，**4**「母親の近くにいたいと思っているから」である。to be closer to her（＝his mother）とto be near his mother は同じ意味。

No. 29　解答　3

In Sweden, there is a break during the day called *fika*. *Fika* is often translated into English as "having a coffee break." People in Sweden rest and appreciate life during *fika*. They also have a chance to communicate with friends, family, or co-workers. *Fika* is usually held in the morning or in the afternoon and is an important part of Swedish culture.

Question : What is one thing we learn about *fika*?

訳　スウェーデンでは，日中にフィカと呼ばれる休憩時間がある。フィカは英語では"having a coffee break"（コーヒー休憩をする）と翻訳されることが多い。スウェーデンの人々は，フィカの時間は体を休め，生活を楽しむのである。彼らはまた，（フィカの間に）友だち，家族，同僚などと話をする機会も持つ。フィカの時間は通常，午前中か午後にあり，それはスウェーデン文化の重要な一部となっている。

質問：フィカについてわかる一つのことは何か。

選択肢の訳
1　フィカは人々が仕事の会議をする場所である。
2　フィカは友だちや同僚に贈られる贈り物である。
3　フィカはゆっくりして，おしゃべりをする時間である。
4　フィカはスウェーデンのコーヒーの一種である。

第1文（In Sweden, there …）から「フィカとは break（休憩）である」ことが聞き取れれば，答えを導きやすいだろう。第4文（They also have …）で，「彼らはまた，（フィカの間に）友だち，家族，同僚などと話をする機会も持つ」と述べられている。この内容と一致するのは，**3**「フィカはゆっくりして，おしゃべりをする時間である」である。

No. 30　解答　2

Mitch is in his fifties and he has played soccer all his life. He still wants to play, but he finds it harder to move quickly because he has gotten older. Last week, one of his friends who manages a soccer club for young players asked Mitch to be a coach for the players starting next month. Mitch accepted the offer, and he is thinking of techniques to teach them.

Question : What will Mitch start doing next month?

訳　ミッチは50歳代で，彼はずっとサッカーをやってきた。まだまだプレーをしたいと思っているが，年を取って素早く動くことが難しくなってきた。先週，彼の友人の一人で，子供向けのサッカークラブを運営している人が，来月から子供たちのコーチをしてくれないかと頼んできた。ミッチは承諾して，子供たちに教えるサッカーのテクニックについて考えている。

■ 質問：ミッチは来月から何を始めるか。

選択肢の訳　**1**　新しいサッカーチームでプレーする。

2　サッカーをする子供たちのトレーニングをする。

3　昔のチームメートをコーチする。

4　新しいクラブを運営する。

最終文（Mitch accepted the …）で，ミッチは子供たちにサッカーを教えてくれないかという友人の申し出を受け入れ，「彼は子供たちに教えるサッカーのテクニックについて考えている」と述べられている。この内容と一致するのは，**2**「サッカーをする子供たちのトレーニングをする」である。

二次試験　面接　問題カードA

訳

安全性の向上

嵐や洪水のような自然災害は深刻な被害をもたらすことがある。安全を保つには，災害についての情報を得る必要がある。今，日本政府は様々な言語でそのような情報を提供している。そして，そうすることによって，政府は日本にやってくる外国人の安全性向上に努力している。外国人訪問客の増加とともに，彼らに向けた様々なサービスを提供することもますます重要になってきている。

語句・構文

□ disaster「天災，災害」　□ cause「～を引き起こす，生じさせる」
□ government「政府」
□ improve［imprú:v］「～を向上させる，改善する」 第2音節の発音に注意。
□ provide「（物を）提供する」

質問の訳

No. 1　本文によれば，日本政府はどのようにして，日本にやってくる外国人の安全性を向上させようとしていますか。

No. 2　では，イラストを見て，状況を説明してください。準備時間は20秒です。話はカードにある文から始めてください。

No. 3　日本の高校生は，英語に加えてさらに他の外国語も学ぶべきだと言う人がいます。あなたはそれについてどう思いますか。

No. 4　この頃，空いている時間にジムへ行って運動をする人が多いです。あなたは将来このような人々は増えると思いますか。
Yes. → なぜですか。 No. → なぜそう思わないのですか。

No. 1　解答例　**By offering information about disasters in different languages.**

訳　様々な言語で災害情報を提供することによって。

How?「どのように，どうして」という問いに対する答え方はBy *doing*「～することによって」がよい。第2・3文（To stay safe, … visitors to Japan.）で「安全を保つには，災害についての情報を得る必要がある。今，日本政府は様々な言語でそのような情報を提供している」と述べられている。質問の答えとしては，この中のoffers such information …を by offering …の形にして答えればよいが，このままではsuch information「そのような情報」の内容が不明である。「そのような情報」とは，その前文にある「災害についての情報」なので，such informationをinformation about disastersに置き換えて答えればよい。

No. 2　解答例　**One day, Mr. and Mrs. Okuda were talking in their living room. Mr. Okuda said to his wife, "We should prepare food for a disaster." Later at a supermarket, Mr. Okuda was putting a bottle of water into a**

shopping basket. Mrs. Okuda suggested that they use a shopping cart. On the way home, Mr. and Mrs. Okuda were having trouble carrying their shopping bags. Mrs. Okuda suggested that they take a taxi.

訳 ある日，オクダ夫妻は居間で話をしていた。オクダ氏はオクダ夫人に「災害に備えて食糧を用意しておいた方がいいよ」と言った。その後スーパーで，オクダ氏は，ペットボトルの水を買い物かごに入れていた。オクダ夫人は「カートを使いましょう」と提案した。帰り道でオクダ夫妻は買い物袋を手に持って運ぶのが大変だった。オクダ夫人は「タクシーに乗りましょう」と提案した。

カードに書かれている最初の1文は過去形なので，全て過去形を用いること。1コマ目のイラストでは，オクダ氏がオクダ夫人に災害に備えて食糧を用意しておく必要性があることを述べている。2コマ目のイラストではオクダ氏が備蓄用の水をたくさん買っている。吹き出しを見ると，オクダ夫人がカートを使うことを提案していることがわかる。3コマ目のイラストでは，購入したものが多くて歩いて運ぶのに苦労している姿が描かれており，オクダ夫人がタクシー利用を提案していることが吹き出しでわかる。これらのことを順次，述べていけばよい。

prepare「～を準備する」 suggest「提案する」はthat節の中の動詞が原型になるので注意。on the way home「家に帰る途中で」 have trouble carrying「運ぶのに苦労する」はhave trouble *doing*「～するのに苦労する」の形で覚えるべき表現。

No. 3 解答例 （賛成の場合） **I agree. Many students are interested in other foreign languages, too. Also, students can understand other cultures by learning languages.**

（反対の場合） **I disagree. It takes a long time to learn another foreign language. It's better to concentrate on studying English.**

訳 **（賛成の場合）**私もそう思います。多くの高校生が他の外国語にも興味を持っています。また，外国語を学ぶことによって他の国の文化も理解できます。

（反対の場合）私はそう思いません。もう一つ外国語を学ぶには長い時間がかかります。英語の勉強に集中する方がよいです。

まずは，賛成か反対か立場をはっきりさせよう。その後，理由を2つくらい挙げればよいが，その2つの理由には関連性を持たせるようにしよう。解答例には，賛成の立場では，「他の外国語にも興味を持っている生徒が多くいる」ことと関連して，語学の勉強が外国文化の理解に繋がることを理由としている。反対の立場では，もう一つ外国語を学ぶには時間がかかるという理由と，それに関連して，まずは英語の勉強に集中すべきという理由が述べられている。

No. 4 解答例 （Yes. → Why?） **More and more people are trying to stay healthy. Also, many people don't have a place to exercise at home.**

（No. → Why not?） **Many people are too busy to go to a gym. Also, most gyms cost a lot of money to join.**

訳 **（Yes. の場合）**健康維持に努めている人たちはますます増えています。また，家では運動をする場所がない人も多いです。

（**No. の場合**）忙しすぎてジムへ行けない人も多いです。また，ほとんどのジムは，通うのにお金がたくさんかかります。

Do you think? と聞かれているので，まずは Yes. か No. かを答える。そのあと理由を述べるが，ここでも 2 つ述べることが望ましい。解答例では，Yes. の立場からは，健康維持に気を配る人が増えたが，家ではなかなか運動をする場所もないという，関連ある 2 つの理由が述べられている。No. の立場からは 2 つの理由が挙げられているが，この 2 つの理由は，時間的理由と金銭的理由で，直接関連のない 2 つの理由である。2 つの理由に関連性を持たせられればよいが，このような答え方をしても，もちろん OK である。健康と運動は日常的な話題である。日頃からいろいろな社会的事象に関心を持って，自分の意見を持てるようにしておくことが大切である。

二次試験　面接　問題カードD

訳

困っている人を助ける

最近，日本では，高齢者の数が年々増えている。このため，バリアフリーの環境がますます重要になってきている。政府はそれらを多くの場所に作っており，そうすることによって，政府は助けを必要としている人々にとって社会がより便利になるようにしている。バリアフリーの環境は，日本や他の世界中の多くの国で一般的になってきている。

語句・構文

□ elderly people「高齢者」 elderly は「（人が）かなり年配の」の意で，old や aged の遠回し（丁寧）な表現。

□ environment［inváiərənmənt］「環境」　□ create「～を作り出す」

□ common「一般的な」

質問の訳

No. 1　本文によれば，政府はどのようにして，助けを必要としている人々にとって社会がより便利になるようにしていますか。

No. 2　では，イラストを見て，状況を説明してください。準備時間は 20 秒です。話はカードにある文から始めてください。

No. 3　公共の場所での人々のマナーがだんだん悪くなってきたと言う人がいます。あなたはそれについてどう思いますか。

No. 4　今日，コンピュータゲームはあらゆる年齢層の人々に人気です。あなたはコンピュータゲームをすることは時間の無駄だと思いますか。

Yes. → なぜですか。 No. → なぜそう思わないのですか。

No. 1　解答例　**By creating barrier-free environments in many places.**

訳　多くの場所にバリアフリーの環境を作ることによって。

How?「どのようにして」という問いに対する答え方は，By *doing*「～することによって」

がよい。第3文（The government is…）において，「政府はそれらを多くの場所に作っており，そうすることによって，政府は助けを必要としている人々にとって社会がより便利になるようにしている」と述べられている。この文の前半部分を by creating…という形にして答えればよいが，them とは何かを明示することが必要である。これは前文より barrier-free environments だとわかるのでそれに置き換える。前文の言葉で置き換えないと意味が通じないので，気をつけること。

No. 2 解答例 **One day, Taro and his father were talking in their living room. Taro said to his father, “I’m excited to go to the baseball game this afternoon.” Later at the stadium, Taro’s father was buying a cap. Taro was looking forward to putting on the cap. After the game, Taro and his father noticed an old woman carrying a heavy bag. Taro’s father was thinking of helping her.**

訳 ある日，タロウと彼の父親は居間で話をしていた。タロウは父親に「今日の午後，野球の試合に行くんだね。ワクワクするよ」と言った。その後，球場で，父親が帽子を買っていた。タロウはその帽子を被るのを楽しみにしていた。試合が終わった後，タロウと父親はお年寄りの女性が重い荷物を持っているのに気付いた。父親は彼女を助けてあげようと思っていた。

カードに書かれている最初の1文は過去形なので，説明の際は過去形を用いること。1コマ目のイラストでは，タロウが父親に，野球を観に行くのでワクワクしていると言っている。1コマ目のタロウのセリフは直接話法で言えばよい。2コマ目のイラストでは，父親が帽子を買っている。「タロウはその帽子を被るのを楽しみにしている」と吹き出しの内容を説明する。3コマ目のイラストでは，重い荷物を持って苦労しているお年寄りの女性を見たということ。そして，吹き出しで「父親が彼女を手伝ってあげようと考えている」ことを伝えればよい。吹き出しのイラストでは，しばしば look forward to *doing*「～するのを楽しみにしている」が使える。この表現は早く覚えたい。また，吹き出しでは，be thinking of *doing*「～することを考えている」も使えるようにしたい。

No. 3 解答例 （賛成の場合） **I agree. Many people throw away garbage on the street. Also, some people walk in crowded places while looking at smartphones.**

（反対の場合） **I disagree. Most people know the importance of good manners. Many people give up their seats to others on the train.**

訳 **（賛成の場合）**私もそう思います。多くの人が通りにゴミを捨てています。また，人の多いところでスマートフォンを見ながら歩いている人もいます。

（反対の場合）私はそう思いません。ほとんどの人々が良いマナーの重要性をわかっています。電車で席を譲る人も多くいます。

まずは，賛成，反対どちらの立場かをはっきり述べる。そのあと理由を述べるが，2つは挙げるようにしたい。賛成の解答例では，道にゴミを捨てる人がいる，スマートフォンを見ながら歩く人もいる，と具体例を2つ挙げている。反対の解答例では，マナーの重要性を理解している人が多いと，まず抽象的に述べ，次に電車で席を譲る人が多くいると具体例を述べている。このように〈抽象⇒具体〉という話の持って行き方は自由英作文でも使える手法である。

No. 4 解答例 （Yes. → Why?） **Many people spend hours playing these games every day. They should do more useful things with their time.**
（No. → Why not?） **Computer games can teach people different things. For example, some games teach us about famous people in history.**

訳 **（Yes. の場合）** 多くの人が毎日何時間もこのようなゲームに時間を費やしています。自分の時間でもっと有益なことをするべきです。

（No. の場合） コンピュータゲームは様々なことを教えてくれます。例えば，歴史上の有名な人物について教えてくれるゲームもあります。

質問は Do you think? なので，まずは，Yes. / No. で賛成か反対かをはっきり述べる。そのあと理由を聞かれるが，ここでも理由は２つ述べることが望ましい。賛成の解答例では，実際多くの人がゲームに長時間使っており，もっと有益なことに時間を使うべきだと述べている。一般的には〈抽象⇒具体〉という構成が多いが，ここでは，〈具体（現実）⇒抽象〉という話の持って行き方になっている。反対の解答例では，定番の〈抽象⇒具体〉という構成で，ゲームからいろいろ学べるという一般論（抽象）から，具体的に歴史上の人物について学べる，と話を続けている。なお，日頃から話題になっているテーマについて自分なりに考える訓練をしておくことが大切であるが，その時に，話の運び方も意識しておくとよい。

2024年度版

英検® 2級 過去問集

別冊問題編

矢印の方向に引くと
本体から取り外せます

教学社

CONTENTS

英検®赤本シリーズ
2024 年度版
英検® 2 級 過去問集　**問題編**

(注 1）本書に掲載している問題は，公益財団法人 日本英語検定協会より提供されたものです。一次試験は本会場で実施されたもの，二次試験は試験ごとに，提供された 2 種類を掲載しています。

(注 2）音声は専用サイトにて配信しています。リスニングテストの音声は許諾を得たうえで，公益財団法人 日本英語検定協会提供のものを使用しています。面接の音声は，提供された資料に基づいて小社独自にレコーディングしたものです。

2023年度 第2回

Grade 2

試験内容		試験時間	掲載ページ
一次試験	筆記（リーディング・ライティング）	85分	2023-2　P. 2～16
	リスニング	約25分	2023-2　P. 17～22
二次試験	面接（スピーキング）	約7分	2023-2　P. 23～26

リスニングテスト・面接の音声について

音声は専用サイトにて配信しています。

▷ **専用サイトのご利用方法：**

1. 本冊（解答編）の袋とじ（音声配信のご案内）をキリトリ線に沿って開封。
2. 袋とじの内側に印刷されているQRコードをスマートフォンなどで読み取る。QRコードを読み取れない場合は，アドレスを入力。
   ➡専用サイトのトップページに。
3. 音声を聞きたい試験のボタンを押す。
   ➡該当の試験の音声再生ページに。
   ※試験1回分を通して聞くことも，1問ずつ聞くこともできます。
   ※面接の解答時間（無音部分）は実際の試験とは異なります。

▷ **配信内容**：本書に掲載のリスニングテストおよび面接の音声
※面接の音声は，音読の指示と質問英文だけでなく，音読問題のモデルリーディングも配信。

専用サイト トップページ
（イメージ）

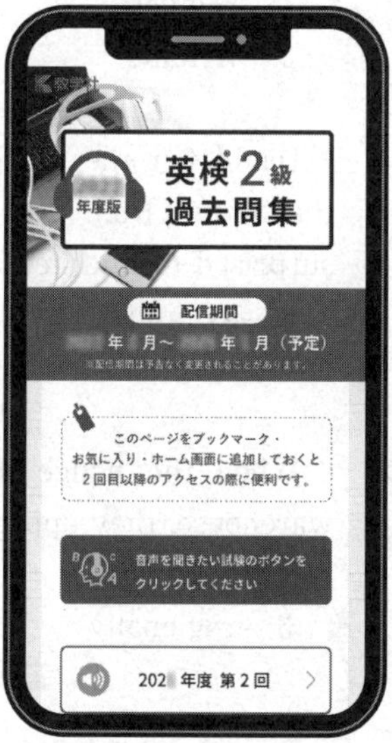

一次試験

1 次の(1)から(20)までの (　　) に入れるのに最も適切なものを1, 2, 3, 4の中から一つ選び, その番号を解答用紙の所定欄にマークしなさい。

(1) *A* : What do you think of your new high school, Paula?
B : It's great, Mr. Morgan. I like it better than my (　　) school.

1 neutral　**2** exact
3 previous　**4** appropriate

(2) Having a part-time job is good for Kaoru because she needs extra money to spend, but one (　　) is that she cannot go out with her friends on weekends.

1 structure　**2** baggage
3 disadvantage　**4** lecture

(3) After a series of financial scandals, many people began to demand that the government make rules to (　　) banks more strictly.

1 regulate　**2** reproduce
3 irritate　**4** impress

(4) David felt the job interview had gone badly, so he thought that the letter from the company would be a (　　). He was surprised to find he had actually got the job.

1 symptom　**2** rejection
3 biography　**4** contribution

(5) When the police found the escaped criminal hiding in an old warehouse, they approached him (　　).

1 partially　**2** temporarily
3 regionally　**4** cautiously

(6) Chris ( ) his invitation to the barbecue party to friends, neighbors, and relatives. He wanted as many people as possible to come.

1 removed　**2** extended
3 compared　**4** proved

(7) The rock band's ( ) only lasted a few months. After radio stations stopped playing the band's songs, people soon forgot about it.

1 shade　**2** area　**3** fame　**4** origin

(8) Whenever Keith goes traveling, he ( ) his luggage very carefully. He once had a bag stolen on a train, so he always keeps his things where he can see them.

1 guards　**2** carves　**3** divorces　**4** accelerates

(9) Louis has worked at the same company since he graduated from college. This year, after four ( ) of working there, he is going to retire.

1 jails　**2** decades
3 principles　**4** societies

(10) Kate took a walk by the sea yesterday. Some of the rocks were wet and slippery, so she often had to ( ) herself to avoid falling into the water.

1 punish　**2** defeat　**3** filter　**4** steady

(11) Olivia worked for her father for eight years and eventually ( ) his business. She ran the company very successfully and even opened a branch overseas.

1 wrote up　**2** took over
3 kept off　**4** fell through

(12) *A*：Well, tomorrow our vacation (　　) an end, and we have to fly back home.

B：I know. I don't want to leave. I wish we could stay here longer.

1 goes for　**2** brings up
3 takes out　**4** comes to

(13) Gary has been having problems with his knees (　　) for several months. Yesterday, they were really painful. They are better today, but he has decided to see his doctor anyway.

1 on and off　**2** up and down
3 side by side　**4** one by one

(14) A storm caused the power to go off in Greenville yesterday. Residents had to (　　) electricity for two hours before the supply was restored.

1 drop by　**2** come across
3 go against　**4** do without

(15) *A*：Where's Gerald? He should have been here half an hour ago.

B：That's (　　) him. I don't think he ever arrives on time.

1 typical of　**2** inferior to
3 grateful for　**4** patient with

(16) Ms. Williams said that her students could have one more week to finish their history assignments, but anyone who (　　) their work late would be in trouble.

1 brought down　**2** brought out
3 turned in　**4** turned on

(17) Because Angela's family was (　　), she did not have to worry about the cost of going to university.

1 close up　**2** next up　**3** far off　**4** well off

(18) Eisuke is the fastest runner at his school. He is sure (　　) the 100-meter race at the sports festival.

1 to win　**2** win　**3** will win　**4** won

(19) ***A*** **:** Brian, you (　　　) put so much salt on your food. Eating too much salt can be bad for you.

B **:** OK, Mom. I won't.

1 to not ought　　**2** not ought to

3 ought not to　　**4** to ought not

(20) Miranda screamed for joy (　　　) moment she heard that she had got into Budgeforth College.

1 the　　**2** on　　**3** at　　**4** a

2

A　次の英文**A**，**B**を読み，その文意にそって*(21)*から*(26)*までの（　　）に入れるのに最も適切なものを**1**，**2**，**3**，**4**の中から一つ選び，その番号を解答用紙の所定欄にマークしなさい。

Doggerland

Since the 1930s, fishermen have occasionally found ancient objects made from stone or bone in their nets when fishing in the sea between Britain and northern Europe. Many of these objects were made around 9,000 years ago. Historians used to believe this area was underwater at that time, like it is now. There was also little evidence that ancient Europeans regularly traveled on the sea. (*21*), experts had difficulty explaining how these man-made objects had ended up at the bottom of the ocean.

The only possible explanation was that sea levels must have been much lower in the past. In fact, research shows that Britain did not become an island until about 8,000 years ago. Before that, people (*22*) the European continent. The huge piece of land that once connected Britain and the European continent has been given the name Doggerland. As the last ice age ended, sea levels rose. Britain was separated from the rest of Europe when most of Doggerland was covered by the sea. By about 7,000 years ago, sea levels had risen further and covered Doggerland completely.

Researchers want to learn more about the people who lived in Doggerland. They have created 3D maps from data that has been collected by companies searching for oil at the bottom of the sea. The researchers are using these maps to choose sites where humans probably lived. At one of these sites, the researchers (*23*). As a result, they are hopeful that they will continue to make discoveries about the culture and lifestyles of the people of Doggerland.

(21)
1 What is more　　**2** Likewise
3 Therefore　　**4** Equally

(22)
1 made objects on　　**2** rarely visited
3 had heard stories about　　**4** could walk to it from

(23)
1 used a robot to look for oil
2 found an ancient stone tool
3 built a small museum
4 noticed some recent changes

2 B

The Science of False Starts

A shot is fired at the beginning of a running race to tell athletes to start moving. If one of the athletes moves before the shot is fired, it is known as a "false start," and the athlete is removed from the race. Interestingly, if an athlete moves before 0.1 seconds have passed after the shot is fired, this is also a false start. Athletics organizations argue that no human can (*24*). They say that such an athlete must have been guessing when the shot would be fired rather than waiting to hear it.

To learn more about false starts, scientists have carried out experiments on human response times. One experiment in the 1990s found that athletes responded to the sound of the shot after 0.12 seconds (*25*). Some were slightly quicker, while others were slightly slower. However, the athletes who took part in this experiment were amateurs. A more recent experiment showed that some professional athletes might be able to respond in just 0.08 seconds. Both studies, however, involved a small number of athletes.

Some people think that the false start rule is too strict. In some other sports and track-and-field events, athletes (*26*) if they break a rule. For example, in the long jump, if an athlete's foot goes over the line on their first attempt, the athlete still has two more opportunities to try. Some people suggest that instead of removing athletes who make false starts, their start position should be moved back a few meters, and this would make the races fair for everyone.

---

(24) **1** react so quickly **2** jump so high
3 hear such sounds **4** lift such weights

(25) **1** so far **2** by then
3 on average **4** in total

(26) **1** have extra chances **2** must pay money
3 can watch a video replay **4** return their medals

3 A

次の英文[A]，[B]，[C]の内容に関して，*(27)*から*(38)*までの質問に対して最も適切なもの，または文を完成させるのに最も適切なものを**1**，**2**，**3**，**4**の中から一つ選び，その番号を解答用紙の所定欄にマークしなさい。

From : Melissa Simmons 〈simmonsm@wigbylibrary〉
To : Library staff 〈staff@wigbylibrary〉
Date : October 8
Subject : Story time

Dear Staff,

One of my goals as the director of Wigby Public Library is to make it a popular place for families. Reading is important for everyone, especially children. If parents and children read books together, they will share happy memories and build better relationships. Also, reading is a great way for parents to help with their children's education. Our library can play a surprisingly important role in making Wigby an even smarter and more caring town!

With this in mind, I have decided to start a weekly storytelling session for children and parents, and I need your help to make it fun. Of course, I want your suggestions for stories. I also need someone to make posters to advertise the sessions and someone to look for items that the person telling the story can use to make the stories more fun. Finally, I think we should take turns telling the stories.

Please let me know if there is something you would really like to do for these sessions. If you have any ideas that could help make them better, I would like to hear them, too. Also, if you have any ideas that will encourage more families to come to the library, please feel free to tell me about them. You can either send me an e-mail or come to my office to talk to me in person.

Best regards,
Melissa
Director, Wigby Public Library

(27) According to Melissa, one way that reading can help families is by

1 giving children a chance to explain their goals to their parents.
2 allowing parents and children to develop better connections.
3 improving parents' chances of getting well-paid jobs.
4 reducing the amount of time that children spend watching TV.

---

(28) What is one thing that Melissa asks library staff to do?

1 Let her know if they are friends with any writers.
2 Help her to move items to make space for an event.
3 Write a story about a group of young children.
4 Create notices that tell people about an activity.

---

(29) Why does Melissa invite staff members to her office?

1 To have a meeting to review the duties of staff members.
2 To tell her how to make the library more attractive to families.
3 She is too busy to be able to go and speak to them.
4 She wants to get to know each staff member much better.

3 B

Purple Straw Wheat

Wheat is an important crop in the United States, and its seeds are used for making bread, pasta, and other foods. It has been the country's main food grain since the 18th century. Wheat production in the United States, however, has faced challenges throughout its history. During the late 18th century, many types of wheat were attacked by diseases and insects that came from Europe. One type of wheat called purple straw wheat, though, was able to resist these dangers, and for a long time, it was the best choice for many farmers to plant.

Purple straw wheat seeds can be used to make whiskey or produce soft and delicious flour that is good for making cakes and bread. It has been grown since the 18th century, especially in the southern United States. What made purple straw wheat particularly important was its ability to survive winter weather. Unlike other types, purple straw wheat could be planted in late autumn and harvested in early spring. This meant that it avoided summer diseases and insects. As a result, purple straw wheat continued to be widely grown until the mid-20th century.

In the 1960s, scientists developed new types of wheat by mixing the genes of existing ones. These new types produced more seeds per plant and were better able to resist diseases. By using modern farming technology, chemicals that kill insects, and these new types of wheat, farmers could produce large quantities of wheat seeds more cheaply than before. Although flour from purple straw wheat is tastier and healthier, this type of wheat almost completely went out of use.

Some researchers wanted to bring back purple straw wheat. However, its seeds were not easy to obtain because there were only a few sources. The researchers finally managed to get a few grams of purple straw wheat seeds and planted them at Clemson University in South Carolina. They have been gradually increasing the amount of wheat that they can produce, although it is still not enough to make and sell flour. Many chefs, bakers, and whiskey makers are looking forward to being able to use purple straw wheat in their products.

(30) What happened in the late 18th century in the United States?

1 Farmers developed a type of wheat that produced better flour.

2 Diseases and insects that affected wheat plants arrived from overseas.

3 A lack of wheat meant that it had to be imported from Europe.

4 People started to use grains other than wheat to make bread.

---

(31) What was one reason that purple straw wheat was better than other types of wheat?

1 It could be grown during the coldest part of the year.

2 It could be used to make new kinds of foods and drinks.

3 It could survive the hot summers in the southern United States.

4 It could grow in fields that had low-quality soil.

---

(32) Why did people stop growing purple straw wheat in the 20th century?

1 It was not suitable for use with modern farming technology.

2 Scientists created types of wheat that gave greater numbers of seeds.

3 People wanted to buy flour that tasted better and was healthier.

4 Chemicals that kill insects destroyed many purple straw wheat plants.

---

(33) Researchers who have been growing purple straw wheat

1 could only get a small amount of purple straw wheat seeds.

2 tested it in several different locations in the United States.

3 offered flour made from the wheat to chefs, bakers, and whiskey makers.

4 were surprised at how quickly they were able to produce enough to sell.

3 C

Venice's Books

During the Middle Ages, the Italian city of Venice was famous for international trade. Not only was the city's location important, but also there were fewer laws controlling people's behavior than in other parts of Europe. This freedom attracted writers, artists, and craftspeople to the city. Following the invention of printing machines in the 15th century, these people combined their abilities to make Venice the center of the printing and bookmaking industry in Europe. This tradition of making high-quality books by hand survives in the city to this day.

Paolo Olbi is helping to keep this tradition alive. He makes use of techniques that have existed for centuries to produce beautiful books, diaries, and photo albums. The paper inside them is cut by hand, and their covers are made of hand-printed paper, leather, wood, and even a kind of Italian glass called Murano. When Olbi began learning his craft in 1962, there were about 20 bookstores in Venice that made handmade books. Now, though, Olbi's store is one of only three such places that remain.

One of Olbi's heroes is a man called Aldus Manutius. Manutius founded a printing company in 1494 that became one of the most famous printing companies in Venice. Until the late 15th century, books were large, heavy, and very expensive. They were mostly about religion and law. Manutius developed techniques to produce smaller, lighter, and cheaper books. Moreover, he printed novels and books about art and philosophy. These developments made books more popular and easier to buy for ordinary people.

Olbi has a picture of Manutius on the wall of his store. Like Manutius, he loves books and believes they should be beautiful. Over the years, Olbi has taught his skills to many people. In 2018, a former student invited Olbi to display his books at an exhibition of handmade objects. This gave Olbi a chance to get more people interested in traditional bookmaking. Olbi wants to expand his store into a cultural center where tourists can see how he makes books and young people can learn his techniques. By doing so, he hopes to prevent the tradition of bookmaking in Venice from being lost.

(34) What is one reason that writers, artists, and craftspeople were attracted to Venice?

1 They could get part-time jobs in the bookmaking industry.
2 They could sell their work at higher prices in the city.
3 The city's location provided inspiration for their work.
4 The city allowed people to live more freely than other places.

---

(35) Paolo Olbi is a bookmaker who

1 uses traditional methods to make his products.
2 owns about 20 bookstores in the city of Venice.
3 has developed a new technique for printing on glass.
4 tries to use recycled materials to produce books.

---

(36) Aldus Manutius helped to increase the popularity of books by

1 opening schools in Venice where people could learn to read.
2 printing more and more books about topics such as religion and law.
3 writing a series of novels about artists and philosophers in Venice.
4 finding ways to reduce the size, weight, and prices of books.

---

(37) What is one thing that Olbi would like to do?

1 Find a picture of Manutius that was lost many years ago.
2 Meet his former students to find out what they have been doing.
3 Create a place where more people can learn about bookmaking.
4 Write a book about the life and achievements of Manutius.

---

(38) Which of the following statements is true?

1 One of the most famous printing companies in Venice was established in 1494.

2 The number of stores in Venice making handmade books has increased since 1962.

3 Olbi holds an annual exhibition in Venice to display the work of his students.

4 Laws to stop international trade were introduced in Venice in the Middle Ages.

4 ライティング

●以下の **TOPIC** について，あなたの意見とその理由を２つ書きなさい。
● **POINTS** は理由を書く際の参考となる観点を示したものです。ただし，これら以外の観点から理由を書いてもかまいません。
●語数の目安は 80 語～100 語です。
●解答は，解答用紙のＢ面にあるライティング解答欄に書きなさい。なお，解答欄の外に書かれたものは採点されません。
●解答が **TOPIC** に示された問いの答えになっていない場合や，**TOPIC** からずれていると判断された場合は，０点と採点されることがあります。**TOPIC** の内容をよく読んでから答えてください。

TOPIC

Today, some customers ask delivery companies to put packages by their doors instead of receiving them directly. Do you think this kind of service will become more common in the future?

POINTS

● ***Convenience***
● ***Damage***
● ***Security***

Listening Test

2級リスニングテストについて

❶このリスニングテストには，第1部と第2部があります。

★英文はすべて一度しか読まれません。

第1部……対話を聞き，その質問に対して最も適切なものを**1**，**2**，**3**，**4**の中から一つ選びなさい。

第2部……英文を聞き，その質問に対して最も適切なものを**1**，**2**，**3**，**4**の中から一つ選びなさい。

❷ *No.30*のあと，10秒すると試験終了の合図がありますので，筆記用具を置いてください。

第1部

No. 1

1 Look at a map of the university campus.
2 Walk with her to the corner.
3 Take a different route to the Science Center.
4 Ask the staff at the History Department building.

No. 2

1 Finding a job at the airport.
2 Becoming a firefighter.
3 Traveling to foreign countries.
4 Traveling safely.

No. 3

1 To do research for his presentation.
2 To help the girl get a better grade.
3 To use the computers there.
4 To participate in a study group.

No. 4

1 He does not have the right computer.
2 He does not know what a web camera is.
3 He might have trouble setting up a web camera.
4 He might need some help carrying equipment.

No. 5

1 Pick her up at the supermarket.
2 Get home as fast as he can.
3 Buy something from the supermarket.
4 Wait for a delivery at home.

No. 6

1 Show him how to get to Larry's Café.
2 Make him a tuna sandwich.
3 Get him some food.
4 Help him finish his work.

No. 7

1 Most of them did not turn out well.
2 He printed them out on Thursday.
3 He could not hand them in on time.
4 They were the first ones he took this year.

No. 8

1 Search for their gate.
2 Look in some stores.
3 Ask someone for directions.
4 Start boarding the plane.

No. 9

1 It is very expensive.
2 It has a very sweet taste.
3 It is only sold in restaurants in Spain.
4 It goes well with the restaurant's food.

No. 10

1 He took the bus.
2 He went on foot.
3 He called a taxi.
4 His wife drove him.

No. 11

1 She has been watering it too much.
2 She gave it the wrong plant food.
3 It is not getting enough sunlight.
4 It is being attacked by insects.

No. 12

1 Read a review.
2 Fix the elevator.
3 Talk to some artists.
4 See an art exhibition.

No. 13

1 He dislikes traveling.
2 He has just taken a trip.
3 He will go to Indonesia soon.
4 He took three days off work.

No. 14

1 Walking around the woman's house.
2 Watering the woman's garden.
3 Showing his garden to the woman.
4 Looking at a picture of the woman's house.

No. 15

1 Fill out a form in German.
2 Send a package to Germany.
3 Weigh her package later.
4 Leave for Germany within a week.

第2部

No. 16

1 Stuart gave her a beautiful card.
2 Stuart took her out to breakfast.
3 Stuart woke up by himself.
4 Stuart cooked breakfast for her.

No. 17

1 See notes for the class.
2 Buy their textbooks.
3 Discuss topics from class.
4 Send messages to classmates.

No. 18

1 She found a new pen pal.
2 She joined a club at school.
3 She started a part-time job.
4 She met her brother's friends.

No. 19

1 There will be a big storm.
2 Her father asked her to clean her room.
3 A friend will move to another city.
4 She has a lot of homework to do.

No. 20

1 His camera was stolen outside his school.
2 His computer fell down and broke.
3 His uncle bought him a new toy.
4 His teacher took away his smartphone.

No. 21

1 Helping his sister.
2 Buying a cat.
3 Looking for a new home.
4 Preparing breakfast.

No. 22

1 He was not born in the United States.
2 He invented a new way to print books.
3 He often wrote fiction with historical events.
4 He did not like his country's president.

No. 23

1 Give her old car to her daughter.
2 Use her car to deliver items.
3 Help her son look for a sports car.
4 Go for a drive in her new car.

No. 24

1 It was difficult for him to turn it around.
2 It had nine windows on each side.
3 It took him and his band six years to build.
4 It had enough space inside for concerts.

No. 25

1 By showing a code on a screen.
2 By answering 10 questions.
3 By buying more than five items.
4 By speaking to a member of staff.

No. 26

1 To make a video to show people how to cook.
2 To stop eating so much roast beef.
3 To think about becoming a professional chef.
4 To use brown bread when she makes sandwiches.

No. 27

1 They saw an unusually big plant.
2 They found a very rare animal.
3 They heard some strange animal noises.
4 They found the biggest mouse on Earth.

No. 28

1 To give people information about park rules.
2 To let people know that the festival is over.
3 To tell people about the festival's final show.
4 To ask some performers to come to the stage.

No. 29
1 Their names were chosen to match their shapes.
2 Their shapes were created by a famous designer.
3 They were recently discovered by foreign hikers.
4 They are famous for the quality of the water in them.

No. 30
1 Show him how to draw animals.
2 Buy him a new comic book.
3 Take him to the zoo on his birthday.
4 Teach him to play a song.

二次試験

受験者用問題カードA

Better Communication

Today, Japanese people often have chances to do business with foreigners. For this reason, it is important that Japanese people understand differences in ways of thinking. Some companies let their employees learn about such differences, and in this way they help their employees avoid misunderstandings. In the future, more and more Japanese will probably work with foreigners as the world becomes more connected.

Your story should begin with this sentence: **One afternoon, Jun and his mother were watching a television program about France.**

問題カードA　Questions

No. 1　According to the passage, how do some companies help their employees avoid misunderstandings?

No. 2　Now, please look at the picture and describe the situation. You have 20 seconds to prepare. Your story should begin with the sentence on the card.

No. 3　Some people say that more companies should allow their workers to have meetings online. What do you think about that?

No. 4　Today, many people use their smartphones in public places. Do you think people are careful enough about their manners when using smartphones?

Yes. → Why?

No.　→ Why not?

編集部注：本ページの質問英文は問題カードには印刷されていません。

受験者用問題カードD

Helping Working Parents

It is not easy for parents who have small children to work full-time. As a result, the importance of places where parents can leave their children while working is increasing. Now, some companies offer such places, and in this way they help employees with small children work more easily. Companies like these will probably become more and more common in the future.

Your story should begin with this sentence: **One day, Koji and his mother were talking in their living room.**

問題カードD　Questions

No. 1　According to the passage, how do some companies help employees with small children work more easily?

No. 2　Now, please look at the picture and describe the situation. You have 20 seconds to prepare. Your story should begin with the sentence on the card.

No. 3　Some people say that children today do not spend enough time playing with other children. What do you think about that?

No. 4　Today, most towns and cities have libraries. Do you think more people will use libraries in the future?
Yes. → Why?
No. → Why not?

編集部注：本ページの質問英文は問題カードには印刷されていません。

2023年度 第1回

Grade 2

試験内容		試験時間	掲載ページ
一次試験	筆記（リーディング・ライティング）	85分	2023-1　P. 2～18
	リスニング	約26分	2023-1　P. 19～24
二次試験	面接（スピーキング）	約7分	2023-1　P. 25～28

リスニングテスト・面接の音声について

音声は**専用サイト**にて配信しています。

専用サイト トップページ
（イメージ）

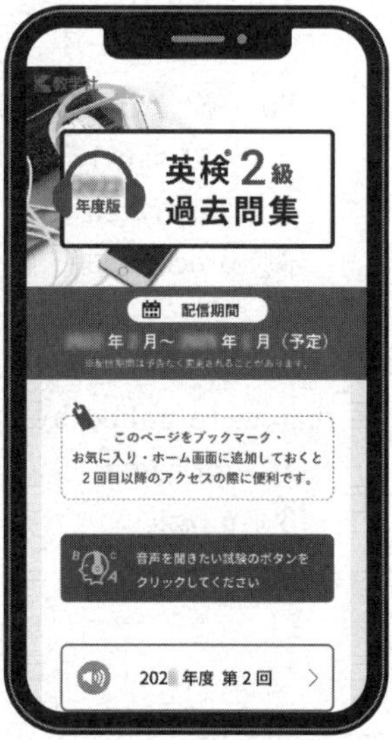

▷ **専用サイトのご利用方法：**

1. 本冊（解答編）の**袋とじ**（音声配信のご案内）をキリトリ線に沿って開封。
2. 袋とじの内側に印刷されている**QRコード**をスマートフォンなどで読み取る。QRコードを読み取れない場合は，**アドレス**を入力。
   ➡専用サイトのトップページに。
3. 音声を聞きたい試験のボタンを押す。
   ➡該当の試験の音声再生ページに。
   ※試験1回分を通して聞くことも，1問ずつ聞くこともできます。
   ※面接の解答時間（無音部分）は実際の試験とは異なります。

▷ **配信内容**：本書に掲載のリスニングテストおよび面接の音声

※面接の音声は，音読の指示と質問英文だけでなく，音読問題のモデルリーディングも配信。

一次試験

1

次の(1)から(20)までの (　　　) に入れるのに最も適切なものを**1**, **2**, **3**, **4**の中から一つ選び，その番号を解答用紙の所定欄にマークしなさい。

---

(1) ***A*** : Dave asked me to marry him. Do you think I should say yes?
B : You have to use your own (　　　) to decide. No one else can do it for you.

1 income　　**2** convention
3 judgment　　**4** geography

(2) ***A*** : What did you think of my essay, Jill?
B : Well, some of the explanations you gave are a bit (　　　). Maybe you should make those parts clearer.

1 harmful　　**2** previous　　**3** certain　　**4** vague

(3) Colin had been getting bad grades in math for a long time, but he did not do anything about it. Finally, he decided to (　　　) the problem and ask his teacher for help.

1 alter　　**2** impress　　**3** honor　　**4** confront

(4) The St. Patrick's Day parade started on 10th Avenue and (　　　) slowly to the center of town.

1 illustrated　　**2** reminded
3 proceeded　　**4** defended

(5) Before there were motor vehicles, people often used (　　　) that were pulled by horses to make long journeys.

1 carriages　　**2** fantasies
3 puzzles　　**4** luxuries

(6) Jane bought five silk handkerchiefs. Because she was going to give each one to a different friend, she asked the salesclerk to wrap them (　　　).

1 legally　　**2** financially
3 accidentally　　**4** individually

(7) In the first lecture, Professor Smith (　　　) how important it was to take good notes. He mentioned it three or four times.

1 engaged　　**2** divided　　**3** buried　　**4** stressed

(8) Yesterday, there was a small fire at a house on the street where Ben lives. Firefighters (　　　) water onto the fire and soon put it out.

1 sprayed　　**2** demanded
3 awarded　　**4** punished

(9) In the game *Invasion!*, each player tries to take over other countries and build an (　　　).

1 urgency　　**2** offspring　　**3** empire　　**4** impulse

(10) In science class, Ms. Dixon lit a candle and asked her students to look at the (　　　). She told them that the hottest part was where it was blue.

1 triumph　　**2** religion　　**3** flame　　**4** luggage

(11) Margaret's parents finally bought her a piano after she promised to practice every day, but she quit playing after just two months. They were very (　　　) her.

1 capable of　　**2** inspired by
3 attracted to　　**4** disappointed in

(12) **A** : I'm sorry that I came home late. Did you have dinner without me?

B : Yes. We were very hungry, but I (   ) some food for you. I'll heat it up now.

1 cut down **2** hung up
3 took after **4** set aside

(13) Due to construction work on Bayside Street, the electricity to the houses on the street had to be (   ) for two hours.

1 heard of **2** turned over
3 shut off **4** ruled out

(14) Tau Electronics has confirmed that it will be (   ) its new smartphone next month. The release has been delayed for several months due to technical issues.

1 bringing out **2** falling for
3 picking on **4** giving off

(15) Water that falls as snow and rain in the Andes Mountains travels thousands of kilometers down the Amazon River and eventually (   ) the Atlantic Ocean.

1 flows into **2** runs across
3 hands over **4** digs up

(16) Applicants for jobs at Swandon Foods must apply (   ). They are not allowed to mail their application forms. Instead, they must take them to the store manager or his assistant.

1 at ease **2** at length
3 in person **4** in detail

(17) The students in Jason's class take turns to look after things in the classroom. This week, Jason is (   ) of checking that there is no trash on the floor at the end of each day.

1 for fear **2** in charge
3 on behalf **4** by way

(18) Jenny is an excellent cook. Her soups and stews are as good as (　　　) that are served in a restaurant.

1 none　　**2** any　　**3** other　　**4** few

(19) ***A*** : Mom, can I go to the park to play with Jimmy later?
B : Yes, (　　　) you finish your homework first.

1 provide　　**2** provided
3 to provide　　**4** only provide

(20) Ms. Misawa is very rich and lives in a huge house. Her kitchen is four times (　　　) other people's kitchens.

1 large from　　**2** size from
3 the large of　　**4** the size of

2 **A**

次の英文**A**，**B**を読み，その文意にそって*(21)*から*(26)*までの(　　　)に入れるのに最も適切なものを**1**，**2**，**3**，**4**の中から一つ選び，その番号を解答用紙の所定欄にマークしなさい。

Any Change?

Long ago, humans did not use money. Because they often could not produce everything that they needed, they traded some of their goods for goods made by others. Gradually, the goods that they exchanged were replaced by cash. For hundreds of years, metal coins and paper bills that can be exchanged for goods and services have been produced. Cash is convenient for many people because it is easy to carry. At the same time, though, it (*21*). Another disadvantage is that criminals have been able to produce fake coins and bills.

In the middle of the 20th century, plastic credit cards were introduced. They had security features to prevent them from being used by anyone except their owners. At first, their use was limited to wealthy people. Over time, however, they became (*22*). In the last few years, apps for smartphones that can be used in the same way as credit cards have also become popular. Because of this, some people are suggesting that we may soon see the end of cash.

Supporters of a "cashless" society—in which all payments are made electronically—argue that it would have several benefits. For example, people would not have to worry about keeping their wallets safe. However, some people are concerned that they might be unable to pay for the things they need because of a software error or a broken smartphone. Moreover, some people do not have bank accounts or credit cards, so their only option is to use coins and bills. (*23*), it seems as though societies will continue to use cash.

(21) **1** can be lost or stolen
2 is used for shopping online
3 can be recycled
4 is understood by almost everyone

(22) **1** thinner and lighter **2** more colorful and exciting
3 harder to use **4** more widely available

(23) **1** For now **2** Until then
3 With luck **4** By contrast

2

B The Tale of Mejk Swenekafew

Recently, many people have been talking about "fake news"—news reports that are untrue. However, such reports have been around for a long time. They are sometimes used in order to get more people to read newspapers, watch TV programs, or visit online news sites. People also use fake news to spread their political or religious beliefs. However, (*24*) publishing fake news. In 1903 in the city of Clarksburg, West Virginia, fake news was used to check if a newspaper was really writing its own articles.

In the city, there were two rival newspapers, the *Clarksburg Daily Telegram* and the *Clarksburg Daily News*. The *Daily Telegram*'s staff believed that the *Daily News*'s reporters were (*25*). The *Daily Telegram* decided to check whether this was happening. It published a fake news story about a man who had been shot after an argument about a dog. The man's name was Mejk Swenekafew. Soon afterward, exactly the same news appeared in the *Daily News*. However, the reporters at the *Daily News* had not noticed that the name "Swenekafew" was actually "we fake news" written backward. They were forced to admit that they had copied the *Daily Telegram*'s article.

These days, there is more pressure than ever on newspapers, news programs, and news websites to get more readers, viewers, and visitors. In order to do so, they need to report big news stories as quickly as possible. (*26*), they are constantly watching each other to make sure they have the latest stories. However, they need to be careful not to do the same thing that the *Clarksburg Daily News* did.

(24)
1 these are not the only reasons for
2 there are rules to stop people from
3 many popular websites have been
4 some TV companies began by

(25)
1 attending an event　**2** planning to quit
3 being paid more　**4** stealing its stories

(26)
1 Despite this　**2** By chance
3 As a result　**4** On the other hand

3

A

次の英文A，B，Cの内容に関して，*(27)*から*(38)*までの質問に対して最も適切なもの，または文を完成させるのに最も適切なものを**1**，**2**，**3**，**4**の中から一つ選び，その番号を解答用紙の所定欄にマークしなさい。

From : Karen Taylor 〈taylor-k@speakezls.com〉
To : Tracy Mitchell 〈tracym_0617@ugotmail.com〉
Date : June 4
Subject : Speak-EZ Language School

Dear Ms. Mitchell,

Thank you very much for inquiring about Spanish lessons at Speak-EZ Language School. Speak-EZ Language School has been giving high-quality lessons for over 30 years, and our teachers have helped thousands of students achieve their goals. Whether you want to learn Spanish for business situations, to chat with friends, to pass exams, or just for the fun of learning, we can offer a suitable program for you.

You mentioned that because you studied Spanish in high school but had not used it for several years, you were not sure which lesson to take. Don't worry—we offer a free language skills test. You can take the test once you have decided to join Speak-EZ Language School. One of our instructors will use the results to help you pick the right program for your ability and your goals. You can also take a free 20-minute private lesson to get an idea of the methods that we use at Speak-EZ Language School.

We offer both private and group lessons. Group lessons can be a great way to make new friends. However, no more than eight people can join each group lesson, so spaces are limited. You can also try our Speak-EZ Chat Sessions. These are hosted by one of our instructors and give students of all levels a chance to chat freely. Speak-EZ Chat Sessions are available every weekday evening.

I hope to hear from you soon!

Karen Taylor
Speak-EZ Language School

(27) What is one thing that Karen Taylor says about Speak-EZ Language School?

1 It gives lessons in over 30 different languages.
2 It is planning to hire a new Spanish teacher.
3 It has teachers from all over the world.
4 It offers various types of courses.

---

(28) Ms. Mitchell said that she

1 did not know which class to sign up for.
2 had never studied Spanish before.
3 wanted more information about teaching methods.
4 was at high school with one of the instructors.

---

(29) Speak-EZ Chat Sessions

1 take place on Monday through Friday every week.
2 have a limited number of spaces per session.
3 are only available to advanced students.
4 focus on using foreign languages to make friends.

3 B

An Extraordinary Machine

Most of the machines that people in developed nations use were invented during the last 200 years. They make tasks easier for people and give them more time for other tasks and for leisure. However, which of these machines has changed society the most? Even though people spend more time with their TVs, computers, and smartphones, some historians argue that the impact of these inventions has been small compared with that of washing machines.

Before washing machines, clothes and sheets were washed by hand. For most of history, this has involved carrying the laundry to a river or a lake, wetting it, and rubbing it with rocks, sand, or soap to remove the dirt. Then, the laundry had to be put in water again, and the extra water was usually removed to make drying easier. Even if people had water in their homes, the laundry would have to be rubbed against a special board or hit with pieces of wood to make it clean. It was hard work that took a long time.

The first washing machines were operated by hand, and they still required a lot of hard work. Discovering how to use electricity to power these machines was a challenge because the combination of water and electricity is very dangerous. However, during the first half of the 20th century, inventors created electric machines that were able to automatically do most of the steps involved in washing. Before long, these machines became common in homes in wealthier parts of the world.

Automatic washing machines gave people more time and energy for other activities than any other new technology did. They used some of this extra time and energy to study and teach their children. This, in turn, led to improvements in the quality of everyone's lives in the places where washing machines became common. Even today, many people in the world still wash their clothes by hand. This means that, over the next few decades, washing machines will probably continue to make a big difference to the lives of billions of humans.

(30) What do some historians say about the invention of washing machines?

1 It happened due to an important change in society.

2 It led to the development of TVs, computers, and smartphones.

3 It has had a major impact on the natural environment.

4 It has had a greater effect on society than other modern inventions.

---

(31) Cleaning clothes and sheets without washing machines was hard work because

1 the process of doing laundry involved several different stages.

2 the soap used to wash laundry had to be prepared by hand.

3 people had to travel long distances in order to dry their laundry.

4 people who did it had to wash many items to earn enough money.

---

(32) What was one challenge faced by people trying to invent electric washing machines?

1 Many people thought that they would not be as effective as washing laundry by hand.

2 The use of electricity was limited to a few homes in wealthier parts of the world.

3 They could not discover how to make a machine to do all the steps involved in washing.

4 Machines that involve both electricity and water can be very unsafe to work with.

---

(33) Washing machines have allowed people to

1 spend more time teaching themselves and their children.

2 use their energy for volunteer activities in their communities.

3 invent other machines to carry out tasks in the home.

4 live in parts of the world where there are many rivers and lakes.

3

C Living the Dream

On average, people spend about one-third of their lives sleeping, and for about one-quarter of the time that they are asleep, they dream. Although scientists have learned a lot about the parts of people's brains that are involved in dreaming, they are still uncertain about the purpose of dreams. One reason for this is the variety of dreams that people have—they can be pleasant, scary, unusual, or very ordinary. On top of this, they often do not make sense and are mostly forgotten soon after waking up.

People have been trying to explain why we dream for thousands of years. Ancient people believed that dreams were messages from gods. More recently, it was suggested that dreams could tell us about hidden parts of our personalities. These days, most psychologists believe that one of the principal functions of dreaming is to review memories and strengthen them. This is important because to learn well, we must not only find new ideas and skills but also regularly recall them.

For a recent study, Erin Wamsley of Furman University in the United States invited 48 participants to spend the night at a special laboratory at the university. The participants were woken up several times during the night and asked to report what they had been dreaming about. The following morning, the participants tried to connect the content of their dreams with events in their lives. Wamsley found that over half the dreams could be connected to memories of experiences. This supports the idea that dreams play a role in learning.

However, Wamsley also found that about 25 percent of dreams were connected to specific future events in participants' lives, such as upcoming tests or trips. This, she believes, is evidence that another important function of dreaming is to give people a chance to prepare for these events. Moreover, Wamsley observed that these dreams were more common later in the night. One explanation that she offers is that our brains are aware of time even while we are sleeping. As we get closer to the start of a new day, our attention switches from reviewing past events to thinking about future ones.

(34) What is one reason that scientists are uncertain about why people dream?

1 Several parts of people's brains are involved in dreaming.
2 Dreams do not usually appear to have a clear meaning.
3 People often do not want to describe their dreams honestly.
4 Different people sometimes have exactly the same dream.

---

(35) Modern psychologists think that

1 people discovered the reason that we have dreams thousands of years ago.
2 people's brains are able to exercise and grow larger by having dreams.
3 dreams allow people to hide parts of their personalities that they do not like.
4 dreams give people an opportunity to make their memories stronger.

---

(36) What was one thing that participants in Erin Wamsley's study were asked to do?

1 Discuss the content of their dreams with other participants in the study.
2 Relate what happened in their dreams to what was happening in their lives.
3 Try to wake themselves up as soon as they knew that they were dreaming.
4 Compare their own dreams with a list of dreams that people commonly have.

---

(37) Wamsley suggests that dreams about future events

1 happen because our brains know that we will wake up soon.
2 occur more often after tests or other stressful events.
3 are experienced just as often as dreams about the past.
4 probably stay in our memories longer than other dreams.

---

(38) Which of the following statements is true?

1 People long ago believed that gods spoke to them through dreams.

2 People dream for more than half of the time that they are asleep.

3 Participants in Wamsley's study mostly had dreams about future events.

4 Participants in Wamsley's study were observed in their own homes.

4 ライティング

●以下の **TOPIC** について，あなたの意見とその理由を２つ書きなさい。
● **POINTS** は理由を書く際の参考となる観点を示したものです。ただし，これら以外の観点から理由を書いてもかまいません。
●語数の目安は 80 語～100 語です。
●解答は，解答用紙のＢ面にあるライティング解答欄に書きなさい。なお，解答欄の外に書かれたものは採点されません。
●解答が **TOPIC** に示された問いの答えになっていない場合や，**TOPIC** からずれていると判断された場合は，０点と採点されることがあります。**TOPIC** の内容をよく読んでから答えてください。

TOPIC

Today, many buildings collect rainwater and then use it in various ways, such as giving water to plants. Do you think such buildings will become more common in the future?

POINTS

● ***Cost***
● ***Emergency***
● ***Technology***

Listening Test

2級リスニングテストについて

❶このリスニングテストには，第 1 部と第 2 部があります。

★英文はすべて一度しか読まれません。

第 1 部……対話を聞き，その質問に対して最も適切なものを **1**，**2**，**3**，**4** の中から一つ選びなさい。

第 2 部……英文を聞き，その質問に対して最も適切なものを **1**，**2**，**3**，**4** の中から一つ選びなさい。

❷ *No.30* のあと，10 秒すると試験終了の合図がありますので，筆記用具を置いてください。

第 1 部

No. 1
1 By riding on a bus.
2 By driving his car.
3 By taking a train.
4 By flying in a plane.

No. 2
1 One for their bedroom.
2 One for three people.
3 One that can be used as a bed.
4 One like the one in their living room.

No. 3
1 He is working during the holiday.
2 He will meet the woman's parents.
3 He will let the woman have his seat.
4 He is traveling to London.

No. 4
1 He is having trouble with his French lessons.
2 He needs to choose a topic for a project.
3 He is starting a new French class.
4 He cannot find a book in the library.

No. 5

1 Take pictures of the Johnsons' house.
2 Send a thank-you card to the Johnsons.
3 Play in a volleyball game.
4 Hold a barbecue party.

No. 6

1 He should choose a closer college.
2 He needs to look after himself.
3 He cannot buy a new pair of blue jeans.
4 He cannot go to Bobby's party.

No. 7

1 Ask a store clerk for help.
2 Go to a different shop.
3 Look for information online.
4 Keep using their old computer.

No. 8

1 She should not talk with their boss now.
2 She should not be upset with their boss.
3 She should try to calm down.
4 She should try to get a pay raise.

No. 9

1 She needs to hire a cook.
2 She already has enough waiters.
3 She is interested in hiring him.
4 She thinks he needs more experience.

No. 10

1 It is too far away.
2 The tables are dirty there.
3 There may be too many people there.
4 He brought sandwiches from home.

No. 11

1 He usually buys only roses.
2 He knows a lot about flowers.
3 He is buying some flowers for his mother.
4 He has never given flowers to anyone before.

No. 12

1 He borrowed his friend's homework.
2 He went to the library before school.
3 He studied hard for several weeks.
4 He asked his parents for help.

No. 13

1 He did not finish his homework.
2 He could not find his cell phone.
3 He left an assignment at school.
4 He forgot his sister's phone number.

No. 14

1 She forgot she had to go to work.
2 She forgot that it was Saturday.
3 She did not give her presentation.
4 She did not call Mr. Carter.

No. 15

1 She hurt herself while hiking in the rain.
2 She wants to become a volunteer there.
3 To make a reservation for a campsite.
4 To find out about the hiking conditions.

第2部

No. 16
1 He no longer works in sales.
2 He does not enjoy his job.
3 He will work at a new company.
4 He wants to get an assistant.

No. 17
1 They will invite a guest to talk.
2 They will read out a pamphlet.
3 They will show a short movie.
4 They will give out recycled paper.

No. 18
1 It wanted to send signals during a war.
2 Some people did not trust what was said.
3 Children could not understand the information.
4 The announcers kept listeners awake too long.

No. 19
1 She needs to save money to buy a ticket.
2 Her best friend's birthday is in July.
3 The weather may be bad next weekend.
4 There will be a special event at the park then.

No. 20
1 Stop the car's alarm from making a noise.
2 Park in a different place in the garage.
3 Pay extra for parking over the time limit.
4 Return to the car and turn its lights off.

No. 21
1 Receiving congratulations for his poem.
2 Winning some money in a contest.
3 Learning about wildlife at his local library.
4 Finding a book of poems about wildlife.

No. 22
1 He was attacked by some English ships.
2 He succeeded in traveling around the world.
3 He stole jewels from the Queen of England.
4 He returned with five ships after a journey.

No. 23

1 Her friend brought a person who she did not know.

2 John was not interested in the same things as her.

3 Yumi chose the food without asking Kate first.

4 The chairs at the restaurant were not comfortable.

No. 24

1 Come back to the studio next Wednesday.

2 Be quiet until some signs are shown.

3 Decide which questions to ask Pamela.

4 Record the show with their cell phones.

No. 25

1 It would give him more time to study.

2 It would be a boring way to make money.

3 It would be a good way to learn about children.

4 It would give him a chance to make new friends.

No. 26

1 They help some kinds of plants to grow.

2 They only drink the blood of other animals.

3 Their bodies can be used to make medicine.

4 Their bites are more painful than those of females.

No. 27

1 To confirm the location of the exits.

2 To give out notes to people in the audience.

3 To check that the equipment is working.

4 To fill out a form about their presentation.

No. 28

1 To prepare for a competition.

2 To advertise her new business.

3 To thank people for their help.

4 To get a college certificate.

No. 29

1 Because it helps them to breathe more easily.
2 Because they feel very relaxed.
3 They are trying to remember things.
4 They are trying to wake up to play.

No. 30

1 She has started enjoying a different kind of music.
2 She went to a big music concert two years ago.
3 She works in a studio where music is recorded.
4 She often listens to people talk about music.

二次試験

受験者用問題カードA

Used Computers

These days, the number of shops selling used computers has been increasing. These computers seem attractive because they are much cheaper than new computers. However, there is the danger that used computers will not work properly. Some consumers are concerned about this danger, and as a result they avoid buying used computers. People should think carefully before they purchase used products.

Your story should begin with this sentence: **One day, Mr. and Mrs. Takeda were talking about going shopping.**

問題カードA　Questions

No. 1　According to the passage, why do some consumers avoid buying used computers?

No. 2　Now, please look at the picture and describe the situation. You have 20 seconds to prepare. Your story should begin with the sentence on the card.

No. 3　Some people say that, because of computers, people spend too much time alone. What do you think about that?

No. 4　Today, many kinds of supplements, such as vitamins and minerals, are sold in stores. Do you think it is a good idea for people to take such supplements?

Yes. → Why?

No. → Why not?

編集部注：本ページの質問英文は問題カードには印刷されていません。

受験者用問題カードD

Disasters and Pets

Pets are usually regarded as important members of families. However, when natural disasters occur, it can be difficult to find places where people and pets can stay together. Some local governments provide these places, and in this way they allow people to look after their pets during emergencies. Such places are likely to become more and more common in the future.

Your story should begin with this sentence: **One day, Mr. and Mrs. Mori were on vacation near the beach.**

問題カードD　Questions

No. 1　According to the passage, how do some local governments allow people to look after their pets during emergencies?

No. 2　Now, please look at the picture and describe the situation. You have 20 seconds to prepare. Your story should begin with the sentence on the card.

No. 3　Some people say that the number of pet cafés that allow people to play with animals will increase in the future. What do you think about that?

No. 4　Nowadays, many people share information about their daily lives online. Do you think people are careful enough about putting their personal information on the Internet?
Yes. → Why?
No.　→ Why not?

編集部注：本ページの質問英文は問題カードには印刷されていません。

2022年度 第3回

Grade 2

試験内容		試験時間	掲載ページ
一次試験	筆記（リーディング・ライティング）	85分	2022-3　P. 2～16
	リスニング	約25分	2022-3　P. 17～22
二次試験	面接（スピーキング）	約7分	2022-3　P. 23～26

リスニングテスト・面接の音声について

音声は専用サイトにて配信しています。

専用サイト トップページ
（イメージ）

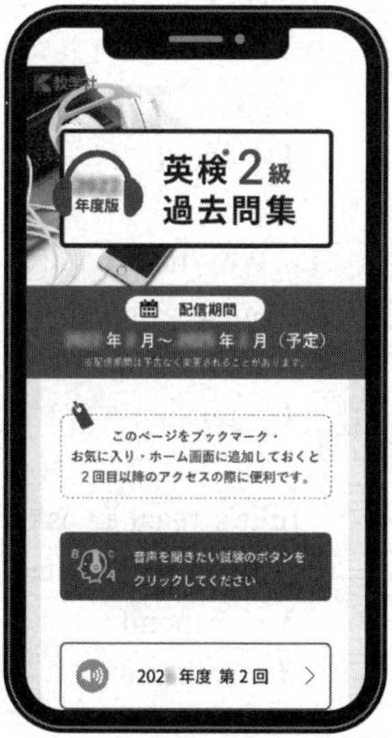

▷ **専用サイトのご利用方法**：

1. 本冊（解答編）の袋とじ（音声配信のご案内）をキリトリ線に沿って開封。
2. 袋とじの内側に印刷されているQRコードをスマートフォンなどで読み取る。QRコードを読み取れない場合は，アドレスを入力。
   ➡専用サイトのトップページに。
3. 音声を聞きたい試験のボタンを押す。
   ➡該当の試験の音声再生ページに。
   ※試験1回分を通して聞くことも，1問ずつ聞くこともできます。
   ※面接の解答時間（無音部分）は実際の試験とは異なります。

▷ **配信内容**：本書に掲載のリスニングテストおよび面接の音声
※面接の音声は，音読の指示と質問英文だけでなく，音読問題のモデルリーディングも配信。

一次試験

1

次の*(1)*から*(20)*までの（　　）に入れるのに最も適切なものを**1**，**2**，**3**，**4**の中から一つ選び，その番号を解答用紙の所定欄にマークしなさい。

(1) Jun taught his daughter an easy (　　) of making ice cream at home with milk, cream, sugar, and maple syrup.

1 cure　　**2** register　　**3** method　　**4** slice

(2) Companies these days are making cameras that are (　　) small. Some are even smaller than a shirt button.

1 incredibly　　**2** partially
3 eagerly　　**4** consequently

(3) There are very few houses in the north part of Silver City. It is an (　　) area filled with factories and warehouses.

1 emergency　　**2** instant
3 industrial　　**4** environmental

(4) ***A*** : Do you think it's going to rain tomorrow, Tetsuya?
B : I (　　) it. The rainy season is over, and it's been sunny all week.

1 doubt　　**2** blame　　**3** pardon　　**4** affect

(5) ***A*** : Why has the office been so quiet recently?
B : Since Amy and Ben had an argument, there has been a lot of (　　) between them.

1 tension　　**2** survival　　**3** privacy　　**4** justice

(6) Julie's teacher asked her to (　　) the new textbooks to all of the students. She had to place one on each desk in the classroom.

1 respond　　**2** negotiate
3 collapse　　**4** distribute

(7) ***A*** **:** Did your teacher (　　　) your idea for your science project?
B **:** No. He says that I'm not allowed to do anything that involves dangerous chemicals. I'll have to think of something else.

1 confine　**2** compare　**3** abandon　**4** approve

(8) ***A*** **:** Is that the document you were looking for earlier?
B **:** Yes, it is. It was (　　　) under a pile of papers on my desk. I really need to be more organized.

1 dyed　**2** peeled　**3** buried　**4** honored

(9) Many science-fiction authors have written about the (　　　) of traveling at the speed of light. With future developments in technology, this idea could become a reality.

1 edition　**2** notion　**3** contact　**4** instinct

(10) When Hayley did some research into her (　　　), she discovered that one of her great-grandfathers used to work in a famous theater in London.

1 angels　**2** ancestors
3 employees　**4** enemies

(11) The big storm caused a lot of damage to many of the homes in the city. The cost to repair all the damage (　　　) over $70 million.

1 amounted to　**2** aimed at
3 calmed down　**4** checked with

(12) ***A*** **:** Tina, have you (　　　) what you're going to wear for Helen's wedding?
B **:** Yes. I've got quite a few nice dresses, but I'm going to wear the pink one that I bought at the New Year's sale.

1 called up　**2** picked out
3 occurred to　**4** disposed of

(13) The current president of Baxter's Boxes is Mike Baxter. His business was ( ) his father, Peter, who retired 15 years ago.

1 balanced on **2** opposed to
3 inherited from **4** prohibited by

(14) Neil tries to keep his work ( ) his private life. He does not like to mix them, so he never takes work home or talks about his family with his colleagues.

1 separate from **2** familiar with
3 anxious for **4** equal to

(15) In the heavy rain, the ship's crew members were ( ) of the weather. They had to wait for the storm to pass before they could start the engines safely.

1 at the mercy **2** on the point
3 in the hope **4** off the record

(16) The British TV drama *Coronation Street* first went ( ) in 1960. It has remained popular ever since, and in 2020, its 10,000th episode was broadcast.

1 in a bit **2** for a change
3 at the rate **4** on the air

(17) ***A***：Excuse me. I'm looking for an electric heater for my kitchen.
B：I recommend this one, ma'am. It's small, but it ( ) plenty of heat. It should warm your kitchen in just a few minutes.

1 drops out **2** runs out
3 gives off **4** keeps off

(18) ***A***：I can't help ( ) these peanuts. They're so delicious!
B：I know. Once you start, it's very, very difficult to stop.

1 eating **2** to eat **3** eat **4** eaten

(19) ***A*** **:** What do you think of these cups in the shape of animals?
B **:** They're so cute! I need to get a present for my sister's birthday, and one of those cups would be the (　　　) thing.
1 ever　　**2** much　　**3** very　　**4** so

(20) The members of the band Rockhammer were looking forward to playing with their new guitarist. However, she did not arrive (　　　) the concert was over.
1 unless　　**2** whether　　**3** until　　**4** yet

2 *A*　次の英文*A*，*B*を読み，その文意にそって*(21)*から*(26)*までの（　　）に入れるのに最も適切なものを**1**，**2**，**3**，**4**の中から一つ選び，その番号を解答用紙の所定欄にマークしなさい。

Johnny Appleseed

The tale of Johnny Appleseed is an American legend. According to the story, Appleseed's dream was to grow enough apples for everybody to have plenty to eat. He traveled all across the United States, planting apple trees on the way. Much of this story is fiction. However, Johnny Appleseed (*21*). This was a man called John Chapman, who was born in the northeastern state of Massachusetts in 1774.

At the time, many people in the eastern United States were moving west to find cheap land. Chapman saw this as a (*22*). He got free bags of apple seeds from producers of cider, an alcoholic drink made from apples. As he traveled around, he bought land and planted apple trees in places that would likely become towns. Later, he would return to these places to check his apple trees and sell them. Sometimes, he also sold his land to people who wanted to settle there.

Chapman became popular with the people that he visited on his travels. He would bring them news from far away and tell them stories from his interesting life. Also, it seems that he was a kind person. If someone paid for his apple trees with clothes, he would then give these clothes to people who needed them more than he did. He was happy to wear a jacket made from an old cloth bag, and he rarely wore shoes, even in winter. The story of Johnny Appleseed is mainly a legend. (*23*), though, it contains a few seeds of truth taken from Chapman's life.

(21)
1 has appeared in several movies
2 has been given a new image
3 was based on a real person
4 was created by an apple farm

(22)
1 reason to celebrate　**2** normal reaction
3 serious mistake　**4** chance to make money

(23)
1 In response　**2** At least
3 On average　**4** With luck

2 B

Sea Shanties

Life on large sailing ships was hard. Sailors could be away from their homes and families for months or even years. The food they had to eat was often dried and in bad condition. The work that the sailors had to do on a ship was usually boring and physically tiring. (*24*), the sea itself was a very dangerous place, especially during storms, and accidents were common. It is not surprising that sailors started to make and sing their own songs to stay cheerful.

These songs, called "sea shanties," come in two varieties. "Capstan shanties" were used for work that needed a regular pace without stopping, such as raising the ship's anchor. "Pulling shanties" were used when the sailors pulled ropes to raise the sails. They sang these shanties as they worked together for a few seconds, stopped to take a breath, and then started again. During these shanties, one of the sailors, known as the "shantyman," would sing out a line. The other sailors would all sing the next line together. This helped them to (*25*).

After the invention of steamships, sailors no longer had to work together in teams. The ships' engines did all the hard work. Even so, sea shanties have remained popular. One reason is that their words are often based on funny stories. There are groups all over the world who get together to sing these amusing songs. Some people even write new ones. Like the sea shanties of the past, new ones also (*26*).

---

(24)
1 After a while
2 In exchange
3 To make matters worse
4 For this reason

(25)
1 keep a steady rhythm
2 learn how to build ships
3 get to know one another
4 scare sharks away

(26)
1 have both men's and women's parts
2 teach people how to sail
3 usually contain a lot of humor
4 rarely last more than a minute

3 A

次の英文[A]，[B]，[C]の内容に関して，*(27)*から*(38)*までの質問に対して最も適切なもの，または文を完成させるのに最も適切なものを**1**，**2**，**3**，**4**の中から一つ選び，その番号を解答用紙の所定欄にマークしなさい。

From : Gravelton Comic Show 〈info@graveltoncomicshow.com〉
To : Alice Sullivan 〈alisulli321@friendlymail.com〉
Date : January 22
Subject : Thank you for signing up

Dear Alice,

Thank you for signing up online for the eighth annual Gravelton Comic Show. This year's show will be held at the convention center in Gravelton on Saturday, February 18, and it will be our biggest ever. There will be thousands of comic books on sale, including rare items and comic books by local creators, as well as T-shirts, posters, and other goods from your favorite comic books. You'll also have the chance to meet and talk to some of the artists and writers who created them.

As usual, we'll be holding costume contests for visitors. One contest is for kids aged 12 or under, and the other is for everybody else. If you want to participate, please sign up at the reception desk by noon. Please note that your costume must have been made by you. People wearing costumes bought from a store will not be allowed to enter the contest. Be creative, and you might win a fantastic prize.

We ask all visitors to respect one another. Please do not touch other people's costumes or take photos of them without getting permission first. Also, please remember that eating and drinking are not allowed in the main hall of the convention center. In addition to the convention center's cafeteria, there will also be food trucks selling snacks and drinks in the square outside the center.

We look forward to seeing you at the show!

Gravelton Comic Show Staff

(27) At the Gravelton Comic Show, Alice will be able to

1 purchase comic books made by people from the Gravelton area.

2 watch movies based on her favorite comic books.

3 take lessons in how to create her own comic books.

4 display her paintings of famous comic book characters.

---

(28) What is one thing that participants in the costume contest need to do?

1 Make their costumes themselves.

2 Sign up before coming to the show.

3 Pay an entry fee at the reception desk.

4 Explain why they chose their costumes.

---

(29) Visitors to the Gravelton Comic Show must ask to be allowed to

1 eat in the main hall of the convention center.

2 use the parking lot in the square outside the center.

3 take a picture of another visitor's costume.

4 bring their own snacks and drinks to the show.

3 B

The King's Little Path

For thousands of years, the Guadalhorce river has flowed through the mountains of southern Spain. Over time, it has created an impressive narrow valley with high rock walls that are 300 meters above the river in some places. At the beginning of the 20th century, engineers decided that the fast-flowing river was a good place for a dam that could be used to generate electricity. A one-meter-wide concrete walkway was built high up on the walls of the valley for people to reach the dam from a nearby town.

To begin with, the walkway was only used by workers at the power plant and local people who wanted to get to the other side of the mountains. Soon, news of the walkway's amazing views spread, and it became popular with hikers. The engineers decided to improve the walkway to make it more attractive to tourists, and in 1921, it was officially opened by King Alfonso XIII of Spain. After the ceremony, the king walked the eight-kilometer route, and it became known as El Caminito del Rey, meaning "the king's little path."

Despite its popularity, the walkway was not well looked after. Holes appeared in places where the concrete had been damaged. Originally, there was a metal fence on one side of the walkway to stop people from falling, but this broke and fell to the bottom of the valley. El Caminito del Rey became famous as the most dangerous hiking path in the world, and people from many countries came for the excitement of walking along it. However, after four deaths in two years, the government decided to close the walkway in 2001.

Interest in El Caminito del Rey remained, and 2.2 million euros were spent on rebuilding the walkway with wood and steel. The new walkway was opened in 2015, and although it is safer than the old one, some people still find it frightening. Despite this, the dramatic scenery attracts many visitors. To keep El Caminito del Rey in good condition for as long as possible, hikers must now buy tickets to use it, and only 300,000 tickets are available each year.

(30) A walkway was built high up on the walls of the Guadalhorce river valley because

1 the river was too dangerous for boats to travel on.
2 a lower walkway had been destroyed by a sudden flood.
3 there were rocks in the valley that made it difficult to walk.
4 people needed it to get to a newly constructed dam.

(31) Why was the walkway called El Caminito del Rey?

1 Because the king of Spain walked along it after he opened it.
2 Because of the uniforms worn by the engineers who built it.
3 Because of the amazing views that could be seen from it.
4 Because local people wanted it to be attractive to tourists.

(32) A decision was made to close the walkway

1 following the discovery of holes in the concrete.
2 following accidents in which people died.
3 after a metal fence fell onto it.
4 after the cost of looking after it increased.

(33) What is one way in which the new walkway is being protected?

1 People have to wear special hiking boots when they use it.
2 A roof has been added to prevent damage caused by rain.
3 The surface of the walkway is made from a new material.
4 The number of people who can hike on it has been limited.

3 C

The Evolution of Laughter

Laughter is not only a way to express our feeling that something is funny, but it is also something that is good for our health. In the short term, it can help to relax muscles and improve blood flow, and in the long term, it can make our bodies better at fighting diseases. Researchers have been investigating how laughter evolved in humans by looking for similar behavior in other animals. A study carried out at the University of California, Los Angeles, has revealed evidence of laughter-like behavior in over 60 species.

It has long been known that chimpanzees laugh, although the sound is a little different from human laughter. When most humans laugh, they only make a noise when they breathe out, but when chimpanzees laugh, they make a noise both when they breathe out and when they breathe in. Chimpanzees are closely related to humans, so it is not really surprising that they, gorillas, and orangutans laugh. However, as these animals do not have the complicated languages needed to tell jokes, the researchers were interested to find out what makes them laugh.

The researchers found that chimpanzees made these laughing noises when they were playing roughly with each other. They believe that laughter is a chimpanzee's way of letting others know that it is not really trying to harm them. Playing allows chimpanzees and other animals to develop fighting and hunting skills as well as to build stronger relationships with the other members of their groups.

By listening for the noises made by other animals during play behavior, the researchers were able to identify "laughter" in a wide range of animals. Dogs, for example, breathe loudly when they play, and dolphins make special clicking noises. In the case of rats, the laughter-like sounds they make when they are touched gently are too high for humans to hear. However, the sounds can be detected with special equipment. The researchers have concluded that laughter began to evolve as a signal to others that they can relax and have fun. Of course, humans laugh for a variety of reasons, so researchers still have much to learn about how this behavior evolved.

(34) How are researchers trying to find out about the development of laughter in humans?

1 By searching for behavior that seems like laughter in other species.
2 By analyzing the kinds of things that people think are funny.
3 By studying the reactions of human babies from the time they are born.
4 By investigating the muscles that are used when a person laughs.

(35) How is chimpanzees' laughter different from most humans' laughter?

1 Chimpanzees make the same noises as humans do when they are surprised.
2 Chimpanzees produce sounds by breathing through their noses.
3 Chimpanzees do not only make sounds when they breathe out.
4 Chimpanzees do not breathe as slowly as humans do when they laugh.

(36) Researchers think that chimpanzees use laughter to

1 indicate that their behavior is not serious.
2 welcome new members to their groups.
3 warm their muscles up before they go hunting.
4 avoid fighting by scaring other chimpanzees away.

(37) Special equipment needs to be used in order to

1 measure the signals in humans' brains when they laugh.
2 recognize the different noises made by dolphins.
3 observe the laughter-like noises of a kind of animal.
4 identify the exact reason that a human is laughing.

(38) Which of the following statements is true?

1 The goal of play in animals is to make other members of their groups laugh.

2 Experts still have things to learn about how human laughter developed.

3 One of the benefits of laughter is that it helps people develop strong muscles.

4 Researchers have found evidence that chimpanzees actually tell each other jokes.

4 ライティング

●以下の **TOPIC** について，あなたの意見とその理由を2つ書きなさい。
● **POINTS** は理由を書く際の参考となる観点を示したものです。ただし，これら以外の観点から理由を書いてもかまいません。
●語数の目安は 80 語〜100 語です。
●解答は，解答用紙のB面にあるライティング解答欄に書きなさい。なお，解答欄の外に書かれたものは採点されません。
●解答が **TOPIC** に示された問いの答えになっていない場合や，**TOPIC** からずれていると判断された場合は，0点と採点されることがあります。**TOPIC** の内容をよく読んでから答えてください。

TOPIC

Some people say that Japan should use the Internet for people to vote in elections. Do you agree with this opinion?

POINTS

● ***Convenience***
● ***Cost***
● ***Security***

Listening Test

2級リスニングテストについて

❶このリスニングテストには，第1部と第2部があります。
★英文はすべて一度しか読まれません。
第1部……対話を聞き，その質問に対して最も適切なものを**1**，**2**，**3**，**4**の中から一つ選びなさい。
第2部……英文を聞き，その質問に対して最も適切なものを**1**，**2**，**3**，**4**の中から一つ選びなさい。

❷ *No.30* のあと，10秒すると試験終了の合図がありますので，筆記用具を置いてください。

第1部

No. 1
1 His friend cannot meet him for lunch.
2 He cannot order what he wanted.
3 There is no more clam chowder.
4 The salmon pasta is not very good.

No. 2
1 They often travel to Africa.
2 They were born in Kenya.
3 They enjoy looking at photographs.
4 They are no longer working.

No. 3
1 To tell her about a new restaurant.
2 To ask about what to do on her birthday.
3 To suggest that she make a reservation.
4 To ask where she ate dinner.

No. 4
1 The café is famous for it.
2 It is hot outside today.
3 A friend recommended it.
4 She is not very hungry.

No. 5
1 She is writing a book called *The Young Ones.*
2 She took the wrong train yesterday.
3 She thinks she lost his book.
4 She bought him a train ticket.

No. 6
1 They had to wait for a long time.
2 They started feeling very tired.
3 They took the wrong exit.
4 They could not go inside.

No. 7
1 To meet some classmates.
2 To get leaves for an art project.
3 To plant some trees.
4 To take pictures for school.

No. 8
1 She needs some more information.
2 She forgot to call the sales department.
3 She does not know how to write it.
4 She does not have time to do it.

No. 9
1 It was built recently.
2 It will be closing.
3 It is being repaired.
4 It makes a lot of money.

No. 10
1 Spend more time at home.
2 Quit the company.
3 Move closer to his office.
4 Find a new babysitter.

No. 11
1 Attend a play this evening.
2 Contact her son's school.
3 Design the man's costume.
4 Borrow a sewing machine.

No. 12
1 She was too busy to come to the phone.
2 She works for a different company now.
3 She was away from the office.
4 She was out to lunch.

No. 13
1 If she knows where Mars is.
2 If she knows a good book.
3 If she wants to travel to space.
4 If she can go to the library with him.

No. 14
1 News about a famous person.
2 An interview with a band.
3 A new rock band's music.
4 Advertisements for a music store.

No. 15
1 It may snow heavily.
2 It may be too late to plant her garden.
3 The man's garden party may be canceled.
4 Her plants may freeze.

第2部

No. 16

1 Whether he will be able to visit famous buildings.
2 Working in another country.
3 His aunt's busy travel schedule.
4 How to spend time on a long flight.

No. 17

1 They walked fast in special competitions.
2 They could not watch the Olympics.
3 Race walking made their children feel a lot of stress.
4 There were no sports clubs for them to join.

No. 18

1 She bought him a video game about hiking.
2 She asked him about his favorite game.
3 She took him and his friends to a gym.
4 She created a game to play while hiking.

No. 19

1 To stop his boss from complaining.
2 To make some extra money for himself.
3 To help them learn about managing their money.
4 To interest them in working at the bank.

No. 20

1 Because men from Persia started traveling there.
2 Because sailors could buy it cheaply there.
3 Because young girls there needed healthy food.
4 Because people saw a cartoon character eat it.

No. 21

1 Choose a sport to play.
2 Take his entrance exams again.
3 Ask his teacher for a class schedule.
4 Help his mother with housework.

No. 22

1 Buy a pet at half price.
2 Meet a famous radio personality.
3 Help to feed the tigers.
4 Get cheaper admission.

No. 23

1 She practiced skating by herself.
2 She bought some new earrings.
3 She asked him about his hobbies.
4 She took ice-skating lessons for two weeks.

No. 24

1 Her room was too warm.
2 She heard noises outside.
3 The wind was blowing through a hole in her wall.
4 A light came in through her window.

No. 25

1 She told people how to get rid of things.
2 She helped people to sell their homes.
3 She fixed Internet problems for professionals.
4 She taught ways to build stronger houses.

No. 26

1 She does not know how to walk to school.
2 She cannot remember her father's advice.
3 She is not good at making new friends.
4 She may not be able to find her classroom.

No. 27

1 Brides and grooms gave each other pieces of cloth.
2 Brides had to make colorful hats for their grooms to wear.
3 Wedding dances there were famous all over the world.
4 Weddings cost more money than in other countries.

No. 28

1 Everyone will start boarding the plane.
2 The plane will take off.
3 Special foods will be on sale.
4 Passengers will enjoy a drink and a snack.

No. 29

1 She kept forgetting to take her medicine.
2 She had a problem with her eyes.
3 Her chair was the wrong size for her.
4 Her desk lamp was too bright.

No. 30

1 Surfboards for children will be sold.
2 There will be a surfing competition.
3 A dance party with loud music will start.
4 A truck will come to collect any trash.

二次試験

受験者用問題カードA

Fake News

Photographs are used by the media because they help people to understand news stories better. Nowadays, however, photographs that contain false information can easily be created with modern technology. Some people put such photographs on the Internet, and by doing so they try to make others believe untrue stories. People should be aware that technology can be used in good and bad ways.

Your story should begin with this sentence: **One day, Ken and Sakura were talking about their favorite sea animals.**

問題カードA　Questions

No. 1　According to the passage, how do some people try to make others believe untrue stories?

No. 2　Now, please look at the picture and describe the situation. You have 20 seconds to prepare. Your story should begin with the sentence on the card.

No. 3　Some people say that, because of robots, many people will lose their jobs in the future. What do you think about that?

No. 4　These days, many families in Japan have pets. Do you think it is good for children to have pets?

Yes. → Why?

No. → Why not?

編集部注：本ページの質問英文は問題カードには印刷されていません。

受験者用問題カードD

Animal Shelters

Nowadays, there are many animal shelters that care for abandoned pets. These animals are often scared of people. Now, training that helps pets get along with people is attracting attention. Some animal shelters offer such training, and in this way they make it easier for abandoned pets to find new owners. Animal shelters will probably continue to play an important role in society.

Your story should begin with this sentence: **One day, Mr. and Mrs. Sano were talking at a hotel in Thailand.**

問題カードD　Questions

No. 1　According to the passage, how do some animal shelters make it easier for abandoned pets to find new owners?

No. 2　Now, please look at the picture and describe the situation. You have 20 seconds to prepare. Your story should begin with the sentence on the card.

No. 3　Some people say that animals should not be kept in zoos. What do you think about that?

No. 4　Today, many people buy things with credit cards instead of cash. Do you think this is a good idea?

Yes. → Why?

No.　→ Why not?

編集部注：本ページの質問英文は問題カードには印刷されていません。

2022年度 第2回

Grade 2

試験内容		試験時間	掲載ページ
一次試験	筆記（リーディング・ライティング）	85分	2022-2　P. 2〜16
	リスニング	約24分	2022-2　P. 17〜22
二次試験	面接（スピーキング）	約7分	2022-2　P. 23〜26

リスニングテスト・面接の音声について

音声は専用サイトにて配信しています。

▷ **専用サイトのご利用方法：**

1. 本冊（解答編）の**袋とじ**（音声配信のご案内）をキリトリ線に沿って開封。
2. 袋とじの内側に印刷されている**QRコード**をスマートフォンなどで読み取る。QRコードを読み取れない場合は，**アドレス**を入力。
   ➡専用サイトのトップページに。
3. 音声を聞きたい試験のボタンを押す。
   ➡該当の試験の音声再生ページに。
   ※試験1回分を通して聞くことも，1問ずつ聞くこともできます。
   ※面接の解答時間（無音部分）は実際の試験とは異なります。

▷ **配信内容**：本書に掲載のリスニングテストおよび面接の音声
※面接の音声は，音読の指示と質問英文だけでなく，音読問題のモデルリーディングも配信。

専用サイト トップページ
（イメージ）

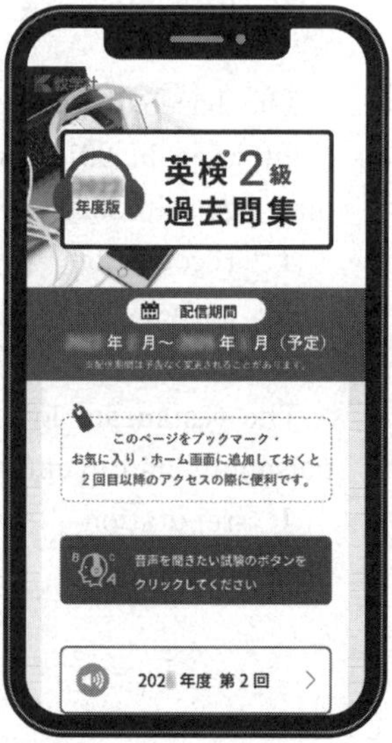

一次試験

1 次の(1)から(20)までの（　　）に入れるのに最も適切なものを**1**，**2**，**3**，**4**の中から一つ選び，その番号を解答用紙の所定欄にマークしなさい。

---

(1) Considering that Keiko has only been studying English for six months, she gave a (　　) good English presentation at yesterday's contest. She got second prize.

1 remarkably　　**2** nervously
3 suddenly　　**4** carefully

(2) ***A*** **:** How was your vacation, Dale?
B **:** It was (　　)! We had seven days of pure fun and relaxation.

1 marvelous　　**2** industrial
3 humble　　**4** compact

(3) People around the world are afraid that the (　　) between the two countries will cause a war.

1 patient　　**2** phrase　　**3** conflict　　**4** courage

(4) The baseball player Shuta Omura had to have (　　) on his right knee in 2019, but he made a full recovery and was ready to play again in 2020.

1 recognition　　**2** innocence
3 surgery　　**4** inquiry

(5) The restaurant lost its good (　　) after several cases of food poisoning, and eventually it had to close.

1 reputation　　**2** anticipation
3 observation　　**4** examination

(6) Sunlight is important for people to stay healthy. However, it is not good to (　　　) skin to too much sunlight.

1 protest **2** expose **3** conduct **4** represent

(7) After Kai broke his arm, it took about three months to (　　　) completely. Now he can play tennis again without any problems.

1 fulfill **2** cheat **3** heal **4** retire

(8) These days, many companies are offering their employees a lot of (　　　). For example, staff members can sometimes work from home or choose what time to start and finish.

1 majority **2** similarity **3** quantity **4** flexibility

(9) Kevin got stuck in a snowstorm while driving home. The weather was so bad that he had to (　　　) his car and walk the rest of the way.

1 maintain **2** abandon **3** prevent **4** supply

(10) Laura was unhappy about being (　　　) from the badminton tournament so early, but now she supports her friends during their matches.

1 committed **2** defended

3 eliminated **4** imported

(11) Sarah has been told to (　　　) running until her foot is better. Otherwise, she might make her injury worse.

1 read through **2** refrain from

3 reflect on **4** refer to

(12) ***A*** : How did you like the movie?

B : (　　　), I enjoyed it. Even though some of the actors weren't the best, the story was great and the music was beautiful.

1 On the move **2** In respect

3 As a whole **4** By then

(13) **A**：What's wrong, Emily?

B：Jim made a (　　　) of me in front of my friends. He said my shoes were ugly.

1 difference　　**2** point

3 fool　　**4** start

(14) Jason has asked his mother several times to stop (　　　) his personal life. He is upset that she wants to try to control him even though he is an adult.

1 counting on　　**2** insisting on

3 comparing with　　**4** interfering with

(15) **A**：It's a shame that we had to (　　　) the barbecue.

B：Yes, but we can't hold a barbecue outside in the rain. We can hold it next week instead if the weather is better.

1 call off　　**2** pick on　　**3** fall for　　**4** bring out

(16) The thief must have gotten into the building (　　　) of a ladder. The only way to get in was through a second-floor window.

1 by means　　**2** in charge

3 at times　　**4** for all

(17) Barney tried to teach his cat to follow some simple commands, but his efforts were (　　　). Every time he told it to lie down, it just walked away.

1 of late　　**2** in vain　　**3** for sure　　**4** by chance

(18) (　　　) lived in Tokyo for three years, Cassandra knew exactly how to get to Tokyo Skytree from her apartment.

1 Having　　**2** Had　　**3** Have　　**4** To have

(19) Somebody had broken one of the windows in Michelle's classroom. Michelle had not done it, but some of the other students looked at her (　　　) she had.

1 as to　　**2** as if　　**3** if only　　**4** if not

(20) **A**：How long does it take to drive to your parents' house?
B：There's no (　　　　) with traffic during the holidays. It could take thirty minutes, or it could take two hours.

1 tell　　　**2** telling　　　**3** tells　　　**4** told

2 A

次の英文A，Bを読み，その文意にそって(21)から(26)までの（　　）に入れるのに最も適切なものを**1**，**2**，**3**，**4**の中から一つ選び，その番号を解答用紙の所定欄にマークしなさい。

Trouble at Sea

Plastic is used in a wide variety of goods. In fact, it is estimated that about 400 million tons of plastic is produced around the world each year. Much of it is designed to be used only once and then thrown away. Most of this waste is buried in the ground in landfill sites. However, a large amount (*21*). According to the International Union for Conservation of Nature, more than 14 million tons of plastic waste goes into the ocean each year. Plastic is strong and takes a long time to break down. For this reason, the world's oceans are quickly filling up with it.

Plastic waste causes two major problems for wildlife living in and by the ocean. First, animals sometimes get trapped by larger pieces of plastic and die because they are unable to swim freely. The other problem, however, is caused by smaller pieces of plastic. Animals often (*22*). A recent study found that about two-thirds of fish species and 90 percent of all seabirds have accidentally eaten tiny pieces of plastic floating in the ocean.

In response, many environmental protection organizations are making efforts to get governments to do something about the plastic in the ocean. For instance, the Center for Biological Diversity has asked the U.S. government to make laws to control plastic pollution. Such groups are also trying to educate the public about the problem. (*23*), people continue to throw away plastic, and the amount of plastic in the ocean continues to increase.

(21)	**1**	completely disappears	**2**	ends up elsewhere
	3	is given to charities	**4**	could be used again
(22)	**1**	live in large family groups	**2**	have to make long journeys
	3	see these as food	**4**	leave the ocean
(23)	**1**	In spite of this	**2**	Therefore
	3	Likewise	**4**	In particular

2 B

Performing Cats

Andrew Lloyd Webber is famous for writing musicals, and many of the songs he has written have become famous. Over the last 50 years, Webber has created a number of popular musicals, including *The Phantom of the Opera* and *Joseph and the Amazing Technicolor Dreamcoat.* The characters in these were taken from well-known stories that had been around for many years. One of Webber's most successful musicals is *Cats.* This features the song "Memory," the most popular one he has ever written. Like many of Webber's other musicals, though, the characters in *Cats* were (*24*).

As a child, one of Webber's favorite books was *Old Possum's Book of Practical Cats* by T. S. Eliot. This is a collection of poems that describe (*25*). For example, one of the characters likes to be the focus of everyone's attention. Another seems to be lazy during the daytime, but at night, she secretly works hard to stop mice and insects from causing trouble. Webber used the words of these poems for the songs in his musical, and he created a world in which these cats live together.

Webber began work on *Cats* in 1977, and it had its first performance in London in 1981. It was so popular that it was still being performed there 21 years later. (*26*), after its first performance on Broadway in New York City in 1982, it ran for 18 years there. *Cats* has become popular around the world. In fact, the show has been translated into 15 languages, performed in over 30 countries, and seen by more than 73 million people.

---

(24) **1** not very important **2** not created by him
3 difficult to like **4** based on his friends

(25) **1** the history of cats as pets
2 how to take care of cats
3 the personalities of some cats
4 how cats' bodies work

(26) **1** In any case **2** Unfortunately
3 By mistake **4** Similarly

3

A

次の英文A，B，Cの内容に関して，*(27)*から*(38)*までの質問に対して最も適切なもの，または文を完成させるのに最も適切なものを**1**，**2**，**3**，**4**の中から一つ選び，その番号を解答用紙の所定欄にマークしなさい。

From : Michael Green 〈mikeyg4000@friendlymail.com〉
To : Television Depot Customer Service 〈service@televisiondepot.com〉
Date : October 9
Subject : ZX950 LCD TV

Dear Customer Service Representative,

After reading several excellent reviews of the ZX950 LCD TV on the Internet, I purchased one from your Television Depot online store. When the item arrived, it appeared to be in perfect condition, and I was able to set it up successfully by following the TV's instruction manual. However, once I started using it, I noticed that there was a problem.

I was unable to adjust the volume of the TV with the remote control. I tried replacing the batteries in the remote control, but this did not fix the problem. I looked through the instruction manual, but I could not find a solution. Although I can adjust the volume with the buttons on the TV, I'm sure that you can understand how inconvenient it is to do it this way.

Would it be possible to obtain a replacement remote control, or do I need to return the TV, too? It would be good if I don't need to send it back because it will be difficult to put such a large TV back into its box. I hope you are able to solve this problem in the next few days. I would very much like to use my new TV to watch the European soccer tournament that begins next weekend. I look forward to receiving your reply.

Regards,
Michael Green

(27) What is one thing that Michael Green says about the TV that he bought?

1 It was sent to him without an instruction manual.

2 It has received some positive online reviews.

3 He got it from his local Television Depot store.

4 He chose it because it was in a recent sale.

---

(28) What problem does Michael Green say the TV has?

1 The sound level cannot be changed with the remote control.

2 The remote control uses up its batteries in just a few hours.

3 The buttons on the TV do not seem to be working.

4 The TV sometimes turns itself off unexpectedly.

---

(29) Michael Green hopes the customer service representative will

1 send someone to help him put the TV back into its box.

2 solve the problem in time for him to watch a sports event.

3 tell him about tournaments sponsored by Television Depot.

4 give him instructions to allow him to fix the problem himself.

3

B The Empress's Favorite Clothes

The Asian country of Bangladesh is one of the largest exporters of clothes in the world. Low wages and modern techniques have allowed clothing factories in Bangladesh to produce cheap clothes. However, until the 19th century, the country produced a luxury cloth called Dhaka muslin. Many regard this cloth as the finest ever made, and it cost over 20 times more than the best silk. It was produced from cotton from a plant called *phuti karpas*. This kind of cotton can be made into very thin threads, which can be used to make incredibly soft and light cloth.

Dhaka muslin was difficult to make, but wealthy people were happy to pay the high prices demanded by the makers. The fame of this cloth spread to Europe, and the wife of Emperor Napoleon of France loved to wear dresses made from Dhaka muslin. When the area that includes Bangladesh became part of the British Empire, though, British traders put pressure on the makers of Dhaka muslin to produce more cloth at lower prices. Eventually, all the makers decided to either produce lower-quality types of cloth or quit.

In 2013, Saiful Islam, a Bangladeshi man living in London, was asked to organize an exhibition about Dhaka muslin. Islam was amazed by the high quality of this material. He wondered if it would be possible to produce Dhaka muslin again. Sadly, he could not find any *phuti karpas* plants in Bangladesh. However, using the DNA from some dried leaves of *phuti karpas* from a museum, he was able to find a species that was almost the same.

Islam harvested cotton from plants of this species, but the threads he made were too thin and broke easily. He had to mix the cotton with some from other plants. The threads made from this mixture, though, were still much thinner than normal. After a lot of hard work, Islam and his team produced some cloth that was almost as good as Dhaka muslin. He wants to keep improving the production technique. The government of Bangladesh is supporting him because it wants the country to be known as the producer of the finest cloth in the world.

(30) What is true of the cloth known as Dhaka muslin?

1 Its thin threads are over 20 times stronger than those of silk.

2 It stopped Bangladesh from becoming a major exporter of clothes.

3 Modern techniques have allowed factories to produce it cheaply.

4 Many people say it is the best kind that there has ever been.

---

(31) What happened as a result of the demands made by British traders?

1 Various colors were introduced to appeal to European customers.

2 The price of Dhaka muslin in Europe increased dramatically.

3 Makers began to use British techniques to make better cloth.

4 Production of high-quality Dhaka muslin stopped completely.

---

(32) Saiful Islam used the DNA from some *phuti karpas* leaves

1 to find plants like the ones that were used to make Dhaka muslin.

2 to check whether samples of Dhaka muslin were genuine or fake.

3 to explain the evolution of Dhaka muslin at an exhibition.

4 to create artificial Dhaka muslin in a laboratory in London.

---

(33) Why is the government of Bangladesh supporting Islam's efforts?

1 It wants to make the country famous for producing high-quality cloth.

2 It believes that his project will create new jobs for Bangladeshis.

3 Because he will quit unless he gets additional financial support.

4 Because he may discover a way to produce cheap clothes more easily.

3 C

Desert Delight

The Tohono O'odham people are Native Americans who come from the Sonoran Desert. In fact, the name of this tribe means "desert people" in their own language. The Sonoran Desert lies around the border between the United States and Mexico. Traditionally, the Tohono O'odham people lived in villages and grew crops such as beans, corn, and melons. They also ate some of the wild plants and animals that are found in the desert.

Although the Sonoran Desert is hot and dry, it has over 2,000 different species of plants. Hundreds of these plants are safe for people to eat. There are two reasons why the Sonoran Desert has so many species of plants. One is that it contains a variety of types of soil, and these support the growth of many kinds of plants. The other is that, although the desert is mostly dry, it rains a couple of times each year—once in the winter and once in the summer. This rain is enough for some kinds of plants to survive.

One desert plant, the saguaro cactus, is especially important to the people of the Tohono O'odham tribe. Saguaro cactuses can live for over 200 years and grow more than 15 meters tall. Once a year, around June, they produce red fruit. This fruit—the saguaro fruit—has long been a favorite food of the Tohono O'odham people. When the fruit is ready to eat, families work together to knock it down from the cactuses and collect it. The fruit is sweet and delicious when it is fresh, and it can also be turned into sauce or wine so that it can be stored for long periods.

The people of the Tohono O'odham tribe were very independent, and for a long time, they fought to keep their traditional way of life. However, in the early 20th century, the U.S. government forced them to change their lifestyle. It sent Tohono O'odham children to schools to make them learn English and forget their own culture. Many stopped following their traditional way of life. Recently, though, some Tohono O'odham people have begun bringing back their tribe's endangered traditions, including collecting and eating saguaro fruit.

(34) What is true about the Tohono O'odham people of North America?

1 They used to protect the border between Mexico and the United States.

2 They lived in small communities and kept farms in a dry area.

3 They ate wild plants and animals instead of growing their own food.

4 They were forced to leave their homes and live in the Sonoran Desert.

---

(35) What is one reason that over 2,000 different types of plants can survive in the Sonoran Desert?

1 The sunshine in the area means that some plants can actually grow better there.

2 The Sonoran Desert gets enough rain twice a year to allow the plants to grow.

3 There are few human beings or wild animals living in the region that eat them.

4 There is one kind of soil in the desert that almost any plant can grow in.

---

(36) The saguaro cactus

1 produces fruit that the local people have enjoyed for a long time.

2 was discovered by the Tohono O'odham people about 200 years ago.

3 has roots that grow 15 meters below the ground to reach water.

4 is best to eat with a special sauce made from traditional wine.

---

(37) Why did many Tohono O'odham people stop following their traditions?

1 The U.S. government wanted them to behave more like other U.S. citizens.

2 The U.S. government offered them opportunities to travel overseas to study.

3 They wanted their children to study English so that they could enter good schools.

4 They lost their independence after a war that took place in the early 20th century.

---

(38) Which of the following statements is true?

1 The method of collecting saguaro fruit is endangering the plants that it grows on.

2 The name of the Tohono O'odham tribe comes from its people's favorite food.

3 The soil in the Sonoran Desert is different in the winter and in the summer.

4 The Tohono O'odham people have a tradition of collecting fruit in family groups.

4 ライティング

●以下の **TOPIC** について，あなたの意見とその理由を2つ書きなさい。

● **POINTS** は理由を書く際の参考となる観点を示したものです。ただし，これら以外の観点から理由を書いてもかまいません。

●語数の目安は 80 語～100 語です。

●解答は，解答用紙のB面にあるライティング解答欄に書きなさい。なお，解答欄の外に書かれたものは採点されません。

●解答が **TOPIC** に示された問いの答えになっていない場合や，**TOPIC** からずれていると判断された場合は，0点と採点されることがあります。**TOPIC** の内容をよく読んでから答えてください。

TOPIC

Some people say that Japan should accept more people from other countries to work in Japan. Do you agree with this opinion?

POINTS

● ***Aging society***

● ***Culture***

● ***Language***

Listening Test

2級リスニングテストについて

❶このリスニングテストには，第1部と第2部があります。

★英文はすべて一度しか読まれません。

第1部……対話を聞き，その質問に対して最も適切なものを**1**，**2**，**3**，**4**の中から一つ選びなさい。

第2部……英文を聞き，その質問に対して最も適切なものを**1**，**2**，**3**，**4**の中から一つ選びなさい。

❷ *No.30* のあと，10秒すると試験終了の合図がありますので，筆記用具を置いてください。

第1部

No. 1

1 She lost her map.
2 She is too tired to walk any farther.
3 She cannot find her friend's house.
4 She does not like her neighbors.

No. 2

1 Red wine is her favorite.
2 Her friend does not like French wine.
3 She drank a lot of wine in France.
4 She does not want to spend too much money.

No. 3

1 Call another restaurant.
2 Drive to the supermarket.
3 Make a sandwich for lunch.
4 Go to pick up some food.

No. 4

1 She is sick in bed at home.
2 She gave Eddie her cold.
3 She will leave the hospital in a few days.
4 She got medicine from her doctor.

No. 5

1 He will visit another friend.
2 He has to work on Saturday night.
3 He does not feel well.
4 He is not invited.

No. 6

1 She takes music lessons.
2 She goes bowling with her friends.
3 She helps her cousin with homework.
4 She learns to ride horses.

No. 7

1 A shirt with a bear on it.
2 A soft pillow.
3 A big teddy bear.
4 A bed for her son.

No. 8

1 Changing its soil.
2 Putting it in a bigger pot.
3 Giving it more light.
4 Giving it less water.

No. 9

1 Buy meat.
2 Call his friend.
3 Go to the party.
4 Come home early.

No. 10

1 He will write to the publisher.
2 He will go to another store.
3 He will use the Internet.
4 He will look in his basement.

No. 11

1 She was frightened by a dog.
2 She hurt her leg while running.
3 She walked her dog for a long time.
4 She does not go running often.

No. 12

1 He waits to be told what to do.
2 He is a great history student.
3 He wants to do the report alone.
4 He can be a lazy person.

No. 13

1 Their championship parade was canceled.
2 Their manager is changing teams.
3 They have not been playing well.
4 They do not have a nice stadium.

No. 14

1 Somewhere with few people.
2 Somewhere near his home.
3 To several cities in Europe.
4 To a beach resort in Mexico.

No. 15

1 A baseball game is on TV tonight.
2 The town will build a new town hall.
3 He should go to the meeting with her.
4 He should take the children to the park.

第2部

No. 16

1 It is too big for her.
2 It uses too much gasoline.
3 She needs one that is easier to drive.
4 She wants one with more doors.

No. 17

1 Some men wore them to look thin.
2 They could not be worn in England.
3 Women could not wear them in public.
4 Wearing them caused pain in people's backs.

No. 18

1 Read comic books at a café.
2 Clean her kitchen.
3 Work part-time.
4 Relax at home.

No. 19

1 It was easy to play at first.
2 It had horses that could fly.
3 She could play with her friend.
4 She could play it several times.

No. 20

1 He had to give information about an accident.
2 He woke up too late to catch his train.
3 He had a problem with his bicycle.
4 He could not find his bicycle in the parking space.

No. 21

1 It was buried together with a prince.
2 It had flower decorations from Siberia on it.
3 It was made by a family in Persia.
4 It had been in one family for many years.

No. 22

1 To move some old things.
2 To clean her kitchen windows.
3 To show her how to use her computer.
4 To help her to do some cooking.

No. 23

1 He saw them being used at an office.
2 He saw an ad for them on the train.
3 He read about them in a magazine.
4 He heard about them from his boss.

No. 24

1 They were decorated with different colors.
2 They were made for different purposes.
3 They were sold at different events.
4 They were served with different meals.

No. 25

1 By the exit on the first floor.
2 By the stairs on the second floor.
3 Next to the computers on the third floor.
4 Next to the cameras on the fourth floor.

No. 26

1 By drinking a lot of donkey milk every day.
2 By washing their bodies with donkey milk.
3 By eating the meat of young donkeys.
4 By spending time looking after donkeys.

No. 27

1 Ask people about their favorite restaurants.
2 Search for a restaurant online.
3 Open a restaurant in her area.
4 Go and take a look at a restaurant.

No. 28

1 Staff will be hired to greet new members.
2 Members can get free protein bars.
3 New exercise machines are coming soon.
4 The fitness center will close in an hour.

No. 29
1 She came home later than she promised.
2 She had forgotten to feed her pet.
3 She had not cleaned the kitchen.
4 She had not done her homework.

No. 30
1 People who bring their pets to the store.
2 People who drive to the supermarket.
3 Customers with a lot of shopping bags.
4 Customers who live less than 5 kilometers away.

二次試験

受験者用問題カードA

A Shortage of Doctors

Nowadays, some parts of Japan do not have enough doctors. It is said that many doctors prefer to work in cities, and this can cause problems for people living in rural areas. A shortage of doctors will prevent these people from receiving good medical treatment, so it is a serious issue. Many people say the government needs to do more about this situation.

Your story should begin with this sentence: **One day, Mr. and Mrs. Kato were talking about going to the beach.**

問題カードＡ　Questions

No. 1　According to the passage, why is a shortage of doctors a serious issue?

No. 2　Now, please look at the picture and describe the situation. You have 20 seconds to prepare. Your story should begin with the sentence on the card.

No. 3　Some people say that young people today do not show enough respect to elderly people. What do you think about that?

No. 4　Today, some young people rent a house and live in it together. Do you think sharing a house with others is a good idea for young people?

Yes. → Why?

No. → Why not?

編集部注：本ページの質問英文は問題カードには印刷されていません。

受験者用問題カードD

Promoting New Products

Today, some high-quality products are very expensive, so many people worry about whether they should buy them or not. Now, systems that allow people to rent a variety of products monthly are attracting attention. Some companies offer such systems, and by doing so they let people try items before buying them. With such systems, companies can promote their products more effectively.

Your story should begin with this sentence: **One evening, Mr. and Mrs. Kimura were talking about renting a car and going camping by a lake.**

問題カードD　Questions

No. 1　According to the passage, how do some companies let people try items before buying them?

No. 2　Now, please look at the picture and describe the situation. You have 20 seconds to prepare. Your story should begin with the sentence on the card.

No. 3　Some people say that, because of electronic money, people will not carry cash in the future. What do you think about that?

No. 4　Some people put solar panels on their houses to produce electricity. Do you think the number of these people will increase in the future?

Yes. → Why?

No. → Why not?

編集部注：本ページの質問英文は問題カードには印刷されていません。

2022年度 第1回

Grade 2

試験内容		試験時間	掲載ページ
一次試験	筆記（リーディング・ライティング）	85分	2022-1　P. 2～16
	リスニング	約24分	2022-1　P. 17～22
二次試験	面接（スピーキング）	約7分	2022-1　P. 23～26

リスニングテスト・面接の音声について

音声は**専用サイト**にて配信しています。

▷ **専用サイトのご利用方法：**

1. 本冊（解答編）の**袋とじ**（音声配信のご案内）をキリトリ線に沿って開封。
2. 袋とじの内側に印刷されている**QRコード**をスマートフォンなどで読み取る。QRコードを読み取れない場合は，**アドレス**を入力。
   ➡専用サイトのトップページに。
3. 音声を聞きたい試験のボタンを押す。
   ➡該当の試験の音声再生ページに。
   ※試験1回分を通して聞くことも，1問ずつ聞くこともできます。
   ※面接の解答時間（無音部分）は実際の試験とは異なります。

▷ **配信内容**：本書に掲載のリスニングテストおよび面接の音声
※面接の音声は，音読の指示と質問英文だけでなく，音読問題のモデルリーディングも配信。

専用サイト トップページ
（イメージ）

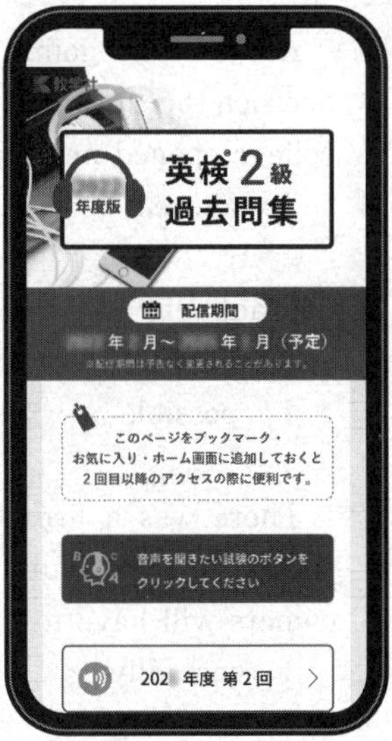

一次試験

1

次の*(1)*から*(20)*までの（　　）に入れるのに最も適切なものを**1**，**2**，**3**，**4**の中から一つ選び，その番号を解答用紙の所定欄にマークしなさい。

---

(1) Last week, Shelly went to see a horror movie. It was about a strange (　　) that was half shark and half man.

1 creature　**2** mineral　**3** package　**4** instrument

(2) After high school, Ted joined the (　　) so that he could serve his country. He felt proud when he put on his army uniform for the first time.

1 affair　**2** emergency
3 container　**4** military

(3) Reika's dream is to work for a famous French restaurant in Tokyo. She is trying to (　　) this by going to a cooking school.

1 decrease　**2** unite
3 overwhelm　**4** accomplish

(4) Arthur was going to sell his café. However, he (　　) his decision because he started to get more customers after a new college opened nearby.

1 abused　**2** secured　**3** reversed　**4** stimulated

(5) Frank did not have (　　) time to write his report, so he asked his boss if he could have a few more days to finish it.

1 possible　**2** delicate　**3** financial　**4** sufficient

(6) There was a fire at a restaurant in Brigston City yesterday. No one was hurt, but the building was (　　) damaged. The owners will have to build a new one.

1 mentally　**2** intelligently
3 annually　**4** severely

(7) Beth was invited to a wedding party last week. She did not want to go by herself, so she asked her friend Jeremy to (　　　) her.

1 restrict　　**2** distribute
3 accompany　　**4** promote

(8) The SOL-5 rocket will leave Earth tomorrow. The astronauts' (　　　) is to repair a weather satellite.

1 foundation　　**2** impression
3 definition　　**4** mission

(9) In chemistry class, the students added a small amount of acid to water. Then, they used this (　　　) to carry out an experiment.

1 mixture　　**2** climate　　**3** entry　　**4** moment

(10) It was raining very hard in the morning, so the government had to wait to (　　　) the rocket into space.

1 elect　　**2** impact　　**3** sweep　　**4** launch

(11) During history class, Aiden noticed that Risa did not have her notebook. He (　　　) some paper from his notebook and gave it to her so that she could take notes.

1 tore off　　**2** relied on
3 answered back　　**4** broke out

(12) Derek (　　　) winning his company's golf tournament. However, he played a bad shot on the last hole, and he ended up finishing second.

1 came close to　　**2** made fun of
3 took pride in　　**4** found fault with

(13) Mr. Griffith warned his students that they would get extra homework if they kept talking in class. He (　　　) with his threat because they would not be quiet.

1 followed through　　**2** went over
3 got through　　**4** turned over

(14) ***A*** : Guess who I just (　　　). Do you remember Gina from college?
B : Oh, yes. I met her the other day, too. It seems she works in the same building as us.

1 hoped for　　**2** ran into
3 looked over　　**4** complied with

(15) Since changing jobs, Neil has been much more (　　　) his work-life balance. He is enjoying his new position, but he is also glad that he can spend more time with his family and friends.

1 separate from　　**2** content with
3 based on　　**4** equal to

(16) ***A*** : Mom, is it OK if I invite a couple of friends to the barbecue on Saturday?
B : (　　　). There should be more than enough for everyone to eat and drink.

1 In any case　　**2** At any rate
3 By all means　　**4** On the whole

(17) Alison hates it when her baby brother goes into her room. He always (　　　) with her things, and she has to clean up afterward.

1 makes an effort　　**2** makes a mess
3 takes a chance　　**4** takes a rest

(18) After getting the first prize in the presentation competition, Kevin said in his speech that (　　　) for his wife's help, he never would have won.

1 with　　**2** but　　**3** along　　**4** over

(19) Sean has an important meeting early tomorrow morning, so he (　　　) better not stay up late tonight.

1 may　　**2** would　　**3** had　　**4** should

(20) ***A*** : Nicky, you're graduating from high school next year. It's time you (　　　) thinking about which university you want to go to.

B : You're right, Dad, but I still don't know what I want to be in the future.

1 started　　**2** will start　　**3** starting　　**4** to start

2 A

次の英文A，Bを読み，その文意にそって(21)から(26)までの(　　)に入れるのに最も適切なものを**1**，**2**，**3**，**4**の中から一つ選び，その番号を解答用紙の所定欄にマークしなさい。

An Answer in a Teacup

As in many other countries, people in India are concerned about the problem of plastic waste. After all, the country produces 5.6 billion kilograms of it every year. The system for managing plastic waste needs improvement because a lot of plastic ends up as trash on land and in waterways such as the Ganges River. In response, the Indian government planned to introduce a ban on plastic items that could only be used once. (*21*), though, the government was forced to change its plans because of the condition of the economy and worries about an increase in unemployment.

Nevertheless, there is one kind of situation where the use of plastic has come to an end. All 7,000 railway stations in India have replaced plastic teacups with brown clay teacups called *kulhads*. Long before plastic cups were used in India, people enjoyed drinking tea in these traditional cups. The minister for railways in India ordered railway stations to (*22*) *kulhads*. By doing so, he hopes the country will take an important step toward ending plastic waste.

There are several reasons why *kulhads* are better than plastic teacups. First, after they have been thrown away, they soon break down into substances that do not harm the environment. Second, the clay that *kulhads* are made from actually improves the flavor of the tea. Finally, using *kulhads* (*23*). Plastic cups are made with machines, but *kulhads* are made by hand. The Indian government estimates that hundreds of thousands of people will get extra work because of this change.

(21) **1** In the end **2** Moreover
3 For one thing **4** Overall

(22) **1** provide trash cans for **2** use less plastic in
3 only sell tea in **4** charge more for

(23) **1** will create jobs **2** costs less money
3 is better for people's health **4** is just the beginning

2

B　*More than Just a Pretty Bird*

Parrots are smart and sometimes very colorful birds. They are popular as pets and can often be seen in zoos. Unfortunately, about one-third of parrot species in the wild are in danger of dying out. Examples include hyacinth macaws and Lear's macaws. Each year, some of these birds are caught and sold illegally as pets. (*24*), many are dying because the forests where they live are being cleared to create farmland and to get wood. This has reduced the size of the areas in which they can build nests and collect food.

A study published in the journal *Diversity* revealed that hyacinth macaws and Lear's macaws play an important role in the forests. Researchers studying these parrots in Brazil and Bolivia found that they spread the seeds of 18 kinds of trees. They observed the birds taking fruits and nuts from trees and carrying them over long distances. The birds do this so that they can eat the fruits and nuts later. However, they (*25*). When this happens in areas cleared by humans, the seeds inside the fruits and nuts grow into trees, helping the forests to recover.

Today, conservation groups are working hard to protect hyacinth macaws and Lear's macaws. One difficulty is that these parrots (*26*). An important reason for this is that their eggs are often eaten by other birds. To prevent this, macaw eggs are sometimes removed from their nests by scientists and replaced with chicken eggs. The scientists keep the eggs safe. After the macaw chicks come out of their eggs, they are returned to their parents.

---

(24)　**1** On the contrary　**2** Under this
　3 What is worse　**4** Like before

(25)　**1** often go back for more　**2** sometimes drop them
　3 also eat leaves and flowers　**4** bring them to their nests

(26)　**1** do not build nests　**2** are not easy to catch
　3 have poor hearing　**4** lose many babies

3 A

次の英文A, B, Cの内容に関して，*(27)*から*(38)*までの質問に対して最も適切なもの，または文を完成させるのに最も適切なものを**1**，**2**，**3**，**4**の中から一つ選び，その番号を解答用紙の所定欄にマークしなさい。

From : Noel Lander 〈noel@coffeeshopsupplies.com〉
To : Gary Stein 〈thedaydreamcoffeeshop@goodmail.com〉
Date : June 5
Subject : Your order

Dear Mr. Stein,

Thank you for placing an order by telephone with Jenna Marks of our sales department this morning. The order was for 500 medium-sized black paper cups with your café's name and logo printed on them. According to Jenna's notes on the order, you need these cups to be delivered to you by Saturday.

I am sorry to say that we do not have any medium-sized black coffee cups at this time. What is more, the machine that makes our coffee cups is currently not working. The part that is broken was sent for repair the other day, but it will not be returned to our factory until Friday. Because of this, I am writing to you to suggest some alternatives.

If you really need black cups, then we have them in small and large sizes. However, I guess that size is more important than color for you. We have medium-sized coffee cups in white, and we could print your logo on these instead. We also have medium-sized cups in brown. We are really sorry about this problem. Please let us know which of these options is best, and we'll send you an additional 50 cups for free. Our delivery company says we will need to send the order by Wednesday so that it arrives by Saturday. Please let me know your decision as soon as you can.

Sincerely,
Noel Lander
Customer Support
Coffee Shop Supplies

(27) This morning, Jenna Marks

1 wrote down the wrong name on Mr. Stein's order.

2 gave a customer the wrong delivery date.

3 contacted the sales department by telephone.

4 took an order for cups for Mr. Stein's café.

---

(28) According to Noel Lander, what is the problem with the order?

1 His company does not have the cups that Mr. Stein wants.

2 His company's machine cannot print Mr. Stein's logo.

3 The cups cannot be delivered to Mr. Stein until Friday.

4 The cups were lost by the delivery company the other day.

---

(29) What does Noel Lander suggest to Mr. Stein?

1 Ordering more than 50 cups next time.

2 Using cups that are white or brown.

3 Offering his customers free coffee.

4 Buying his cups from another company.

3 B

Tweed

Tweed is the name given to a type of thick cloth that was first developed by farmers in Scotland and Ireland. Long pieces of wool are dyed different colors and then put together to make a cloth with a pattern. The weather in Scotland and Ireland is often cold and wet, so this warm, waterproof material was very popular with the farmers as they worked in the fields.

Tweed did not become well known outside farming communities until the 19th century. At that time, wealthy English people were buying large areas of land in Scotland. These were known as estates, and they were used by their owners for hunting and fishing. Hunters became interested in tweed because it is mainly brown, green, or gray, so wild animals find it difficult to see people wearing clothes made of the material. The wealthy English owners began having patterns of tweed made for their estates. After Queen Victoria's husband, Prince Albert, had a unique pattern made for the people on a royal estate in Scotland, the cloth became famous throughout the United Kingdom.

Clothes made from tweed became standard items for wealthy people to wear in the countryside. Men would wear blue or black suits when doing business in towns and cities, and tweed suits when they went to relax on their estates. Ordinary people began to imitate them by wearing tweed for outdoor hobbies such as playing golf or cycling. The fashion for wearing tweed also spread to the United States and the rest of Europe, and tweed became even more popular in the 20th century when various famous fashion designers used it for their clothes.

Tweed remained fashionable for many years, though by the start of the 21st century, its popularity had dropped. However, tweed is now starting to become popular once more. One reason for this is that it does little harm to the environment. In addition to being made from natural wool, it is strong enough to last for a very long time, so people do not often need to buy new clothes. Indeed, some wealthy people in the United Kingdom still wear their grandparents' tweed suits.

(30) Tweed was popular with farmers in Scotland and Ireland because

1 it helped keep them warm and dry while they were outside.
2 it helped them to make some money in their free time.
3 it allowed them to use any extra wool they produced.
4 it allowed them to teach their culture to younger people.

---

(31) How did Prince Albert help to make tweed well-known?

1 He often went hunting on land owned by farmers in Scotland.
2 He bought an estate in Scotland where there was a tweed factory.
3 He was seen wearing it while traveling in Scotland.
4 He ordered a special tweed pattern for an estate in Scotland.

---

(32) Ordinary people wore tweed when they were

1 doing business in towns and cities.
2 visiting the United States and Europe.
3 trying to show that they were farmers.
4 enjoying leisure activities outside.

---

(33) What is one reason that tweed does little harm to the environment?

1 It does not release harmful smoke when it is burned.
2 It does not become dirty easily and needs little washing.
3 It is tough enough for people to wear it for many years.
4 It is made by hand in small factories run by families.

3

C　Clues from the Distant Past

Humans who lived before the development of farming left many stone objects behind. These objects are usually parts of tools or weapons, and they show us how these people obtained their food. However, less is known about other parts of their culture. The other source of information we have from this period is paintings on the walls inside caves. These are mostly hunting scenes, so while they show that early humans lived in groups, they do not show that early humans participated in other social activities, such as religious ceremonies.

The lack of evidence led many historians to believe that religions did not develop until humans started to build farms and live in villages. A recent discovery, though, suggests that religious beliefs may have existed before this time. The Shigir Idol is a tall wooden statue that has faces and symbols carved into it. Experts say that it is very likely that these symbols express religious beliefs about the gods they worshipped.

The Shigir Idol was actually found in Russia in 1890. For a long time, people did not know how old it was, but analysis of the wood in the last few years has revealed that it was made around 12,500 years ago—long before humans in the area began farming. The statue was made in several pieces so that it could be taken down and set up again in a different place as the humans who owned it moved around. Unfortunately, some pieces were lost during the early 20th century and only drawings of them remain.

At some point in history, the Shigir Idol fell into a kind of mud that kept it safe for thousands of years. The conditions in which it was found are very rare. Indeed, no other wooden statues of a similar age have been discovered. Judging from the quality of the Shigir Idol, early humans were skilled at making things from wood. However, few wooden items have survived. Despite this, the Shigir Idol has shown historians that early humans had more advanced cultures than people once thought and that they probably also had religions.

(34) What can be learned from the stone objects left behind by early humans?

1 Whether or not they lived in caves.
2 How they were able to get things to eat.
3 Where their groups originally came from.
4 Which kinds of animals they used to hunt.

---

(35) The Shigir Idol is a wooden statue that

1 has the faces of famous historical leaders carved into it.
2 may show that early humans believed in the existence of gods.
3 is a symbol of the importance of farming to early humans.
4 was probably at the center of one of the first human villages.

---

(36) What is one thing that has been recently discovered about the Shigir Idol?

1 The humans who owned it made drawings that show how to set it up.
2 Some of the pieces that make up the statue have never been found.
3 The statue can be put together in a number of different ways.
4 It was made by people who had not yet begun growing their own food.

---

(37) Why is the discovery of the Shigir Idol likely to be a unique event?

1 Because the kind of mud in the area where it was found makes digging difficult.
2 Because early humans often destroyed the religious statues made by other groups.
3 Because few early people had the skills to make something like the Shigir Idol.
4 Because wood survives for thousands of years only in very special conditions.

---

(38) Which of the following statements is true?

1 The Shigir Idol shows there was cultural exchange between groups of early humans.

2 Paintings in caves show early humans participating in religious ceremonies.

3 Historians have believed for a long time that humans have always had religions.

4 The age of the Shigir Idol was a mystery for many years after it was discovered.

4 ライティング

●以下の **TOPIC** について，あなたの意見とその理由を２つ書きなさい。
● **POINTS** は理由を書く際の参考となる観点を示したものです。ただし，これら以外の観点から理由を書いてもかまいません。
●語数の目安は 80 語～100 語です。
●解答は，解答用紙のＢ面にあるライティング解答欄に書きなさい。なお，解答欄の外に書かれたものは採点されません。
●解答が **TOPIC** に示された問いの答えになっていない場合や，**TOPIC** からずれていると判断された場合は，０点と採点されることがあります。**TOPIC** の内容をよく読んでから答えてください。

TOPIC

Some people say that it is necessary for people to go to important historical sites in order to understand history better. Do you agree with this opinion?

POINTS

● ***Experience***
● ***Motivation***
● ***Technology***

Listening Test

2級リスニングテストについて

❶このリスニングテストには，第 **1** 部と第 **2** 部があります。

★英文はすべて一度しか読まれません。

第 1 部……対話を聞き，その質問に対して最も適切なものを **1**，**2**，**3**，**4** の中から一つ選びなさい。

第 2 部……英文を聞き，その質問に対して最も適切なものを **1**，**2**，**3**，**4** の中から一つ選びなさい。

❷ *No.30* のあと，10 秒すると試験終了の合図がありますので，筆記用具を置いてください。

第1部

No. 1

1 When the last train is.
2 How to get to City Station.
3 Whether he can change rooms.
4 What room his clients are in.

No. 2

1 Playing sports with friends.
2 Driving with his mother.
3 Riding his bicycle.
4 Talking to Cathy.

No. 3

1 She took her cat to a hospital.
2 She ran all the way to work this morning.
3 She got up early to clean her kitchen.
4 She had to look for her cat last night.

No. 4

1 He gave his old one to a friend in class.
2 He lost his old one at the aquarium.
3 He needed a bigger one for art class.
4 He wanted one with a different picture on it.

No. 5
1 By cleaning her room.
2 By buying more tissues.
3 By talking to the building manager.
4 By asking her friend for help.

No. 6
1 A chair that will match her desk.
2 A new desk for her room.
3 A wooden shelf for her books.
4 Metal furniture for her room.

No. 7
1 Delivering the mail.
2 Checking his mailbox.
3 Picking up his new license.
4 Getting a package.

No. 8
1 The time of the wedding has been changed.
2 The wedding plans are not finished yet.
3 The honeymoon was not enjoyable.
4 The honeymoon plans were made six weeks ago.

No. 9
1 She is taking a class.
2 She has started her own business.
3 She will call the woman.
4 She moved to a different street.

No. 10
1 She will be working late until next month.
2 She will not speak with Mr. Donaldson.
3 She has never made a presentation before.
4 She has almost finished writing a presentation.

No. 11
1 Wait for Lorie to call.
2 Call Lorie again.
3 Eat dinner at home.
4 Go out with his parents.

No. 12

1 It is the last day of the exhibition.
2 It is nearly closing time.
3 Exhibition tickets will sell out soon.
4 The museum shop is having a special sale.

No. 13

1 She must cook dinner that night.
2 She has to take care of a baby.
3 She is going out with her sister.
4 She will be working late.

No. 14

1 Pay more attention in science class.
2 See Ms. Wilson after school.
3 Work harder in his math class.
4 Try to find a new math tutor.

No. 15

1 Move to Germany.
2 Eat lunch with the man.
3 Find out where the man is going.
4 Have lunch at a good restaurant.

第2部

No. 16
1 She did not feel active anymore.
2 Her foot did not get better.
3 There were too many people there.
4 The instructor there was too strict.

No. 17
1 He will hand in reports on Fridays.
2 He will stop working from home.
3 There will be less time to make reports.
4 The staff meeting will move to Wednesdays.

No. 18
1 They wanted to feed it to animals.
2 They needed something sweet to eat.
3 They could not find enough sausages.
4 They did not want to waste animal parts.

No. 19
1 He broke his smartphone.
2 He got lost at night.
3 He had no place to put up his tent.
4 He could not help his friend.

No. 20
1 People from Panama named their country after them.
2 They can keep people's heads warm during winter.
3 Each one takes a long time and special skills to make.
4 There are many colors to choose from.

No. 21
1 By looking for another job.
2 By working less on weekends.
3 By buying less bread.
4 By talking to her manager.

No. 22

1 It would be easier to sell than a car.
2 It would need less space than a car.
3 His wife wanted one to keep in her car.
4 His daughter liked it more than a car.

No. 23

1 By coming to the store early.
2 By introducing a new member.
3 By using the new computers.
4 By buying some coffee.

No. 24

1 She got advice from a lawyer.
2 She was given a yoga mat by a friend.
3 She has been suffering from stress.
4 She plans to write an article about it.

No. 25

1 The soldiers thought zoot suits used too much material.
2 The military used zoot suits when flying in airplanes.
3 The young men did not want to work in suit stores.
4 The businessmen could no longer wear suits.

No. 26

1 There was an advertisement at her school.
2 A teacher told her about a course.
3 She wanted to experience high school life overseas.
4 Her classmates said it would be fun.

No. 27

1 They trade alcoholic drinks for it.
2 They cut open a part of a tree.
3 They buy it at stores in cities.
4 They mix coconut leaves with water.

No. 28

1 Join a party in the lobby.
2 Enjoy free food and drinks.
3 Present flowers to dancers.
4 Hear a 20-minute talk about ballet.

No. 29

1 She will paint the walls.
2 She will remove a cabinet.
3 She will move the fridge.
4 She will get a bigger oven.

No. 30

1 The station opened a new platform.
2 Entrance B2 is closed for repairs.
3 A bag has been found by a staff member.
4 The first floor is being cleaned.

二次試験

受験者用問題カードA

Learning about Food

These days, many people are paying more attention to food safety. Because of this, food companies around Japan are trying to let customers know more about their products. Many of these companies use their websites to provide information about how food is produced. Customers check such information, and by doing so they learn more about the food products they purchase.

Your story should begin with this sentence: **One day, Miki was talking to her father in the kitchen.**

問題カードA　Questions

No. 1　According to the passage, how do customers learn more about the food products they purchase?

No. 2　Now, please look at the picture and describe the situation. You have 20 seconds to prepare. Your story should begin with the sentence on the card.

No. 3　Some people say that people trust information on the Internet too easily. What do you think about that?

No. 4　Today, there are some Japanese restaurants in foreign countries. Do you think the number of these restaurants will increase in the future?

Yes. → Why?

No.　→ Why not?

編集部注：本ページの質問英文は問題カードには印刷されていません。

受験者用問題カードD

Protecting Important Sites

Nowadays, more places are being listed as World Heritage sites. However, many natural disasters are happening around the world. Some World Heritage sites have been seriously damaged by them, so they require a lot of work to repair. Communities need to work together to keep World Heritage sites in good condition. It is important to look after such sites for future generations.

Your story should begin with this sentence: **One day, Mr. and Mrs. Ito were talking about their trip.**

問題カードD　Questions

No. 1　According to the passage, why do some World Heritage sites require a lot of work to repair?

No. 2　Now, please look at the picture and describe the situation. You have 20 seconds to prepare. Your story should begin with the sentence on the card.

No. 3　Some people say that we should control the number of tourists who visit beautiful places in nature. What do you think about that?

No. 4　Today, many schools give students time to do volunteer activities. Do you think schools should give time for students to do volunteer activities?

Yes. → Why?

No.　→ Why not?

編集部注：本ページの質問英文は問題カードには印刷されていません。

2021年度 第3回

Grade 2

試験内容		試験時間	掲載ページ
一次試験	筆記（リーディング・ライティング）	85分	2021-3　P. 2～16
	リスニング	約25分	2021-3　P. 17～22
二次試験	面接（スピーキング）	約7分	2021-3　P. 23～26

リスニングテスト・面接の音声について

音声は専用サイトにて配信しています。

▷ **専用サイトのご利用方法：**

① 本冊（解答編）の袋とじ（音声配信のご案内）をキリトリ線に沿って開封。

② 袋とじの内側に印刷されているQRコードをスマートフォンなどで読み取る。QRコードを読み取れない場合は，アドレスを入力。
➡専用サイトのトップページに。

③ 音声を聞きたい試験のボタンを押す。
➡該当の試験の音声再生ページに。
※試験1回分を通して聞くことも，1問ずつ聞くこともできます。
※面接の解答時間（無音部分）は実際の試験とは異なります。

▷ **配信内容：**本書に掲載のリスニングテストおよび面接の音声
※面接の音声は，音読の指示と質問英文だけでなく，音読問題のモデルリーディングも配信。

専用サイト トップページ
（イメージ）

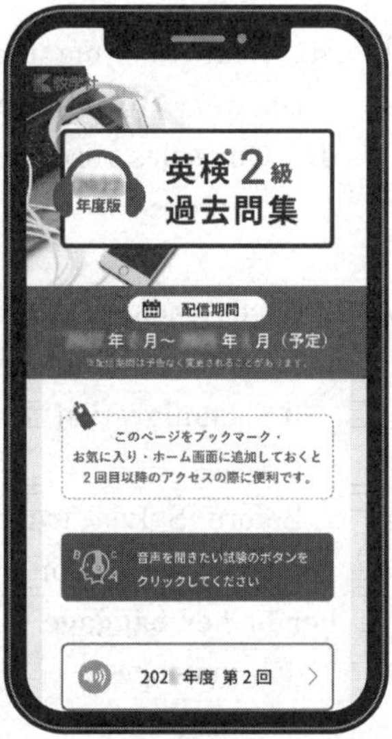

一次試験

1 次の(1)から(20)までの（　　　）に入れるのに最も適切なものを**1**，**2**，**3**，**4**の中から一つ選び，その番号を解答用紙の所定欄にマークしなさい。

---

(1) A rare bird escaped from the zoo last week. It was finally (　　　) today and taken back to the zoo.

1 proved　**2** accused　**3** captured　**4** neglected

(2) ***A*** **:** Can you (　　　) me to call my mother before we leave on our trip? I mustn't forget.

B **:** Yes, of course.

1 expect　**2** distract　**3** remind　**4** disturb

(3) Bill was not sure if the new girl was interested in him. He (　　　) asked her to go on a date with him and was pleased when she said yes.

1 hesitantly　**2** academically
3 spiritually　**4** terribly

(4) ***A*** **:** Luke told me that we had about 20 percent more sales than last year. Wendy, can you tell me the (　　　) amount?

B **:** Our sales rose by exactly 21.8 percent.

1 intense　**2** endless　**3** precise　**4** frequent

(5) Good teachers always use (　　　) rather than threats to get their students to study.

1 immigration　**2** organization　**3** persuasion　**4** admission

(6) Before Sylvia traveled to Canada, she made sure to get some good (　　　) for overseas travel in case something happened to her or her baggage.

1 violence　**2** affection
3 insurance　**4** punishment

(7) **A**：Was Bob able to help you with your science homework?
B：Actually, he just (　　　) me. I couldn't understand his complicated explanations.
1 confused　**2** promoted　**3** arrested　**4** located

(8) Although the art gallery wanted to (　　　) the painting right away, they had to wait until the owner gave his permission before they could display it.
1 combine　**2** exhibit　**3** imitate　**4** overcome

(9) **A**：Sorry I'm late for class, Ms. Holden. I don't have a good (　　　). I just woke up late this morning.
B：Well, maybe you should try going to bed earlier, Stephen.
1 device　**2** excuse　**3** applause　**4** resource

(10) Highway 401 in Canada is the busiest road in North America. Every day, about 420,000 (　　　) travel on it.
1 vehicles　**2** tubes　**3** rivals　**4** deserts

(11) The fast-food restaurant (　　　) with extra-large drinks because only a few customers ordered them. Now, the drinks are smaller and more customers order them with meals.
1 did away　**2** kept on　**3** went in　**4** got on

(12) **A**：After visiting Kyoto, why don't we go see Sendai tomorrow?
B：Look at the map! Those two places are too far from each other. That won't (　　　).
1 live on　**2** account for
3 cope with　**4** work out

(13) Greg's father taught Greg how to fish, and Greg (　　　) plans to teach his son.
1 in turn　**2** in touch
3 by chance　**4** by heart

(14) After studying law at university, Alex decided to ( ) online crime because he was very interested in computers and the Internet.

1 complain of **2** specialize in
3 differ from **4** bound for

(15) Richard's teacher told Richard to stop bothering the other students. She said that if he ( ) behaving badly, she would send him to the principal's office.

1 wore out **2** persisted in
3 relied on **4** made for

(16) The power company said that rats were to ( ) the blackout. The animals had eaten through wires connecting houses to the electricity supply.

1 blame for **2** begin at **3** add to **4** act on

(17) Arnold thinks that his daughter ( ) him. Their eyes are the same color, and her nose is a similar shape to his, too.

1 takes after **2** falls down
3 lies off **4** sees in

(18) Misaki's family moved to the United States when she was a little girl. Next year, Misaki ( ) there for more than half of her life.

1 is living **2** is to live
3 will have lived **4** has lived

(19) The letter said the bank regretted ( ) Mr. Humphries that his application for a credit card had not been successful.

1 inform **2** informs **3** to inform **4** informed

(20) Chris has been training hard for the city soccer championship. He runs no ( ) than 5 kilometers and spends over an hour exercising in the gym every day.

1 least **2** less **3** only **4** worse

2

A

次の英文**A**，**B**を読み，その文意にそって*(21)*から*(26)*までの（　　）に入れるのに最も適切なものを**1**，**2**，**3**，**4**の中から一つ選び，その番号を解答用紙の所定欄にマークしなさい。

A Feeling for Music

The music of the German composer Ludwig van Beethoven has given happiness to generations of listeners. However, as is well known, Beethoven began to lose his own hearing in his late 20s. By the time he was 44, he was deaf and could hear hardly any sounds at all. (*21*), he did not stop writing music, and some of his most famous works were composed after he had lost his hearing.

To celebrate the 250th anniversary of Beethoven's birth, Mate Hamori, the conductor of an orchestra from Hungary, held some special concerts. He invited groups of deaf people to come and enjoy Beethoven's music. In order to "hear" the music, some of the audience members sat next to the musicians and placed their hands on the instruments. By doing this, the deaf people could feel the vibrations made by the instruments as they were being played. Other audience members held balloons which allowed them to feel the music's vibrations in the air. They were able to use (*22*) to experience the music.

The concerts were a success. Zsuzsanna Foldi, a 67-year-old woman who had been deaf since she was a baby, cried with joy when she was able to "hear" Beethoven's Fifth Symphony in this way. Although Hamori's idea was unusual, it was not his own. As Beethoven was becoming deaf, he used a piano when writing music. He discovered that the instrument allowed him to feel his music through his fingers. Hamori took Beethoven's idea and used it so that people who (*23*) could enjoy the composer's music.

(21) **1** Even so **2** Rather **3** For once **4** Therefore

(22) **1** this new technology **2** their sense of touch
3 the colors of a rainbow **4** these natural smells

(23) **1** are unable to leave home **2** have no memory
3 face the same challenge **4** prefer other styles

2 B

Salt Solution

In places with cold winters, snow and ice can cause traffic accidents. To prevent them, salt is often spread on roads in winter. This is done because salt allows ice to melt at temperatures lower than 0°C. For example, a 10 percent salt-water mixture lowers the melting temperature of ice from 0°C to minus 6°C. A 20 percent mixture lowers this temperature further to minus 16°C. However, using salt in this way (*24*). Cars, roads, and even the natural environment can be damaged by salt.

Research has shown that when salt is used on roads, it (*25*). Instead, it is carried into the ground by the melted ice. Much of the salt ends up in lakes and rivers where it can harm underwater plants, fish, and other creatures. High levels of salt can, for example, reduce the size of baby fish by up to one-third. Moreover, salt can lead to an increase in bacteria which not only harm underwater species but also affect the water that people drink.

To avoid these problems, natural alternatives to salt are being tested. One idea has been to use juice from vegetables called beets to melt ice. However, although beet juice is natural, it reduces the amount of oxygen in lakes and rivers, which makes it hard for plants and fish to survive. This is not an easy problem to solve, but researchers are continuing to try different ways to melt ice. (*26*), they will be able to find a substance that can help prevent traffic accidents but does not damage the environment.

---

(24)
1 changes its flavor　**2** is quite common
3 has unwanted effects　**4** can be wasteful

(25)
1 soon turns into a gas　**2** is eaten by animals
3 cannot be replaced　**4** does not just disappear

(26)
1 In reality　**2** With luck
3 Like before　**4** By then

3 A

次の英文A，B，Cの内容に関して，*(27)*から*(38)*までの質問に対して最も適切なもの，または文を完成させるのに最も適切なものを**1**，**2**，**3**，**4**の中から一つ選び，その番号を解答用紙の所定欄にマークしなさい。

From : Amy Gordon 〈a.gordon@g-kelectronics.com〉
To : All Customer Service Staff 〈customerservicestaff@g-kelectronics.com〉
Date : January 23
Subject : Staff changes

Dear Customer Service Staff,

I hope everyone enjoyed themselves at the company party last Friday. I had a really good time. I think that the Grand Hotel was the perfect place to have it. Don't forget that some of you won prizes in the bingo games that we played. Steve Miller in the sales department says that he has the prizes, so if you won something, go and see him to pick up your prize.

I have some other announcements as well today. Six new people will be joining our company next month. They've all recently graduated from college, and two of them will be coming to work with us in the customer service department. We'll have three new co-workers altogether because Kent Gardiner will also be moving to our department at the same time. He has worked in the design department at G&K Electronics for 10 years, so I'm sure that many of you already know him.

There are a couple of other staff changes, too. Peter Smith, the manager of the accounting department, will be retiring at the end of next month. Peter has worked at G&K Electronics for over 40 years. There will be a short retirement ceremony for him in Meeting Room A at 5 p.m. on February 28. Also, starting next week, Rachel Martin will take six months off because her baby will be born very soon.

Sincerely,
Amy Gordon
Customer Service Department Manager

(27) What did Amy Gordon think of the recent company party?

1 It would have been better if the sales department had been there.

2 It would have been fun to play some bingo games.

3 The prizes this year were nicer than those last year.

4 The choice of location was just right for it.

---

(28) What is going to happen next month?

1 Some college students will volunteer at the company.

2 Kent Gardiner will move to the design department.

3 Workers at the company will get their first bonus for 10 years.

4 Three people will join the customer service department.

---

(29) Next week, Rachel Martin will

1 retire from the company after working there for over 40 years.

2 leave work for a while because she will have a child.

3 become the manager of the company's accounting department.

4 be in charge of planning a special event for Peter Smith.

3 B

First Steps

There are two major groups of animals—those which have backbones and those which do not. Animals with backbones are known as vertebrates. The first vertebrates that developed were fish, and for a long time, they were the only vertebrates. Then, around 374 million years ago, some of these fish moved out of the sea and began living on land. These became the first "tetrapods." A tetrapod is a creature which has four limbs—legs and either wings or arms, depending on the kind of animal—and a backbone. Examples of tetrapods include reptiles, birds, and mammals such as human beings.

The movement of vertebrates from the sea to land is considered to be one of the most important events in the history of life on Earth. Even today, though, little is known about exactly how this occurred. One reason for this is that relatively few fossils remain from the time when fish were evolving into tetrapods. The recent discovery of a complete fossil of an ancient fish in Canada, however, has provided new hints about how this change might have happened.

The fossil is of a 1.6-meter-long fish called an elpistostegalian. Scientists have believed for some time that these fish, which looked a bit like crocodiles and lived near the coast, were one of the ancestors of tetrapods. The fish had four fins, two at the front and two at the back, and these may have developed into the four limbs of a tetrapod. The discovery of a complete fossil in Miguasha National Park in Quebec, Canada, has allowed scientists to examine the front fins of an elpistostegalian for the very first time.

The scientists found that the front fins of this ancient fish contained bones like the ones in the hands of land animals. Normally, fins do not contain any bones at all. The scientists believe these bones developed to allow the fish to support its body when it was in shallow water. In other words, the fish began developing hands and feet even before it left the sea. This makes it even more likely that the elpistostegalian is one of the links between fish and tetrapods.

(30) "Tetrapods" are

1 the group of animals that developed into the earliest kinds of fish.

2 the only animals without backbones that have developed arms and legs.

3 animals with a backbone and four limbs which allow them to walk or fly.

4 animals that lived both in the sea and on land about 374 million years ago.

---

(31) Why are people unsure about how vertebrates first started living on land?

1 Few hints about what the land was like around that time have been found.

2 There is not much fossil evidence from the period when this change happened.

3 Ancient fish fossils show that it occurred in several different ways.

4 Experts are not sure exactly when this important event might have occurred.

---

(32) The animals called elpistostegalians

1 were a kind of large creature that lived close to land.

2 were early tetrapods that liked to eat crocodiles.

3 developed from tetrapods that had both fins and legs.

4 were unknown to scientists until one was found in Canada.

---

(33) What did scientists discover when they examined the elpistostegalian fossil?

1 The elpistostegalian's bones were not strong enough for it to survive in deep water.

2 The elpistostegalian's hands and feet must have developed sometime after it left the sea.

3 The elpistostegalian could not have been one of the links between sea and land animals.

4 The elpistostegalian was different from other fish because its fins contained bones.

3 C

An Excellent Fruit

Today, pineapples are one of the world's most popular fruits. For a long time, though, in most parts of the world, they were extremely rare. Pineapples originally come from South America. They first grew in places which are now parts of Brazil and Paraguay. Their natural sweetness made them a favorite of the native people. They were especially popular with the Carib people who lived in coastal areas of South America and on Caribbean islands.

One of the first Europeans to discover pineapples was the explorer Christopher Columbus. On his second voyage to America in 1493, he found some pineapples on the island of Guadeloupe in the Caribbean. He took them back to Spain and presented them to King Ferdinand. At that time in Europe, there was very little sugar, and fruits were only available for short periods during the year. The king tasted a pineapple and declared it to be the most delicious of all fruits. News of this previously unknown fruit quickly spread around Europe.

Unfortunately, the journey from South America to Europe at the time took over a month, so pineapples usually went bad before they reached their destination. Europeans tried to find ways to grow pineapples in Europe instead. The Dutch and the British built greenhouses which were heated to enable pineapples to grow. Huge amounts of fuel were needed to keep the greenhouses warm, and one pineapple took as long as four years to become ready to eat. Growing pineapples became a hobby for very rich people, and pineapples became a status symbol. They were often used as a decoration rather than eaten.

Because of its unusual appearance and status, the pineapple also became a popular image in art and design. Even today, one can find many stone images of pineapples in the gardens of big old houses in Britain. After ships with steam engines were invented, it became much quicker to make the journey from South America to Europe. Pineapple imports grew and prices decreased so that even ordinary people could buy them. As a result, the pineapple lost its luxury image and became a common fruit enjoyed around the world.

(34) Originally, pineapples were

1 hard for many people to get because they only grew in a few places.

2 thought to be too sweet by the native people of South America.

3 introduced to countries like Brazil and Paraguay by the Carib people.

4 used by people on Caribbean islands as food for farm animals.

---

(35) What happened after King Ferdinand tried a pineapple?

1 He ordered Christopher Columbus to return to America and bring back more.

2 Stories about this unfamiliar but tasty fruit were heard across Europe.

3 European explorers began searching the world for even more delicious fruit.

4 The king realized that people would be healthier if they ate more fruit.

---

(36) Why did Europeans look for ways to grow pineapples in Europe?

1 In order to become as rich as the people who grew pineapples in South America.

2 In order to stop pirates from attacking their ships and taking their valuable fruit.

3 Because many pineapples were no longer fresh when they arrived in Europe.

4 Because huge amounts of fuel were needed to ship pineapples from South America.

---

(37) What caused the price of pineapples in Europe to go down?

1 Pineapple farms were created in places closer to Europe than South America.

2 Ships were invented that took less time to travel from South America to Europe.

3 They became so common that ordinary people became tired of eating them.

4 The climate in Britain changed so that people could grow them in their gardens.

---

(38) Which of the following statements is true?

1 Some people did not want to eat pineapples because their appearance was unusual.

2 Pineapples used to be a way for people to show how wealthy they were.

3 The pineapples that grew naturally in parts of South America were not sweet.

4 Sugar was widely available in Europe at the time of Christopher Columbus.

4 ライティング

●以下の **TOPIC** について，あなたの意見とその理由を２つ書きなさい。
● **POINTS** は理由を書く際の参考となる観点を示したものです。ただし，これら以外の観点から理由を書いてもかまいません。
●語数の目安は 80 語～100 語です。
●解答は，解答用紙のＢ面にあるライティング解答欄に書きなさい。なお，解答欄の外に書かれたものは採点されません。
●解答が **TOPIC** に示された問いの答えになっていない場合や，**TOPIC** からずれていると判断された場合は，０点と採点されることがあります。**TOPIC** の内容をよく読んでから答えてください。

TOPIC
Today in Japan, many buildings and public areas have a lot of lights for decoration, such as the lights used during Christmas. Do you think this is a good idea?

POINTS
● ***Safety***
● ***The environment***
● ***Tourism***

Listening Test

2級リスニングテストについて

❶このリスニングテストには，第1部と第2部があります。
★英文はすべて一度しか読まれません。
第1部……対話を聞き，その質問に対して最も適切なものを**1**，**2**，**3**，**4**の中から一つ選びなさい。
第2部……英文を聞き，その質問に対して最も適切なものを**1**，**2**，**3**，**4**の中から一つ選びなさい。

❷ *No.30* のあと，10秒すると試験終了の合図がありますので，筆記用具を置いてください。

第1部

No. 1
1 Take him shopping.
2 Pack his boxes.
3 Help him arrange his furniture.
4 Clean his new house.

No. 2
1 To get some medicine.
2 To change his dentist.
3 To get advice over the phone.
4 To make an appointment.

No. 3
1 He will order what she wants to eat.
2 He will change her reservation time.
3 He will go to the restaurant early.
4 He will drive her to the restaurant.

No. 4
1 He should make a new ID.
2 He needs a book for school.
3 He needs to return some books.
4 He cannot use his library card.

No. 5

1 She does not know the time.
2 She does not usually take the bus.
3 She needs to be at work soon.
4 She saw him on the bus.

No. 6

1 It is still at the repair shop.
2 It is connected to the Internet.
3 It has stopped making noises.
4 It has not been working properly.

No. 7

1 She has prepared for her transfer.
2 She knows a lot about Chinese culture.
3 She can speak many languages.
4 She is going to work in China.

No. 8

1 They will buy her something at the mall.
2 They will make her something.
3 They will take her to dinner.
4 They will give her flowers from the garden.

No. 9

1 Go for a horseback ride.
2 Put their bags in their room.
3 Have lunch at the ranch.
4 Check out of their room.

No. 10

1 The parking lot by her shop is closed.
2 The shop next door is too noisy.
3 The man left his things in her office.
4 The man's truck is in front of her office.

No. 11

1 Many hotels in Paris are already full.
2 Traveling to France may become more expensive.
3 A lot of people are going to Paris this summer.
4 Seats on airplanes to France may sell out.

No. 12

1 Some machines need a lot of space.
2 Patients require their own rooms.
3 Every room must have its own machine.
4 Many new doctors will work there.

No. 13

1 The soccer club is only for adults.
2 There will be practice during summer.
3 Practice will last for about an hour.
4 Parents can stay and watch practice.

No. 14

1 He went to the shopping mall.
2 Their car has broken down.
3 They should not go out this afternoon.
4 He cannot fix their stereo.

No. 15

1 He got the wrong kind of medicine.
2 He had to wait a long time at the clinic.
3 He went to see a new doctor.
4 He forgot to go to the clinic.

第2部

No. 16
1 They have never used a computer.
2 They can type very quickly.
3 They do not want a smartphone.
4 They hope to become teachers.

No. 17
1 They can fly up to 100 kilometers per hour.
2 They can run faster than humans.
3 They make very loud sounds.
4 They make homes near tigers for protection.

No. 18
1 The rent would become less expensive.
2 The building would be closed for construction.
3 He would have to pay an additional charge.
4 He should go to another building during earthquakes.

No. 19
1 She knows few people on her soccer team.
2 She will play soccer in a larger league.
3 She is going to meet her favorite soccer player.
4 She has a big soccer match tomorrow.

No. 20
1 It has pictures of castles on it.
2 People use it to make colorful paintings.
3 A king or queen decides who can wear it.
4 Men make it to show their skills to women.

No. 21
1 They were not accepted by a publisher.
2 She hoped they would be made into a movie.
3 The website contacted her and asked for them.
4 Her friends did not have time to read them.

No. 22
1 He knows a lot about some of the events.
2 He knows some of the athletes.
3 He was asked to help by a friend.
4 He was too late to buy any tickets.

No. 23
1 A special novel will be read.
2 It will be a holiday.
3 Old novels will be sold.
4 The floors will be cleaned on Tuesday.

No. 24
1 They were told with more pictures.
2 They were loved more by boys than girls.
3 They were scarier than they are now.
4 They were mostly told by children.

No. 25
1 Her neighborhood is becoming more expensive.
2 Her neighbors have problems with noisy children.
3 Her favorite restaurant is going to close.
4 Her shop will get a new owner soon.

No. 26
1 Looking for a new gym.
2 Exercising before work.
3 Going to the gym on his lunch break.
4 Working at a sports center.

No. 27
1 To announce that a woman will get married.
2 To tell people about places for short vacations.
3 To describe a sweet dish eaten at weddings.
4 To teach couples about married life.

No. 28
1 Get new business cards.
2 Move desks into a new office.
3 Make new business plans.
4 Think of a new company name.

No. 29
1 There were a lot of insects at her school.
2 She enjoyed being outdoors.
3 Her friends suggested going camping.
4 The school trip was canceled.

No. 30
1 By buying 10 hand towels.
2 By going to the service counter.
3 By paying for parking every month.
4 By showing a ticket when they buy things.

二次試験

受験者用問題カードA

Healthy Workers

A lot of people in Japan get a medical checkup every year. Some organizations offer a useful service for this. These organizations send special buses that provide medical checkups at the workplace. Many companies use such buses, and by doing so they help busy workers to stay healthy. It is very important that people try to get a medical checkup regularly.

Your story should begin with this sentence: **One morning, Mr. and Mrs. Mori were talking in their living room.**

問題カードA　Questions

No. 1　According to the passage, how do many companies help busy workers to stay healthy?

No. 2　Now, please look at the picture and describe the situation. You have 20 seconds to prepare. Your story should begin with the sentence on the card.

No. 3　Some people say that trains and buses in Japan use too much air conditioning in summer. What do you think about that?

No. 4　In Japan, there are many famous brand-name stores. Do you think the number of people who shop at such stores will increase in the future?

Yes. → Why?

No.　→ Why not?

編集部注：本ページの質問英文は問題カードには印刷されていません。

受験者用問題カードD

Unusual Sea Life

These days, scientists are interested in knowing more about creatures that live deep in the world's oceans. However, reaching areas that are deep in the ocean is very dangerous. Now, some scientists send robots to such areas, and by doing so they can learn about unusual sea life safely. These robots will probably become more and more useful in the future.

Your story should begin with this sentence: **One day, Ken and his mother were talking in their living room.**

問題カードD　Questions

No. 1　According to the passage, how can some scientists learn about unusual sea life safely?

No. 2　Now, please look at the picture and describe the situation. You have 20 seconds to prepare. Your story should begin with the sentence on the card.

No. 3　Some people say that we should buy environmentally friendly products even when they are more expensive. What do you think about that?

No. 4　Today, many movies have violent scenes. Do you think people should stop making these movies?
Yes. → Why?
No.　→ Why not?

編集部注：本ページの質問英文は問題カードには印刷されていません。

2021年度 第2回

Grade 2

試験内容		試験時間	掲載ページ
一次試験	筆記（リーディング・ライティング）	85分	2021-2　P. 2～14
	リスニング	約25分	2021-2　P. 15～20
二次試験	面接（スピーキング）	約7分	2021-2　P. 21～24

リスニングテスト・面接の音声について

音声は専用サイトにて配信しています。

▷ **専用サイトのご利用方法：**

1. 本冊（解答編）の袋とじ（音声配信のご案内）をキリトリ線に沿って開封。
2. 袋とじの内側に印刷されているQRコードをスマートフォンなどで読み取る。QRコードを読み取れない場合は，アドレスを入力。
   ➡専用サイトのトップページに。
3. 音声を聞きたい試験のボタンを押す。
   ➡該当の試験の音声再生ページに。
   ※試験1回分を通して聞くことも，1問ずつ聞くこともできます。
   ※面接の解答時間（無音部分）は実際の試験とは異なります。

▷ **配信内容**：本書に掲載のリスニングテストおよび面接の音声
※面接の音声は，音読の指示と質問英文だけでなく，音読問題のモデルリーディングも配信。

専用サイト トップページ
（イメージ）

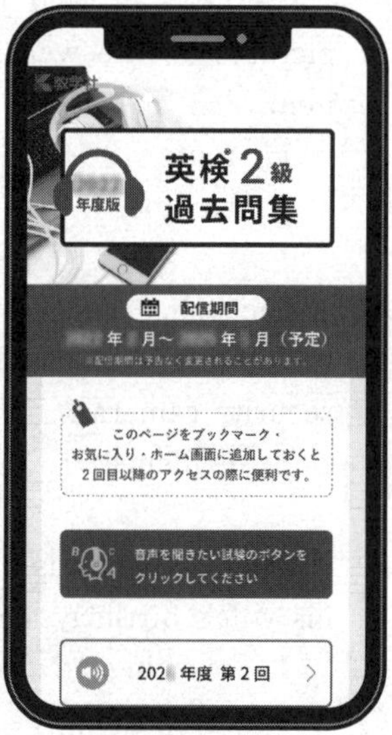

一次試験

1

次の*(1)*から*(20)*までの（　　　）に入れるのに最も適切なものを**1**，**2**，**3**，**4**の中から一つ選び，その番号を解答用紙の所定欄にマークしなさい。

---

(1) Carrie wants her children to speak more (　　　), so she often reminds them to say “please” and “thank you” to other people.

1 luckily　**2** commonly
3 politely　**4** silently

(2) Many people in the United States choose (　　　) products instead of foreign ones so as to support American industry.

1 manual　**2** routine　**3** domestic　**4** formal

(3) ***A*** : I'm going to be away next week, so please (　　　) your assignment to Ms. Edwards.
B : OK, Professor Clifton. I'll give it to her as soon as I'm done.

1 submit　**2** beat　**3** convert　**4** imply

(4) Joe made a web page to sell some of his old items. He put pictures on the web page and wrote a detailed (　　　) of each item.

1 route　**2** description
3 hammer　**4** symphony

(5) The police had (　　　) that showed the man had robbed the bank. His face could be seen on a video taken by the bank's security cameras.

1 evidence　**2** harmony　**3** rhythm　**4** praise

(6) Johann's hobby is (　　　) music. He wrote a beautiful song for his wife's birthday and played it on the piano at her birthday party.

1 rescuing　**2** flattering
3 composing　**4** declaring

(7) Andy focused on (　　　) for his science report. It was about how certain birds lost the ability to fly over millions of years.

1 evolution　　**2** landscape
3 humanity　　**4** psychology

(8) Lisa and her brother had an (　　　) about whose turn it was to wash the dishes. They each thought that they were the one who had done it last time.

1 occasion　　**2** argument
3 identity　　**4** expense

(9) ***A*** : I can't get the Internet to work.
B : You need to (　　　) that blue cable to the computer. Then it should work.

1 reflect　　**2** define
3 investigate　　**4** connect

(10) Kate closed her bedroom window because the sound of the construction on her street was (　　　) her.

1 irritating　　**2** judging
3 detecting　　**4** exchanging

(11) This morning, Mr. Ikeda was tired at work because he (　　　) all night taking care of his baby girl.

1 stayed up　　**2** spoke up
3 left over　　**4** looked over

(12) ***A*** : Do you think $400 will be (　　　) three days in New York?
B : No, I think you'll need at least $800. Hotels are expensive there.

1 obliged to　　**2** capable of
3 particular about　　**4** sufficient for

(13) During his lifetime, the scientist made outstanding contributions to the study of the solar system, to say (　　　) of his research in physics.

1 worse　　**2** further　　**3** better　　**4** nothing

(14) **A** : Janet is always complaining about her job.

B : Yeah, I'm getting ( ) of it. I wish she'd stop.

1 low **2** hard **3** sick **4** lazy

(15) Victor cannot be captain of the badminton team anymore because he is too busy with his schoolwork. Michael is going to ( ) as captain.

1 drive off **2** make sure
3 pull down **4** take over

(16) **A** : This car is great, but it costs too much money.

B : Don't worry, honey. Let me see if I can ( ) the car salesperson into giving us a discount, so we can buy it at a cheaper price.

1 run **2** burst **3** talk **4** divide

(17) George is respected by all the other people in the marketing department. Everyone in his section ( ) him for his wonderful ideas and hard work.

1 looks up to **2** moves on with
3 does away with **4** takes away from

(18) If Tom's grandparents ( ) a computer last year, they'd still be using their old typewriter.

1 haven't bought **2** hadn't bought
3 wouldn't buy **4** don't buy

(19) Monica trained very hard for the state tennis championships. ( ) her efforts, she could not win.

1 Above **2** Despite **3** Outside **4** Within

(20) Shuntaro has always tried to help the other members of the chess club. He has been doing so ( ) since he became the club's president earlier this year.

1 all the more **2** all the best
3 all the better **4** all the most

2 A

次の英文A，Bを読み，その文意にそって(21)から(26)までの（　　）に入れるのに最も適切なものを**1**，**2**，**3**，**4**の中から一つ選び，その番号を解答用紙の所定欄にマークしなさい。

A Simple Solution

In the town of Burnham-On-Sea in England, police officer Ashley Jones noticed that there were a number of lonely people. He wanted to find a way to make it easier for these people to (*21*). After thinking about the problem, he came up with the idea of turning some of the benches in local parks into "chat benches." He put a sign on each chat bench which says that if someone sits on the bench, that person does not mind having a conversation with a stranger.

Only a few days after he set up the chat benches, Jones was happy to discover that his idea was working. People who had never met before were sitting on the benches and talking to each other. The benches are making a big difference, especially to (*22*). Many of them live on their own and find it difficult to travel to visit family or friends. In fact, some seniors do not have the chance to have a conversation for days or even weeks.

A recent survey found that over 9 million people in the United Kingdom often feel lonely. Many of them find it difficult to make friends because they are scared of speaking to people they do not know. Jones's simple idea provides an easy and attractive way to solve the problem of loneliness. (*23*), chat benches are becoming very popular. More than 40 benches have been set up across the United Kingdom, and the idea is spreading to other countries, such as Australia and the United States.

---

(21)
1 understand technology　**2** find new homes
3 start talking to others　**4** begin doing exercise

(22)
1 the lives of elderly people　**2** the local school students
3 people with pets　**4** young parents in the town

(23)
1 Indeed　**2** Equally
3 On the contrary　**4** For one thing

2 B

Cows Need Friends

Milk production is big business. In North America, for example, one person consumes on average over 150 kilograms of milk every year. To supply the huge amount needed, big farms use machines that automatically feed cows and take their milk. Because (*24*), the cost of producing milk is lower. On such farms, though, it is easy for diseases to spread from one animal to another. This can lead to many cows dying on one farm. As a result, cows are often kept separately from a young age.

Scientists in Canada researched the effects of keeping young cows in this way. They compared such cows with ones that had been kept with another cow. The researchers showed a red plastic container, which the cows had never seen before, several times to each cow. The cows that had been kept in pairs were interested in the container at first but soon ignored it. (*25*), the cows that had been kept alone continued to react as if it was the first time they had seen the container. The researchers concluded that cows kept alone are more sensitive to new things.

This is important news for farmers. If cows cannot get used to the feeding and milking machines, milk production slows down. The researchers believe farmers would have fewer problems with feeding and milking if cows were kept in very small groups, rather than separately. The researchers also say that diseases are not such a big problem for small groups. There should be little risk of (*26*) if only two or three of them are kept together.

---

(24) **1** each cow is much larger **2** the milk can be kept longer
3 fewer people are needed **4** cheaper food is being used

(25) **1** Later on **2** At last
3 In other words **4** On the other hand

(26) **1** feeding cows too much **2** losing many animals
3 wild animals attacking **4** young cows staying healthy

3

A

次の英文A，B，Cの内容に関して，*(27)*から*(38)*までの質問に対して最も適切なもの，または文を完成させるのに最も適切なものを**1**，**2**，**3**，**4**の中から一つ選び，その番号を解答用紙の所定欄にマークしなさい。

From : Robert Mitchell 〈r.mitchell@wmail.com〉
To: Melissa Robinson 〈m-robinson@matlockpost.com〉
Date : October 10
Subject : Application for news reporter job

Dear Ms. Robinson,

I am writing today to apply for the news reporter job at *The Matlock Post*. I recently graduated from college with a degree in English, and I would like to start a career as a news writer. I saw an advertisement for the job in your newspaper last Sunday. I then visited your website, where I saw some instructions for applying by e-mail.

Because I just graduated, I do not have any professional experience yet. However, I wrote for the college newspaper, *The Campus Daily*, for three years. In my third year there, I was also the news editor. *The Campus Daily* is run by the college students, but we published high-quality newspapers every week. During that time, I wrote at least four articles a week for the newspaper. I am attaching one of those to this e-mail. In addition, I am attaching a recommendation letter written by my English professor, Dr. Olson.

I am a very hard worker and I get along well with other people. I also do not mind working extra hours or late at night. If you would like to schedule an interview, please call me at (253) 555-6418. I teach English to private students from 8 a.m. until 3 p.m. on Thursdays, but any other time is fine. Thank you.

Sincerely,
Robert Mitchell

(27) How did Robert Mitchell first learn about the news reporter job?

1 He read an advertisement for it in the newspaper.

2 He heard about it from someone at his college.

3 He saw a posting for it on *The Matlock Post* website.

4 He received an e-mail about the job from a friend.

---

(28) Robert Mitchell

1 worked for a professional newspaper for three years.

2 is attaching four articles to his job application.

3 was the news editor at a college newspaper for a while.

4 often writes letters to one of his professors in college.

---

(29) What will Robert Mitchell be doing on Thursday this week?

1 Helping students with English during the day.

2 Working extra hours late at night for his job.

3 Meeting with some other people that he knows.

4 Having an interview with Ms. Robinson for the job.

3 B

Beards in History

The hair that grows on a man's face is called a beard. Hair usually starts growing on boys' faces when they are teenagers and their bodies start producing certain chemicals. The scientist Charles Darwin suggested that men produce beards in order to be appealing to females, and many other scientists have supported this theory. Looking at history, however, it is clear that attitudes to beards have varied greatly from culture to culture.

In many cultures, long beards have been seen as a sign of wisdom. In India, for example, religious leaders have often grown long beards. In ancient Israel, there were strict rules preventing men from shaving or cutting their beards. Many of the men in countries near Israel, though, shaved their faces or kept their beards very short. Some historians believe that the ancient Israelis kept their beards long so they would appear different from people in these other nations.

What is perhaps more surprising is that attitudes to beards have not only varied from culture to culture but also from time to time. The ancient Romans, for example, never shaved their faces until about 100 B.C. Then, beards became unpopular, and for about three centuries, important Romans never had beards. However, beards suddenly became fashionable once more. A similar thing happened later in Europe. Beards became unpopular in the 17th century, and men shaved their faces until around the middle of the 19th century. From that time, men in Europe started to grow long beards again.

In the 20th century, too, beards became unpopular in the 1930s, only to come back again in the 1960s. Recently, beards have become popular again among younger men in Europe and North America. This has led to the creation of "beard clubs." These are groups of men who get together and compare their beards. Some of these clubs decided to start the World Beard and Moustache Championships (WBMC), which are held every two years. In 2017, the WBMC were held in Austin, Texas, and 738 competitors from 33 countries were involved. The event even included competitions for fake beards in which women could participate.

(30) The scientist Charles Darwin

1 studied how attitudes to beards have changed in different cultures over time.

2 discovered that certain chemicals make hair grow on the faces of teenage boys.

3 had the idea that beards are a way for men to be more attractive to women.

4 supported a theory about beards that was suggested by a group of scientists.

---

(31) According to some historians, what is one reason men in ancient Israel grew long beards?

1 Because they did not want to look the same as men in nearby countries.

2 Because they did not agree with the rules about shaving their beards.

3 Because they hoped to appear wiser than other people in their community.

4 Because they were showing their respect for religious leaders in India.

---

(32) What was surprising about ancient Romans' attitudes to beards?

1 The Romans thought that important people should not be allowed to grow them.

2 Roman boys would never shave their faces until they had grown long beards.

3 Beards were unpopular for around 300 years before becoming popular again.

4 Their attitudes had an effect on fashions in Europe during the 17th century.

---

(33) The World Beard and Moustache Championships

1 led to the creation of a number of beard clubs.

2 have special categories to allow women to take part.

3 are held every year in the city of Austin in Texas.

4 were canceled in the 1930s and returned in the 1960s.

3 C

Ocean Treasure

As economies grow, more goods are manufactured, so there is a constant need for metals. Changes in technology have further increased this demand. For example, computers and smartphones require rare metals such as gold. The amount of metal available on land, however, is limited. It is expensive for mining companies to dig deep into the ground to find metals. For these reasons, mining companies are now looking for metals under the sea.

In the past, finding metals under the sea was considered to be too much of a challenge. In the last few decades, however, places where rare metals can be found have been discovered. These places are called "hydrothermal sea vents." They are created when seawater flows deep inside the earth, where the rocks are very hot. The rocks are made of substances that contain metals. The water absorbs these substances. As the water gets hotter, it rises, pushes through the seafloor, and returns to the ocean. When the hot water mixes with the cold seawater, the substances in it are dropped on the seafloor.

Because they are deep in the ocean, hydrothermal sea vents were not discovered until the 1970s. Scientists are interested in them not only because of the metals they contain, but also because of the amazing creatures found living near them. The water around the vents is very hot, dark, and full of powerful acids. In spite of these difficult conditions, bacteria and animals have adapted to live in these places. Unlike almost all other living things on the planet, these special creatures do not depend on energy from the sun.

The conditions around the vents mean that mining near them is very challenging. The technology to mine close to the vents now exists, but it is still very expensive. There are other problems with deep-sea mining, too. Scientists believe that sometime soon, companies will be able to afford to mine metals from the seafloor. However, mining around the vents would probably harm the creatures that live there. Consequently, although mining the seafloor for metals will become possible, governments and environmental groups might fight against it and perhaps even try to ban it.

(34) Why are more companies looking for ways to get metals from the sea?

1 Changes in technology have made it easy and cheap to do so.
2 The metals needed for manufacturing goods cannot be found on land.
3 There is more demand for certain kinds of metals which are hard to find.
4 They cannot dig any deeper into the ground to find rare metals.

---

(35) Hydrothermal sea vents

1 began appearing in rocks on the seafloor during the last few decades.
2 are places where seawater heated by rocks under the seafloor comes out.
3 absorb substances containing metals and keep them deep inside the earth.
4 send up rocks from deep inside the earth and drop them on the seafloor.

---

(36) What is one reason that scientists are interested in hydrothermal sea vents?

1 They contain special metals that were only discovered recently.
2 They are full of powerful acids that are uncommon in the ocean.
3 Unusual animals that do not rely on the sun for energy live there.
4 The heat they create could be used as a source of energy.

---

(37) What challenges will deep-sea mining probably face in the future?

1 Governments might fight each other for the best deep-sea mining areas.

2 Scientists will have to work hard to invent the technology needed for it.

3 It will cost a lot of money to move the creatures living around the vents.

4 People might try to stop it because of possible damage to the environment.

---

(38) Which of the following statements is true?

1 Finding metals in the ocean was thought to be too difficult to do in the past.

2 New computers and smartphones use smaller amounts of rare metals than old ones.

3 Scientists discovered how to get metals from hydrothermal sea vents in the 1970s.

4 Some countries have made it illegal for companies to carry out deep-sea mining.

4 ライティング

- 以下の **TOPIC** について，あなたの意見とその理由を２つ書きなさい。
- **POINTS** は理由を書く際の参考となる観点を示したものです。ただし，これら以外の観点から理由を書いてもかまいません。
- 語数の目安は 80 語～100 語です。
- 解答は，解答用紙のＢ面にあるライティング解答欄に書きなさい。なお，解答欄の外に書かれたものは採点されません。
- 解答が **TOPIC** に示された問いの答えになっていない場合や，**TOPIC** からずれていると判断された場合は，０点と採点されることがあります。**TOPIC** の内容をよく読んでから答えてください。

TOPIC

It is sometimes said that all people should be able to enter museums for free. Do you agree with this opinion?

POINTS

- ***Donations***
- ***Learning environment***
- ***Maintenance***

Listening Test

2級リスニングテストについて

❶このリスニングテストには，第1部と第2部があります。

★英文はすべて一度しか読まれません。

第1部……対話を聞き，その質問に対して最も適切なものを **1**，**2**，**3**，**4** の中から一つ選びなさい。

第2部……英文を聞き，その質問に対して最も適切なものを **1**，**2**，**3**，**4** の中から一つ選びなさい。

❷ *No.30* のあと，10秒すると試験終了の合図がありますので，筆記用具を置いてください。

第1部

No. 1
1 Cancel her scuba-diving tour.
2 Take a scuba-diving course.
3 Find a new spot to go diving.
4 Travel to Starfish Island.

No. 2
1 He left something at home.
2 He missed his train.
3 He was late for work.
4 He had to cancel a meeting.

No. 3
1 Learning about Brazil.
2 Buying tropical fish.
3 Going on a fishing trip.
4 Working in a fish market.

No. 4
1 It is going to New York.
2 It is only one hour long.
3 It will arrive in 30 minutes.
4 It will probably arrive early.

No. 5

1 She brings her baby to the office.
2 She wants to continue working.
3 She wants to work full-time.
4 She lives with her parents.

No. 6

1 Open a bank account.
2 Exchange some money.
3 Send some money overseas.
4 Get a new passport.

No. 7

1 His co-worker is having a birthday.
2 His boss will buy him lunch.
3 He has just been promoted.
4 He will be sent to a new city.

No. 8

1 He has collected stamps for a long time.
2 He has some letters to mail.
3 He may start a new hobby.
4 He will go to England soon.

No. 9

1 They should try eating something new.
2 They should cook Thai food for dinner.
3 Meat and potatoes is her favorite meal.
4 Her husband should help out in the kitchen.

No. 10

1 Pay for his tour.
2 Get a visa.
3 Go to a travel agency.
4 Apply for a passport.

No. 11

1 Write about choosing a college.
2 Start getting the newspaper.
3 Check the news on the Internet.
4 Read the article at the library.

No. 12
1 Buy Angie a new plant.
2 Water Angie's plants.
3 Call Angie at work.
4 Pick Angie up at the airport.

No. 13
1 He does not like cheese.
2 He is often away from home.
3 He needs to go somewhere.
4 He wants to order another pizza.

No. 14
1 She does not want to wait.
2 She does not like noodles.
3 She does not feel very hungry.
4 She does not have enough money.

No. 15
1 A new bus station was built near his home.
2 Something is wrong with his car.
3 The buses are always on time.
4 It costs less than driving.

第2部

No. 16

1 See a doctor.
2 Go for a long walk.
3 Use the pool at the gym.
4 Climb a mountain.

No. 17

1 To show the main color of the city's flag.
2 To welcome an important guest to the city.
3 Because the builders of the gate liked the color.
4 Because it matches flowers that grow around the city.

No. 18

1 A bus will arrive late.
2 An exit will be closed soon.
3 There has been an accident.
4 To give directions to get to a station.

No. 19

1 She wanted to thank him for his help.
2 She lost her wallet on her way home.
3 She needed him to open her door.
4 She had to tell him about her move.

No. 20

1 It could turn quickly in the air.
2 It could pull big planes in the air.
3 It did not need gasoline to fly.
4 It did not need a pilot to fly.

No. 21

1 He borrowed a smartphone.
2 He bought a battery charger.
3 He took a taxi to his office.
4 He called his customer.

No. 22

1 It was made by a group of artists.
2 It is a model of a famous artist's home.
3 It has a grand piano in every room.
4 It can be lived in by children.

No. 23

1 Borrow money from a bank.
2 Open a special savings account.
3 Help his daughters find a university.
4 Get information about starting a business.

No. 24

1 She is going to make a French dish at home.
2 She is going to see a movie at a theater.
3 She is going to eat dinner at a restaurant.
4 She is going to order pizza and watch movies.

No. 25

1 She got a message about it from a friend.
2 She saw information about it at a café.
3 She heard about it from one of her professors.
4 She read about it at college.

No. 26

1 To water his garden every weekend.
2 To grow some small flowers.
3 To remove some parts of a tree.
4 To plant more grass under a tree.

No. 27

1 To keep shirts closed.
2 To keep pants from falling down.
3 As toys for animals.
4 As decorations for clothes.

No. 28

1 By shopping at the supermarket every month.
2 By buying a set of wine glasses.
3 By signing up for a membership card.
4 By spending more than $60 at the store.

No. 29
1 By doing his laundry every week.
2 By showing him how to order things online.
3 By cleaning his house when he is tired.
4 By cooking for him at her home.

No. 30
1 It will be more windy than usual.
2 It will be cold and rainy.
3 It will be sunny with clear skies.
4 It will be warmer than expected.

二次試験

受験者用問題カードA

Quality of Information

Nowadays, a large amount of information is available online. However, some of this information is not based on fact, so demand for information that can be trusted is increasing. People use such information in everyday life, and in this way they can make better decisions about things around them. In the Internet age, the source of information is becoming more important.

Your story should begin with this sentence: **One day, Mr. and Mrs. Ito were talking about selling some things at a flea market.**

問題カードA　Questions

No. 1　According to the passage, how can people make better decisions about things around them?

No. 2　Now, please look at the picture and describe the situation. You have 20 seconds to prepare. Your story should begin with the sentence on the card.

No. 3　Some people say that people need to be more careful when shopping on the Internet. What do you think about that?

No. 4　Today in Japan, many trains and buses have signs and announcements in English. Do you think there should also be signs and announcements in other foreign languages?
Yes. → Why?
No. → Why not?

編集部注：本ページの質問英文は問題カードには印刷されていません。

受験者用問題カードD

Learning about Athletes

Athletes are always trying to improve their performance. Now, there are training centers that can help them do this. These places have special devices to record data about various body movements. Experts study such data, and by doing so they learn about the strong and weak points of athletes. This information can be an important tool for improving athletes' performance.

Your story should begin with this sentence: **One day, Miki and her father were at home.**

問題カードD　Questions

No. 1　According to the passage, how do experts learn about the strong and weak points of athletes?

No. 2　Now, please look at the picture and describe the situation. You have 20 seconds to prepare. Your story should begin with the sentence on the card.

No. 3　Some people say that people today put too much personal information on the Internet. What do you think about that?

No. 4　Today, many people ride bicycles in their daily lives. Do you think people have good manners when they use bicycles?
Yes. → Why?
No.　→ Why not?

編集部注：本ページの質問英文は問題カードには印刷されていません。

2021年度 第1回

Grade 2

試験内容		試験時間	掲載ページ
一次試験	筆記（リーディング・ライティング）	85分	2021-1　P. 2～16
	リスニング	約25分	2021-1　P. 17～22
二次試験	面接（スピーキング）	約7分	2021-1　P. 23～26

リスニングテスト・面接の音声について

音声は専用サイトにて配信しています。

専用サイト トップページ
（イメージ）

▷ **専用サイトのご利用方法：**

1. 本冊（解答編）の袋とじ（音声配信のご案内）をキリトリ線に沿って開封。
2. 袋とじの内側に印刷されているQRコードをスマートフォンなどで読み取る。QRコードを読み取れない場合は，アドレスを入力。
   ➡専用サイトのトップページに。
3. 音声を聞きたい試験のボタンを押す。
   ➡該当の試験の音声再生ページに。
   ※試験1回分を通して聞くことも，1問ずつ聞くこともできます。
   ※面接の解答時間（無音部分）は実際の試験とは異なります。

▷ **配信内容**：本書に掲載のリスニングテストおよび面接の音声

※面接の音声は，音読の指示と質問英文だけでなく，音読問題のモデルリーディングも配信。

一次試験

1

次の*(1)*から*(20)*までの（　　）に入れるのに最も適切なものを**1**，**2**，**3**，**4**の中から一つ選び，その番号を解答用紙の所定欄にマークしなさい。

---

(1) At first, the marketing department and the sales department were working on the project together. But people in the sales department were too busy, so now the project is being run (　　) by the marketing department.

1 needlessly　**2** entirely
3 scientifically　**4** violently

(2) Experts at the art gallery discovered that one of their paintings, which they had thought was a (　　) Picasso, was actually just a copy.

1 genuine　**2** severe　**3** logical　**4** portable

(3) The musician Jimmy Baker had a lot of (　　) when he was a child. His family was very poor before he became a rich and famous rock star.

1 permission　**2** membership
3 concentration　**4** hardship

(4) Mother Teresa helped many sick people and gave food to many hungry children in India. She was known as a person who cared about (　　).

1 generation　**2** gravity
3 hesitation　**4** humanity

(5) As Liam walked down the dark street, he began to feel afraid. He had the (　　) that someone was watching him.

1 feature　**2** translation
3 sensation　**4** property

(6) Risa buys water that comes from a mountain stream. She says that drinking it is good because it has many (　　　) that her body needs.

1 campaigns　　**2** operations
3 illustrations　　**4** minerals

(7) The lifeguard ran into the ocean to help a young girl who looked like she was (　　　) in the big waves.

1 proposing　　**2** converting
3 drowning　　**4** exporting

(8) Yesterday was a hot day at the zoo, so Heather bought an ice cream. It melted so quickly that she could not help (　　　) some on her dress.

1 arguing　　**2** spilling
3 convincing　　**4** maintaining

(9) In the past, sailors had to use the stars to (　　　) when they were on an ocean. These days, ships have modern equipment that shows sailors which way to go.

1 satisfy　　**2** respect　　**3** permit　　**4** navigate

(10) Daisuke's grandmother eats a lot of vegetables, drinks green tea, and goes for a long walk every evening to (　　　) her health.

1 interpret　　**2** replace　　**3** preserve　　**4** betray

(11) Theresa knew (　　　) first sight that Joe was a nice person because he had a gentle smile and kind eyes.

1 in　　**2** of　　**3** at　　**4** to

(12) ***A*** : I'm thinking of buying Dad some wine for his birthday.
B : Well, he's very (　　　) about wine. You'd better ask him what kind he wants.

1 sweet　　**2** guilty
3 enormous　　**4** particular

(13) **A** : Sam, what time do you want me to ( ) you off at the movie theater?
B : The film starts at 7:00, so how about 6:45?
1 pick **2** drop **3** take **4** mark

(14) **A** : Excuse me. Is this belt included in today's half-price sale?
B : I'm sorry, sir. The sale does not ( ) belts or wallets.
1 apply to **2** vote for **3** put off **4** tie up

(15) Reika wants a purple kimono. There is a kimono shop in the mall. However, she does not know if she can get one there, so she is going to shop online to find one ( ).
1 for sure **2** for instance
3 in short **4** in vain

(16) A heavy storm ( ) in Montaine Valley last month. The farmers in the area could not sell their vegetables because they were damaged.
1 had some difficulty **2** did a lot of harm
3 took a break **4** found fault

(17) When Jocelyn graduates from college, she wants to work for a volunteer organization. She wants to spend her time working ( ) other people.
1 at the sight of **2** for a change of
3 for the benefit of **4** at the thought of

(18) **A** : What time does our train leave?
B : In 20 minutes. It's time we ( ) for the station.
1 left **2** have left
3 had left **4** will have left

(19) It was so noisy at the concert that Jane struggled to ( ). She had to shout to communicate with her friend.
1 make heard herself **2** make herself heard
3 hearing herself made **4** herself made heard

(20) Mr. Martinez is loved by all the students in the school. However, Ms. Garcia is not (　　　) as he is, so she is less popular than Mr. Martinez.

1 as kind a person　　**2** a kind as person
3 as a kind person　　**4** as person a kind

2 A

次の英文A，Bを読み，その文意にそって(21)から(26)までの（　　　）に入れるのに最も適切なものを**1**，**2**，**3**，**4**の中から一つ選び，その番号を解答用紙の所定欄にマークしなさい。

Self-Sufficient Communities

Recently, many people have been trying to change their lives in order to (*21*). One way they do this is by choosing products that create less pollution, such as vegetables that have been grown without using chemicals. Also, by buying from local producers, they reduce the amount of fossil fuel needed to transport products. Some people even join "self-sufficient communities." In these communities, people work together to produce everything they need to live—food, clothes, furniture, fuel, and medicines.

In the 1970s, an Englishman named John Seymour promoted the idea of self-sufficiency. He had spent much of his life (*22*). For example, he went to South Africa and managed a sheep farm. While he was there, he spent time with local people who taught him how to find food in the wild. He also made a journey from Europe to India, observing how different agricultural communities lived. These experiences gave Seymour the idea of trying to get away from cities, offices, and factories.

Seymour published a book in 1976 which explained how to do things like growing crops and keeping bees. At the time, the book inspired thousands of people to join self-sufficient communities. However, most of these people found the lifestyle challenging, and they had given up by the early 1980s. Now, though, the idea is attracting interest again. Many young people are turning away from city life and becoming farmers. This time, many of them have decided not to be completely self-sufficient. (*23*), they are using modern technology to earn enough money to buy things that are difficult to produce themselves.

(21) **1** spend more time away from work
2 bring home more money
3 be kinder to the environment
4 become stronger and healthier

(22) **1** traveling and learning about farming
2 living and working on big ships
3 studying to become a great chef
4 writing about interesting cultures

(23) **1** At last **2** Meanwhile
3 Like before **4** Rather

2 B

Masters of the Desert

"Bedouin" is a name given to some of the people who live in North Africa and the Middle East. Unlike most people, many Bedouins do not (*24*). Instead, they are nomads, which means that they are always moving about. They walk around the hot deserts of countries like Egypt and Israel, leading their camels and sheep to grass and water. Life in the desert is not easy, but over thousands of years, Bedouins have developed unique skills to help them survive.

Some people estimate that there are around 20 million Bedouins in the world today. However, (*25*). Because many of them are traveling, it is impossible to count them all. In recent years, however, many Bedouins have given up their traditional way of life. This is because the amount of land controlled by governments has increased, which has made it harder for the Bedouins to travel freely. Some of them now live in urban areas and have regular jobs, such as driving taxis and working in restaurants.

Some Bedouins have found work with the Israeli army as trackers. A tracker is a person who follows people by using signs left on the ground, such as the marks left by feet or tires. Trackers must know their environment well and be quick to notice anything unusual. (*26*), with their desert survival skills, Bedouins are excellent trackers. About 1,600 of them are now serving in the Israeli army, and their ability to notice dangers along Israel's borders is helping to protect the country.

---

(24) **1** sleep lying down **2** live in one place
3 eat meat or fish **4** use paper money

(25) **1** their exact numbers are unknown
2 there were many more in the past
3 the groups have no government
4 they all meet once every year

(26) **1** Naturally **2** Occasionally
3 Secondly **4** Equally

3

A

次の英文A，B，Cの内容に関して，*(27)*から*(38)*までの質問に対して最も適切なもの，または文を完成させるのに最も適切なものを**1**，**2**，**3**，**4**の中から一つ選び，その番号を解答用紙の所定欄にマークしなさい。

From : Peter Decker 〈p-decker@yourworldls.org〉
To : Feng Li 〈feng.li@mymail.com〉
Date : May 30
Subject : Teaching Chinese

Dear Ms. Li,
Thank you for your interest in teaching at the Your World Language School in London. During your online interview, we thought you had some great ideas for making learning fun and exciting for children, and we would like to offer you a position teaching Chinese at our school. The official start date for the position is August 1, but we would like you to attend a two-week training program here before then.
As you know, our language school offers classes to students of all ages, and each lesson is designed to help students achieve their unique goals. Your experience of teaching children will certainly be a big advantage. However, our Chinese program is also very popular with businesspeople, so I would like you to become familiar with that area of teaching as well.
The school will cover your moving costs up to £1,500. Expenses like airline tickets and hotel stays are covered, but food and other personal expenses are not. You will need to submit all original receipts along with the form attached to this e-mail. Also, please look over the attached contract of employment, which describes your work duties, and let me know if you have any questions. We are really looking forward to having you join our team!
Sincerely,
Peter Decker

(27) Before starting her job at Your World Language School, Ms. Li must

1 have an online interview with Peter Decker.

2 receive training for two weeks in London.

3 come up with fun ideas for teaching children.

4 teach some trial Chinese lessons at the school.

---

(28) What does Peter Decker ask Ms. Li to do?

1 Design lessons for classes of all ages.

2 Learn about teaching business Chinese.

3 Get some experience of teaching children.

4 Become familiar with the area near the school.

---

(29) What will Your World Language School do for Ms. Li?

1 Send her details about her work duties.

2 Reserve her flight tickets and hotel.

3 Cover her food and personal expenses.

4 Help pay for her to move to London.

3 B

In the Air

In many of the world's large cities, air pollution is a serious problem. According to experts, about 7 million people around the world die every year from the effects of dirty air. London, the capital city of the United Kingdom, is one example of a city with this problem. London is said to have some of the worst levels of air pollution in the world. However, because much of this pollution cannot be seen, few people are asking the government to take action to improve the situation.

A man called Pierre Duquesnoy, though, came up with a way to make people more aware of the problem. Duquesnoy's idea was to use a team of pigeons—a bird common in many big cities—to measure levels of air pollution and send the results to a website. At first, Duquesnoy thought about using drones, but he was told that it was against the law to fly drones in London. After that, he realized he could use pigeons instead.

Over a million pigeons are estimated to live in London. They are not popular with residents because they make a mess on buildings and public places. The pigeons that Duquesnoy decided to use were not ordinary pigeons, but homing pigeons. These pigeons have an amazing ability to find their way back from the place where they are released to the place where they live, so they have been used since ancient times for sending messages. Duquesnoy used these pigeons because he could be sure that they would return to their homes and not just fly away.

With help from an expert, Duquesnoy put together a team of pigeons. A small device was attached to the back of each pigeon. These devices measure gases in the air and send the results to a website. During the project, people could look at the website and see where each pigeon was and the level of air pollution in that area. The website had many visitors, and they began to discuss Duquesnoy's project and the problem of air pollution. As a result, more people are saying that the government should do more to clean up London's air.

(30) In London in the United Kingdom,

1 the government is looking at new ways to deal with pollution.

2 the quality of the air is worse than in many other large cities.

3 over a million people die every year from the effects of dirty air.

4 a new kind of pollution has been damaging people's eyes.

---

(31) What is one reason that Pierre Duquesnoy decided to use pigeons for his project?

1 Pigeons are not as affected by high levels of air pollution as other birds.

2 Pigeons are cheap to use because they are common in many big cities.

3 He found out that using drones in the city of London was not allowed.

4 He thought that using birds would make more people interested in his project.

---

(32) What is special about the pigeons that Duquesnoy used?

1 They are less likely to make a mess on buildings and public places.

2 They can deliver messages to people living all over London.

3 They have been used since ancient times to perform amazing tricks.

4 They have the ability to find their way back to their homes.

---

(33) What has happened because of Duquesnoy's project?

1 More people have started talking about the dangers of air pollution.

2 Visitors to London have been using his devices to measure pollution.

3 The government has promised to do more to clean up London's air.

4 Experts have begun using pigeons to collect data about other problems.

3 C

Building a Better Future

Estonia is a country in northern Europe. Before World War II, it was an independent country, but by the end of the war, it was part of the Soviet Union. In those days, there was a shortage of houses in many parts of the Soviet Union, so the government built many apartment buildings. These were meant to be temporary homes, and they were not designed or built well. After the Soviet Union broke up in 1991, Estonia and other countries became independent again. Most of these countries have been destroying their old apartment buildings.

Estonia, however, is turning its apartment buildings into environmentally friendly homes that use energy efficiently. The project began in 2016 with 17 apartment buildings in Tartu, a city in the south of the country, and is known as SmartEnCity. Estonia is now a member of the European Union (EU), and it received financial help from the EU for the project. The aim is not only to reduce the amount of energy consumed by the apartments, but also to turn them into modern, good-looking homes.

Work on the 17 apartment buildings in Tartu has now been completed. Changes have been made to prevent heat from escaping through the walls and windows. A new, efficient heating system has been added. Each apartment has a control panel which lets residents monitor and control the amount of energy they consume. As a result, the residents now use 80 percent less gas to heat their apartments. Also, solar panels have been installed on the buildings, and these produce three times more electricity than the residents need.

Some critics said the project would be a waste of money. However, so far, it seems to be working. The EU paid for half of the cost, and the rest was paid for by residents using money borrowed from banks. The residents are spending less than they used to on energy bills, so they have extra money to repay the loans. Moreover, the work on the apartments has improved the way the city looks. The Estonian government hopes to upgrade some of the other 6,000 old apartment buildings in the country in a similar way.

(34) By the end of World War II,

1 there were empty apartment buildings in many parts of the Soviet Union.

2 Estonia had lost its independence and become part of the Soviet Union.

3 most people in Europe were living in temporary apartment buildings.

4 many people in northern Europe had left their countries to find new homes.

---

(35) What is one of the goals of the SmartEnCity project?

1 To teach people in Tartu how to make their homes environmentally friendly.

2 To improve old apartment buildings so that they are more energy-efficient.

3 To provide financial help for poor people in a city in the south of Estonia.

4 To reduce the amount of energy used to build houses in the European Union.

---

(36) What is the control panel in the apartments in Tartu for?

1 It allows people to see and change how much energy they are using.

2 It reduces the amount of heat escaping through the walls of the apartments.

3 It controls the amount of electricity produced by the solar panels.

4 It lets residents choose whether to use gas or electricity to heat their apartments.

---

(37) How are residents of the apartments helping to pay for the project?

1 By helping to upgrade 6,000 similar apartment buildings.

2 By using money that would have been spent on bills.

3 By carrying out many of the improvements themselves.

4 By working for the European Union to pay for half of the cost.

---

(38) Which of the following statements is true?

1 The SmartEnCity project has helped to turn Tartu into a more attractive city.

2 The European Union gave money to build 17 new apartment houses in Estonia.

3 Countries decided to leave the Soviet Union because of housing shortages.

4 Over 80 percent of gas consumption in Estonia is for heating private homes.

4 ライティング

●以下の **TOPIC** について，あなたの意見とその理由を2つ書きなさい。
● **POINTS** は理由を書く際の参考となる観点を示したものです。ただし，これら以外の観点から理由を書いてもかまいません。
●語数の目安は80語～100語です。
●解答は，解答用紙のB面にあるライティング解答欄に書きなさい。なお，解答欄の外に書かれたものは採点されません。
●解答が **TOPIC** に示された問いの答えになっていない場合や，**TOPIC** からずれていると判断された場合は，0点と採点されることがあります。**TOPIC** の内容をよく読んでから答えてください。

TOPIC

It is often said that restaurants and supermarkets should try to reduce the amount of food that they throw away. Do you agree with this opinion?

POINTS

● ***Cost***
● ***Health and safety***
● ***The environment***

Listening Test

2級リスニングテストについて

❶このリスニングテストには，第1部と第2部があります。

★英文はすべて一度しか読まれません。

第1部……対話を聞き，その質問に対して最も適切なものを**1**，**2**，**3**，**4**の中から一つ選びなさい。

第2部……英文を聞き，その質問に対して最も適切なものを**1**，**2**，**3**，**4**の中から一つ選びなさい。

❷ *No.30* のあと，10秒すると試験終了の合図がありますので，筆記用具を置いてください。

第1部

No. 1

1 Shop at a flea market.
2 Watch a play.
3 Go fishing with the man.
4 Drive to Bakersville.

No. 2

1 He will be showing his cousin around.
2 He will visit his boss in the hospital.
3 He will have lunch with his friend.
4 He will be working late.

No. 3

1 Order a gift catalog.
2 Help his mother buy a gift.
3 Ask the woman for a gift idea.
4 Look for a gift somewhere else.

No. 4

1 Using an old helmet.
2 Studying in the library alone.
3 Riding her bike home at night.
4 Being late for class.

No. 5
1 He cannot find it.
2 He is away until then.
3 He is still reading it.
4 He does not have to pay a fee.

No. 6
1 He got it at a cheap electronics store.
2 He hopes the woman will buy it.
3 It has too much data on it.
4 It does not work anymore.

No. 7
1 Get help from the girl.
2 Help the girl study for a test.
3 Have more tough tests.
4 Get a private teacher.

No. 8
1 Talk to a college employee.
2 Go to the shopping mall.
3 Look for a bank on campus.
4 Use an ATM across the street.

No. 9
1 He can start working again soon.
2 He should come back tomorrow.
3 He needs to take more pills.
4 He has to get another x-ray.

No. 10
1 They will camp in the mountains.
2 They usually travel by airplane.
3 They have moved to California.
4 They are too busy to travel.

No. 11
1 Getting some sleep during the daytime.
2 Eating lunch more slowly.
3 Going to bed 20 minutes earlier.
4 Working until late at night.

No. 12

1 Show her some pictures of his trip.
2 Give her some magazines.
3 Make a hotel reservation for her.
4 Take her around in Thailand.

No. 13

1 There have been many sunny days.
2 There was a mistake in the weather report.
3 The rainy season seems worse than usual.
4 The rainy season started a week ago.

No. 14

1 A bigger place to live.
2 Some time off from work.
3 A less expensive apartment.
4 Some help with their housework.

No. 15

1 He left his ticket at home.
2 He is not old enough.
3 It is sold out already.
4 It is not being shown at the theater.

第2部

No. 16

1 She found an old bicycle.
2 She helped a man near a station.
3 She took a bus back from her office.
4 She went for a walk with her neighbor.

No. 17

1 She called them and told them about it.
2 She showed it to them on a train.
3 They saw it in pictures sent by her.
4 They heard about it at an amusement park.

No. 18

1 Many ships are made there.
2 A warm ocean meets a cold one there.
3 Visitors damage the beautiful beaches there.
4 The daily temperature changes quickly there.

No. 19

1 Visit stores to see products.
2 Go to a customer center.
3 Send an e-mail on Sunday.
4 Look for answers on a website.

No. 20

1 It has been read in many countries.
2 It has been translated into their language.
3 It was brought to Lebanon in 1923.
4 It was used to learn about Western countries.

No. 21

1 She did not like the design of her old ones.
2 She could not read well with her old ones.
3 She lost her old ones at school.
4 She left her old ones in Osaka.

No. 22

1 There are not enough staff members today.
2 There are no computers that can use the Internet.
3 There is a problem with the Internet service.
4 There is a show before the next event.

No. 23

1 Many cities needed strong plants in parks.
2 Factory workers from England took it abroad.
3 Cotton plants grew easily in many factories.
4 Strong material could be made from it.

No. 24

1 Change her workdays.
2 Start work early on Fridays.
3 Work late every Wednesday.
4 Take piano lessons on weekends.

No. 25

1 By sending an application in the mail.
2 By logging in to a smartphone application.
3 By talking to the event staff.
4 By going to the Parkville mall.

No. 26

1 Her friend works at a ballet theater.
2 Her dance teacher recommended it.
3 She saw a program about dancers on TV.
4 She had a picture taken with dancers.

No. 27

1 By selling things he does not need.
2 By canceling his trip to Germany.
3 By borrowing money from his father.
4 By teaching students to play the guitar.

No. 28

1 Her house is too small for her.
2 The area she lives in is getting too noisy.
3 There are no stores near her house.
4 She does not like the animals in her area.

No. 29

1 The afternoon is too hot for a marathon.

2 The roads are not quiet enough in the afternoon.

3 The hotels have special breakfasts in winter.

4 The buildings look good at sunrise.

No. 30

1 The suit he wanted to wear was too small.

2 The suit he wanted to wear was not clean.

3 He could not find the suit he wanted to wear.

4 He left the suit he wanted to clean at home.

二次試験

受験者用問題カードA

A New Type of Service

Nowadays, many people are interested in having a pet. However, when pets become sick or get hurt, the cost of medical treatment can be high. To deal with this, it is a good idea for pet owners to get insurance that covers pets' medical costs. Some companies offer such insurance, and by doing so they try to meet the needs of pet owners.

Your story should begin with this sentence: **One day, Yumi and her father were talking in their car.**

問題カードA　Questions

No. 1　According to the passage, how do some companies try to meet the needs of pet owners?

No. 2　Now, please look at the picture and describe the situation. You have 20 seconds to prepare. Your story should begin with the sentence on the card.

No. 3　Some people say that having a pet can help people reduce their stress. What do you think about that?

No. 4　Today, many students take part in club activities at school. Do you think club activities are an important part of school education?

Yes. → Why?

No. → Why not?

編集部注：本ページの質問英文は問題カードには印刷されていません。

受験者用問題カードD

New Ways to Communicate

Today, people have many chances to talk with foreigners. Now, electronic devices that translate languages are becoming more popular. Some hospitals are introducing such devices, and by doing so they are helping foreign patients speak with doctors more easily. However, while new technology is helping people communicate, it is still important that people take the time to try to learn a foreign language.

Your story should begin with this sentence: **One evening, Mr. and Mrs. Fukuda were talking about traveling to France.**

問題カードD　Questions

No. 1　According to the passage, how are some hospitals helping foreign patients speak with doctors more easily?

No. 2　Now, please look at the picture and describe the situation. You have 20 seconds to prepare. Your story should begin with the sentence on the card.

No. 3　Some people say that, in the future, Japanese movies will become more popular in foreign countries. What do you think about that?

No. 4　In Japan, a lot of students wear school uniforms. Do you think schools should make students wear uniforms?
Yes. → Why?
No. → Why not?

編集部注：本ページの質問英文は問題カードには印刷されていません。

2020年度 第3回

Grade 2

試験内容		試験時間	掲載ページ
一次試験	筆記（リーディング・ライティング）	85分	2020-3　P. 2〜16
	リスニング	約25分	2020-3　P. 17〜22
二次試験	面接（スピーキング）	約7分	2020-3　P. 23〜26

リスニングテスト・面接の音声について

音声は専用サイトにて配信しています。

▷ **専用サイトのご利用方法：**

1. 本冊（解答編）の**袋とじ**（音声配信のご案内）をキリトリ線に沿って開封。
2. 袋とじの内側に印刷されている**QRコード**をスマートフォンなどで読み取る。QRコードを読み取れない場合は，**アドレス**を入力。
   ➡専用サイトのトップページに。
3. 音声を聞きたい試験のボタンを押す。
   ➡該当の試験の音声再生ページに。
   ※試験1回分を通して聞くことも，1問ずつ聞くこともできます。
   ※面接の解答時間（無音部分）は実際の試験とは異なります。

▷ **配信内容**：本書に掲載のリスニングテストおよび面接の音声
※面接の音声は，音読の指示と質問英文だけでなく，音読問題のモデルリーディングも配信。

専用サイト トップページ
（イメージ）

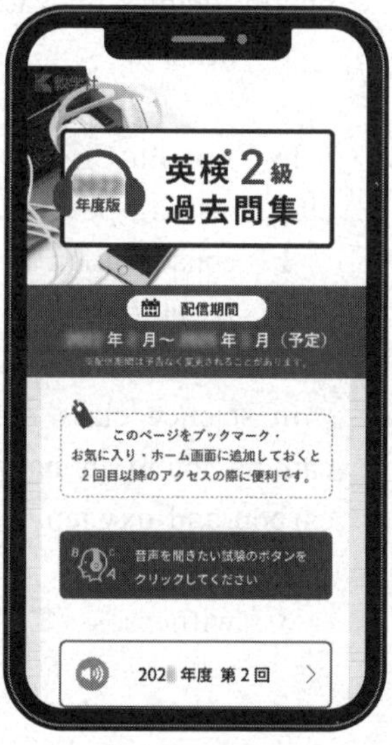

一次試験

1

次の(1)から(20)までの (　　　) に入れるのに最も適切なものを**1**，**2**，**3**，**4**の中から一つ選び，その番号を解答用紙の所定欄にマークしなさい。

---

(1) ***A*** : It looked like you were enjoying the party, Don. I saw you laughing a lot.
B : Yeah. Rachel was telling some really (　　　) stories about her father.

1 marine　**2** amusing　**3** native　**4** silent

(2) ***A*** : How many people work at your company, Mr. Seward?
B : We (　　　) have 30 employees, but we plan to hire 5 more at the end of the year.

1 seriously　**2** instantly
3 currently　**4** especially

(3) The computers in the library should be (　　　) for school projects or homework. Students are not allowed to use them for playing games or watching videos on the Internet.

1 utilized　**2** satisfied　**3** flavored　**4** reflected

(4) In Franklin City, water (　　　) has become a big concern. The city is asking people to use as little water as possible.

1 conservation　**2** publication
3 revolution　**4** ambition

(5) In science class, students learn the names of the (　　　) that can be found in nature. They have to know that CO_2 is made of carbon and oxygen.

1 duties　**2** narrations
3 witnesses　**4** elements

(6) After Susan got married, she chose to keep working at the same company, but on a part-time (　　　　).

1 rating　　**2** sense　　**3** basis　　**4** charge

(7) ***A*** : Did people at the art show like your paintings?

B : Yes. I got a lot of (　　　　). One person said they were the most beautiful paintings he had seen in a long time.

1 mysteries　　**2** detectives
3 compliments　　**4** structures

(8) ***A*** : How much does it cost to travel to Dubai?

B : Well, the prices (　　　　). They are high over the new year holidays but much lower at other times of the year.

1 vary　　**2** navigate　　**3** pause　　**4** struggle

(9) Karen (　　　　) her time between working at a bank and taking care of her children. She would like to spend more time at home, but she also needs to make money.

1 publishes　　**2** divides
3 scratches　　**4** attaches

(10) ***A*** : Kevin, did you call the hotel to (　　　　) my reservation for tomorrow?

B : Yes, Ms. Harris. They said you can check in anytime after two o'clock.

1 distinguish　　**2** confirm
3 promote　　**4** govern

(11) ***A*** : I'm thinking of visiting Kyoto in August.

B : Really? You should wait until November. Kyoto is (　　　　) then. The weather is cool and the autumn leaves are beautiful colors.

1 behind its back　　**2** against its will
3 at its best　　**4** in its opinion

(12) **A** : When is Uncle Steven going to arrive?

B : He could be here (　　　　), so please go and change your clothes.

1 in a series　　**2** for a living

3 at any moment　　**4** to some extent

(13) Sarah spent the summer traveling in Europe with her friends. It was a lot of fun, so she was very sad when it (　　　　) an end.

1 dug up　　**2** came to

3 took over　　**4** fell on

(14) It is difficult for many students to decide (　　　　) a university to enter after high school.

1 under　　**2** in　　**3** on　　**4** beyond

(15) When Wakako was a young girl, she used to do ballet every day. These days, she only does it (　　　　) because she is very busy.

1 up and down　　**2** now and then

3 all the way　　**4** not at all

(16) Victor likes his new job because he is always (　　　　). He uses taxis, trains, and airplanes every day to visit clients all around the country.

1 above all else　　**2** out of place

3 at a distance　　**4** on the go

(17) Becky was (　　　　) her low test scores, so she did not want to speak to any of her friends at college on Friday.

1 ashamed of　　**2** rid of

3 accustomed to　　**4** familiar to

(18) Breakfast (　　　　) to be the most important meal of the day. Experts say that it gives people the energy they need to get through the day.

1 has said　　**2** says　　**3** is saying　　**4** is said

(19) It is because the Bluestreet Girls sing and dance so well (　　　) they are so popular with teenagers.

1 that　　**2** if　　**3** how　　**4** why

(20) ***A*** : This project is going to be very difficult and expensive, Mr. Ford. (　　　) cancel it?

B : No. It will make a lot of money for the company later.

1 What about　　**2** What for

3 How come　　**4** Why not

2

A

次の英文**A**，**B**を読み，その文意にそって*(21)*から*(26)*までの（　　）に入れるのに最も適切なものを**1**，**2**，**3**，**4**の中から一つ選び，その番号を解答用紙の所定欄にマークしなさい。

Cycles of Change

The bicycle is an efficient means of transportation. It was invented in the 19th century, and since then, it has been improved many times. Recently, electric bicycles, or "e-bikes," have become widely used. Unlike a regular bicycle, an e-bike has a motor, which allows the rider to go up hills more easily. Some cycling fans think that it is "cheating" to use a bike with a motor. Nevertheless, e-bikes are quickly (*21*). In fact, e-bike sales in the United States were eight times greater in 2018 than in 2014 according to one survey.

Researchers say this is good news. They claim that e-bikes may have a positive effect on people's health and the environment. One major advantage of e-bikes is that older people and those who do not exercise regularly can cycle. This makes it easier for them to commute to work by bike, which is better for the environment than traveling by car. (*22*), e-bikes allow more people to cycle as a hobby. People who could not ride along rough roads or up mountains, for example, can now do so.

Some cycling experts, however, point out problems with the increased use of e-bikes. For one, riders of e-bikes are more likely to be involved in accidents. In response, some people want speed limits to be lowered and other measures to increase safety, such as bike paths. Most importantly, experts say riders of both e-bikes and regular bikes should be careful. It does not matter if a bike has a motor or not. The important thing is to enjoy cycling (*23*).

(21) **1** reducing electricity use **2** causing new problems
3 growing in popularity **4** improving the environment

(22) **1** What is more **2** Therefore
3 By contrast **4** Despite this

(23) **1** during the warm months
2 together with friends
3 in order to keep fit
4 while staying safe

2 **B**

A Good Way to Save Space

In recent years, farmers in many countries have been finding it more and more difficult to produce enough food to feed everyone. One reason for this is changes in weather patterns caused by global warming. As global temperatures increase, many places have become too hot and dry to be used for agriculture. (*24*), there is increasing pressure to produce renewable energy, such as solar power. The problem with solar power, though, is that solar panels take up a lot of space. To solve both these problems at once, researchers have recently come up with a way to combine solar power and crop production.

One common challenge in farming is that a lot of direct sunlight (*25*). Not only can it cause the leaves to turn brown and dry, but the heat from the sunlight also quickly dries up the water in the ground. This means that the plants do not get enough water to survive. The researchers decided to set up solar panels at about 2.5 meters above the ground. These created a space with shade for plants and also reduced the amount of water that dried up, which helped to increase crop production.

The solar panels were also able to benefit from the crops. Solar panels do not perform well (*26*). However, crops like lettuce and kale create a cooling effect, which stops the solar panels from overheating and allows them to work more efficiently. The results of this research show that it is possible to produce more food, save space, and enjoy the benefits of solar power.

---

(24) **1** Without this **2** At the same time
3 After a while **4** Indeed

(25) **1** damages crops **2** is difficult to find
3 attracts more insects **4** makes vegetables taste bad

(26) **1** at high temperatures **2** near cool water
3 under large trees **4** on cloudy days

3 A

次の英文A，B，Cの内容に関して，*(27)*から*(38)*までの質問に対して最も適切なもの，または文を完成させるのに最も適切なものを**1**，**2**，**3**，**4**の中から一つ選び，その番号を解答用紙の所定欄にマークしなさい。

From : Mark Tucker 〈mtucker@berktonmiddle.edu〉
To : Margaret Lawson 〈margaret-lawson8@umail.com〉
Date : January 24
Subject : Sylvia's math grades

Dear Ms. Lawson,

This is Mark Tucker, your daughter's math teacher at Berkton Middle School. I wanted to talk to you a little about Sylvia's math grades. I know Sylvia had a bad cold a couple of weeks ago, so she missed a few classes. Unfortunately, the students learned some very important things during that week.

I sent Sylvia's homework to her while she was absent from school, but she missed some important explanations about triangles during the class. She said she understood the topic, but she did very poorly on yesterday's test. I know that this is not her fault. However, it is very important for her to learn this topic. If she doesn't, she will have trouble in the future because we will use the concepts again in the next chapter.

I am available for half an hour before school begins to help students who are having trouble with their schoolwork. Also, math students from West Bridgeville College come to the school library to give free tutoring every Wednesday after school. Sylvia says that you take her to school and pick her up every day. Which would be more convenient for you? Please send me an e-mail and let me know if you'd like to bring Sylvia in earlier or pick her up later on Wednesdays.

Sincerely,
Mark Tucker

(27) A couple of weeks ago, Sylvia

1 started going to Berkton Middle School.
2 received a bad grade in math class.
3 got a new math teacher at school.
4 was not well enough to attend classes.

(28) What is it important for Sylvia to do?

1 Explain about triangles to the class.
2 Study harder for tests in the future.
3 Understand a topic from math class.
4 Read the next chapter carefully.

(29) What does Mark Tucker want Sylvia to do?

1 Read some books in the school library.
2 Get some extra help with her math studies.
3 Ask her mother to help with her homework.
4 Go to West Bridgeville College for special lessons.

3 B

Hagfish

The oceans contain many strange and mysterious creatures. One example is the hagfish. Hagfish look like snakes or eels, but their mouths are a special shape, and they have teeth on their tongues. They live deep in the ocean and eat the bodies of fish that have died and sunk to the ocean floor. A hagfish fossil has been found that is 330 million years old. Scientists who study evolution think hagfish are the ancestors of all creatures with backbones, including human beings.

In most countries, few people have heard of hagfish. In South Korea, however, hagfish are used in a popular dish. Their meat is cooked in oil and then served with salt. In particular, older Korean men enjoy eating hagfish while drinking alcohol. This has led to overfishing in Asia. As a result, other countries, such as the United States, have begun catching hagfish in their seas and exporting them to Korea. Hagfish skin is also used to make bags, boots, and other products.

Hagfish have a special way of protecting themselves from animals that attack them, such as sharks. Hagfish produce a thick liquid which is full of thin fibers. When hagfish are attacked, they shoot out this liquid from small holes in the sides of their bodies. When the liquid mixes with seawater, it rapidly expands, turning into a kind of jelly. This jelly protects the hagfish by making it difficult for the fish that is attacking it to breathe.

Douglas Fudge and a group of scientists at the University of Guelph in Canada have seen a possible use for this hagfish liquid. They say that the fibers in the liquid are like very strong silk. They believe that these could be used to replace artificial fabrics, such as nylon, which are made from fossil fuels. The hagfish fibers would be much more environmentally friendly. These scientists are now trying to create similar fibers in the laboratory in order to make a new fabric that is both very strong and light. Clothing manufacturers would be interested in using such a high-quality fabric for their products.

(30) Which of the following is true about hagfish?

1 Other fish swim to deep areas of the ocean in order to catch them.

2 People and many other animals may actually have evolved from them.

3 They are the ancestors of all modern fish that do not have backbones.

4 They are a type of snake that does not have any teeth or a tongue.

---

(31) People in the United States have started catching hagfish because

1 their meat has become more and more popular among Americans.

2 Koreans use oil taken from hagfish to make health products.

3 other types of more popular fish have already been overfished.

4 their numbers in Asia have declined since too many were caught.

---

(32) How do hagfish protect themselves from other fish?

1 By expanding their bodies so that they appear much larger.

2 By shooting out thin fibers that make holes in the bodies of other fish.

3 By releasing a liquid from their bodies that changes in seawater.

4 By covering other fish with a jelly that makes it hard to see.

---

(33) What benefit might hagfish provide in the future?

1 They could be used to develop a material that is better for the environment.

2 They could break down nylon fibers that are polluting the sea.

3 They could help clean up fossil fuels that spill in laboratories.

4 They could be easily changed to produce very strong silk for the fashion industry.

3 C

Recycling Old Ideas

Today, people often recycle items to prevent them from being thrown away in landfills. Recycling metals, in particular, is important because when metals are produced from natural rocks, much harm is caused. Not only is land damaged when taking resources out of the ground, but also many poisons are released into the environment. Furthermore, large amounts of electricity are used. For these reasons, people are looking for ways to recycle metals instead.

Recycling metals actually has a long history. It has always been much easier to reuse metals than to produce them. Metals like iron, copper, and tin are common, but they are difficult to separate from the rocks in which they are found. This is why, in ancient times, Roman armies took metal statues from other countries after wars and melted the statues down to make new weapons. Even as late as the 18th century, Americans were encouraged to donate iron items to be recycled for George Washington's army.

During the 19th century, large companies specializing in recycling were established to meet a higher demand for metals. However, in the 20th century, producing metals became faster and more efficient. Around this time, many product makers began to change the way they increased their profit. Instead of reducing production costs as usual, they started using an approach called "planned obsolescence." This means making products that are designed to break or become unusable after a short period of time, so customers have to buy products more frequently.

These days, such items include devices like smartphones, which must be replaced every few years. They also contain many rare metals. In fact, Americans put around $60 million worth of gold and silver into landfills each year just by throwing away used phones. Although many people already see the importance of recycling large appliances such as refrigerators and washing machines, some do not understand why smaller electronics should be recycled. The amount of metal in the world is limited, so it may be better to learn from old ideas to preserve the world's supply.

(34) What is one way producing metals damages the environment?

1 A lot of living things need metals from the ground in order to survive.

2 A lot of the electricity that is used in the process causes fires.

3 The majority of metals are thrown away and take up space in landfills.

4 The process leads to the release of dangerous substances.

---

(35) Why did people melt down metal items in the past?

1 Because weapons were needed for wars against the United States.

2 Because it was easier than separating new metals from rock.

3 In order to mix them with rocks to make them stronger.

4 In order to reuse them to make new statues of their war heroes.

---

(36) During the 20th century,

1 people started to make companies that specialized in recycling.

2 it became faster and more efficient to use metals to make money.

3 product makers made more money by reducing production costs.

4 businesses began to make goods that quickly became useless.

---

(37) How can people preserve the supply of rare metals?

1 By trying to recycle small electronics instead of throwing them away.

2 By replacing their old phones with ones that run more efficiently.

3 By increasing the number of large appliances used for recycling.

4 By leaving devices that contain gold and silver in landfills.

---

(38) Which of the following statements is true?

1 George Washington introduced the idea of recycling iron to the United States.

2 There was an increase in the need for metals during the 19th century.

3 Metals can reduce the amount of poisons released by electricity production.

4 Companies spend about $60 million each year on gold for new smartphones.

4 ライティング

●以下の **TOPIC** について，あなたの意見とその理由を２つ書きなさい。
● **POINTS** は理由を書く際の参考となる観点を示したものです。ただし，これら以外の観点から理由を書いてもかまいません。
●語数の目安は 80 語～100 語です。
●解答は，解答用紙のＢ面にあるライティング解答欄に書きなさい。なお，解答欄の外に書かれたものは採点されません。
●解答が **TOPIC** に示された問いの答えになっていない場合や，**TOPIC** からずれていると判断された場合は，０点と採点されることがあります。**TOPIC** の内容をよく読んでから答えてください。

TOPIC
Some people say that more apartment buildings should allow pets such as dogs and cats. Do you agree with this opinion?

POINTS
● ***Cleanliness***
● ***Lifestyles***
● ***Neighbors***

Listening Test

2級リスニングテストについて

❶このリスニングテストには，第1部と第2部があります。
★英文はすべて一度しか読まれません。
第1部……対話を聞き，その質問に対して最も適切なものを**1**，**2**，**3**，**4**の中から一つ選びなさい。
第2部……英文を聞き，その質問に対して最も適切なものを**1**，**2**，**3**，**4**の中から一つ選びなさい。

❷ *No.30* のあと，10秒すると試験終了の合図がありますので，筆記用具を置いてください。

第1部

No. 1
1 He is going to meet his wife's father.
2 He and his wife will visit his grandmother.
3 He and his wife will take her on a trip.
4 His wife is going to have a baby.

No. 2
1 Getting a job at a restaurant.
2 Lending him some money.
3 Having dinner together.
4 Going on a trip to Peru together.

No. 3
1 It takes an hour to get there.
2 It has some walking trails.
3 It will not be open today.
4 It is located nearby.

No. 4
1 It is inexpensive.
2 It is in a good location.
3 It has a pretty garden.
4 It is bigger than the other houses.

No. 5
1 His teacher announced it in science class.
2 He heard about it from her mother.
3 He asked his mother about it.
4 His school newspaper had a story on it.

No. 6
1 Return after four o'clock.
2 Drive more slowly.
3 Park in a parking lot.
4 Change her parking sticker.

No. 7
1 He was looking after his son.
2 He was away on a business trip.
3 He has been feeling ill.
4 He went on a vacation.

No. 8
1 They have studied German before.
2 They look forward to new adventures.
3 They are not happy about moving to Germany.
4 They do not like food from abroad.

No. 9
1 Look for recipes.
2 Make spaghetti.
3 Go shopping.
4 Clean the bathroom.

No. 10
1 She wants to watch them again soon.
2 She wants to find out his opinion of them.
3 She forgot which ones she lent him.
4 She forgot the ending of *Lost in Brazil.*

No. 11
1 Put them on her desk.
2 Hand them to her.
3 Deliver them to another building.
4 Take them back to his pizza shop.

No. 12

1 It does not sell video games.
2 It is too violent for children.
3 It only sells new items.
4 It is not on sale yet.

No. 13

1 It will start at 6:00.
2 It will finish a little early.
3 It will be longer than usual.
4 It will be held at a different field.

No. 14

1 Sell his hard drive to the woman.
2 Have his computer repaired.
3 Work at Computer Plaza.
4 Get a new computer.

No. 15

1 Her new teacher is strict.
2 The school offers free classes.
3 She will start studying Chinese.
4 Learning Chinese is easier than she thought.

第2部

No. 16

1 He did not like the food his mother had made.
2 He could not eat all his food.
3 She had left her lunch at home.
4 She had given him a snack from the cafeteria.

No. 17

1 They are expected to become the champions.
2 They are going to start training next month.
3 They will go to Capton City next week.
4 They have been preparing overseas.

No. 18

1 To promote a traditional kind of music in Florida.
2 To teach people about new kinds of instruments.
3 To protect people while they are underwater.
4 To help people learn about marine life.

No. 19

1 He will study only on the weekends.
2 He will study for four hours every day.
3 He will start studying in the mornings.
4 He will start studying earlier in the evenings.

No. 20

1 People in Egypt cook it in special pots.
2 It can be kept and eaten for a long time.
3 Scientists find new types of it every day.
4 Over 3,000 pots of it were found in pyramids.

No. 21

1 Make costumes for comic book events.
2 Start a website about comic books.
3 Sell her collection of comic books.
4 Join a comic book fan club.

No. 22

1 A $2,000 discount.
2 A discount on snow tires.
3 A weekend trip for a family.
4 A chance to be on a TV show.

No. 23

1 He took her on a trip this summer.
2 He took her to swimming lessons.
3 He bought her some new toys.
4 He bought her some summer clothes.

No. 24

1 By spending $25 at the gym.
2 By joining a boxing class.
3 By introducing two new members.
4 By coming to the gym every day for a month.

No. 25

1 He does not like staying at hotels.
2 He does not want to go to Thailand.
3 He likes going to the beach.
4 He is interested in temples.

No. 26

1 Watch many documentaries.
2 Interview 15 movie directors.
3 Start writing fantasy stories.
4 Make a movie about real people.

No. 27

1 They live in dangerously high places.
2 They like to go near people.
3 They are considered to be dangerous.
4 They have shorter legs than most birds.

No. 28

1 His boss wants him to transfer.
2 His office in Canada is closing.
3 He got a new job in an office there.
4 He wants to be near his mother.

No. 29

1 It is a place where people have business meetings.

2 It is a gift given to friends and co-workers.

3 It is a time to relax and chat.

4 It is a type of coffee from Sweden.

No. 30

1 Playing for a new soccer team.

2 Training young soccer players.

3 Coaching his old teammates.

4 Managing a new club.

二次試験

受験者用問題カードA

Improving Safety

Natural disasters such as storms and floods can cause serious damage. To stay safe, people need to get information about disasters. Now, the Japanese government offers such information in different languages, and by doing so it tries to improve the safety of foreign visitors to Japan. With the increase of foreign visitors, it is becoming more important to provide services for them.

Your story should begin with this sentence: **One day, Mr. and Mrs. Okuda were talking in their living room.**

問題カードA　Questions

No. 1　According to the passage, how does the Japanese government try to improve the safety of foreign visitors to Japan?

No. 2　Now, please look at the picture and describe the situation. You have 20 seconds to prepare. Your story should begin with the sentence on the card.

No. 3　Some people say that high school students in Japan should learn a foreign language in addition to English. What do you think about that?

No. 4　Nowadays, a lot of people go to gyms to exercise in their free time. Do you think the number of these people will increase in the future?

Yes. → Why?

No. → Why not?

編集部注：本ページの質問英文は問題カードには印刷されていません。

受験者用問題カードD

Helping People in Need

Nowadays in Japan, the number of elderly people is increasing every year. For this reason, barrier-free environments are becoming more and more important. The government is creating them in many places, and by doing so it is making society more convenient for people who need assistance. Barrier-free environments are becoming common in Japan and many other countries around the world.

Your story should begin with this sentence: **One day, Taro and his father were talking in their living room.**

問題カードD　Questions

No. 1　According to the passage, how is the government making society more convenient for people who need assistance?

No. 2　Now, please look at the picture and describe the situation. You have 20 seconds to prepare. Your story should begin with the sentence on the card.

No. 3　Some people say that people's manners in public places are getting worse. What do you think about that?

No. 4　Today, computer games are popular with people of all ages. Do you think playing computer games is a waste of time?

Yes. → Why?

No. → Why not?

編集部注：本ページの質問英文は問題カードには印刷されていません。

A面

2級　一次試験解答用紙

【注意事項】

① 解答にはHBの黒鉛筆（シャープペンシルも可）を使用し，解答を訂正する場合には消しゴムで完全に消してください。

② 解答用紙は絶対に汚したり折り曲げたり，所定以外のところへの記入はしないでください。

③ マーク例

良い例	悪い例
●	⊙ ⊠ ◓

これ以下の濃さのマークは読めません。

解答欄					
問題番号		1	2	3	4
1	(1)	①	②	③	④
	(2)	①	②	③	④
	(3)	①	②	③	④
	(4)	①	②	③	④
	(5)	①	②	③	④
	(6)	①	②	③	④
	(7)	①	②	③	④
	(8)	①	②	③	④
	(9)	①	②	③	④
	(10)	①	②	③	④
	(11)	①	②	③	④
	(12)	①	②	③	④
	(13)	①	②	③	④
	(14)	①	②	③	④
	(15)	①	②	③	④
	(16)	①	②	③	④
	(17)	①	②	③	④
	(18)	①	②	③	④
	(19)	①	②	③	④
	(20)	①	②	③	④

解答欄					
問題番号		1	2	3	4
2	(21)	①	②	③	④
	(22)	①	②	③	④
	(23)	①	②	③	④
	(24)	①	②	③	④
	(25)	①	②	③	④
	(26)	①	②	③	④

解答欄					
問題番号		1	2	3	4
3	(27)	①	②	③	④
	(28)	①	②	③	④
	(29)	①	②	③	④
	(30)	①	②	③	④
	(31)	①	②	③	④
	(32)	①	②	③	④
	(33)	①	②	③	④
	(34)	①	②	③	④
	(35)	①	②	③	④
	(36)	①	②	③	④
	(37)	①	②	③	④
	(38)	①	②	③	④

4の解答欄はB面（裏面）にあります。

リスニング解答欄					
問題番号		1	2	3	4
第1部	No. 1	①	②	③	④
	No. 2	①	②	③	④
	No. 3	①	②	③	④
	No. 4	①	②	③	④
	No. 5	①	②	③	④
	No. 6	①	②	③	④
	No. 7	①	②	③	④
	No. 8	①	②	③	④
	No. 9	①	②	③	④
	No. 10	①	②	③	④
	No. 11	①	②	③	④
	No. 12	①	②	③	④
	No. 13	①	②	③	④
	No. 14	①	②	③	④
	No. 15	①	②	③	④
第2部	No. 16	①	②	③	④
	No. 17	①	②	③	④
	No. 18	①	②	③	④
	No. 19	①	②	③	④
	No. 20	①	②	③	④
	No. 21	①	②	③	④
	No. 22	①	②	③	④
	No. 23	①	②	③	④
	No. 24	①	②	③	④
	No. 25	①	②	③	④
	No. 26	①	②	③	④
	No. 27	①	②	③	④
	No. 28	①	②	③	④
	No. 29	①	②	③	④
	No. 30	①	②	③	④

編集部注：実際の解答用紙とは，デザイン・サイズが異なります。

B面

4 ライティング解答欄

・指示事項を守り，文字は，はっきりと分かりやすく書いてください。
・太枠に囲まれた部分のみが採点の対象です。

編集部注：実際の解答用紙とは，デザイン・サイズが異なります。

A面

2級　一次試験解答用紙

【注意事項】

① 解答には HB の黒鉛筆（シャープペンシルも可）を使用し，解答を訂正する場合には消しゴムで完全に消してください。

② 解答用紙は絶対に汚したり折り曲げたり，所定以外のところへの記入はしないでください。

③ マーク例

良い例	悪い例
●	⊙ ⊗ ◓

0　これ以下の濃さのマークは読めません。

解答欄					
問題番号		1	2	3	4
	(1)	①	②	③	④
	(2)	①	②	③	④
	(3)	①	②	③	④
	(4)	①	②	③	④
	(5)	①	②	③	④
	(6)	①	②	③	④
	(7)	①	②	③	④
	(8)	①	②	③	④
	(9)	①	②	③	④
1	(10)	①	②	③	④
	(11)	①	②	③	④
	(12)	①	②	③	④
	(13)	①	②	③	④
	(14)	①	②	③	④
	(15)	①	②	③	④
	(16)	①	②	③	④
	(17)	①	②	③	④
	(18)	①	②	③	④
	(19)	①	②	③	④
	(20)	①	②	③	④

解答欄					
問題番号		1	2	3	4
	(21)	①	②	③	④
	(22)	①	②	③	④
2	(23)	①	②	③	④
	(24)	①	②	③	④
	(25)	①	②	③	④
	(26)	①	②	③	④

解答欄					
問題番号		1	2	3	4
	(27)	①	②	③	④
	(28)	①	②	③	④
	(29)	①	②	③	④
	(30)	①	②	③	④
	(31)	①	②	③	④
	(32)	①	②	③	④
3	(33)	①	②	③	④
	(34)	①	②	③	④
	(35)	①	②	③	④
	(36)	①	②	③	④
	(37)	①	②	③	④
	(38)	①	②	③	④

4の解答欄はB面（裏面）にあります。

リスニング解答欄					
問題番号		1	2	3	4
	No. 1	①	②	③	④
	No. 2	①	②	③	④
	No. 3	①	②	③	④
	No. 4	①	②	③	④
	No. 5	①	②	③	④
	No. 6	①	②	③	④
	No. 7	①	②	③	④
第1部	No. 8	①	②	③	④
	No. 9	①	②	③	④
	No. 10	①	②	③	④
	No. 11	①	②	③	④
	No. 12	①	②	③	④
	No. 13	①	②	③	④
	No. 14	①	②	③	④
	No. 15	①	②	③	④
	No. 16	①	②	③	④
	No. 17	①	②	③	④
	No. 18	①	②	③	④
	No. 19	①	②	③	④
	No. 20	①	②	③	④
	No. 21	①	②	③	④
	No. 22	①	②	③	④
第2部	No. 23	①	②	③	④
	No. 24	①	②	③	④
	No. 25	①	②	③	④
	No. 26	①	②	③	④
	No. 27	①	②	③	④
	No. 28	①	②	③	④
	No. 29	①	②	③	④
	No. 30	①	②	③	④

編集部注：実際の解答用紙とは，デザイン・サイズが異なります。

B面

4 ライティング解答欄

・指示事項を守り，文字は，はっきりと分かりやすく書いてください。
・太枠に囲まれた部分のみが採点の対象です。

編集部注：実際の解答用紙とは，デザイン・サイズが異なります。

2級　一次試験解答用紙

【注意事項】

① 解答にはHBの黒鉛筆（シャープペンシルも可）を使用し，解答を訂正する場合には消しゴムで完全に消してください。

② 解答用紙は絶対に汚したり折り曲げたり，所定以外のところへの記入はしないでください。

③ マーク例

良い例	悪い例
●	⊙ ⊗ ◓

これ以下の濃さのマークは読めません。

解　答　欄

問題番号		1	2	3	4
1	(1)	①	②	③	④
	(2)	①	②	③	④
	(3)	①	②	③	④
	(4)	①	②	③	④
	(5)	①	②	③	④
	(6)	①	②	③	④
	(7)	①	②	③	④
	(8)	①	②	③	④
	(9)	①	②	③	④
	(10)	①	②	③	④
	(11)	①	②	③	④
	(12)	①	②	③	④
	(13)	①	②	③	④
	(14)	①	②	③	④
	(15)	①	②	③	④
	(16)	①	②	③	④
	(17)	①	②	③	④
	(18)	①	②	③	④
	(19)	①	②	③	④
	(20)	①	②	③	④

解　答　欄

問題番号		1	2	3	4
2	(21)	①	②	③	④
	(22)	①	②	③	④
	(23)	①	②	③	④
	(24)	①	②	③	④
	(25)	①	②	③	④
	(26)	①	②	③	④

解　答　欄

問題番号		1	2	3	4
3	(27)	①	②	③	④
	(28)	①	②	③	④
	(29)	①	②	③	④
	(30)	①	②	③	④
	(31)	①	②	③	④
	(32)	①	②	③	④
	(33)	①	②	③	④
	(34)	①	②	③	④
	(35)	①	②	③	④
	(36)	①	②	③	④
	(37)	①	②	③	④
	(38)	①	②	③	④

4の解答欄はB面（裏面）にあります。

リスニング解答欄

問題番号		1	2	3	4
第1部	No. 1	①	②	③	④
	No. 2	①	②	③	④
	No. 3	①	②	③	④
	No. 4	①	②	③	④
	No. 5	①	②	③	④
	No. 6	①	②	③	④
	No. 7	①	②	③	④
	No. 8	①	②	③	④
	No. 9	①	②	③	④
	No. 10	①	②	③	④
	No. 11	①	②	③	④
	No. 12	①	②	③	④
	No. 13	①	②	③	④
	No. 14	①	②	③	④
	No. 15	①	②	③	④
第2部	No. 16	①	②	③	④
	No. 17	①	②	③	④
	No. 18	①	②	③	④
	No. 19	①	②	③	④
	No. 20	①	②	③	④
	No. 21	①	②	③	④
	No. 22	①	②	③	④
	No. 23	①	②	③	④
	No. 24	①	②	③	④
	No. 25	①	②	③	④
	No. 26	①	②	③	④
	No. 27	①	②	③	④
	No. 28	①	②	③	④
	No. 29	①	②	③	④
	No. 30	①	②	③	④

編集部注：実際の解答用紙とは，デザイン・サイズが異なります。

B面

4 ライティング解答欄

・指示事項を守り，文字は，はっきりと分かりやすく書いてください。
・太枠に囲まれた部分のみが採点の対象です。

編集部注：実際の解答用紙とは，デザイン・サイズが異なります。

A面

2級　一次試験解答用紙

【注意事項】

① 解答にはHBの黒鉛筆（シャープペンシルも可）を使用し，解答を訂正する場合には消しゴムで完全に消してください。

② 解答用紙は絶対に汚したり折り曲げたり，所定以外のところへの記入はしないでください。

③ マーク例

良い例	悪い例

 これ以下の濃さのマークは読めません。

解答欄					
問題番号		1	2	3	4
1	(1)	①	②	③	④
	(2)	①	②	③	④
	(3)	①	②	③	④
	(4)	①	②	③	④
	(5)	①	②	③	④
	(6)	①	②	③	④
	(7)	①	②	③	④
	(8)	①	②	③	④
	(9)	①	②	③	④
	(10)	①	②	③	④
	(11)	①	②	③	④
	(12)	①	②	③	④
	(13)	①	②	③	④
	(14)	①	②	③	④
	(15)	①	②	③	④
	(16)	①	②	③	④
	(17)	①	②	③	④
	(18)	①	②	③	④
	(19)	①	②	③	④
	(20)	①	②	③	④

解答欄					
問題番号		1	2	3	4
2	(21)	①	②	③	④
	(22)	①	②	③	④
	(23)	①	②	③	④
	(24)	①	②	③	④
	(25)	①	②	③	④
	(26)	①	②	③	④

解答欄					
問題番号		1	2	3	4
3	(27)	①	②	③	④
	(28)	①	②	③	④
	(29)	①	②	③	④
	(30)	①	②	③	④
	(31)	①	②	③	④
	(32)	①	②	③	④
	(33)	①	②	③	④
	(34)	①	②	③	④
	(35)	①	②	③	④
	(36)	①	②	③	④
	(37)	①	②	③	④
	(38)	①	②	③	④

4の解答欄はB面（裏面）にあります。

リスニング解答欄					
問題番号		1	2	3	4
第1部	No. 1	①	②	③	④
	No. 2	①	②	③	④
	No. 3	①	②	③	④
	No. 4	①	②	③	④
	No. 5	①	②	③	④
	No. 6	①	②	③	④
	No. 7	①	②	③	④
	No. 8	①	②	③	④
	No. 9	①	②	③	④
	No. 10	①	②	③	④
	No. 11	①	②	③	④
	No. 12	①	②	③	④
	No. 13	①	②	③	④
	No. 14	①	②	③	④
	No. 15	①	②	③	④
第2部	No. 16	①	②	③	④
	No. 17	①	②	③	④
	No. 18	①	②	③	④
	No. 19	①	②	③	④
	No. 20	①	②	③	④
	No. 21	①	②	③	④
	No. 22	①	②	③	④
	No. 23	①	②	③	④
	No. 24	①	②	③	④
	No. 25	①	②	③	④
	No. 26	①	②	③	④
	No. 27	①	②	③	④
	No. 28	①	②	③	④
	No. 29	①	②	③	④
	No. 30	①	②	③	④

編集部注：実際の解答用紙とは，デザイン・サイズが異なります。

B面

4 ライティング解答欄

・指示事項を守り，文字は，はっきりと分かりやすく書いてください。
・太枠に囲まれた部分のみが採点の対象です。

編集部注：実際の解答用紙とは，デザイン・サイズが異なります。

A面

2級　一次試験解答用紙

【注意事項】

① 解答にはHBの黒鉛筆（シャープペンシルも可）を使用し，解答を訂正する場合には消しゴムで完全に消してください。

② 解答用紙は絶対に汚したり折り曲げたり，所定以外のところへの記入はしないでください。

③ マーク例

良い例	悪い例
●	⊙ ⊠ ◓

[0] これ以下の濃さのマークは読めません。

解答欄					
問題番号		1	2	3	4
1	(1)	①	②	③	④
	(2)	①	②	③	④
	(3)	①	②	③	④
	(4)	①	②	③	④
	(5)	①	②	③	④
	(6)	①	②	③	④
	(7)	①	②	③	④
	(8)	①	②	③	④
	(9)	①	②	③	④
	(10)	①	②	③	④
	(11)	①	②	③	④
	(12)	①	②	③	④
	(13)	①	②	③	④
	(14)	①	②	③	④
	(15)	①	②	③	④
	(16)	①	②	③	④
	(17)	①	②	③	④
	(18)	①	②	③	④
	(19)	①	②	③	④
	(20)	①	②	③	④

解答欄					
問題番号		1	2	3	4
2	(21)	①	②	③	④
	(22)	①	②	③	④
	(23)	①	②	③	④
	(24)	①	②	③	④
	(25)	①	②	③	④
	(26)	①	②	③	④

解答欄					
問題番号		1	2	3	4
3	(27)	①	②	③	④
	(28)	①	②	③	④
	(29)	①	②	③	④
	(30)	①	②	③	④
	(31)	①	②	③	④
	(32)	①	②	③	④
	(33)	①	②	③	④
	(34)	①	②	③	④
	(35)	①	②	③	④
	(36)	①	②	③	④
	(37)	①	②	③	④
	(38)	①	②	③	④

4の解答欄はB面（裏面）にあります。

リスニング解答欄					
問題番号		1	2	3	4
第1部	No. 1	①	②	③	④
	No. 2	①	②	③	④
	No. 3	①	②	③	④
	No. 4	①	②	③	④
	No. 5	①	②	③	④
	No. 6	①	②	③	④
	No. 7	①	②	③	④
	No. 8	①	②	③	④
	No. 9	①	②	③	④
	No. 10	①	②	③	④
	No. 11	①	②	③	④
	No. 12	①	②	③	④
	No. 13	①	②	③	④
	No. 14	①	②	③	④
	No. 15	①	②	③	④
第2部	No. 16	①	②	③	④
	No. 17	①	②	③	④
	No. 18	①	②	③	④
	No. 19	①	②	③	④
	No. 20	①	②	③	④
	No. 21	①	②	③	④
	No. 22	①	②	③	④
	No. 23	①	②	③	④
	No. 24	①	②	③	④
	No. 25	①	②	③	④
	No. 26	①	②	③	④
	No. 27	①	②	③	④
	No. 28	①	②	③	④
	No. 29	①	②	③	④
	No. 30	①	②	③	④

編集部注：実際の解答用紙とは，デザイン・サイズが異なります。

B面

4 ライティング解答欄

・指示事項を守り，文字は，はっきりと分かりやすく書いてください。
・太枠に囲まれた部分のみが採点の対象です。

編集部注：実際の解答用紙とは，デザイン・サイズが異なります。

A面

2級　一次試験解答用紙

【注意事項】

① 解答にはHBの黒鉛筆（シャープペンシルも可）を使用し，解答を訂正する場合には消しゴムで完全に消してください。

② 解答用紙は絶対に汚したり折り曲げたり，所定以外のところへの記入はしないでください。

③ マーク例

良い例	悪い例
●	⊙ ⊠ ◓

これ以下の濃さのマークは読めません。

解答欄					
問題番号		1	2	3	4
1	(1)	①	②	③	④
	(2)	①	②	③	④
	(3)	①	②	③	④
	(4)	①	②	③	④
	(5)	①	②	③	④
	(6)	①	②	③	④
	(7)	①	②	③	④
	(8)	①	②	③	④
	(9)	①	②	③	④
	(10)	①	②	③	④
	(11)	①	②	③	④
	(12)	①	②	③	④
	(13)	①	②	③	④
	(14)	①	②	③	④
	(15)	①	②	③	④
	(16)	①	②	③	④
	(17)	①	②	③	④
	(18)	①	②	③	④
	(19)	①	②	③	④
	(20)	①	②	③	④

解答欄					
問題番号		1	2	3	4
2	(21)	①	②	③	④
	(22)	①	②	③	④
	(23)	①	②	③	④
	(24)	①	②	③	④
	(25)	①	②	③	④
	(26)	①	②	③	④

解答欄					
問題番号		1	2	3	4
3	(27)	①	②	③	④
	(28)	①	②	③	④
	(29)	①	②	③	④
	(30)	①	②	③	④
	(31)	①	②	③	④
	(32)	①	②	③	④
	(33)	①	②	③	④
	(34)	①	②	③	④
	(35)	①	②	③	④
	(36)	①	②	③	④
	(37)	①	②	③	④
	(38)	①	②	③	④

4の解答欄はB面（裏面）にあります。

リスニング解答欄					
問題番号		1	2	3	4
第1部	No. 1	①	②	③	④
	No. 2	①	②	③	④
	No. 3	①	②	③	④
	No. 4	①	②	③	④
	No. 5	①	②	③	④
	No. 6	①	②	③	④
	No. 7	①	②	③	④
	No. 8	①	②	③	④
	No. 9	①	②	③	④
	No. 10	①	②	③	④
	No. 11	①	②	③	④
	No. 12	①	②	③	④
	No. 13	①	②	③	④
	No. 14	①	②	③	④
	No. 15	①	②	③	④
第2部	No. 16	①	②	③	④
	No. 17	①	②	③	④
	No. 18	①	②	③	④
	No. 19	①	②	③	④
	No. 20	①	②	③	④
	No. 21	①	②	③	④
	No. 22	①	②	③	④
	No. 23	①	②	③	④
	No. 24	①	②	③	④
	No. 25	①	②	③	④
	No. 26	①	②	③	④
	No. 27	①	②	③	④
	No. 28	①	②	③	④
	No. 29	①	②	③	④
	No. 30	①	②	③	④

編集部注：実際の解答用紙とは，デザイン・サイズが異なります。

B面

4 ライティング解答欄

・指示事項を守り，文字は，はっきりと分かりやすく書いてください。
・太枠に囲まれた部分のみが採点の対象です。

編集部注：実際の解答用紙とは，デザイン・サイズが異なります。

A面

2級　一次試験解答用紙

【注意事項】

① 解答には HB の黒鉛筆（シャープペンシルも可）を使用し，解答を訂正する場合には消しゴムで完全に消してください。

② 解答用紙は絶対に汚したり折り曲げたり，所定以外のところへの記入はしないでください。

③ マーク例

良い例	悪い例
●	⊙ ⊗ ◓

これ以下の濃さのマークは読めません。

解答欄					
問題番号		1	2	3	4
1	(1)	①	②	③	④
	(2)	①	②	③	④
	(3)	①	②	③	④
	(4)	①	②	③	④
	(5)	①	②	③	④
	(6)	①	②	③	④
	(7)	①	②	③	④
	(8)	①	②	③	④
	(9)	①	②	③	④
	(10)	①	②	③	④
	(11)	①	②	③	④
	(12)	①	②	③	④
	(13)	①	②	③	④
	(14)	①	②	③	④
	(15)	①	②	③	④
	(16)	①	②	③	④
	(17)	①	②	③	④
	(18)	①	②	③	④
	(19)	①	②	③	④
	(20)	①	②	③	④

解答欄					
問題番号		1	2	3	4
2	(21)	①	②	③	④
	(22)	①	②	③	④
	(23)	①	②	③	④
	(24)	①	②	③	④
	(25)	①	②	③	④
	(26)	①	②	③	④

解答欄					
問題番号		1	2	3	4
3	(27)	①	②	③	④
	(28)	①	②	③	④
	(29)	①	②	③	④
	(30)	①	②	③	④
	(31)	①	②	③	④
	(32)	①	②	③	④
	(33)	①	②	③	④
	(34)	①	②	③	④
	(35)	①	②	③	④
	(36)	①	②	③	④
	(37)	①	②	③	④
	(38)	①	②	③	④

4の解答欄はB面（裏面）にあります。

リスニング解答欄					
問題番号		1	2	3	4
第1部	No. 1	①	②	③	④
	No. 2	①	②	③	④
	No. 3	①	②	③	④
	No. 4	①	②	③	④
	No. 5	①	②	③	④
	No. 6	①	②	③	④
	No. 7	①	②	③	④
	No. 8	①	②	③	④
	No. 9	①	②	③	④
	No. 10	①	②	③	④
	No. 11	①	②	③	④
	No. 12	①	②	③	④
	No. 13	①	②	③	④
	No. 14	①	②	③	④
	No. 15	①	②	③	④
第2部	No. 16	①	②	③	④
	No. 17	①	②	③	④
	No. 18	①	②	③	④
	No. 19	①	②	③	④
	No. 20	①	②	③	④
	No. 21	①	②	③	④
	No. 22	①	②	③	④
	No. 23	①	②	③	④
	No. 24	①	②	③	④
	No. 25	①	②	③	④
	No. 26	①	②	③	④
	No. 27	①	②	③	④
	No. 28	①	②	③	④
	No. 29	①	②	③	④
	No. 30	①	②	③	④

編集部注：実際の解答用紙とは，デザイン・サイズが異なります。

B面

4 ライティング解答欄

・指示事項を守り，文字は，はっきりと分かりやすく書いてください。
・太枠に囲まれた部分のみが採点の対象です。

編集部注：実際の解答用紙とは，デザイン・サイズが異なります。

A面

2級　一次試験解答用紙

【注意事項】

① 解答にはHBの黒鉛筆（シャープペンシルも可）を使用し，解答を訂正する場合には消しゴムで完全に消してください。

② 解答用紙は絶対に汚したり折り曲げたり，所定以外のところへの記入はしないでください。

③ マーク例

良い例	悪い例
●	⊙ ⊠ ◓

⬯ これ以下の濃さのマークは読めません。

解答欄					
問題番号		1	2	3	4
1	(1)	①	②	③	④
	(2)	①	②	③	④
	(3)	①	②	③	④
	(4)	①	②	③	④
	(5)	①	②	③	④
	(6)	①	②	③	④
	(7)	①	②	③	④
	(8)	①	②	③	④
	(9)	①	②	③	④
	(10)	①	②	③	④
	(11)	①	②	③	④
	(12)	①	②	③	④
	(13)	①	②	③	④
	(14)	①	②	③	④
	(15)	①	②	③	④
	(16)	①	②	③	④
	(17)	①	②	③	④
	(18)	①	②	③	④
	(19)	①	②	③	④
	(20)	①	②	③	④

解答欄					
問題番号		1	2	3	4
2	(21)	①	②	③	④
	(22)	①	②	③	④
	(23)	①	②	③	④
	(24)	①	②	③	④
	(25)	①	②	③	④
	(26)	①	②	③	④

解答欄					
問題番号		1	2	3	4
3	(27)	①	②	③	④
	(28)	①	②	③	④
	(29)	①	②	③	④
	(30)	①	②	③	④
	(31)	①	②	③	④
	(32)	①	②	③	④
	(33)	①	②	③	④
	(34)	①	②	③	④
	(35)	①	②	③	④
	(36)	①	②	③	④
	(37)	①	②	③	④
	(38)	①	②	③	④

4の解答欄はB面（裏面）にあります。

リスニング解答欄					
問題番号		1	2	3	4
第1部	No. 1	①	②	③	④
	No. 2	①	②	③	④
	No. 3	①	②	③	④
	No. 4	①	②	③	④
	No. 5	①	②	③	④
	No. 6	①	②	③	④
	No. 7	①	②	③	④
	No. 8	①	②	③	④
	No. 9	①	②	③	④
	No. 10	①	②	③	④
	No. 11	①	②	③	④
	No. 12	①	②	③	④
	No. 13	①	②	③	④
	No. 14	①	②	③	④
	No. 15	①	②	③	④
第2部	No. 16	①	②	③	④
	No. 17	①	②	③	④
	No. 18	①	②	③	④
	No. 19	①	②	③	④
	No. 20	①	②	③	④
	No. 21	①	②	③	④
	No. 22	①	②	③	④
	No. 23	①	②	③	④
	No. 24	①	②	③	④
	No. 25	①	②	③	④
	No. 26	①	②	③	④
	No. 27	①	②	③	④
	No. 28	①	②	③	④
	No. 29	①	②	③	④
	No. 30	①	②	③	④

編集部注：実際の解答用紙とは，デザイン・サイズが異なります。

B面

4 ライティング解答欄

・指示事項を守り，文字は，はっきりと分かりやすく書いてください。
・太枠に囲まれた部分のみが採点の対象です。

編集部注：実際の解答用紙とは，デザイン・サイズが異なります。

2級　一次試験解答用紙

【注意事項】

① 解答にはHBの黒鉛筆（シャープペンシルも可）を使用し，解答を訂正する場合には消しゴムで完全に消してください。

② 解答用紙は絶対に汚したり折り曲げたり，所定以外のところへの記入はしないでください。

③ マーク例

良い例	悪い例
●	⊙ ⊠ ◓

⓪ これ以下の濃さのマークは読めません。

解答欄					
問題番号		1	2	3	4
1	(1)	①	②	③	④
	(2)	①	②	③	④
	(3)	①	②	③	④
	(4)	①	②	③	④
	(5)	①	②	③	④
	(6)	①	②	③	④
	(7)	①	②	③	④
	(8)	①	②	③	④
	(9)	①	②	③	④
	(10)	①	②	③	④
	(11)	①	②	③	④
	(12)	①	②	③	④
	(13)	①	②	③	④
	(14)	①	②	③	④
	(15)	①	②	③	④
	(16)	①	②	③	④
	(17)	①	②	③	④
	(18)	①	②	③	④
	(19)	①	②	③	④
	(20)	①	②	③	④

解答欄					
問題番号		1	2	3	4
2	(21)	①	②	③	④
	(22)	①	②	③	④
	(23)	①	②	③	④
	(24)	①	②	③	④
	(25)	①	②	③	④
	(26)	①	②	③	④

解答欄					
問題番号		1	2	3	4
3	(27)	①	②	③	④
	(28)	①	②	③	④
	(29)	①	②	③	④
	(30)	①	②	③	④
	(31)	①	②	③	④
	(32)	①	②	③	④
	(33)	①	②	③	④
	(34)	①	②	③	④
	(35)	①	②	③	④
	(36)	①	②	③	④
	(37)	①	②	③	④
	(38)	①	②	③	④

4の解答欄はB面（裏面）にあります。

リスニング解答欄					
問題番号		1	2	3	4
第1部	No. 1	①	②	③	④
	No. 2	①	②	③	④
	No. 3	①	②	③	④
	No. 4	①	②	③	④
	No. 5	①	②	③	④
	No. 6	①	②	③	④
	No. 7	①	②	③	④
	No. 8	①	②	③	④
	No. 9	①	②	③	④
	No. 10	①	②	③	④
	No. 11	①	②	③	④
	No. 12	①	②	③	④
	No. 13	①	②	③	④
	No. 14	①	②	③	④
	No. 15	①	②	③	④
第2部	No. 16	①	②	③	④
	No. 17	①	②	③	④
	No. 18	①	②	③	④
	No. 19	①	②	③	④
	No. 20	①	②	③	④
	No. 21	①	②	③	④
	No. 22	①	②	③	④
	No. 23	①	②	③	④
	No. 24	①	②	③	④
	No. 25	①	②	③	④
	No. 26	①	②	③	④
	No. 27	①	②	③	④
	No. 28	①	②	③	④
	No. 29	①	②	③	④
	No. 30	①	②	③	④

編集部注：実際の解答用紙とは，デザイン・サイズが異なります。

B面

4 ライティング解答欄

・指示事項を守り，文字は，はっきりと分かりやすく書いてください。
・太枠に囲まれた部分のみが採点の対象です。

編集部注：実際の解答用紙とは，デザイン・サイズが異なります。

A面

2級　一次試験解答用紙

【注意事項】

① 解答にはHBの黒鉛筆（シャープペンシルも可）を使用し，解答を訂正する場合には消しゴムで完全に消してください。

② 解答用紙は絶対に汚したり折り曲げたり，所定以外のところへの記入はしないでください。

③ マーク例

良い例	悪い例

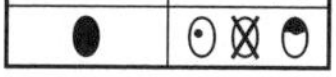

これ以下の濃さのマークは読めません。

解答欄					
問題番号		1	2	3	4
1	(1)	①	②	③	④
	(2)	①	②	③	④
	(3)	①	②	③	④
	(4)	①	②	③	④
	(5)	①	②	③	④
	(6)	①	②	③	④
	(7)	①	②	③	④
	(8)	①	②	③	④
	(9)	①	②	③	④
	(10)	①	②	③	④
	(11)	①	②	③	④
	(12)	①	②	③	④
	(13)	①	②	③	④
	(14)	①	②	③	④
	(15)	①	②	③	④
	(16)	①	②	③	④
	(17)	①	②	③	④
	(18)	①	②	③	④
	(19)	①	②	③	④
	(20)	①	②	③	④

解答欄					
問題番号		1	2	3	4
2	(21)	①	②	③	④
	(22)	①	②	③	④
	(23)	①	②	③	④
	(24)	①	②	③	④
	(25)	①	②	③	④
	(26)	①	②	③	④

解答欄					
問題番号		1	2	3	4
3	(27)	①	②	③	④
	(28)	①	②	③	④
	(29)	①	②	③	④
	(30)	①	②	③	④
	(31)	①	②	③	④
	(32)	①	②	③	④
	(33)	①	②	③	④
	(34)	①	②	③	④
	(35)	①	②	③	④
	(36)	①	②	③	④
	(37)	①	②	③	④
	(38)	①	②	③	④

4の解答欄はB面（裏面）にあります。

リスニング解答欄					
問題番号		1	2	3	4
第1部	No. 1	①	②	③	④
	No. 2	①	②	③	④
	No. 3	①	②	③	④
	No. 4	①	②	③	④
	No. 5	①	②	③	④
	No. 6	①	②	③	④
	No. 7	①	②	③	④
	No. 8	①	②	③	④
	No. 9	①	②	③	④
	No. 10	①	②	③	④
	No. 11	①	②	③	④
	No. 12	①	②	③	④
	No. 13	①	②	③	④
	No. 14	①	②	③	④
	No. 15	①	②	③	④
第2部	No. 16	①	②	③	④
	No. 17	①	②	③	④
	No. 18	①	②	③	④
	No. 19	①	②	③	④
	No. 20	①	②	③	④
	No. 21	①	②	③	④
	No. 22	①	②	③	④
	No. 23	①	②	③	④
	No. 24	①	②	③	④
	No. 25	①	②	③	④
	No. 26	①	②	③	④
	No. 27	①	②	③	④
	No. 28	①	②	③	④
	No. 29	①	②	③	④
	No. 30	①	②	③	④

編集部注：実際の解答用紙とは，デザイン・サイズが異なります。

B面

4 ライティング解答欄

・指示事項を守り，文字は，はっきりと分かりやすく書いてください。
・太枠に囲まれた部分のみが採点の対象です。

編集部注：実際の解答用紙とは，デザイン・サイズが異なります。

2024年度版

英検® 2級 過去問集